赛达破产法丛书
总主编 李曙光
实务系列

PRACTICAL GUIDEBOOK
FOR NONPERFORMING ASSETS

不良资产实操指引

★★★★★★★★★★★★★★★★★★★★

牛永伟 著

法律出版社
LAW PRESS·CHINA
北京

图书在版编目(CIP)数据

不良资产实操指引 / 牛永伟著. -- 北京:法律出版社,2023 (2025.10 重印)
(赛达破产法丛书 / 李曙光总主编)
ISBN 978 -7 -5197 -8337 -2

Ⅰ.①不… Ⅱ.①牛… Ⅲ.①不良资产-资产管理-研究 Ⅳ.①F20

中国国家版本馆 CIP 数据核字(2023)第 177837 号

赛达破产法丛书 | **不良资产实操指引** BULIANG ZICHAN SHICAO ZHIYIN | 牛永伟 著 | 策划编辑 薛 晗 田 浩 责任编辑 薛 晗 田 浩 装帧设计 臧晓飞

出版发行 法律出版社
编辑统筹 法商出版分社
责任校对 王晓萍
责任印制 胡晓雅
经　　销 新华书店

开本 787 毫米×1092 毫米 1/16
印张 29.5　**字数** 543 千
版本 2023 年 12 月第 1 版
印次 2025 年 10 月第 3 次印刷
印刷 三河市兴达印务有限公司

地址:北京市丰台区莲花池西里 7 号(100073)
网址:www.lawpress.com.cn
投稿邮箱:info@ lawpress.com.cn
举报盗版邮箱:jbwq@ lawpress.com.cn
销售电话:010-83938349
客服电话:010-83938350
咨询电话:010-63939796

书号:ISBN 978-7-5197-8337-2　**定价**:118.00 元
凡购买本社图书,如有印装错误,我社负责退换。电话:010-83938349

“赛达破产法丛书”总序

李曙光

2012年10月，国际破产协会（INSOL）年会在荷兰海牙召开。我携弟子张钦昱与会，并在会后与当时在荷兰马斯特里赫特大学留学的另一名学生陈夏红会合，三人结伴同游伊比利亚半岛。当航班在里斯本波尔特拉机场降落，我们一行在机场大厅寻找出口，不期然间，看到一个与英文exit并列的葡萄牙语单词：Saída。这是我们认识的第一个葡萄牙语词汇，显而易见，它就是出口的意思。这个葡萄牙语单词，拼写和发音都近乎汉语拼音，我们一下就记住了。我一直在为自2008年5月创建的足球队寻找一个合适的正式队名，随着葡萄牙、西班牙的旅程次第展开，我们一路聊着足球，突来灵感，Saída，配上“赛达”的汉语音译，不就是我们需要的足球队队名吗？真是“踏破铁鞋无觅处，得来全不费工夫”。

足球，作为一种最受人们喜爱的游戏，以其符合人性的天真自由的理念与严谨公平的规则成为最好的市场经济模拟。所有的类足球运动游戏与市场经济，实际上都不能缺了“出口”。市场经济的“出口”就是市场退出，就是“破产”。

Saída——“赛达”的内涵是丰富的：

“赛”，可以理解成比赛、竞赛。市场经济是一套理想的经济交易与选择体系，也是一种竞争性游戏。这种游戏的魅力在于它是一种自由的比赛，一群自由的企业，一群自由的组织，一群自由的个人，可以自由选择参与其中的竞赛，也是一种充斥专业活力与创意冒险的竞争。

“赛”，也可以理解为赛道或者规则。自由也有天花板，市场经济自由竞争是在规则支撑下的有序竞争、良性竞争。要实现市场经济自由竞争的理想，公平竞争的规则不可缺位，优胜劣汰的淘汰机制则是游戏吸引力的题中应有之义。

市场经济中任何自由的企业与个人，一方面要努力工作，创新冒险，去赢得竞赛；另一方面，也必须接受失利失败的可能。足球比赛与市场经济的压力与残酷性也表现在这方面。而这一点，恰恰是破产，这个文明社会法治框架下主体退出的商业安排，对这种压力与残酷性能提供一个最好的Saída。

“达”，可以解释成到达、抵达。在足球世界中，球员参与比赛的目的就是去赢得比赛，要赢得比赛，必须要有球技与体能作基础，这是参与一项竞争运动的门槛与前提。在市场经济中，任何市场主体参与竞争，也是有行业门槛与合理目标的，为了抵达这个目标，市场主体需要专业能力，需要卧薪尝胆，需要殚精竭虑。恰当的目标，能够激发每一个市场主体的创造力，能够为市场主体提供绵延不绝的驱动力，能够延续市场主体基业长青的生命力。反之，因各种因素，市场竞争失败，则要及时止损，有序破产清算退出，以待来日东山再起。

“达”，也可以理解成通达、练达。球员在球场上要眼观六路，耳听八方，要有大局意识，球能传递出去。不仅要对自己的位置自负其责，而且要有补位意识。一个失球，虽可能是队友犯错引发的，但能补位而未补，则导致整个球队的失败。市场经济更是充满竞争，危机四伏，危中有机，机中藏危。主体视野开阔，具有大局观与系统思维，不能本位主义，更不能团队如散沙。市场主体也需要具有“世事洞明皆学问、人情练达即文章”的圆润。唯其如此，才能在波诡云谲的市场竞争中，立于不败之地。即便遇到挫折，陷入困境，也可即时重整，采取有效的拯救措施，转危为机。

无论如何，Saída——“赛达”与破产法是非常契合的。破产法作为市场经济的基本法，关注和研究的就是市场主体的“出口”问题。破产法的制度与程序设计，无论是破产清算后彻底退出市场，还是重整与和解后重新焕发活力，无非为陷入困境的市场主体提供各种各样的“出口”，为充满无限可能的市场主体寻找出路。Saída——“赛达”，通过公正公平的竞赛而达到，通过自由开放的出口而到达，这不正是破产法的内在精神吗？

中国破产法的实施恰逢中国传统经济结构性调整以及国际贸易大变局时期。如何应对这一经济与国际贸易大变局，面对经济结构调整如潮涌来的大挑战，对世界范围内的破产法理论与中国破产重组前沿问题的研究就显得尤为必要。为进一步整合中国破产法理论界与实务界研究力量，法律出版社法商分社社长薛晗提议将国内同行的优秀作品汇集成中国政法大学破产法与企业重组研究中心出品的精品丛书，我欣然同意，并力主将丛书命名为“赛达破产法丛书”。

我希望在不久的将来，“赛达破产法丛书”能够成为破产界同行阅读优质文献、分享顶级作品的平台之一。由此，感谢并期待各位同行的襄助和支持！

是为总序。

序

感谢你翻开这本书。

为了写这本《不良资产实操指引》，我其实已经准备了很多年。

你可能会问：为什么要了解不良资产行业？

孔子曰：“未知生，焉知死？”知生难，知死也难，但生死之事，唯此为大，对人如此，对企业也是如此。人有生老病死，企业也会有初创、成长、成熟、倒闭，那么企业在陷入困境、爆发危机时该怎么办？

生存还是毁灭？这正是不良资产行业要解决的问题。

在很多年前我刚入行的时候，多么希望有那么几位行业高手能带我上道、不吝赐教、倾囊相授、掏心掏肺，或者说有这么一本行业“指南针”，能把众多实操高手、行业大神们头脑中的知识技能和经验教训总结、萃取出来，让他们把没有时间说或者不愿意说的“隐性知识”显性化，让自己能“站在巨人的肩膀上”，打通行业底层认知中的“任督二脉”，消除业务理解“黑洞”，提升不良资产项目成事概率。

后来，我在摸爬滚打做业务的过程中，愣是跑了十几个省份，参与尽调了几十个项目，研究了数百个案例，聆听了成百上千位行业前辈的真知灼见，才有幸学到一鳞半爪，慢慢摸着门道，从此一通百通。

我相信，思想只有在交流与碰撞之中才能迸发出更多智慧的火花，而敝帚自珍只能距离真知灼见越来越远。因为在你的前面肯定不止一个对手，就像赛跑一样，你的目的不应该是挡住一个人，而是向着终点拼命前进。试图阻挡别人只会耽误你向前，而且就算你挡住一个人，另外的人也会超过你。正所谓竞争意识损害竞争力。如何把事情做好带来的挑战和价值比与其他人竞争来说更大。

“世界不是由领域划分的，而是由挑战构成的。”要解决真实世界里的任何一个问题，需要调用多个学科的知识以及多项综合能力，“兵来将挡，水来土掩”，缺什么就补什么。

不良资产行业尤为如此，在过去，不仅没有可供学习的完整知识体系，而且在不同业务场景下的具体挑战都是非标准化的，只有熟练运用法律、金融、商业、税务、财务、评估、营销、沟通、谈判、心理学等多项专业知识和综合技能，同时充分发挥主观能动性，激发出灵感和智慧，才有机会在实操中排除万难、解决问题。

正因为没有谁是全知全能的，不良资产行业的从业者们在面对新问题、新挑战时需要快速学习充电、更新知识储备。工作中面临的一个个实际问题不是question，而是problem，是亟待解决的挑战，是将要爆炸的炸弹，也像火箭推进器一样带来蓬勃向上、求知若渴的动力，推着你向前奔跑。

这本书不是一成不变的参考书，而是一个不断新陈代谢的"生命体"。一旦上架，就已过时。在不良资产行业，不断遇到新的问题并探索新的解决方案是常态。在这个过程中，知识萃取只有起点，没有终点，因变而生，因后来者而生，为解决新的问题不断提供信息增量。

我将在后续创作中以深度访谈的形式，呈现各个细分领域实操高手的成事方法论，萃取其经验、吸取其教训，为行业沉淀知识资产。我相信这件事情一定是有长期积累意义的，而你或许也会和故事里的场景或者某个人发生关系、建立链接。

在这本书中，有些内容属于"听听也挺好"，而更多的内容属于"学了真有用"之类的范畴，为人们提供"解决方案型"的思路和启发，且超越时间和空间。面对不同债务危机场景下的具体难题，或许你能在这里找到应对策略或者启发思路。

当自己变得见多识广，有一天你遇到了想要达成的目标、想要解决的那个问题或者挑战的时候，所有别人的经验、策略可能会为你提供新奇思路，而你或许也会因为某个解决问题的路径被启发、"点亮"。

这本书的第一部分"行业地图"让你站在高处看清不良资产世界全貌，了解不良资产的来源与市场格局、地位与影响、周期与挑战、方向与策略、工作与风格，以及行业生态圈成员的多样性。

第二部分"新手上路"，从行业小白出发，帮你掌握不良资产的主要业务矩阵——十八种特殊机会投资之术，并教你学会利用工作清单的方法在法律尽调、估值定价、实施收购、投后管理、法律维权、综合处置中避免无能之错，把事情做对。若你在浏览第二部分内容时游刃有余，感到太简单，那么恭喜你，你已经进阶到高手阶段，请直接跳过去读下一部分。

第三部分"进阶通道"，介绍不良资产实操高手如何打造专业核心能力、研究债务企业失败原因、洞察导致不良资产投资失败的原因——五大类风险52个雷区，帮助你认清风险、避免踩坑。最后，教你实现快速搜索的开源网络情报分析技术，走上进阶通道。

你要学做不良资产，就不能只学不良资产本身。当新手掌握了不良资产相关的知识、技能、经验和教训，想要进阶高手、见贤思齐，就需要提升高手所特有的职业素养，包括利益识别、方案构建、沟通谈判、心理分析及行为分析能力。不良资产实操高手不仅具有尽职调查能力、资产估值能力、风险控制能力、熟练掌握司法程序与法律运用的能力，还具有高效沟通谈判能力、对外部资源进行合理运作与筹划整合的能力、将困境企业重组盘活的能力。

第四部分“高手素养”重点讲述行业高手们身上所特有的职业素养、能力和心法，包括自身定位、反思复盘、快速学习、闭环意识、画布策略、整合思考、沟通谈判等。或许正是这些核心素养和软实力的加持，让他们在面对复杂无序、看似无解的难题时能够胸有成竹、迎难而上，最终抽丝剥茧、柳暗花明。

同时，不良资产实操高手通过主动或者不自觉地运用债权管理心理学和行为经济学中的经典理论，像破窗效应、心理账户、沉没成本、稀缺原则、激励相容等思维模型，还原不良资产业务的大背景，进行知识迁移，重新定义问题，给出思路启发。

第五部分“行业老把式”介绍行业“老把式”如何用“上帝视角”，掀开行业底牌，面对不同债务危机情景，从被动跟投者变为主动管理者，创造条件、整合资源，与生态圈各参与方共享不良资产的盛宴。

第六部分“行业清单”，用外部视角筛选并整合了圈内经久流传的行话和隐语，让你更快融入内行人的对话语境，并为你准备了开源网络情报分析工具箱，让你快人一步，精准完成尽职调查工作。

你可以把它当作一份行业地图或者实操手册，对于新入行的小伙伴，可以用这本书帮他在最短时间内熟悉不良资产这门手艺。你也可以在拜访客户、沟通业务时，把它作为“礼物”，把其中某些业务模式或者槽点拿出来评头论足一番，为接下来的沟通谈判“投石问路”，建立双方的初步共识，提升沟通效率，营造友好、顺畅的合作基调。

世界是不断发展的，也是不断进步的，每一种知识、方法都有时代的局限性和场景的适用性。希望读者能从阅读本书中获得启发和力量，而我也从这个知识共享的过程中获得了自己的升华，形成正向的反馈回路。

目　录 Contents

第一部分　行业地图 1

第一节　不良资产来源与市场格局 …… 1

一、不良资产源于哪里 …… 2

二、不良资产行业的市场格局 …… 8

第二节　地位与影响：不良资产的能量超乎你想象 …… 10

一、不良资产行业的主力军 …… 10

二、不良资产管理公司的作用和影响 …… 15

第三节　误解与认知：当投资不良资产时，到底在做什么 …… 17

一、第一个误解：只会“薅羊毛” …… 18

二、第二个误解：“二道贩子” …… 18

三、第三个误解：暴力催收 …… 20

第四节　周期与挑战：不是投资机会少，而是经历周期不够长 …… 22

一、逆周期行业，顺周期处置 …… 22

二、“捡漏”不良资产面临哪些挑战 …… 24

三、如何做到专业级“捡漏” …… 26

第五节　方向与策略：外行看热闹，内行看门道 …… 28

一、投资偏好：你的选择成就你自己 …… 28

二、不良资产盈利方向和策略的转变 …… 32

三、“资源诅咒”：利用资金成本剪刀差赚钱符合“递弱代偿”法则 …… 33

四、倒卖类与专精类的差异：以专精类公司为例 …… 35

五、挣可产生复利的能力挣到的钱 …… 38

第六节　工作与风格：术业有专攻，提升永远在路上 …… 39

一、揭秘人力资源概况及考核激励 …… 39

二、项目落地靠的不是慧眼独具的天赋，而是高纪律性、重复性的工作 …… 40
三、助力项目经理实现职级跃迁的，是不断积累的信誉 …… 42
四、投资决策流程依靠的是一套有纪律性的决策机制 …… 43
第七节 行业生态圈：整合圈子资源，集中力量办大事 …… 46
一、为对抗熵增，组建生态圈 …… 46
二、不良资产主要供给方 …… 49
三、不良资产一级市场主要参与方 …… 52
四、不良资产二级市场主要参与方 …… 53
五、法院 …… 54
六、破产管理人 …… 56
七、债务人 …… 56
八、不良资产第三方服务机构 …… 58
第八节 管窥外资不良资产机构 …… 70
一、外资不良资产机构特点及在境内发展概况 …… 70
二、以境外机构 PRA 公司为例，探索个贷不良资产催收发展路径 …… 71

第二部分 新手上路 73

第一节 业务矩阵：18 种特殊机会投资之术 …… 73
一、金融不良资产收购处置 …… 73
二、非金融机构不良资产收购处置 …… 76
三、不良资产合作收购处置 …… 78
四、不良资产配资收购 …… 79
五、不良资产受托收购 …… 82
六、不良资产受托处置 …… 82
七、低效资产收购处置 …… 84
八、个人不良贷款批量收购处置 …… 86
九、困境企业债务重组、债权投资 …… 91
十、非上市困境企业股权投资业务 …… 94
十一、困境上市公司预重整、破产重整投资业务 …… 95
十二、上市公司纾困 …… 99

十三、困境地产项目纾困与盘活 …… 102
十四、债转股 …… 107
十五、不良信贷资产证券化投资 …… 110
十六、不良资产基金管理服务业务 …… 114
十七、不良资产基金管理及投资业务 …… 116
十八、不良资产咨询顾问与中介服务 …… 117
第二节 工作清单：在不良资产实操中避免无能之错 …… 119
一、人为什么会犯错 …… 119
二、怎样用清单避免无能之错，把事情做对 …… 120
三、怎样设计制作一份有效的核查清单 …… 121
第三节 法律尽职调查要点清单 …… 122
一、全面调查和抽样调查 …… 122
二、非现场调查和现场调查 …… 124
三、债权资产尽职调查要点清单 …… 129
四、股权资产尽职调查要点清单 …… 133
五、非金不良资产尽职调查要点清单 …… 134
第四节 估值定价要点清单 …… 136
一、看清不良资产估值定价的底牌 …… 136
二、不良资产估值实务入门须知 …… 137
三、债权类资产估值方法 …… 139
四、股权类资产估值方法 …… 142
五、不动产资产估值方法 …… 145
六、特殊类资产的估值方法初探 …… 158
七、小结 …… 160
第五节 收购方案实施过程要点清单 …… 161
一、银行发送邀请函 …… 161
二、现场尽调和资产评估 …… 161
三、撰写收购方案 …… 163
四、《尽职调查报告》内容要点 …… 164
五、投标报价环节 …… 165
六、档案交接与存续期管理 …… 165
第六节 投后经营管理与法律维权要点清单 …… 166

一、不良资产经营管理的原则和分类方法 …… 166
二、债权资产管理要点清单 …… 168
三、股权资产经营管理要点清单 …… 172
四、实物资产经营管理要点清单 …… 173
五、非金不良资产经营管理要点清单 …… 175
六、不良资产法律维权流程要点清单 …… 176
七、执行标的与执行措施要点清单 …… 184
八、委托外聘代理律师管理要点清单 …… 191
第七节 不良资产综合处置变现要点清单 …… 194
一、不良资产处置清收常见痛点与解决方案 …… 194
二、从处置思路到方案实施 …… 195
三、不良资产处置方式分析 …… 199
第八节 七大不良资产从业禁区 …… 220
一、不良资产处置中涉及个人意向受让人的风险 …… 221
二、帮助债务人及关联企业收购自身不良资产 …… 221
三、资产转让中协助相关人员利益输送 …… 222
四、收购和处置不良资产时未实现资产和风险真实、完全转移 …… 223
五、作为内幕信息知情人交易相关股票 …… 223
六、合作协议约定责任不明、故意设置漏洞 …… 223
七、债权清收追偿中使用暴力催收 …… 224

第三部分 进阶通道 225

第一节 专业主义至上 …… 225
一、从刻意练习到算法优化 …… 225
二、整合资源：设计交易架构、挖掘盈利模式、募集便宜资金 …… 228
第二节 债务企业失败原因研究：六大原因 …… 240
一、财务风险，应收账款回收困难，被坏账拖垮 …… 240
二、疯狂投资、盲目扩张，被巨额负债压垮 …… 242
三、企业负责人一个人拍脑袋决策，内控机制不健全 …… 243
四、企业负责人经验和认知不足、思考不慎、决策失误 …… 244
五、合伙人冲突、退出，核心成员被扫地出门 …… 246

六、受市场等外部环境因素冲击 …………………………………… 247
第三节 不良资产投资失败研究：五类风险 52 个雷区 …………………… 248
一、涉及尽调与估值相关的投资失败原因：15 个雷区 …………… 249
二、涉及诉讼程序相关的投资失败原因：7 个雷区 ……………… 270
三、涉及执行程序相关的投资失败原因：11 个雷区 ……………… 278
四、涉及破产程序相关的投资失败原因：3 个雷区 ……………… 290
五、涉及抵（质）押物相关的投资失败原因：16 个雷区 ………… 297
第四节 开源网络情报分析技术 ………………………………………… 314
一、怎样通过合法公开渠道快速获取情报信息？ ……………… 315
二、开源网络情报分析的应用场景 ……………………………… 316
三、开源网络情报分析常见数据源 ……………………………… 320
四、常用搜索方法与路径 ………………………………………… 322

第四部分 高手素养 **326**

第一节 高手定位——U 盘化生存，做自己的 CEO ……………………… 326
第二节 实操高手的“十大心法” ………………………………………… 328
一、知识迁移与躬身入局 ………………………………………… 328
二、主动作为，培养微习惯，自我定义目标，不被困难定义 ………… 330
三、越满足越要三省吾身——对思之再思 ……………………… 333
四、聪明地工作——项目复盘、及时止损 ……………………… 334
五、快速学习、终身学习——提升学习力 ……………………… 336
六、有闭环意识，能交付结果 …………………………………… 340
七、画布策略：做好学徒，用礼敬换取师傅的真知灼见 ………… 341
八、请教高手，挖掘萃取，构筑专业核心能力圈 ………………… 342
九、整合思考、整合资源、借助外力 …………………………… 345
十、向计算机学习算法思维 ……………………………………… 346
第三节 清收和解与谈判策略武器库 …………………………………… 347
一、重新正确认识谈判，寻找解决方案 ………………………… 348
二、资产价格类谈判，真正懂行才能胸有成竹 ………………… 349
三、交易条件类谈判：以条件换条件，各取所需 ………………… 353
四、共创价值类谈判：引入第三方，创造新价值 ………………… 356

五、谈判中的心态和心理战 …… 358
六、谈判场景中的九大“积极防御”战术 …… 360
七、利益和尊重可以兼得 …… 363
第四节 看透不良资产商业世界底层逻辑 …… 363
一、债权管理心理学——明晰债务人的心理 …… 364
二、债权管理行为经济学——洞察参与方行为 …… 374

第五部分 行业老把式 **382**

第一节 重新正确认识债务与债务重组 …… 382
一、定义与模式 …… 382
二、利益博弈及控制权争夺 …… 388
三、拍卖资产处置变现 …… 397
四、债务重组作用与效果 …… 399
第二节 庭外重组 …… 401
一、庭外重组模式 …… 401
二、困境房地产企业债务重组 …… 404
三、困境房地产项目财产权信托隔离与重组方案 …… 412
第三节 庭内重组 …… 417
一、庭内重组模式 …… 417
二、上市公司破产重整 …… 422
三、高收益违约债券 …… 437
第四节 预重整 …… 438
第五节 困境商业地产盘活 …… 440
一、困境商业地产资产管理 …… 440
二、困境商业地产管理、接管与改造优化 …… 443
三、类 REITs 等不动产出表融资方案 …… 444
四、结语 …… 445
第六节 债转股 …… 445
一、债转股的本质与作用 …… 445
二、债转股实施模式 …… 447
三、多种市场化债转股退出方式 …… 449

第六部分 行业清单 450

第一节 圈内隐语与行话 …… 450

一、圈内隐语 …… 450

二、行话 …… 452

第二节 开源网络情报工具箱 …… 458

第一部分

行 业 地 图

不良资产从业人员在上路之前需要做好充分的准备！否则，必然会掏出真金白银支付高额的学费。

这里包括思想认知、业务方向、技巧能力、资源匹配、有效工具……所有这些准备汇聚呈现，就是一张行业地图！

这张行业地图既包含对过去的梳理和总结，也包括对当下的选择和定位，还包含对未来的预测和判断。

第一节　不良资产来源与市场格局

频频出现的“黑天鹅事件”及投资世界中充满的不确定性不仅逐渐击碎了众多投资人的财富梦想，还随之形成了一个有待开发的“巨大金矿”，即违约和困境资产市场。

对于市场来说，只要信用存在，债务违约风险就随之存在。企业与金融机构之间、企业与企业之间、金融机构不同主体之间，都会因各种交易、合作而产生纷繁复杂的信用关系。若交易对手无法在约定时间内履行自己的承诺，无论是主观的还是客观的，都会发生债务违约，最终侵害守约方的利益。

不同行业、不同主体的债务结构往往不同，所以导致违约的原因也不尽相同，不良资产是企业资源在宏观经济周期和企业生命周期交互作用下出现错配的一种客观存在。

我们目之所及的不良资产市场只是冰山一角，其所伴随而来的潜在风险、违约信贷、困境资产以及其他违约，将共同形成整个不良资产数量的总和，这是一个无人能概览其全貌的巨大市场。

一、不良资产源于哪里

（一）不良资产的形成原因

通常情况下，不良资产的形成原因主要有以下三个方面：

1. 宏观层面

宏观层面的经济周期也称商业周期、景气循环，一般是指经济活动沿着经济发展的总体趋势所经历的有规律的扩张和收缩。经济周期大致可以分为两个阶段，即扩张阶段、收缩阶段，或者细分为四个阶段，即繁荣、衰退、萧条和复苏，在图形上呈现顶峰、下降、谷底和上升的循环往复。经济周期如同潮起潮落是一种不以人的意志为转移的自然规律。

与其说不良资产源于经济周期因素，不如说是因为投资周期。在推动经济发展的“三驾马车”——投资、消费、出口中，投资是最有效、最直接的方式。

有句话说：要致富，先修路。投资不仅可以直接产生需求，比如建材、劳动力，还可以带动后续的发展，吸引更多的投资来发展经济。但是，当固定资产投资增速从高位不断回落甚至出现衰退时，若没有新的可替代投资规模进行置换和接力，前期投资就无法被覆盖和退出，出现投资断层，从而不可避免地导致高位站岗的投资成为不良资产。

简单地说，若宏观经济形势不好，所有行业均将受到冲击，进而引发债务违约。

2. 行业层面

行业层面因素主要包括市场增长率、需求增长率、产品品类更新、竞争者数量、行业进入壁垒、技术周期与技术变革、消费者行为等。

每个行业从幼稚期、成长期、成熟期最终进入衰退期的原因通常被认为有以下几种主要类型：资源型衰退，即由于生产所依赖的资源逐渐枯竭所导致的衰退；消费者行为型衰退，即因市场消费者受众群体及其行为因素导致需求降低所引起的衰退；技术型衰退，即在新技术影响下由于效率低下的比较劣势所引起的衰退；聚集过度型衰退，即因“一窝蜂”地重复投资、过度聚集、行业内部竞争激烈，导致供大于求所引起的衰退。

其中，影响最为广泛的是技术型衰退。科技进步工艺迭代等因素引致行业剧变，导致原有传统产业的资产功能走向落后甚至被淘汰，资产价值发生贬损形成不良资产，进而波及相关企业的上下游信用关系。比如，不断被淘汰的老旧灯泡产业，电子数码技术的出现取代了原有的影像产业等。当然，从另一个视角看，消费者对增量需求的新渴望刺激了技术进步和新的供给，这种类型的过剩产能被淘汰未必不受欢迎。

3. 微观层面

微观层面因素主要包括资金供给主体和需求主体，即金融机构因素和企业经营管理因素两类。

（1）金融机构因素

金融机构方面的主要因素有顺周期信贷政策、股权投资从众效应、风险管控机制不完善及道德风险等。

顺周期信贷政策是指商业银行的信贷政策依赖于企业信用评估和抵（质）押品价值。商业银行在主观上可能并无恶意，但客观发生的现象是他们在企业一切向好的时候“锦上添花”，在由盛转衰或者需要江湖救急时“釜底抽薪”。

当经济上行时，大众对未来预期乐观，企业净值增加及抵（质）押资产价格上涨改善了商业银行的信贷投放环境，放宽信贷审批准入，扩大投放规模，引起市场资金流动性过剩。

当经济下行时，抵（质）押资产价格下跌，同时企业现金流减少、盈利预期下降，信用风险增大，商业银行的信贷投放环境变差，进而严格收缩贷款条件、减少贷款发放，甚至抽贷、断贷。债务企业通过借新还旧实现再融资变得越来越困难，履约还款能力进一步下降，导致贷款违约率明显增加，银行不良资产率呈现上升趋势，不得不对风险资产进行价值重估。

当债务扩张周期减缓甚至结束，曾经的激进投资终将面临清算的风险，最终迎来泡沫破灭、债务出清的“明斯基时刻”。

股权投资领域从众效应，是指一旦出现一个新的热门投资领域，投资人就会一哄而上，出现“羊群效应”，盲目效仿先行者的投资，结果出现资本严重过剩的内卷现象，导致这一领域投资回报率大幅下降，出现大量不良股权资产。比如，共享单车行业在短时间内大量投资，产能严重过剩，大量股权投资血本无归。

风险管控机制不完善，重清收、轻预防。有的金融机构同质化竞争，未确定明确的风险偏好政策、风险管控体系，而是过度依赖房地产和基建类项目，过分强调那些看似足以覆盖风险但实际上难以操作的担保措施，比如债务企业所属集团公司保证担保等。在尽调时缺乏行业属性及其特征研究，决策时流于形式要件，忽视项目本身产生现金流的能力和质量，形成较为集中的风险领域。

在存续期管理中，有的金融机构因为不熟悉企业所在行业的运营特点和上下游情况，缺乏对企业出现短期流动性风险及经营风险的应对策略，风险防范响应措施也仅局限于层层上报，事后分析报告、宣布到期、诉讼保全、处置抵押品、公开谴责等，缺乏实质性的施压抓手以及实施救助的策略及手段。而随着企业经营现金流状况的逐步恶化，信用风险加大，资产风险分类亦不断下迁，形成不良资产。

金融机构展业道德风险，这其中既有经办人员在尽职调查中流于形式等不积极作为、疏于管理的风险，也有故意帮助债务人隐瞒事实真相、弄虚作假等主观故意违反职业操守的风险。这些风险的存在常常导致债权人缺乏对债务人经营情况的全面了解和及时跟踪，无法及时发现和有效处置已经出现的风险苗头，导致债权无法按期清收回款，形成不良资产。

（2）企业经营管理因素

企业经营管理因素主要包括公司治理与内控机制不健全，经营管理不善，短贷长用、资金错配、再融资能力出现障碍等导致的财务恶化问题，突发外部事件冲击以及债务企业恶意转移资产、进行“逃废债”等。以上主要因素的分析详见本书第三部分“进阶通道”第二节企业失败原因研究的内容。

企业债务结构失衡、发生信用危机是爆发债务危机的直接原因。

伊查克·埃迪斯将企业的整个生命周期分解为十个不同的阶段：孕育期、婴儿期、学步期、青春期、壮年期、稳定期、贵族期、官僚化早期、官僚期、死亡。企业越到中后期，其发展速度就越会降低，出现不利于经营管理因素的困难问题也越多，直至积重难返。

其中，在债务企业恶意转移资产、进行“逃废债”的情形中，债务企业及其法定代表人、主要股东和高级管理者缺乏诚信，采用违规甚至违法的方式提供虚假资料恶意骗贷，转移贷款用途，将企业资金挪作他用甚至由个人侵占、恶意转移，影响企业的资金周转，导致企业流动性匮乏，使债务到期后无法履约，形成不良资产。

总体来看，不良资产的形成根源和经济周期、行业周期、金融机构及企业自身等因素密切相关。在过去，解决不良资产问题的成功经验是用发展的增量收益来化解存量资产的损失。经济高速增长时可以掩盖许多问题，无论是对企业还是对国家都是如此。但“出来混，总要还的”，当快速增长一旦放缓甚至停滞，其就会暴露出以往选择性忽略的问题，出现此消彼长的激烈博弈。

当潮水退去，才知道谁在“裸泳”。

（二）不良资产源于哪些行业

根据不良资产行业白皮书的统计，不良资产的行业来源主要是制造业、批发零售业、房地产行业、租赁与商贸服务业等实体行业，其不良贷款余额及不良率相较其他行业处于较高水平。另外，采矿业的不良余额较少，但是不良率水平较高。

对制造业而言，近年来整体经济不景气，供给和需求同时减少，导致制造业企业资金链更趋紧张。由于整体贷款投放规模较大，制造业成为不良贷款余额占比较多的行业。

对批发零售业而言，由于批发零售业供销以及结算周期短、资金流转要求高的特性，资金流动性压力普遍较大。批发零售行业内多以民营及中小企业为主，主体资质和内部管理能力良莠不齐。在宏观经济震荡的情况下，行业所对应的资金需求难以释放，企业整体资产流动性持续降低，导致其经营性现金流紧张，不良贷款率逐渐攀升。

对租赁与商务服务业而言，其涉及的贷款主体多为地方政府融资平台和租赁公司。而部分地方政府的财政收入高度依赖于土地出让收入，在国家加强地方隐性债务约束和房地产调控政策的“戴维斯双击”下，一些地区地方融资平台的再融资能力和还款能力受到影响，导致不良率有所上升。

对房地产行业而言，由于“房住不炒”“坚决遏制房价过快上涨”等政策以及房地产行业的信贷政策和措施调整，房地产企业资金流转和规模扩张的速度受限，房地产行业承受较大压力，其不良贷款规模和不良率均显著增加。虽然后期政策面释放的利好不断，而且再次强调房地产的“支柱产业”定位，但其主要作用也仅仅是在短期内提振了信心。

对于采矿业而言，一方面是部分采矿行业产能过剩，导致采矿业经营情况堪忧，滋生不良贷款；另一方面是受绿色发展宏观政策的影响，在碳达峰与碳中和目标的决策部署落实下，采矿业企业整体面临巨大转型压力，行业步入调整期。

（三）不良资产源于哪些主体

不良资产按照来源主体性质可以分为银行业不良信贷资产、非银行金融机构不良资产、非金融企业不良资产以及地方政府债务，各类组织的低效无效资产、僵尸资产。

1. 银行业不良信贷资产

银行不良资产通常是指处于非良好经营状态的、不能及时给银行带来正常利息收入甚至难以收回本金的银行资产，主要是指不良贷款，包括按五级分类标准认定为次级、可疑、损失类资产，已核销的账销案存资产，抵债资产，经相关监管机构认可的其他不良资产。

贷款五级分类是指商业银行依据债务人的实际还款能力进行贷款质量的五级分类。即按照借款人的还款能力和风险程度将贷款划分为五类：正常、关注、次级、可疑、损失，后三类合称为不良贷款。商业银行每年都会对难以回收的部分不良资产进行核销或者打包转让，剩下的净余额即显示在银行报表上的不良贷款余额。

其中，关注贷款是指尽管借款人有能力偿还贷款本息，但存在一些可能对偿还产生不利影响的因素，如这些因素继续下去，借款人的还款能力将受到影响，贷款损失的概率不会超过5%。

次级贷款是指借款人的还款能力出现明显问题，完全依靠其正常营业收入无法足额偿还贷款本息，需要通过处分资产或对外融资乃至执行抵押担保来还款付息，贷款损失的概率为30%～50%。

可疑贷款是指借款人无法足额偿还贷款本息，即使执行抵押或担保，也肯定会造成一部分损失，只是因为存在借款人重组、兼并、合并、抵押物处理和未决诉讼等待定因素，损失金额的多少还不能确定，贷款损失的概率为50%～75%。

损失贷款是指借款人已无偿还本息的可能，无论采取什么措施和履行什么程序，贷款都注定要损失，或者虽然能收回极少部分，但其价值也是微乎其微。从银行的角度看，也没有意义和必要再将其作为银行资产在账目上保留下来，对于这类贷款在履行了必要的法律程序之后应立即予以注销，其贷款损失的概率为75%～100%。

银行业主体是产生不良资产的主要来源，尤其是在经济下行时，一方面，各实体行业面临需求停滞、库存激增、资金周转受阻、市场萎缩加速企业出清等诸多问题，导致银行大量的正常类贷款、关注类贷款转为不良资产；另一方面，部分区域性银行在经营发展过程中为追求规模扩张而放宽风险准入、大量拓展异地项目、疏于贷后管理，不可避免导致风险资产加速暴露。

在银行业不良资产的组成中，存量上以国有银行为主，增量上以城商行和农商行为主。

2. 非银行金融机构不良资产

非银行金融机构主要包括信托、证券、基金、保险、融资租赁公司以及全国性金融资产管理公司等机构。其中，一部分金融机构在开展业务时通过加杠杆、加久期、加利率、加风险来提高收益，但由于杠杆高、嵌套多、链条长、影响面广，更加无法兼顾流动性、安全性和收益性，对市场波动更为敏感、承受力更弱、交叉传染更加迅速，稍有风吹草动就可能诱发流动性“踩踏事件”，为良性发展埋下风险隐患。

信托不良资产、证券不良资产、融资租赁不良资产等类型的不良资产规模增厚，甚至其增速可能超过银行不良资产。比如，曾经信托机构竞争日趋激烈，促使部分机构放宽风险把控标准，在部分行业的投资过度集中，逐渐放松合规意识和管控能力，导致长期积累的风险在经济下行时加速释放。

在频发的各种违约事件中，房地产信托违约暴雷事件集中爆发，在违约数量和金额上成为违约“重灾区”。

3. 非金融企业不良资产

金融风险的根源在于非金融企业不良资产，包括企业低效益或亏损经营资产、应收账款、未结清借贷等，以及陷入亏损的困境企业（项目）或者濒临破产、资金链断裂的困境企业（项目）。

通常情况下，不良资产的主要形成与传播路径如下：

首先，实体经济中企业经营不善或者投资亏损，导致企业债务危机；其次，通过各类融资路径转移到银行信托等各类金融机构，形成金融不良资产；最后，随着金融不良资产的不断积累和转移形成金融风险，甚至爆发金融危机。

可见，债务企业不良资产是金融风险或者债务危机的源头，要从根本上化解金融风险，需要对债务企业不良资产及时进行处置，以免其转移、积累。

不良资产管理公司开展企业不良资产管理业务，实际上是“祛病除根”、化解金融风险的“治未病”之策。

过去，大量的非合规融资方式导致相关企业出现各种坏账，严重侵蚀了债务企业的现金流，进而引起非金融企业不良资产供给量的持续增加。

在财务三表中，大多数企业家更关心利润表，更容易忽视现金流量表，但是决定一个企业生死存亡的并非所有者权益有多大，而是现金流能否满足企业日常运营需求。

现金流如同人体的“血液”，一旦供血不足，无论企业所有者权益多么庞大，企业都会瞬间“休克”。现金流是企业正常运转的“命脉”，它以收付实现制为核算基础，是考量企业风险的首要指标。利润是股东追求的经济回报，但只有在现金流正常运转前提下，其才有意义。

企业债权管理的本质不在于企业外部的债务人信用管理，而是企业内部管理，正所谓“内无忧则外无患”。

解决债权风险问题，不应该简单将问题归咎于债务人违约，而要从根本上由风险的制造者完成，解决基层人员的风险意识和风险行为，并从债权清收人员抓起，进而上升到“一把手”工程，调动一切企业能调动的资源，推动债权回款。否则，债权管理人员永远停留在“救火队长”的角色，解决完一波风险，另一波风险又到来了，长期处于“疲于奔命”状态。

在企业实际经营过程中，由于多数企业在完全竞争领域属买方市场，而买家在交易中占据主动地位，很大一部分买家要求卖家降低首付比例，卖家为了提升市场占有率需要为买家垫付资金支付上游货款，借助信用销售杠杆。因此，企业的大量货款和利润以债权形式存在。

在经济下行时，大量企业由于经营压力增加，出现隐性债务危机，其风险可能延后显现。

企业纾困解难，低效资产优化，是永恒的话题。

二、不良资产行业的市场格局

不良资产行业中的交易市场主要分为收购市场及处置市场，非交易市场主要由无数企业内部的大量以信用销售货款存在的应收账款构成。

其中，收购市场通常也称一级市场，主要是由银行、非银行金融机构及非金融企业作为卖方，持牌不良资产管理公司作为买方构成。

处置市场通常也称二级市场，主要是持牌不良资产管理公司作为卖方，各类不良资产投资人作为买方构成。

（一）收购市场

根据前文所述不良资产的形成来源，银行、非银行金融机构及非金融企业将产生的各类不良资产通过拍卖、协议转让等方式出让给不良资产管理公司。

其中，对于银行业金融机构而言，不良资产主要是不能或者预估不能按时、足额收回的贷款，即信贷资产五级分类中的次级、可疑、损失三类贷款。在大量的关注类贷款中，若出现一部分资产情况恶化，其将被下调评级成为不良贷款。

对于非银行金融机构而言，不良资产主要由信托、消费金融公司、私募基金、财务公司、不良资产管理公司等机构开展的信贷或类信贷业务形成，包括信托贷款、委托贷款、消费贷款、承兑汇票、非标债权、融资租赁等。

对于非金融企业而言，不良资产主要以应收账款为主，包括逾期或者预期可能发生违约的应收账款、尚未处理的资产净损失和潜亏（资金）挂账，以及按财务会计制度规定应提未提资产减值准备的各类有问题资产预计损失金额。

关于不良资产收购区域，华东、华北、华南及西南四个地区是不良资产管理公司收购不良资产的主要区域，主要原因是东部沿海地区经济发展程度高，参与不良资产处置的市场主体多，资产流动性强，收购价格也相对较高。

2022 年 6 月，中国银保监会办公厅发布了《关于引导金融资产管理公司聚焦主业 积极参与中小金融机构改革化险的指导意见》，适度拓宽了金融资产管理公司的经营范围。为提高风险资产处置效率，该意见明确，相关金融机构可将此前不在收购范围内的五类风险资产转让给资产管理公司，包括涉及债务委托项目，债务人已进入破产程序的项目，本金或权益逾期超过 90 日的资产，债务人在公开市场发债违约的资产，因疫情或相关偿债资产延期还本付息后再次逾期的资产。

简单来说，因债务人流动性短缺而无法按期如约回收，且存在无法全额回收风险的资产、项目等，都属于不良资产。

整个不良资产的范围不仅涵盖传统意义上的逾期坏账、资产组包转让，还包括困境性过桥贷款、困境房地产、困境企业、违约债券、基金流动性折价收购机会、上市公司股市做空带来的特殊投资机会、低效或者无效资产、僵尸资产等，故其更确切的名称可能应当是“特殊资产”。

（二）处置市场

不良资产管理公司在收购不良资产后，会通过一系列处置手段得以回收现金、价值实现，包括但不限于自行清收追偿、债权转让、委托处置、资产置换、以物抵债、租赁、债务重组、破产重整或者清算、债权转股权、资产证券化等方式。

其中，首要的处置方式是自行清收。由债权人和债务人进行协商谈判，若协商和解无法达成一致认同，接下来可采取诉讼清收方式；若诉讼清收效果不佳，可采取债权转让等其他处置回款方式。

最常用的处置方式是债权转让。不良资产管理公司等债权持有人通过各大金融资产交易平台和公司官网对债权资产进行招商推介，然后转让给意向投资人，包括各资产管理公司、基金公司、投资公司、其他实体企业或者个人等主体。

不良资产管理公司在债权转让处置时，将收购来的不良资产包进行逐户拆包分解，根据资产的实际现状进行估值定价，按照一定关联特征或者特殊目的再次组成新的资产包，采用二次出售的方式获得处置收益。除了对不良资产进行拆分、组合打包并再次转让之外，不良资产管理公司还可对不良资产进行资产重组、债务重组、债转股、资产证券化等一系列多元化处置方式。

面对底层资产类型和各方诉求的复杂性，不良资产处置的“玩法”一个比一个高级，一个比一个复杂。从“不良资产”扩展到“困境企业”“困境项目”“风险机构”的“大不良”范围是趋势。若还囿于贸易模式的“小不良”概念，势必无法跟上金融市场发展的主流。

经济学家熊彼特对“创新”有一个定义，就是将原始的生产要素重新排列组合为新的生产方式。不良资产管理公司对困境企业的介入程度越深，牵扯到的利益主体越多元，为解决问题而设计的交易方案越复杂，对不良资产处置方的考验也就越大。

因此，不良资产管理公司想要成为“问题资产”的“白衣天使”，不仅要具备基础的资产获取、管理和处置清收能力，还需要具备丰富的产业资源、金融资源、法律资源甚至政策资源，以及过硬的资产经营能力和资本市场运作能力。

不良资产投资是一种“反人性”的生意。经济好的时候，常规投资容易赚钱，而当经济下行时，这些“救火队员”才是风险化解的关键角色。投资不良资产，解决资源错配常常被认为是在“坏年景”里的“好生意”。

不良资产市场总是在发展、变化，从业人员虽然在尽力总结、发现规律、学习借鉴，但是仍然没有一个法则、模式是万能的、一定能保证成功的，也不能按照总结物理定律那样总结不良资产商业世界。

它的复杂和魅力，皆源于此。

第二节　地位与影响：不良资产的能量超乎你想象

通过前文介绍，我们了解到“不良资产”是一个泛概念，包括会计科目里的坏账科目、银行等金融机构的不良债权、企业尚未处理的资产净损失和潜亏挂账、政府债务、各类组织的低效或者无效资产、僵尸资产等。

通常，人们在听到不好听、不吉利的事物时，基于趋利避害的本性，一般都会避而不谈甚至刻意躲闪那些话题。而不良资产圈内人一开口就必言“逾期”“坏账”“垃圾”“亏损”“风险”“流拍”“失信”“破产”等负面词，圈外人一听起来就可能感觉晦气。

面对复杂多样的不良资产类型，谁在迎难而上、踏浪而行，在不良资产行业躬身入局、风生水起？

下面介绍不良资产行业的主力军——资产管理公司和金融资产投资公司及其发挥的作用。

一、不良资产行业的主力军

（一）金融资产管理公司

在20世纪末，当时国有银行积累了大量不良资产，有可能引发金融风险。为了化解风险，国家在1999年成立了四家金融资产管理公司（Asset Management Corporation，AMC），分别是中国信达资产管理公司（以下简称信达）、中国华融资产管理公司（以下简称华融）、中国东方资产管理公司（以下简称东方）、中国长城资产管理公司（以下简称长城）。

2020 年 12 月，由中国银保监会批准开业了第五家全国性金融资产管理公司，即银河资产管理有限责任公司。

这五家金融资产管理公司均是位于北京的金融不良资产管理公司，属于在全国范围内专业承接和处置不良资产的资产管理公司。

从历史来看，信达、华融、东方和长城在成立后的10 年里完成了 1.4 万亿元政策性不良资产收购任务，为国有商业银行的成功改造和上市做出了重大的贡献，有效化解了当时的潜在金融风险。

事实上，这四大金融资产管理公司已全部转型为金融控股集团，其业务范围除不良资产收购、管理、处置外，还包括了各类控股子公司广泛涉足的存贷款业务、金融租赁业务、保险业务、证券业务、信托业务、基金管理业务、资产管理业务、房地产开发业务等。需要特别提及的是，他们曾经广泛涉足的非金融机构不良资产业务在本质上属于影子银行业务，即金融资产管理公司可以通过受让非金融企业债权的方式向房地产、基建及其他特定行业或者领域提供融资服务。毫不夸张地说，原四家金融资产管理公司曾经一度成为无所不能的金融机构。当然也正因为此，其内部也逐渐积累了诸多风险隐患，为后续被头部央企审计接管、战略投资、股权划转等变革埋下了伏笔。

当前，五大全国性金融资产管理公司在不良资产市场中的特点是回归主业，同时向客户提供更加个性化和多元化的金融服务和解决方案，注入投行思维和资源整合运作方式，与产业资本合作，打造不良资产行业生态圈。

（二）金融资产投资公司

2017 年，中国工商银行、中国农业银行、中国银行、中国建设银行、交通银行五个国有银行设立了各自的金融资产投资公司（Asset Investment Company，AIC），分别是工银金融资产投资有限公司、农银金融资产投资有限公司、中银金融资产投资有限公司、建信金融资产投资有限公司、交银金融资产投资有限公司。

按照原银保监会于 2018 年出台的《金融资产投资公司管理办法（试行）》，金融资产投资公司是指经国务院银行业监督管理机构批准，在中华人民共和国境内设立的，主要从事银行债权转股权及配套支持业务的非银行金融机构。

金融资产投资公司开展债转股应当符合国家产业政策等政策导向，优先考虑对拥有优质优良资产的企业和发展前景良好但遇到暂时困难的优质企业开展市场化债转股，包括因行业周期性波动导致困难但仍有望逆转的企业；因高负债而财务负担过重的成长型企业，特别是战略性新兴产业领域的成长型企业；高负债居于产能过剩行业前列的关键性企业以及关系国家安全的战略性企业；其他适合优先考虑实施市场化债转股的企业。

金融资产投资公司主要通过先收购银行对企业的债权，再将债权转为股权的形式实施债转股，收购价格由双方按市场化原则自主协商确定。

（三）地方资产管理公司

为了防范、化解地区金融风险，由各省级政府及计划单列市政府批准设立或授权，由原银保监会备案，各地陆续成立了多家地方资产管理公司。它们也被称为地方持牌不良资产管理公司，主要就是以防范和化解区域金融风险、维护经济金融秩序、支持实体经济发展为主要经营目标。

其中，符合条件的民营企业可通过入股金融资产管理公司，以及发起设立、控股或参股地方资产管理公司的方式参与不良资产一级市场，同时也可以直接设立其他主体参与不良资产二级市场。

相较全国性金融资产管理公司，地方资产管理公司的业务模式总体上差异化较大、灵活性较高。具体来看，每个公司对不同业务类型的能力圈、内部管理制度指引明确性、决策流程与效率都不一样。

尽管不良资产业务的非标准化程度高，但是那些在市场上表现优异的地方不良资产管理公司通常能够清晰定位自身的能力圈。它们明确定位，收紧拳头，有所为有所不为，利用细分市场的经验优势、团队管理优势，选择聚焦特定区域，而不是全国铺开、流浪作战、替人接盘。

它们的管理体系及决策程序能够为业务拓展真正提供支持，将战略方向内化为公司上下凝心聚力的一致行为，在制度、流程、指引上清晰明确，甚至前台不需要事事授权就对产品政策和风险偏好有明确的预期，包括以物抵债、税务筹划、债务和解、债务重组、破产表决、共益债投资方案等方面的实操，真正做到了让每一个业务人员知道什么业务类型在公司内部一定会批准，什么业务类型在公司内部大概率不通过，大大地降低内部磨合成本，使效率最大化。

它们在自主收购处置有优势时采取自营模式，在合作收购更有优势的时候，灵活变通采取合作收购模式逐渐走上标的多元化、业务投行化、结构金融化的道路。

当前，地方不良资产管理公司在不良资产市场中的特点是：逐渐提高不良资产业务的本地化程度和运作效率；与其他资产管理公司、第三方服务机构合作，整合专业能力和优质资源，深耕细作；提升资产的多元化主动管理能力，强化资产管理业务模式；强化投资银行业务能力，丰富和创新债务重组手段和模式；与地方产业战略挂钩，围绕产业链，从事资产并购业务；针对具备价值提升潜力的不良资产，采取重整、重组、重构的投行化手段，同步引入运营方提升价值。

（四）功能定位的差异性

不良资产管理公司是独立于银行并和银行平行的机构，是银行体系外的风险隔离体系，而金融资产投资公司则是商业银行集团内部的下属子公司，是银行体系内的风险隔离体系。

金融资产管理公司成立之初的功能定位是专门的逆周期管理工具和金融救助机构，其最初的核心功能是防范和化解金融风险，充当经济金融体系的“稳定器”、金融风险的“防火墙”和金融危机的“救火队”，切断金融风险传递、累积的通道。

无论是对于全国性金融资产管理公司来说，还是对于地方资产管理公司来说，它们都因化解金融风险的使命孕育而生，但是随着经济增速换挡、宏观环境变化，它们已较难“坐享”宏观经济高速发展所带来的红利。

如何借助自身优势、整合匹配资源、发挥专业能力并构建生态圈，是每一家不良资产管理公司不断重新思考的课题。

鉴于不良资产是最大的业务资源，不良资产管理公司势必要具备多种业务工具，对不良资产进行多维度、深层次、长链条的开发与管理，如债务重组、展期、资产置换、以资抵债、增加投资、追加抵押、债转股、抵押物续建、改造升级等。

每一项精细业务的开展，都需要多种金融手段的综合运用才能完成。

不良资产管理公司生于不良资产，也必然兴于不良资产。不良资产管理公司要在商业上可持续经营，不良资产是资源，多种处置工具是手段，这是不良资产管理公司区别于其他金融机构的显著特色。

（五）不良资产管理公司的数字化转型

可能有些人认为，不良资产管理公司的资产管理、日常资料管理等仍停留在“原始水平”，比如纸质文件层层签字流转、数据统计表格非标而无法重复利用、日常材料汇报时“写小作文”等。还有些人认为，从0到1自建一个资产管理系统不如采购一个现成的方便。若不良资产管理规模比较小，确实没必要自建系统。

其实，行业内领先的不良资产管理公司已经认识到不良资产数据治理工作的重要性，并已经开始充分应用数字化系统赋能不良资产精细化管理，解决债权收购、管理、经营、处置等问题，其目的是解放人力双手，全流程进行不良资产数字化管理。

怎样对不良资产收购处置全流程进行数字化管理?

1. 收购时，不良资产管理公司借助资产定价系统自主动态评估单户资产及资产包定价情况，可选择性地参考但不依赖第三方估值分析。因为第三方评估机构通常主要擅长针对抵（质）押物这类实物资产进行估值，且对债权的估值需要考虑更复杂、更多维的因素，比如债务人、抵押人、担保人的状况以及抵（质）物的瑕疵和纠缠等，细究起来双方往往像是“驴唇不对马嘴”，需要进行特殊技术处理才能应用。

2. 收购后，不良资产管理公司基于业务底层逻辑围绕着资产估值分析，以回收计划为抓手进行持续跟踪和精细化、全链条、全周期管理，即根据未来预计回收计划，按每周、每月、每季度、每半年度、每年度的时间节点进行信息汇总、回收差异分析、动态追踪。

3. 关于未来回收计划如何制订？由项目经理采取访谈、谈判、营销、沟通、现场调研、咨询专家等的方式与债务人、担保人沟通还款意愿，或者采取诉讼清收，同时寻找意向投资人等方式，根据处置进度和障碍提出下一步处置计划和未来回收目标。在此基础上，按每月、每季度、每半年度、每年度的时间节点提交工作记录和报告，回检历史处置回款进度和原定处置计划的差异情况，动态调整下一步处置计划和未来回收目标。

4. 关于每户债权的存续期管理，应该关注哪些关键点？利用系统实时记录并定期跟踪。（1）通过系统采集并摸清以下基础信息维度：资产包、单户债权资产、逐笔贷款、保证担保人、抵押担保人、抵（质）押物资产（动产、不动产）清单、其他财产线索、债务人的关联人（含股东）。（2）单户债权资产按照预计处置回收进度，回款来源分别对应的是什么？债务人自行还款、担保人代偿，还是抵押物司法执行回款，抑或债权转让回款、破产财产分配回款。（3）预计处置回款时间分别是什么时候？预计最终回款时间是什么时候？预计盈亏情况怎么样？内部收益率预计是多少？（4）目前处置过程中的最大障碍或者风险隐患有哪些？预计未来有哪些不利影响？解决思路或者方案有哪些？（5）债务人及其关联人、担保人的还款意愿、还款能力怎么样？（6）抵押（质）物的评估净值区间是多少？（7）抵（质）押物现状有哪些瑕疵？比如查封顺位、长租约、占用、其他优先权等方面。（8）有哪些投资人对这笔债权资产表示感兴趣？他们的初始报价区间是多少，他们的付款能力怎样，是否需要使用杠杆，能接受的资金成本是多少？

5. 在处置过程中，通过搭建系统或者系统直连方式充分借助流量较大的拍卖网络拍卖平台以及资产监控平台，形成与产业方、资金方等生态圈主体的稳定联系，打造更立体、直接和可视化的沟通渠道。在合作中实现过程可追踪、问询有回应、事事有着落、结果可查询。

6. 在生态圈建设过程中，不断构建和完善自身的外部专家库，对专业领域的人做到有效对接，识别外部专业机构的特点和优势，做到针对特定问题能直接找到特定对接人，专人专事、对症下药。从市场中来到市场中去，只要不良资产管理公司的处置网络足够广、足够大，市场机制运作充分，就能够顺利化解不良资产处置中的种种难题，让资产的商业价值获得重生。

二、不良资产管理公司的作用和影响

作为金融体系的“清道夫”，不良资产管理公司处置不良资产、救助困境企业的独特功能和作用是其他金融机构所不能替代的，在化解系统性金融风险方面的作用也是不可或缺的。

不良资产管理公司化解金融风险的过程中培育了大量市场参与主体、盘活了各类存量资产、有效地提升了社会资源配置效率，发挥了逆周期管理救助的独特作用。

（一）通过收购、管理、经营、处置不良资产，培育市场参与主体

不良资产管理公司作为不良资产市场的重要主体，通过收购、管理、经营、处置不良资产与其他机构一起形成上下游关系，培育了大量市场参与主体。

当前不良资产市场已经形成了“5+2+银行系 AIC+外资系+N”的市场格局。

其中，五大全国性金融资产管理公司是化解风险的“主力军”；持牌地方资产管理公司凭借天然的地缘优势在化解本区域金融风险、服务当地实体经济发展方面发挥着重要的作用；银行系 AIC 主要是从事银行债权转股权的金融资产投资公司；外资系主要包括橡树资本、嘉沃投资（CarVal Investors）、华平投资（Warburg Pincus）、海南新创建等；“N”包含外资机构、私募机构、基金管理公司、律师事务所、不良资产服务商等诸多市场机构，属“民间队”，这些机构凭借自身的专业优势积极展业。

各方投资人都有各自的优势：有的在尽调估值、商业谈判、债务和解方面经验丰富，有的在协调法律资源和政府支持方面颇有心得，有的则具有行业分析和产业运营的核心能力，有的在商业、住宅、工业厂房、机器设备等多种类型抵押物上有独特处置资源，有的在低成本、长周期资金获取方面有特殊渠道来源。

大量民营非持牌机构与各类不良资产管理公司及服务商等合作，发挥各自的专业特长，帮助市场参与者识别资产风险、评估资产价值、扩大销售渠道、协调沟通信息等，解决信息不对称带来的困境从而促使交易成功，进一步促进不良资产流转。

虽然市场主体的增多引发竞争加剧，但是总体来看，各机构尤其是新入场的机构意在找准定位、展开错位竞争，而不良资产业务范围的扩围将为市场主体带来更多机会。

考虑到不良资产行业进入门槛高、专业性要求高等因素，市场需要更多有经验的参与主体，加强不良市场的活跃度，化解潜在的金融风险。

（二）利用投行化经营方式与综合服务，盘活各类存量资产

在不良资产处置过程中，应力求避免“剪羊毛”式的短期行为，不能仅仅通过转让、诉讼和司法处置的方式简单地“一刀切”，而是要尽可能打开投行化经营处置的思路，采用“专业 + 资本 + 资源 + 产业”立体产业链模式，比如对抵（质）押物足值、有升值空间的资产要立足经营，以获得长期、超额收益。

以“硬清收、打包处置”等为主的传统手段的“第一曲线”越来越接近增长极限，而企业债务重组、资产重组、结构性交易模式、对抵债资产追加投资并改造升值等投行化经营方式逐渐成为开辟“第二曲线”的重要举措。

在投行理念与经营方式的加持下，不良资产管理公司运用债权类或者股权类融资工具，从存量入手、以增量方式配置资源，对问题资产进行整体收购、分类处置、追加投资、改造升级、变废为宝，提升不良资产整体价值，从而化解债务风险、优化资源配置、实现存量盘活。比如，不良资产管理公司对烂尾楼、故障设备等抵债物进行追加投资、增值运作，待其恢复功能、价格显著上涨、价值得到市场认可后，完成出售、收回投资，实现资产的增值收益。

不良资产管理公司运用投资银行手段与产业资本合作，为债务企业引入有产业背景的重组方或者对优质资产等要素投入进行重组，盘活存量资产，通过对困境企业或者困境项目进行关闭清算、并购重组、破产重整甚至辅导上市等方式，把收购处置、并购、重组、救助结合起来，最大限度地提升资产价值，帮助债务人寻找可持续的商业盈利模式，甚至联结资本市场处置不良资产，最终把“坏资产”变成“好资产”。企业重组虽然通常需要较长时间，但是可以带来巨大、长期增益，能有效提高不良资产回收率。例如，不良资产管理公司为纾解企业风险，提升资产价值，围绕某拟破产债权项下优质生产车间，会同地方政府积极引入龙头产业方，承接厂房、人员设备并接管其生产经营，避免企业价值贬损，从而保障了产业品牌和产品市场份额，有效维护了当地的社会稳定。

在房地产企业纾困过程中，不良资产管理公司充分运用“债权 + 股权”“金融 + 产业”等特色金融工具箱，在助力房地产企业盘活存量、重组资产、优化布局方面发挥专业优势，开展“保交楼”、烂尾楼盘活、问题资产并购重组等项目，针对项目特点设计交易结构，有力保障了住房按期交付和信托产品按期兑付。同时促使房地产业风险化解和问题房地产企业市场出清，深度参与产业升级，维护经济社会稳定。

（三）化解信用风险，提升社会资源优化配置效率

美国桥水基金创始人瑞·达利欧在其所著的《债务危机》一书中说，美国1929年快速处置经济萧条持续时间比较长，主要原因不是问题太严重，而是决策者反应非常缓慢，错过了处理危机的最佳时机。

不良资产管理公司作为风险化解专业机构，可以充分利用不良资产处置和债务企业风险化解经验，在爆发危机或者出现风险苗头后以最快的速度采取多种方式帮助出险机构化险为夷，甚至可以根据客户需要，为投融资、资本运作、资产及债务重组、困境企业纾困、项目盘活、发展战略等提供财务顾问服务或者居间服务。

不良资产管理公司通过处置和盘活存量的错配资源，能够引导资源流向国民经济前景向好的行业和领域，促进价值变现和价值提升，实现商业利益和社会价值的双赢。

针对金融机构不良资产，不良资产管理公司通过收购不良资产使金融企业账面不良资产减少，整体资产质量提升，流动性资产增加，资本充足压力下降，资产负债表改善，化解潜在的金融风险；对收购的资产通过债务重组，使债务企业的负债减少，财务杠杆下降，信用风险降低；通过资产重组、债转股、破产重整和破产清算等多种投资银行手段进行处置，大幅提升资产价值，使存量资产得以盘活，错配资源得以优化，整个社会资源利用效率得以提高。同时，降低金融机构的风险资产比率，提升其资产充足率和盈利能力，更重要的是帮助金融机构恢复信心，增强其信用扩张能力。

针对非金融企业不良资产，不良资产管理公司直接通过附债务重组协议的方式收购应收账款坏账，并通过债务重组、资产重组等方式进行处置。一方面，提高了实体企业的流动性，改善资产负债结构，化解实体企业的经营和债务风险；另一方面，使银行客户的风险度下降，信用风险得到化解，减少了银行不良资产压力，提高了存量信贷资产质量。

第三节 误解与认知：当投资不良资产时，到底在做什么

不良资产管理公司投资不良资产不是盯着还不起钱的债务企业去“薅羊毛”，而是面对已经出现债务危机的企业试图发挥自身专业能力，化解风险、挖掘价值，从“垃圾堆”里“淘金”。在投资不良资产后，对症下药，根据不同类型的不良资产，采

取不同的处置方法，争取超额收益。其初心与核心理念不是靠债务催讨把债务人逼到墙角，而是希望首先争取债务人的信任，通过沟通谈判实现多方共赢。

但是在现实情况中，不良资产行业往往总是会被外行误解。

一、第一个误解：只会“薅羊毛”

若你问外行人：什么是不良资产投资？一个外行人最常见的评价是这样说的，“你们不就是秃鹫嘛，专门盯着动物尸体吃，盯着那些还不起钱的企业，去‘薅羊毛’”。从表面来看，这种说法是对的，不良资产投资就像秃鹫一样去觅食，但是他们可能对秃鹫这个动物本身就有误解。

秃鹫原本是一种活跃在低山丘陵和高山荒原的大型猛禽，主要以动物的尸体和其他腐烂动物为食，被称为“草原上的清洁工”。而“秃鹫投资”就是专门从事猎食投资困境企业的相关交易。

怎样解释才能向外行人说明白？

其实，与其说不良资产投资人是秃鹫，不如说其更像是森林的医生——啄木鸟。在经济生态中，经济周期等因素不可避免地会导致一些企业经营不善、走下坡路，甚至走向破产。

当企业发生债务危机，就像一个人生了病一样，许多人一辈子第一次碰到，怎么“治疗”？

看病时要去的医院分为不正规医院、正规医院等，这时候一定要推荐正规医院，而不是不正规医院。若去不正规医院治疗，哪怕现在只是炎症，也可能会加重。“正规医院”会向债务企业负责人阐述清楚市场经济变化与债务违约之间的关系，然后双方一起探讨并寻找共赢的解决办法。

不良资产管理公司投资不良资产不是盯着债务企业去“薅羊毛”，而是像“啄木鸟”一样，面对已经出现危机的企业，试图发挥自身的社会资源和专业能力，从“垃圾堆”里“淘金”、挖掘潜在价值、盘活存量资产，帮助客户解决困难、化解风险甚至起死回生。

换个角度来看，对于那些没有潜在价值的债务企业，即使其被不良资产管理公司收购债务，也不会有较大的价值提升空间；即使不被收购债务，也会因市场资源优化配置而面临被清算。

二、第二个误解：“二道贩子”

商业银行批量转让不良资产时，只能转给持牌不良资产管理公司，过一道之后，持牌不良资产管理公司才能转给其他非持牌的不良资产投资人。

也正因为这样的处置路径，许多外行对持牌不良资产管理公司还有一个误解——“你们不就是二道贩子嘛，只会坐吃政策红利倒价差，左手低价买，右手高价卖”。

且不说做“二道贩子”存在违规进行利益输送，为银行业金融机构规避资产质量监管提供通道的嫌疑，即使做了“二道贩子”，收费利率可能也只有1% ~2%。通常，持牌不良资产管理公司对外投资通常要求收益率在8% ~15%，与做“二道贩子”的收益相比显然相去甚远。

不良资产行业的从业者们是不会满足平均收益的，而是要争取超额收益。企业发生债务违约就像是企业“生病”了一样，不良资产管理公司作为“医生”，要根据“病情”的轻重缓急给出不同的治疗方法，对症下药。只有把“病”治好了，不良资产管理公司才能获得超额收益。

面对不同类型的不良资产，不良资产管理公司通常会采取不同的处置方法，远不只“二道贩子”那么简单。接下来假设几种情况来举例：

假如收购的不良资产当前价值很高，但其价值天花板有限，且还会随时间推移加速贬值，怎么办？像手里拿的冰棍，现在吃刚刚好，时间一长就化完了。像冰棍这样的资产，没有价值挖掘潜力，买了就要马上卖掉，尽快处置才能实现价值最大化。

假如不良资产包里有好有坏，该怎么办？

就像你家买了一箱苹果，里面有好苹果，也有坏苹果，是先拣好的吃还是先拣坏的吃？若先拣坏的吃，那么吃到最后都是在吃坏的，因为好苹果也在不断地腐烂。

这时候，正确的做法是什么？我们可以先做分类的考量：把坏透的苹果挑出来做有机肥，坏了一小部分的苹果挑出来做成水果拼盘，软的熬成果酱，上好的大红苹果送上宴会。不良资产管理公司对不良资产包逐户分类时会把其中的烂资产进行提取，好资产包装优化，从而实现价值最大化。

假如不良资产现在不值钱，但将来可能值大价钱，怎么办？

比如正在慢慢长大的小鸡，若现在就卖掉小鸡，还不如等其慢慢长大后再卖掉。面对小鸡这样的不良资产，立刻清收、处置往往收益不大，还容易造成关联企业倒闭，鱼死网破、得不偿失。这时，不如放水养鱼，做时间的朋友。

曾经有一家采煤企业胡乱投资，导致资金链断裂。不良资产管理公司通过谈判，先将不良企业的债权转让给产业投资人以收回部分现金。之后，产业投资人将债权转成股权，经过一段时间的运营后将股权装入上市公司，实现资本溢价，“小鸡就这样长成了大母鸡”。

上述类似冰棍、苹果、小鸡的不良资产都是有价值的，这时候外行人也可能会问，完全没价值的资产怎么办?

那么，你肯定见过根雕吧？一块烂木头经过精雕细琢变成“艺术品”后竟然能卖个天价。

在美食之都广东顺德，大厨们看到鸡肠、鸭肠、鱼肠这些看似没用的东西时不会扔掉，且用其做出来的鱼肠粥相当可口。可见，再不好的原材料，只要有心就可以做成“美味佳肴”。

“彼之砒霜，吾之蜜糖。”投资不良资产时，由于存在信息不对称，对自己来说没用的信息，可能对核心干系人来说非常重要，正所谓“垃圾”是放错了地方的资源。

关于不良资产行业，外行人只要记住一句话——从来没有不良的资产，只有错配的资源。

资本运作的核心手段是资源配置，核心目的是实现资本增值的最大化。资本的腾挪术，正是不良资产处置行业的理论基础。

三、第三个误解：暴力催收

每次回到故乡，亲戚朋友老同学们得知我从事的是不良资产行业，经常脱口而出问一句话:“你们会暴力催收吗？会不会把债务人逼到墙角?”

先不说现在是法治社会，暴力催收是违法行为。就算是能用，不良资产管理公司也不会用。

其实，对于不良资产实操高手来说，投资不良资产的核心理念不是靠债务催讨，把债务人逼到墙角丢砖头，而是首先争取债务人的信任，争取通过沟通谈判的方式，实现资产盘活和价值提升，努力促成多方共赢。

例如，在2014年3月4日，上海超日公司的“11超日债”违约，打破了中国债券市场零风险的纪录，成为第一个违约案例。紧接着，＊ST超日被曝有58亿元的债务黑洞甚至一度引发行业性风险，且若2014年公司经营状况再不改善，就会被退市。此前，许多人认为公司债和国债一样是安全的。

上海超日公司诞生时，由于新能源补贴，光伏产业风起云涌，公司经历了多年的爆发式增长。后来，由于盲目投资扩张、欧美反倾销反补贴诉讼、补贴下调等，高速开动的光伏列车突然熄火。上海超日公司为了还债和补充流动资金，在2011年发行了“11超日债”。但“纸包不住火”，公司于2014年宣布债券违约，这涉及了众多中小股东和债券持有人——其中还有不少退休老人，他们投资用的是养老钱。

作为曾经A股上市的第一家光伏企业，上海超日公司从突飞猛进、风光无限到深陷财务危机、命悬一线，只用了两年。

假如不良资产管理公司只用司法手段清收，不仅在处置流程上将面临重重阻碍，处置时间也会遥遥无期，还会和债务人争个“鱼死网破”。

假如破产重整方案不通过，则上海超日公司将直接面临破产清算的命运，普通债权人的受偿率将不足4%，等于说借钱给他人100万元，只能回收不到4万元。

解铃还须系铃人，只有首先争取和债务人坐下来沟通，争取各方信任，找到病因，所有疑难杂症问题才能迎刃而解。

正在这时，金融资产管理公司之一的长城赶来收拾这个烂摊子。作为上海超日公司的债权人，长城通过在法律、财务、行业等全方位的调研，终于发现了“危机”之中的“机会”，设计了“破产重整+资产重组”的方案。超日太阳能重整案也是集不良资产处置方法之“大成”的标志性案例。

整个计划分为三步：

第一步，寻找合适的重整投资人。长城找来了“白衣骑士”行业龙头企业协鑫集团等9方共同重组＊ST超日。只要他们把自己的资产注入进来，上海超日公司的经营业绩就能转好，避免退市的命运。但资产重组前必须先进行破产重组，减轻企业的债务负担，轻装上阵。

第二步，通过破产重整程序解决债务问题。长城拿出一份分级兑付的方案：对于“11超日债”的债权人，长城做出了无限担保；对于20万元以下债务，100%兑付；20万元以上的债券，则按照20%的比例兑付。为了通过这份草案，长城做了不少努力，甚至自掏腰包购买债权。最终，重整计划草案以刚刚超过2/3的微弱优势“压线”通过，奠定了后续操作的重要基础。

第三步，恢复上市。＊ST超日最有价值的就是它的壳资源，留住上市资格，各方的努力才有价值。2014年12月24日，＊ST超日重整完成，更名为“＊ST集成”。为了修复财务指标、恢复上市，该公司依靠与协鑫集团相关公司签订的约32.8亿元的采购与销售的关联交易，终于扭亏为盈。公司复牌后，其收盘价冲到13.25元/股，涨幅高达10倍。

至此，＊ST超日的相关利益方全部“解套”，基本实现了多方共赢的局面：上海超日公司被盘活，避免了破产清算的命运，经营恢复正常；债权人获得了较高的受偿率；重整投资人获得了优质资产，稳定了行业龙头地位；其他不良资产的接盘方也随着股价上涨获得了增值收益。

我国资本市场第一个公司债券违约事件就此成功化解。上海超日公司这起危机的化解将不良资产处置方盘活企业资产、整合行业资源的能力淋漓尽致地体现了出来。

面对困境企业，不良资产管理公司作为企业“医生”，就像医生看病一样，对症下药、治病救人，让困境企业从一个“病人”变成了一个健康的“人”，再变成一个强壮的“人”。

第四节　周期与挑战：不是投资机会少，而是经历周期不够长

不良资产作为一个逆周期行业，从 2015 年在政策层面逐渐放开到现在，已经成为众多机构所追逐的热点。

在经济下行的环境之下，不良资产依旧能够作为一个可能获取更高回报的热点被竞相追捧，可见其内在的投资价值。

一、逆周期行业，顺周期处置

橡树资本（Oaktree Capital）管理公司创始人霍华德·马克斯的观点是，在不良债权上赚钱具有高度的周期性，包括经济周期、投资人心理周期、投资人对待风险态度周期和信贷周期等，可谓复杂多变、难以打破。一方面，在极端危机的底部中大举抄底，逆势大举募集资金收购不良资产，在危机解除后取得良好投资回报。另一方面，在极端危机来临前，加强投资审查谨慎度，加大资产流转力度，尽可能提前减少损失。

从宏观来看，不良资产行业既有顺周期的属性，也有逆周期的属性。简单来说，经济增速好的时候，不良资产增速是低的；经济增速低的时候，不良资产增速是高的。

对不良资产而言，经济好的时候利于处置不利于收购，差的时候利于收购不利于处置。因为当经济发展向好时，相对较好的资产基本没有折扣空间，对于收购来说不划算，对于处置来说则能以较好价格快速变现；当经济恶化下行的时候，各种资产价格泥沙俱下，对于收购来说折扣空间较高，但对于处置来说变现周期变长。

企业的生命周期大致分为早期、成长期、成熟期、衰退期。只有少数企业能跨越周期通过创新突围及时变革形成第二曲线，大部分企业都会因为内部经营管理问题或者外部市场竞争问题走向灭亡，进而出现不良资产的投资机会。

在理想模型下，若能准确把握收购不良资产的时间点，在周期的底部买入、顶部卖出，通过合理的管理与处置手段就有可能实现低买高卖，获得较为理想的所谓“逆周期”投资回报。但是，在实际操作的时候，哪有这么简单？如何知道哪里是底部、哪里是顶部？

逆周期之所以难以做到，最难的一点是要和人性的从众本能做斗争，和行业的舆论氛围做斗争。市场真正的低点往往在行业万马齐喑的至暗时刻出现，这种时候去大笔

投资就好比在火场逆着逃生人群前行的消防员，在外界看来，其是火中取栗的巨大冒险。

巴菲特说：别人恐慌我疯狂，别人疯狂我恐慌。投资不良资产应该是跨周期的行为，应该在经济周期下行的时候收购资产，在经济周期复苏的时候出售资产。但是，博弈论的精彩就在于，谁也不能保证自己是这句话中的“别人”还是“我”。

在经济下行时，许多人认为不良资产投资机会少了、项目处置复杂性高了，甚至认为顺周期的时候都挣不到钱，还想逆周期翻盘赚钱？

其实，不是不良资产投资不好做、投资机会少，而是你经历的周期不够长，无法看清投资的全貌。

行业新手普遍认为，好收购时不好处置，好处置时不好收购。但是，当你从一个更长远的周期来观察思考时，你就会发现机会正在不远处“伺机而动”。在下行周期的任何阶段都可以买入，而在上行周期中的大部分时候卖出也不会犯太大的错。

对于成熟的投资人而言，其不应把关注点放在选择时机、微小波动上，而是重在把握周期的宏观走势，做中长期的判断和选择聚集于拥有相对优势的“天塌下来你也挣钱”的压舱石业务。当然，那些成熟的投资人也可能由于“手中有粮，心中不慌”，有充足的资金供给以及较低的资金成本。

所以，要了解不良资产投资的机遇和前景，就不能只看眼前，而要在更长的时间周期里去观察。

当你用“上帝视角”观察长期以来的不良资产投资机会时，你会发现有价值低估、遍地黄金的时候，也有高位疯抢、蒙眼狂奔的时候。就像红酒有特别好的年份，也有萧索年份；像果树种植有丰收之年，也有歉收之年。

在丰收之年投资需要胆略和眼光，勇于在经济相对低谷时出手。但在萧索年份也有相适应的最优生存法则，在萧索之年投资更需要智慧，积累知识能力、资金、渠道、人脉的同时，要做更加深入的客户挖掘、更加广泛的项目匹配，把眼光聚焦到可能赚不到快钱但有可能带来长期价值的项目上，然后等待下一个好年份的出现。

例如，从过去的历史来看，经济增长显著放缓与房地产市场的放松往往是正相关的，房地产市场也呈现出每几年一次的周期轮回。就像对于房地产企业来说与其执迷于“逆周期拿地”，更应当重视的是培养“全周期拿地”的实力和自信。

那么，又该如何培养出“全周期拿地”的能力？无他，筑好财务安全网，平衡好全国布局和区域深耕的关系，不执着于规模和既往路径。毕竟长远来看，唯有稳健经营、理念创新、专业引领、产融结合才是穿越周期的不变之道。

重要的不是规模，而是利润。在消极中寻找积极因素，未来已来，只是分布尚不均匀。

二、“捡漏”不良资产面临哪些挑战

不良资产行业的日常工作并不是“低买高卖”那么容易，而是一个多变量的复杂系统工程，且变量权重经常发生变化，需要项目经理先于他人把项目涉及的法律、估值、方案缺点、极端风险、投资时机、各个合作方诉求等琢磨明白。换句话说，不良资产从业人员在很大程度上挣的是信息差、认知差、执行差的钱。

（一）信息差

信息差是指利用交易双方信息不对称，处置能力、管理经验的差异，抢占先机、实现套利。

当有一个新信息，我知道但是你不知道时，依靠这些信息，我就可以找到供需短暂不平衡的风口和红利，赚取信息不易传递的利益。

特殊机遇投资的本质是基于信息不对称与能力不对称的动态博弈。

从业人员的行业资历和人脉网络决定了情报网络的密度与速度，而综合处理能力决定了项目处置进度和效率。

掮客群体自古有之，直到今天依旧相当活跃。信息如此爆炸的时代，为什么掮客群体依旧能存在并且依旧活跃？因为信息不对称是客观存在且难以消除的事实。

许多项目都需要通过各类中间人去获得相应的匹配资源，让懂行的人先在小范围之内“把把脉”，利用自身辐射的社交圈子跟信息面给出初步定性判断。决定项目投资与否的，有时候不是估值高低的定量问题，而恰恰是这种有没有硬伤、处置障碍能否克服、核心价值实现方式等的定性问题。

有些秘密就是只有找到对的人去打听才知道，这给了掮客群体发展的土壤和施展的机会，未能在知己知彼的情况下去盲目收购的就是“大撒币”。

若能知己知彼，先人一步获取确定性的新信息，在这个特殊机会投资上赚到钱就是水到渠成的。

（二）认知差

认知差是指我掌握的信息，你也掌握，但我比你理解得更深。依靠更深层次上的认知赚钱，在信息差较少的地方，赚取眼光和魄力的收益。

字节跳动的张一鸣认为，人对事物的认知是最核心的竞争力。因为在理论上，其他生产要素都是可以构建的，比如你要拿多少钱？拿谁的钱？要请什么人？这个人在哪里？他有什么特质？应该和怎样的人配合？这些要素都是可以构建的，而最重要的是你对这个事情的认知越深刻，就越有竞争力。

认知层面不同，结果不同。换一种视角看国内的不良资产市场，市场上有名的不良资产管理公司都各有自己的主打打法，但是，千万别小看那些深耕核心能力圈的打法，即使他们规模较小。哪怕别人照模照样学习，也可能只是照猫画虎、东施效颦，只学个表面功夫而学不到精髓和本质，无法复制那些核心能力背后的资源禀赋和盈利逻辑。请记住：重要的不是规模，而是投资收益，是利润。

行业老前辈总是念叨：没有不良的资产，只有不良的价格；没有不良的价格，只有不懂不良的人。不良资产行业最重要的资产不是遍地可见的资产，而是身经百战、经验丰富的一线实操高手，若不重视人的价值，不懂得尊重人、关心人，就等于把公司最重要的核心资产时刻暴露在风险当中。

华尔街有一句名言："这世界上没有绝对的劣质资产，前提是，只要价格足够低。"这里的"低"是相对的，是性价比高的概念。正如古董市场玩家们一生中最大的追求和最热门的话题——"捡漏"一样，其总是希望以极便宜的价格买到天价宝物，从中获取最大的利益。

在不良资产这个领域里面，实际上有两点非常重要：第一个是要以"捡烟蒂"低价获取资产的机会；第二个是要活得久，保持自己现金流的平衡，一直不下"牌桌"。而不良资产的价值空间在于交易对手的错误和市场的错误，因为这给了更有远见和审时度势的明眼人"捡漏"抄底的机会。

投资家苏世民认为："处于困境中的人往往只关注自己的问题。而解决问题的途径通常在于你如何解决别人的问题。"两百年前，奥匈帝国的首相梅特涅就说过一句话，政治学最伟大的价值，就在于清晰判断各方的利益。

面对一些暂时遇到流动性困难但是有发展前景的债务企业，不良资产管理公司若不考虑对方的实际情况而只考虑自身短期回款效率，选择上门催收、财产保全、起诉、申请强制执行等强硬措施，结果可能反而走向对抗，回款时间也遥遥无期。若不良资产管理公司能站在债务人的角度，着眼于长期合作，建立双方之间充分的沟通和信任，向其提供一定支持，甚至纾困与救助，结果可能在各方博弈中更有利于实现回款。

（三）执行差

执行差是指做了某件事会更好，我做了但你没有做；我能坚持不懈持续做，但你做了一阵子就停下来了；我行动起来轻快，但你做起来较慢。

正所谓流水不争先，争滔滔不绝。

执行差比拼的不仅是努力、速度，还是日拱一卒、勇猛精进的持续力。

不良资产管理公司若总是用更多文件落实整改意见、用更多制度落实管理要求，各种制度、文件就会层出不穷，最终把自己的手脚束缚起来。

当面对千载难逢的特殊机会投资时，若被复杂琐碎的手续、流程、制度所牵绊，有流程无指引、有制度无细则，而不是深入研究业务风险、设计交易结构、盈利模型测算，就会把宝贵的时间和精力耗散在无限的事务和琐碎中。

有些不良资产在处置流程顺畅、按照预期操作的情况下，本来是能够赚钱的，但是一旦操作缓慢、拖延下去或者被其他非人为因素牵绊导致错过最佳处置时机，利润就会变薄，甚至没有利润、产生亏损。

执行力强的不良资产项目团队通常会把“完成比完美更重要”作为行动准则，把“干就是了”“先干再说”挂在嘴边，只要求有八成把握就上马项目，在把握核心风控要件的前提下推动后续流程，而有的团队把“不犯错”当作唯一准则，事事追求“四平八稳”，无数次推演项目全过程，幻想规避所有的可能性风险，迟迟不肯下场。

执行力强的不良资产项目团队能够在收购端把被动收包转变为主动定制，探索一站式化解企业债务新方式。比如，在一个典型的不良资产收购场景中，商业银行挑选三户及以上不良债权组成一个资产包，向不良资产管理公司发出邀约函，各家资产管理公司参与报价，这是一种以金融机构为中心的业务模式。

但现实中，企业不是只和一家银行发生信贷关系，往往是在许多银行都办理贷款，当有一家银行首先把对其的逾期贷款向外转让，其他债权人银行为了控制风险敞口也会选择在当年内同步跟进，把其对这家企业的贷款也向外转让。这样一来，同一家企业在不同银行的贷款就会出现到不同的资产包里，由不同的资产管理公司接手，企业需要和不同的资产管理公司打交道，增加了解决债务的时间和成本。

执行力强的不良资产管理公司可以另辟蹊径，构建起以债务企业为中心的业务模式。在收购债务企业一户不良债权的基础上，定向收购债务企业在其他银行的不良贷款，成为债务企业的唯一债权人，通过罚息减让、债权展期、分期还款等债务重组或者破产重整方式，帮助债务企业走出困境。

三、如何做到专业级“捡漏”

投资家李录说过一句话：正道就是可持续的东西。

可持续的东西都具有一个共同的特点，就是若把赚钱的方法一点一滴毫无保留告诉所有的人，大家都觉得你这个赚钱的方法“真对、真好、我佩服”时，你得到的东西在别人看来是你理所应当的东西。

相应地，当你把你自己赚钱的方法毫无保留地公布于众时，大家都觉得你是一个骗子，那这个方法肯定不可持续。

这听起来像是一个极高的、圣贤境界的道德说教，但其实它可能已经不仅是什么正道了，而是唯一可以走的道路了。在不良资产行业，只要折扣够低，闭眼买就能赚的年代一去不复返，在综合水平、专业技能、职业素质、资本投资、资源整合、产业并购领域较量的时代方兴未艾。

不良资产交易在某种程度上像古玩交易。古董界形成了以“不保真”为最具代表性的行规。“不保真”是指在古玩交易时对交易物品的真伪，出卖人并不保真，正所谓“出门不认，打眼不赔”。因为交易市场鱼龙混杂，甚至买卖双方刚结束交易，东西就可能被“调包”了。对古玩的识别均是凭借受让人自己的眼力、知识水平、审美、经验、智慧、鉴赏能力去判断真伪、年代、价值，买家凭其判断购买古玩后，即使出现赝品，若交易过程中双方各自认可，便不可再以买假或买错为由要求卖方退货。法院的判决结果也大多尊重这一“习惯”。

不良资产行业的从业者们经常也会遇到各种不良资产瑕疵，导致债权投资出现投资亏损，详见本书第三部分“进阶通道”中的不良资产投资失败研究。

因此，从事不良资产行业的必要条件通常被认为需要有一定的社会经验或者其他行业的基础。比如银行信贷基础知识，需要熟悉贷款类型、借贷合同类别、借贷流程，因为金融不良资产占比较高；再如法律基础知识，需要熟悉《民法典》中物权编、合同编、婚姻家庭编、继承编、侵权责任编等相关内容，以及《公司法》《企业破产法》等，因为债权确权，即获得生效裁判文书至关重要；又如财务、评估、心理、谈判、统计等学科基础知识。

除要有一个比较高的起点外，每往前走一步都要聚集足够多的经验、认知、势能，让每一次进步都成为下一次进步的基点，而不是每一次都要重新开始。

有个词叫“专业级捡漏”。专业源自专注，在自己熟悉、擅长的领域里深耕，深挖本领域可能的投资机会，成为本领域的王者，其实比什么都投资、什么都不精更靠谱。

当你对某一个行业或者领域越熟悉时，就越能发现其他人无法发现的机会，并且越敢于对外行人看上去有缺陷的企业或者有瑕疵的资产进行投资。

“专业级捡漏”的前提是对行业和项目的独到洞察，只有这样，你才敢出手投资一些看上去有问题但是你能搞定的项目。

要做到高速率、可叠加式的进步，关键是要做减法，懂得放弃不擅长的、没有优势积累的领域。通过做减法，聚焦自己的特长，让过去的经验成为未来发展的一级又一级基石。

不良资产行业越来越向着多元化、深加工型的模式演化发展，而形成在特殊领域有针对性的专业化处置能力正是专业化捡漏的前提，也是不良资产管理公司的核心竞争力。

第五节　方向与策略：外行看热闹，内行看门道

一、投资偏好：你的选择成就你自己

亚马逊创始人贝索斯从 1997 年开始每年都会写一封致股东的信。贝索斯非常骄傲地写道："亚马逊在 1997 年通过了许多里程碑，到年底，我们为超过 150 万客户提供服务，收入增长了 838%，达到了 1.4 亿美元。"那一年的亚马逊，年用户 150 万个，一个微信公众号、小程序可能都比它的用户数多。年营业额 10 亿元人民币，搁在今天，就是一个大网店的水平。但是那一年，贝索斯写道，"It's all about long term"。我们可以翻译为，一切都将围绕长期价值展开。

也许很多人的起点都一样，但是人和人的选择不一样，进而赛道不一样、战略愿景不一样、战略耐心不一样，最后所积累获得的核心能力不一样，成就结果当然也不一样。

一言以蔽之，你的选择成就你自己。

每家不良资产管理公司的产品都不完全一样而且经常不停变换，但重要的是应该在管理体系和风控手段上不断积累知识资产。"吃一堑，长一智。"同时，看别人的模式，找自己的机会。

找准细分赛道精耕细作远比盲目找项目重要得多。在短期内，你可以利用泡沫赚快钱，但不能都是泡沫。许多急于"建功立业"的不良资产管理公司会"饥不择食，寒不择衣"，看到市场上飘过来的所谓"好"项目就喜欢尝试尽调、研究一番，常常从海量数字和信息中找寻合适的标的，而从来没有仔细想过垂直细分赛道、投资偏好对构建长期价值的重要性。

踩坑与困难是成长的必经之路，无论是行业、区域还是业务模式，长期来看都必须要有定力、坚持长期主义，只有持续投入、深耕细作才能形成具有竞争优势的核心竞争力，才能持续盈利与成长。

长期主义还意味着基于长期作决策，追求可叠加的进步和复利效应。有人把长期主义理解成"坚持"，其实，长期主义是指持续地聚焦于增强核心竞争力而不被诱惑。它是让我们持续地生活在一个警醒中——"一旦中断、前功尽弃"。

说回老本行，不良资产投资偏好有各种不同维度的选择，有的偏好一手债权，有的偏好二手债权；有的偏好金融债权，有的偏好非金融债权；有的为了分散风险而偏

好户数多的资产包，在资产包内各户债权之间腾挪调剂，形成短期、中长期回款的配套，投放、持有、处置，滚动式前进，形成闭环，也有的为了精准出击而偏好户数少的资产包，不求多只求精，买一单可以一击即中，实现比较好的投资回报，然后再做下一单；有的偏好流动性强、价格更高的资产，有的偏好流动性低、价格低、安全垫高的资产；有的偏好对公债权，有的偏好个贷债权；有的偏好房地产不良资产重组重整项目，有的偏好上市公司破产重整投资项目；有的在区域选择上偏好一、二线城市，有的偏好三、四、五线城市；有的在抵押物类型的选择上偏好有房产、土地等不动产担保的资产，有的偏好有应收账款、股权以及设备、交通工具等动产担保的资产；有的偏好法拍资产等物权配资业务，有的偏好债权配资业务等，不一而足。

（一）一手债权与二手债权

一手债权是指不经过其他债权人的处置过程，直接从金融机构收购的债权。其产品特点是“新鲜”，适用于持牌资产管理公司或者由持牌资产管理公司提供类似“通道”合作收购服务的其他不良资产管理公司。但一手债权通常由银行完全主导组包，普遍存在诉讼期限靠前、单户的集中度高、处置回款周期相对较长的特点，同时一手包市场竞争激烈，中标率低，中标价格让人望而生畏，不可控因素较多。

一手债权由于未经过市场检验，可能成为“蒙尘的珍珠”而被捡漏，作为“第一个吃螃蟹的人”有可能获得超额收益，也有可能遇到意外风险。

二手债权通常指已经从银行等机构转移到资产管理公司手中由不良资产投资人自行挑选、搭配不同诉讼阶段、不同底层资产的债权。相较于被动收购的一手债权，二手债权通常能充分匹配自身或者合作伙伴的资源和能力，发挥灵活处置机制，更好地把控整回收节奏。

由于经过多手转让，二手债权已经被尝试多次处置，成为不良资产的时间更长，需要协调的环节更多，管理成本也相对更高。

（二）金融债权与非金融债权

金融债权是指银行、证券、保险等金融机构按照合同约定贷给借款人货币而形成的权利。通常情况下，金融不良债权的法律关系简单、透明度高、安全性较高，但同时投资竞争大。

非金融不良债权的全称是非金融机构的不良债权资产，包括企业应收账款债权、不良资产管理公司的债务重组债权等。通常情况下，相较于金融不良债权，非金融不良债权的法律风险较大，债权债务关系较为复杂，需要的法律尽调要求更高。

（三）对公债权与个贷债权

对公债权又称企业债权，是指在债的关系中企业主体作为债务人的债权。通常，对公不良债权的金额大，户数少，相对管理成本低。

个贷债权是指在债的关系中个人作为债务人的债权。个贷不良债权通常户数多，单户金额小而分散，管理难度大，需要提供更高的费率激励，由专门的清收服务机构进行后端处置。个贷业务需要完全独立于对公债权的收购、管理和处置制度及流程。

（四）多户资产包与单户债权

户数多的不良资产包腾挪空间大，当其中几户可能回款难度大时，可以集中精力处置另外几户回款相对容易的；当其中几户可能亏损时，可以用另外几户的收益来弥补。同时，因为户数较多，底层资产分布区域广泛，管理成本也相对较高。

户数少或者单户债权的不良资产包有利于精耕细作，聚焦处置资源进行突破，但风险集中度高，一旦单笔回款困难，将影响整个项目进度。

（五）债权资产价格与流动性

债权资产价格与流动性是辩证统一的。同等条件下，流动性好的资产往往价格更高，流动性差的资产价格更低，但风险相对更大。为了提高流动性，不良资产管理公司通常会降低收益率要求，配置一些流动性好的高价项目。但在经济形势不好、资产折扣率高的情况下，不良资产管理公司可以储备一些流动性低但安全垫高的资产收购项目。

（六）房地产不良资产投资与上市公司破产重整投资

房地产不良资产投资主要是指以房产、地产相关物业进行抵押的不良资产，包括但不限于土地、烂尾楼、存量房，还有处于债权债务纠纷中、诉讼中、被查封中的，后续主要回款来源为房地产物业销售收入。最常见的房地产不良资产盘活流程是由不良资产管理公司收购项目公司有关债权，并提供包括债务重组、资产整合、招商引资等在内的综合服务，同时约定对后续的建设、资金投入与使用、运营进行监管，最终通过若干手段的综合运用提升房地产建设项目的价值，使该项目从烂尾楼变成人人抢购的优质项目。若债务人依靠自身无法盘活项目，不良资产管理公司可以通过和解、债转股或者司法程序成为项目所有人，然后再寻找擅长房地产开发、运营的代建方来盘活项目。此类不良房产的处置关键在于解决复杂的债权债务纠纷，进行资产定价和市场化操作。

上市公司破产重整投资业务中，在上市公司破产重整最终方案被法院裁定批准后，不良资产管理公司作为财务投资人按照重整投资协议约定价格购入股权，参与上市公司破产重整投资。同时，不良资产管理公司可为上市公司或其相关方提供低效资产处置、股票质押融资、股东债权收购等配套服务。

（七）一、二线城市的资产与三线以下城市的资产

在不良资产区域选择上，一、二线城市的资产保值水平高，容易变现，但是债权收购竞争激烈，单体资产价值量大，综合下来的实际收益空间有限。而三线以下城市的资产供应量大，投资议价空间加大，但是区域经济环境、司法环境相对不完善，因为地产市场房价下跌导致底层资产流动性较差。在不良资产投资时需要充分考虑流动性差带来的价值折扣、司法环境不完善导致的法律瑕疵、清收时间、费用等因素，可考虑采用合作收购处置模式，并匹配专职处置人员与当地市场对接。

（八）不同抵（质）押物类型的选择

在抵（质）押物类型的选择上，依赖于不同的资源禀赋和处置能力，每个人偏好不同的底层资产类型，擅长运营商业的偏好商业物业，混迹制造业圈子的偏好工业厂房和土地，有物流园经验的偏好物流园资产，接近二手房中介圈子的偏好住宅物业，熟悉动产运营的偏好汽车、机器设备、船舶等动产资产。其他抵（质）押物类型包括容易估值定价的资产收益空间小；定价难度高的资产反而有价值挖掘空间，收益空间大，这是需要辩证看待的。若不能研究透彻，应持谨慎态度：要么作低估值，留出足够安全垫；要么广泛寻求专业机构、业内人士的协助，采取合作收购模式并锁定后端；要么直接放弃。

（九）法拍配资

物权配资包括了法院端的法拍配资、破产阶段的拍卖融资和重整投资人融资、主要以地产项目为主的困境资产融资等多种业务模式，其中法拍配资是典型的物权配资业务。

目前，在法拍环节中，投资人需在成交后一次性付款。在许多地区，银行等主流金融机构仅针对住宅类房产提供抵押贷款，而对于不动产中的工业、商业、办公类资产及动产中的设备、船舶等大宗标的要么无法提供贷款，要么因为审批要求、区域限制、交易结构等要素无法满足法拍市场上投资人的特殊需求，导致大宗标的资产的流拍率高，资金供给不足的局面催生了法拍配资业务的兴起。

在法拍配资等物权合作收购类业务中，底层资产过于非标、复杂、另类、“特殊”，包括业态、位置区域、产权的情况、面积、资产自身限制、法拍附着限制、可能附着的税费义务等。法拍配资和抵押借款较为相似的一点是理论的“抵押率”，贷款金额对应底层资产估值，但因为没有产证，贷款前期是纯纯的空放。法拍配资业务时间比较紧，时间容易赶不上，成功率低，甚至事倍功半，所以要求资金机构内部流程

时效性较强，以便适应并满足市场需求。

即使前面的问题都能解决，业务也不一定保证落地，其间还可能出现各种幺蛾子，交易成功率较低，比如有人异议、挂牌资产可能会被撤拍，法院裁定书出来后办理产证时，可能突然发现有人侵占资产。另外，资金机构要做好尽职调查，防止被配资业务劣后合作方算计，使自己成为“接盘侠”。

极端情况下可能出现资产拍高，资金机构提供的配资资金被顶格使用，然后劣后兜底方放弃保证金跑路的情形，因为劣后兜底方的本来目的就是运作其自身名下被法拍的资产。不良资产投资过程中，什么都有可能发生。笔者曾经就见过抵押担保关系还存在，但是抵押资产却没了、被拆掉了等不可思议的情况。但是，好在最终获取的底层资产价格有折扣优势，再加上合作机构提供的安全垫往往是折上折的安全价格空间，且法律关系简单，主要依赖于合作机构对底层资产完成销售去化、运营或转让退出。这给予资金介入的盈利空间。

任何一笔非住宅类资产的法拍配资业务成功落地的背后，都是一个典型的多赢的故事，故事的主角分别是投资人、资金方、债权人、法院。投资人可以借助资金方的力量在法拍市场获得价格相对合理的资产，资金方可以实现相对较高的资金投资收益，法拍资产背后的债权人可以通过拍卖资产实现现金回款，顺便还可以帮助法院解决法拍市场上非住宅类大宗资产成交率低的问题。

二、不良资产盈利方向和策略的转变

传统不良资产的主要盈利方向和策略有：

第一，折价买入，向过去要收益，对底层资产的大幅折价买入是收益的重要来源。前手债权人基于考核或者其他压力不得不快速折价转让，让利给受让人。

第二，潜在当期收入，投资后可能会快速获得当期收入，包括租金收入、利息收入、法院提存等，从而提供较为稳定的现金流。

第三，运营增值，在收购后进行资产运营，并通过积极的业务经营、资产重组等提升资产价值，等待标的资产升值后获得回报。

第四，麻绳理论，即当麻绳打结之后，解不开或者粗暴斩断就会导致它的价值大幅贬损。而通过梳理，解开所有的结，就能还原麻绳本身的价值。债务企业由于中短期现金流出现问题，企业陷入经营困境，但其资产长期价值并未发生根本性变化。不良资产管理公司通过折扣价格获取不良资产，经过法律瑕疵上的初步处理后，资产交易价格有望回归到账面价值。这实质上是通过重新发现或者创造价值空间获得的投资收益。

第五，周期理论，股权资产或者有抵（质）押物的重资产债权具有更多的金融属性，通过获得资产增值，并处置股权资产或者土地、有价证券、房地产等抵（质）押物、实现担保物权使其债权得到优先受偿，最终获得收益。这实质上是通过对债权回归账面价值、股权增值溢价、底层不动产资产增值及处置变现获得的投资收益。

第六，信息不对称理论，损失类债权具有更多的法律属性，通过申请《律师调查令》，挖掘财产线索并申请强制执行等方式提供法律服务实现回款获取收益。信息不对称是指交易一方比另一方掌握更多的信息。金融市场的一个众所周知的特征就是信息不对称，所有公开出来的新信息未必能即刻被所有市场参与者接收到。哪怕是在自己公司内部也是如此，公司经理人对自己公司的经营情况要比股东了解得更清楚。此外，公司经理人也知道公司提供的财务报表是否真实，但股东没有办法马上判定公司管理者是否在这些方面诚实守信。

通过买入、修复、卖出这传统不良资产业务投资盈利的三部曲，不良资产管理公司作为不良资产盛宴的“做局者”，导演了一幕幕“贱卖”、接盘、博弈的大戏，但是决定其“吃上肉”，还是“喝到汤”的，主要在于不良资产的资产质量及其收购价格和项目经理的经验、认知、资源、眼光及综合能力。

不良资产行业的“老把式”们大多认为，自行清收、诉讼催收、债权转让、配资模式和债务重组等传统不良资产业务模式只能让不良资产管理公司赚到小钱，真正的机会藏在困境企业重组、困境项目盘活、资源整合、产业并购等项目里。

从整个不良资产市场来看，不良资产管理公司的投资偏好逐渐从投资不良资产包转向投资一些非常规性的特殊机会项目，资产包越来越变成一个次要配置的产品，有合适的意向标的的就重点尽调和投标，没有合适的就少买一点。

正如行业内普遍认同的看法，不良资产传统的“三打”处置模式将升级为“三重”模式，即由“打折、打包、打官司”的传统不良资产处置模式向“重组、重整、重构”模式转型升级、实现企业重生，“三重”是当前及未来一段时期不良资产处置的有效模式。

当然，这个转型升级不是一蹴而就的，不同主体的基因、路径依赖和资源禀赋决定了不同的方向与策略，有的主要赚资金剪刀差的钱，有的主要赚信息差的钱，有的主要赚执行差的钱，有的主要赚认知差的钱。

三、“资源诅咒”：利用资金成本剪刀差赚钱符合“递弱代偿”法则

通常，资金问题被认为是制约不良资产管理公司发展的重中之重。为了解决资金问题，不良资产管理公司使尽浑身解数进行多渠道融资，主要有银行贷款、发行公司

债、中期票据、永续债、不良资产证券化产品等，并开始谋求国际资本市场融资，发行美元境外债，拓宽融资渠道。

下游处置机构的项目资金中通常有20%～30%来自自有资金，其他所需资金来自各类资金支持者作为优先级或者夹层的配资方，配资成本也由15%逐渐降低到12%、10%，甚至降低到8%左右。

在不良资产收购配资业务中，充当配资方的资金支持者通常是获取资金成本较低的央企、国企等机构，资金成本低、品牌信用、根正苗红是其核心优势，且最适合赚资金剪刀差的钱。央企背景的不良资产管理公司的资金成本基本上在4%以内，国企背景的不良资产管理公司的资金成本基本上为4%～8%，民企背景的不良资产管理公司的资金成本基本上8%起步。

有部分国有背景的不良资产管理公司“手”伸得太长，幻想从鱼头吃到鱼尾巴，既想赚固定收益做提供资金的配资方，又想赚超额收益做服务商，“明明可以躺赢却偏偏要下场拼刺刀”的，结果两头都做不好。因为缺资金的不良资产投资人看到你既有资金又能做服务商时，一方面担心你撬走客户和项目，另一方面又会怀疑你真的有服务意识、能下海做服务商吗？当项目所需的渠道资源、其他关键资源缺位时，你能够低头去敲门吗？当金融机构的债权转让行为、债权人会议投票预测情况不利于你的时候，你能去低头营销、去办公室门口“堵”他吗？假如银行在破产程序表决中不投同意票，你能去低头求他，摆事实讲道理吗？关键资源缺位时，你能快速决策并拿“真金白银”砸进去，把坑填平吗？在重要项目的关键时刻，担心员工不卖力拼搏，在处置行为上约束他的同时，能在考核激励上满足他吗？所以，通常情况下，国有背景的不良资产管理公司去做服务商是个伪命题。

作为配资方的资金支持者的盈利来源主要包括比较基础的资金占用收益，即提供资金，收取利息或债权收益。

致力于提高不良资产处置能力和服务意识是融进民营不良资产管理公司血液里的，他们做服务商角色时，能够真正将服务意识“内化于心、外化于行”。对于通常属于民营企业的下游处置机构来说，其治理具有灵活性高和相对不规范的特点，资金来源虽相对匮乏，颇有“断流”风险，但凭借不良资产处置技术优势、消除信息不对称性以及执行环节消除不确定性的能力，依然能够在不良资产行业创造一方独立天地，为其他市场机构带来了冲击和挑战。

资金问题可以用“资源诅咒”来解释和解决。

“资源诅咒”是一个经济学术语，说的是丰富的自然资源可能是经济发展的诅咒而不是祝福，大多数自然资源丰富的国家的经济比那些资源稀缺的国家增长得更慢，原因是对某种相对丰富的资源的过分依赖，而只有在资源极度紧缺的情况下，才能迸发出创造力。

若资金太多了，就总会想着用钱来解决问题，就像一些有国有背景的不良资产管理公司，不去打造核心业务能力，而是不断找钱和投新项目，美其名曰“先做大规模”，结果收购了一堆处置不掉的烂资产。

许多人都认为，对于企业来说，资源越多越好，甚至自信地认为自己并不会掉入“资源诅咒”，但是实际上很难逃脱这个符合经济学规律的“诅咒”。比如，不良资产管理公司的资金成本与处置能力所呈现出来的结果通常成正比，资金成本越低，处置能力也相对较低。就像对于绝大部分人来说，更愿意选择更“轻松”的工作，哪怕这样的工作无法给自己带来职业的提升，锁死了上升路径。

这样看来，拥有充足的资金资源也不完全是一种好事，恰恰相反，有时候资源过于充足还会变成一种“诅咒”。正如那些资源丰富的国家和地区，往往高科技产业发展不好，奉行“造不如买，买不如租”的理念，因为挣钱太容易了，不会辛苦做产品、打造核心技术，如俄罗斯、巴西、阿拉伯地区，而没资源的国家则属于“穷人的孩子早当家”，如芬兰等。

由于生存的顽强程度低，呈现递减态势，于是，要想生存下去，就必须不断地寻找更多的支持因素、提升技术、增益能力，即“递弱代偿”。

因此，即使不良资产管理公司经过了从 0 到 1 的过程并发展壮大，不必再过于操心资金问题时，也要养成一个用“没钱”解决问题的习惯，用 0 预算的方式把资源整合起来。这是其唯一能和大公司竞争的能力优势，是项目团队最核心的竞争力。

四、倒卖类与专精类的差异：以专精类公司为例

正所谓“学我者生，像我者死”，许多人在表象模仿，没有抓住内在本质。学是要掌握本质、精髓，且可以实战。表象下面是真相，真相下面是本质。

盈利好的不良资产管理公司都有一个共性，那就是扎根于某一个垂直细分领域，并建立起其独有的收购逻辑、运营团队、处置渠道，而盈利不好的企业经常是各种论坛上的当红企业、社交能手，名声响亮，却“雷声大、雨点小”，拿不出几个叫得出来的经典项目案例。同时，双方对市场行情的判断也有较大分歧：盈利较好的企业认为现在是风口，价格合适，保持稳定的项目储备和收购频率；盈利不好的企业认为行业冷淡，价格不合适，坐等市场回归理性。

稳定的高盈利的几家资产管理公司，我们暂且称为“专精类”公司；盈利不好的几家资产管理公司，我们暂且称为“倒卖类”公司。

先看第一类“倒卖类”公司，他们对收益的理解往往仅限于资产包折扣与买卖差价，似乎折扣越低，想象空间就越大，往往不善于挖掘资产包潜在价值，也不擅长于调查相关潜在风险。有的在收购前注重尽调抵（质）押物这些明面上看得见摸得着的资产价值，渴望暴利，却无法看到潜在价值，且选择性地忽略潜在风险。有的因为曾经遭受过较大的单个项目亏损，有时候过于谨慎，有时候又热衷内幕消息，企图通过辗转于各大银行保全部及资产管理公司之间，建立人脉、动用人脉，通过获取收购、处置渠道信息和信息差，挖掘独特的价值点，提升买方估值逻辑能力，赚取差价。但因他们过于谨慎，不敢出手参与，往往只能看天吃饭，寄希望于“守株待兔”般的奇迹。

在市场有容量、盈利有空间的情况下，有众多的“倒卖类”公司浮于表面“浪战”，而没有扎根于行业内某一领域，沉浸在以往通过倒买倒卖来获取盈利的时代，当然只能处于亏损或者观望状态。

第二类“专精类”公司往往也遭受过亏损，但是反思能力和执行能力非常强。他们不停地寻找并迭代盈利模式，有专业的法务团队、评估团队，而且在某些细分领域有过硬的资源，通过打造“生态圈”，得以在收购端、处置端畅通无阻。他们或者与银行保全部及各家资产管理公司密切联系，或者擅长相关民事诉讼技巧，能较快地将债权推进至执行程序，或者在后端处置中可以给投资人提供过桥或者配资，或者在价值网络其他方面的某一环节有特殊资源和核心优势。

不论外界潮起潮落、风来风去，“我”自岿然不动，只在自身熟悉和擅长的领域里不断深耕细作，同时保持对新机会的敏感。“专精类”公司在行业内可能没有响亮的名声，但无一例外都扎根于某些领域，并深挖能力圈、“护城河”，实现最终真正的盈利。

今日之不良资产行业，唯有打造“专业＋资本＋资源＋资产”立体产业链模式，搭建场景，发挥优势，创造新价值，才有竞争力。

比如，浙江的一家不良资产管理公司非常注重生态圈培育，以市场化的方式充分整合各种优势资源，补充和提升公司不良资产收购处置能力，而这对不良资产业务做大做强可持续发展非常重要。其处置能力优势源于其非常注重对生态圈的培育，通过建设服务商体系、创新服务商合作模式，打造轻资产平台，拥有了非常多的服务商，而不同的服务商有不同的特色，通过与产业方开展长期、深度的合作，整合资源、互相配合，逐渐形成一个闭环的生态圈，并且依托生态圈布局全国市场。

再如，宁波的一家不良资产管理公司是国内困境资产领域最早获得保险公司、国有投资平台、大学基金会、市场化母基金等专业机构投资人认可与投资的私募基金管理人之一。其投资方法论可称为精选细分资产品类的隐形冠军。该不良资产管理公司基于社会基础生产生活的刚性需求，遴选可产生稳定经营性现金流的核心实物资产，并通过破产重整、司法拍卖、协议转让、债转股等途径低价获取。其主要投资标的有核心城市、核心区域的经营性物业资产，具有高壁垒、特殊运营资源的船舶资产，具有稳定经营性现金流的电站资产等。基于在困境企业重组并购领域丰富的投资、处置与运营经验，这家不良资产管理公司搭建了完整的行业生态链，深度发掘基于流动性危机或运营困境等带来的核心资产低价获取的机遇，采取分拆出售或重组运营提升等多元化方式进行退出，形成兼具稳定的期间现金流和长期超额收益的资产组合。同时，在优质经营性物业资产、船舶资产、电站资产领域构筑了远超普通不良资产投资人能力和认知水平的高壁垒“护城河”。

又如，上海的一家不良资产管理公司是国内领先的特殊机会投资管理公司，深耕特殊机会投资及管理服务领域，业务范围涵盖不良资产投资与服务、困境企业重组、困境地产重组及违约债券投资等。其商业模式主要包括：第一，金融不良资产自主投资，通过招投标、拍卖等公开方式或法律许可的其他方式从持牌资产管理公司等出售方购入不良资产，并通过司法追偿、债权转让、债务和解、破产清算等多种方式对受让的债权及相应资产进行清收处置，获取投资收益；第二，特殊机会投资管理服务，即为特殊机会投资人提供不良资产的投资管理服务，包括但不限于对包括金融不良资产在内的相关资产进行收购前的尽职调查和估价服务，竞价收购咨询服务，收购后的清收处置服务等；第三，企业重组业务以及信用违约衍生业务，包括不良债权处置带来的房地产项目盘整、证券违约项目重组等，凭借“对困境企业资产、债务、治理、管理和股权重组方案的设计能力，对各类困境资本的吸引能力，对困境企业所在地政府资源的导入能力，与困境企业老股东的共振能力，以及与各类金融机构包括债权人、投资人在内的共赢能力”，立志做困境企业的善意资本而非资本的“秃鹫”，在经济下行周期参与困境企业重组，帮助困境企业纾困脱困的同时成就自己，服务经济社会发展。

由于上海这家不良资产管理公司本身就有不良资产收购处置的丰富经验和能力，将其核心竞争力进行能力输出也是其核心打法之一。其尤其擅长处置价格便宜、不超过一毛钱的损失类不良资产包，通常可以进行劣后投资并作为服务商提供处置服务。

这家公司有个原则——不把服务商做成一个债务催款公司，不把债务人逼到墙角搞矛盾对立、丢砖头，而是通过沟通谈判、协商和解、重组、并购、以打促谈、争取债务人支持和配合等方式，在方案中适当照顾债务人的利益，从而实现双赢、多赢、共赢。他们认为不良资产回收不是靠催收讨债，而是一种债务筹划、危机应对、化解风险后继续前行的手段。

合作，而非对抗，是真正解决问题的正确“姿势”。一旦形成对抗，久拖不决，伤敌一千，自损八百，实属下策。

五、挣可产生复利的能力挣到的钱

有一个卓越的投资人被问到：一个投资基金应该挣什么钱？

她说自己也琢磨这个问题很多年，作为一个投资基金，挣的钱和其他公司好像不一样，但到底哪里不一样？

一开始，她说投资基金应该去挣创造价值的钱。这个说法好像听着挺高级和正能量，但试问只要是合法合规的行业，哪个行业赚的钱不创造价值？除了物质价值，能够提供增益的价值类型还有时间价值、情绪价值、社交价值、情感价值等。后来，她说投资基金挣的钱是其应得（deserve）的钱。但是反过来讲，什么钱不应得？只要付出劳动即应有报酬，这句话好像还是没有拿捏到要点。

再后来，她又说投资基金是靠能力挣到的钱。反过来讲，爱吹牛、欺骗或者用PPT创业获取大笔融资好像也是一种本事，甚至还有人说：“我凭本事借来的钱，凭什么还你”。

但后来，她又说投资基金挣的是信息不对称的钱。假如项目经理通过宴请、送礼等方式打听一些内幕消息或者通过利益互换方式让对方施舍出一点投资份额，让自己挣了一票钱，但是这些属于一锤子买卖或者傻子投了都能挣的钱，一旦人走茶凉便优势丧失、不复存在，不可能在未来持续产生复利。由此看来，这种说法好像也不精准。

一直过了许多年，她才准确地找到了这句话，即“一个投资基金应该挣可产生复利的能力挣到的钱”，而不是一锤子买卖、通过不可复制的方式挣的钱。因为靠运气赚到的钱，最终都会因为实力而亏掉。

什么是可产生复利的能力？

靠认知、信任、品牌背书，靠数十年如一日地精耕细作，也靠组织提升能力，越提升就越发展壮大，下一步的优势也会因此越来越大；每往前走一步，都要聚集足够多的经验、认知、势能，让每一次进步都成为下一次进步的基点，而不是每一次都要重新开始，这正是可产生复利的能力。也正如前文中投资家李录所说的：正道就是可持续的东西。

比如，全球知名的希尔顿、万豪、洲际酒店除自营外，还有大部分的酒店为品牌输出方式，即其不直接持有商业不动产，仅仅负责对合作酒店人员进行标准化培训，收取品牌使用费。这种品牌和运营输出能力就是可产生复利的能力。

类似地，不良资产处置服务商提供受托管理与处置服务，通过聚焦处置服务核心能力提升积累知识资产，这也是可产生复利的能力。他们不进行买断式收购，而是接受第三方金融机构或者其他债权人的委托，代为进行不良债权的追索和受偿，不对回款金额承诺兜底，通过和委托机构签订服务协议的方式收取服务费。

第六节　工作与风格：术业有专攻，提升永远在路上

一、揭秘人力资源概况及考核激励

在经济下行时，债务承压，违约潮水“波涛汹涌”，不良资产势必“凶猛爆发”。作为风险化解的关键角色，不良资产管理公司是被吞噬利润，还是拯救困境企业，是做“秃鹫”，还是做“白衣骑士”，关键在于不良资产操盘手的能力和技巧。

不良资产行业内部的竞争环境也日趋激烈，面临优胜劣汰，项目经理不得不快速提升自己，使用更加丰富的资产定价模型对收购资产进行精准估值和定价，采取更加精细的运营管理模式对资产进行分类管理、重组和价值挖掘，运用更为创新的处置方法，提升资产的流动性和盈利预期。

由于收购资产的多样性、交易结构的复杂性，不良资产行业通常需要大量拥有较高知识水平、创新思维能力以及丰富专业背景，并熟练运用法律、金融、商业、税务、财务、评估、营销、沟通、谈判等多种专业技能的各类型年轻化、专业化人才。更多时候，不良资产行业要求新人在进来之前就把基本功练好。打个不太恰当的比方：投资这座庙，地基要打四根桩。许多不良资产管理公司对“新人”的期待是入行前先打完两根半的桩，把基本功练好，有个好底子在。在没打半根桩的情况下误打误撞进来，新人会很痛苦，公司也是。

不良资产管理公司员工组成方面，目前大多数公司采用的是“前台＋中后台”的组织架构形式，全行业前台和中后台员工比例为1.4∶1左右，即100人的人员规模，前台人员占比55人至60人，中后台员工占比40人至45人。

风控人数方面，不良资产管理公司作为经济金融体系的“稳定器”、金融风险的“防火墙”和金融危机的“救火队”，首先重视自身风险管理体系搭建，设置专门的风险控制部门独立承担风险控制职能。风险管理部门、投后管理部门、法律合规部门共同作为不良资产管理公司防范化解各类风险的主责部门，协力打造“风险条线”

概念。

人才激励与绩效考核方面，目前地方资产管理公司的人才激励制度较为完善，但激励手段偏传统，缺乏有效的长期激励机制，以保障人才队伍的持续稳定。超八成的地方资产管理公司将涨薪、年终奖和职务晋升作为主要的人才激励手段，而设有跟投激励、员工持股计划的机构不足两成。

薪酬待遇激励水平方面，资产规模较大的机构员工平均薪资相对较高，据近年行业白皮书调查数据显示，税前收入60万元以上的员工占比可达四成以上，而小型机构员工税前收入60万元以下的员工占比可达55%，行业内薪酬水平存在一定差异。

高级管理人员来源方面，主要来自社会招聘、集团派驻，基本占比超过七成，少部分高级管理层来自内部培养和晋升。

高级管理人员平均年收入方面，资产规模较大的机构的高管年收入在100万～200万元的占比最多，约为50%；小型机构的高管年收入在100万元以内的占比最多，约为82%。

普通员工的平均年收入方面，智联招聘、前程无忧、中华英才网等多个招聘网站有效数据显示，持牌资产管理公司工作时间3年以上的一线员工基础年收入在25万～45万元，非持牌资产管理公司的一线员工基础年收入在20万～50万元的占比最多。后者的基础年收入离散区间相对更大，可能在绩效激励方面更加灵活和丰厚。不良资产行业从业人员的薪酬总额高于多数行业，但是可能比你预想的要少，除非拿下明星项目、创造巨大收益贡献才能获取超额的业绩报酬。

举个不良资产管理公司的考核例子，该公司整个考核指标基本集中在两个财务类的指标上，一个是营业收入，另一个是考核利润。

关于营业收入，先把行政成本、人力成本、预计支出费用、财务成本等合计计算出一个营业收入门槛值，再将预计毛收入纳入进去，形成营业收入的考核数值。

关于考核利润，每年会在年初预先摸底和测算一下全年的大概业绩完成情况，根据测算的业绩和各业务板块的实际规模情况对考核利润数值进行微调。“考核是指挥棒”，各业务团队和项目经理按照考核要求实施营销、展业、投放、处置。

二、项目落地靠的不是慧眼独具的天赋，而是高纪律性、重复性的工作

多数不良资产从业人员的日常就是不停地聊项目、做研究，非常讲究“纪律性”，而不是所谓的能艺术性地慧眼识珠，随时都能发现好项目。

所谓的“沙里淘金”，也只有在见过一望无际的沙石之后才能发现金子、淘到金。不良资产实操高手都是通过长期实地看项目、做尽调、见债权人、见债务人、见投资

人见各政府部门、见各中介机构，行万里路、阅人无数，逐渐锻炼出来的。虽然单笔投资能否成功取决于非常多不可控的变量因素，但是不能把投资看作一门艺术，因为富有高纪律性、重复性地聊项目、做尽调，才是不良资产投资人真正的工作风格。

这里列举一个项目经理的日常工作记录，见表1：

表1 项目经理日常工作记录

日程	工作内容	下一步计划
8:30~10:00	出发、拜访某个银行保全部负责人和主要管户经理，沟通不良资产情况及银行出表计划，洽谈收购重组方案	安排下一次拜访节点时间
10:30~11:30	参加代理律师电话会议，探讨处置案件进度和计划； 与公司风险审查部门分析项目风险探讨增信方案	准备资产管理公司内部流程审批和司法文书用印
11:30~13:00	与意向合作机构一起吃午饭，了解其诉求和交易结构搭建意向	将意向合作机构的诉求上报公司领导，获取下一步行动指示
14:00~15:00	拜访上市公司、投资基金，约见投资人； 与不良资产的意向投资人会谈，了解其实力、诉求和报价； 对存量项目进行推介，同时进行存续期管理	与债务人开展多轮会谈，形成会谈计划，将意向处置方案上报公司领导，获取下一步行动指示
15:00~16:00	团队内部小组会议，沟通项目可行性、谈判要点、交易结构，与风险审查人员再次交流意见	对项目最新情况进行梳理基于最新情况进行测算分析，进一步完善尽职调查报告或者处置方案
16:00~17:00	接收并浏览银行等金融机构债权人发来的债权资产清单，逐笔阅档，摸底处置可行性； 对相关主体、项目、数据进行开源网络情报分析，收集资讯，并安排时间现场尽调	将挑选出来的项目上报团队负责人，交流意见、达成共识
17:00~19:00 （含加班）	写立项报告、尽调报告、处置方案等文字材料	上报审批

项目经理需要不断地寻找项目、储备项目，不必为了完成业绩“逢包必抢”，不然就是“报价一时爽，处置火葬场”，反而应该保持超然和开放的心态，多参与、多投标、稳健出价，找合作方，甚至找竞争对手合作，借助劣后方的力量，小心驶得万年船。

投资一个项目有可能为不良资产管理公司或者合作方带来巨额回报，只是这份回报肯定是严重滞后的，而且不一定能最终兑现。因为钱花出去只是万里长征的第一步，存续期管理和处置退出仍会面临大量未知的风险，因此也不能丝毫放松警惕。

不良资产管理公司从债权、股权、服务等角度参与不良资产重组项目时，通常要面对一系列复杂环节，包括全面尽调、风险控制、方案形成、债务化解、资产盘活、退出等。若所收购项目没有重组价值时，可以将手中的不良资产直接变现，比如司法拍卖、诉讼追偿，或者将手中的不良资产打包并发行不良资产证券化产品，注入流动性；若遇到困境企业有重组价值，收购后待企业重组、修复完成后，不良资产管理公司手中的股权也将大幅增值，此时可再通过企业回购、向第三方转让、上市等退出方式变现；若遇到困境企业找好合作方、资金方但担心操作风险的时候，不良资产管理公司也可以提供一种高阶的“知识付费”，为困境企业提供受托处置、债务融资、方案设计等服务，获得顾问收入和其他收入。比如，有的资产管理公司推出“并购投资破产重整房企全流程专项服务产品”。

虽然同类业务的操作模式和流程大同小异，但是正如“世界上没有两片相同的叶子”一样，具体过程中可能面临千差万别的特殊情况。面对任何一种特殊、复杂的情况都需要充分发挥聪明才智或者借助外脑去解决，而不能按部就班、机械照抄。

三、助力项目经理实现职级跃迁的，是不断积累的信誉

每个职业都会有自己的职级体系，不良资产从业人员也不例外。业务序列设置有初级、中级、高级三类，名称叫法大同小异，比如专员、助理、经理、高级经理、资深经理等。

与大部分企业不同的是，不良资产处置清收是一个操作难度远远超过其他投资市场的专业领域，其工作本身具有非标准性、不确定性、复杂性，这也决定了它不可能对每一职级都做出精确的区分。

在职级跃迁的这条路上，不良资产行业并不会设置什么明确的关卡，通常也不会提出“一定要达成某项指标”的硬性要求，所以给很多人的印象是“一考定终身”，即入职时候的职级在往后很长时间内都没变化。

一般来说，助力一名项目经理实现职级跃迁的，是他在工作过程中不断积累的信誉。若你的专业研究能力和业务经验刚好符合了公司当前发展方向，或者契合了某类业务的爆发点，你就能先人一步，获取其他人没有注意到的观察视角和资源渠道，就能为继续推进项目获得信誉加分，成功开启上升通道。

在此之上，若“有幸”摸到了行业内某个明星项目，或者“短平快”的项目，或

者曾主办的某个项目“不幸”被投资决策委员会“枪毙”，事后却被验证回收得不错，也能增加项目经理的信誉，实现职级跃迁。

考虑到所有的业务都是几乎完全不一样的非标业务，团队领导拥有更高的信息流站位、信息不对称优势和经验优势，若你有机会举起领导递过来的“猎枪”，帮他打中几只“野兽”，也能获得信誉加分。

你也可以去开辟新的狩猎场，甚至探索新的狩猎捷径，进而主导这个项目、负责这个领域，这也能显著增强自己跃迁职级的信誉。

具体到日常工作来看，内卷是常态。内卷的意思就是内向演化，低水平的复杂。卷的本质是什么？是资源总量有限、分配机制有限，但每个人的欲望无限，无法满足每个人。

不良资产从业人员不仅需要时刻维护资产方的关系，第一时间摸清资产的实际情况，还需要和资金方建立深度互信，保证“粮草弹药”充足供应，甚至需要和关键的关联第三方建立链接，避免在关键交易环节被掣肘、被捅刀子，与之形成一致行动人关系。

债务人与不良资产管理公司具体项目负责人之间日常一起去吃饭、喝茶、跑步、打球、休闲钓鱼也是常态，甚至为了让债务人能优先归还己方债权，与他“喝个酩酊大醉”也不为过。

总之，只有依靠勤奋、敬业和工作能力的提升，躬身入局、升级打怪，才能在工作过程中不断积累信誉，实现职级跃迁。

取得进步最快的方法永远都是融入团队，向你的领导“请战”，迎接挑战、取得成绩。

四、投资决策流程依靠的是一套有纪律性的决策机制

从个人层面讲，不良资产投资从来不是只可意会不可言传的艺术，也不是慧眼识珠、信手拈来，随时都能发现好项目，而是要求项目经理富有纪律性地、重复性地找项目、聊项目、做尽调、做研究，“沙里淘金”。

从机构层面讲，它同样要求不良资产管理公司结合自身的定位，设计一套投资决策流程，富有纪律性地做出投资决策。通常，不良资产管理公司需要投资决策的主要事项包括商业化收购业务、投资业务、委托代理业务、资产处置等。

商业化收购业务是指不良资产管理公司进行不良资产收购、处置或重组以获取收益的业务。

投资业务是指不良资产管理公司进行对外投资以获取收益的业务，包括对收购的

不良资产进行再投资以及对一般项目的投资，有债权、股权、夹层等多种形式。

委托代理业务是指不良资产管理公司接受委托方的委托，代理委托方对其资产进行管理和处置的业务。具体包括对委托方的资产或负债进行管理、重组、处置、清算、提供财务顾问等业务。

在以上业务的投资决策流程中有一个非常重要的环节，即有意向投资的所有项目都需要在投资决策委员会（Investment Decision Committee，以下简称投决会）上讨论。投决会，顾名思义，就是不良资产管理公司内部决策投资事项以及变更、处置、退出等事项的议事机构。

因为投资决策流程要按照机构本身的情况设计，作为流程中重要环节的投决会也会因为机构本身情况的变化而变化。另外，有些公司还有预审会，即在项目上报投决会之前进行初审，提出合作大致方向、交易底线条款的要求；有的公司根据上级公司要求，还有专家研讨会、定价会、党委会等决策要求。

投资决策流程大致如下：

1. 项目立项。项目经理在收到潜在业务机会后，着手收集项目资料，进行初步分析和研究项目是否符合业务准入标准，初步探讨与研判是否可行，并与交易对手商讨初步交易结构和核心商务条款，达成初步合作意向。

2. 申请项目立项，提交初审审查。风险审查人员对交易合规性、可能涉及的法律事宜、业务准入、集中度风险、还款来源的可靠性、项目风险识别的充分性和风险防控措施的有效性等方面进行审查，出具是否同意立项的明确意见。

3. 尽职调查。项目立项后，项目经理针对具体项目提出资产评估需求、法律尽职调查需求、财务审计需求等（如有），展开全面尽职调查，形成项目实施方案，测算项目收益。

4. 方案审查。完备性审查通常包括资料要件清单的完备性和方案内容的完备性。资料要件清单通常包括项目立项审批表、项目基础资料、项目尽调报告、法律尽职调查报告（如有）、外部评估报告（如有）、财务审计报告（如有）、项目合同初稿（如有）、项目尽职调查其他资料等。风险审查人员逐项审查项目法律风险、合规风险、交易主体、标的物、交易结构、担保措施、会计核算、税务、其他风险控制措施等的合法性和有效性，同时审查项目整体风险情况，在综合考虑项目交易背景和商业逻辑合理性、债务人还款能力、第一还款来源充足性、担保措施和控制措施有效性与可操作性等基础上，全面评价客户集中度风险、关联交易（内部交易）、行业风险、信用风险、市场风险、操作风险等。

5. 审查意见反馈与落实。项目经理对审查人员的审查意见进行逐一反馈，具体说明有无异议、能否落实审查意见，对有异议或不能落实审查意见的事项应做出详细说明，并反馈确认。如有异议，双方之间可进行多次交互反馈。

6. 提交投决会进行决策。通常由项目经理进行汇报并现场回答各参会委员提出的质询以及投决会其他参与人员提出的问题。投决会参与人员在充分讨论的基础上，形成对审议项目或者事项的审议意见和附加条件，并进行表决。投决会的表决通常实行一人一票，可现场表决或者邮件表决。表决票设“同意（含有条件同意）”“反对”“弃权”“补充条件再议”四类。当审议项目或事项获得与会委员总人数2/3（含）以上“同意”时，审议结果为“同意”。

7. 批复。投决会表决通过的项目将通过公司总经理审定、签发投决会批复。

8. 方案实施。项目经理收到项目批复后，将按照批复意见完善修改合同或者协议文本，并与相关各方沟通协商取得一致意见，准备放款安排。对不符合项目实施和放款条件或提供的文件、证明材料不足以说明落实情况的，需补充完善相关材料，重新提交审核。

另外，对于审批未通过的事项，如项目经理已对项目方案或申报材料进行实质性改进，可按照前述审查审批流程重新提交投决会审议。

正向列举投资决策过程中可能有的情形难以在有限篇幅中穷尽，下面我将试着反向从投决会常见的三大误区出发，带你更好地认识不良资产管理公司的决策机制。以下是三个对投决会常见的理解误区：

第一个误区是关于投决会的参会人员。大家通常认为，参会人员肯定是公司的董事、监事、高级管理人员、合伙人。但实际上，投决会参会人员的背景是多样化的，除了管理层、合伙人之外，还有对决策项目所在赛道比较熟悉的初级、中级管理者以及风险审查人员，甚至还有经验丰富的基层骨干员工作为内部专家列席。投决会不是各方势力博弈的场所，参会人员通常会以人员的专业背景和专业程度，而非以领导身份作为导向。

第二个误区是关于投决会的流程。许多人误以为投决会是一场具有“表演性质”、配合完成合规程序的表决会，但实际情况并非如此。在一个内部沟通渠道比较畅通的不良资产管理公司，项目经理与风险审查人员、投决会委员等会持续沟通项目——从项目的初步调研、风险点、合作方情况，到完成尽职调查、第三方评估、价格修正、形成书面文件，整个环节都将反映到投决会的流程之中。也就是说，这是一场不断深入分析项目价值、透析潜在风险的会议。我们不应该因为投决会表面上“领导一人同意则无人反对”的结果导向色彩，而忽视其中反复沟通研究、多方专业论证的过程。

第三个误区是关于投决会上讨论的重点内容。投决会就是就关于投不投、投资金额与比例、增信条件、投后管理、退出路径、风险应对等投资决策作出讨论。项目的核心价值与价格、关键风险点理应是会议最重要的讨论事项，但是参会人员有时候可能会出现本末倒置的情况，就无关紧要的细枝末节穷追猛打，试图打破砂锅问到底，使会议焦点只见树木不见森林，无法聚焦到关键问题上来、形成综合判断。虽然对细枝末节穷追猛打能够刷到存在感，但对项目整体投资回收和风险管控并无帮助，还影响了项目团队考核和公司收入。不良资产管理公司正是通过一整套决策流程和机制来控制投资的风险，使“听得见炮声的人”更多地参与决策，提高交易审查的客观性。

苏世民在《我的经验与教训》一书中也介绍了投资机构黑石集团（Blackstone Group）内部反复迭代而成的投资决策流程。此处仅做摘录，以供参考：

（1）不让某个人总揽一切、独自批准协议；

（2）所有高级合伙人必须参与投资讨论，运用集体的智慧来评估投资的风险；

（3）任何提案都必须以书面备忘录的形式提交，并至少提前两天提供给参会人员；

（4）除非有重大的后续发展，否则不得在会议上对备忘录进行任何补充；

（5）要把讨论重点放在潜在投资机会的缺点上，每个人都必须找到尚未解决的问题。

第七节　行业生态圈：整合圈子资源，集中力量办大事

一、为对抗熵增，组建生态圈

商业模式被研究学者定义成利益相关者的交易结构。为了给自己的企业寻找良好的商业模式，管理者孜孜以求，希望尽可能地充分调动所有利益相关者对公司的热情和参与公司经营的积极性。

只有当一套商业模式尽可能多地囊括重要的利益相关者，为他们设计相关的交易结构，实现共赢时，才能获得发展。

不良资产行业链条长、环节多，资产的持有和出让者、资产的买入者、市场上的其他意向投资人，都在以自己的眼光和角度看待问题，参与各方的博弈角度、参与方式并不一定在一个频率。相互之间无法换位思考将导致整个生态链条沟通效率低下，沟通成本过高。

其中，不良资产持有者关心监管合规需要、腾出规模、完成业绩指标、处置效率、

收益最大化、卖断处置还是委托外部清收等；资产意向买入者关心如何低价获取资产、考量流动性、安全性、处置方案、估值、资金筹措等；债务人关心自身资产能否卖个好价格、不良资产意向买入者能否适当照顾自身利益诉求等；第三方服务机构关心任务目标、费用、期限、风险、回报、违约责任等。

对于持牌资产管理公司来说，完全自营的业务模式，即自行收购、自行处置、不与他人合作，对公司的管理要求极富挑战性，业务风险一点也没减少。也有不少持牌资产管理公司风格保守，只拿固定收益，不拿浮动收益，保守躺在自己的一亩三分地，处置能力不断退化而不自知。

不良资产投资是业务非标准化程度极高的手艺活。想明白的不良资产管理公司会平衡不良资产风险与收益之间的关系，既防止自废“武功”，也通过整合不良资产行业生态圈资源，适当调整安全垫，提高收益率。

一个好的商业模式是合作与自营各占一定比例进行投资组合，既做合作模式下的固收业务，也做自营模式下的投资业务，还做吸引客户的流量业务、高周转业务，同时充分利用合作者的价值和角色——提供投资安全垫、扩展信息触角、项目实际处置执行者，通过与上下游生态链、从业员工、社会投资人、第三方中介机构开展广泛的合作，优化自身的审批流程、服务效率，“把简单留给客户、把复杂留给自己”，最终形成以自身为中心的生态圈。这也符合商业演化的一个基本规律——把更丰富的东西，以更便宜的价格，用更方便的方式，交到用户手中。

实践中，一家不良资产管理公司在尽调不良资产包后、投标竞价前，有不良资产的意向投资人慕名而来，希望能够合作收购，然后双方就价格和条件方面进行了持久的谈判，但一直悬而未决。后来，这位意向投资人突然转向去和另一家不良资产管理公司合作，后来经过打听才知道，原因是另一家资产管理公司给出的报价更有竞争力，合作条件更加优惠，过往合作愉快、顺利，没有出现大的争议。“没有无缘无故的爱，也没有无缘无故的恨”，相比之下，后者就更加具有建设和维护行业生态圈的意识。

建立生态圈网络不是一蹴而就的，但是种一棵树最好的时间是十年前，其次是现在。

不良资产主要供给方主要有银行、非银金融机构和企业等，主要提供不良资产的来源。

不良资产一级市场主要参与方有金融资产管理公司、金融资产投资公司以及多家持牌地方资产管理公司，有资格从银行批量收购不良资产包。

不良资产二级市场主要参与方有包括自然人、企业等在内的民间投资人、产业投资人、机构投资人、拓展异地二手包业务的持牌资产管理公司等。

涉及不良资产行业的政府部门有法院、工商行政管理部门、人力资源和社会保障局、税务局、原银保监会等。

第三方服务机构有律师事务所、会计师事务所、资产评估机构、拍卖公司、征信公司、担保机构、交易平台、证券交易所、不良资产科技服务公司、催收公司、咨询机构、配资机构等。

不良资产行业项目经理要融入生态圈并与行业高手定期交流。当你积累一定量的实操案例后，要想在专业能力上继续进阶，进步最快的方式不是一个人看书思考，而是融入不良资产生态圈，和行业实操高手们保持定期交流，提高“信噪比”，即获取不良资产行业有用信息和听到的噪声比例要更高。

不良资产生态圈里包含了银行等金融机构风控人员、资产管理公司项目经理、法官、律师、评估师、交易掮客等，与他们聊天不能漫无目的，而要带着具体的问题，比如就新热点、新案例、新方法、新思路主动征询他们的看法和思路，集思广益，或许能给自己一直百思不得其解的难题带来启发、得以开窍。

不良资产管理公司要组建种类多样和新陈代谢的生态圈，即生态圈中包含类型和数量众多的主体，生态圈成员有进有出、自由开放、无边界、动态演进，最重要的是只有这样才能对抗熵增。

什么是熵增？这是一个让人沮丧的物理学定律，熵增过程是一个自发的由有序向无序发展的不可逆转的过程，即所有系统都有一种不断消耗、自毁的趋势，都要往最终走向消亡这个方向发展。任何生物系统都天然遵循着熵增原则，它预示了宇宙终将归于热寂，生命终将消失。比如一团火，若不去管它，它就会渐渐熄灭；一杯热水，若时间长了，它就会变凉。

怎样对抗熵增，即“反熵”。避免熵增的有效方法就是建立一个能和外界不断进行能量和物质交换的、流动的开放系统。这个开放系统的学名称为“耗散结构”，是一个在 1977 年获得诺贝尔化学奖的科学家——普利高津提出的。简单地说，流动的开放系统之所以能避免“熵增”，是因为它通过与外界的能量交换系统在耗散过程中产生负熵，让无序状态的趋势转变为有序状态。

再用一句老话解释，那就是“树挪死，人挪活”。不仅不良资产管理公司要通过组建生态圈、增加活跃度对抗熵增，每个人也一样，要想向上生长，实现自我超越，就必须学会对抗熵增，选择无限游戏、坚持长期主义、终身学习。

正如古罗马的马尔库·奥勒利乌斯在《沉思集》里说到：运动和变化在不断地更新着世界，就像不间断的时间总在更新无穷无尽的岁月的持续一样。

我的建议是，无论你从事任何岗位，都应该有意识地建立自己的同行网络并且积极维护，要随时能说得出自己心目中最厉害的同行是谁，随时能从自己的通讯录里找到30个以上可以请教专业问题的同行，与行业高手建立传递价值、创造价值的社交网，而不是吃吃喝喝的人情网。若自己能力有限，可以请公司其他同事、同行、朋友帮你介绍相关的不良资产实操高手，带着问题去请教。人千万不能丧失社会联系，割裂社会关系会逐渐无法生存。

二、不良资产主要供给方

（一）不良资产供给来源增加

前文讲过，不良资产来源主体包括商业银行、农信社等银行业金融机构，信托、基金公司、财务公司、消费金融公司、汽车金融公司、融资租赁公司等非银行业金融机构，小额贷款公司及包含部分国有企业、民营企业在内的非金融企业。

在银行业金融机构中，主要有大型商业银行、股份制商业银行、城市商业银行和农村商业银行、民营银行、外资银行六大类。规模大的有中国工商银行、中国建设银行、中国农业银行、中国银行；规模小一点的有招商银行、平安银行、民生银行等股份制商业银行；规模再小一点的有北京银行、上海银行、杭州银行等城市商业银行。它们通过批量转让方式处置不良贷款，是不良资产的主要供给方。

2022年12月30日，银登网公布中国银保监会办公厅《关于开展第二批不良贷款转让试点工作的通知》。与首次试点显著不同的是，第二批试点进一步扩大了试点金融机构范围。该通知明确，在原试点机构范围基础上，将开发银行、进出口银行、农业发展银行以及信托公司、消费金融公司、汽车金融公司、金融租赁公司纳入试点机构范围。

随着不良贷款转让试点金融机构的扩围，消费金融公司等主体成为不良资产新的供给方，不良资产供给市场规模将逐步增加。

金融作为特许行业，必须持牌经营。以消费金融公司为例，虽然它们不是“银行”，不能接收存款，但其承担着放贷功能，向个人发放小额、分散、用于消费的贷款的金融机构。以中国银行和其控股的中银消费金融公司为例，中国银行的工商信息里的经营范围为“吸收人民币存款；发放短期、中期和长期贷款”，中银消费金融公司的工商信息里的经营范围为“发放个人消费贷款”。

另外，以定增基金、股票质押融资业务模式为代表的证券市场，地方债、交易所私募债为代表的债券市场，经济效益低下的僵尸企业，因为内部经营管理或者外部政策环境因素陷入困境的民营企业，也逐渐作为不良资产市场新的供给来源。

上述不良资产的供给来源给嗅觉灵敏的投资人创造了价格折扣空间，让其通过收购、运营、处置而最终获取利润。

（二）以商业银行为例分析原始债权人处置不良资产的方式

以商业银行为例，资产质量风险是商业银行经营最主要的风险来源，也是导致银行估值普遍“破净”的市场较为担忧的问题。因此，有些商业银行成立专门的“坏账银行”，相当于无牌照的不良资产管理公司利用坏账银行债务重组和清收债务，打造独立于资产保全部门的债务重组与催收业务条线，成立债务清收业务机构，同时，开展专业化的不良资产管理，专注于如何将高风险资产价值最大化。

关于不良资产处置政策，原银保监会也曾发文指导部分区域银行机构完善大型企业债务融资监测预警机制，提前制定接续融资和债务重组预案，积极配合地方推进重点企业风险化解及遗留问题解决，确保重点企业风险和担保圈风险一体化处置。

在经济持续下行的背景下，银行业资产质量正面临严重考验，出于美化报表、减少拨备、同业排名等因素，部分银行往往会采用种种手段化解甚至隐藏不良贷款，主要手段包括清收、转化、平移、核销、转让、债转股、以物抵债、调整五级分类等。

主要手段具体如下：

（1）自行处置清收

银行不良贷款可以通过电话、邮件、上门清收、诉讼和核销两种方式对内处理，其中最核心的手段是通过走法律程序进行司法催收，包括但不限于申请实现担保物权、申请支付令、公证强制执行、起诉追偿、判决、拍卖抵押物回款。核销则是在穷尽所有手段的情况下仍回款无望，银行内部启动计提损失流程，用事先准备好的拨备冲抵亏损本金利息，将这笔借款转入资产保全部门另册登记。

银行在不良资产清收过程中的成本有：

财力成本，在清收不良资产过程中投入的费用。

人力成本，在清收不良资产过程中投入的人力。

时间成本，在清收不良资产过程中投入的时间。

风险成本，在清收不良资产过程中由于处置手段的不同给清收工作带来的风险。

机会成本，在清收不良资产过程中，处置手段的不同将影响信贷资产的周转速度，降低资产增值获利的机会。

（2）平移

平移是指将贷款从原借款人转移到其他借款人名下，有的是转移到原担保人、借款人关联企业名下，有的是银行找到自己的优质客户，通过降低贷款利息等手段要求客户承接原借款人不良贷款。后一种平移方式较容易产生法律风险，甚至接受平移的客户也可能发生债务违约。

下列情形适合贷款平移：

①借款人自身经营较差，但担保人经营情况良好，通过向担保人发放新的贷款来偿还原借款人贷款；

②有其他授信客户愿意购买不良贷款。

（3）信贷转化、债务重组

重新优化调整债务主体、担保主体、债务期限、担保方式及内容、其他保障措施等债权要素，通过借新还旧、展期等形式，发放新贷款偿还旧贷款，延长借款人还款时间，降低借款人短期债务压力，确保重组协议与债务人的还款能力相匹配，并提供供应商融资方案，追加抵押物、监控销售及重组计划。

下列情形适合转化：

①借款人经营正常，能够正常付息，但短期归还本金的压力较大，有些银行在极端情况下会增额发放贷款，通过贷款收取利息。

②原贷款法律文件有瑕疵、抵（质）押品不足，通过转化能够完善法律文件，补充抵（质）押品。

不良资产债务重组的有效、合理运用，通常不仅使那些因经营不善而陷入债务危机的企业重获新生——延长债务期限、缓解资金压力、改善财务状况、降低资金成本，还使企业获得债务重组直接收益，且最大限度地保护了债权人和股东的利益，稳定了职工就业，一举多得。

（4）债转股

针对具有一定资产规模且陷入周转性债务困境的企业实施差异化的债转股，积极提升资产价值，从而获得股权处置收益和股利收入，并通过资产置换、并购、重组和上市等方式退出。

（5）引进外部专家，建立联合清收小组

由贷款项目经理、法律专家、财务顾问、房地产专家、行业专家、外部催收专家、信贷风险经理等组成专业的清收团队，针对关键大案和复杂个案定制方案、统一部署，分别从各个专业领域形成合力。

（6）委托处置

委外机构主要为第三方催收公司和外包律所。银行通过考察外部催收公司的管理能力、行业地位、经营声誉、技术实力、服务质量、突发事件应对能力、信息安全保障机制等方面的综合能力初步筛选外部催收公司，再通过考察其业务规模、优势资源、代理类似案件的效果、对案情的分析能力及应对措施、报价以及付费方式等确定外包合作方。

（7）不良资产证券化

银行通过发行个贷不良资产证券化产品处置个贷不良资产，实现资产的真实出售和破产隔离，同时有利于银行优化资产负债结构、提高资产流动性和改善收入结构，有利于构建市场化的发行机制和定价机制。

（8）债权转让

将贷款转让给资产管理公司，银行可以减少清收费用，加速资产变现。银行通常对 M3 + 以上，也就是对逾期时间 3 个月以上的不良贷款进行对外转让。

债权转让时，通常应明确是采取协议、拍卖、竞价、竞标、挂牌的方式，还是转让壳公司股权交易等方式。如属转让收益权，则需初步商议代理权、决策权、配合事宜、抵债情形、税务负担、款项结算划转等事宜。曾经很长一段时间里，通过签订抽屉协议的方式进行假转让的做法大行其道，但较容易被审计机构发现，导致不良贷款无法下表，于是又衍生出各式各样的转让形式。

对于银行而言，债权转让的主要目的是满足快速处置回款要求或者洁净出表需求，这也是银行主要的处置方式之一。

不良资产管理公司参与银行不良资产转让处置时，主要有两种交易模式：一是作为投资人参与银行发行的不良贷款资产证券化产品投资；二是参与不良贷款的批量转让业务，实施收购。

三、不良资产一级市场主要参与方

全国性五大金融资产管理公司和地方持牌资产管理公司是不良资产一级市场主要参与方，它们获得原银保监会批准，能够从银行批量收购不良资产。其功能和地位已在本书第一部分有详细介绍。它们在参与不良资产一级市场收购时，通常会采取自主收购的自营模式或者与其他投资人共同收购的合作收购模式。

与自营模式相比较，合作收购模式的优势在于：不良资产管理公司可与合作方信息共享，尽调充分程度高；提高安全垫，延伸出价范围，降低风险，同时提高中标成功率；收购后，可由合作方迅速进入处置，周转速度快；合作项目可为不良资产管理公司提供稳定现金流收益；可提高不良资产管理公司在市场上的活跃度及知名度；可在不良资产管理公司参与项目投标前提前锁定客户，提高后续处置较高的确定性，有效缩短处置周期；有利于不良资产管理公司自身的生态圈建设，快速介入异地目标区域市场；可提高不良资产管理公司的管理规模，积累不良资产处置下游资源。

但事物都是一分为二的，与自营模式相比较，合作收购模式的劣势在于：不良资产管理公司的管理主动性、主导性下降，存续期管理与处置决策通常需要各方一致同意；合作收购模式的市场竞争激烈，同行资金方机构提供的合作条件中利率更低、期限更长、审批更快；在持牌不良资产管理公司眼里，即使有劣后方的保证金作为安全垫，但是合作方由于多为民营企业，资金实力差，合同违约风险大。

四、不良资产二级市场主要参与方

通常，民营资本和持牌资产管理公司之间或者持牌资产管理公司相互之间的转让行为被称为“二级市场”交易。不良资产二级市场主要参与方主要包括民间投资人、持牌或者非持牌资产管理公司等。

民间投资人（包括自然人、企业）是不良资产市场的受让人，主要由三部分人构成，分别是从银行、不良资产管理公司、法院、律所等机构“下海”的个人投资人，专门从事不良资产行业的民营机构投资人，产业投资人等。

不同的群体因为各自的不同背景和经历，在购买不良资产过程中有不同的优势和偏好。

1. “下海”的个人投资人

他们往往在行业生态圈浸淫已久，其盈利模式认知和实操能力不俗，对不良资产行业有着独到而敏锐的观察，希望通过资源整合、挖掘优质项目抢抓特殊机会实现个人价值。

2. 不良资产民营机构投资人

他们长期专门从事这个行业，专注某一类资产或者某一个领域进行深度研究，擅长整合资源和精细化、基金化运作，和不良资产管理公司、银行、法院、政府、第三方服务机构、上市公司、房地产商等多有来往，了解不良资产行业的基本盈利逻辑，可以估出盈利的合理价格。

他们基于长期积累的困境企业重组和投行业务经验，对不良资产重组过程进行统筹安排，协调债权债务关系，对债务企业进行债务重组、参与运营、优化管理、经营改善，实现多方共赢。

3. 产业投资人

基于自身产业资源以及有经营实体企业的成功经验，产业投资人熟悉企业运作需要涉及的注册、审批许可证、纳税、买厂房、交水电费、申报补贴政策、雇工、购买原料、组织生产、运输、市场营销、发货等环节，可以更加精准地推算出债务企业的未来经营能力和大致还款能力。通过投资不良资产为获取实物资产、横向扩张、纵向扩张打下基础，甚至通过资产重组的方式将持有的非上市公司资产注入上市公司，使其成为流动性更强的上市公司资产，实现资产增值。

对于不良资产二级市场主要参与方来说，牌照红利的时代即将过去，未来不良资产的发展势必向专业化、精细化的方向转变，主要战场将转向实质性重组、价值性修复、股加债组合、投行化运作、产业化联动、资源大整合，因此，了解企业管理、法律、金融产业、资源的行业专业人士将是宝贵的稀缺“资源”。

不良资产行业本质上是在经济下行期收购，在经济上行期处置。若按照“贸易模式”蒙眼瞎买，隔几个月或者隔年就转让债权，假如经济大环境还在低迷之中，那么这种买卖价差是微薄的甚至亏损的，因为广大投资人还处于避险情绪中，对资产的估值势必是偏低的，必须等到经济上行，市场对资产的估值才会向上修复至合理水平。

不良资产作为另类投资标的具有较强的非标准性和不可预测性，这种不可预测性既包括回款时间的不可预测，短的一个月就能转手，长的三年还“躺”在账上，也包括回款金额的不可预测，收益高的可以有五倍甚至十倍的利润，若有重大瑕疵的，有可能一分钱也收不回。

民间投资人对此要保持高度警惕，做好乐观、中性和悲观情景下回款时间和回款金额的预测，合理安排流动性并充分判断标的资产的安全性、收益性、机会性，保持一定的资金弹性，以免期限错配，被高昂的期间资金占用利息拖垮。

五、法院

在不良资产行业中，债权确权、调解和解、强制执行都离不开法院。虽然经常也有失信被执行人慑于信用惩戒主动履行法律义务，但法院是不良资产行业生态圈的关键一环，不良资产实现回款在很大程度上有赖于对抵（质）押物进行司法拍卖。

在我国，人民法院独立行使审判权，整个法院系统由基层人民法院、中级人民法院、高级人民法院、最高人民法院四级组成。此外，还有一些专门法院，比如军事法院、海事法院、铁路运输法院、知识产权法院、金融法院等。法院内部机构设置完整，与不良资产相关的主要是受理诉讼申请的立案庭（窗口）、审理金融纠纷的民事审判二庭（经常说的民二庭）和负责强制执行的执行局。

法院执行团队内部办案模式和分工情况是怎样的？

1. 执行团队是指以法官为核心，按照“1 + N + N + N”的模式配备法官、法官助理、书记员和司法警察，负责办理各类执行实施案件的工作团队。法官应在执行团队中发挥核心和主导作用，统筹、管理和协调执行团队日常工作，对案件质量、效率和效果负责。

2. 书记员根据法官的指令通过执行案件管理系统具体操作以下执行事项：通过执行网络查控系统对被执行人财产进行查控；纳入和屏蔽失信被执行人名单；对被执行人采取限制出境措施；其他可以通过执行案件管理系统完成的执行事项；发送执行法律文书；通知案件当事人听证、谈话；制作相关笔录；登记保全、继续保全、解除保全事项；准备执行异议案件相关材料；办理案件报结手续；管理、整理、装订、归档案卷材料；在互联网公布法律文书；处理法官交办的其他事项。

3. 执行案件立案后，执行团队书记员应完成以下工作：在执行指挥中心完成案件初步财产网络查询工作的基础上，进行更为全面深入的财产调查工作；核实案件在审理阶段已采取的财产控制措施；将查询及核实情况报告法官。

4. 采取财产查控措施的同时，书记员负责向被执行人发出执行通知书、报告财产令、限制高消费令、纳入失信被执行人名单决定、传票等法律文书，通知当事人到法院谈话，要求申请执行人及其代理人提供财产线索、被执行人行踪，接收被执行人关于财产状况的报告，对相关证据加以固定。

下面以杭州市中级人民法院部分内设机构为例，简要介绍法院内部机构设置。

立案一庭：对本院依法受理的除刑事以及申诉案件、民事申请再审案件和行政申诉案件以外的各类案件登记立案；依法办理一审、二审不予受理及指定管辖案件；办理减交、免交、缓交诉讼费和收退费等有关事项；办理上市公司涉诉情况查询；办理相关的请示案件；负责诉讼服务中心建设及导诉、资料收转、查询等立案窗口服务；负责 12368 司法服务的管理工作；负责法律援助中心驻杭州市中级人民法院工作站的管理工作；负责集中管辖案件的审查、报批工作；开展多元化解和繁简分流及对基层人民法院的指导；办理其他有关的立案工作事项；负责法院专递业务。

民事审判二庭：审理一审、二审涉银行、保险、票据、信托、证券、期货、基金、典当、小额贷款公司、担保公司、融资租赁公司等金融机构的商事案件，民间借贷案件，企业借贷等与融资理财有关的案件，除涉外民商事审判庭、清算与破产审判庭专属审理之外的其他商事案件；办理相关请示案件，指导基层人民法院相关工作；办理与前述商事审判相关的其他工作事项。

执行局：下设执行实施一处、执行实施二处、执行实施三处、裁决和综合管理处；领导、监督、管理全市法院的执行工作；依法执行本院第一审发生法律效力的民事、行政判决、裁定、调解书、民事制裁决定、支付令以及刑事附带民事判决、裁定、调解书中关于财产的决定；执行法律规定由本院执行的其他生效法律文书；办理保全事项；办理其他有关的执行工作事项。

六、破产管理人

破产管理人是指破产案件中，在法院的指挥和监督之下全面接管破产财产并负责对其进行保管、清理、估价、处理和分配的专门机构。其在我国现行立法中又被称为“破产清算组”。

执行案件移送破产审查是指执行法院在执行过程中发现作为被执行人的企业法人符合《企业破产法》第2条第1款规定情形的，经申请执行人之一或者被执行人同意，将案件移送破产审判部门对作为被执行人的企业法人进行破产审查的一项制度。

执行案件移送破产审查工作是一次重大的制度创新。将符合破产条件且整体执行不能的企业依法移送破产程序，不仅可以对所有债权人进行公平清偿，还可以解决债权人在实践中不能受到公平对待的问题。破产程序结束后，这些债权债务关系归于消灭，执行案件也可以结案。

在破产案件中，破产财产的管理和清算工作沉重繁杂，大量的法律事务与专业性、技术性较强的非法律事务相掺杂，远非法院的人力、物力所能胜任，而且法院作为独立的司法机关具有公法上的性质，对破产财产的管理、变价、分配等工作却为私法上的事务，因而不宜由法院来处理。

债务人破产的案件由法院交给破产管理人去负责，国内是从2006年开始实行这项制度的。破产管理人获得法院授权开展工作，接受法院、债权人会议的监督，在破产程序中处于某种中心位置，发挥了相当大的作用。破产管理人一般由律师事务所、会计师事务所等拥有资质的专业中介机构担任。

七、债务人

债务人是指有义务向对方当事人为或者不为一定行为的人。债的主体包括双方当事人，即债权人和债务人。在债的关系中，债权人和债务人都必须是特定的。债务人既可以是一人，也可以是多人。

当债务企业的经营蒸蒸日上的时候，是银行眼里的“香饽饽”，各家银行一般会主动上门授信。此时，多个银行提供的授信额度很有可能是大大超过企业自身实际需求的。

当企业拿到钱，不知投向何处时，总是会有人向企业负责人建议扩大产能。假如企业负责人自身定力不足，容易在没有仔细调研的情况下匆匆“上马”新的产品线，从而埋下多元化投资、抽干流动资金的“种子”。

有的企业用短期流动资金贷款去投建新厂房，短贷长用，流动资金变成了难以变现的固定资产；有的投入房产行业，借招商引资的名义开发楼盘，结果因为各种原因变成烂尾楼；有的挪用资金进入股市，可能遇到股灾或者个股暴雷，“泥沙俱下”。

当企业没有按期偿还第一次利息时，企业征信报告产生“瑕疵”，引发各家银行的警惕，银行争先恐后从企业收回贷款，各种坏消息纷至沓来，压贷、断贷、保全财产、釜底抽薪，发生“踩踏效应”，从客观上加速了企业资金的枯竭，资金链断裂，助推了债务危机的最终爆发。

无法偿还贷款的“优质客户”摇身一变成了失信债务人，上述一步步地沦陷过程也是无数企业家一辈子挥之不去的真实写照和血泪教训。但是，这不代表他翻身无望，他还可以重新振作、东山再起，就像一个正常人突然感冒、咳嗽、生病，去医院看病、吃药以后，往往是可能康复的。

这时候，银行自主清收、追偿债务的方式主要有双方达成和解、法院居间调解、法院判决。双方达成和解，时间上最便捷，但是没有法律强制效力，容易毁约；法院居间调解具备了强制效力；法院判决流程最长，但对债权人而言，此种方式避免了其与债务人进一步的冗长谈判。因为一个典型的司法流程包括债权人向法院提起诉讼、申请财产保全、开庭审理、法庭判决、判决后申请强制执行、债务人被列入限制高消费名单（限高）与失信被执行人名单、拍卖抵押物、保证人履行担保代偿责任。

除追偿债务外，金融机构还可以做好以下事项，帮助企业走出困境，避免企业彻底滑向清算注销：部分借款展期；斩断担保链；引入股权投资资金，替换银行有息负债；变卖企业固定资产；处置企业的非主业资产；寻找意向重整方等。

不良资产实操高手在看待债务人的时候，建议遵循以下三个原则：

（1）不歧视债务人

除了精心策划的逃废债以外，大部分债务人主观上都不愿意因为欠款上征信黑名单，成为一名“老赖”。

对于失败的企业，要允许试错，营造一个宽容良好的失败容忍氛围，失败要付出社会成本不可避免，但是若人人都怕失败，就不会有第一个吃螃蟹的人。

（2）动态看待债务人

现在还不上款，不代表以后还不上款；马上还不上款，不代表慢慢还不上款。

我国诚信社会信用体系已经初步建立，在这样一个社会里，欠钱不还寸步难行，会被限制高消费，特别是有些债务人子女作为保证人的，他们有很强的意愿去偿还债务。

自 2023 年 5 月 1 日起施行的《失信行为纠正后的信用信息修复管理办法（试行）》规定，信用主体依法享有信用信息修复的权利。信用信息修复的方式包括移出严重失信主体名单、终止公示行政处罚信息和修复其他失信信息。

（3）辩证看待债务人

有一小部分债务人就是抱着“破罐子破摔”的想法，有恶意逃废债的动机，他们事先把能转移的财产都转移干净，只留下一个空壳企业给债权人。

对待这类企业，不良资产管理公司就应该动用一切法律武器，全方位调查财产线索，及涉嫌“拒执罪”的相关证据坚决追偿债权本息，维护我国金融市场的秩序和法治权威。

八、不良资产第三方服务机构

在不良资产的处置过程中，由于信息不对称，买卖双方在价格上经常出现重大差异。

面对信息不对称所造成的各种问题，最重要的就是充分发挥市场各类主体的作用和专业优势，包括但不限于律师事务所、资产评估机构、拍卖机构、配资机构、信息提供及数据服务供应商、催收公司、会计师、财务及交易顾问、行业专家、专业尽职调查公司等生态圈成员，帮助识别资产风险、评估资产价值、设计处置方案、参与沟通谈判、搭建产品架构、扩大营销渠道。

（一）律师事务所

律师事务所是不良资产管理公司不可或缺的重要服务商，这体现在不良资产收购尽调、投后管理、处置清收的所有环节中。

律师参与不良资产领域的方式有：

（1）提供尽职调查法律服务

律师提供法律尽职调查服务的作用是什么？

一旦所收购的债权出现重大的法律漏洞，将严重影响债权的估值。律师通过出具法律尽职调查分析报告，从法律角度认定银行贷款是否有效，核查其中可能存在的权利瑕疵，为资产估值和定价提供判断依据。比较常见的法律审查内容包括债权是否成立、抵押登记是否存在瑕疵、保证担保是否无效、诉讼时效是否过期等。

不良资产管理公司经常通过“广撒网”的方式筛选项目，“有枣没枣捅一杆”，为了在采购法律尽调调查服务过程中不浪费招投标的时间，一般都会提前建设好一个律师库，并按照资源型、专业型、线索型等标签进行分类。一旦有项目需要“大干快上”时，立刻就能从已入库的律师事务所中快速选择尽职调查代理律师。

（2）为债权人提供债权管理维权法律服务

不良资产管理公司购买不良资产包之后，若户数众多，限于人力和精力以及专业性要求，需要自主组建或者外聘值得信任的律师团队提供债权管理维权法律服务。

债权管理维权法律服务的内容主要是对债权进行日常管理。不良资产管理公司把债权案件分配给代理律师，由其协助完成包括建档、信息录入、时效管理、发函催收、查询债务人财产情况、起诉、申请财产保全、申请强制执行、变更诉讼主体、变更执行主体、应对执行异议、复议、申报破产债权等在内的日常法律流程。

债权管理维权法律服务只需要保证债权所涉案件的司法流程能够正常推进，不对诸如快速推进司法流程节点、处置回款里程碑与金额等做特别要求，因此该类服务通常只收取少量固定金额的律师费用。

（3）为债权人提供风险代理清收法律服务

代理不良资产案件是律师从事不良资产业务最主要的创收来源。

若债权人认为债权案件回款有一定障碍和不确定性，可以选择将案件委托给能提供相关解决方案的律师。代理律师利用自身掌握的专业技能、资源渠道或者财产线索，提供包括起诉或申请仲裁，申请财产保全，申请实现抵押权，申请办理强制执行效力公证，申请变更诉讼主体，申请执行，查找债务人财产线索、申请恢复执行、追加偿债主体或破解处置障碍、代理衍生诉讼、代理破产清算、代理强制清算、代理追究债务人拒不履行生效裁决的刑事责任等在内的法律服务。

风险代理清收服务与债权管理维权法律服务的服务内容大致是一样的，不一样的是债权管理维权法律服务一般需要先支付前期固定费用，而风险代理清收服务可以采取“全风险代理”模式，也称“纯风险代理模式”，即没有收回款物前不支付律师费，以所实现的案件结果为目标导向并据此计付律师费用。换言之，代理律师需要等到所代理案件有成效时，包括实现执行回款、完成以物抵债、完成和解、完成债权转让、完成债务重组等情形，再按约定比例或金额收取律师费。

通常，国有银行和金融资产管理公司限于体制及财务预算给出的风险代理费率基本上都不高于10%且分段递进累减；地方资产管理公司、商业银行给出的风险代理费率介于5%～15%的居多；民间不良资产投资人给出的代理费率一般在15%以上。但是，上述费率都是在收回款项并且扣除了处置费用之后按照净回收额计算的律师费比率。当然，以上费率区间要根据债权抵（质）押物价值、债权债务关系复杂程度、司法流程推进难度等综合因素确定。

若是通过以物抵债、案外人代偿、执行和解、债权再转让、债务重组等方式处置的，则通常按前述比率的50%计费，等于说工作难度减小或者回收金额少了，相应律师费率也少了。

当然，对于一些有抵押物的案件，或者一些需通过较复杂的诉讼才能进入执行阶段的诉讼案件，或者一些因客观原因多年难以执行的“硬骨头”案件，律师可以与委托方谈判采取“半风险代理”的方式，也称“部分风险代理”模式，即律师先收取一定前期费用，待约定条件成就或者实现债权回收等处置目标后，再按一定回收比率计收后期的律师费。

（4）保底清收法律服务

若不良资产代理律师对某个资产包或个案有较大的回收把握，但又限于自有资金不足或自身风险承担能力较弱或者债权人不同意转让等原因，对以常规普通代理合作并收取固定律师费的方式感到不划算而心有不甘时，可以考虑与债权人协商采取保底清收的合作模式，即律师保证为债权人至少收回一定金额的款项，在未达到该额度之前不收取任何费用，甚至由律师垫付相关执行所需费用。当律师收回超出该约定金额的款项时，双方按照约定回款比例分配费用，此时的费用比率可以随着收回金额的增加而调增，从而增加律师的所收费用。

在保底清收模式中，第一种方式是只对回收金额进行承诺，但没有承诺事项未果的违约惩罚措施，不缴纳保证金；第二种方式是律师向债权人缴纳10%～30%的保证金，律师负责该债权的全部追偿事务并承担相关费用，当项目有成效时，在扣除税费后由双方按照约定分配收益。在第二种保底方式中，若律师未实现清收目标，将由委托人按照一定比例扣罚该保证金。

不良资产代理律师对债权清收有较大把握时可采取第二种保底合作方式，相当于律师将其资金、信用、技能、经验、资源等转化为出资的资本，以谋求更大的收益。

律师从事不良资产业务过程中也经常以专业技能作价或者出少量劣后资金入股的方式，与不良资产投资人合作购买债权。在具体合作条件方面，通常由出资人出钱、律师出力但不出钱，双方分成，或者出资人出大钱、律师出小钱及出力，双方分成。在分成时间方面可以灵活变通，比如，让出资人先收回本金之后双方再分成，或者让出资人先收回本金及固定回报后再分成，律师做劣后。

（5）在债务重组、清收谈判等业务中提供非诉法律服务

债务重组是一项复杂的事务，一般法律主体较多、法律关系复杂，利益争斗“水很深”，而且在重组之前或初期，各个主体互相猜忌、步步为营，处理起来往往相对棘手。

律师参与债权债务重组通常需掌握或了解一定的金融、财务、审计、税务、法律、资产评估、工商、法律文书写作等专业知识或技能。若需代表债权人与债务人或相关政府部门谈判的，则还需掌握商业谈判的相应技巧和策略，注意仪容、谈吐、风度、气势等。

一般而言，律师虽然代表着委托方一方的利益，但也应考虑“和气生财”，立足于撮合双方达成一致意见、完成交易。律师拟订的重组方案要兼顾公平性和可操作性，以各方共赢为目标，谈判的时候要有理、有利、有节，切忌咄咄逼人或者吹毛求疵。

重组项目存在较大风险，若律师代表债权方，在风险控制方面需注意监督股东法人、高管、董事、财务人员、担保人等关键人员的动向和态度，公章、财务章等的共管和使用，股权、实物资产、债权、债务等方面的统筹和安排。

企业重组后，债务人的经营班底和日常事务一般还是由其主导，但律师需协助债权人行使好监管职能。

（6）担任中介促成交易

律师在尽调或代理过程中可以获取第一手资料和信息，可以最早获悉债务人的还款能力和意愿，掌握诉讼对手财产线索和判决债务情况。

律师基于专业知识和技能往往可以判断哪些债权的回收较有保障，清楚掌握抵债物、抵押物、查封物的信息，可以利用信息不对称向信得过的朋友推介相关标的资产，而律师在购买过程中可以赚取一些中介费用。而不良资产投资人购买此类债权之后，基本上也会委托该律师追收、处置，律师也可运用专业优势帮助投资人实现债权，再次收取费用。

盈利模式方面，律师可以提供中介服务赚取佣金及法律服务，也可以利用信息不对称采取包干方式赢利，如约定包干转让方不少于多少价格售出、多出部分归律师，或者包干投资人以不高于多少价格买入、差额部分归律师所有。

（7）为债权合规转让提供法律服务

在不良资产处置过程中，律师要对债权转让的合法性作出判断，避免转让给法律、政策不允许的主体。同时，需有专人处理一些事务，包括建档、信息录入、时效管理、发函催收、参与和解谈判、寻找债务人的新信息、处理紧急事务等。

一位优秀的不良资产代理律师既要有良好的法律素养，能够制作高水平的法律文书，又要能够与案件管辖法院、经办法官维持良好的沟通关系，加速推进案件进程，且还要有广泛的市场资源，不仅熟悉银行保全部的沟通渠道，还熟悉不良资产生态圈的投资群体，能够为资产管理公司寻找潜在意向客户。

（8）个人类债权清收法律服务

不良资产管理公司将个贷不良资产委托律师清收时，律师怎样实施法律清收？

其主要业务流程如下：

在诉前联调环节，由于没有正式立案，不涉及诉讼费用等，代理律师首先会根据贷款预留材料、征信等资料梳理可疑财产线索，研判卷宗并综合尽调，进行人物画像。

然后进行电话联系，确定可联名单，并以立案后的措施为施压点，引导债务人还款。

在正式立案环节，代理律师会核实送达地址的有效性，跟进主办法官，推进排庭，落实财产保全工作。同时，律师将发送立案信息给可联债务人，提高其解决债务的紧迫感，并以开庭后即将判决为施压点，促使债务人解决问题。

在开庭环节，代理律师将对到庭债务人进行面谈跟进，落实还款计划、联系方式及有效地址，并跟进开庭后法院判决的时间。

在判决环节，代理律师将已判决的信息同步给可联债务人，跟进判决生效时间，及时进行执行立案工作。

在执行环节，代理律师将其梳理的财产线索交给执行局进行查控，跟进法院资产查控过程及结果，及时对可执行财产申请划扣。同时，将执行立案信息同步给债务人，依托于法院的执行手段对债务人进行还款引导与施压。

在结案环节，代理律师通过债务人主动偿还、代理催收、强制执行等方式，在实现了债权的整体回收或减免结清后，整个诉讼流程实现闭环。

总之，律师对个贷不良资产的催收，尤其是针对可联或有财产线索的债务人，有非常有效的催收效果。但是面对小额分散、案件数量庞大、长账龄、修复难、贷款欺诈等个贷不良的常见问题，律师事务所不仅在人手方面分身乏术，处理案件数量也有限。

假如律所能充分利用大数据等科技手段，将有效提高个贷不良资产的管理规模、效率，突破个贷业务属地化严重的痛点，并有效管控各类操作风险，比如诉讼时效、法律事务处理出现偏差，或出现应续封未续封、未在举证期举证等有可能影响债权实现的情况。

（二）资产评估机构

不良资产管理公司在收购、处置不良资产的过程中，通常需要选聘资产评估机构，参考其作出的评估报告，合理确定收购价格、处置价格。

资产评估机构作为独立专业的服务机构，对特定不良资产类型有着专业的见解，通过全面识别特定处置方式与资产内在价值的关系，可以公允地反映资产的可变现或者回收价值，解决不良资产处置回收情况复杂且难以识别、担保方式多样化、未来现金流分布难以预测等难题，提供第三方估值结果供买卖双方参考。金融不良资产评估业务中的价值类型包括市场价值、清算价值、投资价值、残余价值等。

市场价值是指自愿买方和自愿卖方在各自理性行事且未受任何强迫压制的情况下，某项资产在基准日进行正常公平交易的价值估计数额。

清算价值是指资产在强制清算或强制变现的前提下，变现资产所能合理获得的价值。

投资价值是指资产对于具有投资目标的特定投资人或某一类投资人所具有的价值。

残余价值是指机器设备、房屋建筑物或其他有形资产等在非继续使用前提下，其零部件或结构进行拆除、回收所能实现的价值。

债权资产价值分析方法主要包括假设清算法、现金流偿债法、交易案例比较法、专家打分法和其他适用的分析方法。评估方法和技巧无非就这些，从经验专业度考虑，不良资产管理公司的一线项目经理见多识广，既有评估的专业知识，又有资产交易中对评估分析结果的反复验证经验。但为什么不良资产管理公司在收购处置不良资产的过程中还是会找评估公司？

第一，根据财政部《金融资产管理公司资产处置管理办法（修订)》的规定，公司以债权重组、债转股、出售、出租等方式处置资产时，原则上应先经合法、独立的评估机构评估，根据评估价值协商确定折股价和低价，并合法、合理地评估、认定回收资产的公允价值。此外，实施减让清收，首先要对企业的还款能力进行评估，以之作为减让的依据。

总之，我国从制度规定上要求金融资产管理公司在不良资产业务过程中选聘评估机构评估。其他不良资产管理公司出于合规要求和谨慎考虑，也参照这个制度要求在不良资产业务过程中选聘评估机构评估。

第二，资产评估机构能够从第三方外部视角对资产价值判断提供专业服务和智力支持，为不良资产管理公司内部估值提供估值参考建议。

另外，不良资产管理公司在使用第三方评估服务时需要注意以下几个方面：

第一，评估公司的专业性是有局限性的，其作用只体现在资产评估分析结果上，无论是按照重置成本法还是比较法，抑或租金收入测算，都只能是项目经理对债权估值的参考，最终估值定价只能依靠资产管理公司员工自己。

第二，评估公司的关注点和项目经理的关注点也往往不同。评估公司人员比较关心不动产的位置、三通一平、面积、朝向、建筑结构等，而不良资产管理公司基于阶段性持有的实质，在收购中主要考虑处置路径，对于不动产的租赁情况、权证瑕疵、是否唯一住宅、是否重复抵押、变现能力、市场接受度更为看重。项目经理要对估值整个过程和细节知其然，知其所以然，不能想当然。

第三，资产评估机构在做评估分析时需要确定一个评估基准日，评估报告有效期通常不超过基准日起的一年时间，避免资产发生质变的情况下仍然采信历史评估报告，因而误导投资决策。

（三）催收公司

催收公司是专门为某些机构或个人催讨欠债而成立的公司。

银行为什么要把逾期贷款委托给催收公司追讨债务？

首先，银行的人力资源有限，将部分“急难险重”的逾期贷款交给催收公司追讨债务能节省人力，相当于服务外包。其次，逾期债权数量较多，若全部都通过司法流程催债，则诉讼成本太高，且周期太长。最后，同样重要的是，自行催收或者通过司法流程催收的效果不佳，尤其是碰到一些有钱不还、逃废债的“老赖”根本无视法律判决时。从这个角度说，银行委托催收公司追讨债务也有自己的无奈之处。但相对来看，委托催收公司追债不但成本低，而且效果好。

从社会影响角度来看，银行委托社会上的催收公司进行催债，一方面，涉嫌泄露银行客户的个人信息和隐私；另一方面，这些社会化的讨债公司为了追讨成功，往往会采用一些诸如骚扰、恐吓甚至是暴力的手段，严重侵害当事人的合法权益，甚至反过来影响银行的社会形象和信誉。因此，银行在对自己委托的催收公司进行严格管理，避免暴力讨债的同时，还应该在信贷产品设计时增强风险意识。

以个贷不良资产催收为例，催收公司主要是通过失联信息修复，采用打电话、发短信、发微信、上门外访等方式催收。常规处理方式如表 2 所示：

表 2　个贷不良资产催收常规处理方式

分案处理	触达策略	外访催收
在收到委托案件资料后，陆续整理催收业务的客户姓名、卡号、电话、地址、通话要点、催收时间、还款意愿、还款能力、关联关系、财产线索等相关信息	通过电话、短信、邮件、告知函、微信、QQ 等渠道联系债务人，确定户籍地址、常住地址、贷款用途关联地址、公司地址、征信地址、社保地址等	上门调查，根据标的、外访地址的有效性、还款能力、还款意愿、诉讼节点等因素对外访目标进行综合排序，分清优先顺序，然后通过地图规划外访路线

目前，部分催收公司已经开始注重利用科技手段，通过大数据、人工智能、云呼叫、智能语音质检等金融科技和创新手段搭建智能催收平台进行债务催收。这涵盖了通过电话、短信、邮件、告知函、微信、QQ、公众号等渠道联系逾期债务人。

在以上措施无法发挥效果的情况下，催收公司也将会把司法催收作为最后的途径，采用电子法函、司法调解、属地法诉等司法途径进行催收。这涵盖了民事诉讼、刑事诉讼、资产保全等方式，对逾期金额较大、还款意愿差的逾期客户，通过快速高效的民事诉讼方式，采取查封、冻结、划扣、申请列为失信被执行人等手段，有较大概率能够收回债权金额。

催收公司在展业中的常见问题有：

催收话术不规范及暴力催收，由于债务人的抵触情绪，催收人员极易与债务人发生包括肢体冲突或语言暴力等在内的暴力催收现象，比如威胁、恐吓、侮辱、谩骂等；异地催收难，由于绝大多数的催收公司都是本地化部署，个贷不良资产的地域差异明显，因此跨地域催收难以展开；信息泄露，催收公司在传递信息过程中，容易忽视债务人的合法权益，揭发个人隐私信息，干扰正常生活，给债务人造成精神压力，从而形成人肉搜索等网络暴力。

催收公司在催收过程中若缺少系统化、智能化的监管规范和约束，合规无法管控、风险无法监控，极易产生合规风险，进而引发委托公司的声誉风险。

目前，不良资产管理公司把债权委托给催收公司后，为保持掌控全局的主动权，可以运用科技手段赋能，通过“人工智能＋大数据分析”规范催收话术、跟踪催收记录、监控数据传输、全流程质检等多种手段防范风险，包括行业专家话术沉淀培训、智能语音机器人外呼、人工外呼录音、质检、外访工作手机录音、外访催收现场照片登记等。

（四）交易平台

不良资产管理公司处置不良资产过程中最快捷和省事的方式就是债权转让。债权转让采用公开拍卖的形式较协议转让的受众面更广，可以最大限度地排除人为干扰，尽可能保证公正透明，防止国有资产流失或者低于市场价格转让。

不良资产交易平台主要包括阿里资产、京东拍卖、银登中心等网络平台，资产交易所、拍卖公司等。

法院在执行工作中通常会广泛借助网络司法拍卖平台零拍卖佣金、操作方便快捷、过程公开透明等特点，有效提高司法拍卖的效率和执行财产处置效率。抵押权人的债权通过强制执行得以实现，使生效判决的“纸上权利”变成“真金白银”，成功维护申请执行人的合法权益，助推“切实解决执行难”目标的实现。

法院在司法拍卖中处置物权的拍卖规则是按照司法评估价的70%作为一拍起拍价；若一拍流拍，一拍流拍价的80%作为二拍起拍价；若二拍流拍，按照二拍流拍价再进行变卖，通常变卖周期为60日。若变卖失败，债权人可以选择以物抵债，或者终结本次执行程序，等找到物权资产意向投资人后再申请挂牌拍卖。

网络拍卖平台通过与各大不良资产管理公司签订战略合作协议，引导资产管理公司把不良债权放在网络平台公开处置。不良资产管理公司在处置不良债权资产时的拍卖规则通常是一拍成交制，流拍后可自行选择降价与否，组织进行下一次拍卖。除需完成内部审批外，并无其他方面的限制。

网络拍卖平台上的挂拍资产包罗万象，包括不良资产管理公司对债权资产的拍卖、法院对物权资产的司法拍卖、海关罚没的走私物品拍卖，拍卖资产类型包括住宅、商铺、办公楼、酒店、公寓、工业厂房、汽车、私人飞机、船舶、股权、债权、林权、矿权、国土使用权、工程设备、海域使用权、商标专利、古玩、字画、珠宝首饰等，一应俱全。

以阿里资产为例，该平台包含有资产拍卖、司法拍卖、房产拍卖、珍品拍卖、交易服务等多个领域。

在过往的债权抵押物司法拍卖中，一旦抵押物最终流拍，债权人将有可能面临损失的扩大。首先是高额税费，取得抵债资产时的过户需要交纳约17%甚至更多税费；其次是管理责任，如后续运营维护、招商出租、处置等；最后除投资成本资金占用外，流拍资产将继续降价处置，即使有幸成交，也会面临更大的损失及其债权人机构内部追责。

阿里资产每年上拍资产规模超万亿元，每年服务用户数量超2亿人，积累了大量的买家浏览、搜索、订阅、交保等数据信息。针对司法拍卖资产、不良贷款债权资产、抵债资产、固定资产等，平台可利用海量用户和算法推荐技术寻找潜在意向人，利用更专业化的人工挖掘手段进行线下撮合，实现精准获客。这就相当于该平台建设了一个投资人库，通过标的属性和用户画像进行大数据算法模型精准匹配，将标的资产通过“千人千面”的方式用多种渠道推送给潜在买家，在一定程度上提高了资产的流动性、成交率和溢价率，有利于资产权利人减少损失和提高抵债可能性。

除了提供精准获客服务以外，该平台还提供全委托服务。顾名思义，该平台不仅在线上利用海量用户和算法技术帮助不良资产管理公司精准获客，而且在线下提供资产勘验、发拍等专业团队服务，线上线下协同作战，快速完成资产处置。

该交易平台提供的服务简称“三包一库”，即流量包、营销包、服务包、投资人库。流量包即盘点资源位及流量，建立专项流量服务包，专项项目运营、流量运营。营销包即为单个项目营销发声，提升影响力。服务包即通过提供专属项目运营经理和专业团队进行服务。投资人库，即建立并运维投资人库、推荐精准投资人。

毫不夸张地说，若该类交易平台愿意自行从事收购处置不良资产包业务，而不仅仅是提供平台服务，它一定是最懂用户、最懂市场的，甚至比不良资产管理公司更懂自己的资产状况。

（五）不良资产科技服务公司

不良资产科技服务公司主要为不良资产行业提供业务管理信息系统、智能管理工具、大数据风险资产监控、处置渠道信息数据库、估值地图等产品和服务，如360PAI、源诚科技等。

在收购不良资产的过程中，不良资产管理公司为了实现精准估值，除了参考银行提供的信贷档案以外，还可以通过网络查询相关信息，比如国家市场监督管理总局主办的国家企业信用信息公示系统等。

近年来，一批数据提供商通过后台算法抓取国家企业信用信息公示系统、网络搜索页面上的数据，实现一站式整合内容，并提供给各类投资人使用，从而极大方便了不良资产管理公司进行尽职调查。

在调查债务人背景信息时，只需要在相关网站上输入所需要查询公司的名称，点击搜索，就会出现所要搜索的公司详细信息，包括工商信息、股东、高管、对外投资、经营范围、企业年报、诉讼、失信信息、专利、著作权、商标展示、企业证书、企业新闻、企业招聘等。在专项列表查询中，包括查商标、查关系、查公司、查判决、查失信、查被执行。根据需要，部分网站还可以将查询结果生成相应格式或模板的报告。

在估值时，某些平台可提供可视化估值地图，方便快捷获取债权的不动产抵押物的估值数据。在寻找债权案件代理律师时，某些平台通过数据智能律师查询系统，根据律师执业年限、办理总案件数量、执行案件数量、诉讼案件数量及其胜诉率等多维度大数据信息，分别提供通过案由、名字、律所精准查找律师服务商的解决方案。

另外，在调查财产线索和债务企业新信息时，由于银行保全部、法务部、特资部、贷后风控部或者不良资产管理公司处置部门的人手有限，面对大量的债务人、担保人、抵（质）押物等数据信息更新工作心有余而力不足，以致不能及时、全面地监控到相关信息的变动情况，同时增加了因为信息没有及时得知而产生的审计风险。同时，项目经理可能由于工作繁忙没有重视企业的一些重要信息，以致错过最佳处置时间窗口，造成资产处置不掉的风险。

为了充分合法利用、挖掘司法数据的价值，充分利用大数据平台的价值，利用计算机平台提高银行相关部门的工作效率，发现更多不良贷款人的财产线索，更多维度地为债权人减少损失，不良资产管理公司可以借助不良资产科技服务公司的数据信息进行资产监控。

目前市面上的监控平台数据来源主要有以下几个方面：

（1）司法拍卖数据

司法拍卖数据来自最高人民法院纳入司法拍卖网络服务提供者名单库的五大司法拍卖网站。

（2）司法涉诉数据

司法涉诉数据包括立案、开庭和文书数据。立案信息和开庭信息来自中国执行信息公开网、中国审判流程信息公开网、人民法院公告网以及全国一千多家地方法院的公开网站数据。文书数据主要来自中国裁判文书网。

（3）产交所、金交所数据

产交所数据来自中国企业国有产权交易信息网及浙江产权交易所综合交易平台、北京产权交易所、广东联合产权交易中心、上海联合产权交易所、广州产权交易所等全国各省市多家产权交易所。

金交所数据来自广东金融资产交易中心、北京金融资产交易所、浙江金融资产交易中心等全国各省市多家金融资产交易所。

（4）企业破产重组数据

企业破产重组数据来自全国企业破产重整案件信息网等网站，以及上市公司披露公告的网站。

（5）失信执行数据

失信执行信息来自中国执行信息公开网。

（6）招标、中标数据

招标、中标数据主要来自公共资源交易网、国家开发银行采购网、政府采购信息网、中国政府采购网、全国公共资源交易平台及浙江省公告资源交易、广东省政府采购中心等全国各省市的公共资源交易网和政府采购信息网。

（六）会计师事务所

从会计师事务所方面来看，众多中小型企业的历史财务数据存在较多瑕疵，错综复杂的关联交易使得商业背景较难查实，导致商业性金融机构的放贷行为以及不良资产管理公司在债务重组中的财务调查工作难以保证质量。

通常，会计师事务所主要为不良资产行业提供的服务内容有：

（1）审计业务。对债务企业会计报表进行审查并出具审计报告；办理债务企业清算或者合并等相关审计业务，同时还要出具审计报告。

（2）会计咨询、会计服务业务。担任债务企业会计顾问，提供与税务以及会计有关的各种经济咨询；对债务企业前景以及财务资料进行审核；对债务企业资产进行综合性评估；参与各种债务重组等方案的可行性研究。

通过会计师事务所的参与，不良资产管理公司可以更加专业地梳理财务信息并获得专业建议与操作技术指导，减少因信息不对称造成的偏见或者错误判断，既有利于管控卖方内部尽职调查中可能出现的风险，也有利于规避收购风险，便于合作双方进行高效和合理的协商谈判。

另外，会计师事务所也可承担财务顾问、交易顾问等角色，独立、公正地通过对目标资产的全面了解，综合法律和评估报告的意见及特定的处置方案，公允地提供和反映目标资产的价值，解决博弈各方因信息不对称引发的信任问题。

（七）咨询机构

不良资产咨询机构通常在不良资产从资产方到资金方的交易流程中，提供信息收集、梳理及分析服务，借助自身大数据、云计算、区块链、AI 等技术，逐步建立财产、债务、司法、工商等数据库，对不良资产的尽调、估值、管理、监控、处置、营销提供咨询建议与指导方案。

各类小型顾问和独立咨询机构通过其对市场信息的了解，为买卖双方提供合理又具支持性的依据，尽力协助买卖双方的合作。他们是不良资产行业生态圈中汇聚信息、整合资源的重要组成部分，是良性、健康的不良资产处置体系中重要的微观信息传导体系。

（八）配资机构

在不良资产二级市场主要参与方中，有一类参与方被称为配资机构，但其实际上充当了第三方服务机构的角色。当然，配资机构只是一种民间叫法，实践中并没有这个明确的细分行业。

不良资产投资人从不良资产管理公司购买资产时，有时大的资产包动辄上亿元，支付全款的压力比较大，故市场就出现了为这些投资人提供配套资金的服务商——配资机构。它们接受不良资产实际投资人的委托，收到保证金后，以自身名义或者自身控制的子公司名义收购指定不良资产项目，然后按照不良资产实际投资人的指令进行处置。

这和按揭贷款买房子、按揭买汽车的原理一致，当有了配资机构之后，不良资产实际投资人只需要支付类似保证金性质的首期款，然后按月或者按季度支付剩余本金利息或者资金占用费。当配资机构所投入的全部款项和相应资金占用费收取完毕，所占用资金全部结清之后，债权资产才能够按照协议约定正式过户到不良资产实际投资人名下。

当不良资产项目所需资金体量大、处置周期长时，不良资产收购配资业务模式为其正常运作提供支撑，不仅减少了优先级出资人的项目管理与处置成本，还降低了劣后级投资人参与不良资产行业的准入门槛。

（九）券商

1. 重整程序财务顾问。作为财务顾问，一方面，出具关于上市公司除权除息事项的意见并公告，如《关于某公司调整资本公积金转增股本除权参考价格的计算结果的专项意见》《关于某公司差异化权益分派特殊除权除息事项的意见》；另一方面，向债权人出具重整完成后的《股权价值分析报告》。

2. 重整投资财务顾问。证券公司发挥自身行业研究能力和行业资源优势，为债务企业梳理商业故事，提炼投资亮点，引荐产业投资人、财务投资人。

第八节　管窥外资不良资产机构

一、外资不良资产机构特点及在境内发展概况

不同于国内，国际上，“不良资产”更多地被表述为“困境资产”“另类资产”“特殊资产”“机遇资产”，对另类资产的投资回报率远高于银行理财、债券、股市。

最初，银行危机催生了不良资产机构。20 世纪 80 年代至 90 年代，西方部分国家为了尽快摆脱银行危机困境，纷纷采取“外科手术疗法”，通过“好银行（good bank）——坏银行（bad bank）”的模式将银行不良资产剥离到“坏银行”，让陷入危机的银行迅速脱离困境，成为“好银行”，从而达到快速化解金融风险、维护金融稳定的目的。

其中，以美国重组信托公司（Resolution Trust Corporation，RTC）、瑞典 Securum 为代表的不良资产处置机构，通过采取多种创新性运作手段，在较短时间内成功化解了各自国内的金融危机，以公权力“有形之手”弥补市场失灵，被公认为世界上处置金融机构不良资产的成功典范。后来，在亚洲金融危机期间，日本、韩国、马来西亚等国也纷纷效仿，分别成立了类似机构集中处置各国的不良资产。

提到境外不良资产机构，不得不提到霍华德·马克斯于 1995 年创建的美国橡树资本管理公司，该公司如今已经发展成为一家全球性的特别资产管理公司，专注于投资别人“看不懂”“不敢做”的生意，也是全球不良资产的最大买家。其投资组合包括企业困境债务和股权、困境房地产、银行不良贷款、高收益债券等资产。

美国橡树资本管理公司的核心管理人马克斯的主要投资思想是专注违约及困境资产，他有一句名言：“我们打算以 50% 的价格进行收购，你要想买到便宜的，就得到废物堆里去寻找。”这句话，道出了不良资产投资的秘诀——变废为宝，化腐朽为神奇。

不良资产处置，旁人一贯称为“秃鹫行业”，吃的就是别人看不上的“腐肉”。当

资产被冠以“不良”的前缀，价格一定会有较大的折扣。

境外不良资产机构在处置不良资产时有一种引入“商业计划书”的纾困与救助模式，即先和企业谈判，双方寻求各自满意的处置思路，若调解成功，资产管理公司获得收益，债务企业得以继续生存，市场主体得到维护；若调解不成功，资产管理公司再按照正常流程起诉、申请强制执行、转让。

比如，爱尔兰坏账公司NAMA在与债务人调解过程中要求债务人先出具一份商业上可行的偿还计划书，在计划书中列明企业现有财产情况以及未来三至四年的还款安排。NAMA如认为该商业计划书符合商业可持续逻辑，则对其采取续批增信支持、减免利息、债务展期、贷款重组、续建物业等措施，支持企业走出困境。商业计划书的主要内容包括：债务偿还目标；追加实控人个人担保；变卖债务人名下非抵押财产；撤销债务人对外转移的财产；完善担保条款瑕疵；出售实控人名下超过最低生活需要的住宅；债务人名下房产的租金收入用于还款；增加其他抵押物；做余值二次抵押；出售债务人名下非物业财产，包括艺术品、股权等；申请新增资金投入，完成在建房产项目，出售变现等。

二、以境外机构PRA公司为例，探索个贷不良资产催收发展路径

PRA Group（以下简称PRA公司）是一家金融和商业服务类上市公司（纳斯达克股票代码：PRAA），从事美洲和欧洲不良贷款包的收购与处置。PRA公司由史蒂文·D. 弗雷德里克森和凯文·P. 史蒂文森于1996年3月20日创立，总部设在弗吉尼亚州诺福克，第一大股东为美国著名投资机构贝莱德集团。PRA公司的使命是提供不良贷款解决方案，通过长期关注和客户关怀来推动成功，愿景是成为值得信赖的领导者，改变世界对不良贷款行业的看法。

关于商业模式，PRA公司的核心业务是个贷不良包的收购与处置，占其营业收入超过九成。该公司收购的不良贷款，主要包括Visa、万事达卡信用卡和其他信用卡，银行、信用合作社、消费金融公司等的各类贷款和应收款。此外，该公司还提供关于集体诉讼索赔追回的收费服务，并为美国的消费者破产账户提供服务。

从PRA公司近年的成本费用构成来看，首先占比最高的是人力成本，占比约为40%，其次是诉讼产生的费用，占比约为20%。其在业务模式上的特点是专注于个贷催收业务，在具体手段上将法催与电催相结合，具有一定的科技实力，主要通过培养数量较多、经验丰富的催收人员开展个贷催收。

关于业务情况，PRA公司专注于运用金融科技手段服务个贷不良收购处置，受益于技术投资，促进不良资产业务稳健发展。PRA公司在美洲和欧洲市场的数据收集方面

有着丰富经验，专注于利用数据分析和人工智能建立模型，根据统计分析将资源分配给最有可能偿还借款的客户，利用强大的内部数据和外部预测数据进一步提高回收能力。

PRA公司在欧洲和美洲市场中建立了数字平台和呼叫中心，实施标准化的基于云服务的拨号器和通用基础设施，将电催机器人、流程自动化集成到支持系统中。针对有还款能力但无还款意愿的客户，PRA公司通过模型分析筛选出具有更高还款可能性的客户，并通过法律途径进行追偿。

PRA公司也非常重视合规风险和客户信息保护，对员工提供广泛的培训，确保催收遵守联邦、各州、国际法律，同时持续监测和评估催收过程，此外还建立了合规管理系统和内部审计体系，以督促催收过程合法合规。

古今中外，只要有借贷，就一定会有坏账；只要有坏账，就一定有催收。

因行业特点，催收公司充当干脏活、累活的角色，而且名声普遍不佳。未来在政策规范指导以及众多科技手段的加持下，催收行业有希望朝着更加智能化、人性化的方向发展。

第二部分

新 手 上 路

在西方，人们常用近似海水的绿色油漆刷船，保养船只。一些入行不久的油漆工因为技艺生疏，常常会粘得满手都是绿油漆，英语俗称 Green Hand（新手）。从新人角度来讲，你肯定不希望一直笨手笨脚，把手上的绿油漆蹭到别人身上吧。

达尔文说："无知要比知识更容易产生自信。"知识越少人越愚昧，一个人的愚昧程度和他所掌握知识的量肯定成反比，这是共识。

社会分工其实就是专业知识分工，是人类社会繁荣的基本前提，大家通过市场交换和彼此服务来共享知识，而这就需要一个默契——每个人都服从专业权威。比如，进医院就听医生的建议；一位医生朋友讲，那些有服从力的患者是医生最能够帮到的最好的患者，他们谨遵医嘱，让吃药就吃药，让节食就节食，让锻炼就锻炼，特别有自制力。而那些通过搜索引擎了解到只言片语用来抬杠的患者是最愚昧的患者。

在"新手上路"部分，我整理了不良资产行业新手应知应会的业务常识、交易流程、关键工作要点清单以及从业禁区等内容。这些分析看似笨拙、赘述，但其实际上就像游泳初学者的泳姿或是新兵学习最基本的踢正步一样，帮助新手避免各种各样的无能之错，折叠新手入行后的学习时间，使其以更快的速度跑出新手期。

第一节　业务矩阵：18 种特殊机会投资之术

就生意的角度而言，不良资产管理公司介入不良资产的主流业务模式有哪些？

一、金融不良资产收购处置

（一）定义

金融不良资产是指在金融机构经营中形成、通过购买或其他方式取得的下列资产：

按四级分类标准认定为次级、可疑、损失类资产；已核销的账销案存资产；抵债资产；经相关监管机构认可的其他不良资产。

金融不良资产是一个非常宽泛的概念，金融机构业务发展中出现的无法回收、质量低下的资产都可以归为不良资产。

（二）主要业务模式与特点

不良资产的反面是正常类或者关注类资产。正常类资产的借款人能够履行合同，正常还本付息，不存在任何影响贷款本息及时全额偿还的消极因素，贷款损失的概率基本为0。关注类资产的借款人尽管存在一些可能对偿还产生不利影响的因素，但目前仍有能力偿还贷款本息，贷款损失的概率不会超过5%。它们最大的特征是收益能够覆盖风险。

金融类不良资产具有低收益和低流动性以及处于贬值、过度积聚的危害性等特征。因此，银行等金融机构对不良资产的态度通常是不求有功、但求无过。

对于各类不良资产投资人来说，投资不良资产必须盈利。他们在嗅到投资机会后，进行尽职调查、资产评估、决策定价，以公开竞标或协议转让等方式从金融机构收购不良资产。

金融机构可以单户转让，也可以批量转让不良资产。根据财政部、原银保监会对不良资产批量转让的定义，批量转让是指金融企业对一定规模的不良资产进行组包，定向转让给不良资产管理公司的行为。（见图1）

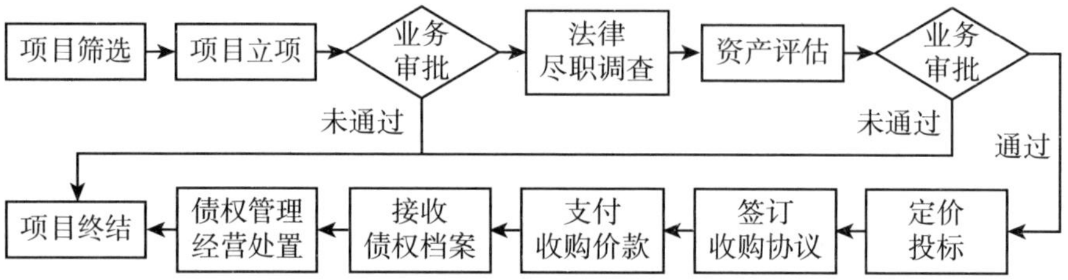

图1　不良资产收购的主要操作流程

在投资环节中，不同投资人的主要差异在于对不良资产的尽职调查和估值定价能力；在经营管理和处置环节中，主要差异在于分类管理与价值发现、价值挖掘、价值提升能力。

在投资环节中，不良资产投资人通过尽职调查了解清楚客户不良资产权利的有效性和可受偿性、债权受偿财产线索的真实性、债权估值方法的适用性及估值结果合理性，然后设计交易结构，通过谈判来约定双方的权利和义务，尽可能扩大己方的利益并降低己方的风险，最终确定收购报价。

不同的不良资产投资人会根据自身资源禀赋和风险偏好设定准入条件，如交易对手准入、区域准入、底层资产标准等。有些不良资产管理公司为了谨慎起见，通常仅选择 6 家国有大型控股行业银行、12 家全国性股份制商业银行，以及具有代表性的上市城市商业银行、全国性金融资产管理公司作为不良债权收购对象，谨慎介入证券公司及其子公司、信托公司、地方资产管理公司及其他金融机构的不良债权。同时，考虑到不良资产投资和交易活跃度、司法环境等因素，主要聚焦粤港澳大湾区、长江经济带、环渤海经济圈、海南自由贸易港等区域的不良资产，谨慎参与其他地区的不良资产业务。

在底层资产选择上，不良资产管理公司充分评估底层资产的价值变化趋势、处置难度、当地司法环境，优先选择底层资产质量好、抵（质）押物流动性较高、存在明显重组可能的不良资产，优先介入住宅类不动产、工业、物流等房地产，谨慎介入除北京、上海、广州、深圳以外的商业物业，以及存在权利纠纷风险且判断该风险显著不可控、因物理界限不明确显著影响处置回收的底层资产。

通常金融机构单笔不良资产的特点是金额较大、底层抵（质）押物资产存在较高价值，主要是由于融资人出现流动性问题，银行等金融机构迫于监管、考核压力急于出售，因此转让时基本没有折扣。对持牌不良资产管理公司来说，单笔收购不受地域限制，市场竞争相对激烈。不良资产管理公司选择收购底层资产质量好、流动性高的单笔不良资产进行处置或者重组，往往有较大的获利空间预期。

在收购后，不良资产管理公司结合不良资产的特点、债务人情况、抵（质）押物等主客观因素，灵活采用不同处置方式，包括自行清收追偿、债权转让、委托处置、资产置换、以物抵债、租赁、债务重组、破产重整或者清算、债权转股权、资产证券化等。

在金融不良资产的处置环节中，不良资产管理公司通常需要分析判断处置方案的必要性及可行性、成本效益性、风险的可控性、评估方法的合规性、资产定价和处置费用的合理性、处置行为和程序的公开性和合规性，最终确定处置报价。

（三）小结

该业务类型本质上是为了解决金融机构不良资产占用准备金相对较高、处置手段受限和维护自身社会形象的问题。

商业银行通过压降不良贷款，提高银行盈利能力，使自身能够轻装上阵，维护金融系统稳定；通过处置不良资产，促进社会资源向优势企业集中，促使经营不善、扭亏无望、资源浪费、污染严重的企业退出市场。

不良资产管理公司通过发挥处置经验和管理专长，收购因流动性风险造成的不良资产并对其进行重组，将风险化解前移至实际产生损失之前，起到“流动性补缺”的作用；通过破产重整程序，缓解困境企业长期过度负债经营的问题，大幅降低企业财务成本，使债务人获得“重生”，实现重整投资人、债务人、债权人和公众投资人（如有）的共赢。

二、非金融机构不良资产收购处置

（一）定义

非金融机构不良资产简称非金不良资产，是指非金融机构基于生产经营活动、资金往来、投资关系以及其他行为所产生并拥有的，但不能为其带来经济利益或带来的经济利益低于账面价值，已经发生价值贬损的资产，既包括债权类不良资产、股权类不良资产、实物类不良资产，也包括各类金融机构作为中间人受托管理其他法人或者自然人财产形成的不良资产。

非金融机构是指除中国人民银行、原中国银行保险监督管理委员会、中国证券监督管理委员会监管的各类金融机构之外的境内企业法人、事业单位、社会团体或者其他组织。

（二）主要业务模式与特点

随着银行不良资产处置方式的更加多元化，银行端出包量占比变小，而困境地产、困境资产、上市公司等相关主体的债务重组业务量占比逐渐加大，包括破产重整财务投资、共益债投资及其他债权投资、股权投资等。

不良资产管理公司若单纯只做金融机构不良资产收购处置业务，可能面临业务量逐渐萎缩的挑战。不良资产行业从围着商业银行转向围着企业转逐渐演化成为一个慢变量，因为不良资产缘起实际上还是在于企业。

非金不良资产业务的债务人通常是问题企业、困境企业，这些企业或因经济、行业周期波动，或受上下游影响，或因内部经营问题，面临暂时或紧急的流动性困难。

由于形成原因各异，基础债权形态丰富多样，但主要分为合同之债和侵权之债。侵权之债并非正常业务经营产生的债权，并且多数需要经司法程序确定。实践中，不良资产管理公司可收购的非金不良债权大多基于合同关系产生，所涉及的债权包括买卖合同债权、建设工程合同债权、借款合同债权、租赁与融资租赁合同债权等。此外，还包括实物类资产和股权。

正如上述所说，非金不良资产的债权债务关系主要形成于买卖、承建等交易，具有“双务性”，即债权人在拥有债权的同时，也可能对债务人承担义务，债权实现需要得到债务企业的配合和认可，否则债权实现过程可能面临重重阻碍。非金不良资产真实转移后，出让方不再享有资产对应的权利，也不再承担相应的瑕疵风险。因此，根据过去的经验来看，对非金不良资产采用买断式收购的投资风险较大，通常会在收购合同中约定一旦出现风险则要求出让方回购或者其他责任承担等条款。

不良资产管理公司通常不会通过公开竞标方式收购非金不良资产，而是通过重组型协议方式收购，设计交易结构进行实质性重组，有效控制非金不良资产的收购和处置风险。其业务模式包括但不限于：收购通过金融机构发放委托贷款形成的不良债权；收购拟进行资产整合、困境企业重组的非金融机构商业不良债权资产；收购原债权人、债务人或保证人为国有企业、上市公司、实力较强的集团公司或者政府平台的非金融机构商业不良债权资产；收购非金融机构因经营困难，拟对外转让或自身认定非主业的、低效的、存在瑕疵的、已经发生或可能发生价值贬损风险的证券类（债券、股票等）、房地产类实物资产（土地使用权、房产、在建工程等）不良资产。

非金不良资产收购业务的核心是确权，真实、充分、细致、有效的尽职调查是重中之重。不良资产管理公司通过现场调查、非现场调查和外围调查等多种方式，对标的资产的形成原因、交易背景、抵押担保状况、诉讼状态、法律时效、法律保全措施，以及涉及主要相关方生产经营情况和财务状况等方面的情况，展开全面、深入、详尽、具体的调查，尽可能确保资产客观存在且真实发生，相关交易事实可证实，寻找相关不良资产的瑕疵，防止因调查不到位被对方“做局”而高价接盘，形成业务亏损。比如，对于非金融机构间基于日常生产经营活动形成的不良应收账款，经常出现虚假贸易背景、虚假交易等陷阱导致损失。

通常，不良资产管理公司要求所收购的非金不良资产必须是非金融机构存量不良资产，不得借收购不良资产的名义为企业或者项目提供融资，不得收购无实际对应资产和无真实交易背景的债权资产，不得收购非金融机构的正常资产，而是要取得拟收购标的为不良资产的相关资料，证明资产确实存在价值贬损等情形。

不良资产管理公司对于企业间以借款形式形成的应收账款债权，若出借人属于无金融从业资质但实际经营民间借贷业务、以民间放贷收益作为企业主要利润来源的，不会收购；若出借人明知借款用于非法目的仍出借的，不会收购。同时，不良资产管理公司会审慎收购涉及民间借贷的企业或项目以及企业财务管理混乱或债务状况不明、项目后续建设资金缺口落实存在不确定性、流动资金严重不足的项目。

若收购非金融机构非生息类债权资产，即非金融机构间形成的商业不良债权资产时，通常进行打折收购。

不良资产项目经理在应收账款债权尽职调查过程中，应查阅相关销售商品、提供劳务或资金的合同或协议，以及协议项下对应的资金往来凭证，核实货物发出、运输以及验收凭证、有权签字人身份等，核对相关文件之间的数据一致性及勾稽关系，并通过多人多渠道、多种方式重点了解资产出让方是否已经履行完毕协议约定的义务，是否存在需要承担回购义务、赔偿损失等意外情形，以及其他被抵销、被抗辩等致使标的资产价值减损、灭失的重大不利因素或者瑕疵。

在收购、投资、受托管理后，不良资产管理公司通常结合非金不良资产的特点、债务人情况、抵（质）押物等主客观因素，灵活采用不同处置方式，主要包括自行清收追偿、债权转让、委托处置、资产置换、以物抵债、租赁、债务重组、破产重整或者清算、债权转股权、资产证券化、追加投资、提供投资咨询及财务顾问服务等一种方式或多种组合手段，对已收购的非金不良资产进行管理和处置。

不良资产管理公司对非金不良资产的主要处置退出方式包括：企业恢复正常经营后产生经营性现金流或者对外融资取得资金后偿还债务；由第三方投资人为企业注入资金，其中一部分用于偿还债务；由股东或指定第三方回购债权；通过发债、定向增发等方式募集资金后偿还债务；通过申请财产保全、冻结账户、提起诉讼等法律手段，实现抵（质）押资产价值，偿还债务；要求保证担保人承担代偿责任，偿还债务。

（三）小结

该业务类型本质上是为了解决债务人的资产流动性问题，缓解债务人的现金流困境和偿债压力，预防和避免债务企业供应链条上的信用支付危机，有利于解开供应链“三角债”，防止信用风险蔓延，维护金融体系安全。

三、不良资产合作收购处置

（一）定义

不良资产合作收购处置也称结构性收购处置，是指两个或多个投资人合作，通过协议约定与分工，由协议各方充分发挥各自优势，共同参与收购并通过债务重组、资产整合、清收追偿、经营管理等手段回收现金或者沉淀资产的业务。

这种合作收购业务模式在收购前即确定了后期资产管理、经营和处置的方式，并严格基于合同契约确定项目主要交易结构，对从收购到处置的全过程进行约定。

（二）主要业务模式与特点

合作收购方可以全部出资或者部分出资，也可以在不出资的情况下主要利用合作方信息或者清收优势参与收购。

清收主体可以是单方，也可以是联合体。当不良资产管理公司采取联合处置模式时，应明确分工，明晰各方责任，防止清收方引发的操作风险、合规风险或者声誉风险，在合同中明确规范催收行为的条款和出现问题时的争议解决方式，明确整个过程中所产生的成本、费用以及税收如何分担、利益如何分配、亏损如何承担等。

不良资产合作收购处置业务模式主要包括指定收购并处置、收购并委托清收两大类。

指定收购并处置业务是指在意向投资人承诺收购底价的前提下，不良资产管理公司按照意向投资人的指定报价金额进行报价并收购，收购后对标的资产进行公开转让，意向投资人承诺在无其他竞购者时，以其承诺收购底价受让标的资产的业务。

收购并委托清收业务是指不良资产管理公司收购不良资产前已经明确委托第三方或原出让方按照相关法律法规和监管要求对标的资产进行管理、经营与处置的业务。受托方在约定的时间内完成处置任务并按照约定的方式收取费用。

不良资产管理公司加大结构性收购处置业务比例，一方面有利于扩大不良资产业务的市场份额并积累收购处置经验；另一方面有利于在控制风险的前提下获得稳定收益并分享超额收益分成。

（三）小结

不良资产合作收购处置业务的核心是基于信任构建生态圈，基于熟悉各个网络节点的相对竞争优势能力整合有效资源，多方优势互补，解决项目中的一个个具体问题，若缺少价值链某一环节，就找到相应合作方补强。

商业合作的前提是1+1>2，即通过合作能够做大“蛋糕”。

该业务类型在本质上是为了解决不良资产行业生态圈各参与方资源不匹配的问题，各方参与者在资金、尽调、司法、产业运营等资源整合中，不求做到“天衣无缝”，而是力求比其他债权人略胜一筹、快人一步，最终获得更优受偿。

四、不良资产配资收购

（一）定义

不良资产配资收购业务是指配资方提供收取固定资金占用费的资金，以配资方主体的名义参与收购并受让债权，不良资产实际投资人提供少部分资金并主要负责处置资产包，在扣除配资方本息后取得超额收益的业务模式。通常配资方出资占项目收购对价的70%~90%，不良资产实际投资人出资占比为10%~30%。

配资期间内，不良资产实际投资人作为处置方承担高风险，享受高收益。而配资方为确保资金安全退出设有双重保障机制：外部机制，即由配资方作为收购主体，不良资产实际投资人以“隐名”方式处置，若到期无法兑付，则配资方有权自行处置；内部机制，即约定配资方对项目回款优先受偿的分配顺位，或者由不良资产实际投资人对履约另行提供担保。

在不良资产收购处置过程中，由投资人向不良资产管理公司收购不良资产包，在前期支付10%～30%的资金，并约定在一定时间内支付剩余资金，按照一定利率支付剩余资金的资金占用费，这种业务模式往往也被称作“配资”，但这种模式在本质上属于债权转让过程中的分期付款，与配资业务并不相同。

（二）主要业务模式与特点

不良资产配资收购业务的操作模式主要有两种：

第一，配资方和不良资产实际投资人签订《配资收购合作协议》，由不良资产实际投资人将属于保证金性质的一部分自有资金转给配资方，通常是10%～30%，由配资方为其提供剩余比例的资金，以配资方为主体参与收购并受让取得债权。

第二，双方设立不良资产投资基金，由配资方投入优先级资金，约定收取固定收益，由不良资产实际投资人投入剩余比例的劣后资金，以该不良资产基金为主体参与收购并受让取得债权。投资标的包括但不限于不良资产包、以物抵债资产。

除上述结构外，该类基金也可以设置多种结构和违约条款以保障配资方收益并防范风险，如在资产处置过程中，当不良资产实际投资人不能按预期进行清收并实现资金回笼时，可能会出现不能按协议要求归还配资方投入成本和收益的风险，应当做好没收保证金并重新转让等相应预案。

根据配资业务中不同的风险承担与收益分配，配资业务主要分为以下三种类型：

1. 保本+固定收益

这种配资业务类型名为投资，实为借贷，其本质是通过出借资金获得利息收益。配资方作为优先级只投入资金但不承担任何清收不利的风险，按照约定比率计收资金占用费，同时处置回款优先归还其投资本金及期间资金占用费，到期未清偿的差额部分由劣后级投资人承诺兜底和补足。

不良资产市场中的资金占用费比率，即固定年化收益率，需要根据项目所需的资金体量、是否为抵（质）押类资产、抵押物形态、安全垫厚度、劣后级投资人实力、其他担保条件等进行综合判断。

这种配资类型下，优先级配资方能获得高于一般行业的固定收益，为8%～15%，项目产生的超额收益全部归劣后级投资人所有。

2. 保本＋固定收益＋利润分成

优先级配资方在保本和收取固定收益的基础上，与劣后级投资人按一定比例分享处置后的超额收益，比如约定优先级配资方可以获得固定年化收益率 8%＋处置后超额收益的 30%。

在这种配资业务类型中，优先级配资方既能获得按照固定年化收益率收取的资金占用费以覆盖自身资金成本，还有超额收益分成，因此，通常会降低资金占用费收取比率，以适度减轻劣后级投资人的资金压力。

这是一种以保证本金加基本收益为前提并进行超额收益分配的混合契约，由于超额收益与项目经营收益状况直接相关，所以按照风险共担原则，其属于合伙性质的法律关系。

以上两种不良资产配资收购业务对于劣后级违约的违约责任设置，往往以没收劣后级投资人已经支付的所有款项作为违约条款，其实质上是将劣后级投资人支付的履约保证金从性质上转换为违约金予以没收。

当没收款项过高时，是否应当由司法机关主动酌减在实践上存在争议。此种情形在一般交易条款领域可能因违背公序良俗而无效，因为债务人依约付款越多，遭受的违约金反而越大。因此，应当根据诚实信用原则、公平原则，坚持以补偿性为主、以惩罚性为辅的违约金性质，合理调整裁量幅度，切实防止以意思自治为由而完全放任当事人约定过高的违约金。

3. 不保本＋固定收益＋利润分成

这种配资业务类型与上述两种的区别在于优先级配资方的投资是否保本和保收益，表现为各方对回款分配顺位的约定，即约定回款按出资比例支付各自的投资本金及收益。这实质是合伙性质的法律关系，属于平层投资关系，不再区分优先级与劣后级。

不良资产实际投资人在这种“不保本＋固定收益＋利润分成”配资业务类型中的资金压力最小，但由于份额切分，所以预期收益绝对值相对较低。配资方虽然享有高额的利润分成预期，但存在投资资金到期后无法保本退出的风险。

（三）小结

不良资产配资收购业务在本质上是为了解决不良资产实际投资人拥有处置能力、运作手段、资源渠道，但是缺少投资资金的问题，解决市场投资者之间资金与资源的错配与失衡问题。

对于配资方来说，核心要点是要考察资金需求方，即不良资产实际投资人的资金实力、处置经验与清收能力。同时，配资方应当真实参与对不良资产包的尽调，并对资产包的价值进行自主判断，避免因资产价值评估的偏离度过大导致风险敞口过大。

对于双方来说，基因不同导致资源禀赋不同。一个赚认知差、信息差的钱，一个赚资金剪刀差的钱相互合作，实现共赢。

五、不良资产受托收购

（一）定义

不良资产受托收购业务是指不良资产管理公司根据意向投资人的需要，在意向投资人承诺收购底价并支付诚意保证金的前提下，由不良资产管理公司按照意向投资人的指定报价对金融机构或者非金融机构的不良资产进行收购，收购后对标的资产进行转让，意向投资人以不低于其承诺收购底价的价格受让标的资产的业务。

（二）主要业务模式与特点

在不良资产受托收购业务中，不良资产管理公司不会承担意向投资人的任何风险、损失，除必需的处置费用支出外，不替意向投资人垫付任何资金。

不良资产管理公司通常要求意向投资人以书面形式明确，其已经充分了解指定收购资产及从权利可能存在瑕疵或者尚未发现的重大缺陷，不应因已存在的妨碍不良资产价值实现的事实或者潜在风险而对受让该不良资产提出任何抗辩或者主张权利。

关于保证金，对于所收购的债权有抵押物和质押物的，可适当降低现金或者定期存单等现金等价物的保证金比例，但需保证所缴纳的现金加上不良资产管理公司所认可的抵（质）押物净值合计数值不低于意向投资人的收购报价。

如果拟收购标的资产为空债权资产包，即没有抵（质）押物的不良资产包，应以意向报价为基准足额缴纳保证金。

（三）小结

不良资产受托收购业务的核心要点是意向投资人在收购前缴存充足的保证金，保证金数额应不低于意向投资人的收购报价，如抵（质）押充足则可以适当降低。

该业务类型在本质上属于通道或代持业务，解决了不良资产投资人对标的资产无收购资质或者不愿显名收购的问题。如该业务属于通道类业务，其收益约在所收购资产规模成交价的0.5%～2%，且设置最低单笔业务的收益金额，通常最低消费金额为50万元。

六、不良资产受托处置

（一）定义

不良资产受托处置业务是指不良资产管理公司接受有不良资产处置服务需求的第

三方的委托，针对低效资产开展受托催收、资产托管等形式的合作，利用自身的经验、专业能力、资源渠道、资金等优势，按照资产处置规模或者处置回款金额收取固定费率。如不良资产管理公司实际处置回收金额超过约定的基准回收额，可收取超额收益。

（二）主要业务模式与特点

不良资产受托管理及处置的服务费通常包括按固定金额收取的资产托管服务费以及按照实际处置回款金额的一定比率计收的资产处置服务费。比如，资产托管服务费收取固定金额每年50万元至200万元，资产处置服务费以项目资产处置实际回款的1% ~5%收取。

1. 不良资产托管服务的内容包括哪些?

不良资产托管服务的内容包括：不良资产管理公司代表委托方对托管资产进行日常维护，经委托方授权行使与托管资产相关的权利；对托管资产的状态，包括本金、利息、债务人和担保人的资信状况、抵押物及质押物的价值状况、期间变动、期间收益等进行监督和梳理，并定期汇报；根据委托方的书面指示，另行委托中介机构对托管资产开展尽调、整理工作即司法催收工作；向委托方提供与托管资产处置有关的咨询服务；根据委托方提供的金融资产资料对托管资产进行梳理，形成资产处置方案，包括进行处置分析并提出处置建议；对托管资产在自身资源、自有渠道和平台中进行线上或者线下营销，寻找意向买家。

2. 不良资产受托处置业务应注意哪些关键问题?

一是对受托处置的不良资产有全面的了解，包括但不限于不良资产产生的原因、债权基本信息、抵（质）押物现状、法律诉讼进展信息以及可能对不良资产评估与处置产生重大影响的信息；

二是了解资产所有方对资产处置的要求，包括但不限于对资产的处置时限、处置价格以及付款方式等要求；

三是与处置环节可能涉及的法院、税务、国土等部门进行沟通，对处置环节可能遇到的问题有事先的预判，积极制定相应的对策。

（三）小结

不良资产受托处置业务的核心是与不良资产所有方进行充分沟通，并严格按照委托人的要求和授权进行处置，接受委托方的监督和指导。该业务类型在本质上是为了解决不良资产所有方处置能力不足的问题，不良资产管理公司输出自身处置能力，发挥不良资产管理与处置的专长，扩大利润增长点。

七、低效资产收购处置

（一）定义

低效资产收购处置业务是指不良资产管理公司按照标的资产账面原值的一定折扣收购、管理、处置低效资产，帮助客户企业解决非主业资产剥离、盘活以及优化治理的问题。

低效资产是指在企业发展规划中使用效率和效益较低且不存在特别战略安排的资产，一般指资产收益率低于一年期同期银行贷款基准利率的资产。

（二）主要业务模式与特点

不良资产管理公司对低效资产完成收购后成为资产权益拥有者，然后通过资产经营、资产转让或其他合法有效方式实现低效资产增值并进行市场化处置，从中获取收益。

在收购低效资产的时候，考虑到低效资产市场买家受众较小，收购前需要预判较为明确的处置思路，即以处定收。

不良资产管理公司对于资产清单内的重大资产、抵（质）押资产以及抵债资产均应尽调。若资产数量庞大，也可以选择具备重要性、代表性的样本资产进行抽样尽调。

对于低效资产的非现场基础材料及信息的尽调，包括但不限于历史沿革、购销合同、发票、支付凭证、财务账目记录、资产登记证明等材料的有效性、完备性和一致性，重点关注低效资产的瑕疵情况等。

对于低效资产现场尽调的内容，包括但不限于拟收购低效资产的基本情况、资产用途、出租或者使用状态瑕疵情况、原值与现值、资产回收线索、权利限制情况、法律效力情况、可比同类资产情况、当地信用环境、司法环境、经济环境及消费习惯等，被查封、冻结资产的诉讼情况，被执行资产的其他权利情况及具体执行进展等。

对低效资产的收购定价，不良资产管理公司需要在尽职调查的基础上充分考虑地域经济、行政、司法环境等对资产管理、经营和处置的影响，按照债权资产、实物资产、股权资产等价值分析方法逐户进行，并测算各类资产的回款比率。若低效资产中有超过诉讼时效或者有效法律文件缺失等情况的，基本可以在收购时按照预计回收为 0 进行估值；剔除收购定价为 0 的资产后，对剩余资产进行分类，并根据同类样本资产回款比率或者经验数据推算剩余未抽样资产的收购估值。但是，对具有抵（质）押物的债权资产或者其他实物资产的非样本资产，不良资产管理公司应谨慎使用回款比率或者经验数据方法进行收购估值，而是应按照清算价值进行估值。

在低效资产收购处置业务中，不良资产管理公司需要根据不同资产类型判断资产权属是否明确，重点关注是否存在所有权变更障碍等法律瑕疵，是否存在出租或被占用等影响资产控制权的情况，是否存在税金和费用欠缴情况，是否存在其他优先权而可能导致对资产变现产生影响的情况。

涉及债权类资产的，不良资产管理公司需要重点关注债权真实性、债务人及保证人存续状态、历史沿革等基本情况，包含资产、负债情况等的经营情况，还款意愿等态度信息，债权债务法律关系，诉讼、担保等法律时效，抵（质）押资产的基本情况、权属情况、权利限制情况、法律效力情况、出租或使用状态及瑕疵情况，被查封、冻结资产情况等。在主债权诉讼时效期届满前，不良资产管理公司应向债务人发放逾期贷款催收通知；对于尚在保证期间的保证债权，应区别一般保证和连带保证，对主债务人提起诉讼或向连带保证人主张权利；转让后，不良资产管理公司应及时向有关法院申请变更诉讼、执行主体；承继案件尚在申请执行期限内但未申请执行的，应在时效内及时申请执行。

涉及房屋、建筑物及土地使用权等不动产的，不良资产管理公司需要重点关注资产性质、用途、权属情况、建设进度、周边交通、居住或商业氛围、基础设施完备情况、抵押、租赁、占用以及其他权利负担情况等。

涉及机器设备、运输工具等动产的，不良资产管理公司需要重点关注权属情况；权属生效时点，如发票取得时点、合同签订时点或其他时点；支付凭证或者资金流水；相关合同中是否设置限制性条款等可能导致资产权属回转的情况；了解实物资产具体用途、新旧程度、使用状态、技术先进性、设备专用性等。

涉及股权类资产的，不良资产管理公司需要重点关注股权企业行业发展、企业基本情况以及包括技术设备先进性、市场占有率、市场辐射情况、上下游客户、重大技术改造等在内的主营业务经营情况，企业还款能力、盈利能力和现金获取能力，是否存在重大未决诉讼、职工安置、主要生产或营业场所搬迁及改制（如有）等的情况，股权占比情况、流动性、法律权属关系，质押、查封或其他权利负担情况等。

若收购标的涉及抵债资产，不良资产管理公司需要重点关注抵债金额、抵债时间、抵债过程及法院裁定情况，原抵押人情况，债权交割和后续处置安排等。对于实物资产，不良资产管理公司应及时办理产权变更登记手续，以免抵押人仍然持有抵押物并利用抵押物融资或者做出其他不利于新权利人的行为，如存在出租等为第三人占有情形的，应及时通知占有人产权变更事宜。

不良资产管理公司收购后应及时整理资产原始凭证和资料，并归档入库，避免旷日持久，导致个别关键资料遗漏、丢失，并且经办人员也想不起来的情形。同时，不良资产管理公司应与原资产持有人一同以登报公告或者送达催收通知书的形式，及时通知相关权益人资产已转让的事实，并及时变更登记手续、变更权利主体。

项目经理可以利用现有档案资料和日常管理中获得的各种信息对资产进行处置分析。当发现自己已掌握的实际信息与原收购尽调时的情况产生较大出入、分歧时，应及时补充开展现场调查核实工作，并向前手权利人质询。如在调查核实过程中，发现存在有可能导致资产损失的风险信号、危机事件或信息的需要及时预警，并提出资产保全策略、应对计划与实施方案。

关于低效资产的退出方式。不良资产管理公司应结合低效资产特点、资产状态、市场交易情况、买家资源等主客观因素，分析资产处置方式、处置时间以及预计处置收益等情况，采用资产转让，包括非诉清收、诉讼（仲裁）清收、破产清偿等司法处置，债务重组、资产整合、企业重组，以及债转股等多种方式。

在具体操作过程中，项目经理通常会凭借丰富经验采取多种有效风控措施，确保投资安全。比如缩短投资款支付路径，直接与客户公司账户转账，不由不受控制的第三方经手；在投资款和收益未全额收回之前，合作方不得对低效资产的任何处置回款提出分配要求等。

（三）小结

低效资产收购处置业务的核心是以处定收，对债权资产、实物资产、股权资产等不同类型的资产进行单独定价和分类处置。

该业务类型在本质上符合产业资本和金融资本的结合，即“产融结合”的导向，在帮助企业剥离低效资产的同时，不良资产管理公司实现了处置收益。总体来看，该业务类型符合社会资源趋向最有效配置的客观要求，同时充分发挥不良资产管理公司在不良资产管理与处置中的专长，提高资本资源配置的效率。

八、个人不良贷款批量收购处置

（一）定义

个人不良贷款批量收购处置业务是指不良资产管理公司按照原中国银保监会办公厅《关于开展不良贷款转让试点工作的通知》（银保监办便函〔2021〕26号）、《关于开展第二批不良贷款转让试点工作的通知》及有关文件要求，通过银登中心平台从银行批量收购个人不良债权并进行处置的业务。

个人不良贷款是指个人未能按原定协议按时偿还的欠款本息，或者已有迹象表明借款人不可能按原定协议按时偿还的欠款本息，主要包括商业银行划分为次级、可疑和损失类的个人贷款，以及银行认定的其他各类个人不良资产。

个人不良贷款类型包括个人无抵押信用类贷款，如信用卡不良、个人消费贷不良、个人经营贷不良等，也包括抵押担保类贷款。

不良贷款转让试点机构是在原试点银行机构范围基础上确立的，第二批不良贷款转让试点将开发银行、进出口银行、农业发展银行以及信托公司、消费金融公司、汽车金融公司、金融租赁公司纳入试点机构范围；将注册地位于北京、河北、内蒙古、辽宁、黑龙江、上海、江苏、浙江、河南、广东、甘肃的城市商业银行、农村中小银行机构纳入试点机构范围。政策性银行有3家，信托公司共68家，消费金融公司约30家，汽车金融公司约25家，金融租赁公司约70家，11个省市的城市商业银行约60家，农商行约270家，也就是说新增不良资产出让方超过500家。随着个贷不良资产包供应量的增多以及资产包体量规模的增长，预计个贷不良资产的市场成交价格将不断趋于资产包实际回收价值的理性价格。

个人不良贷款受让方包括金融资产管理公司、地方资产管理公司与金融资产投资公司等持牌机构。与对公不良贷款批量转让业务不同，个人不良资产批量转让禁止多次转让，即由金融资产管理公司、地方资产管理公司受让后不得再次转让。

（二）商业银行个贷催收流程

在商业银行发放个人消费贷款后，一旦出现逾期情况，银行通常会根据“全流程一体化”的整体催收计划，在不同催收阶段实施差异化、多元化的催收策略。（见表3）

表3　商业银行个贷催收流程

M0	M1～M3	M3+
即将到期，尚未逾期	逾期1个月至3个月	逾期3个月以上
银行短信提醒： 贷款发放到账提醒； 贷款还款日前还款提醒； 贷款还款日前还款账户余额不足提醒； 到期还款日当天首次还款失败提醒； 到期还款日当天还款失败提醒。 电话提醒： 提示还款； 了解贷款使用情况； 介绍逾期后的不良影响； 介绍产品政策；	短信催收： 打印或通过电子表传送信催收户名单； 填写（录入）并保存业务催收跟踪记录台账。 信函催收： 发送贷款催收通知书、律师函、公证送达文书。 电话催收： 电催话术培训； 电催前网上尽职调查，修复客户信息； 催收信息和数据收集、更新。	司法催收： 申请实现担保物权； 申请支付令； 公证强制执行； 起诉追偿。 委外催收（第三方）： 整理并打印委外催收客户名单； 申请委外催收审批。 电话催收： 电催话术培训； 电催前网上尽职调查； 催收信息和数据收集、更新。 以物抵债：

续表

M0	M1 ~ M3	M3 +
即将到期，尚未逾期	逾期1个月至3个月	逾期3个月以上
了解转化贷款意愿； 上门走访： 提示还款； 了解贷款使用情况； 介绍逾期后的不良影响； 介绍产品政策； 了解转化贷款意愿	上门催收： 双人上门； 了解客户经营现状； 介绍重整转化政策； 收集资料； 填写（录入）并保存业务催收跟踪记录台账	在无法以货币资金收回贷款时，收回借款人相应实物资产以抵偿债务。 债权转让： 通过银登中心转让资产包。 申报核销： 将呆账贷款或贷款损失予以核销

注：常常用迁移率分析客户状态与资产质量的发展变化路径，如M0 ~ M1、M1 ~ M2、M2 ~ M3等。具体含义：M0表示没有逾期；M1表示逾期1 ~ 30天（含）；M2表示逾期31 ~ 60天（含）；M3表示逾期61 ~ 90天（含）；M3 +表示逾期90天以上。

（三）主要业务模式与实操要点

不良资产管理公司通过银登中心批量收购个人贷款不良资产后，可采取常规清收、委托清收、反委托清收的方式自行处置，不得再次对外转让。其目的主要是防止不规范催收和运作，同时防止个贷不良资产流出监管体系之外。

对于清收服务商来说，要做个贷业务，其依然需要绑定持牌不良资产管理公司的准入牌照。对于通道型不良资产管理公司来说，禁止二次债转，即使签署了类似代持效果的催收服务协议，但持牌不良资产管理公司依然是名义债权人，无法像对公通道一样通过过手转让摆脱相对应的责任。

对于金融机构来说，原银保监会要求对拟处置的不良贷款应深入分析形成原因，涉及员工违纪违法问题的，应及时进行责任认定，确保权责对等、问责到人、追责到位，避免一卖了之、高举轻放等现象。追责某种程度上降低了银行方出让个贷不良资产的意愿。对于银行来说，信用类不良资产若已计提完减值，后续处置清收所得回款都是利润，在后续处置清收过程中具体选哪个处置服务商及如何分佣的操作空间较大，往往不情愿将这部分"蛋糕"拱手让人。

对个贷不良资产的尽职调查可分为现场调查和非现场调查两种方式。结合个人不良贷款笔数多、金额小的特点，尽职调查通常以非现场调查为主，包括但不限于核查、分析交易对手提供的法律文书等资料以及从公开渠道获取的信息，核实其真实性、有效性，从而全面了解可能影响底层债权风险水平的各方面信息。对于单笔金额较大且对估值影响较为明显的债权可以考虑现场调查，通过走访资产出让方、债务人、保证人以及相关方，与借款人进行现场访谈或电话沟通，了解、收集、核实、补充可能影响债权风险水平的各方面信息，并充分考虑资金成本、回收期限等估值因素。

对个贷不良资产的清收手段包括但不限于非诉清收、诉讼清收、债务重组、委托清收、反委托清收等。其中，非诉清收采取的手段包括向债务人发送短信、信函、进行电话催缴、外访等；债务重组是指为了实现资产清收，对债务人还款金额、还款期限等事项进行调整；委托清收是指采取委托方式，由律师事务所、催收机构等受托人提供管理、催收等相关服务；反委托清收是指在收购个贷不良资产后，反向委托原金融机构继续清收回款，清收过程中由原金融机构安排催收人员、催收系统作业。

试点贷款机构的不良贷款转让需要在银登中心开展相关工作。在银登中心平台之外的个人不良贷款资产来源方主要有小贷公司、保险公司、融资担保公司等机构，这些机构通过发放贷款、提供通道、提供增信、代偿等方式形成并持有应收逾期债权。

个人不良贷款批量收购处置业务的核心是估值定价，即根据不同贷款类型、原始债权人、债务人或者担保人的性别、所在地域、婚姻状况、受教育程度、年龄、职业、住所、工作单位、联系方式、还款意愿和还款能力等基本情况，贷款品种、额度、利率、期限、逾期时间、逾期金额、担保方式、期间还款特征、催收记录、诉讼时效等债权属性，对尽调中发现的债务人房产、汽车、股权等财产线索根据影响程度不同设置权重，合理分析评估其价值，并充分评估抵押、查封、冻结等因素后，合理确定个贷债权预计可回收金额。

对单笔债权余额较大的个贷不良债权，不良资产管理公司通常要对债务人进行重点调查，审查借款人基本情况、债权基本情况、诉讼及执行情况、估值情况、还款意愿、财产线索、其他对外担保等或有负债情况，核实第三方评估机构预测的预计回收额是否合理。同时，充分考虑原始债权人催收情况，债务人住所地的地域经济、行政、司法环境等对后续资产管理、经营和处置的影响。在覆盖成本和控制风险的前提下，合理估算债务人资产按照收购时的静态价值以及采取各类技术手段提升资产质量后的动态价值，以此开展可回收金额估值。

个人不良贷款批量收购处置业务的退出方式包括但不限于常规清收、委托清收、反委托清收、发行不良资产证券化产品等。

其实，无论是金融资产管理公司还是地方资产管理公司，目前他们都缺乏处置个贷不良资产的禀赋和能力，试点放开后最大的受益方还是律师事务所、数据机构以及催收公司等。

（四）个人破产制度

关于个人不良贷款处置，不得不提到个人破产制度。

2021 年，深圳试行个人破产制度，发布了国内首部个人破产法规——《深圳经济特区个人破产条例》。除深圳外，其他地区目前进行的实践只能称为“与个人破产制度功能相当的试点工作”或者说“个人债务的集中处理工作”，不能完全等同于个人破产制度。

个人破产制度的本质是在保障各债权人公平清偿的前提下，兼顾保护“诚实而不幸”的债务人，给予其“东山再起”的机会，最大限度地公平调整了所有利害关系，一次性彻底解决纠纷，减少讼累和司法资源的浪费。此外，多地法院为债务人保留的必要生活费和医疗费就是个人破产里的“自由财产”。

在其他地区的个人债务清理程序中，有的金融机构甚至专门针对个债清理债务人这一特殊主体、特殊用途客户设计了一款“重整贷”业务，只要债务人有符合要求的担保人或者担保物，即可由银行提供资金以支持债务人个债清理程序的推进。

比如，某个自然人经管理人审核认定的债权额为 180 余万元，其中本金 110 余万元。经法院多次沟通，第一次债权人会议上，全体债权人最终达成一次性清偿 50% 本金，放弃剩余债权的意向。债权人做出如此大的让步实属难得，但要一次性清偿意味着个人需要短期内筹集到几十万元的款项，这对于生活拮据的人来说是根本不可能的，清偿方案走到这里，似乎又遇到了困难。但“重整贷”业务又给他带来了希望，即重新借一笔金额较小的新贷款结清所有的旧债务。

通过“重整贷”业务让原本已丧失履行能力的债务人恢复履行能力，从而破解债务僵局。由此可见，金融机构可以利用自身优势，并用市场的手段对申请人进行信用评估，助力债务人经济再生。

总之，由于市场经济就是在遵循市场规律的前提下优胜劣汰，企业有《企业破产法》作为依据进行“关停并转”，自然人也需要通过法定程序暂时退出市场，给予其重新开始的机会。

考虑到我国个人破产制度还处于投石问路的阶段，为了防止恶意债务人将个人破产制度作为“逃废债”的工具，各地实践中的态度相对比较保守，由此可见，选择设置较高的准入门槛、严格的监管及严厉的制裁措施也就不足为奇了。

（五）小结

该业务类型在本质上是为了解决商业银行等机构表内囤积了大量个贷不良资产的问题，提供了不良出表路径。

当前市场主体积极参与，热情高涨。但是个别不良资产管理公司在竞得资产包后，由于尚未接入央行征信系统，当债务人偿还借款后，地方资产管理公司不能直接为债务人进行信用修复，而只能在多个机构间协调处理，大大影响了征信报送的效率，不利于债务人信用修复。无法如实反映债务人负债情况，一定程度地影响了不良资产处置工作推进。

从长远来看，在个贷不良资产领域扩大银行试点机构和资产类型将进一步深化市场参与程度，有利于新兴金融科技的深入应用，攻克个贷不良资产估值定价难题。

不良资产管理公司通过强化与银行、中介机构在整个个贷生命周期的合作，从个贷出让、处置、催收形成良性运转，共同构建成熟且符合市场化的个贷不良资产经营生态圈闭环。

九、困境企业债务重组、债权投资

（一）定义

困境企业是指依法成立的债务企业受国内外经济影响或者因企业自身经营不善导致其生产经营、项目建设或者财务状况出现困难，通过采取措施开展自救或者他救，有机会恢复新生的企业。

困境企业债务重组、债权投资业务是指当债务人不能按约定偿还债务而陷入债务危机，其正常经营所需的厂房、核心设备、重要存货、银行存款等资产被债权人起诉查封，或者虽未被起诉查封，其生产经营和资金周转受到较大影响，或者项目建设存在临时性资金短缺、停工可能时，不良资产管理公司通过与债务人或者第三方重新约定债权本金、重组期限、重组利率、还款计划、抵（质）押担保条件、其他增信措施等债务要素，协助债务人清理、整合债权债务关系，或者通过向困境企业直接提供资金支持，或者购买困境企业发行的有价证券等方式，对困境企业进行重组，协助其走出困境，帮助债务人实现或者提升还款能力或者资产价值，从而使困境企业恢复生产经营或者项目恢复建设，约定在未来某一时刻到期偿还资金的业务。

（二）主要业务模式与特点

当债务人不能按照约定偿还外部债务而陷入债务危机时，其正常经营所需的厂房、核心设备、重要存货、银行存款等资产会被债权人起诉查封，债务企业可能拥有大量应收账款却无法实现快速回款，也可能拥有一定价值的固定资产却无法快速变现。

此时，不良资产管理公司就是能够在这样生死存亡的危急时刻帮助债务企业破局的“白衣骑士”。

关于困境企业所处行业选择，不良资产管理公司通常不会选择产能严重过剩或者落后产能即将面临淘汰的行业，而会优先选择具有一定发展前景的朝阳行业和成熟行业。

关于困境企业主体选择，不良资产管理公司通常要求准入债务企业应在细分行业内地位较高，产品有一定竞争力，或者具备重整盘活价值的核心资产，如核心区位的房地产、矿产等单体价值较大的资产，资产足值、产权清晰，在厘清债权债务关系后具备整体变现的可行性，或者在新增投入资金开发、整合后能够通过出售或者运营等方式获得价值提升及较好的市场收益。

在对困境企业的尽职调查中，不良资产管理公司重点调查债务企业不良贷款形成的背景和原因，梳理和排查企业或有负债、隐形负债，根据目前掌握的订单、成本利润率等历史数据和确切信息对债务企业现金流进行测算和综合判断，而不能仅靠企业自己的预期与无依据的假设进行判断。对于困境企业的共益债务，不良资产管理公司应明确其产生在法院受理债务人破产申请之后，并经过债权人会议通过及法院确认。

不良资产管理公司对原债务进行重组时的担保条件应不弱于原债务的担保条件。

在不良资产管理公司内部的尽职调查报告方案中，第一还款来源应可实现、可操作，第二还款来源应可控制、可处置。项目经理应在尽调中详细阐述未来处置、诉讼、执行的进程，并尽力将可能发生的阻碍和其他影响结果等因素进行充分列示和披露，充分预估可能发生的悲观情形，并采取相应措施进行预防。

其中，不良资产管理公司应明确第一还款来源，充分论证目标企业恢复经营的可能性，落实还款资金来源并进行相应测算。如以土地、在建工程、房产价值作为第一还款来源的，项目经理应重点分析抵押物价值，并分析预测抵押物销售情况以及快速变现价值；如以处置质押股票作为第一还款来源的，项目经理应重点分析股票所属上市公司经营、财务情况，并对上市公司经营、股票未来走势做出明确判断，避免存在退市风险的股票质押物被长期搁置执行的情形；如以应收账款或者其他资产作为第一还款来源的，项目经理应核查债权债务关系是否存在瑕疵，分析应收账款应付方的履约能力和履约意愿，提前摸底应收账款应付方的财产线索作为应急方案中的抓手。

针对困境企业的第二还款来源，对于有第三方增信的项目，应对增信方经营、财务、现金流等情况进行详细分析，提前摸底增信方的财产线索作为应急方案中的抓手，避免出现风险后增信方犹如“年画上的鱼”或者“缸里的金鱼”，出现有得看、没得吃的情形。

对于债务人面临多个债权人同时进行维权的情形，以及可能因为诉讼、查封、冻结、扣押导致债务企业无法正常生产经营的情形，不良资产管理公司可以先将多个债权人的债权转化为不良资产管理公司对债务人的单一债权，再通过债务重组、资产整合等手段帮助债务人恢复生产经营，或者使原本停滞的项目恢复运作，或者使受损资产重新发挥原有功能，提升债务企业的还款能力、盈利能力以及抗风险能力。

对于引入第三方投资人进行重组的，不良资产管理公司可与债务人、投资人协商，积极引入有实力的投资公司、行业龙头企业或者拟投资该行业的其他投资人，通过收购债务人股权、增资扩股、优质资产注入等形式向债务人注资，或者收购不良债权并实施债转股、代为清偿债务并以获取债务人部分股权为对价，甚至签订对赌协议，减轻债务人的负担，帮助债务企业恢复正常生产经营。

困境企业债务重组、债权投资业务的退出方式包括但不限于：债务企业恢复正常生产经营后产生经营性现金流，再次对外融资取得资金偿还债务；由第三方投资人为债务企业注入资金、偿还债务；由股东或指定第三方回购偿还；债务企业通过发债、定向增发等方式募集资金偿还；不良资产管理公司通过申请财产保全、冻结账户、提起诉讼、申请强制执行等法律手段实现抵（质）押资产价值，或者要求保证人承担代偿责任，偿还债务。另外，如退出方式主要为通过项目销售的，不良资产管理公司需要对项目资金进行管理，对项目销售进度进行定期跟踪，且对项目重大事项有一票否决权。

如涉及通过外部融资、外部投资等外部资金偿还债务的，不良资产管理公司需要明确和落实外部资金到位的可行性，必要时需通过协议、函件等方式落实外部资金，以防止夜长梦多、空头支票无法落地。

如涉及转让资产偿还债务的，不良资产管理公司需要评估拟转让资产价值，评估价值应覆盖不良资产管理公司出资本金及收益，并落实受让方资金来源，提高对方缴付保证金比例，防止出现搅局类受让方在中标后不付款引发后续纠纷，导致迟迟无法实现处置清收。

如涉及股东或指定第三方回购偿还债务资产的，不良资产管理公司需要分析债务企业所属集团公司、关联公司或者重整方的经营、财务情况，论证其回购能力，避免出现空头支票情形。

（三）小结

该业务类型主要针对流动性暂时出现危机、债务企业实控人及相关主体还款意愿良好的企业。不良资产管理公司通过收购不良资产并对债务主体、债权金额、偿债期限、利率、担保措施等债的要素进行变更，消灭影响债权实现的不利条件，使债务人的还款能力与调整后债权的各项要素条件相匹配，提升债权价值，实现债权收益。

不良资产管理公司从事该类业务的核心竞争能力在于对整体债权价值的发现、重估、提升能力以及产品创新能力。

十、非上市困境企业股权投资业务

（一）定义

非上市困境企业股权投资业务是指不良资产管理公司与其他合作方对困境企业或者其关联方投资，受让其股权，或者受让股权投资基金的份额，或者与其他合作方通过共同出资的形式设立公司、有限合伙企业等新的投资主体进行股权投资，以发放股东借款的形式新增投入，帮助困境企业恢复生产经营，后续通过归还股东借款、股份分红、自行减持、股权转让、项目清算或者通过第三方回购不良资产管理公司所持有股权等方式退出。

（二）主要业务模式与特点

在困境企业行业选择上，不良资产管理公司通常优先选择朝阳行业和成熟行业，谨慎介入主营业务属于产能严重过剩或者落后产能即将面临淘汰的行业，避免投资后或者投资退出后仍然被市场淘汰。

在困境企业客户选择上，不良资产管理公司通常优先选择上市公司、国企、央企或者具有一定发展前景、拥有特定价值资产的民营企业，因为此类企业有重组成功的较大可能性；困境企业在细分行业内有一定历史地位，产品有一定竞争力；有第三方产业投资人相对确定性地介入困境企业进行实质性重组。同时，投资标的应股权清晰，债权债务关系相对明确，困境企业相关方能够积极配合尽职调查和投后管理，困境企业原股东的权利义务明确。

在投资前，不良资产管理公司通常聘请第三方评估公司对标的股权资产进行评估和价值分析，并明确所持有非上市公司股票退出路径。若有明确意向的受让方，不良资产管理公司介入前与其签署相关协议；若通过重组方式退出，不良资产管理公司介入前有明确的重组方案。总之，要三思而行。

关于困境企业主体情况，不良资产管理公司通常需要重点关注被投资主体及其所属控股集团的整体经营和负债情况，被投资主体其他在建以及项目储备情况，被投资主体其他负债和诉讼的详细情况。对于受让股权投资基金份额的，不良资产管理公司还应对底层股权进行评估和价值分析，并结合底层股权所属标的资产负债表对股权成长性分别进行乐观、中性和悲观情景下的预测。

关于抵（质）押物，在“明股实债”业务场景下，应调查抵（质）押物相关手续是否完备，是否存在瑕疵；根据周边可比案例，分析抵（质）押物价值是否合理；详细调查当地抵（质）押政策、土地转在建工程相关细节、预售政策以及预售资金监管政策等。若是真股权项目，则无抵（质）押物。

关于共同投资机制，若不良资产管理公司与其他合作方以共同出资形式设立投资实体的，需要重点关注投资实体的决策机制是否科学，极端情况下的退出路径是否具有可操作性。

不良资产管理公司应管理项目公司公章、法定代表人名章、财务章、营业执照等，所有收款账户均需派驻人员监管审批，销售资金通常只能用于项目建设、偿还负债以及利润分配，项目公司应收账款提供质押担保。另外，不良资产管理公司还至少每季度对项目公司的账目、项目建设、项目销售、资金回笼等事项进行详细核查。

非上市困境企业股权投资业务退出方式为：不良资产管理公司通过自行减持所持有的股权退出；项目公司分红、预分配收益退出；按公允价值转让股权退出；由其他合作方以公允价值收购实现退出；以共同出资形式设立投资实体的，可通过对外转让所持份额退出；通过客户所属集团公司、第三方公司回购不良资产管理公司持有股权进行退出等。

（三）小结

不良资产管理公司通过分析困境企业发展前景和估值定价，以股权投资形式成为股东，应享有股东的一切权利，并在董事会享有席位，参与经营管理和重大经营决策，这是非上市困境企业股权投资业务的核心。

如以共同出资形式设立投资实体的，对投资实体的利润分配、清算退出等重要事项，不良资产管理公司应享有一票否决权。

十一、困境上市公司预重整、破产重整投资业务

（一）定义

上市公司是指经证券监督管理部门批准在证券交易所发行股票、上市交易的股份有限公司。

预重整是指不良资产管理公司利用自身优势，在债务企业进入破产程序之前，促使债务人与多数债权人投资人在法庭外就重整事项通过谈判等途径达成重组协议，并根据《企业破产法》的规定快速进入正式重整程序，由法院确定上述重组协议并将其转化为正式的重整计划，最终帮助债务人摆脱困境。

预重整的价值在于促成多数债权人统一重整意愿，提前达成一致意见，提高正式重整程序的效率及成功率，是法庭外重组和法庭内重整的“衔接桥梁”，但最终对重

整计划的裁定批准仍需在正式程序中实现。

破产重整是指根据《企业破产法》的规定，针对可能或者已经具备破产原因但又有维持价值和再生希望的债务企业，经由各方利害关系人的申请，在法院的主持下以及利害关系人的参与下，进行业务上的重组和债务调整，以帮助债务人摆脱财务困境、恢复营业能力的行为。

重整投资人是指在破产重整程序中为债务人提供资金或者其他资源，帮助债务人清偿债务、恢复经营能力的自然人、法人或非法人组织。

重整投资人通常包括财务投资人和产业投资人两类。顾名思义，财务投资人主要是通过财务投资帮助企业渡过难关，待企业恢复正常生产经营能力和再融资能力之后实现退出，但只给钱的方式往往治标不治本；产业投资人主要是通过提供产业资源、先进技术以及相关经营管理经验使债务企业的基本面或者经营状况得到实质性的改善，反映在股价上则是往往会有更高的溢价。

破产管理人是指在破产案件中，在法院的指挥和监督之下全面接管破产财产并负责对其进行保管、清理、估价、处理和分配的专门机构。

共益债务投资业务是指不良资产管理公司通过共益债务投资，参与上市公司债务重组，协助企业走出困境。共益债务应有明确的资金用途，并在法院受理债务人破产申请之后，经过债权人会议通过及法院确认。

（二）主要业务模式与实操要点

不良资产管理公司参与上市公司预重整、破产重整、投资的主要模式有以下四种：

第一种，重整财务投资模式。在上市公司破产重整最终方案被法院裁定批准后，不良资产管理公司或其所参与的联合投资体作为财务投资人按照重整投资协议约定价格购入股权，参与上市公司破产重整投资，获得上市公司股票，待股票解禁后，通过减持上市公司股票退出。

增值是财务投资人的主要诉求。

第二种，不良债权收购 + 重整财务投资模式。不良资产管理公司以收购上市公司相关债权作为切入点，在破产重整中申报债权并参与重整方案的设计和表决，通过财务投资人的方式介入，获得上市公司股票，待股票解禁后，通过减持上市公司股票退出，实现重整投资与债权收购项目整体风险和收益的平衡。

第三种，重整财务投资 + 提供配套服务的组合投资模式。不良资产管理公司在锁定上市公司破产重整投资额度后，为上市公司或其相关方提供低效资产处置、股票质押融资、共益债务投资、股东债权收购等配套服务，并通过财务投资人的方式介入，获得上市公司股票，通过股票变现实现重整投资与配套服务整体风险和收益的平衡。

该模式下的退出路径为财务投资的股票解禁后，通过减持上市公司股票退出；上市公司或其相关方直接偿还不良资产管理公司融资，或者不良资产管理公司处置抵（质）押物退出。

第四种，基金化共同投资模式。在风险可控的条件下，不良资产管理公司与其他机构通过协议或者基金化方式设立特殊目的公司（Special Purpose Vehicle，SPV）作为项目公司，共同参与重整项目投资，获得上市公司股票，待股票解禁后，特殊目的公司通过减持上市公司股票退出。

在客户选择上，不良资产管理公司通常优先选择在上海证券交易所、深圳证券交易所等交易所上市，且具有破产重整条件的公司；在细分行业内地位较高，产品有一定竞争力的公司，以保障重整成功后尽快实现盈利；有较为明确的重整方案，且方案经充分尽职调查后论证具有一定可行性的公司；重整投资的股票锁定期通常不超过三年的公司。

在行业准入标准上，不良资产管理公司通常优先选择朝阳行业、成熟行业，不介入产能严重过剩或者落后产能即将面临淘汰的行业，以免重整成功后仍然被市场淘汰。

上市公司预重整、破产重整投资业务的退出方式分为上市公司股票退出或者债权投资退出。其中，上市公司股票退出路径为通过集中竞价交易、大宗交易或者协议转让方式减持退出。债权投资退出路径分两种情况，如债权已转换为上市公司股票的，退出方式为通过集中竞价交易、大宗交易或协议转让方式减持退出。如债权未转换为上市公司股票的，融资人到期还本付息，或者融资人通过股票再融资提前还款，或者因融资期内触发违约条款，不良资产管理公司通过诉讼执行程序处置抵（质）押物实现退出。

重整投资涉及股票质押融资业务的，不良资产管理公司通常应安排专人盯市，密切关注股价波动。如质押股票市值低于该笔融资本金的预警线时，应发送正式函件，督促融资方补仓，若融资方没有补仓，应要求融资方提前还款。如质押股票市值低于平仓线，应立即提出强行平仓方案并迅速采取措施。

若采取基金化、合作协议等形式进行重整投资的，不良资产管埋公司应关注合作机构资金实力、合作模式、决策方式、减持计划等，确保其在极端情况下能够掌握主动权并安全退出。

若重整不成功的，不良资产管理公司应明确约定前期投资资金的退出路径。

（三）《上市公司破产指引》要点

2022 年 3 月 31 日，上海证券交易所和深圳证券交易所分别发布了《上海证券交易所上市公司自律监管指引第 13 号——破产重整等事项》《深圳证券交易所上市公司自律监管指引第 14 号——破产重整等事项》（二者以下合称《上市公司破产指引》），就上市公司实施破产全阶段事项涉及的信息披露行为进行了详细的规定。其中重点强调以下问题：

第一，重点关注资金占用、违规担保问题的解决。上市公司在被申请破产后、法院决定受理前应当披露上市公司控股股东、实际控制人及其他关联方非经营性占用上市公司资金情况、存在违规对外担保情况等事项和解决方案及可行性的自查报告。

第二，明确重整投资人确定方式，原则上通过公开征集方式招募重整投资人。若通过管理人寻找和洽谈等其他方式引进重整投资人的，应当在上市公司、管理人和重整投资人签订投资协议后及时披露，并披露未通过公开征集方式招募重整投资人的原因、合理性。

第三，对重整中资本公积转增股票定价合理性提出要求。破产管理人于重整投资人签订投资协议时，需披露重整投资人取得相关股份所需支付的对价、定价依据及公允性、资金来源、支付方式，引入重整投资人过程中是否存在损害上市公司及中小投资人利益的情形。重整投资人受让股份价格低于上市公司股票在投资协议签署当日收盘价 80% 的，上市公司或者管理人应当聘请财务顾问出具专项意见并予以披露。

第四，明确重整中资本公积转增股票后的除权（息）要求。上市公司破产重整程序中涉及权益调整方案的，应当按照规定对股票价格作除权（息）处理，并聘请财务顾问就调整的合规性、合理性及除权（息）参考价格计算结果的适当性发表明确意见。

总之，《上市公司破产指引》反映出监管层对上市公司重整保壳的态度趋严，套利空间虽依然存在，但呈现逐渐减少的走向。由于问题类上市公司应“应退尽退”，“纯消债 + 保壳”式的重整不受认可，后续上市公司破产重整业务方向将朝着“债务重组 + 业务重整”方向转变。

（四）小结

该业务类型的核心要点是根据重整进度分步投资。不良资产管理公司在锁定预期收益最高的上市公司重整财务投资额度后，收购大股东债权并为上市公司相关方提供股票质押融资，并在重整计划获得法院批准裁定后，对重整投资、股票质押融资、购债转股三项业务操作放款，以此尽可能规避重整失败风险。

由于重整时常常需要从外部引入产业投资人，可能涉及资产注入、资产剥离、引入新股东、股权让渡、股权定价等重大安排，因此取得证券监督管理部门的“路条”（无异议函）是破产重整的关键。

为了避免因程序冲突而导致破产重整功亏一篑，不良资产管理公司在投资时必须时刻关注司法裁定环节与证监会行政审核环节在程序上的衔接。

十二、上市公司纾困

（一）定义

上市公司纾困业务，是指为暂时存在财务困难但有发展潜力的上市公司化解股票质押融资等债务危机，并缓解其经营困难的投资业务。

（二）主要业务模式与实操要点

纾困类业务按照上市公司纾困业务模式主要分为债权方式介入、股权方式介入、股权加债权混合方式介入等。

1. 债权方式介入模式

债权类业务是指不良资产管理公司通过受让原债权人对上市公司的债权，重新洽谈和约定债权要素来帮助上市公司化解短期流动性困难。

对上市公司的标准选择上，不良资产管理公司优先选择因股东质押比例较高、股价下跌等原因，债务企业历史经营良好、市场认可度高，暂时存在财务困难但是有发展潜力，股东短期出现资金缺口的公司。

在行业标准选择上，不良资产管理公司优先选择具备增长潜力的行业，符合国家产业投资目录，防止投资于《产业结构调整指导目录（2019 年本）》中限制类、淘汰类产业，以免纾困成功后仍然被市场淘汰。

在融资人标准选择上，不良资产管理公司通常要求法人企业成立两年以上，公司治理结构完善、财务制度健全；法人企业在中国人民银行征信系统中无欠息、逾期等信息，企业及实际控制人无被强制执行、违法等不良记录；法人企业主业清晰、经营状况正常；融资主体的融资用途符合法律法规规定。

在标的股票标准选择上，不良资产管理公司优先接受质押的股票应符合以下标准：A 股上市公司股权，且为无限售条件流通股；上市公司盈利能力良好，原则上经营性现金流近两年为正，最近一期财务报告期末资产负债率低于 70%；上市公司主业清晰，近一年未发生不利于持续经营的重大事项、未受到中国证券监督管理委员会处罚、未受到证券交易所谴责、无其他对经营有重大影响的负面信息待确认；股价表现平稳，处于历史相对低位。谨慎或者拒绝介入的标的特征有：质押前3个月内股票价格的波动幅度（最高价/最低价）超过150%；流通股本少于2亿股或流通市值少于8亿元；融资主体所持股票已质押份额超过80%；停牌6个月及以上的长期停牌或有摘牌风险的股票；近两年亏损或净资产为负的上市公司股权；证券交易所特别处理的股权；控股股东、实际控制人连续减持，套现意图明显的股票等。

债权方式介入模式的操作模式为不良资产管理公司或者其关联公司直接通过资管计划或者与其他机构合作发起设立基金，由不良资产管理公司或者其关联子公司作为基金的执行事务合伙人，通过向原债权人购买债权，重新洽谈债权要素并进行债务重组，帮助上市公司化解短期流动性困难。

在投资时，不良资产管理公司应注意通过银行第三方账户监管等形式，确保抵押品在发放融资后能够顺利办理抵质押。不良资产管理公司应重点关注以下情形：融资人整体的资产和负债情况；融资人目前所有质押股票的明细情况；融资人的第一还款来源是否充足；融资人的增信措施是否合法、有效、足值；对以股票质押的，是否设立合理的预警线和平仓线；风险事件处置流程是否清晰、具可操作性，是否具有处置的主动权。

在投后管理中，不良资产管理公司通常要求在投资期间维持上市公司大股东的控股权地位，确保上市主体管理层稳定，并要求融资人提供其他增信措施，使增信后的资产价值可以覆盖融资金额。

债权方式介入模式的退出方式为：融资人日常经营回款资金还款并到期由上市公司回购债权以实现投资退出；由上市公司进行债务重组，延长还款期限、直接还款或者抵（质）押物以物抵债；不良资产管理公司向其他上市公司关联方或者第三方转让债权。

2. 股权方式介入模式

股权方式介入是指不良资产管理公司通过向原债权人支付价款的形式受让上市公司股票，后续在二级市场减持退出。

在上市公司、行业、融资人、标的股票的标准选择上，不良资产管理公司通过股权方式介入的标准与通过债权方式介入模式的标准类同。

股权方式介入模式的操作模式为不良资产管理公司通过资管计划或者设立基金向原债权人支付股价款，受让上市公司股票，在存续期期间通过上市公司分红来获得收益，后续在二级市场择机减持退出。其具体投资方式主要包括协议受让上市公司股份、认购上市公司非公开发行股份、重组控股股东等模式。

在投资时，不良资产管理公司应重点分析目标企业情况。第一，通过分析目标企业的主营业务、产品特点、行业地位、自身优势，明确参与该企业股权投资的业务逻辑。第二，聘请第三方独立机构对拟参与目标企业所属行业和目标企业特点进行分析，提供另一种观察视角，获取行业分析报告。第三，结合客户所属行业特点及第三方分析报告，对目标企业未来经营情况、营业收入、净利润等核心财务指标进行分析测算和压力测试。第四，结合企业的经营情况，综合运用市盈率（Price Earnings Ratio，PE）估值法、市净率（Price－to－Book Ratio，PB）估值法或者市盈率相对盈利增长比率（PEG）估值法等估算未来股价情况。第五，针对目标企业未来经营和股价预测，分析不同情景下退出路径的可行性。

不良资产管理公司的退出方式包括但不限于目标企业集团公司或者关联公司远期受让。若不良资产管理公司或者其关联企业持有目标企业上市公司股权的，可直接通过资本市场直接减持。

总之，不良资产管理公司上市公司纾困类业务中应根据实际情况与各方诉求运用综合性金融工具，提供债权投资、股权投资、股权加债权等全方面服务。债权型投资主要是以“转质押”方式提供股票质押融资支持，方式主要有低息贷款、过桥贷款、委托贷款等。股权型投资主要适合有意愿出让较多股权或股东有减持意愿，具备长期投资价值的上市公司，方式主要有老股受让、定增入股、重组控股股东、引入战略投资人等。

（三）小结

上市公司纾困业务的核心是分析股权投资的基本商业逻辑，选择符合自身标准的交易对手与标的股票、收益和期限要求，并明确退出方式。

上市公司纾困业务的项目方案交易结构一般较复杂、涉及环节较多，操作步骤密集，一般时间周期较长，因此，不良资产管理公司在存续期管理中针对具体项目应设置不少于两名的专职人员，并采取措施以保持项目相关业务人员的稳定。否则，项目经理频繁变更，投后管理大概率会变成一地鸡毛，一旦出现预警风险，必将陷入被动局面。

由于市场行情瞬息万变，不良资产管理公司对高位股权质押后转质押情形中出现的质押物价值不足以覆盖原股权质押金额差额的情况，应提供妥善的融资服务并做好增信措施。同时，应提前与其他金融机构协商在特殊情况下不抽贷、不断贷、联合稳贷、合理增贷。否则，当极端市场行情发生时，公司股价将持续下跌，大股东也存在一定的强制平仓风险。

十三、困境地产项目纾困与盘活

（一）定义

困境地产项目纾困与盘活业务是指以商品住宅地产、商场及写字楼等商业地产、物流及产业园地产、文旅地产等作为基础资产的债务违约项目，在项目开发建设过程中出现资金周转困难，或者出现诉讼、查封等负面因素导致工程进度未达预期、工程停工或者项目无法实现销售等情况，不良资产管理公司通过持有相关公司股权或者提供新增资金投入的方式，帮助项目恢复运营，销售后实现退出。

不良资产管理公司针对自身投资的困境地产出险项目，如因各种原因尚未或者无法进行纾困与盘活，通常应优先化解内生不良资产风险制定风险应对方案，采取司法诉讼、资产查封、底层资产处置、项目整体转让等方式，做好项目风险化解处置，进一步压缩风险敞口。

（二）主要业务模式与特点

困境地产项目纾困与盘活业务的主要模式包括地产项目代建纾困、资可抵债项目的收并购、复杂项目的破产重整、商业地产盘活模式、转化为保障性租赁住房纾困及棚改统筹统还等。

其中，地产项目代建纾困模式是指通过不良资产管理公司提供增量资金、政府赋能、替换开发主体、引入代建机构等一系列方式，让原本出现停工、烂尾等陷入困境的项目得以恢复开发并实现销售，产生现金流并实现房屋交付，最终实现各权利人退出的模式。

按照纾困主体不同，地产项目代建纾困模式主要分为政府纾困模式和市场化纾困模式。

其中，在地方政府或者地方国企牵头的房企纾困基金模式中，由地方政府、地方国企、国家开发银行等银行主体、资产管理公司等机构作为主要出资主体，针对性地救助较易产生收益的项目，即项目本身能实现资金的“自平衡”。纾困基金设立的主要目的是维持当地房地产市场稳定、保交楼、保民生。

市场化纾困模式主要由金融机构、资产管理公司、具有央企或者国企背景的开发商或者专业代建机构等作为参与主体，采用纾困＋代建的基金模式，通过搭建结构型基金为项目提供增量资金，引入第三方或者关联方代建方共同管理，符合各方利益诉求。

市场化纾困模式有两个好处：第一，通过基金化的结构设计，实现资产隔离。在结构化的安排中，新增资金作为优先级、原债权人作为中间级、原开发商作为劣后级，各方退出顺序合乎常理，符合项目实际现状，较易被各方接受。同时，项目公司股权过户至基金名下，与原开发商实现隔离，避免出现被第三方查封等风险。第二，由具有央企或者国企背景的开发商、第三方专业代建机构对困境地产项目进行代管代建，买房人对项目交付、房屋质量等更有信心，项目销售更有保障。

不良资产管理公司需要对整个纾困和代建过程制定详细的操作步骤，确认每一步的流程耗时、障碍及其解决方案，与涉及的行政单位、司法机关反复核对确认具体办事手续及其可行性，核心流程和关键环节必须有备选方案B计划，以免出现各种意外风险导致项目再次或者多次停滞，进而引发投资损失。

如困境地产项目进入破产重整程序，债权人如何维护自身权益？

第一，依法及时申报债权。第二，积极参与债委会。第三，依法积极参与重整程序。积极行使知情权，积极对管理人进行监督，与管理人建立有效的沟通机制，高度关注抵押财产的评估与变现，关注困境房企的重大财产处分行为，关注重整投资人的招募，关注重整计划草案的制作和安排，跟踪重整计划执行过程。

（三）商业地产项目纾困与盘活

1. 商业地产类项目成为不良资产的主要成因是什么？

一方面，过往以来，国内大部分房地产开发商的主营业务都是以开发住宅等现金流较好的项目为主，选择滚动开发模式，较少有房地产开发商主动选择持有商业物业，并投入大量人力、物力进行商业管理运营，因此大部分项目的运营管理能力水平较低。

另一方面，商业地产项目因评估价值较高，通常被作为开发商融资的主要押品之一。一旦遇到地产公司主体信用暴雷事件、招商经营不及预期、租金收入等大幅下滑等情形，运营收益与原有债务规模与资金成本不匹配就会影响商业地产项目市场价值下降，进而引发债务违约，成为不良资产。

2. 商业地产项目纾困与盘活的核心逻辑是什么？

第一，流动性折价的恢复。当某一项资产不能在短期内以合理价格变现，流动性差时，就会出现流动性折价，但这并非价值贬损，因为只要流动性得以恢复，价格就会恢复到市场公允水平。不良资产管理公司通过特殊机会投资某一时点流动性差的折价资产，隔离原有债务风险提升商业运营能力持有并择机通过资产转让实现退出。

第二，跨周期资产配置中价值的提升，逆周期投资、跨周期变现。不良资产管理公司通过投资有价值增长潜力的商业物业资产，并采取对其重新定位和运营管理等一系列手段提升其价值，赚取周期波动的利润空间，最后通过资产证券化、大宗交易等方式实现退出。

第三，主动管理带来的资产增值。对商业地产进行价值再造的核心是内容和功能的改造。不良资产管理公司通过重新梳理定位、升级改造、准确赋能、降低运营成本、改善现金流，实现物业价值提升，最终打通资产流动不畅的“堰塞湖”，疏通困境资产难以消化的“肠梗阻”。

3. 不良商业地产项目筛选标准有哪些?

不良资产管理公司为了提高项目成功率，通常会对具体项目精挑细选，主要选择标准参考如下：

在客户选择上，不良资产管理公司优先选择股权清晰、财务报表经过审计的真实可靠的债务人和保证人等融资主体；债权债务关系明确，是否涉及公积金中心、租户、建设工程承包商、材料供应商、农民工等特殊主体，关注并区分金融机构债权，工程款优先债权，有虚有实的民间借贷，有真有假的小业主购房消费债权，土地增值税、所得税、滞纳金、土地出让金等欠缴税费，职工债权，关联公司之间往来款，对外担保等；信用良好，无重大不良记录，过往开发项目无历史遗留问题，近两年无不良信用记录；融资主体及其实际控制人未涉嫌非法集资、涉“赌”涉黑，不存在大额民间借贷行为，不存在重大法律纠纷或风险隐患。

在合作意愿上，不良资产管理公司应确认原开发商愿意接受纾困代建模式，愿意配合搭建纾困基金结构，并约定由后者提供过程支持和配合。同时，不良资产管理公司要重点关注借款人其他在建以及项目储备情况，以及项目手续完备性，相关协议、文件等是否齐备等情况，项目资本金、股东投入、项目已投资金使用情况、借款情况、销售滚动投入相关安排等。根据项目自身定价以及周边楼盘价格预测项目整体销售数据，分析第一还款来源，测算分别在乐观、中性和悲观情景下的预期收益，以及极端情况下退出路径的可行性。

在区域选择上，基于区域发展环境和前景，不良资产管理公司通常优先选择京津冀地区、长三角地区、粤港澳大湾区、海南自由贸易港，并在各区域内选择位于城市中心区、商业核心区、城市规划核心区或卫星城市中心区，且居住氛围成熟、周边配套完善的项目。

在业态选择上，基于资产未来流动性，不良资产管理公司通常优先选择住宅项目、一线或者新一线城市的核心商业区域商业综合体项目。

关于底层资产，不良资产管理公司通常要求标的项目已获取土地且已办理土地使用权证，关注区位特征以及当地房地产市场情况；调查抵（质）押物是否存在瑕疵，定期查询抵押状态；根据周边物业价格水平以及去化速度判断评估价值是否合理，核实评估价值的合理性；对租金收入进行压力测试，确保发生极端风险时有足够安全垫；调查当地抵质押政策、土地转在建工程相关细节、预售政策以及预售资金监管政策等，判断销售回款时间能否落实，是否会受当地政策影响延迟回款时间；对退出路径进行不同情景下的可行性分析。

关于担保人，不良资产管理公司应关注担保人经营和财务情况，并与同行业进行横向比较；担保人其他负债及或有负债情况；担保人整体经营与负债明细，测算现金流情况，判断其担保能力。

困境地产项目债务危机化解的工作流程中，“摸家底”是所有工作的前提和基础。只有彻底摸清“底”，才能进行合理的现金流和收益测算。

关于现金流测算，不良资产管理公司对销售回款分别进行乐观、中性和悲观情景下的预测，定期实地考察、谨慎预测并加压测试，依靠代建方等专业机构合理预估后期投入现金流计划。

关于收益测算，不良资产管理公司需要多方核对确认剩余可售物业类型、可售面积；依靠专业代建机构、地产公司，合理预估后期工程投入、税费支出等现金流计划；分别按照乐观、中性和悲观情景测试存量债务减免比例，进而获得未来收益测算。

关于退出方式，不良资产管理公司可通过底层资产租金、项目销售收入或者交易对手关联公司回购退出。对于交易对手关联公司回购的，需要分析债务企业所属集团公司、关联公司或者重整方的经营、财务情况，论证其回购能力，避免出现空头支票情形。

总之，困境地产项目纾困与盘活的最终目标是在纾困方和代建方进入后，项目能正常开发，形成销售后完成保交楼，使各权利人按照事先约定顺利得以退出。

4. 商业地产项目纾困与盘活案例。

下面以某一线城市知名品牌酒店改造升级项目举例。

项目简介：地理位置优越，但原先设施相对老旧，项目公司原持股 49% 的股东年进入破产重整程序后，不良资产投资基金在重整程序中按照市价的 6 折，即 24 亿元收购了该部分股权，折合资产楼面价约 3.3 万元/平方米，周边区域均价超过 8 万元/平方米，投资安全垫厚。该商业地产被改造为服务式公寓，同时引入某知名酒店运营方对其进行后续的运营管理。

运作周期：改造期为 0.5 年，投资期为 1 年，退出期为 1 年。

退出方式：改造后整体对外转让或者通过银行再融资退出。

项目亮点：因收购成本相对较低，不良资产投资基金在股权完成过户后便可通过申请银行经营贷款，实现大部分的投资本金回笼，后续银行贷款利息亦可通过公寓出租经营分红进行足额覆盖。

在资产收购前，项目公司股东方充分挖掘项目的内在价值潜力，与投资方就资产的升级改造方案、后续运营方案以及退出方案达成一致。待资产运营稳定后，不良资产投资基金可选择将资产按照市场评估价值的9折出售给另一股东，或者股东双方共同将项目公司100%的股权进行整体转让。按照改造后的运营情况测算，资产盈利能力和市场价值得到大幅提升。

（四）小结

在实操过程中，困境地产项目纾困与盘活业务的投资大，收益也大，但是不能“只见狼吃肉，不见狼挨揍”。假如商业地产项目投资最终失败，只需一个项目就能把一个小公司压死。曾有传闻，某个拥有不良资产概念的上市公司之所以陷入困境，直接原因就是它接盘了一个大额的商业地产类不良资产包，处置不动、旷日持久，进而导致现金流断裂。

困境地产项目纾困与盘活的关键是对资产价值的判断能力、合作方的选择及其运营管理能力。当经济增速回落，项目资产预期收益支撑不住原融资成本等时，“拆东补西”稍有不慎，烂尾就成“宿命”！

不良资产管理公司应如何提升参与该业务类型的核心竞争力？

第一，不良资产管理公司自身需要有强大的资产估值定价能力。过往以市场比较法为主的估值定价模型已然失效，传统的依赖房企信用的地产投资模式已经过时，新时期下，重塑自身的估值定价能力尤为关键。

同一个资产，用成本法估值是底线，用市场法估值是当前现状，用收益法估值是未来预期，而怎样持续、大幅度提高资产的未来收益则是涉及改造升级、运营管理、经营激励、合作共赢的新课题。专业的投研能力、健全的风险评估和识别体系、成熟的资产管理团队和丰富的退出渠道积累，缺一不可。

第二，不良资产管理公司需要有丰富的资源整合能力，保持开放性，加入生态圈并构建合作方资源库。与专业的开发、代建机构、销售机构、投资运营机构建立深度合作关系。

第三，提升多渠道项目信息获取能力，建立项目信息来源情报网络。通常，该业务类型的主要项目信息是通过银行、信托、租赁、其他不良资产管理公司等机构，以及民营房地产开发商获取的；其他项目信息来源于施工单位、同业投资机构、中介机构，如律所、评估公司、法院、政府、网络新闻等。

在当前资产价格预期走弱的环境下，解决方案终归是投资人、债务方、债权方等各方博弈，通过债务重组压降债务，风险共担，平衡收益，引入新资本，组织盘活项目。

十四、债转股

（一）定义

债转股，即债权转股权业务，是指不良资产管理公司为将合法拥有的债权实现保值增值，而将其转为股权。

市场化债转股的主要目标首先是有效降低企业债务水平和杠杆率，而非化解银行体系风险。

债转股是债务重组的一种特殊方式。债务重组是指在债务人发生财务困难的情况下，债权人按照其与债务人达成的书面协议或者法院表示同意的裁定书，就其债务人的债务做出让步、豁免，变更债务要素，调整债权人和债务人各项基本权利和义务。与债务重组相比，债转股给债权人和债务人带来了根本性的变化，变动更激烈、调整更深刻，它将原有的债权关系变成了股权关系，原保证人、抵押人、质押人与债权人的法律关系自行消灭，其担保法律义务也可能不复存在。

广义的债转股就是将债权转为股权，可以发生于任何债权人与债务人之间，如企业之间、企业与内部职工之间、银行与企业之间的债权债务关系等。狭义的债转股是指将银行或者不良资产管理公司持有的企业债权资产转为对企业的股权投资。这里限定债权人为银行或者不良资产管理公司，债务人为债务企业，通过债转股能一定程度上降低债务企业的债务负担，恢复债务企业的盈利能力和财务健康状况，减少债权人的贷款或者投资损失。

在债转股业务中，按照债务企业的经营性质可将其分为非上市公司的债转股、上市公司的债转股及非上市公司与上市公司在合并破产情况下的债转股。

（二）主要业务模式与特点

1. 客户选择与尽职调查

在债转股业务中，通常可以转为股权的债权类型有金融机构等债权人与公司在经营过程中产生的合同之债，和解协议确定的债权，司法机关生效裁判确认的债权等。其不仅包括不良贷款，还包括正常贷款、关注类贷款。关键是银行债权人和企业债务人双方自主自愿、平等协商，遵循市场化、法治化的原则开展工作。

在债转股业务客户选择上，一方面，不良资产管理公司通常优先选择以下类型的企业：央企、地方国企、地方政府平台公司或者具有发展前景的行业龙头民营企业；

债务企业发展遇到暂时困难，因面临暂时的流动性危机或者因为周期性问题导致资产负债率、成本和财务杠杆高，但企业产品有竞争力、有市场，前景良好、未来可期的企业；债务企业未来有希望具备较强的综合现金保障能力或者再融资能力、居于行业前列的关键性企业以及关系国家安全的战略性企业；债务企业主要生产装备、产品、能力符合国家产业发展方向，技术先进，产品有市场，环保和安全生产达标的成长型企业，特别是战略性新兴产业领域的成长型企业；债务企业的上级公司及股东有较强的股权回购能力，企业集团有下属上市公司平台，未来通过资本市场退出具有较强的可操作性，或者未来有比较确定的上市计划的企业。

另一方面，不良资产管理公司通常会尽可能地避免介入扭亏无望且已失去生存发展前景的“僵尸企业”，曾经有恶意逃废债务行为的债务企业，债权债务关系复杂且不明确或者无法明确的债务企业，以及不符合国家产业政策，有可能助长过剩产能扩张和增加库存的债务企业，避免投资后或者投资退出后仍然被市场淘汰。

不良资产管理公司在调查拟债转股目标企业的过程中，需要重点考察企业业务逻辑、行业分析、未来经营情况、未来股价。具体操作流程如下：

第一，通过分析目标企业的主营业务、财务状况、产品特点、行业地位、自身优势、转型方向，设计参与该企业债转股的业务逻辑。

第二，进行行业分析。不良资产管理公司可以聘请第三方独立机构对拟参与目标企业所属行业和目标企业特点进行分析，同时由项目经理对其分析情况进行评估。

第三，未来经营情况分析。结合客户所属行业特点及第三方分析报告，对目标企业未来经营情况、营业收入、净利润等核心财务指标进行分析测算和压力测试。

第四，分析未来股价。结合企业的经营情况，运用市盈率估值法、市净率估值法或 PEG 估值法等估算未来股价预期情况。

2. 交易结构设计与业务模式

在交易结构设计方面，通常对债转股基金进行分级，优先级和劣后级的比例为3∶1至2∶1，而且要在项目投放前就尽可能募集能随时到位的优先级资金。

传统“债转股”模式是指债权人与债务人直接协商确定，债权人变为股东，主要分为商业银行直接将其对企业的债权转为股权，或者商业银行直接将其对企业的债权转让给其子公司或不良资产管理公司，再由受让方将债权转化为对企业的股权。

从目前市场上的债转股案例来看，不良资产管理公司从事市场化债转股的模式没有确定的分类。根据市场成功经验来看，主要实施模式有收债转股、入股还债、债转优先股和“两步走”模式。

第一种，收债转股模式。不良资产管理公司先从债权人手中承接其对目标企业的债权，再将此债权转化为股权，成为债转股目标企业的股东。这类模式中，不良资产管理公司通常从原债权人银行手中折价收购债权，因此有可能降低银行参与的积极性与相应实施进程效率。

第二种，入股还债模式不良资产管理公司直接向拟债转股目标企业增资，从而获取目标企业普通股的股权，由目标企业在吸收资金后用于偿还债务，后期不良资产管理公司再寻找合适时机退出。这类模式的债转股协议一般附有回购条款，其实质相当于是把短期债务变为了长期债务，有“明股实债”的风险。

入股还债模式又被称为基金模式，由银行牵头，会同拟债转股企业和社会资本所组成基金作为债转股实施机构。

第三种，债转优先股。不良资产管理公司发起设立债转股募集资金，用募集资金认购债转股企业发行的优先股，而债转股企业获得资金，并用于偿还债务。

相较普通股，优先股在企业破产清偿时的偿债顺序更靠前，这降低了不良资产管理公司的投资风险，加大了投资机构的参与积极性，且优先股仅在企业盈利时才可能分配股利，这也减轻了企业的负担，不会有“明股实债”的风险。比较典型的案例有广州越秀集团、贵州中水能源的债转股项目。

第四种，“两步走”模式。第一步，通常由债转股企业引入不良资产管理公司对其子公司股权进行合理化评估，并注资入股，子公司收到资金后用于偿还其债务；第二步，由债转股企业发行股份，购买不良资产管理公司所持其子公司的股权。

“两步走”模式因实施进程较快、时效性高而广受青睐。有些公司的债转股项目从公告到圆满落地仅耗时一年，与其他模式普遍需要耗时两年及以上相比较，缓解企业困境的时效性得到了保障。相对于“入股还债”模式，“两步走”模式降低了“明股实债”的风险。

相较于传统“债转股”模式中债权人与债务人直接协商确定的方式，结构化“债转股”模式则通过引入其他投资人，共同投资设立特殊目的公司，由特殊目的公司具体实施“债转股”工作。结构化“债转股”模式的优势在于引入了其他投资人共享未来的收益并分担了风险，资金来源也更加多样化。

3. 举例

以不良资产管理公司实施结构化“债转股”模式为例，具体业务流程分为如下五步：

（1）不良资产管理公司发起设立债转股基金，募集其他投资人资金，专项投资债转股项目，由具备私募基金管理人资格的关联公司担任债转股基金的基金管理人和执行事务合伙人。

（2）债转股基金收购标的上市公司（以下简称目标企业）子公司的债权并转化成

股权，或者直接对目标企业下属子公司现金增资入股，或者部分收购目标企业子公司的债权转化成股权、部分现金增资入股。

（3）不良资产管理公司所持有的目标企业子公司的股权转化成目标企业股票。

（4）债转股基金存续期期间，不良资产管理公司通过目标企业的股票分红获取期间收益。

（5）股票限售期期满后，债转股基金各份额通过二级市场减持，获取收益分配退出，或者约定由目标企业及其所属集团对债转股基金持有的股票进行回购，实现退出。

4. 退出

关于退出机制，不良资产管理公司可与企业协商约定所持股权的退出方式。

债转股企业为上市公司的，债转股形成的股权可以依法转让退出，转让时应遵守限售期等证券监管规定。债转股企业为非上市公司的，可利用并购、全国中小企业股份转让系统挂牌、区域性股权市场交易、证券交易所上市等渠道实现转让退出。

如通过企业集团回购或第三方回购方式退出的，在明确债转股基金退出方式的同时，需重点分析企业集团或第三方的经营、财务情况，论证其回购能力，避免出现空头支票情形。

其中，如采用市场化方式退出的，需明确债转股基金各类投资人的退出顺序，并兼顾不良资产管理公司的期间收益和超额收益，即在退出顺序设计上，在存续期间定期支付基金管理费，最后在次级投资人、普通合伙人（General Partner，GP）之间按照份额分配超额收益。

（三）小结

不良资产管理公司开展债转股业务的前提是确保债权的合法性与确定性，明确参与债转股业务的基本商业逻辑，同时选择符合自身标准的交易对手、标的资产、预期收益和期限要求，并明确退出方式。

考虑到债转股业务涉及的交易主体多、环节复杂，不良资产管理公司需全程高度关注整体实施进度情况，包括但不限于相关主管单位批文批复情况、资产评估情况、董事会审议情况、股东会审议情况等。

当企业债台高筑的时候，债转股或许能够成为债务企业“起死回生”“绝处逢生”的一种重要措施。

十五、不良信贷资产证券化投资

（一）定义

不良信贷资产证券化是指商业银行或者不良资产管理公司等作为发起机构，将一部分流动性较差的不良信贷资产经过一定的组合，形成具有比较稳定现金流的资产组合，将这组资产作为基础资产委托给信托公司、证券公司等受托机构，由受托机构以资产支持证券的形式向投资机构发行有价证券，以不良信贷资产回收所产生的现金流支付资产支持证券本金和收益的结构性融资活动。

资产证券化的一个重要作用是规避风险、增加资产的流动性、释放资本、增加资金来源，以从事更高边际收益的项目。但是，若资产持有人通过资产证券化方式将优良资产变现后又无好的项目进行投资，对于实施资产证券化的机构来说，非但不会增加其总体收益，反而会减少其绝对收入。

所谓不良资产的总体质量较差，本质上是指资产的安全性、收益性、流动性方面较差。虽然单笔资产的质量构成了整个资产池的质量，但整个资产池的质量并不是单个资产质量的简单相加。根据大数定律对单笔资产进行分析和审核，对基础资产进行筛选和组合，预测其回收率和回收期限，并根据回收率对资产进行打折，把打折后具有相近回收期限的资产汇集成资产池，使资产池作为一个整体具有一定稳定性、安全性、收益性、流动性的价值，从而达到证券化对稳定现金流的要求，形成比较大的市场需求潜力。

（二）主要业务模式与特点

不良信贷资产证券化产品分为对公类不良资产资产证券化和个贷类不良资产资产证券化。对公类不良资产，即银行对企业发放的五级分类为不良的贷款以及准履约贷款、重组贷款、不良债券和抵债资产等；个贷类不良资产，即银行对个人发放的五级分类为不良的贷款，包括住房抵押贷款、消费贷款和信用卡类等。

不良资产管理公司一般参与投资资产证券化产品中的次级产品份额，根据合作方诉求和风险收益情况，有时也会参与优先级投资。

在发起机构选择标准上，不良资产管理公司通常优先选择三大政策性银行、中农工建交等大型商业银行、全国股份制商业银行、资产规模超过5000亿元的A股上市城市商业银行等。

在基础资产类型选择上，不良资产管理公司优先介入基础资产为个人不良贷款的资产证券化产品，包括个人住房抵押贷款、个人经营性抵押贷款、个人消费抵押贷款、个人经营类信用贷款、个人消费信用贷款和信用卡资产等。考虑到集中度风险，不良资产管理公司通常会谨慎介入以企业不良贷款为基础资产的证券化产品。

在不良信贷资产证券化产品的尽职调查中，不良资产管理公司首先通常需要对贷款档案资料进行梳理、调查、核实，根据不良贷款的不同规模、笔数、区域、金额分布情况对资产进行分类，开展不同的尽职调查和价值评估方式。在资产评估调查中，将共性因素与个性因素相结合进行抽验尽调、分层尽调。共性因素包括经济水平、地区特点、政策环境、人文习俗等，个性因素包括信贷产品类型、有无担保、担保强弱等，根据不同特点和标签划分出不同的资产类别。其次，通过进行实地访谈和后续现金流分析，结合之前的基础性信息、历史数据、现场摸排数据，以及考察走访所得到的碎片化信息，对资产池进行估值，测算不同情况下的回收规模。在估值过程中有时需要构建样本，对重要性的样本需逐笔考察。

不良资产证券化产品的投资风险主要体现在以下几个方面：

第一，现金流偿付风险，即由于信息缺乏和估值技术的缺陷或者现场尽调获得的实际情况与资产池现金流预测存在一定偏差所造成的风险，或者由于资产服务机构的不良资产处置能力和资产回收时间的不确定性引起的现金流回收波动风险。

第二，不良资产的集中度风险，即可能出现在某一收款期间单笔占比过大的资产的回收表现异常，进而影响资产支持证券整体现金流，或者由于占比较大的多笔信贷资产处于高度相关行业造成资产池回现的集中度风险。

第三，金融市场的利率风险，即受国民经济运行和国家宏观经济政策的影响，市场利率存在波动风险，一定数量借款人的偿付行为受到影响，导致资产池整体现金流量发生微妙变化，进而引发不良资产支持证券价格风险。

第四，资产支持证券流动性风险，即不良资产支持证券发行规模较小、估值模型不够精确，导致其无法在合理时间内以公允价格在市场上流转，引起一定的流动性风险。

第五，政策风险，即基础资产处置相关政策发生重大变化，导致项目原本预计的资产催收处置方案、清算变现方案部分或全部失效，进而导致现金流回款不达预期的风险。

第六，不良资产证券化过程中的法律风险，即相关法律法规不完善、不健全或者当事人对法律条文的误解、执行不力等导致已生效裁判文书无法得到执行，以及因法律文件缺失、不完备、诉讼时效问题或者不利判决致使当事人遭受损失的各类风险。

不良资产管理公司为了防范投资风险，需要重点关注：

第一，资产证券化发行人近年来同类型产品的回收率和市场口碑、对比往期产品与拟投资产品基础资产的差异、发行人过往产品的退出方式、优先级发行利率、次级投资人即劣后级投资人的收益区间、回款不及预期情况下可采取的应对措施及其可行性等。

第二，对证券化基础资产进行质量和统计特征分析，主要包括入池基础资产的笔数，借款人数量、所在地区及分布，一、二线城市占比，加权平均逾期期限，未偿本息余额，借款人集中度、年龄、收入、职业、婚否，可联率，入池抵（质）押物评估值，加权平均初始抵押率，等等。

第三，资产证券化产品发行的折扣率（折扣率 = 发行规模 ÷ 资产池本息余额）、回收率等要素，作为安全垫的参考因素。

第四，封包日距发行日期间的实际回收情况，与预测回收现金流的偏离情况，充分考虑可能影响回收的各种不利因素。重点关注发起机构、评级机构对基础资产回收率和回收时间分布的预测分析，对评级机构预测采取的各种假设条件，并对测算结果合理性进行分析，同时关注回款是否符合基础资产通常的回收率范围和回收分布。

第五，资产证券化产品的预期到期日以及“加速到期条款”触发的可能性，产品后端收益、超额收益分成方式。

第六，对影响投资收益的因素进行逐项、合并分析，重点分析基础资产回收率、优先级发行利率、产品溢价率、回收滞后性对次级收益的影响，并分别进行在乐观、中性和悲观情景下的压力测试。

第七，资产证券化产品发行的核心条款，主要包括法定到期日设置、发行文件是否存在次级差额补足或者流动性支持义务、超额收益分配方式、处置费率的上限、触发清仓回购的条件等条款。

第八，关注资产证券化产品的结构设计，商业银行作为发起机构和贷款服务机构的职责以及次级投资人的职责，主要包括商业银行对入池资产状况的保证和承诺、初始贷款放款审批条件、不合格资产赎回义务、贷后管理情况、触发清仓回购条件、合作方催收经验和能力等，次级投资人是否承担差额补足、流动性支持义务等责任。

在投后管理阶段，不良资产管理公司需要与发起机构、受托机构做好衔接，注意定期跟踪和关注基础资产回款金额的情况，督促管理人、贷款服务机构履行相关管理职责，通过收集管理人提供的后续管理报告等方式，掌握产品的运行情况。如发现预期回款速度减缓或其他不利因素，应做好督促服务机构对不良资产的催收、份额转让等有效措施，结合回款情况采取动态调整机制，升级或者加强催收手段。

另外，资产管理人是决定收购、处置资产的机构，优秀的管理人通常在经验、信贷分析系统和专有技术等方面具有优势，能够通过多种方式和渠道发现隐含在资产中的各种风险，以低价买入资产，并以高价在行情恶化之前卖出。

不良信贷资产证券化业务的退出方式包括但不限于以下方式：到期清算；发行人执行清仓回购；通过银行间市场、银行业信贷资产登记流转中心或其他合法合规的交易平台挂牌转让；由权益人或者关联人提供差额补足、提供流动性支持、履行回购义务、提供担保等增信措施；通过资产支持证券持有人大会通过有效的底层资产处置方案并由计划管理人以公开拍卖等方式直接处置标的资产；等等。

（三）小结

作为一种结构融资方式的金融创新，资产证券化可以转移和分散风险，实施信用增级，带动金融投资。

在资产证券化中，通过若干资产的有机结合，一定程度地降低了资产的风险，其中某笔损失的增大可以通过被其他资产的回收弥补，与“不把所有的鸡蛋放进一个篮子”有异曲同工之妙。

不良资产证券化的核心风险主要是信用风险和估值定价风险。

不良资产证券化产品本身已经考虑到不良贷款相应的风险因素，从基础资产到证券化产品的过程中，资产通常会打较大的折扣。但是，若折扣过低，商业银行不良资产的处置收益将受到很大影响，甚至会被怀疑造成资产不当流失；若折扣过高，不良资产市场对拟处置资产的接受程度和认可程度将存在较大不确定性，可能导致处置流拍。这种交易双方的博弈过程也导致不良资产的估值难度比较大。

不良资产证券化的参与机构主要是不良资产管理公司、商业银行，通常由不良资产管理公司充当出资角色，但商业银行的出表需求是开展不良资产证券化的根本动力。

十六、不良资产基金管理服务业务

（一）定义

基金管理人是指凭借专门的知识与经验，运用所管理基金的资产，按照科学的投资组合原理进行投资决策，谋求所管理的基金资产不断增值，并使基金持有人获取尽可能多收益的机构。

执行事务合伙人是指基金机构中由全体合伙人选举产生、负责合伙企业日常事务执行的合伙人。

不良资产基金管理服务业务是指不良资产管理公司发挥自身在专业投资领域的优势，根据客户投资需求、风险偏好，为客户提供基金管理服务，获取资产增值或者价值实现，由不良资产管理公司或者其关联机构作为执行事务合伙人/管理人，界定基金管理人的权利义务，设计基金交易结构、约定基金决策机制，并收取管理费用的业务模式。

（二）主要业务模式与特点

基金管理服务业务属于轻资产、低风险业务，主要向基金份额持有人提供专业化的基金投资管理服务。

不良资产管理公司或者其关联公司在基金管理服务业务中仅担任执事合伙人或基金管理人的角色，不参与认购基金份额。

为防范普通合伙人对合伙企业债务承担无限连带责任的相关风险，成立合伙型基金时应当要求在合伙协议中约定“未经全体合伙人一致同意，合伙企业不得对外借款、融资、担保，或承诺其他形式的或有负债或债务”的条款。

不良资产管理公司作为基金管理人，应在“募投管退”环节承担以下职责：

第一，基金募集：为基金开立相关账户；资金募集到位后对募集资金进行闭环管理；按照相关法律法规办理工商登记等手续，如为契约型基金则无须办理。

第二，基金投资：组织、参与相关协议的拟定和基金决策机制的制定；按照协议约定的投资方向进行投资，投资前应当对底层资产情况进行尽职调查。

第三，基金管理。①完成协议中约定的管理人应执行的各项事务性工作，包括但不限于管理基金各类账户、为基金缴纳企业注册费用、工商变更费用、审计费用、托管费用、税收费用等。②负责对基金进行基金会计核算并编制基金财务会计报告。③办理与基金财产管理业务活动有关的信息披露事项。④按照规定召集基金投决会议，对会议审议的各类事项制作决议并留档。⑤依据协议约定，在合伙企业承担费用的情况下，根据基金运营的需要，代表合伙企业雇用合伙企业的律师、会计、财务顾问、保险商、评估师、分析师等。⑥保存基金财产管理业务活动的记录、账册、报表和其他相关资料。⑦若债务人等相关义务人逾期，应合伙人请求，向债务人发送债权催收通知书。

第四，基金退出。①办理基金投资底层项目退出的相关事宜。②按照基金合同的约定确定基金收益分配方案，及时向基金份额持有人分配收益。③执行基金的解散、清算。

根据《关于民事执行中变更、追加当事人若干问题的规定》（法释〔2021〕21 号）第 14 条“作为被执行人的合伙企业，不能清偿生效法律文书确定的债务，申请执行人申请变更、追加普通合伙人为被执行人的，人民法院应予支持”的相关规定，不良资产管理公司在从事此类业务时应防范相关风险，对业务合作机构择优选取，避免合伙企业陷入债务危机以及自然人合伙人恶意合谋向公司转嫁风险的可能。

（三）小结

不良资产管理公司或者其关联公司作为基金管理人不出资、不承担业务风险、不对项目的营利性和最低收益作出承诺和保障，同时提供专业化基金管理服务，获取轻型化基金收入。其中，通过交易结构创新，对项目公司股债投资比的设计可达成合理节税的目的。

不良资产管理公司通常要求基金管理服务业务的收益不低于管理资产规模的0.1%，且单笔业务收益不低于人民币50万元。

十七、不良资产基金管理及投资业务

（一）定义

私募投资基金是指以非公开方式向合格投资人募集资金，由基金管理人管理，基金托管人托管，为基金份额持有人的利益进行投资活动而设立的投资基金。

结构化基金包括分级基金或者杠杆基金，是指通过对基金收益或者净资产的分解，形成两级或者多级在风险收益方面表现有一定差异的基金份额，比如优先级份额和劣后级份额，不同层级的投资人对应不同的风险和收益。

不良资产基金管理及投资业务是指不良资产管理公司一方面发挥其在专业投资领域的优势，为客户提供基金管理服务，由不良资产管理公司或者其关联公司作为管理人收取相应管理费用；另一方面利用自有资金或者募集资金投资部分基金份额，获取相应投资回报的业务。

（二）主要业务模式与特点

不良资产管理公司或者其关联公司在基金中担任执事合伙人/基金管理人的角色，根据合作方的诉求和风险偏好设立平层基金或者结构化基金，调整募资与直投比例，在风险可控、收益可观的前提下参与部分基金份额的投资。

在开展不良资产基金管理及投资业务的过程中，不良资产管理公司需要调查底层资产的实际情况，设计基金交易结构、制定基金决策机制，界定基金管理人的权利义务，根据各基金投资人在基金中的出资比例及份额性质、基金出表与否、基金结构化等情况，约定相匹配的决策控制权，设置合理的风险控制措施及争议解决机制。

在退出时，不良资产管理公司可结合基金投资人的资金退出计划，参照债权转让分期付款等债权处置经验，制定投资本金的回收进度要求、资产催收处置方案或者清算变现方案，引入次级关联方差额补足。

（三）小结

不良资产管理公司投资基金份额的主要目的是在风险可控的前提下获取相应投资收益，同时也可以提升外部投资人信心，获得更多募集资金。

除获取投资收益外，不良资产管理公司或者其关联公司担任执行事务合伙人，可定期收取基金管理费或者财务顾问费用。

不良资产管理公司可以引入多家外部投资人，由其认购有限合伙优先级及劣后级份额，可根据项目预期收益和风险情况自由调整投资额度，比如将自身持有的优先级或者劣后级份额适时转让，也可通过对项目公司股债投资比的设计达成节税目的。

十八、不良资产咨询顾问与中介服务

（一）定义

不良资产咨询顾问与中介服务是指不良资产管理公司利用专业的知识经验、专家人才、协作团队、案例模型、产业资源、处置渠道等优势，为不良资产交易提供卖方推介、买方尽调、债务重组、交易结构等专业化咨询与服务的业务。

（二）主要业务模式与特点

不良资产咨询顾问与中介服务的目标客户及服务内容主要有：

第一，有批量转让需求但又缺乏相关经验的银行以及小额贷款、担保、典当等金融与类金融机构。主要客户为地区农商行、小额贷款、公司担保公司。

第二，为有意向进入不良资产行业的公司以及客户提供专业化的买方尽调服务，提出专业化的意见，为客户审慎决策提供合理化的建议。

第三，为不良资产投资人寻找适合投资的产品。

第四，为债权债务相关当事人或者投资人提供与债务重组相关的咨询服务，并出具相应的重组咨询服务报告。报告分析内容包括但不限于：整体资产、整体负债及相关资产查封情况，提供债务重组方案建议；为诉讼或者执行情况提出解决方案或建议；对债务人核心资产项目土地情况以及土地所在地市场情况的分析；为债务人寻找并引入其他机构，协助债务人完成债务重组事务。

不良资产咨询顾问与中介服务的收费方式是与客户进行协商收取相应的服务费，比如单户尽调报告费用、资产价值评估分析费用、财务顾问费用、信息咨询费用。

也许有人会问，咨询顾问提供的是没有资金成本的服务，为什么不能免费咨询、做个顺水人情？

其实，就像律师行业和医生行业一样，收费的挂号行为会让病人重视与医生的预约，让病人认识到医生的时间宝贵，而总是希望免费咨询的预约客户，不尊重律师时间的同时也不尊重自己要咨询的法律事务。若医生给人看病的过程中未能详细了解具体情况，就无法做出准确的诊断，进而给出恰到好处的解决方案。付费咨询就是要让客户知道，他与律师的交谈时间是花钱买来的，珍惜时间，要尊重律师和案件。

一个优秀的咨询顾问往往需要成为一个通才，因为通才才更有机会帮助企业找出问题的真正所在，首先要判断这是一个什么样的任务，当找对了问题，再寻找解决方案就容易得多。通才不但要分辨出问题到底出在哪里，而且要对相关问题进行归因，在更基本的层面上找出问题的解决办法。与此相反，若是一个某细分领域内“专家版”的咨询顾问，遇到不熟悉的问题时难以进行发散思考和通盘考虑。

比如，有一家提供企业重组个案咨询服务的公司，主要提供的咨询方案服务内容如下：

①资产预判：分析债务企业现存的资产处置价值及其风险，明确资产重组的目标。

②债务预判：根据债务企业当前直接负债和或有负债风险的情况，明确债务重组和债务剥离的目标。

③经营预判：根据债务企业经营风险和盈亏的真实原因，明确经营重组和经营优化的目标。

④股权预判：根据债务企业股权风险和股权价值，明确股权重组的目标。

⑤诉讼风险预判：根据债务企业当前和预期诉讼、执行的风险，明确诉讼应对和执行应对的目标。

经过上述一系列的步骤，为客户提供“诊断”成果报告，主要内容如下：

①检查原因：准确摸底债务企业陷入困境的主要原因，找到摆脱债务困境的综合解决方案。

②预测未来：预判在当前不改变现状的情况下债务企业危机爆发时间和爆发原因，以及未来危机传导的路径和给企业造成的损失，同时找到能有效阻止危机的传导、降低损失和危害的综合解决方案，形成前后鲜明对比。

③给出结果：指出债务企业重组后能达到的目标，以及达成目标所需要的最低成本和所需引入的资源。

④诊断报告和咨询方案：向债务企业出具书面“诊断报告”、综合解决方案和债务企业财务筹划咨询方案。

（三）小结

不良资产咨询顾问与中介服务是一种高阶的“知识付费”，不良资产管理公司提供资产处置、债务重组、方案设计、引荐投资人等咨询顾问与中介服务，通过专业经验和智力输出获得相应收入。

值得警惕的是，咨询方案的成败在很大程度上是由客户提供的信息质量决定的，若不能和客户“破冰”，并让对方有效配合、充分披露、坦诚相待，咨询顾问和中介服务就可能无法推进，甚至有毁约风险。

第二节 工作清单：在不良资产实操中避免无能之错

一、人为什么会犯错

金融巨头巴菲特曾经说过，他之所以能比其他人投资更成功，不仅是因为他有正确的决策，还有一个很重要的原因就是他能够避免犯一些愚蠢的错误。

其实，人的错误可以分为两种：一种是无知之错，另一种是无能之错。

无知之错指一个人因没有掌握正确的知识而犯了错。比如，刚入行时可能不知道债权案件有诉讼时效、担保时效、上诉时效、执行时效等，结果时效过期、无法获得债权确认以致追偿未果，或者没学过资产评估知识，把不值钱的资产评估出高价，竞标时也报出了那个高价，最后处置时出现亏损，这叫无知之错。

无能之错指虽然掌握了正确的知识，但是因没有正确、完整地使用知识而犯下的错。比如，在评估债权抵押物时，虽然知道资产评估的所有程序，但是因为看到当前抵押物无人占用就自认为它不存在租约，未能进一步深入调查，结果忽略了抵押物存在真实的长租约情形，导致抵押物在司法处置时不得不带租拍卖，进而使债权投资出现亏损，这就是无能之错。

在工作生活中，我们会犯各种各样的无能之错，比如尽职调查漏掉了重要环节和信息，律师用错了法律条款和证据等。

无能之错原本完全有能力避免，但却不断地重复发生，这是为什么？

《清单革命》一书告诉我们有两方面的原因：第一，现实世界的复杂性已经超出了人力所能控制的范围，人并不能把所有的事情都清楚记住，而且在高压的情况下往往很容易忘掉一些事情。第二，自以为熟练的记忆和经验会让人麻痹大意，让我们不知不觉地跳过一些基础但重要的步骤，导致无能之错的发生。而一份简单的清单却能帮助我们避免无能之错，因为清单有两方面的价值——外包和可靠。所谓外包，是指让大脑把记忆的工作外包给清单，解放大脑，让大脑减负，从而集中注意力做判断的工作，这样就可以避免因大脑记忆的局限而犯错误。所谓可靠，是指人的经验和记忆总是不稳定的，而工作流程清单是一种可视化的强制约束，不论哪个人实施，不论在什么情况下实施，都能保证重要的环节不被遗漏。

二、怎样用清单避免无能之错，把事情做对

使用清单时有两个重要步骤：

第一步，遇到问题时，先按照简单问题、复杂问题和极端复杂问题进行分类。

第二步，对不同类型的问题采取不同的策略和行动。面对这三种问题，清单有一一应对的解决方案。简单问题用“执行清单”，复杂问题就用“核查清单”，应对不确定性的极端复杂问题时，用“核查清单+沟通清单”。

简单问题就是指那些可以有明确解决方法的问题。比如，对破产债务人财产状况进行调查的范围，包括出资情况、货币财产状况、债权状况、存货状况、设备状况、不动产状况、对外投资状况、分支机构的资产状况、无形资产状况、营业事务状况、依法可以追回的财产状况、债务人与相对人均未履行完毕的合同情况等大类，每个大类里面又分具体的细分情况，按照尽调清单操作执行就不会出现遗漏或者出错。

所谓复杂问题，比如大企业的收购并购或者上市公司的破产重整投资对专业性要求比较高，调查技术比较复杂，操作流程比较繁多，导致人的注意力无法持续关注、容易分神。因此，在整个过程的关键节点上就可以用一个核查清单来检查自己是否遗漏了重要的环节和步骤，从而避免在复杂问题中犯“无能之错”。

巴菲特的合伙人查理·芒格有一次在公开演讲中说，“要想在投资中避免犯错这个事情，没有任何方法比核查清单更有效”。

所谓极端复杂问题，就是说结果非常不确定的问题。比如在不良资产处置中遇到商业地产以物抵债，且需要升级改造、经营管理的情形时，需要考虑的因素和解决的问题有很多，比如是否涉及其他法律纠纷，是否拖欠工程款、税款或者土地出让金及其他费用，改造成本，如何进行税务筹划，资产是否存在瑕疵，是否存在租赁关系、租金是否已一次性支付，“钉子户”价值实现，重新装修的风格、装修的材料，商场的重新布局、招商与运营策略、流量获取、盈利瓶颈、最理想的出租期限、租金定价策略、委托经营对赌策略等，而在整个过程当中还会发生很多超出预想的新问题。

应对不确定性的极端复杂问题，你可以用“核查清单+沟通清单”，即除了用核查清单来确保复杂问题的各个环节都被注意到，还要用沟通清单来提前安排定期和不定期的沟通工作，确保没有预料到的问题和隐患能够及时地被发现和排除，避免出现日常弊病。比如其中一项工作完成了，但配合的部门却不知道，有的人很忙，而有的人却很闲。像这样的问题，仅依靠核查清单是没有办法解决的，一定要有一个沟通清

单，思想上及时对标，行动上及时对表，从内部机制上去协调。

三、怎样设计制作一份有效的核查清单

为了让清单真正发挥作用，有三个原则非常重要：

第一，清单设计要简单高效，并且可操作、可测量，这是整个清单系统最关键和核心的地方。换言之，清单不是面面俱到、滴水不漏、大而全的操作手册，不要将各种注意事项、操作准则事无巨细地全部列出来，而是要以效果为导向，强调实际效果，找到需要重点提醒的关键环节和节点。

在不良资产包的存续期管理中，涉及仲裁/一审、二审、再审、执行、破产等司法流程的风险点非常多，但不能眉毛胡子一把抓，而是要“千钧将一羽，轻重在平衡”，善用“十个指头弹钢琴”，抓大放小、以大兼小，把握关键风险点即可。比如，在仲裁/一审阶段只需要关注是否出现这些风险信号：未在诉讼时效内提起诉讼；诉讼立案审查未被法院受理；未申请财产保全或财产保全裁定不通过；诉讼对手方存在拖延司法流程的情形，包括但不限于未按时参加庭审或及时举证、答辩期内提起管辖权异议、庭审时申请回避、提起反诉、对方申请调解或其他需延期审理的情形；从立案之日起超过一年半左右的时间未出仲裁裁决书/一审判决书；仲裁裁定或者一审判决我方败诉或者未全部支持我方请求，比如未全部支持我方抵押权、质押权等优先权受偿等。其他在二审、再审、执行、破产等司法流程的风险点亦然。

第二，在执行上要设置明确的检查点，用以提醒什么时候使用对应的清单节点。

检查点就是在执行清单的时候，提前安排在某个节点或者某种情况下要使用指定的清单。这可以从“前、中、后”三个方面入手：“前”是指在任务发生前设置，保证任务能顺利进行；“中”是指在任务执行中设置，确保在任务执行中考虑了所有的因素；“后”是指在任务出现意外情况时设置，确保第一时间应急预警，并找到对应变故的检查清单。

在不良资产包的收购与处置过程中，法律尽职调查、资产估值定价要点清单在前，收购方案实施过程在中，中标后进入投后经营管理与法律维权，最后进行综合处置变现。每一个阶段都有不同的检查点，对应不同的清单。

第三，清单在内容上要不断更新，要事第一。

清单必须符合业务逻辑和实际情况，不能现在用的内容还是当年的老皇历，就算是最简单的清单也需要不断改进、与时俱进。只有持续改善，才能让清单始终确保安全、正确和稳定。

清单的精髓不是罗列注意事项然后去打钩，而是改变你的行为习惯和价值观；不

是一种僵化的死板的教条，而是不让你的大脑装满杂物，将其腾出来并节约有限脑力，脱离低水平勤奋，用以处理更加困难的问题。

一个优秀的专业人士在做事情之前会梳理出一个做事清单，按照重要性和影响力的量级排序，然后集中资源把最重要、影响力最大的事情先做完。至于无关紧要的事情，可能会直接从清单上删掉。没有经验的人则是“来者不拒”，什么事情先来就先做什么，以致做了很多费力却没有影响力的事情。

第三节　法律尽职调查要点清单

一、全面调查和抽样调查

针对不良资产项目，不良资产管理公司通常选择自主尽职调查，根据实际需要也可以聘请律师事务所、会计师事务所、评估机构、财务顾问公司等中介机构参与其中。

尽职调查是指尽职调查人员通过核查项目档案，查勘或核实抵（质）押物及实物，走访债务人、保证人、股权企业及关联人等，收集和整理资产信息，并对有关信息核查、分析、评价和验证，汇总成尽职调查报告等一系列工作。

在尽职调查不良资产包时，项目经理应先熟悉资产清单内容，浏览债务人、担保人、抵（质）押物明细、诉讼状态等基础信息，判断和预估资产包的整体质量、地区分布，了解资产总值大致区间，摸底债权人的出包底价区间并寻找差异点，通过底层资产类别和回款情况分析原债权人在前期的处置效率、处置障碍及资产流动性。

按照尽职调查的资产数量规模和价值分布情况，不良资产管理公司的尽调方式可以分为全面调查和抽样调查。

全面调查指对需要调查的对象进行逐个调查；抽样调查指从全部调查研究对象中，抽选一部分单位进行调查，并据此对全部调查研究对象做出估计和推断。其中，抽样调查常常应用于对公类空债权、个贷类债权等具有同质特征的不良资产尽调中。

怎么才能做到一个好的抽样？

首先，抽样尽调的样本资产要对总体资产具有代表性，即样本的各种特征大体接近总体的特征或者基本涵盖了总体的范围。

在没有抵押物的空债权资产包尽调中，不良资产管理公司为了保证代表性，通常会使用概率样本，即每一个样本都要按照事先确定的概率规则选取，只有概率样本才能确保全面反映总体情况。此时，抽样调查的结论是一个带限制条件的范围，即“在什么样的置信度水平下，总体的特征值在什么范围内”。置信度是表达你对结论的信心，98%的置信度就是100次可能有2次错误。

在不良资产法律尽职调查完成后，项目经理应对债权关键信息进行归纳，形成汇总清单，方便整体把握债权情况并为估值定价提供参考。

债权信息汇总清单模板主要内容参考如表4所示：

表4 债权信息汇总清单模板

项目名称	××银行/××不良资产管理公司×年×批×户不良资产包项目
贷款人	原始债权人，如某某银行、某某信托、某某消费金融公司等
借款人	债务人名称
担保人	担保人名称
担保方式	分为信用、保证、抵押、质押等几种类型
经转让方确认的债权金额（截至基准日）	未偿本金、未偿利息、代垫费用。代垫费用主要指诉讼执行费、公告费、鉴定评估费等为实现债权而支出的必要费用，以转让方确认为准
是否存在限制转让情形	限制转让：原债权文件是否存在相关约定；法定或监管部门规定的限制转让情形
诉讼执行阶段	未起诉、已诉审理中、判决已生效、执行中、执行中止或终本、破产或重整
诉讼时效及执行分析	是否已过诉讼实现，是否已过执行时效，是否已过保证期间
诉讼案号/执行案号	—
生效裁判文书支持的内容	已生效裁判文书包括民事判决书、调解书、裁定书、仲裁裁决。若本栏与前述的“未偿本金、未偿利息、代垫费用”完全一致，可不再重复赘述，简单说明“与前述本息费一致”即可。若不一致，要详细描述债权获得确认金额
债权特殊情况说明	包括但不限于： 1. 各类时效过期，尚未获得生效判决确认，诉讼执行推进障碍，转让方的律所服务合同需要由己方承继等； 2. 借款借据、借款合同和担保合同等重要文档是否缺失； 3. 应收账款质押未通知次债务人的，对次债务人没有约束力，难以实现质权
抵（质）押物名称	权证记载名称
资产类型	在建工程、房产、商铺、写字楼、土地、汽车、船舶、设备、股权、其他

续表

不动产抵押物资产所在地	具体到房号的地址
抵押顺位	第一、第二、其他
查封顺位	首轮查封、非首轮查封、非查封
抵（质）押物现状	［仅需填写未执行的抵（质）押物和需要投资人受让的抵债资产］ 结合实地查勘、评估报告描述、法院拍卖公告的陈述、转让方的推介材料和其他书面材料、原商业银行管户经理口述、信贷档案中抵押人有无“目前无租约”的承诺、信贷档案中承租人有无放弃优先购买权或租赁对抗抵押权人的书面承诺、在现场询问物业管理处有无发生或欠缴水电物业费等多种信息来源，甄别疑点和各方描述不一致之处，并重点关注： 1. 详细描述抵押物的占有和使用现状，是否空置、自用，是否存在租约和租约要素（租期、租金、租金给付方式、是否提前预付了租金等、承租人多重分租转租等），并明确是否可对抗抵押权人； 2. 是否为债务人个人或家庭唯一住房； 3. 是否存在合并、分拆、上下夹层、私建添附其他建筑物或设施等，或存在与原登记产权时状态不符的其他瑕疵； 4. 核实不动产的具体位置、内部情况，确保证照与实物一致，避免错误指认，此项在商铺或办公类不动产中尤为常见； 5. 执行时是否受到异议或其他阻碍； 6. 抵（质）押物变现时，是否存在其他法律障碍或影响变现的因素
抵（质）押物的价值判断	本抵押物最新评估值、估计的资产市场价值、是否已处置完毕
其他财产线索	非抵押物，包括查封物或者其他了解到的财产线索

二、非现场调查和现场调查

按照尽职调查地点的不同，可以分为非现场尽职调查和现场尽职调查。

尽职调查的目的是尽可能多地掌握在整个尽职调查过程中的不同信息来源渠道。其中，基础信息来源渠道是债权档案、主体资料、权证资料、司法文书、贷后管理资料等剥离卷，其他重要信息来源渠道包括银行经办、资产管户经理、代理律师、债务相关人员等。

（一）非现场尽职调查

非现场尽职调查的工作内容包括通过阅卷、搜寻调查、电话沟通、网络调查、委托调查及询证函等方式，核查、分析交易对手提供的法律文书等资料，以及公开渠道获取的信息，核实其真实性、有效性，从而全面了解可能影响项目风险水平的各方面信息。

不良资产非现场尽职调查的要点有哪些？

非现场尽职调查的主要途径是阅档、网搜，需要查阅的主要信息有合同主债权资料、从债权资料、权利证明以及司法文书资料等。网搜手段详见本书第三部分“进阶通道”第四节“开源网络情报分析技术”。

通常，不良资产管理公司会选聘律师事务所进行非现场尽职调查，主要调查资料如下。

1. 目标企业（含债务人、担保人及关联人）主体的基本情况调查

了解目标企业的设立情况、历史沿革、存续情况、股权结构、股东出资及实控人等的历史变化情况、企业章程中的特别规定；目标企业所获政府批复、证书、荣誉、资质或行政许可；涉及的其他组织和自然人（含法定代表人、董监高等高级管理人员）的关联情况；了解债务人的配合程度、还款能力及历史还款情况；了解债务人有无历史逃废债行为，行业口碑舆情。

其中，企业工商信息是公司成立、变更、改制、吊销、注销等行为的记录，忠实地记录了企业所经历的变革，是项目尽调中不可或缺的内容，项目经理从中可以发现债务企业的房产、土地、股权、无形资产等财产线索，进而有针对性地进行调查。

2. 标的债权及相应担保权利信息的完整性和法律有效性调查

主债权是依当事人之间的主合同产生的最开始的债权，不包括利息、违约金、损害赔偿金等，而担保主债权履行所签订的保证合同、抵押合同、质押合同则构成从债权，又称“附随债权”。

主债权权属及效力证明资料包括借款合同、借据、展期合同、催收通知、还款还息证明等；从债权资料，包括担保合同、抵押合同、质押合同、保证文书或承诺函、担保人同意债权转让或展期的证明文件、抵（质）押资产权利凭证、抵（质）押登记证明等；相关会计凭证包括借款借据、放款单、抵债资产入账凭证及其他相关的会计凭证；了解债权基本情况包括贷前调查、贷款审批和贷后检查情况，访谈记录等；证明在有效诉讼期内的法律文书包括对债务人及其相应担保人的催收通知和回执、登报公告，以及其他有效的法律证明材料。

以上信息应与生效裁判文书内容相互印证，并以生效裁判文书为参考评析受偿上限。

3. 目标企业经营情况调查

了解债务人近三年来的财务状况及盈利状况；分析债务人经营前景，调查主要产

品及市场情况、所处行业、技术装备情况、对外投资情况及收益情况；了解债务人上下游是否面临困境，是否为造成目标企业现状的诱因或者受其影响；对债务人陷入困境、亏损的原因进行分析，判定是否有关停可能，是否转移业务、资产到其他疑似实际控制的公司主体。

4. 目标企业核心资产的权属和法律状况调查

分析目标企业财务状况，了解有效资产、有效负债情况；了解债务人总资产情况，主要资产名称、价值及目前状态、抵质押担保登记与占用情况，长期投资情况；了解债务人总债务情况，主要负债的合法性、真实性，职工工资、社保欠缴、职工伤害赔偿债权，欠缴税费及工程款等优先债权情况，各类优先债权的清偿顺序，债务人对外担保情况，是否存在大额或有负债等。

5. 目标企业已有或者潜在诉讼、仲裁、行政调查和处罚、执行、破产等情况调查

阅档诉讼类法律文书，包括但不限于起诉书、上诉状、撤诉申请书、支付令申请书、判决书、裁定书、调解书、申请执行书、执行裁定书、公证债权书、破产债权申报材料、破产债权审查结论通知书等相关文书；了解债务人或者担保人的主要资产被其他债权人向法院申请强制执行等影响其还款能力的情况；了解债务人财产可能存在的权利瑕疵和其他负担，比如是否有私下卖出并获判决支持的财产、可能被没收的财产等。

6. 债权清收情况调查

了解目标企业或者其担保人的还款情况、还款意愿及拖欠债务的原因，债务重组计划、还款方案及主要还款来源，其他资产快速变现还款的可能性；目标企业的母公司、主管单位或者相关政府部门帮助其解决债务的可能性、可行性，分析其代偿原因、代偿能力等。

7. 项目所在地相关规定和政策调查

了解抵质押登记政策、过户流程等，原债权是否存在程序瑕疵和操作风险，在极端情况下原风控措施能否有效落实。

8. 其他重要情况的其他重大事项

这里需要重点关注的细节有：债务人或者担保人的实控人配偶双方所承担的连带责任情况；担保人的股东会决议资料，确认其股东决议是否存在瑕疵，以致担保无效；如对保证担保人进行可回收估值，应考虑其累计对外担保情况。

非现场尽职调查通用核查清单如表 5 所示：

表5　非现场尽职调查通用核查清单

<table>
<tr><th></th><th>要点</th><th>备注</th></tr>
<tr><td rowspan="8">主体信息</td><td>最新营业执照（正副本）</td><td rowspan="8">1. 涉及的所有当事方的主体资格，包括但不限于债务人、担保人、抵押人、共同债务人等。
2. 如涉及自然人，应提供自然人身份证明、户籍证明、婚姻证明等资料。
3. 调查企业出资缴纳情况，核实相关合同、凭证和相关手续履行情况。核实验资报告有关认缴、实缴出资额、出资方式、出资期限的相关内容。
4. 调查劳动债权情况。
5. 调查企业是否被载入经营异常名单或被行政处罚等</td></tr>
<tr><td>最新公司章程及其修改或补充文件</td></tr>
<tr><td>法定代表人身份证明</td></tr>
<tr><td>其他有关公司业务行为的政府批复、证书、资质或许可（如房地产开发资质等），以及任何修改、吊销或撤回该等批复、证书、资质或许可的通知、通信或信件</td></tr>
<tr><td>开户许可证和外汇登记证（如有）</td></tr>
<tr><td>股权结构和每位股东情况，包括名称、股权比例等，如是法人股东，还应包括经营范围及法定代表人等基本信息</td></tr>
<tr><td>税务缴纳情况、劳动人事及社保缴纳情况、工程款结算情况，财务报表及审计报告（如有）</td></tr>
<tr><td>全国企业信用信息公示系统等工商登记信息，下属企业、股权转让、增减资情况</td></tr>
<tr><td rowspan="5">债权资料</td><td>借款合同</td><td rowspan="5">1. 关注主从债权的形成方式和历史沿革、签署时间、内在联系、资料要证明的事实，以防虚假、误导或重大遗漏。
2. 关注诉讼时效；担保范围。
3. 查阅贷前审批报告、贷后管理报告、剥离报告，法律意见书</td></tr>
<tr><td>借据</td></tr>
<tr><td>银行对账凭证</td></tr>
<tr><td>催收文件、还款协议、承诺书、通知等</td></tr>
<tr><td>保证合同、抵押合同、质押合同等担保合同及附件清单</td></tr>
<tr><td rowspan="7">抵（质）押担保资料</td><td colspan="2">抵（质）押物</td></tr>
<tr><td>买卖协议，如土地出让协议（或转让）（含附件、红线图）、房屋买卖协议等</td><td rowspan="4">1. 汽车、机器设备、医疗设备、船舶等动产同样要求相关权属证明；
2. 担保物评估报告</td></tr>
<tr><td>权属证明，如土地使用权证（出让或划拨）、房屋所有权证、股票凭证、他项权利证书等</td></tr>
<tr><td>土地出让金、转让金或房屋购买款发票等</td></tr>
<tr><td>就土地使用权和房屋已支付或应支付的任何税费（包括但不限于土地使用税）的清单及付款凭证</td></tr>
<tr><td>如有土地使用权是以划拨的形式取得的，需具体说明和与划拨相关的全部文件</td><td>—</td></tr>
<tr><td>建设用地批准书、建设用地规划许可证、建设工程规划许可证、建筑工程施工许可证，以及建设工程需要的其他相关执照、许可、同意和批准等文件</td><td>—</td></tr>
</table>

续表

	要点	备注
抵（质）押担保资料	房屋、土地使用权出租合同（如有）	注意实际占用情况，是否有恶意长租约
	不动产产权资料电脑查询结果表（显示转移登记信息）、不动产抵押登记查询表（显示抵押事项信息）、深圳市不动产登记中心不动产查封（备案）表	—
	担保人	
	相关主体资格文件	—
	社会地位、荣誉，如“千人计划”、政府职务等	
	担保程序	
	担保程序合法性文件，如股东会决议、董事会决议、有关的审批文件等	—
	担保协议、担保权利合法性文件，如他项权利证书等相互印证	
司法文书资料	公司已有的任何诉讼、仲裁、行政处罚或其他请求或主张的文件	—
	起诉书、仲裁申请书	一审后上诉的，上诉状和被上诉人答辩状（如有）一并提供
	法院判决书、裁定书，仲裁裁决书	经过二审的，请提供二审的判决书、裁定书或裁决书
	执行申请书	—
	和解协议、调解书、支付令	双方在任何阶段达成的
	行政处罚决定书（如有）	—
	与公司任何财产或业务或股权相关的任何行政机关、司法机关的查封、冻结或其他强制执行的措施或程序	关注裁判文书中的“名下”财产，被执行记录（事由、金额等）
	公司潜在的涉及索赔要求、诉讼、仲裁、行政调查和处罚、政府部门调查或质询的事实、执行、破产等情况	—
	项目所在地抵（质）押办理的具体规定和政策	关注瑕疵风险，考虑处置中的极端情况
	根据实际情况或有的影响公司权益的其他重大事项	关注重大合同等

（二）现场尽职调查

现场尽职调查工作内容包括现场走访资产出让方、债务人、保证人以及相关方，与其实际控制人、法定代表人、财务负责人等主要相关人员进行现场访谈，查勘其营业场所、实物资产、抵（质）押资产等，咨询相关知情人，全面了解、收集、核实、补充可能影响项目风险水平的各方面信息。

现场尽职调查的主要目的是估值定价，具体查勘要求将在本部分第五节估值定价要点清单中介绍。

三、债权资产尽职调查要点清单

不良资产管理公司在做不良债权资产尽职调查时，应调查债权产生的背景、原因，调查拟收购债权是否符合真实性、整体性和洁净性原则，否则在投后阶段可能产生权属纠纷等价值实现障碍，并影响司法流程及处置回款周期。

不良资产管理公司收购不良资产时，原则上应包括全部未偿还本金及利息，一般不得将本金和利息分开收购、不得将本金和利息按比例或期限分割收购，否则无法获得债权确认。

不良资产管理公司拟收购不良资产的各要素必须确定，不得收购预期债权、债权债务关系已经灭失的债权、所附条件尚未成立的附条件债权、实质上还未真实有效成立的债权以及违约条款约定不合规或明显不合理的提前到期债权，不得向交易相关方承诺收购未发生的债权。如果仍有疑虑，可要求原债权人出具认定该资产为不良资产的相关书面证明。

针对具体不良债权，项目经理应重点关注其权利的有效性和可受偿性、债权受偿财产线索的真实性。

债权资产尽调要点主要内容如下。

1. 调查债权资料

调查债权资料主要包括：调查借款合同、保证合同、抵（质）押合同等合同、协议的有效性和一致性，相关主体是否具备相应的民事主体资格，是否被清算、注销；调查借款借据、还款凭证、借款逾期证明、相关银行流水、五级分类证明等资料，以确保底层债权的合法性、真实性、完整性和有效性；关注是否存在底层债权已灭失、债权部分转让等可能影响债权追偿的情形，以免被骗收到假债权。调查借款合同及相关合同是否有限制债权转让的条款，避免出现“老虎咬刺猬无从下口”的窘境。对于二手或者多手债权，还应调查前次或者历史债权转让合同的有效性、合法性，避免出现历史转让合同因价款未支付完毕导致转让合同未成就等情形。相关债权转让交易行为是否通过债权转让通知、联合催收通知、送达催收通知书等形式通知债务人、保证人、抵押人、质押人，以确保拟收购债权的真实合法，避免出现时效过期等情形。

2. 调查权属证明资料

调查权属证明资料主要包括：调查抵（质）押物的权属证明文件是否真实有效，确认抵（质）押权是否依法设立；调查抵（质）押登记证书记载的内容是否与抵（质）押合同一致，如抵（质）押登记证书与抵（质）押合同不一致的，应明确是否影响债权优先受偿，并摸清不一致的原因，是否有救济措施；调查抵（质）押登记顺位，当拟收购债权不是第一优先顺位时，应核实顺位在先的其他债权的金额，以便摸底拟收购债权对于抵（质）押物是否有剩余清偿价值。

若拟收购债权曾进行过展期、借新还旧，应确认抵押登记证明是否对存续债权有效，以确保拟收购债权能够获得优先受偿。

3. 调查司法文书资料

主要调查债权的催收证明、诉讼、保全、执行等法律文书，明确债权是否仍在诉讼时效范围内，如不在时效内，应调整清收策略。

对于曾存在被驳回起诉但至今仍未获得生效判决的债权，应调查被驳回起诉的因素及该因素是否存在、是否会对后续债权诉讼产生不利影响，以便及时调整诉讼策略或者更换代理律师为资源型代理律师。

对于曾存在执行中止或者执行终结的债权，应调查执行中止或者执行终结的原因，并关注该原因是否继续存在、是否会对后续债权执行产生不利影响。如原因是抵押物体量较大、流动性较差的，应借助拍卖平台、房产中介、商业管理公司等多方力量营销推进抵押物资产，待找到意向买家后恢复执行。

对于债务人或者其他义务人已进入破产程序的，应调查拟收购债权是否有申报债权、是否被确认债权以及被确认债权的性质、金额，是否能够对破产事项施加影响力，管理人对拟收购债权的意见、看法，对抵押物的初步变现安排。

4. 向抵押登记机构核查

以建设用地使用权、建筑物和其他土地附着物为抵押财产的不动产抵押，抵押登记部门为抵押财产所在地县级人民政府不动产登记机构，一般为国土局、房管局。

以生产设备、原材料、半成品、产品为抵押财产的，通常设立动产浮动抵押，在抵押人住所地的工商行政管理部门办理登记。

以交通运输工具为抵押财产的动产抵押，通常在登记车辆管理所申请登记。

以船舶、航空器为抵押财产的动产抵押，各港口的港务监督机构是具体实施船舶登记的机关，通常在船舶登记机关登记。

以此类推，项目经理应根据不同类型的抵（质）押物在相应登记机构查询抵押登记信息。

5. 调查抵（质）押物权属与状态

主要包括调查抵（质）押物权属是否存在纠纷、抵押权是否有效设立、抵押登记、产权、权利限制、现状、占有、是否存在租赁、租赁合同有效性、租金可控性、租金收取情况、被另案查封等可能影响抵（质）押物处置变现受偿的情形。

对于不动产抵押物，项目经理应重点关注是否存在优先于抵押权受偿的其他债权：

（1）首先应重点调查不动产抵押物所处的区位、业态、当前使用状态、租金与租约等租赁情况、建成时间或者建设开发进度、所属建筑外观状态、楼层、朝向等，以及该房地产周边的交通、商业、居住、教育等配套设施完备性、便利性情况，评估其市场前景、价格走势区间、预计处置变现的难度。

（2）通过核实查封冻结扣押财产通知书和民事裁定书以及不动产查档信息表等资料，明确抵押登记顺位及查封情况。

（3）对于抵押物为商品房的，通过走访观察、网络搜索等方式，调查该商品房上是否存在足以排除抵押权执行的购房消费者债权。

（4）对于抵押物为底层商铺的，详细查勘坐落、形状、宽深比、面积及层高、经营业态、具体位置、街道性质、临街状况、店面所在楼宇、楼层、装修装饰、店内设施、区位状况。若抵押物是商场内柜台，查勘面积、平面布局、楼梯、位置、柜台人流量等。

（5）对于抵押物为写字楼的，详细查勘坐落、区位、楼宇、写字楼类型、外立面、门前广场、停车场、智能化条件等。

（6）对于抵押物为工业厂房的，详细查勘坐落、厂区建筑物概况、建筑特征、装修情况、区位状况、附属建筑物及配套工程、土地性质状况、土地出让金，并通过开发区管委会走访，查看其是否有限制性条款或者被有关部门无偿、低价收回的可能。

（7）对于抵押物为在建工程或刚竣工不久的房屋的，调查该在建工程或房屋上是否存在优先于该在建工程或房屋抵押权受偿的建筑工程款债权，以免在司法执行中影响抵押权人的优先受偿。

（8）对于抵押物为在建工程的，调查该在建工程抵押登记的时间，明确抵押权可优先受偿的范围，核实在建地产项目的土地证、用地规划证、工程规划证、施工许可证、出让合同、预售证、已销售凭证及回款等材料，查勘是否有加盖或者违章建筑，以免在司法执行中影响抵押权人的优先受偿。

（9）对于抵押物仅为土地或地上建筑物的，调查该土地对应的地上建筑物或者该地上建筑物对应的土地是否另行抵押给其他债权。如存在另行抵押的情形，应调查核实另行抵押登记的时间，进而确认拟收购债权是否能够享有优先受偿权。若土地抵押信息查询情况说明的土地面积与土地证上写的土地面积不一致，该土地有可能是与其他产权人分摊共同持有的。

（10）对于抵押人以划拨方式取得土地抵押物，或者土地抵押物存在土地性质变更等情形的，应调查该土地抵押物上是否存在应补缴而未缴的土地出让金。划拨土地使用权是指土地使用者通过各种方式依法无偿取得的土地使用权，转让划拨土地使用权需经土地管理部门批准。被执行人以划拨土地使用不应作为执行标的物为由请求终止拍卖的，人民法院不予支持。执行法院可依法拍卖划拨土地使用权，但在拍卖过程中，应通过函商当地主管部门、充分披露信息等措施妥善处理。若在执行过程中当地土地管理部门不同意转让划拨土地使用权，则人民法院不能进行处置。

（11）对于土地年限较长仍未开发的，应调查该土地是否存在被认定为闲置土地、是否存在应缴未缴的土地闲置费等可能影响抵押权行使的情形，以免在司法执行中影响抵押权人的优先受偿。

对于抵押物为机器设备、航空器、存货等动产的，除了调查抵押权是否依法设立以外，还应关注该抵押标的资产是否灭失、是否可控，核实动产存放位置、规格、用途、使用状态、新旧程度、设备的专用型、有无仓库管理等方面，并确认是否自抵押权设立以来一直有实施有效的管理措施，以此确认其经济性和可受偿性。

对于质押物为上市股票的，应重点调查所属标的上市公司的基本情况，根据其过往经营和财务表现，以及主营业务是否受政策支持等因素，调查、评估预计处置期限内的该上市公司的经营、财务状况；结合该股票二级市场近期走势，分析该股票质押物的价值，预计其快速变现价格区间；重点调查该质押人的身份［是否属于《上市公司股东、董监高减持股份的若干规定》（以下简称《减持新规》）规范的大股东、董监高］、质押股票的性质（流通股或限售股）、是否拥有完整的股东权利（股票表决权是否存在委托、一致行动人等限制行使情形）、是否存在查封冻结情形；关注上市股票整体的市值、流动性情况、解禁日期和比例等，并需对上市公司的前景进行详细分析，分别进行在乐观、中性和悲观情景下的压力测试；对于可能涉及破产重整或者破产清算的，需分析测算在清算和重整情景下的受偿估值。

对于质押物为非上市股权的，应重点调查标的股权公司工商登记、经营状态、主营业务、财务表现及负债规模等情况，核实标的股权的其他权利负担，评估质押股权所能获取剩余求偿权或者所能实现的交易价值。对于无法取得质押人和质押标的公司的配合、无法获取质押股权公司的真实财务报表的，应充分调查该质押财产的经济性和可受偿性，采取悲观情景下的谨慎估值，以免处置时造成亏损。调查该股权是否实缴出资、股权质押登记是否依法办理、是否存在代持和让与担保、查封冻结等情形，以便后续采取应对措施。比如股东未实缴出资的，则分析股东出资应否加速到期，尝试要求股东在尚未缴纳出资的范围内承担责任。

对于质押物为特户、封金、保证金等金钱形式的，必须真正实现“特定化”。金钱质押生效的条件包括质押合意、金钱账户特定化和移交债权人占有。在债务人的其他债权人请求法院强制执行“保证金”时，银行债权人享有优先受偿权的前提有两个：第一，保证金与担保的相应债权之间必须关系明确，且必须是一一对应的，不能和丧失担保功能的资金混于一个账户，应有所区别；第二，银行须能完全占有该保证金，存在银行自身名下的账户中。

对于质押物为应收账款、应收票据等权利的，项目经理应调查该质押标的的真实性、质押权是否依法设立、质押标的是否存在重复质押、质押登记范围与质押合同是否一致、质押权是否已过行使时效、是否有其他债权人提出诉讼请求、是否被财产保全等。

如囿于资料的不完备性、信息的不对称性、法律实务中存在“类案不同判”等无法确定债权有效性情形的，应关注可能导致权利瑕疵的迹象并深入挖掘，评估抵（质）押物及通过其他财产线索受偿的经济性，并将其考虑到债权预计可回收额及最终的估值定价中。

相对股权投资，不良债权资产投资的安全性高在哪里？由于不良债权资产的风险已经充分暴露，且通常以相较原始债权本息的较低折扣收购获取资产标的。同时，在衡量项目价值时，不良资产管理公司主要关注标的去除法律瑕疵后的底层价值，如产权、物权、股权等，因而资产安全性相对较高。

四、股权资产尽职调查要点清单

1. 基本情况调查

基本情况调查主要包括核查股权资产相关的法律文件和权属证明资料的完整性、有效性及其变动情况，目标企业的历史沿革，主要股东及其持股比例变更，股权是否存在被质押、查封、冻结等情形，标的股权企业主要的产权和经营管理组织架构，参股或者控股子公司情况等。

2. 目标企业业务、财务及经营状况调查

主要调查企业业务构成、经营状况，了解企业主要产品或者服务的用途、商业模式、经营管理状况、SWOT 分析情况（基于内外部竞争环境和竞争条件下的态势分析，strengths 即优势、weaknesses 即劣势、opportunities 即机会、threats 即威胁）、企业发展战略及经营战略；调查企业资产、负债、现金流等财务状况，了解企业资产配置和使用的情况，分析历史财务资料，与所在行业或者可比企业的财务指标进行比较分析，大致判断标的企业处于所在行业的生态位。

3. 股权企业竞争情况调查

通过波特五力分析模型分析股权企业的竞争战略，即供应商的讨价还价能力、购买者的讨价还价能力、潜在竞争者进入的能力、替代品的替代能力、行业内竞争者现在的竞争能力，从而有效地分析股权企业的竞争环境。

4. 行业发展状况及前景调查

调查影响股权企业所处行业和外部环境等的宏观因素，进行 PEST 分析，即对政治（political）、经济（economic）、社会（social）和技术（technological）这四大类影响企业的主要外部环境因素进行分析，了解间接的或潜在的影响企业经营的各种因素；分析股权企业所处行业的独特经营模式，行业的周期性、区域性或者季节性，获得对行业的感性认知；分析股权企业所在行业与上下游之间的关联性及其合作模式与特点，这种行业上下游发展模式对该行业发展可能产生哪些有利影响或者不利影响。

股权类非金不良资产尽职调查还应关注资产转让方是否对股权企业具有控制力，股权企业的生产经营状况、管理情况、盈利能力、行业排名以及未来发展前景，交易结构，交易过程应交税费，未来处置路径的可操作性，增信措施等。

五、非金不良资产尽职调查要点清单

非金不良资产的流动性、盈利能力、变现能力较差，基于其独特的复杂风险特征，即债权债务关系主要形成于买卖、借款、垫资、往来款、供货等交易，债权人在拥有债权权利的同时，也可能对债务人承担义务，因此，在非金融类不良债权的价值实现过程中如果能够得到债务企业的配合和认可，则能最大限度提高效率。

非金不良资产的尽职调查要点核查清单主要内容如下：

1. 对资产情况及后续交易安排中的相关各方开展全面调查，包括债权债务关系的真实性和有效性，对债务人及其关联人的财务状况、还款能力、行业前景、权属关系、关联关系，担保人的担保能力，抵（质）押物资产价值等情况开展现场和非现场尽职调查。

2. 关于债权类非金不良资产，项目经理应调查标的债权形成的真实交易背景、基础合同的实际履行情况，文件签章是否完整真实有效，标的债权是否存在瑕疵，是否设定了担保权益和其他优先受偿权，债权转让方是否曾经向债务人或者第三方处分过标的债权，债务人的还款意愿和还款能力。

3. 调查债权转让方的主体资格、信用和外部评价，转让债权行为是否符合其内部规定和合同约定，债权转让方与债务人的关联关系，是否有其他权利负担等。

4. 调查债务人与保证人的主体资格、历史沿革、股权结构、生产经营状况、财务状况、所处行业及区域情况、信用状况等；尤其应重视调查保证人的主体资格、担保能力、担保动机、当前担保意愿等。

5. 调查抵（质）押物资产权属的真实性、完整性，是否有权属纠纷瑕疵，是否存在影响担保效力的瑕疵，抵（质）押资产价值是否充足，变现难易程度等。

6. 不良资产管理公司通常以与债权企业、债务企业三方达成收购与重组协议的方式收购非金不良资产，同时与债务企业进行一系列履约条件的重新安排以及日常运营监管措施，包括资料监管、资金监管、债务人再融资限制等，按照重组协议约定的还款金额、还款方式与还款时间，取得存续期间的目标收益并最终实现债权回收。因此，确保债务人及其他关联方对重组协议的履行是业务核心。

7. 在决定对某项附重组类非金不良资产进行收购时，不良资产管理公司主要考虑的因素包括：本金与重组收益是否能按时全面回收以及回收期限；充分尽调债务人的基本情况、还款来源、担保措施以及后续监管措施的可操作性等；交易对手的还款能力和还款意愿，包括名下资产的流动性、变现难易程度等情况；担保设定情况以及抵（质）押物的合法性、有效性、真实性和可靠性，是否有其他权利负担等债权受偿瑕疵情况；其他风险保障措施等。最后，不良资产管理公司根据项目风险、交易结构、还款期限、还款方式、资金成本以及回报率要求，决定收购价格和重组条件。

8. 对非金不良资产管理公司应通过设计合理的交易结构及多种保障控制措施来有效控制收购后的管理和处置风险，包括但不限于：通过追加抵（质）押物、信用保证、增加共同债务人等担保措施；强化风控措施，包括监管债务人公章印鉴、设立资金运行监管账户等方式；积极介入债务企业的决策与重大经营活动，通过向债务人派驻董监事和高级管理人员、取得一票否决权等方式，督促企业加强成本控制、加速资产周转、化解流动性，提高经营管理规范性，确保重组债权的履约；设置违约条款，明确违约情形的认定、违约金率以及违约金的收取等内容。

第四节　估值定价要点清单

一、看清不良资产估值定价的底牌

不良资产估值是不良资产业务的核心环节，形成科学、规范、有效的不良资产估值方法是不良资产管理公司的核心竞争力。

由于不良资产行业的特殊性，比如不良资产之间差异性大、信息不对称、债务人或者担保人失联或者不配合、抵（质）押物因控制或者占用等问题无法充分尽调、法律问题千奇百怪等情况，不良资产估值仍然是业界的一大难题。

投资定价是一项核心“决策”，也是投资人与商业世界的博弈。比如你对工业园土地抵押物的估值方法是按照工业用地现状市场成本计算快速变现清算价，而别人对该工业园土地的估值方法是按照假设开发法倒算出市场估值价格，两者的估值结果有可能有着天壤之别。

众所周知，在下场比赛前，若你能知道这个世界的底牌，就更有可能赢得比赛。不良资产估值定价的底牌就是信息，更准确地说，是信息的载体——数据。有了数据，你才能精准做好估值与定价。

面对纷繁复杂的资产类型，“乱花渐欲迷人眼”，别急着“拍脑袋”，看看这个世界的底牌吧，其中一张底牌就是资产价格的未来走势。

当你在面对一个主要以不动产资产作为抵（质）押物组成的不良资产包项目时，最核心的是看底层资产的基础价值和未来溢价空间，简单地说，就是看房价涨跌。

那么，什么决定了房价？套用房产市场上流传的一句话：长期看人口、中期看土地、短期看金融。

在挑选投资标的、遴选底层资产的时候，要尽可能选择人口流入的地方。长期来看，人口流入的地方的未来房价呈现涨的趋势，人口流出的地方的房价则涨不动，甚至可能持续下跌。其实，我们可以参考城市化起步较早的美国、日本、韩国等国家，它们的都市圈发展趋势是人不断往大都市圈流入，大都市圈是不断扩大的。因为这样更节约土地、资源，更有活力，更有效率。往大了看，这是几百年来城市文明的胜利。像我国的粤港澳大湾区、长江经济带、环渤海经济圈、海南自由贸易港等区域，人口持续流入，若持有这些地区相关的不动产底层资产，安全垫就相对充足。

那么，怎样才能看清不良资产估值定价的底牌，基于数据做决策？至少有以下三种方法：

第一，对显性数据的统计。比如，自身收购、管理、处置过哪些类型的资产？这决定你的能力圈边界；主要是依靠转让债权、实物运营、债务重组，还是通过破产的方式？这决定了你的经验和专长；擅长哪个区域资产的处置？这决定你所在的地域属性。

关于自身运营的显性数据，可以建设大数据系统，对沉淀下来的历史资产数据进行多维度统计分析获取；关于行业趋势的显性数据，可以通过各种维度的统计报告分析走势图谱。

第二，对隐性数据的调查。对于一些隐性数据，比如投资融资租赁不良资产有什么创新方法，投资收益率怎么样，有哪些风险需要防范？这类不良资产相对比较少见，但收益率并不比房抵类不良资产的收益率低。要掌握它们，你可以用“专家访谈法”，即先整理出问题，然后邀请在这个领域有丰富实操经验的投资人、中介服务机构、专家顾问进行访谈，把他们对具体项目的意见和想法作为投资决策的参考依据。

这种借助“外脑”的工作方式可以让项目经理快速入行，获取隐形数据，提高投资决策质效。

第三，对互联网大数据的分析。过去，你和这个世界博弈的时候没办法看到其底牌，无法基于数据来做决策，只能通过各种传统的方式来调查。

现在到了互联网时代，你和世界的博弈从信息匮乏时代走向了信息泛滥时代，方方面面的信息数据充斥在互联网上扑面而来。你可以借助开源网络情报分析，从大数据中获得决策支持，比如多家公司推出的人工智能多模态大型语言模型，这种“基于数据的决策”往往能让你在不良资产估值中获得上帝视角博弈底牌。

二、不良资产估值实务入门须知

不良资产估值是指在法律尽职调查的基础上，综合考虑国家有关政策、市场因素、地域经济、行政、司法环境以及自身管理半径因素等对后续资产管理、经营和处置的影响，在覆盖成本和控制风险的前提下，合理地估算和分析不良资产按照收购时的静态价值，以及采取各类技术手段提升资产质量后的动态价值。

商业银行、信托公司等机构在进行常规不动产资产估值时，通常要按照最高最佳利用分析进行假设，即在合法前提下，能使该不动产获利最大的使用方式。房地产价格受土地与建筑物组合状态、位置环境与建筑物用途组合状态的影响，两者的配合适当均衡时，房地产的效用便能高度发挥，达到最高最佳利用状态，房地产价格评估据此进行，但这不适用于不良资产估值。

不良资产管理公司在不良资产收购处置业务过程中通常将不良资产估值分为外部第三方独立评估和内部估值两部分。

外部第三方独立评估是按照财政部、原中国银监会《关于规范资产管理公司不良资产处置中资产评估工作的通知》（财企〔2005〕89 号）及其他相关规定，由不良资产管理公司聘请独立第三方评估机构对拟收购、处置债权进行独立价值分析，为决策提供参考。

内部估值是不良资产管理公司项目经理或者风险审查人员对拟收购、处置不良资产进行尽职调查后，为确定债权价值、提出报价建议而对不良资产进行估值，为公司决策提供内部参考。

目前资产评估协会、资产评估机构、不良资产管理公司经过长期的实践摸索，主要形成了以与债权相关的债务人和债务责任关联方为分析对象和以债权本身为分析对象的两种估值路径，并分别形成了假设清算法、现金流偿债法、市场交易案例比较法、专家打分法、综合因素分析法五种分析方法。

其中，资产评估机构、不良资产管理公司的通用估值方法是综合因素分析法，即把债权价值分解为优先受偿价值、一般债权受偿价值、保证债权受偿价值。其中优先受偿价值主要系底层抵（质）押物（如房地产等）的清算价值，具有成熟的评估方法和模型；一般债权受偿价值和保证债权受偿价值借鉴了假设清算法、现金流偿债法、市场交易案例比较法、专家打分法的思路。

不良资产管理公司在估值时，应根据债权、物权、实物等不同形态资产的特点，重点关注资产权属状况、目标企业经营状况及发展前景、过往评估情况、周边历史成交案例、市场活跃程度、可实现性、实现的成本和时间等因素，采取成本法、市场法、收益法、假设开发法等适合的估值方法进行估值。

不良资产管理公司通常按照需要估值定价的资产数量规模和价值分布情况，将不良资产估值分为全面资产估值和抽样资产估值。

全面资产估值是指对需要估值的对象进行逐个估值；抽样估值是指从全部估值对象中抽选一部分资产进行估值，并据此对全部估值对象做出估计和推断。对抽样资产的估值，应按照债权资产、实物资产、股权资产等价值分析方法逐户进行，并测算各类样本资产回款比率。对非样本资产，若有超过诉讼时效或有效法律文件缺失等情况的，收购定价原则上应估值为 0 元。剔除收购定价为 0 元的资产后，再对剩余资产进行分类，并根据同类样本资产的回款比率或经验数据推算剩余未抽样资产的估值结果，确定收购定价。但对具有抵押物、质押物的债权资产，应谨慎使用经验数据方法进行估值，而应逐户进行正常估值。

不良资产管理公司估值时应当根据估值的特定目的，不良资产的功能、状态，以及估值时的市场条件等因素，合理选择和确定价值类型，包括投资价值、市场价值、清算价值、残余价值。市场价值以外的价值往往需要以形成市场价值为基础，再通过分析评估对象的具体情况、市场状况、用途等估算非市场价值。

不良资产的最终收购价格取决于法律尽职调查、资产评估结果，以及市场中针对具体资产的供求关系和不良资产管理公司与资产转让方围绕资产价值谈判议价的最终结果。但无论是第三方评估机构出具的评估报告、价值分析报告，还是不良资产管理公司内部尽职调查报告与估值报告，都只是通过专业技术对市场价格的模拟，只能作为定价的参考之一，不能作为收购或者处置定价的唯一依据。

总之，不良资产管理公司确定最终收购价格时，应根据尽职调查结果进行真实定价，不能仅以意向投资人的报价、受托方的保底清收金额等为主要依据进行简单定价。

三、债权类资产估值方法

不良资产管理公司对债权类资产估值主要有两种途径：

第一种途径，假设清算法、现金流偿债法适用于债务人或者债务责任关联方配合，并能够提供产权证明及近期财务状况等基本资料的项目；

第二种途径，市场交易案例比较法、专家打分法、综合因素分析法适用于无法得到债务人或者债务责任关联方配合但能够提供产权证明及近期财务状况等基本资料的项目。

主要估值方法具体如下。

1. 假设清算法

假设清算法是指假设债务人或者债务责任关联方进行清算偿债，基于企业的整体资产，从总资产中剔除不能用于偿债的无效资产从而确定有效资产并进行估值，从总负债中剔除实际上不用偿还的无效负债从而确定有效负债，按照企业清算过程中的清偿顺序，考虑到优先债权受偿情况，分析得出债权在基准日所能获得受偿比率的估值方法。

适用范围：适用于非持续经营条件下的企业以及仍在持续经营但不具有稳定净现金流或者净现金流较小的企业。

估值数据来源：债务人或债务责任关联方的资产负债表。

实际应用情况：对非上市债务人或债务责任关联方，由于较难取得其资产负债表且无法核实其报表的真实性，一般较少使用。对于上市公司，如涉及破产重整的企业，为测算其还款能力，一般采用假设清算法测算普通债权受偿比例，但由于假设清算法假设较多，对债权价值的认定不精确，大多数情况下只能作为一种参考指标，而不能直接作为定价依据使用。

2. 现金流偿债法

现金流偿债法是指依据企业近几年的经营和财务情况，考虑到政策、行业、市场、管理、产品等因素，对企业未来一定年限内的自由现金流、可偿债现金流、经营成本进行合理预测和分析，以企业未来经营及偿债期末资产变现所产生的现金流清偿债务，从而计算得出企业还款能力的估值方法。

适用范围：现金流偿债法主要适用于有持续经营能力并能产生稳定可偿债现金流量的企业；企业经营、财务资料规范，注册资产评估师能够依据前三年的财务报表对未来经营情况进行合理分析预测。

估值数据来源：债务人或债务责任关联方的历史财务报表、偿债期限内预测财务报表。

实际应用情况：实务中，不良债权债务人或债务责任关联方缺乏持续经营能力、无法产生稳定可偿债现金流，且无法取得其真实有效财务报表，无法对其偿债期限内的财务报表数据分别进行乐观、中性和悲观情景下的预测，较少使用。

3. 市场交易案例比较法

市场交易案例比较法是指通过对债权资产的基本情况和相关信息进行定性分析，确定影响债权资产价值的各种因素，然后选取多个近期已经发生的、与被分析债权资产在债权形态、债务人性质、市场状况、交易情况等条件类似的处置案例，对比各种因素进行并赋予权重和量化分析，以得出的比较因素修正系数为依据对处置价格进行修正，最终得出债权资产价值的估值方法。

适用范围：适用于可以对债权资产进行因素定性分析以及有可供比较的债权资产交易案例的情形，类似个贷不良资产等债权性质的情况。但是，由于债权资产情况复杂，资产包之间与债权资产之间的可比性极弱，通常在债权估值时应避免滥用债权维度的市场交易案例比较法。

估值数据来源：债权市场交易数据、债权基本信息资料。

实际应用情况：由于缺乏公开、统一的不良资产交易市场，且各债权之间存在较大差异，实务中较少使用。

4. 专家打分法

专家打分法是指通过征询有关专家的意见，对专家意见进行统计、处理、分析和归纳，客观地综合多数专家经验与主观判断，对难以采用技术方法进行定量分析的因素做出合理估算，从而对债权价值和价值可实现程度进行分析的估值方法。

适用范围：适用于存在诸多不确定因素、采用其他方法难以进行定量分析的债权。选取的专家应当熟悉不良资产市场状况，对影响债权价值的每项因素的权重及分值提出合理意见。若多轮打分后，统计方差仍不能趋于合理，应当慎重使用估值结论。

估值数据来源：专家经验判断，不同专家对同一债权的价值判断可能存在较大差异。

实际应用情况：不良资产管理公司在实务中较少使用。

5. 综合因素分析法

综合因素分析法是指通过收集债务人相关财务资料和产权资料、抵押物相应产权资料，结合对债务人和债务责任关联方资产状况、财务状况和经营状况的调查情况，参考在公开市场处置的大量不良资产交易案例，分析影响债权回收价值的相关因素，对抵押物、债务人、保证人的还款能力进行综合分析后做出价值判断，以此确定债权潜在价值。

适用范围：主要适用于存在诸多不确定因素、无法集中采用其他方法进行定量分析的债权。

估值数据来源：优先债权受偿价值主要来自对抵（质）押物的清算价值，一般债权受偿价值和保证债权受偿价值参考经验值确定。

实际应用情况：综合因素分析法把债权价值分解为优先受偿价值、一般债权受偿价值、保证债权受偿价值。其中优先受偿价值主要系底层抵（质）押物（如房地产等）的清算价值，具有成熟的评估方法和模型；一般债权受偿价值和保证债权受偿价值借鉴了假设清算法、现金流偿债法、交易案例比较法、专家打分法的思路。

综合因素分析法是目前资产评估机构、不良资产管理公司进行债权估值的通用做法。一般情况下，影响债权资产价值的因素包括贷款本息、贷款时间、企业性质、所属行业、所处地域、经营状况、资产变现、处置方式等。

其估值公式原理如下：

债权估值 = 抵押物偿债估值 + 债务人偿债估值 + 保证人偿债估值。

在上述估值公式中，通过对抵押物采取市场法、收益法、成本法、基准地价系数修正法等估值方法，从而确定抵押物偿债估值，再结合债务人、保证人的还款能力和还款意愿对普通债权和保证债权估值，最终合并得出债权估值。

四、股权类资产估值方法

（一）股权资产估值常用方法

不良资产管理公司在不良债权处置时，除采用债权转让方式外，还涉及股权转让、股权投资、债转股等业务类型，这就需要对股权资产进行价值评估。股权价值评估与债权价值评估在影响因素、指标和评估方法方面完全不同。

不良资产管理公司对公司股权资产估值的主要方法有资产基础法、收益法、市场法，这也是国际通用的企业价值评估方法。

1. 资产基础法

资产基础法是指以资产负债表为基础，合理估算企业表内以及表外各项资产、负债价值，确定基准日股权价值的估值方法。

其中，企业价值 = 股东权益价值 = 净资产估值 = 总资产估算估值 - 总负债估算价值。该估值方法适用于股权资产处于或者假设处于继续使用状态的情形。

2. 收益法

收益法是指将预期收益资本化或者折现，从而确定股权价值的估值方法。常用的方法分别是现金流折现法和股利折现法。

其中，估值程序是先通过充分分析被估企业的资本结构、经营状况、历史业绩、发展前景、行业现状及发展前景等因素预测未来收益并确定收益期，再根据一定的折现率估算出企业价值。该估值方法适用于具有持续经营能力、经营和收益状况稳定、未来收益可预测的企业。

其中，股东权益净现金流 = 净利润 + 折旧与摊销 - 新增营运资金 - 资本性支出 - 归还借款 + 新增借款。

3. 市场法

市场法是指将估值对象与可比公司或者可比交易案例进行比较，确定估值对象价值的估值方法。其中，常用的方法是可比公司法和交易案例比较法。

其中，可比公司法也常常被称为交易乘数法，通常应用同类公司的估值乘数来对目标公司进行估值。这种估值方法包含以下三步：

（1）基于标准的工业分类、企业规模、风险状况、盈利增长潜力、成长背景等因素，找到一组同类或者是可比的有公开交易案例的公司；

（2）观察可比公司是如何被市场定价的，比如市盈率法、市净率法、现金流折现乘数（Discounted Cash Flow，DCF）、自由现金流模型（Free Cash Flow，FCF）、调整现值法（Adjusted Present Value Method，APV）、经济增加值模型（Economic Value Added，EVA）等；

（3）对应目标公司使用该估值方法。当被投资企业的股权结构相对简单时，也就是同股同权的情况可以按照所占被投资企业的股权比例计算其对应的股东权益。而当被投资企业的股权结构变得复杂，即各轮次的股权之间存在权利与义务的明显不匹配，此时将调整后的股东全部权益价值进行分配时就不能简单地按照持股比例进行，而应当进行合理的溢价或折价。

不良资产管理公司在选择可比企业时，应当关注所属行业、企业所属经营阶段、成长性、业务结构、经营规模、技术水平、资产配置和使用情况、经营风险、财务风险等具有一定相似度、关联度的企业。可比公司法适用于可以充分、可靠地获取可比企业经营和财务数据，具有一定数量的可比企业的情况。

不良资产管理公司采用可比公司法估值的一般假设有公开市场假设、持续经营假设。其中，公开市场假设以存在一个活跃的公开市场以及资产在市场上可以公开买卖为基础，是假定在市场上交易的资产或拟在市场上交易的资产，资产交易双方彼此地位平等，彼此都有获取足够市场信息的机会和时间，从而能够对资产的功能、用途及其交易价格等做出理智的判断。

持续经营假设是指以企业持续、正常的生产经营活动为前提，在可以预见的未来，企业将会按当前的规模和状态持续经营下去，不会停业，也不会大规模削减业务，并以被评估公司发展规划和盈利预测为基础所做出的预测。

除了资产基础法、收益法、市场法三种国际通行的股权资产估值方法外，国内估值机构还常用到账面价值法、相对估值法、自由现金流法等股权估值方法。

（二）分阶段对非上市企业股权价值估值

不同阶段的企业具有不同的获利能力和不同程度的风险。针对处于不同生命周期的非上市企业，不良资产管理公司投资决策需综合考虑目标企业的未来盈利能力以及所承担的风险。

1. 初创期企业股权估值

以高科技创新型企业为代表的初创期企业，经营模式尚未完善，盈利能力有限，未来的发展具有较大的不确定性，不宜采用市场法、资产基础法评估企业价值。

初创企业手握某些新技术、新专利等无形资产，创新能力较强，这些技术和专利将来可能会给企业带来巨额收益，因此不良资产管理公司可采用资产基础法 + 实物期权法的模型进行初创期企业股权估值。

首先，运用资产基础法对企业已投入的现有资产的价值进行估值。先评定出企业各单项资产的重置成本，然后减去资产的实体性贬值、功能性贬值及经济性贬值，最后得到该部分资产的价值。

其次，运用实物期权法。从布莱克－斯科尔斯（Black-Scholes）期权定价模型的角度出发，将企业对产品的投资选择权赋予期权属性，所要开发的产品即标的资产，开发产品所能获得的预期收益的现值即标的资产的现在价值，而期权的执行价格便是初始投资成本。当然，竞争环境、企业资源和能力等因素都会影响期权执行价格。

Black-Scholes 期权定价模型以无风险利率为折现率，求期权收益在风险中性测度的折现值，其提供了一种完全由基础资产和无风险利率构成的资产组合，可以完全复制期权价格的变动。

不良资产管理公司将资产基础法、实物期权法两部分得到的价值相加，即得到初创企业的总体价值。

2. 成长期企业股权估值

成长期的企业处于初创期和成熟期之间，其主营业务、经营模式初步完善，盈利能力有了较大提高，能够产生较为稳定的营业收入，也有了可预期的现金流。因此，不良资产管理公司对成长期企业股权的估值除了可采用上述介绍的市场法之外，还可采用现金流折现法。

（1）处于成长期的企业逐渐开始获得盈利并形成逐步稳定的现金流，且未来的现金流能够被合理地预测，因此可基于获利能力的现金流折现模型对企业股权进行估值。

（2）在采用现金流折现法进行价值评估时，应对预测期内的现金流量以及预测期后的流量终值进行合理预测并折现，在折现时所选取的折现率应当合理反映企业取得未来现金流的风险，折现后得到企业整体价值。

在调整至所持有部分的股权价值时，应同样考虑被投资企业的股权结构问题，即是同股同权，还是多轮次股权之间的权利与义务不对等问题，从而相应进行合理的溢价或折价。

3. 成熟期企业股权估值

由于步入成熟期的企业的经营模式已经成熟，市场占有率、销售利润、净现金流量趋于稳定，企业面临的各种不确定性大大降低，系统性风险相对较小。因此，不良资产管理公司除了可采用上述介绍的现金流折现法之外，还可采用可比公司法进行估值。

五、不动产资产估值方法

对不良资产抵质押物以及抵债资产的估值，同样适用于以下估值方法。

（一）常用估值方法

不动产实物资产常用估值方法有市场法、收益法、成本法、基准地价系数修正法等。具体估值方法在很多估值相关的书中都有详细介绍，以下仅做简单介绍。

1. 市场法

市场法是指将估值对象与在估值时点近期有过交易的类似房地产进行比较，对参考案例的已知成交价格作适当修正，以此估算估值对象价值的方法。该方法适用于存在较多类似房地产交易案例的情况。

估值程序是先选择可比实例，再对交易情况、交易日期、区域因素、个别因素等比较因素进行修正，最后根据案例权重进行加权平均计算估值对象的比准价格。

市场法计算公式为：

$$V = V_0 \times \frac{A}{A_0} \times \frac{B_0}{B} \times \frac{C}{C_0} \times \frac{D}{D_0}$$

其中：

V = 待估房地产价值；

V_0 = 比较实例房地产价格；

A = 待估房地产交易情况指数；

A_0 = 比较实例房地产交易情况指数；

B = 待估房地产估价期日房地产价格指数；

B_0 = 比较实例房地产交易日期房地产价格指数；

C = 待估房地产区域因素条件指数；

C_0 = 比较实例房地产区域因素条件指数；

D = 待估房地产个别因素条件指数；

D_0 = 比较实例房地产个别因素条件指数。

2. 收益法

收益法是指预计估值对象未来的正常净收益，选用适当的资本化率将其折现到估值时点后累加，扣除维修费、管理费用、保险费和税金、经营费用、财务费用等支出，以此估算估值对象价值的方法。该方法适用于有收益或者有潜在收益的房地产，如商铺、写字楼、旅馆、酒店等。

其中，净收益 = 总收益 − 总费用；折现率 = 安全利率 + 风险报酬率；收益年限一般选取房屋尚可使用年限和土地剩余年限的孰低值。

计算公式为：$P = A \div (R - g) \times [1 - (1 + g)\ n \div (1 + R)\ n]$，公式中的$P$——房地产价格；$A$——房地产年净收益；$R$——资本化率；$g$——房地产年净收益递增比例；$n$——收益期限，自价值时点起至未来可获得收益时间。

3. 成本法

成本法是指求取估值对象在估值时点的重置价值或者重建价值，扣除折旧，以此估算估值对象价值的方法。该方法适用于既无收益又较少发生交易的房地产，比如学校、图书馆、体育馆等公用、公益性房地产，以及工业厂房、码头、机场等独特设计、开发的房地产。

其中，建筑物重置成本可以通过政府确定公布的房屋重置价格扣除土地价格后的比较修正来求取，也可以按照工程造价进行估算；建筑物成新率可以根据建筑物已使用年限、总耐用年限，以及建筑与工程安装施工质量、主要承重结构使用情况、装修工程情况、设备维修保养情况等确定。

4. 假设开发法

假设开发法，也称剩余法、倒算法、残余法或余值法等，是指预计估价对象开发完成后的价值，扣除预计的正常开发成本、税费和利润等，以价格余额来确定土地价格，以此估算估价对象的客观合理价格或价值的方法。

在建工程价值 = 开发完成后的不动产价值 - 在建工程取得税费 - 续建成本 - 管理费用 - 销售费用 - 投资利息 - 销售税费 - 续建利润。

待估土地价格 = 不动产总开发价值 - 开发项目整体的开发成本（建筑费用、专业费用、利息） - 开发商合理开发利润。

另外，相对来说，收益还原法是剩余法的落实，更多地考虑已建成项目并投入运营的不动产价值。

因此，针对已经运营的不动产抵押或者转让，收益还原法适用性较强，而若是废弃待拆不动产或规划出让的空地，则更适用于剩余法。

5. 成本逼近法

成本逼近法是以取得和开发土地所耗费的各项费用之和为主要依据，再加上一定的利润、利息、应缴纳的税金和土地所有权收益来确定土地价格的估价方法。

成本逼近法的基本思路是把对土地的所有投资，包括土地取得费用和基础设施开发费用两大部分作为“基本成本”，运用经济学等量资金应获取等量收益的投资原理，加上“基本成本”这一投资所应产生的相应利润和利息，组成土地价格的基础部分，并加上土地增值收益，进行相关系数调整从而求得土地价格。其估值公式原理如下：

土地价格 =（土地取得费 + 土地开发费 + 税费 + 利息 + 利润 + 土地增值收益）×（1 ± 区位修正系数）× 年期修正系数。

成本逼近法在计算思路上是剩余法的变形，两者计算公式形式类似。

针对政府机关办公用地、医卫用地、丧葬用地、图书馆用地、园林绿化用地等收益性不高的特殊用地，成本逼近法可以有效地从成本积算角度对市场价格进行测算。

若没有当地招商引资的税收优惠，仅从测算原理及预期收益原则上讲，成本逼近法还是不适宜应用于对未来收益依赖度较高的科技产业园用地、电子物流仓储用地、会展中心、体育场馆、交通用地等特殊用地价格的测算。

6. 基准地价系数修正法

基准地价系数修正法是指在求取一宗土地的价格时，依据估价对象所处地区的土地级别基准地价水平，参照估价对象所处土地级别的各种修正因素说明，确定区域因素、个别因素、估价期日、容积率与建筑密度、使用年期、开发程度等修正系数，最后修正得出估价对象地价的一种方法。

其估值公式为：待估宗地价格 = 该地区基准地价 ×（土地年限）年期修正系数 ×（基准日）期日修正系数 × 容积率修正系数 × 其他因素修正系数。

该方法适用于所在城镇具备了基准地价成功图的土地估值。

（二）评估技术路线

1. 区分历史成本、重置成本、可变现净值、现值、公允价值、账面价值、市场价值

历史成本：资产的历史成本也称为原始成本、原始价值，简称原值、原价，是指资产在购置时支付的现金或现金等价物的金额，或者在购置时所付出的对价的公允价值。一项资产的历史成本是在取得该资产时实际支付的代价。

重置成本：资产的重置成本也称为现行成本，是指现在购买相同或相似的资产所需支付的现金或现金等价物的金额。一项资产的重置成本，是现在购买与该资产相同或相似的资产所需支付的代价。

可变现净值：资产的可变现净值是指资产正常对外销售所能收到的现金或现金等价物的金额扣减该资产至完工时估计将要发生的成本、估计的销售费用以及相关税费后的金额。资产的可变现净值 = 正常对外出售该资产所能收到的价格 − 该资产至完工时将要发生的各项必要支出。

现值：指预计从资产持续使用和最终处置中所产生的未来净现金流入量的折现

金额。

公允价值：资产的公允价值是指市场参与者在计量日发生的有序交易中，出售资产所能收到的价格。

账面价值：在历史成本计量下，账面价值是一项资产的历史成本减去相关备抵项目后的余额。固定资产的账面价值是固定资产成本扣减累计折旧和累计减值准备后的金额。历史成本通常反映的是资产过去的价值，是始终不变的。历史成本计量下的账面价值是随着时间的流逝而不断减少的。

市场价值：相对于历史成本和在历史成本计量下的账面价值来说，其是实际价值，即一项资产现时在市场上所值的价格，或者假设把该资产拿到市场上去出售，它最可能的价格。

2. 不同估价对象的评估技术路线

如估价对象用途为住宅、别墅、办公的房地产，通常其所处区域类似房地产交易市场较为活跃，交易案例丰富，可收集到相关可比实例，因此可选取比较法。

如估价对象用途为商铺、酒店、海域的房地产，通常其周边同类型物业的租赁案例较多，但缺乏转让案例，因此可采用收益法作为评估方法求取估价对象的价值。

如估价对象为在建工程、商务金融用地，类似房地产物业的交易较少、无法获取收益，不适宜采用市场法和收益法作为评估方法。估价对象属于房地产在建工程时，其可能接近完工，无拆除重建之可能，因房地产市场价格难以用实际土地和建安成本反映出来，故不适宜采用成本法。但是，续建完工后的房地产市场价格容易获取，可采用假设开发法评估完工后房地产市场价格，然后将其减去续建成本和各项税费，即为在建工程价值，故适用假设开发法评估。

如估价对象为工业房地产，其同一供求范围内与估价对象相类似的工业房地产买卖实例较少，故不适合比较法；租赁交易实例难以查阅，非房地产部分的收益难以较准确剥离，故不采用收益法；估价对象为非待开发的建筑物业，不产生后续开发成本，而且已建成投入使用，故不适合选用假设开发法；工业厂房的各种开发或建设费用较易获取收集，故可选取成本法。

如估价对象为工业用地，当其所处区域类似房地产交易市场较为活跃，交易案例丰富，可收集到相关可比实例时，可选取比较法。

成本与市场价相去甚远，造价成本部分相差不大的情况下，市场价格可能相差数倍。以 2010 年 9 月深圳市住房和建设局发布的深圳市各类物业建筑安装工程总造价标准为例，见表 6：

表6 2010年9月的造价标准

单位：元/平方米

序号	物业类型		造价标准
1	住宅	带电梯	2482
2		不带电梯	1783
3	商业用房		5157
4	经营性办公用房		4866
5	工业用房		1197
6	经营性教育医疗科研用房及其他用房		3537

以2021年3月深圳市住房和建设局发布的深圳市各类物业建筑安装工程总造价标准（有效期5年）为例，见表7：

表7 2021年的造价标准

单位：元/平方米

序号	物业类型		造价标准
1	住宅	不带电梯	3480
		带电梯40层以下	4253
		带电梯40层及以上	5694
2	商业及办公用房	40层以下	7194
		40层及以上	8298
3	工业用房		2363
4	教育医疗科研用房及其他用房		5032
5	共用部位及其他设施	地下停车场	3833
		除地下停车场以外的其他设施	2174

（三）不动产资产现场查勘工作

1. 不动产资产现场查勘前的准备工作

（1）核对估价对象权属资料的真实性、完整性，通过开源网络情报搜索不动产的历史故事，是否涉及风水传闻、涉众纠纷等。

（2）收集估价对象的区位信息、楼盘信息、总平面图、平面图或者户型图、区域类似房屋的造价信息及最近成交信息等。

（3）确定尽调查勘的线路、顺序、重点信息，拟出查勘大纲或要点，明确目标和问题。

（4）尽可能提前联系好估价对象的干系人，包括房地产的管理人员、债权管户经理或者债务人，保证至少有关知情人员之一能陪同前往查勘，便于了解现场查勘之日与上一次估价时点的房地产状况差异、现状与权证的差异、瑕疵及其他隐蔽事项等，以提高工作效率，避免再次赴现场查勘。

2. 不动产资产现场查勘所需携带工具和材料

根据估价对象的特点，携带无人机、指南针、卷尺、激光测距仪、土地面积测亩仪等必要的查勘工具，以及现场查勘记录表等。对可能有争议、需要进行录像的项目，应该携带摄像机；对门口有大狼狗的工厂或者大宗土地，应保持安全距离，使用无人机查勘。

3. 现场查勘五个步骤

（1）普查

核对债权抵押物清单与权证资料，核实房屋幢数、建设年份、结构质式、层数、用途等，对重复或者漏列的项目或内容做好记录。

（2）现场尽职调查要点核查清单

为了充分支持估价、描述及测算的需要，需要对重要估价对象进行重点查勘。

现场尽职调查要点核查清单主要内容如表 8 所示：

表 8　现场尽职调查要点核查清单

<table>
<tr><th>不动产抵押物</th><th>备注</th></tr>
<tr><td>资产确权：精准定位，确定四至，是否有房产、土地证，权属情况（单独或共有），房产权利性质，使用权年限等。
1. 确定所有权：
对于土地，主要是区分国有地划拨、国有地出让和集体所有地；对于房屋，主要是区分房改房、商品房（安置房）、经济适用房、限价房、个人所有私房和单位用房等产权，同时注意是否有共有、他项权利记载、其他影响价值内涵的差异性。
2. 确认用益权：
核实对房地产的使用与经营收益权利，包括土地的使用权、地面收益权、典当权等。
3. 确认担保物权：
核实房地作为建立债权债务关系的担保条件，如抵押权；核实是否存在二押等情况</td><td rowspan="2">1. 向邻居、街坊、快递员、街道办等询问关于企业或抵押物背后的故事、经营历史、如何停业、企业现状（人员、产品、销量等）。
2. 关注是否存在抵押物私下向小业主售卖的情况，以及裁判文书确权情况。
3. 收集周边干系人联系方式，以便后续继续尽调。
4. 索取历史担保物评估报告。
5. 若涉及抵债资产，还应重点关注抵债金额、抵债时间、抵债过程和法院裁定情况，以及债权交割和后续处置安排等。对于已裁定抵债但尚未完成过户的，应关注过户可能存在的障碍、需要负担的税费、需要原债权人配合的安排，并需要调查该抵债资产持有期间的税负</td></tr>
<tr><td>实物状况：
土地实物状况：名称、四至、面积、用途、形状、地形、周边路网、地势及开发程度等。</td></tr>
</table>

续表

不动产抵押物	备注
建筑物实物状况：名称、规模、各层用途、总层数、建筑结构、设施设备、楼梯或者电梯、造型外观、外墙面、装饰装修、层高、建筑物长度宽度和跨度、空间布局、建筑功能、工程质量、外观、新旧程度（包括建成时间，使用和维护及物质、功能、外部性折旧）、楼宇位置的特殊性、物业管理等。 附属工程：大门、围墙、挡土墙、琥珀、道路、场地、绿化等配套设施	
现场概况：凭权证档案核实抵押物外观、面积、结构、用途、使用年限等，查勘是否存在分割、破墙开店等物理瑕疵，估算相应修理费用	
经营现状：空置、出租或自用，租金支付情况及能否协助执行，出租率	
占有情况：现场使用人与债务人关系，是否存在非法占有、恶意长租约而影响执行的情况	
纠纷情况：是否存在争议，如所有权或建筑工程欠款纠纷，其他人可否对房屋主张权利	
区位状况： 位置交通，即房地产的坐落、方位、与重要场所的距离、临路状况、朝向、楼层、门牌号、地号等。 交通状况，即道路状况、出入可利用的交通工具顺畅程度、停车方便程度等。 外部配套设施状况，即基础设施、学校、医院、超市、农贸市场、银行网点、公园等公共服务设施	
拍照：标注正面、侧面、后面、周边、内部	
现场未来状况：拆迁改造可能，是否列入限制性规划	

动产抵押物	备注
关注生产设备、原材料、半成品、产品、机器设备是否仍存在、存放位置、是否可以转移	1. 注意设备的状况（进口与否，能否启动）。 2. 灭失风险大，一般不计入估值。 3. 索取担保物评估报告
关注其交付情况、成新率、折旧，采集机器设备的账面净值、购买日期、最后评估日期、评估目的、评估值和优先权利等其他情况	
关注是否有发票、保险单	

续表

<table>
<tr><th>关键人访谈</th><th>备注</th></tr>
<tr><td>了解变更营业地点、新营业地点的经营情况</td><td rowspan="6">1. 访谈时可以根据不同对象假定身份，比如分别以银行贷后人员、承租人、购买人、行业内相关业务人员、客户等的身份了解情况。
2. 必要时委托律师逐一调取工商内档、税务、国土、房管、法院资料。
3. 项目经理要对企业进行一番深入的调研，与企业主沟通座谈，切实了解发生资金危机的缘由。这类原由五花八门，包括购置了厂房、生产设备等无法变现的固定资产，受新冠疫情、贸易摩擦影响，担保企业出险被牵连代偿，发生重大负面舆情，实控人突然死亡，把控家族的兄弟闹矛盾，重大投资失误，多元化投资导致摊子铺得太大等。同时，判断企业实控人的能力、品格、意愿</td></tr>
<tr><td>了解职工安置费和拖欠的职工工资、集资款、工伤赔偿款、民间借贷等</td></tr>
<tr><td>调查公司背后的实际经营者和股东的财产情况，评估通过破产程序追究股东清算责任和出资责任的受偿可能性</td></tr>
<tr><td>在不打扰债务人的情况下，通过向债务人住址的物业询问，查看水电表，询问邻居等，查找财产线索</td></tr>
<tr><td>夫妻法定共同财产制下，调查其婚姻情况、配偶的资产情况</td></tr>
<tr><td>侧面了解保证人的还款能力和意愿，其与债务人及与其他保证人的关系</td></tr>
</table>

（3）记录与复核

按照估价对象的状况进行详细记录，填写相对应的现场查勘记录表，现场查勘记录表应根据不同用途物业进行描述记录。

整个过程以照相机为主要拍照工具，按照查勘顺序逐一拍摄，查勘人员至少要入境一张照片，编写资产名称与对应的照片顺序号。同时，辅以实地丈量或目测，同步在现场查勘记录表或记录簿中逐一记录。

（4）资料查验

①估价对象范围的确认。按照权属资料及现场查勘情况进行一一比照，避免“货不对板”，或者厂区较大、建筑物相同导致出现房地交错抵押，存在重叠争议等情形。如涉及面积不相符时，应要求委托有资质的测绘部门实测，作为估价依据，杜绝臆测和偏听偏信。如发现被带看的资产与权证四至不符、“货不对板”时，应协调当地服务商合作伙伴前往当地国土部门核实确认，找到对的估价对象。

②野外查勘资料整理。按照由远到近、由大到小、由外到内、由低到高的顺序，结合权属资料、现场查勘记录表、照片等进行查验与分析、确定现场查勘工作是否完成。

③分析与复核。通过分析与复核，查看是否有必要的内容被遗漏。

（5）整理归档，完成尽调报告

①及时整理、归档。现场查勘回来后应趁热打铁，立即进行资料的整理及归档，

以保证在最佳记忆状态下完成照片的标注、分类和描述，以保证所获信息的安全性、完整性、准确性。

②在编辑尽调报告中及时发现问题。结合拟选用的估价方法，进一步进行资料的整理与分析。对尚未清楚的问题列出清单，以便进一步通过各种方式调查核实。

（四）特殊不动产资产的估值

1. 特殊房产类型

对于特殊房产类型，包括职工购买公有住宅（房改房）、经济适用住房（含集资房）、小产权房、对于存在纠纷的抵押住宅、房地分离等，可能存在处置受限、需要补缴土地出让金、有价无市等情况，应考虑其对估值的影响。

（1）职工购买公有住宅，即房改房，共有产权。根据相关房改政策，职工按照成本价或者标准价购买，其中职工对按标准价购买的住宅拥有部分产权，购买 5 年后方可出售，原售房的产权单位有优先购买权，售房收入在扣除有关税费后，按个人与单位或者政府各自所占的产权比例分配。

（2）经济适用住房，含集资房。政府提供优惠政策，限定建设标准、供应对象和销售价格，为具有保障性质的政策性商品住房。购房人拥有有限产权购买 5 年以后方可出售，出售时需按同地段普通商品住房与经济适用住房差价的一定比例向政府缴纳土地收益等相关价款，取得完全产权，政府可优先回购。

（3）小产权房。建在集体土地上的房屋，主要用于安置本村镇成员，房产证由乡镇政府颁发，不能正常上市交易，无法为非本村镇成员办理产权登记，潜在的受让人范围受限，处置难度较大，通常针对这类房产需要按市价的 5 折进行估值。

（4）对于存在纠纷的抵押住宅。有的由于邻里纠纷或者由于其他债权债务关系而存在债主上门讨债的风险等，即使抵押住宅已腾空，在处置时也会存在较大难度。有的由于开发商与拆迁户之间存在纠纷，拆迁户自行入住抵押住宅等导致法院难以强制执行该抵押房产，诸如以上纠纷情况应在抵押物估值中予以充分考虑。

（5）房地分离。如房产和土地分别抵押给不同的债权人，在实务中由于房产和土地要一并处置才能实现价值，因此较难确定最终的回收金额在建筑物和土地之间的分配比例。这种情况下，通常是抵押权人之间事先协商一个双方都认可的分配比例，之后再处置抵押房产，依据事先商定的分配比例分别受偿。根据《物权法》第 182 条（现为《民法典》第 397 条）的规定，以建筑物抵押的，应当将该建筑物占用范围内的建设用地使用权一并抵押，即不仅要办理房屋的抵押登记，还要办理房屋占有范围内的建设用地使用权的抵押登记。以建设用地使用权抵押的，应当将土地上“已有”

的构筑物一并抵押。抵押人未依照前述规定一并抵押的，未抵押的财产视为一并抵押。抵押人将土地和土地上已经存在的房屋分别抵押给不同债权人的，构成重复抵押，按照同一财产重复抵押与抵押重复登记的规则受偿。

2. 特殊土地类型

特殊土地是指在土地估价中除去典型的商业、居住和工业三大用地类型之外，数量和交易量相对较少，或具有某些特许经营权的非典型的、不具有代表性的各种用地的统称。

在日常不良资产收购处置工作中较常遇到的特殊项目用地包括：用途获准具有特殊性的土地、非经营型公益设施用地、宗教性建筑用地、大规模旅游娱乐设施用地、道路及交通设施用地、殡葬用地、水域、农用地等。其特征为数量有限、交易受限、交易稀少、竞争不足、用途受限、社会公益、分布零散。

以旅游用地评估为例，旅游用地价格评估可以运用市场比较法、收益还原法、公示基准地价系数修正法等作为参考。

旅游用地是指以景点为依托，包括景点及景区内配套的旅游设施、服务设施等在内的建设项目用地。

旅游用地现有分类体系可以按照其商业性、营利性分为两类，包括度假村、游乐场、影视城等经营性旅游用地，以及森林公园、风景名胜、革命遗址等公益性旅游用地。

3. 以酒店资产评估为例

酒店按星级可划分为一星酒店、二星酒店、三星酒店、四星酒店、五星酒店，星级越高，对酒店的软件、硬件要求就越高。其特点是具有较高的价值，收益构成复杂，投资建设、运营管理非常专业，投资回收期较长等，有别于一般的商业房地产。另外，由于酒店不动产资产转让时的税费高，因此酒店交易多采取股权转让方式。

酒店按功能可划分为以接待从事商务活动的客户为主、地理位置优越的商务型酒店，以接待休闲度假的客户为主、季节性淡旺季明显的度假型酒店，以接待会议旅客为主、商务配套完善的会议型酒店，一般仅提供客房服务以及配套简易餐饮服务的经济型酒店或者快捷酒店，方兴未艾的电竞等主题酒店等。

酒店资产评估基本方法包括市场法、收益法、资产基础法和成本法。

（1）市场法：前提是市场上具有一定数量的具有可比性的交易案例，酒店购买方只愿意支付不多于近期同类酒店交易金额的价格。市场法估值包括企业价值倍数、市盈率倍数、溢价率比较。以企业价值倍数（EV/EBITDA）比较法为例：

EV/EBITDA：企业价值与利息、所得税、折旧、摊销前收益的比率，可剔除财务杠杆、折旧政策、长期投资水平等非运营因素。

EV：企业价值 = 市值 + 少数股东权益 + 优先股 + 总负债 − 现金及现金等价物。

EBITDA：息税折旧摊销前利润 = 净利润 + 所得税 + 利息 + 折旧 + 摊销。

根据公开数据，首旅收购如家 8.90 倍；锦江股份收购卢浮 12.57 倍；锦江股份收购铂涛 15.89 倍。

（2）收益法：将预期收益资本化或者折现，确定评估对象价值的评估方法。

运用收益法对自营性酒店房地产资产进行价值评估的假设：

酒店的收益应当归结于体验性消费服务本身的价值，而非物业本身，由酒店人员提供相应的服务来满足，因此人作为生产要素的核心，才是创造价值的主体。酒店提供的是服务场所和设备设施，服务人员以酒店物业作为载体提供相应的服务，进而取得合法收益。任何一个酒店，哪怕是五星级的装修标准，若没有人经营打理，酒店的收益从何而来？即使业主整体出租，也需要承租方经营才会产生收益。酒店处于亏损状况时，则不宜选用该方法。

运用收益法对自营性酒店房地产资产进行价值评估的技术思路：

①首先测算各类型收入及各种类型的运营费用，得出年总经营收入和年总经营支出。酒店收入通常包括客房收入、餐饮收入、会议收入、娱乐康体收入、其他收入等收益。酒店运营费用包括五大部分，即营业成本、营业费用、管理费用、财务费用、有关税费，可通过历史财务报表获取，或者通过行业统计信息，采用一定比率来求取。

②确定酒店行业利润。通过市场调查及查询行业相关统计数据，结合酒店自身的经营状况，确定此类型酒店的行业利润率。

公式为：酒店行业利润 = 酒店年总经营收入 × 行业利润率。

③将总经营收入扣除年总经营支出和酒店行业利润，得到年总纯收益，即酒店房地产年总纯收益 = 酒店年总经营收入 − 酒店年总经营支出 − 酒店行业利润。

参考酒店的财务报表，看计算的客观净收益与实际财务报表反映的净利润之间有无较大差距。

④选取适当的报酬率，将未来预期各期的净收入折算到估价时点上的现值，求其之和得出剩余使用年限的收益价值。通常采取累加法确定估价对象的报酬率，重点在于根据酒店房地产自身及其所在行业、区域、市场等确定投资风险的补偿等。

⑤因酒店内部装饰和功能上的折旧，通常酒店每 10 年之内应该进行一次重新装修，在剩余土地使用年限内确定估价对象需进行装修改造的次数及改造费用，并对其折现。为了保持或提升酒店的硬件条件，占据市场竞争优势，每 4 年进行一次小装修，

每7 年翻新一次，基本是行业内的通行做法。

⑥将未来预期各期的纯收益折算到估价时点上的现值，求其之和得出剩余使用年限的收益价值。收益价值扣除装修改造折现费用即为酒店价值。

总之，对酒店型房地产的评估，技术难点在于其未来有效经营年期内各年纯收益是否客观合理、运营成本计算有无遗漏、报酬率是否客观公正，每个酒店都是独立的个体，根据自身的主营方向及营销手段不同，即使是同一地段的酒店经营状况也可能完全不一样，其估算项目烦琐、调查内容复杂、参数选取多，需要我们进行深入、细致的分析和总结，努力使估价结果更加合理、客观。

（3）成本法：建造具有同等设施水平的房地产所需耗费的各项费用之和为主要依据，再加上一定的资金利息和计划利润，并扣除相应的折旧来确定房地产价格的估价方法。如用成本法来测算的酒店价值，即从沉没成本的角度来测算，无法客观反映酒店价值，故不太适用。

（五）收购尽调不动产抵押物时的注意事项

1. 关注抵押物处置变现能力

①通用性。通用性是指房地产是否常见、是否被普遍使用，也就是有效需求数量的多与少。如普通商品房，越普遍则变现越快。

②独立使用性。所谓独立使用性，即能否单独地使用而不受限制。一般来说，独立使用性越差的房地产越妨碍房地产的使用，其变现能力也就越弱。

③可分割转让性。可分割转让性是指物理上、经济上是否可以分离开来使用的房地产。比如宾馆的某个套房、餐厅，住宅底层的入户花园或顶层赠送的部分，一般在物理上、经济上是不可分割转让的。房地产价值大的，其变现能力弱，但若是容易分割转让的房地产，其变现能力相对较强。

2. 收购前慎重估值特殊类型的资产

房地产类资产类型中，从变现能力看，住宅强于商业用房、商业用房强于工业用房，因此要重点关注商业物业的流动性。

商业用房中的独立门市、商场和农贸市场摊位易于变现；面积小或可以分割出售的易于变现；市场不活跃地区的、面积大又无法分割的、对受让人有限制的、价值量过大的、有权利瑕疵的等都不易变现。

对租赁期长、租金严重低于市场租金且解约成本较高的资产，投资时遇到这类不动产作为抵押物的债权时应谨慎，可能需要处以较大的折扣才能变现，在实务中经常面临无法处置或只能以极低的价格变卖给承租人。

对大宗房产如整栋大厦、整栋商场等，分层抵押的整栋物业，分割抵押的整层物业，分幢分割抵押的工业企业房产，远郊区或商业氛围不浓的商业用房，应结合变现能力，对这类不动产作为抵押物的债权审慎估值。大宗抵押物在处置时，由于购买该物业所需资金量大，一次性买断的买家少、变现难等，无法处置或处置价格往往较评估价格大幅降低。对整栋物业分层抵押、整层物业分割抵押的抵押物，若无独立通道或不能合法享有及分摊整体房地产的各项权益和服务配套设施，处置将非常被动。如工业企业分幢分割抵押，分开处置将大大降低抵押物的价值，若无独立通道或不能利用公用设施及道路的情况将导致难以处置。

对于土地证记载无土地终止日期的土地或者未显示登记价金额等存在异常的不动产，应对这类不动产作为抵押物的债权审慎估值，因为其可能是某些机构为了融资贷款而进行特殊处理过的权属证书，应分析其历史背景、原因、目的等并充分考虑税费因素对估值的影响。

（六）利用现代信息技术进行房地产估价

1. 估价系统

不良资产管理公司通过历史评估数据的积累与再利用，在估价系统中沉淀长期以来的作业数据作为定性、定量的估价分析。估价系统也可以与机构的 OA 办公系统衔接，数据无缝接入，可以开发出 PC 客户端、网页版、手机 APP、小程序等，贯穿投前尽调和投后管理整个估价业务流程。

不良资产管理公司可组建估价系统生态体系，制定出估价系统的统一基础标准，包括数据采集的基础标准，估价模型、算法标准，参数因素选取标准等，统一估价系统的体系结构基础和接口设计。

2. 利用光学字符识别技术

不良资产管理公司利用光学字符识别（Optical Character Recognition，OCR）技术可以实现对债权档案的批量录入，提高对不动产抵押物及债权的估价作业效率。

作为基础环节的债权档案和不动产抵押物信息的录入，其所需标准化字段的格式相对固定，信息量小、内容简单，尤其是遇到批量债权及其抵押物估价，或者采集大量基础数据时，不良资产管理公司如运用光学字符识别技术可以提高基础信息录入效率，降低估价人员工作强度，减少出错率。

3. 运用地理信息系统技术及估值地图

不良资产管理公司估价系统对于债权抵押物估值时，以地理空间作为基础，利用地理模型分析方法，实时提供多种空间和动态的地理信息。比如，社区位置、周边配套、交通道路、空间规划、景观、日照长短、潜在污染、噪声大小等，加强房地产估价维度，甚至可以利用估价机构长期累积的作业数据实现四维空间分析，获取更多参数维度，让估价结果更加贴近实际。

4. 应用无人机

不良资产管理公司应用无人机可进一步扩大房地产估价作业的视角范围，加强房地产项目风险整体把控。

在房地产估价或者不良资产抵押物尽调的过程中，如遇到估价项目中的估价对象规模庞大，普通的视角勘查记录无法记录估价对象的整体情况，无法表现出估价对象的整体规模；或者遇到城市更新中的旧改业务，估价对象在密集建筑群内，普通的视角勘查记录难以呈现估价对象全貌，项目整体不易把控；或者遇到受到干扰阻挠的估价业务，估价对象实际控制人不配合，阻挠干扰，导致无法进入勘查时，不良资产管理公司应用无人机以空中角度进行勘查，进一步扩大房地产估价作业的视角范围，一览无余地捕捉估价对象的整体、周边交通路况、周边环境情况、周边配套设施状况等，会取得更优质的勘查记录与效果，加强项目风险整体把控。

六、特殊类资产的估值方法初探

（一）机器设备类实物资产估值

在成本法、收益法和市场法中，成本法为该类资产估值的常用方法。

1. 成本法估值的计算公式为：设备价值 = 重置成本 − 实体性贬值 − 功能性贬值 − 经济性贬值。

2. 确定重置成本，包括购置费用、运输费用、保险费用、安装费用等。

3. 测算实体性贬值，分别有年限法、观测法、修复金额法三种方法。年限法即根据经济使用年限和已使用年限计算成新率；观测法即通过技术检测确定设备的技术状况、正常的负荷程度、机器设备的原始制造质量、实际使用状况、维修保养状况、工作环境、更新换代频率等，进而确定成新率；修复金额法即对设备修复至全新状态所需花费的金额，作为机器设备的实体性贬值。

4. 测算功能性贬值，指因为技术进步、设备更新因素导致原有机器设备产生超额投资成本和超额运营成本构成的贬值。

5. 测算经济性贬值，即设备外部的因素引起的贬值，如机器设备生产的产品市场需求发生变化、产品成本上涨等导致设备利用率下降、生产能力降低、经济效益下降。

6. 特殊情况下，对于长期废弃、腐蚀严重、工艺属于淘汰且不能取得重置成本的设备，可确定其拆零变现价值。

关于动产估值，融资租赁业务的底层抵（质）押物是设备，作为动产，其特点是可流动。可流动性意味着它一方面具有灵活性，如在张三手里是“废铜烂铁”，在李四手里就是“印钱机器”；另一方面意味着可能被盗抢、转移。其价值具有瞬时性，在能够控制的前提下，其有价值；相反，无法控制时，其价值趋近于零。

融资租赁不良资产的承债方基本上都是实体企业，只要企业在生产经营中，就能发挥动产的价值，从而产生现金流。同类的实体企业是天然的产业链投资人，若有不良资产价值折扣上的加持，非常适合作为接盘方。

资产是柔性的，债务是刚性的。机械设备类动产的价值非常柔性，其价格波动随时间变化非常大，因此，在投资该类资产时必然是先锁定退出接盘方再进行投资。这种类型的投资具备短期套利的特性，非常适合热钱进出，且收益率更加可观。

（二）海域使用权估值

海域估价（评估）是根据海域的质量、区位条件、利用潜力、利用效益，运用科学的估价方法，对海域资源的使用价值所作的评定和估算。

海域使用权是一种自然资源使用权，是从海域所有权上派生出来的一种财产权利，使用权人可以运用这种权利对特定海域的使用价值进行开发利用和收益，谋取一定的利益，实现一定的目的。从性质上讲，其是他物权，是一种以海域的使用价值为内容的用益物权。

海域是指一定界限内的边缘海区域，包括区域内的海表层、表层以下的水体及其底土，是一个主体空间。

海域使用必须符合海洋功能区划。海域使用权的最高期限按照下列用途确定：（1）养殖用海 15 年；（2）拆船用海 20 年；（3）旅游、娱乐用海 25 年；（4）盐业、矿业用海 30 年；（5）公益事业用海 40 年；（6）港口、修造船厂等建设工程用海 50 年。

宗海价值的评估可采用市场比较法、收益法、假设开发法、成本法、基准价格修正法、补偿价格法等估价方法。除补偿价格法外，上述各种方法的估价原理、计算公式与土地及房地产估价基本相似。

其中，以补偿价格法为例。

（1）基本原理：该方法也属于成本法，是以开发前海域使用权价值和开发后追加费用总和为依据，确定开发后海域价值的一种估价方法。

（2）估价程序：

①收集资料。了解海域开发前的原海域收益和价值。

②测算海域开发维护追加的费用。测算其追加的费用并分析海域开发的社会必要费用，以及投资发挥效用的年限。

③测算海域开发的合理利润、利息。

④求取宗海价值。公式：Pe = Peo + D + R + I。该公式中：Pe——开发后海域使用权价值；Peo——开发前海域初始价值；D——海域开发费用；R——海域开发合理利润；I——开发利息。

七、小结

不良资产非标性强、估值过程复杂、估值结果不确定性较大，业界尚未形成丰富的估值数据库，较难直接设定定量指标（如“打几折”）去指导实际估值。因此，建议不良资产管理公司在估值时选择两种或者两种以上的估值方法，相互印证，避免由于决策的估值结果偏差度较大。

对于采用市场比较法进行估值的，不良资产管理公司应重点阐明案例的可比性问题。对于显著不可比的案例，应重新选择可比案例，或更换估值方法。对于具有一定可比性但与拟估值对象存在明显差异的，应通过特征调整使比较基准较为统一，并充分考虑拟评估对象最可能采取的处置方式下可能产生的强制变现等因素产生的价值折让，评估估值结果的合理性。

对采用收益法进行估值的，不良资产管理公司应明确拟估值对象的适用性，更加注重该方法下净收益额、净收益增长率、空置率、折现率、资产存续时间等关键估值参数是否合理。对于显著不合理的，应予以调整或更换估值方法，比如净收益额或空置率波动较大的应回归归值附近。

对采用成本法进行估值的，不良资产管理公司应重点分析重建成本或重置成本的构成情况和结果，并在充分调查拟估值对象的物理性、功能性、经济性折旧的基础上，合理确定拟估值对象的重建成本或重置成本。

不良资产管理公司在进行非金不良资产的估值定价时，应以具体行业、具体企业经营管理情况、具体所涉法律关系为基础，进行充分的尽职调查。因为非金不良资产涉及行业众多、不良成因与企业具体经营管理息息相关，涉及法律关系复杂，可能出现的重大瑕疵较多，一不小心就可能导致债权灭失。

所有的估值模型都企图无限接近价值的真谛，却永无可能实现真正的一致。确保常量的准确，尽可能了解变量，并试图让变量的风险处于可控范围之内——这可能是对不良资产估值最简单也最极致的表述。

第五节 收购方案实施过程要点清单

不良资产收购是一项细致、复杂、变化的工作，必须在充分尽职调查和价值评估的基础上，扎实测算可回收金额，精心设计交易结构，合理预测风险并提出风险管控措施，制定严密的资产收购方案。

一、银行发送邀请函

当商业银行发放出去的贷款收不回来变成不良贷款时，贷款资产就从银行经营单位业务部门转到资产保全部门、法务部门、特资部门、贷后风控部门等负责不良资产处置的部门，由后者负责继续清收。

资产保全部可以选择向法院起诉追偿，也可以对外转让债权。银行总行会综合考虑当年需要实现的利润数、监管部门不良率考核指标，而后每年向各个省分行下发一个转让限额。

通常，由3户（含）以上债权组成一个资产包，这里的“3户（含）以上”应该理解为“向3个不同债务人发放的贷款”。银行向同一个债务人发放的3次贷款不算3户而是算1户。个别情况下，有的银行对组包的定义更审慎，3个债务人若属于关联企业，也看成1户。

与银行合作密切的不良资产管理公司通常会提前摸底银行的关注类和不良类贷款，充分沟通后主动提出意向收购标的和组包需求供银行组包参考。通过提前征集市场组包需求和意向也避免了银行盲目组包，导致无意向竞买方、出现资产流拍的情形。

银行将几户债权组包后确定一个封包基准日，计算得出资产包的本金、利息、罚息、复利、违约金（如有）等金额，进而得出整个资产包的总债权金额。基准日是资产包内所有债权计算本金、利息的截止时间。

封包后，商业银行向不良资产管理公司发出邀请函，邀请各家资产管理公司参加这个资产包的尽职调查，尽调时间通常为两周至一个月。

二、现场尽调和资产评估

不良资产管理公司收到银行的邀请函以及债权清单后，根据存量资产情况、公司发展定位和战略、项目预计尽调时间的充裕程度、债务人情况、抵质押率高低、抵押物分布区域、债权户数多少、债权金额大小、贷款发放的时间等诸多因素决定是否参与尽调和报价。

若不良资产管理公司有意向参加，需要回函银行出具一份邀约确认函和保密承诺，然后就会收到涉及债权电子版的信贷档案资料，包括借款合同、保证合同、抵押合同、产权证书、借款人主体资料、公司章程、营业执照、自然人身份证、财务报告、诉讼资料、贷后资料、资产历史评估报告（如有），作为非现场尽职调查的主要依据。

银行通常会根据抵押物区域分布情况制定尽调路线，组织各家不良资产管理公司进行一次现场尽调，可以把这个过程类比想象成一次“旅行”，当然尽调比旅行累很多。若不良资产管理公司选聘了资产评估中介机构，需要请评估师陪同参与现场尽调，不必再让评估师另行再次跑去尽调抵质押物资产。在这趟“旅行”中，银行工作人员是“导游”，各家不良资产管理公司项目经理是“游客”，分散在不同区域的抵押物是一处处“景点”。

除了抵押物，银行有时也会安排去债务企业经营现场访谈债务企业、保证企业的负责人，查看企业是正常经营还是勉强维持仅存的订单，抑或已经关门停业。项目经理此时可以在厂房外面观察，和门卫、保安攀谈几句，甚至站在企业门口，待上一天，数数一天有多少货车开进去、开出来，推测企业的发货量。假如工厂、物流园或者别墅门口有大狼狗的，你也可以操作无人机近距离观察一番。

尽调过程中能了解到多少有价值的信息，考验的是项目经理的本领和经验，这也是项目经理的“核心竞争力”。粗心的一线人员走马观花，拍照完事儿，导致尽调结果模糊不清，一问三不知；细心的项目经理通过详细阅档、记录重点关注的问题，在尽调过程中有意识地提问和摸底，发现许多有价值的第一手信息，甚至能够发现货不对板、指鹿为马的抵质押物。

银行的资产推介资料以及互联网平台能收集大部分的抵押物照片资料和位置情况，为什么还要去现场尽调？因为百闻不如一见，只有去现场才能感受到抵押物所处的真实环境氛围。这里我用的词是“感受”，既不是“调查”，也不是“体会”，甚至都不是“理解”。

它是在市中心 CBD、城镇、城乡接合部，还是在乡村郊外，周边人流量是密集还是稀疏，当地居民的消费物价水平和生活状态是怎样的，当地的收入能否支持资产价格，抵押物周边的空置率如何，抵押物有没有风水故事，抵押物灰尘厚不厚，抵押物是否存在违建等特殊处置障碍，抵押物有没有单独出入口，抵押前是否已经存在长租约，抵押物是否货不对板或者已经灭失，抵押物是否存在布局调整、私自分割或打通、破墙开店，抵押物是否一房多售、私下转卖等。所有的这些东西在办公室电脑前面都是无法获得的。

三、撰写收购方案

撰写不良资产包项目尽职调查报告方案时，请注意以下几个原则：

1. 以判决书确权范围为准

一份判决书包括开头、正文、判决三部分。开头列明原告（如银行、不良资产管理公司）、被告（债务人、保证人、抵押人）的基本情况，正文回顾银行放款事实和要求被告履约的诉讼请求，文末法院根据双方递交的证据宣布判决。判决书的作用在于正式确认了银行的放款事实和受偿权利，经过判决的案件涤除了各类隐藏法律风险，银行资料与判决书不一致的，切记以判决书为准。

2. 抵押物的估值分析是否按照清算价值类型考虑快速变现

市场价值是指自愿买方和自愿卖方在各自理性行事且未受任何强迫压制的情况下，某项资产在基准日进行正常公平交易的价值估计数额。

清算价值以市场价值为基础，充分考虑强制清算或强制变现等非正常交易条件下对资产市场价值的折让、贬损，确定快速变现系数，进而确定清算价值。比如，房产交易网站的住宅成交价是市场价值，在正常交易条件下的成交周期长达半年至一年，而网络拍卖平台上的司法拍卖成交价是快速变现价值，属于在非正常交易条件下对资产市场价值的折让、贬损。对不良资产抵押物的估值分析应主要参考司法拍卖成交价。

3. 明确担保范围

案件若还没有经过判决，更要仔细查看银行贷款资料中的细节。比如，银行分3次放款1亿元，债务人公司用名下房产提供了最高额5000万元的抵押担保，此种情况下，一定要清楚抵押担保的债权是对哪笔放款进行担保，因为假如抵押物的市场价值是2亿元，快速变现价值是1亿元，该笔债权也只能在最高额5000万元的担保范围内优先受偿。

4. 债权成立关键要素是否齐全，“以事实为依据，以法律为准绳”

比如，银行对一个到期借款重新展期一年，原来对应的保证人、抵押人应该重新签名确认，否则存在脱保的风险。比如，放款银行是某商业银行深圳分行，但他项权证上登记的抵押权人却是总行，如此主体不一致将导致后续在司法处置过程中，被告可能以此理由提出异议，使案件陷入停滞。

5. 利用开源网络情报信息，项目不止，尽调不息

不仅要阅档银行信贷档案、抵（质）押物权证档案进行贷款确权，还需要广泛查询国家企业信用信息公示系统、Wind、中国裁判文书网、动产融资统一登记公示系

统、中国债券信息网、上海证券交易所、深圳证券交易所、百度、微信公众号、抖音号等网站或平台，摸清企业基本情况、资产情况、债务情况、诉讼情况、企业新闻舆情。如有必要，不良资产管理公司可以选聘律师事务所提供法律尽调服务，为公司估值定价提供参考。

四、《尽职调查报告》内容要点

《尽职调查报告》正文包括项目名称，方案要点，债权情况，债务人情况，担保情况，抵（质）押物资产分布，诉讼状况，分为抵（质）押物估值、债务人估值、担保估值的债权估值，资产瑕疵披露，项目成本分析即盈亏平衡点，估值定价情况，交易结构及交易条件，最终建议报价区间等部分。

其中，方案要点应简明扼要，主要包括业务类型、交易基准日期、交易对手、债权金额、债权类型、交易方式、付款方式即时间要求、交割、履约保证等基本要素。

债务人情况主要包括：法律尽职调查要点清单中的主体信息，目标企业经营情况信息，企业陷入困境的原因及可能的发展趋势，前景分析等；结合第三方评估机构价值分析情况（价值分析报告）、律师事务所尽职调查情况（法律意见书）、项目团队估值情况，分析债务人一般还款能力；债务人对其他金融机构和企业的负债及还款、涉诉情况，以及为其他债权人设定的抵押或质押的真实有效性分析；债务人可能的还款来源情况分析；债务人的还款意愿分析等。

担保（人）情况主要包括：法律尽职调查要点清单中的担保主体信息，担保主体企业经营情况信息；保证担保和抵（质）押物担保的金额、期限，抵（质）押物的名称、数量、位置等担保基本情况；结合律师事务所尽职调查情况，对担保的有效性进行分析说明，对于无效的抵（质）押，应分析抵（质）押人是否承担相应的违约责任，对于抵（质）押物有效的情况，应结合第三方评估机构的价值分析情况（价值分析报告）、律师事务所尽职调查情况（法律意见书），对抵（质）押物变现偿债、抵债的可能性以及抵债价格等进行分析说明。

交易结构及交易条件主要包括价款支付方式和时间、资产转移和风险转移时间、过渡期收益归属、转让方对标的资产的基本声明和瑕疵批量、受让人对价款和费用的支付安排、委托代理协议的承继等。

项目方案制作完成后即可按照内部审批流程上报内部决策机构进行审核、审批。

通常，实质性审核的主要内容为业务方案的合理性、收购程序的合法性、尽调结果的可靠性、估值定价及费用预算的合理性、项目的营利性、交易方案的可行性及风险防范措施等。审核环节是一个多次切磋、多轮修改、反复沟通的过程，不能一蹴而就，除非不负责任或者纯粹属于走程序。

五、投标报价环节

投标一般分为现场投标和网络投标，二者在实践中各有利弊，大原则是稳健出价，宁可错过，不可犯错。

一是现场投标，其属于现在的主流模式，参与感较强。不良资产管理公司在投标这一天到银行参加竞价。银行会聘请公证处公证，有的也会全程录像留档，以保证转让过程的公平、公开、公正。价格是投标的灵魂。不同银行对现场投标的合规要求和投标形式各有差异，通常会事先设置资产包的保留底价并对大家保密，由各家不良资产管理公司各自报一口价。不良资产管理公司把报价单放在一个密封盖章的不透明信封里，由公证人员收齐后逐个拆开每家公司的信封并唱标，一般都是现场开标。按照竞价规则，报价最高且高于银行保留底价的不良资产管理公司中标。换句话说，报价最高者，若报价低于银行保留底价，依然不会成交。由于是暗标模式，各家不良资产管理公司的报价金额可能出现差距上千万元甚至几亿元的情形。

一旦不小心，不良资产管理公司可能“报价一时爽，处置火葬场”。当成交价远远超出商业银行处置底价和预期时，银行管户团队可能会摆起庆功宴，高呼“大撒币”，而不良资产管理公司的项目团队和领导们可能彻夜难眠。

二是网络投标。比如在银登中心或者阿里资产网络拍卖平台上缴纳保证金后报价，按照在起拍价基础上的交替加价机制，价高者得。如此就不可能发生第一名比第二名多报价上千万元甚至上亿元的情形。

不良资产管理公司中标后，通常双方会按照拍卖公告要求在一周内签署债权转让合同且买方支付全部成交价款，然后进行债权档案交割、登报公告发布债权转让与催收通知。

通常，封包基准日至资产交割日期间为过渡期，过渡期及之后有关标的债权的一切权利、收益、风险和责任，包括收回的现金或非现金资产及所产生的费用由不良资产投资人享有和承担。

六、档案交接与存续期管理

项目中标、支付竞价款、签订债权转让协议并办理债权转让通知和催收通知后，不良资产管理公司通常需要制定档案交接方案、明确交接责任人，明确档案资料核查清单并现场核查档案清单完成交接，建立资产管理台账，及时维护项目信息等。

不良资产管理公司接收的项目档案资料主要包括债务人、担保人、关联人的主体资料，包括贷款项目交接表、贷款合同、借据、债权债务确认书、担保合同、放款凭证、催收证明、他项权证等证明债权债务关系和担保法律关系存在的债权资产类资料以及中断诉讼时效和其他法定期间的法律文书或凭证，涉及诉讼、执行、破产等的法律文书，权证类文件及权利登记资料，转让方内部资产管理过程中形成的有关资料，会计凭证资料等。实物资产类资料主要包括实物资产交接清单、权属证明、批准文件、原始发票以及其他相关资料。

资产的交接过程中，不良资产管理公司应注意债权资产的保全和相应的权利时效维护。交接档案资料不齐全的，应积极采取措施，协调转让方完善缺失档案。难以补正的，应形成书面说明材料并归档，如对资产管理有较大影响，需进行专项风险提示和应对策略。通过制定明确的资料移交操作细则、资料档案的管理与使用办法，并严格执行，明确接管中发生不当行为的各方责任，增强参与接管人员的责任意识，妥善防范接管中的错误及遗漏、移交虚假文件资料等风险。

收购后，不良资产管理公司应与原债权人及时以公告或双方约定的其他合法有效形式共同通知债务人、担保人及其他相关权益人债权转让事宜；在主债权时效期满前，公司应向债务人发放逾期贷款催收通知；对于尚在保证期间的保证债权，应区别一般保证和连带保证对主债务人提起诉讼或向连带保证人主张权利。对于涉诉资产，应及时向有关法院申请变更诉讼、执行主体；承继案件尚在申请执行期限内但未申请执行的，应及时申请执行。实物资产如存在出租等为第三人占有情形的，应及时通知占有人产权变更事宜。

当收购后发现有可能导致资产损失的事件或信息时，不良资产管理公司需及时预警，并书面提出资产保全策略与实施方案。当已掌握信息与实际情况产生较大出入时，应及时补充现场调查。总之，不良资产管理公司应充分利用现有档案资料和日常管理中获得的各种信息，对资产进行综合处置分析。

第六节　投后经营管理与法律维权要点清单

一、不良资产经营管理的原则和分类方法

不良资产经营管理是指不良资产管理公司对所收购的不良资产进行维护和管理，一方面从法律权益角度保全不良资产，防止资产价值贬值，最大限度地减少资产损失，防范经营风险；另一方面从资产价值角度，通过持续尽职调查深入了解债务人的还款

意愿、还款能力、债权担保等相关信息，对抵（质）押物的变现能力与担保人的还款能力进行研究，发现不良资产新信息和新价值，挖掘财产线索，并用多种方式提升不良资产价值，带动综合经营的潜在机会，为实现最终处置创造条件。

1. 属地化管理原则

不良资产分布广、户数多、质量参差不齐、管理半径大。通常，为了充分利用当地资源、提高管理效率、减少管理成本，不良资产管理公司一般实行属地化管理。对外地的资产通常会选择当地的清收服务商进行合作处置。

当地的不良资产投资人面对当地的债务人，由于都是生于斯、长于斯，有些债务人恰好就是朋友的朋友或者亲戚的亲戚，且基于信息的不对称，当地人去买债权时比外地的投资者更熟悉当地市场环境。当地的不良资产投资人也更善于在当地动用身边人脉，向债务人的关联方了解一些私人信息，以减少信息不对称。当地的不良资产投资人在尽调完成后认为有盈利空间的，去和不良资产管理公司谈判，双方经过多轮口头报价、回复、妥协、博弈，互相试探对方的“底牌”，最终达到一个满意的转让价格。当地的不良资产投资人在收购后通过掌控时间节点，在最佳的处置期限内维护诉讼时效、延续执行期限、抢占先机成为第一查封人、增加谈判筹码等。

2. 风险预警全程监测原则

在项目投放后的整个存续期管理过程中，不同类型的项目可能出现各种各样的风险信号，不良资产管理公司应设置各种不同类别的风险信号，发挥“吹哨人”的功能，及时识别、分析风险信号并对潜在风险适时采取有效控制和化解手段，避免出现实质性终极风险和较大损失。

根据风险信号监测需要，不良资产管理公司通常将风控要求内化于自身的业务管理系统或者定期报告中，定期跟踪不良资产的处置进展和障碍，包括司法流程、营销推介进展等，确保让每一笔不良资产都始终处于精细化的全程监测之中，避免出现过程管理真空。

3. 分类管理原则

在不良资产管理公司收购完成不良资产包后，根据尽职调查和接收档案核查的结果，逐户分析不良资产包内不良资产的属性和状态、债务人及保证人的还款意愿、还款能力和财产线索。根据对不同类型债权的还款意愿和可追偿财产的分析，采取不同的针对性处置方式，这也俗称“苹果理论”，即在一箱苹果中把坏透的苹果挑出来做有机肥，坏了一小部分的苹果挑出来做成水果拼盘，软的熬成果酱，上好的大红苹果送上宴会，从而实现价值最大化。

具体分类方法有：

（1）按照债务人的基本信息进行分类，比如所处地理位置、行业等。

（2）按照债务人的属性，将不良债权分为公司类债权、个人类债权。

（3）按照债务企业经营状况进行分类，比如正常生产、半停产、停产、关闭、破产等。

（4）按照资产类别进行分类，比如债权资产、股权资产、实物资产等。

（5）按照债权法律状态，将不良债权分为未诉债权、已诉未判决债权、已判决待执行债权、正在执行的债权、已执行终结债权、破产债权等。

（6）按照担保条件和其他资产增信措施，将不良资产分为抵押类债权、质押类债权、保证类债权、纯信用债权。

（7）按照是否有还款能力（包括可追偿的资产或财产线索）和还款意愿分为四大类，即有还款能力且有还款意愿；有还款能力但无还款意愿；无还款能力但有还款意愿；无还款能力且无还款意愿。

二、债权资产管理要点清单

债权资产管理是指不良资产管理公司对其所拥有的不良债权资产展开有组织地维护、日常走访、风险监测、债务追偿等一系列管理工作。

债权资产具有户数多、规模大、分布广、行业跨度大、管理半径大、项目情况复杂、处置周期长、风险点分散等特点，其管理的好坏将直接影响资产回收价值的高低。

通常由不良资产项目的主办、协办人员共同组成存续期管理项目团队，主办人员为项目存续期管理的第一责任人。

存续期管理的职责主要包括：及时向债务人催收债务，并在诉讼时效、担保时效、保全时效、上诉时效、执行时效、申报债权期间等法定期间届满前及时采取相应措施，维护公司权益；开展日常管理尽职调查，维护日常走访、谈判、诉讼进度等新信息；监控债务人或担保人的履约情况，密切关注抵（质）押物的价值变化，对债务人恶意逃避债务等重大事项及时报告并提出补救措施；定期对债权资产进行估值，并预计未来回款金额与回款时间；在诉讼、执行或者破产程序中主张权利等。

抵押资产的管理是指关注抵押物实物状态和资产价值的变化，包括但不限于抵押人是否妥善保管抵押物，有无灭失、意外损毁和其他情况致使抵押物价值减少，进而影响债权受偿等的情形；抵押人对抵押物的使用、经营及与抵押物相关权利的行使，是否对抵押物的价值或者设立的担保产生不利影响。

质押资产的管理是指质押资产的变现能力和资产价值的变化，包括但不限于质押资产是否被采取查封、冻结、扣押等财产保全或者执行措施，以及存在针对质押股权的诉讼、仲裁、行政程序等情况，进而影响债权受偿等情形。

债权诉讼时效和法定期间管理是指在法律规定的期间内采取正确的时效中止、中断措施，保证债权人的民事权利能够得到法律保护，避免时效过期，进而影响债权受偿等情形。

维护诉讼管理要求确定诉讼时效起算点，及时采取各种中断诉讼时效的方式，包括但不限于提起诉讼、申请仲裁、发送债权催收通知书、发布债权催收公告、要求义务人承诺或者应允履行义务以重新确认债权等方式，从而不致丧失胜诉权，保证资产处置工作的有序进行。

法定期间管理要求存续期管理责任人在各种法定期间届满前及时采取相应措施，维护债权人权益。法定期间包括但不限于缴费期限，举证期限，上诉期限，再审期限，申请执行期限，查封、冻结、扣押财产的保全期限，破产终结后向保证人主张权利期限等。

不良资产项目日常管理主要关键词如表9所示：

表9　不良资产项目日常管理关键词

对象	字段	作用
资产包	转让方	前手权利人
	债权资产清单	统计债务人数量和债权资产户数
	债权本金、利息、费用总额	债权总额
	转让基准日	前手权利人的封包日
	内部估值、外部估值	投前估值
	投资时间	本金付款时间
	最终总包成本与分户成本	根据竞价结果分配各个债权资产的成本
	其他竞价参与方主体	
	其他竞价参与方报价	
	债权转让通知方式	方式包括但不限于登报、发送催收通知书等，起到诉讼时效中断的作用
	债权转让通知日期	
	现金流回收计划	
	档案移交及入库时间	
	债权投资本金回收金额	
	债权投资收益金额	

续表

对象	字段	作用
	债权剩余投资本金	
	未处置、部分转让、存续期、结清（认领成本覆盖投资成本）、结项	
债务人	债务人受偿金额	债务人信用估值比率 = 债务人受偿金额 ÷（债权本金 – 优先受偿金额）
债权资产	单户债权本金、利息、费用	
	债权类型	信用、担保、抵押、质押
	债权投资本金回收金额	
	债权投资收益金额	
	债权利息、罚息、复利计算规则	迟延履行期间加倍部分债务利息
	债权剩余投资本金	
	案件信息	记录当前案号、案件类型、管辖法院名称、法官姓名、法官电话、代理律师、律师电话、律师特点
	诉讼状态	未诉讼；诉讼和解；一审、二审；已判决待执行；强制执行中；执行终本；破产清算中；破产清算完毕；破产重整中；破产重整执行完毕；仲裁中；已仲裁裁决
	处置障碍	
	预计回收金额	
	预计处置周期/回款时间	
	资产状态	未处置；处置中；结清（认领成本、覆盖投资成本）；处置完成

在债权资产日常走访管理中，不良资产管理公司通过定期对债务人、担保人以及相关方进行走访，对抵（质）押物现场进行调研和信息收集，全面了解目标企业的生产经营情况、财务情况、资产质量情况；主动加强与债务人、担保人的联系，尽可能建立日常沟通渠道，判断债务人的还款意愿和还款能力；定期检查担保人的主体资格资信、经营风险、管理状况、财务状况、行业风险，分析担保人的代偿能力，检查和预测一旦出现第一还款来源不足以清偿全部债权时，是否能有效地行使担保权；关注

债务人、担保人各方面的重大变化或其他异常情况，做好风险预警，以便及时采取对债务人、担保人的有效应对措施，避免对方早已转移财产；根据走访所了解到的情况，及时调整清收手段和追偿顺序，采取包括但不限于追索现金或者等值有价证券、协商谈判、要求保证人履行保证义务、以诉促谈、处置抵押物或质押物、以物抵债等方式进行追偿，维护债权人正当权益。

债权资产日常走访中应特别关注可能威胁到债权资产安全或者有可能导致债权资产价值贬损和债权被悬空的事件和行为，一旦发现，及时补救。比如，债务人、保证人的法人资格或民事主体资格丧失，导致索债无门；债务人、保证人藏匿、转移、毁损或者以不合理低价出售或者长期出租重要资产，导致债权价值贬损；债务人、保证人滥用法人独立地位和股东有限责任，存在偷梁换柱、金蝉脱壳行为，逃避债务、悬空债务；债务人、担保人资产，特别是抵押的资产被擅自处置或者再次被抵押给其他单位，导致抵押权可能失效的情形；债务人所在地有关部门颁布、施行可能对债权资产产生不利影响的地方法规和文件；在债权管理中发现债务人可能存在涉嫌违规经营问题和违法犯罪案件线索，并可能被追究刑事责任；抵（质）押物出现已查封超期未续封；抵（质）押物出现收购尽调时未发现的长租约；抵（质）押物存在之前未发现的建设工程款、破产债权、职工债权、消费者购房债权等其他优先权，出现向债务人主张权利的情形，影响债权受偿；对于查封、扣押动产的，出现无法控制、未知具体位置的情形；抵（质）押物出现收购尽调时未发现的影响受偿情形，比如存在共有人、已出卖给善意第三人；抵（质）押物存在之前未发现的灭失或者损毁情形，比如失火、坍塌、水淹、撞毁等情形；抵（质）押物存在权利被转移，抵押权失效的情形；商业物业类型的抵（质）押物主要租户发生重大变化，包括不再续租、未能按期缴纳租金等情形；抵（质）押物出现一拍、二拍流拍或变卖失败；抵（质）押物因评估价格、权属、带租拍卖等原因被抵押人提出异议，存在暂缓或中止拍卖的情形；抵（质）押物出现被动以物抵债情形；抵（质）押物拍卖成交后出现悔拍情形；债务人（担保人）资产，特别是抵（质）押物存在重大变化，包括但不限于抵（质）押物被擅自处置、被转移、变卖或再次被抵押给其他单位、抵押物面临灭失或改变原状态而贬值的情形；抵（质）押物由于政府拆迁、调整市政规划等原因被占用、侵占而导致损失的情形，未能及时追踪了解信息，与相关部门进行沟通并争取补偿。

破产债权管理中，债务人被人民法院宣告公司破产后，债权人应及时申报债权，参加债权人会议，参与破产重整即破产分配流程，化解金融风险，帮助企业摆脱困境，最大限度保障不良资产管理公司的利益。

债权人在破产程序中未受偿的债权，不良资产管理公司应在破产终结后六个月内及时要求保证人承担保证责任。

在处置过程中形成新债权时，不良资产管理公司应对因签订重组协议或者债权转让协议形成的新债权强化跟踪履约，同时保持债权管理的连续性，避免出现管理真空。对逾期不能履行的，积极采取补救措施，继续采取非诉和诉讼手段督促债务人和受让人履约。

对确认重组协议实施失败的项目，不良资产管理公司应将未执行债权及原协议中减免的损失全部恢复为未处置债权进行追偿，对已恢复的债权项目要恢复计息，恢复计息日即为原处置项目的停息日。

三、股权资产经营管理要点清单

在债转股业务或者资本市场业务投资中，当股票转股、解禁的进程出现较原定计划推迟的情形时，不良资产管理公司应及时分析影响、采取应对计划、跟踪现状、跟进应对措施的落实情况。

外派管理是不良资产管理公司对参、控股公司履行投资管理最直接、最重要的方式。如对持股企业有外派人员，应依法履行股东权责，做好持股企业的外派人员管理、取得一票否决权、参与企业重大决策，督促企业加强成本控制、加速资产周转、化解流动性，提高经营管理规范性。外派人员作为履行股东权责的代表，是不良资产管理公司与参、控股公司之间的纽带，是各方沟通的桥梁，是投资行为能否成功实现收益的关键因素之一。

不良资产管理公司应加强与所投资股权企业的沟通，督促持股企业建立和完善法人治理结构，提高企业经营管理能力，实现股权资产保值增值。

不良资产管理公司应密切关注投资标的是否出现对股东权益、二级市场价格影响较大的负面情况，包括但不限于：企业利润较同期有大幅下滑；标的企业出现重大财务变化，如资产负债大额变动，有大额民间借贷，重大资产损失，中介机构审计时出具保留、无法表示或否定意见审计报告的；标的企业生产经营长期处于亏损状态，资产负债率大幅提高，且偿债现金流出现不足，导致债务人还款能力出现恶化；标的企业法人、股东、实际控制人非正常变动等情形；标的企业征信报告显示其在银行或其他金融机构的资产质量被划分为不良级别，在其他金融机构的借款出现逾期、逃废债等情况的；被银行或其他金融机构大幅抽贷的；企业违法经营、出现大额经济纠纷导致资产被保全；标的企业被环保、工商、税务部门及其他政府主管部门处罚且处罚金额较大；标的企业被其行业监管机构列为风险客户；标的企业出现停产、停工或销售停滞等情况的。如有以上情况，不良资产管理公司应依法维护股东权益，采取措施制止损害股东合法权益的行为。

当不良资产管理公司作为基金管理人，以基金形式投资、管理不良资产时，应按照基金合同约定履行基金管理人职责，包括但不限于向投资人提供定期、重大事项报告，基金分配，基金清算等事务。同时，防止出现以下风险：未及时履行向中国基金业协会的季度、年度财务报告和重大信息等报送义务；进行重大决策时未通过投决会或合伙人大会。当基金估值出现大幅下降时，不良资产管理公司应及时分析原因并采取应对措施。

四、实物资产经营管理要点清单

实物资产管理是指不良资产管理公司对不良资产收购、处置中以物抵债取得的实物类资产进行接收、过户、保管、盘点、运营租赁、委托管理等方面的管理，主要包括房屋及建筑物、在建工程、土地、交通工具、机器设备、材料物资、文玩字画、金银珠宝等。

实物资产管理的目的主要是减少管理成本、防范资产损耗、提升资产处置价值，最终为加快处置创造条件。

首先，不良资产管理公司应根据可受偿资产的实际情况，优先选择产权明晰、权证齐全、具有独立使用功能、易于保管及变现的资产作为抵债资产。

针对抵债资产应进行清理、接收，并建立以物抵债业务台账和相关档案，详细记载债务人名称、抵债资产种类、规格和数量、抵债金额、抵债方式、产权状况、收取时间、存放地点、入账情况等，并将办理以物抵债过程中制作或者收到的各种凭证、协议以及其他文件建档保存。

在实物资产接收过程中，不良资产管理公司应根据实物资产的权属转移文件和权属证明文件等，实地核对、清点实物资产，并到有关主管部门核实，了解抵债资产的产权及实物状况，包括资产是否存在产权上的瑕疵，是否存在租赁关系、租金是否已一次性支付、是否能够管控租金，是否设定了抵押、质押等他项权利，是否拖欠工程款、税款、土地出让金及其他费用，是否涉及其他法律纠纷，是否被司法机关查封、冻结等情况。经确认无误后，不良资产管理公司再与移交方办理资产移交手续。如发现实物资产的现状与转移文件和权属证明文件等描述不一致的，应及时与移交方、债务人、法院、登记机关等有关方面交涉并予以解决。

对于产权有瑕疵的资产，不良资产管理公司在抵债前要认真调查，分析瑕疵的产生原因、影响大小、能否弥补，要制定好接收后完善产权手续、加强管理的预案。

在实物资产被接收后，不良资产管理公司应进行定期盘点、账实核对，及时掌握实物资产的形态及价值状态的异常变化和风险隐患，并积极采取有效措施，防止资产价值贬损或者灭失，避免出现重大风险隐患而未及时获知，错失补救良机。

关注权属是否清晰是实物资产管理处置的关键，也是风险防范的重点。

不良资产管理公司对接收后尚未办理产权过户的实物资产，凡能够办理过户手续且符合成本效益原则的，应尽快办理权属过户手续或者所有权证明，避免因权属上的纠纷影响处置进度；对人民法院或者仲裁机关裁决的实物资产，应有法院和仲裁机关出具的相应法律文书等资料，确保权属清晰、没有争议；对协议抵债的情况，应在抵债协议中约定待抵押物过户完成后债权才消灭，在过户完成前不良资产管理公司仍继续对债权进行诉讼时效和法律期间的维护；因特殊原因暂时无法办理产权过户的实物资产，应有抵债协议和债务人的委托处置协议，依照《民法典》的规定办理预告登记，并跟踪了解原因，提出下一步解决措施、建议。同时，应确保对未过户资产的实际控制，紧密跟踪实物资产的权属变化，防止资产被他人查封、占有甚至变卖。

实物资产种类繁多，分布范围广泛，不良资产管理公司应针对其各自的特点，采取自行管理和委托管理相结合的灵活管理模式。比如，对主要为房屋、土地及附属设施的不动产，应加强日常管理和维护，避免房产、土地在管理过程中存在被占用、被收回、被征用等情况，及时协助法院将抵债裁定和协助执行通知书送达国土资源、房地产管理等相关部门办理过户手续，并及时完成不动产实物接收，确保不良资产管理公司实际占有；对能够集中管理的动产，包括办公设备、交通工具、纺织产品、轻工业品，应由不良资产管理公司集中统一管理并注意相关动产的使用、保质期限，关注其市场价格波动情况，为避免长期闲置、防止价值贬损，应加快处置进度；对金银珠宝、字画、古玩等贵重产品等应妥善保管，采取必要的保护措施；凡不适合集中管理的动产，如机器设备、半成品、成品等，根据需要派遣指定人员或者委托专门人员赴现场看管；不宜或者无法移动的大型机器设备，如生产线等，可根据实际情况采取委托管理方式。

实物资产如遭受损失或者面临风险，不良资产管理公司应采取相应应对措施，防范实物资产价值贬损，主要情况包括：实物资产周边资产成交价格出现大幅贬损时，应快速掌握交易信息，摸清贬损原因；实物资产被原权属人擅自变卖时，应快速掌握交易信息，采取补救措施或者依法提起诉讼来维护不良资产管理公司的合法权益；实物资产被无偿占用、被查封、被罚没时，应根据损害事实，就损害赔偿金、补偿金或者保险金等主张权利；实物资产已超过报废期、保质期等使用期限或者因自然灾害、偷盗、火灾、爆炸、水浸、腐蚀、摔压事故等非正常原因致损而无法修复时，应对实物资产的损失情况进行查验、鉴定，确定损失程度和金额，提出损失处理意见，寻求保险赔偿或者专业修复；实物资产因经济纠纷被法院查封时，应及时向法院出示该资产已经签订以物抵债协议的证据，说明抵债在先的事实，力争解封；对于土地可能遇到被政府收回的情况，应及时与政府洽谈，取得拆迁赔偿；对于进入二级市场的出让土地使用权被政府征用的情况，应及时与政府洽谈，按照有关规定，政府应对征用的出让土地所有权给予相应价值的土地使用权或者现金补偿。

为提高实物资产利用率、降低管理费用，不良资产管理公司可将实物资产对外租赁并做好实物资产租约管理。根据实物资产性质的不同，实物资产租赁可分为以机器设备、运输设备为主的动产租赁和以房屋、土地等为主的不动产租赁。实物资产对外租赁不能影响资产管理公司对租赁资产的随时处置，通常情况下，承租方依照租赁合同定期支付租金的同时不得转租。不良资产管理公司应定期对租赁资产的使用情况以及物理状况等进行查看，如发生较大变化，应查明原因、合理判断由此产生的后果及影响，对需要采取补救措施的，应提出具体解决方案。如承租方有欠交租金等违约行为，应终止租赁，解除双方租赁关系，采用法律等手段予以追讨，切实维护权属人权益。如承租人违约行为已造成损失的，应主张承租人予以赔偿。如在接收实物资产前，原产权人已经对外出租并已收取租金的，应采取诉讼等手段维护当前产权人资产管理公司的权益。

不良资产管理公司可对实物资产进行委托管理并按照委托协议加强对受托人的日常监督。如不良资产管理公司面临人力资源不足和信息不对称的困难，应充分发挥中介机构的优势，委托中介机构代为管理。不良资产管理公司采用委托管理模式时，应有利于加快资产处置、提高管理效率、降低管理成本，并定期对受托管理机构的工作进行检查，防止出现不尽责的情形导致实物资产毁损或者价值贬低，进而影响投资收益。

五、非金不良资产经营管理要点清单

非金不良资产经营管理是指通过持续尽职调查进行履约管理，对影响债权回收、股权或者实物资产变现的相关因素进行持续跟踪检查及分析，及时发现风险预警信号并采取相应防范补救措施，以确保项目收益的实现。

不良资产管理公司对非金不良资产投后管理的方式包括对企业的日常访谈、现场巡查、财务监测分析和其他互联网渠道公开信息监测等。不良资产管理公司通过定期的现场检查和非现场检查、走访和报告等方式，掌握交易对手或者资产的最新动态、未来变化，及时发现债务企业可能出现的经营困难、风险征兆或者不利变动，快速采取有效应对措施，避免影响投资收益。

不良资产管理公司对非金不良资产项目经营管理时，尤其应坚决杜绝“重投放、轻管理”的现象，做到“思想到位、行动到位”，对债务人、担保人、抵（质）押物资产、实物资产、股权资产的投后经营管理应根据不同类型资产的特点具体问题具体分析，各有侧重。

对于非金融机构债权类资产，不良资产管理公司要定期调查和分析债务人的资格和资信、经营管理状况、财务状况、行业风险等，通过关注债务人各方面的重大变化和其他异常情况，判断债务人的还款意愿和还款能力以及担保人的代偿意愿、代偿能力，做好风险预警工作。重点关注对债权有效性可能产生影响的因素，包括但不限于债务人以工程延期交付、工程或产品质量问题、质保金、工程尾款等事由提出反诉或抗辩，或者债务人以企业间借贷缺乏合法性、真实性等事由提出抗辩等。

对于非金融机构实物类资产，不良资产管理公司要关注实物资产物理状态的变化，通过定期盘点清查、账实核对，及时掌握实物类资产的形态及价值状态的异常变化和风险隐患，并积极采取有效措施，防止资产贬损或者丢失，进而影响投资收益。对于已出租的实物资产，不良资产管理公司要做好实物资产的租约管理，避免出现“权力寻租”的情形。对实物资产进行委托管理的，不良资产管理公司应按照委托协议约定加强对受托人的日常监控，避免做一个甩手掌柜，一问三不知。

对于非金融机构股权类资产，不良资产管理公司要密切关注持股企业资产负债情况、生产经营和关联交易等重大事项及其变化，依法维护股东权益，采取措施制止损害股东合法权益的行为；加强与股权企业的沟通，督促持股企业建立和完善法人治理结构，提出改进意见；引进先进管理经验，提高经营管理效益，实现股权资产保值增值；做好持股企业的外派人员管理，参与企业重大决策，依据持股比例参与企业利润分配。

六、不良资产法律维权流程要点清单

完成收购并办理移交后，不良资产管理公司对在分类管理后认定为应当采取法律维权措施的未诉债权向法院提起诉讼，取得法院确权判决，防止因管理失当或代理律师的不当行为导致在各种法定期间，包括但不限于诉讼时效、担保时效、保全时效、上诉时效、执行时效等出现偏差，或出现应续封未续封、未在举证期举证等有可能影响债权实现的情形。

1. 管辖法院

通常，银行为了避免债务人提出“管辖权异议”，事先会在借款合同中就约定，当贷款出现风险后，由银行所在城市的仲裁委员会或者人民法院管辖案件审理工作，而不是由债务人所在城市的法院负责，因为异地管辖会大大增加维权成本。一般的民事案件都由基层法院审理，若案值金额超过一定数额，由中级人民法院审理。两个以上人民法院都有管辖权的诉讼，原告可以向其中一个人民法院起诉，向两个法院起诉的，由最先立案的人民法院管辖。若债务人涉及两个及以上基层法院的，由上一级法院指定某基层法院统一管辖即“指定管辖”，或者由上一级法院统一审理，即“提级审理”。

2. 诉讼时效

2021 年开始实施的《民法典》第 188 条第 1 款第 1 句规定，向人民法院请求保护民事权利的诉讼时效期限为 3 年。也就是说，从贷款发生逾期开始的 3 年内，必须向法院提出诉讼，超过 3 年后，诉讼时效过期，债权人就丧失了通过司法途径催收的权利。

贷款逾期日，既可以是借款合同或者借据上载明的借款到期日，也可以是银行根据合同中的违约条款进行宣布的提前还款日。

债权发生转让的，通过公告、送达通知书等方式，诉讼时效中断，重新开始计算。其中“发送催收通知书”的效力优于“刊登公告”，因为《民法典》第 696 条第 1 款规定，“债权人转让全部或者部分债权，未通知保证人的，该转让对保证人不发生效力”。

为避免因采取公告方式进行转让通知及债权催收导致法律效力落空，无法对债务人、担保人产生法律效力，应当尽量发送催收通知书。

在诉讼外维护时效的手段有：

（1）直接向当事人主张权利，取得书面还款承诺材料：债务人书面签收催收函；债务人出具还款承诺；双方签订还款协议。

（2）债务人还款：由债务人主动小额归还部分欠款；依协议约定在债务人资金账户中扣收部分欠款。

（3）公告催收：对债务人下落不明，其亲属对催收通知书拒签、拒收的，在报纸等公开媒体上发布催收公告，向债务人主张权利。该公告需有主张权利的意思表示，同时公告内容包括现有住址、工作单位、借款金额、借款时间等。

（4）公证催收：对于能够找到借款人、担保人，而债务人以各种理由拒签、拒收催收通知书的，或者债务人所在地无利害关系的第三人又不证明送达的，不良资产管理公司可申请公证机关见证催收通知过程和催收通知内容，以保障在日后诉讼中能够证明没有丧失诉讼时效。

（5）提起法律诉讼：对于有能力偿还而赖债不还的借款人、担保人，不良资产管理公司可根据法律规定或者合同约定直接向有管辖权的人民法院提起保护民事权利的诉讼，请求人民法院作出判决或者裁定来保护债权。若起诉后又撤诉，一般情况下法院通常认为不能产生时效中断的效果，故起诉后又撤诉需慎重，但因书面和解而撤诉的可以导致时效中断。

（6）其他方式：申请仲裁；申请支付令；申请破产、申报破产债权；为主张权利而申请宣告义务人失踪或者死亡；申请诉前财产保全、诉前临时禁令等诉前措施；债权转让，将债权处置给第三方，后续时效无须再做维护；债务重组后，债权债务更新，时效重新计算。

（7）向公、检、法报案或者控告：在符合相关报案或控告的情况下，向相关机关提出报案，维护债权的诉讼时效。

已丧失诉讼时效情况下的时效补救方法：

（1）针对债务人来说，需要做出分期还款的计划、部分履行、另外提供担保，请求延期履行、制订清偿债务计划等视同为还款协议，中断诉讼时效。其中，需要有债务人确认债务的存在并且承诺偿还的意思表示，有债务人本人或者有权签字人的签字，债务企业加盖公章。

（2）通过催收让债务人对原债务重新确认。要求债务人在催收通知书上签字或盖章，视为对债务的重新确认。债权人在催收通知书上应明确标明催收贷款的意思表示及债务人愿意继续履行的意思表示，如“承诺愿意继续按照原贷款合同履行还款义务”等字样并由债务人签收。

（3）更新合同。合同更新是当事人签订一个全新的合同来取代旧合同，如债权转让、贷款重组、借新还旧等，时效将重新计算。

（4）针对保证人来说，需要保证人签字并认可催收函，在催收函中明确表明“保证人承诺愿意继续按照原主合同的担保条款和担保合同履行约定的担保责任”，并经保证人签字认可。

（5）直接起诉。因为债务人失联或未提出诉讼时效抗辩，人民法院一般不对诉讼时效问题进行阐明及主动适用诉讼时效的规定进行裁判，故认为债务人不会提出诉讼时效抗辩的，可以直接起诉。该方法的使用前提是债务人确定失联或不应诉，由于不同的法官对法院是否主动审查时效问题也持有不同的观点，故使用该方法时应审慎，避免败诉风险。

3. 计算罚息、复利、迟延履行金

在起诉状中列明需要债务人偿还的贷款金额，包括逾期本金、利息、罚息、复利。通常，逾期罚息利率是在借款利率的基础上加收30%～50%，挪用借款罚息利率是在借款利率基础上加收 50% ~100%。对逾期或未按合同约定用途使用借款的贷款，从逾期或未按合同约定用途使用贷款之日起，按罚息利率计收利息，直至清偿本息为止。对不能按时支付的利息，按罚息利率计收复利。

罚息 = 逾期本金 × 罚息利率 × 逾期天数 ÷ 360。

复利 = 逾期利息 × 罚息利率 × 逾期天数 ÷ 360。

判决后，若被告在判决书规定期限内仍未偿还贷款，被告需要向原告加倍支付迟延履行金，迟延履行金 = 逾期本金 × 迟延天数 × 1.75 ÷ 10,000，大约年化 6.3%。

4. 准备起诉资料

准备起诉资料的清单如表 10 所示，资料可以选择亲自送到法院，也可以选择邮寄到法院立案窗口，还可以通过微信小程序立案。拨打“12368”司法服务电话，选择相应法院，可以咨询到立案窗口的联系方式。

5. 起诉时需要确认的要素（见表 10）

表 10 起诉时需要确认的要素清单

起诉涉及的要素	说明
管辖法院	合同约定履行地点的，以约定的履行地点为合同履行地；合同对履行地点没有约定或者约定不明确，争议标的为给付货币的，接收货币一方所在地为合同履行地；交付不动产的，不动产所在地为合同履行地；其他标的，履行义务一方所在地为合同履行地；即时结清的合同，交易行为地为合同履行地；合同没有实际履行，当事人双方住所地都不在合同约定的履行地的，根据“原告就被告”原则，由被告住所地人民法院管辖
诉讼时效	逾期之日起 3 年内
原告	债权人、银行、资产管理公司、贷款人
被告	债务人（借款人）、保证人、抵押人
原告、被告的代理人	既可以是双方的员工，也可以是聘请的律师
债务人需偿还的总金额	本金 + 利息 + 罚息 + 复利 + 违约金 + 其他费用
保证人需偿还的总金额	以其保证合同约定的金额为上限，分为一般保证、最高额保证、连带保证
抵押人需偿还的总金额	抵押物处置回款，以其抵押合同约定的金额为上限，分为一般抵押、最高额抵押
抵押物	为了保障自身能够按时偿还债务，以自己的财产或者第三人的财产作为自身履行债务的保障，该财产就是抵押物。该物的性质可以是动产，也可以是不动产。其拍卖的抵押顺序依次为实现抵押权的费用、主债权的利息、主债权

6. 起诉时需要递交的资料（见表11）

表11　起诉时需要递交的资料清单

递交的资料	作用
起诉状	陈述借贷等经济纠纷事实，要求被告偿还
证据目录	证明借贷行为成立
本金利息计算表	截至某个基准日的所有欠款本金、利息、孳息、违约金等
授权委托书	原告的代理人
代理人身份证	代理人身份信息，既可以是公司员工，提供劳动合同或者社保证明；也可以聘请律师，需要提供律师执业证书
送达地址确认书	法律文书送达给原告/被告的住址
银行账户确认书	原告的银行账户，用来收款
营业执照	原告的主体资料
法定代表人证明	证明原告单位负责人
法定代表人身份证	证明单位负责人的身份信息
金融许可证	若是金融机构查封财产，提供金融许可证，不需要提供担保措施，而是需要财产保全保证书，保证若财产保全申请错误，愿意赔偿被申请人因财产保全遭受的全部损失，并承担采取财产保全措施所需的全部费用。若是非金融机构，需要提供价值和被查封财产同等金额的担保。不动产、动产、银行存款、机器设备、保险公司保函、银行保函都可以作为财产保全担保
财产保全申请书	通常在起诉时，一并提交财产保全申请书，查封被告名下的财产

7. 诉讼保全

为了最大限度地以诉促谈、达成和解或者司法判决前避免债务人转移财产，诉讼保全是一个积极并有意义的保障措施。

保全是法院为了确保将来的执行文书得以顺利执行，在执行文书生效之前，采取一定的强制性措施以限制义务人处分其财产或者责令义务人做出或者不做出某种行为的程序。

诉讼保全分为财产保全、行为保全、证据保全。在不良资产处置清收中，通常需要的是财产保全。

顾名思义，财产保全是指对当事人的财产或者争议的标的物采取限制当事人处分的强制措施；行为保全是指责令当事人做出一定行为或者禁止做出一定行为的保全措施；证据保全通常在诉讼前或者举证期限届满前书面提出。

诉讼财产保全一般都要求提供担保，诉前财产保全一定会要求提供担保，有可能还会要求证明情况紧急。

财产保全担保方式有现金、房产、保险公司出具的保函、商业银行出具的担保函等。担保数额不超过请求保全数额的30%，申请保全的财产系争议标的的，担保数额不超过争议标的价值的30%。

申请财产保全时，应当向人民法院提供明确的被保全财产信息，确因客观原因不能提供明确的被保全财产信息，但提供了具体财产线索的，人民法院可以依法裁定采取财产保全措施。

8. 收到立案通知书

立案窗口受理起诉资料后决定是否立案，不予立案的退回，准予立案的，向原告发送受理案件通知书和交纳诉讼费用通知书。

受理案件通知书右上角是案件的编号，交纳诉讼费用通知书上写明“××单位，你与××企业、×××、×××金融借款合同/买卖合同纠纷一案，现已立案。你应当交纳案件受理费××元，申请费0元，保全费5000元，保证金0元，其他诉讼费0元，合计××元。限你于收到本通知书次日起七日内按如下所列账户向本院预交。期满仍未预交诉讼费用的，法院将按撤回起诉处理”。现在许多手机App都有计算案件受理费的功能，输入案件标的金额（包含逾期本金、利息、罚息、复利的合计数），系统会自动计算出需要交纳的受理费用，财产保全费为5000元封顶。

9. 开庭

我国民事诉讼实行两审终审制，对于小额诉讼简单程序实行一审终审制，以及审批监督救济程序（申请再审和检察院抗诉）。大部分案件由基层人民法院和中级人民法院审理。

民商事案件是双方的博弈。一审是基础，二审是最后冲刺，审判监督是最后的救济，逆转概率较小。

诉讼就像治病，越在前面越容易，越拖到后面越难解决，拖到最后就是病入膏肓。所以，在事前进行预防，在签订合同和履约等环节采取正确的方法能有效消除争议，避免纠纷和诉讼的产生。

主要开庭流程如下：

（1）诉讼费按时交纳后，法院向原告、被告邮寄开庭传票，传票上记载了开庭时间和法庭号。庭审的座次安排是双方在法庭两边，法官居间，书记员负责记录，其他人在旁听席就坐。

（2）法官核对双方身份，包括代理人身份，确认无误后，宣读法庭规则，宣布开庭。

（3）原告和被告双方陈述事件经过、各自的理由、诉讼请求。

（4）双方向法院提交各自的证据原件，包括借款合同、保证合同、抵押合同、产权证及其他佐证等。

（5）针对双方不同的表述，双方展开辩论。

（6）双方做结束发言，确认各自的诉讼请求。

（7）双方可以找到令对方满意的解决方法或者和解方案的，法官居间调停，双方达成调解。

（8）双方要求相去甚远、无法达成一致的，法院休庭，择期判决。

10. 收到判决书

法院依据事实和证据独立作出判决，双方在收到判决书之日起的15日内不服判决的，可以向上一级法院提起上诉。一般情况下，法院大多会支持银行的正常诉讼请求，以维护我国金融市场的稳定和法律的严肃性。当然也会有个别例外的情况，如银行在发放贷款过程中存在签字瑕疵、资料伪造、放款前抵押物被保全查封或抵押物存在其他优先顺位等情形时，银行会被判决败诉，不支持原告的诉讼请求。

11. 申请强制执行

判决生效后，债务人除需要偿还债务本金、利息、罚息、复利外，还增加了承担迟延履行金的义务，按照日利率0.0175%来计算，约年化6.3%。此时，案件从审判庭按程序转到法院执行局，债权人向法院执行局递交强制执行申请书，要求法院拍卖债务人名下的财产，以弥补借款损失。

12. 对抵押物进行司法评估和拍卖

法院利用互联网系统可以查询债务人在各家银行、房管局、证券交易所、支付宝、微信、车管所等名下的财产情况。对于银行存款、支付宝余额、微信余额，可以直接扣划用于还款；对于房产、车辆、股权等资产，委托评估公司进行价值评估，估值结果作为拍卖依据。

“穷尽财产调查措施”是指至少完成下列调查事项：已通过网络执行查控系统查询被执行人的财产情况；对于无法通过网络方式查询的财产，已在被执行人所在地或者可能隐匿财产、转移财产所在地进行了必要的调查；对申请执行人提供的财产线索已经进行了核实；法律、司法解释规定必须完成的调查事项。

通常情况下，司法评估价的70%作为第一次拍卖（一拍）的起拍价，竞拍时间为24小时；一拍流拍的，以一拍流拍价的80%作为二拍起拍价，竞拍时间为24小时；二拍流拍的，以二拍流拍价作为变卖起拍价，竞拍时间为60日；变卖流拍的，法院询问债权人是否愿意接受以物抵债，若不愿意，则终结本次执行程序，待发现有其他可供执行财产时可以恢复执行。

申请对未抵押财产执行拍卖时，如该财产有多个查封、轮候查封且不足以清偿全部债务，首封申请执行人无法通过以物抵物单独获得清偿，但可按照其占全部申请参与分配债权数额的比例受偿。

若法拍财产回款不足以覆盖债权金额的，债权人可以申请把债务人的法定代表人、自然人保证人列入失信被执行人名单，也就是通俗说的“老赖”，并挂网公示，同时采取限制高消费措施，不得有高消费及非生活和工作必需的消费行为。

13. 暂不具备继续执行条件的案件应退出强制执行程序

执行不能案件是指不具备或者暂不具备执行条件，导致执行法院无法执行到位的案件。

执行案件有下列情形之一的，执行法院可以“终结执行”方式结案：申请人撤销申请或者当事人双方达成执行和解协议，申请执行人撤回执行申请的；据以执行的法律文书被撤销的；作为被执行人的公民死亡，无遗产可供执行，又无义务承担人的；追索赡养费、扶养费、抚育费案件的权利人死亡的；作为被执行人的公民因生活困难无力偿还借款，无收入来源，又丧失劳动能力的；作为被执行人的企业法人或者其他组织被撤销、注销、吊销营业执照或者歇业、终止后既无财产可供执行，又无义务承受人，也没有能够依法追加变更执行主体的；执行标的物为特定物，原物确已毁损或者灭失，双方当事人对折价赔偿不能协商一致的；被执行人被人民法院裁定宣告破产的；行政执行标的灭失的；案件被上级人民法院裁定提级执行的；案件被上级人民法院裁定指定由其他法院执行等。

执行案件有下列情形之一，且无其他可供执行财产的，可以裁定终结本次执行程序：被执行人财产经依法拍卖、变卖未成交，申请执行人拒绝接受抵债或者依法不能交付其抵债，又不能对该财产采取其他执行措施的；执行法院查封了被执行人名下车辆、船舶、飞行器等特殊动产档案，但未能实际控制该财产的；执行法院非首先查封被执行人财产，且与首先查封法院协商不成，导致案件超过六个月仍无法推进执行的；执行内容需要分期进行或者双方达成分期履行和解协议，导致案件超过六个月不能执结的；被执行人财产依法不能执行或者应当免于执行的；申请执行人暂不要求被执行人履行生效法律文书确定的给付义务，书面要求终结本次执行程序的；执行法院认为其他有财产但不可供执行的情形。

因被执行人下落不明导致案件暂不具备执行条件而终结本次执行程序的，执行法院应当将被执行人纳入失信被执行人名单，依法对其进行信用惩戒，并可以根据案件具体情况对被执行人采取或者通知有关单位协助采取限制出境措施。

财产执行案件以终结本次执行程序方式结案的，执行法院可以根据案件具体情况向被执行人发出限制消费令，限制其高消费及非生活或者经营必需的消费行为。

14. 执行案件移送破产审查，即执转破

当遇到执行遇到障碍、执行不到债务人的其他财产、债务人转移财产、个别清偿其他债权人、久拖不决等情况时，不良资产管理公司可考虑执行转破产程序，或许能收到奇效。

当被执行人的企业法人资不抵债、达到破产界限、符合破产条件时，经申请执行人之一或者被执行人同意，执行法院应当裁定中止对该被执行人的执行，将案件移送破产审判部门对作为被执行人的企业法人进行破产审查。

移送破产审查的案件，转入法院已经成立专门清算与破产审判庭的，应当由清算与破产审判庭审查审理。没有成立专门审判庭的，民二庭或相应的破产审判部门必须成立专门的、固定的合议庭来审查审理。

在执行案件进入破产程序后，对所有普通债权人进行公平清偿可以解决债权人在实践中不能受到公平对待的问题。

破产程序结束后，这些债权债务关系归于消灭，执行案件也可以结案。

七、执行标的与执行措施要点清单

（一）常见一般财产的强制执行

根据《民事诉讼法》、《仲裁法》及最高人民法院《关于适用〈中华人民共和国仲裁法〉若干问题的解释》的有关规定，当事人申请执行仲裁裁决书、调解书以及通过仲裁机构申请财产保全的案件，统一由被执行人住所地或者被执行的财产所在地的中级人民法院管辖。

通常，申请执行人可申请法院强制执行被执行人的常见一般财产包括存款，基金份额，债券等其他有价证券，金银等贵重金属，土地房屋等不动产，机动车、船舶、航空器等运输工具，机器设备等动产，股权、境内上市公司股票、代办股权转让系统（俗称“三板市场”）股票，仓单、提单对应财产，矿产权益，专利权、商标权、著作权等知识产权，应收账款，到期债权、未支取收入、法院裁判权益，其他有较高变现价值的财产。

其中，金钱债权执行案件占全部案件数量的95%以上，是民事执行当之无愧的“重头戏”。此类案件的执行主要是围绕财产来开展的，从调查财产到控制财产，再到处置财产，最后分配、发还案款。

如何执行债务人到期债权和未支取收入？法院可直接执行被执行人的未支取收入，但能否执行到期债权取决于次债务人是否提出执行异议。第一，当事人可申请法院直接执行被执行人的应得收入，而若主张执行到期债权，则必须征得该次债务人的同意。第二，法院执行被执行人对他人的到期债权时，当该他人对于到期债权有异议，申请执行人请求对异议部分强制执行的，法院不予支持。所以，相关当事人一方面要留意对方提出异议的情况，另一方面有异议权的当事人要积极主张权利提出异议。第三，被执行人在有关单位的收入尚未支取的，法院应当作出裁定，向该单位发出协助执行通知书，由其协助扣留或提取。任何单位和个人都有依法协助法院执行的义务，法院在执行阶段向协助单位送达执行裁定书及协助执行通知书，要求协助单位协助查封被执行人的债权，协助单位有协助法院查封的义务。

如何申请执行代持显名股东的股权？即使股权代持合法有效，也不影响债权人对被代持股权的强制执行。一方面，名义股东的非基于股权处分的债权人应属于法律保护的“第三人”范畴，该债权人的信赖利益应受到法律的优先保护。另一方面，隐名股东作为被代持人在股权代持中的确存在诸多法律风险，如何签署完善的股权代持协议并采取防范代持风险的综合措施，是被代持人应优先考虑和需要解决的问题。通过完善代持协议和采取系统的风险防范措施，完全避免和补救代持股权被强制执行且无其他保障安排的风险是有可能的。

保全查封公司股权是否超标的时不必参照实收资本，验资报告仅是证明公司已收到股东缴纳的实收资本，不是对公司资本的保全、还款能力和持续经营能力的保证，不能证明公司股权价值等同于公司的资本。公司经营状况、实物资产价值、对外负债清偿等不确定因素均会引起公司股权价值的变化。因此，无法认定持有的股权变现价值已经明显超过诉讼标的额。

（二）部分特殊标的强制执行

1. 申请执行人可申请法院强制执行被执行人的唯一住房或者登记在他人名下之房产。

如何处理司法拍卖不动产的交付？

由于不动产物权人通常凭借居住或放置物品实现占有效果，交付不动产时，需要以搬迁、清空即“腾退”的方式解除他人对不动产的占有，让新的物权人取得占有。也就是说，“腾退”专指不动产的交付方式。为防止被执行人处分不动产，执行法院一般以提取、保存财产权证照或查封登记的方法来查封不动产（“活封”或“软查封”），未必会“腾退”不动产并将其交由执行法院占有（“死封”）。这引发拍卖不动产的交付难题，引起社会热议的“不交吉房产司法拍卖案”即为例证。

“死封”或一律“清空后拍卖”虽能提高拍卖成交率，但却不正当、不经济，也无必要。只有当抵押权设立后的物上负担影响抵押物变价时，才可先除去后再拍卖。被执行人或第三人非因查封就对执行机关负有不动产交付义务，交付对象理应为拍卖不动产的受让人。就执行管辖而言，为实现执行资源的集约化高效利用，拍卖不动产的强制交付应当避免委托或异地执行，而交由不动产所在地法院专属管辖。

特殊情况下，执行被执行人的唯一住房存在“腾退难”的问题。比如，房子里面住着人，法院要求腾退，住户以自残、自杀相威胁。拍卖的工作还要往前推进，但要做好风险的评估和防范工作。发拍卖公告、组织力量、约谈住户等，逐步推进问题的解决、取得有利形势。

在腾房时，法官可以充分约谈被执行人，告知其若配合，可以给予其 8 年租金；若不配合，只给予其 5 年租金。被执行人看法院意志坚定，法院对预留的租金又有权依其配合程度来裁量，很多被执行人可能就会妥协和理解。同时，执行中要特别注意做好预案、防范风险。

根据最高人民法院《关于转发住房和城乡建设部〈关于无证房产依据协助执行文书办理产权登记有关问题的函〉的通知》，无证房产亦可被执行。根据最高人民法院、国土资源部、建设部《关于依法规范人民法院执行和国土资源房地产管理部门协助执行若干问题的通知》第 8 条的规定：对被执行人因继承、判决或者强制执行取得，但尚未办理过户登记的土地使用权、房屋的查封，执行法院应当向国土资源、房地产管理部门提交被执行人取得财产所依据的继承证明、生效判决书或者执行裁定书及协助执行通知书，由国土资源、房地产管理部门办理过户登记手续后，办理查封登记。

故对被执行人未办理过户的房地产或者登记在他人名下之房产，可强制过户后进行执行。

2. 可执行在集体土地上未经批准建造的房屋，在租赁的集体土地上建造的厂房及厂区内的办公楼、宿舍等财产。

根据最高人民法院《关于转发住房和城乡建设部〈关于无证房产依据协助执行文书办理产权登记有关问题的函〉的通知》（法〔2012〕151 号），可以进行“现状处置”。在不改变租赁合同的前提下，在处置前告知集体经济组织后可不征得集体经济组织同意进行“现状处置”。

3. 可执行在国有建设用地上建造的无证房屋。

依据最高人民法院《关于转发住房和城乡建设部〈关于无证房产依据协助执行文

书办理产权登记有关问题的函〉的通知》（法〔2012〕151 号），对于国有建设用地上建造的无证房屋可以处置。执行法院应就该房屋是否可转化为有证房屋征求行政机关意见，并作为确定无证房屋价值的参考。

4. 可执行农村宅基地使用权及房屋。

在执行中，对宅基地使用权这种我国特有的用益物权形式，虽然存在相应的限制性规定，但并不妨碍其作为查封、变现等强制措施的执行标的。

法院在作出查封裁定前，应向县级政府国土资源管理部门查询宅基地使用权权属登记、向宅基地所在的村民委员会核实使用情况，必要时还要调取权属的相关证明材料是否符合《土地管理法》的规定，农村村民出卖、出租住房后再申请宅基地的，不予批准。通常情况下，宅基地使用权禁止向集体经济组织之外的城镇居民流转。

我国的宅基地使用权的取得方式是以申请审批为主的原始取得方式。法律贯彻“一户一宅”的原则，严格规定了申请宅基地的条件。处置被执行人名下的宅基地使用权及其地上房屋只能采取变卖的方式，且受让人必须同时具备如下条件：转让人拥有两处以上的农村住房（含宅基地）；转让人与受让人为同一集体经济组织内部的成员；受让人没有住房和宅基地，且符合宅基地使用权分配的条件；转让行为须征得本经济组织同意；宅基地使用权不得单独转让，必须与合法建造的房屋一并转让。

5. 可执行未过户的预售商品房。

被执行人已将房款全部支付给开发商（被执行人自付一部分，银行贷款一部分），银行办理了抵押预告登记（预抵押登记），开发商在预售房产办理抵押权登记之前对银行贷款承担阶段性连带担保责任的商品房预售情形下，预售的商品房被法院预查封后，开发商或被执行人以仲裁或诉讼方式解除合同的，不得对抗人民法院的执行，人民法院可以继续执行预售房产。

6. 可执行被执行人工资收入，采用扣留、提取的方法进行。

7. 可执行被执行人养老金，离退休人员离休金或退休金。人民法院可以要求社会保障机构或者其离退休金发放单位协助人民法院冻结、扣划被执行人应得的养老金、离休金或退休金。

8. 可执行住房公积金。如被执行人符合提取职工住房公积金账户内的存储余额的条件，在保障被执行人依法享有的基本生活及居住条件的情况下，执行法院可以对被执行人住房公积金账户内的存储余额强制执行。

9. 可执行与案外人（含配偶）共有的财产。生效法律文书仅载明被执行人个人为债务人的，对于下列财产，执行法院可以执行：被执行人配偶名下的存款、股权或者股票、金融理财产品等，婚后登记在被执行人配偶单方名下的房产、车辆以及婚后登记在被执行人和其配偶双方名下的房产、车辆等财产；登记在被执行人及其他人名下的共有财产以及登记在案外人名下但案外人承认属于被执行人财产或同意作为被执行人财产接受强制执行的财产。

10. 可执行子女名下财产。

（1）对于被执行人未成年子女名下与其收入明显不相称的较大数额存款，登记在被执行人未成年子女单方名下的房产、车辆或者登记在被执行人和其未成年子女名下的房产等，执行法院可以执行。（2）执行未成年子女来历不明的巨额财产。（3）执行负债期间以子女名义购买的财产。根据（2019）最高法民申2508号裁定，债务人在明知尚有欠债未予偿还的情况下以其子女名义购买房屋并转移到子女名下的行为，严重影响到了其责任财产，对债权人债权的实现构成了重大不利影响，该行为构成对债权人的损害。故涉案房屋应作为家庭共有财产对家庭对外债务承担责任。

11. 拍卖被执行人手机号。

12. 可执行财付通、支付宝、抖音等网络平台内的财产，实施查封、冻结、扣划。

13. “揭开公司面纱”，执行债务企业未尽责的股东的财产。债务企业股东在法定期限内怠于履行清算责任而造成企业财产损毁、灭失、贬值等实际损失，致使债权人的债权受到实际损失，或者股东通过抽逃注册资金、非法转移利润、不履行清算义务等方式滥用股东有限责任制度的，可被直接追加为被执行人。

（三）全方面限制措施

1. 限制高消费。

根据2015年7月22日起施行的最高人民法院《关于限制被执行人高消费及有关消费的若干规定》第3条的规定，限制如下高消费：乘坐交通工具时，选择飞机、列车软卧、轮船二等以上舱位；在星级以上宾馆、酒店、夜总会、高尔夫球场等场所进行高消费；购买不动产或者新建、扩建、高档装修房屋；租赁高档写字楼、宾馆、公寓等场所办公；购买非经营必需车辆；旅游、度假；子女就读高收费私立学校；支付高额保费购买保险理财产品；乘坐G字头动车组列车全部座位、其他动车组列车一等以上座位等其他非生活和工作必需的消费行为。

2. 从事特定行业或项目限制。

2016年9月25日，中共中央办公厅、国务院办公厅印发的《关于加快推进失信被执行人信用监督、警示和惩戒机制建设的意见》提出了全方面的限制，从事特定行业或项目限制包括：（1）设立金融类公司限制。（2）发行债券限制。（3）合格投资者额度限制。（4）股权激励限制。（5）股票发行或挂牌转让限制。（6）设立社会组织限制。（7）参与政府投资项目或主要使用财政性资金项目限制等。另外，2016 年 1 月 20 日，由国家发展改革委和最高人民法院牵头，中国人民银行、中央组织部、中央宣传部、中央编办、中央文明办、最高人民检察院等 44 家单位联合签署了《关于对失信被执行人实施联合惩戒的合作备忘录》，共提出 55 项惩戒措施，对失信被执行人设立金融类机构、从事民商事行为、享受优惠政策、担任重要职务等方面全面进行限制。

3. 政府支持或补贴限制。

主要包括：获取政府补贴限制，限制失信被执行人申请政府补贴资金和社会保障资金支持；获得政策支持限制，限制失信被执行人在获得政府补贴，在审批投资、进出口、科技等政策支持方面的政策。

4. 任职资格限制。

主要包括担任国企高管限制，担任事业单位法定代表人限制，担任金融机构高管限制，担任社会组织负责人限制，招录（聘）为公务人员限制，入党或党员的特别限制，担任党代表、人大代表和政协委员限制，入伍服役限制等。

5. 准入资格限制。

主要包括海关认证限制，从事药品、食品等行业限制，房地产、建筑企业资质限制。

6. 荣誉和授信限制。

主要包括授予文明城市、文明村镇、文明单位、文明家庭、道德模范、慈善类奖项限制，律师和律师事务所荣誉限制，授信限制。

7. 特殊市场交易限制。

主要包括从事不动产交易、国有资产交易限制，使用国有林地限制，使用草原限制，其他国有自然资源利用限制。

8. 失信被执行人为自然人的，不能担任企业的法定代表人、董事、监事、高级管理人员等。

9. 限制投标人、招标代理机构、评标专家以及其他招标从业人员招投标活动。

2016 年 9 月 22 日，最高人民法院、国家发展和改革委员会等 9 部门联合公布《关于在招标投标活动中对失信被执行人实施联合惩戒的通知》，限制失信被执行人的投标活动、招标代理活动、评标活动、招标从业活动。

10. 限制支付宝、芝麻信用等网络支付工具和授信。

11. 限制网签备案等不动产交易行为，明确“老赖”不得进行房屋网签备案。

12. 对被执行人账目进行审计。债权人在面对“穷公司富股东”的情况时，作为被执行人的法人或其他组织不履行生效法律文书确定的义务，申请执行人认为其有拒绝报告、虚假报告财产情况，隐匿、转移财产等逃避债务情形或者其股东、出资人有出资不实、抽逃出资等情形的，可以书面申请人民法院委托审计机构对该被执行人进行审计。同时，按照“先追加后救济”的思路追加其股东为被执行人，后续被执行人可以通过向执行法院提出执行异议之诉的方式进行救济。多数股东认为公司可以作为一道“防火墙”帮助其逃避债务。在公司被列为被执行人且可能出现资不抵债时，债权人可以把注意力放在未如实出资的股东身上，而作为被执行法人的股东更要注意相关风险的防控。

13. 限制失信被执行人子女就读高收费民办学校。“老赖”未清偿完毕债务，其子女不得就读高收费民办学校。

（四）方便、快捷、强力执行行为

1. 网络快速查询及执行查控。

2016 年 3 月，最高人民法院和公安部联合下发了《关于建立快速查询信息共享及网络执行查控协作工作机制的意见》，该意见主要包括五方面的协作内容：一是信息共享。最高人民法院与公安部共享执行案件信息、失信被执行人信息及司法审判信息。二是查询反馈。公安部协助人民法院查询反馈被执行人身份信息、被执行人出入境证件及出入境信息、被诉讼保全被告的出入境证件信息以及被诉讼保全被告、被执行人的车辆登记信息等。三是限制出境。公安机关协助人民法院限制被执行人出境。四是查控车辆。公安机关协助人民法院查找、冻结车辆。五是查找被执行人。公安机关协助人民法院查找下落不明的被执行人。

2. 每 6 个月查询一次财产。2016 年 11 月 7 日，最高人民法院发布的《关于严格规范终结本次执行程序的规定（试行）》第 9 条第 2 款第 1 句明确，“终结本次执行程序后的五年内，执行法院应当每六个月通过网络执行查控系统查询一次被执行人的财产，并将查询结果告知申请执行人”。

3. 将身份证、护照等所有法定有效证件全部关联捆绑进行惩戒。中央全面依法治国委员会于 2019 年 7 月 14 日发布《关于加强综合治理从源头切实解决执行难问题的意见》，提出健全网络执行查控系统、建立健全查找被执行人协作联动机制、加快推进失信被执行人信息共享工作、完善失信被执行人联合惩戒机制以及加大对拒不执行生效判决、裁定等违法犯罪行为打击力度的执行联动机制建设意见，提出将身份证、护照等所有法定有效证件全部关联捆绑进行惩戒。

4. 总对总查询婚姻登记信息等信息。最高人民法院与民政部通过网络专线实现共享当事人的婚姻登记信息、低保信息（包括家庭收入信息）、社会组织登记信息、涉婚姻和涉社会救助对象收入财产的案件信息、失信被执行人（社会组织）名单信息等，同时民政部对纳入失信被执行人名单的社会组织加强管理，实施信用约束和联合惩戒。

（五）全面曝光措施

1. 设立专门平台全面曝光。省、市、县级有关单位逐步搭建失信被执行人曝光平台。

2. 可通过全国法院失信被执行人名单信息公布与查询平台、有关网站、移动客户端、户外媒体等多种形式向社会公开，包括报纸、广播、电视、网络等媒体，依法将失信被执行人信息、受惩戒情况等公之于众，供公众免费查询。

3. 可通过“信用中国”网站和企业信用信息公示系统向社会公布。

4. 可通过主要新闻网站，包括火车站、各商业广场、LED 大屏等部分公共场所向社会公布失信人信息。

5. 为失信人定制并开通“失信人彩铃”。

（六）关于被执行人刑事责任的追究

拒不执行判决、裁定的行为情节严重，应追究相应的刑事责任。

曾经有这样一个执行案件，被执行人在明知案件进入执行程序后，拒不到法院接受谈话，亦不履行判决确定的义务，且将其名下银行存款取出购置豪华汽车，这显然属于有能力执行而拒不执行的行为，且情节严重，符合拒不执行判决、裁定罪的构成要件。虽然被执行人在被公安机关抓获后将全额执行款全部履行到位，但由于其逃避执行情节严重，仍被依法提起公诉。法院综合考虑其犯罪事实、性质、情节和危害程度，依法以拒不执行判决、裁定罪判处其拘役 6 个月，属于罚当其罪。

曾经也有这样一个执行案件，被执行人法定代表人明知执行法院已将该公司的相关设备查封，未经法院许可，仍擅自变卖，且拒不交出变卖款，导致申请执行人的货款无法收回，情节严重。该行为符合非法处置查封的财产罪的犯罪构成，应受到依法惩处。

当法院执行人员现场执行抵押物时，如有任何人以暴力、威胁的方式故意阻碍执行人员执行公务的，都有可能构成妨害公务罪，被依法追究刑事责任。

八、委托外聘代理律师管理要点清单

为了使不良债权追偿能够尽可能快速获得现金回款或其他偿债资产，不良资产管理公司通常将不良债权追偿工作委托第三方清收服务机构实施，并支付服务费用，或者与清收服务机构以风险共担的方式合作清收，并允许其根据债权回收金额按比例提取分成，因此出现了新的律师管理问题。

（一）清收服务分类管理

根据不良债权的性质，将不良债权分为公司类债权与个人类债权。

根据委托方式的不同，将委托清收服务分为定向委托、竞争性委托两类。其中，定向委托是指由于特殊情形，必须指定委托某个清收服务机构提供清收服务并支付费用的委托方式。特殊情形包括收购项目后需要承继原债权人选聘的律师事务所，否则将影响清收服务质量的情形；出于保密要求，不适合进行比选；情况紧急、时间有限，须在法定时效内采取应对措施；某个清收服务商具备特殊资源或能力，且服务价格相对合理等情形。竞争性委托是指通过竞争性采购程序，从多家清收服务商中择优选聘的委托方式。除符合定向委托的情形外，应通过竞争性委托方式选聘清收服务商。

清收服务机构需要结合不同债权特点及清收目标制定具体的委托清收方案，方案内容包括回收率目标、委托期限、是否收取履约保证金、费用承担及支付方式、价款或酬金预算及计算方式、权利义务、违约责任、保密义务、履约跟踪及管理等。

（二）委托外聘律师的必要情形

某股份制商业银行特殊资产管理事业部曾提出对不良资产委托律师业务的指导方针是损失最少、成本最低、效率最高、风险最小，这一提法具有借鉴意义。以自主经营清收为主，委托外聘律师为辅，同时注意必要、优选、节约的原则。

1. 诉讼、仲裁阶段可考虑委托律师代理的情形如下：

债务人涉及刑事诉讼；债务人涉及大额民间借贷；案件存在异地诉讼、仲裁、执行等情况；对主合同、从合同的有效性存在较大争议的案件；对证据的真实性、合法性存在较大争议的案件；对诉讼时效、担保期间等存在较大争议的案件；债权人一审败诉的上诉案件，终身败诉申请再审的案件；在授信发放、贷后管理过程中存在瑕疵，可能导致败诉的案件；与投资业务相关的被诉案件；自行开展诉讼、仲裁无法保证效果，确实需要委托律师代理的案件。

2. 执行阶段存在以下情况的案件可委托律师代理：

查找不到债务人可供执行的财产线索，而律师可以提供；虽有财产线索，但受到各种因素的干扰，执行难度较大的案件；执行中止、终结但是债权人仍未收回债权的案件；银行已核销资产的清收执行。

（三）借助外力、攻坚克难

在存续期基础工作扎实推进的同时，通过全面排查和分析法律风险及抵（质）押物处置障碍，集思广益，运用多种手段，扩大清收范围。其中，对重大复杂问题可考虑借助外力，如外聘律所团队驻点清收，攻坚克难。委托人可以要求律所团队在一定时效内达成处置目标或者处置阶段推进，如律所团队未达成阶段性处置目标，可快速更换新的律所团队上场。

（四）服务商调查、监督、管理

不良资产管理公司通常会建立一个囊括资源型、专业型、线索型律师的律师库，构建以自身为核心的不良资产生态圈。其中，资源型的律师具备特定社会资源，能够推动特点区域、特定领域的案件回收工作；专业型的律师具备较高法律专业水平，能够代理疑难复杂案件；线索型的律师具备特定财产线索或者信息来源。

在不良资产生态圈的建设过程中，不良资产管理公司需要逐渐加大对律所或其他服务机构的奖惩力度，调动不良资产生态圈的积极性。同时，完善服务商灵活的进出机制，统筹建立风险代理服务商动态库，针对已经建立长期合作的律所可直接聘请，针对未形成稳定合作关系的律所根据个案项目邀请参与招标，针对某些领域有特殊处理能力的律所可采取单一来源采购，并对所有服务商费率给出更加市场化的指导价格，降低道德风险。

在不良资产管理公司委托代理律师的过程中，有正方就有反方，律师也可以帮助债务人维护其正当权益。比如，在债权债务重组过程中代表债务方谈判及审查合同，修订不合理的条款；在诉讼中主张债权已过诉讼时效、担保无效、利息计算错误等；在财产保全或执行过程中，指出债权人（或法院）超标的查封、错误查封案外人财产，代表债务人或案外人提出执行异议及相关复议、诉讼等。

另外，实务中有部分律师运用专业技能，利用法律规则帮助债务人与债权人周旋从而争取主动权，比如，无故提出管辖权异议、上诉、执行异议、申请司法鉴定等，故意拖延审判执行进展。

个别“老赖”的逃债手法五花八门，甚至还有些“功力深厚”、难以破解，其实在背后都有许多“不良”律师出谋划策。不过，随着法制的健全，《民事诉讼法》和《刑法》都加大了对逃废债务的打击力度。“不良”律师参与“老赖”逃废债时，往往风险高于收益，笔者认为没有必要为了蝇头小利而陷自己于不利，轻则受到行政或司法制裁，重则会受到刑事追诉，如伪证罪、帮助伪造证据罪、妨碍作证罪、虚假诉讼罪等。

不良资产管理公司通常会对拟委托的清收服务机构开展尽职调查，范围包括主体资质、业绩经验、代理或合作优势、清收团队组成、财务负担能力、历史展业情况、有无重大诉讼及行政处罚、清收方案的可行性及匹配度等，并要求尽职调查对象提供相关许可文件、业绩证明、清收合规性内控文件、清收计划等辅证。不良资产管理公司通常要求清收服务机构具备相应的主体资格、具有 3 年以上金融不良资产清收展业经验、无不良清收记录及重大诉讼和行政处罚、与项目清收工作匹配的团队成员及相关社会资源。

对个人类债权清收，除清收服务机构为金融机构或专业中介服务机构外，不良资产管理公司委托其他清收服务机构清收的，还应要求清收服务机构就催收手段的合法性及个人信息保密义务出具承诺书。

清收服务机构接受委托后，通常需要按照不良资产管理公司的要求进行定期述职，并在委托事项取得阶段性成果或全部完成后，提交阶段性成果及最终工作报告。阶段性成果通常是指司法机关及仲裁机构作出一审判决、仲裁裁决、二审判决、执行完毕或执行中止、非诉讼/仲裁事务中的每个单项事务结束。

通常委托诉讼回收的代理期限不超过一年，如有明显进展可续期；委托尽职调查的期限一般不超过半年。

不良资产管理公司通常会定期按照清收委托合同的约定监控清收进度，发现清收服务机构出现违约行为的，将根据合同采取措施。清收服务机构清收进度达不到阶段性目标或清收过程中损害委托方合法权益的，委托方有权解除合同。

清收服务机构在交易过程中存在违法行为，造成不良资产管理公司名誉或经济损失的，会被取消交易资格，列入不良交易记录、禁用名单；应赔偿损失的，对其依法追偿；构成违法犯罪的，将违法线索移送有关国家机关。

第七节　不良资产综合处置变现要点清单

一、不良资产处置清收常见痛点与解决方案

不良资产处置清收是指不良资产管理公司在法律法规允许范围内，在全面尽职调查的基础上，综合运用经营范围内的一切手段和方法，对所拥有的不良资产进行价值提升和价值变现的经营活动，是最大限度地实现保全和提升资产价值、减少损失的基本手段。

（一）常见痛点

1. 处置成本高：在经济下行期，不动产的流动性降低，不良资产处置时间长，处

置成本和费用居高不下，导致债权人“赢了官司输了钱”。

2. 司法效率低下：由于个别法院人少事多，很多案件仅由其例行司法查询的流程，没有精力深挖“老赖”转移后的财产。

3. 转移、藏匿或者恶意处分财产：债务人或者担保人通过离婚、虚假交易、破产等方式转移、藏匿或者恶意处分财产，导致没有财产可供执行。

4. 难寻有效的财产线索：普通人能力有限，律师调查范围有限，难以查询到有效的财产线索，或者调查成本高，导致处置清收困难。

5. 不受理、不判决、不执行：目前的司法环境和资产清收工作经常会遇到一些障碍，比如诉讼或者判决被拖延时间、个别地方保护主义导致不批准保全申请、不良资产转移、执行过程走形式、拖延执行流程等，导致判决得不到执行等于零。

（二）解决方案

1. 财产线索查找：通过互联网大数据渠道，以及开源网络情报分析技术，寻找财产线索。不良资产管理公司可利用大数据形成对相关主体的匹配，通过专业网络搜索平台工具和搜索技术进行查询、核对，迅速聚焦、关联债务主体的财产及其他债权、债务，抽丝剥茧各相关主体之间的关联关系，以此刺破公司面纱，直追股东及高管个人财产。

2. 诉讼与非诉相结合：灵活运用多种诉讼手段高效推进。根据资产情况，不良资产管理公司灵活运用各种诉讼与非诉手段，高效快捷推进资产清收，不再局限于传统诉讼程序的时间之累，节省时间成本，提高处置清收效率。

3. 执行：主动推进执行进程。不良资产管理公司向法院申请强制执行后，主动跟进法院执行情况，主动寻找、提供财产线索，从传统的被动等待转为主动推进，提高回款效率。

二、从处置思路到方案实施

不良资产处置变现的前提是扎实、真实、全面摸底重点债权的实际情况，包括债务企业的资产负债情况、抵（质）押物现状、资产价值未来走势及债务企业的还款能力、还款意愿、担保强弱、法律状态、时效期限、脱保风险、市场投资人关注点等，用“根雕思维”不断完善资产的新信息，丰富财产线索查询，寻找匹配的投资人，或者通过改造升级，主动适用意向投资人的需求。

“时间就是金钱，效率就是生命。”资产处置变现过程在本质上属于时间换空间。时间能够让一粒沙子变成璀璨夺目的珍珠，也能让满屋的纸币财富化为尘埃；时间能让曾经低廉的不良资产在未来升值到让人高攀不起，也能让曾经奇货可居的不良资产在未来变得一文不值。时间是不良资产行业的核心秘诀。不良资产管理处置的本质是转让流动性，在“时间”和“空间”互换过程中对不良资产价值进行重新发现和再分配。

针对特定、具体的不良资产项目，不良资产管理公司往往存在多种可选择的处置方式，而处置方案的竞争择优水平则是决定不良资产回收价值高低的关键因素。因此，在不良资产处置过程中，不良资产管理公司需要从收购时预计处置回收金额、处置费用、时间、风险等多个角度对不同处置方式进行比较，并参考当前资产的真实情况和市场环境，从中选择最佳的处置方案，实现市场出清、实施救助或者长期合作。同时，不良资产处置方案所反映的信息必须真实、完整，不得存在虚假信息，尽量对操作细节详细描述并确保依法合规，避免人为因素对处置方案可能带来的不利影响。

（一）不良资产包的整体处置退出思路与影响因素

不良资产管理公司根据扎实摸底后的债权情况，进行系统、科学的分类，并在此基础上制定相匹配的经营处置策略。通常，对不良资产包的整体处置思路有以下几种：

1. 对于有还款能力且有还款意愿的债权，通常以自主清收处置为主，采用非诉清收、债务重组、和解等方式进行处置；

2. 对于无还款能力但有还款意愿的债权，以自主处置和外包处置相结合，采用非诉清收、债务重组、和解、委托专业处置机构处置等方式进行处置；

3. 对于有还款能力但无还款意愿的债权，以自主清收处置、以诉促谈、委外处置相结合，采用诉讼清收、委托专业处置机构处置、债权转让、以物抵债等方式进行处置；

4. 对于无还款能力且无还款意愿的债权，综合采用诉讼、执行、委托专业处置机构处置、单笔债权转让、批量打包转让、破产清算等方式进行处置。

在不良资产项目处置中，影响退出的因素有哪些？

第一，政策优惠。项目经理需要调查和参考资产所在地的财政税收政策、产业政策，了解是否有税收优惠、产业扶持手段。比如，有工业企业相关税收优惠政策的地区，其工业厂房土地资产更加受到欢迎。

第二，经济基础。通常，粤港澳大湾区、长江经济带、环渤海经济圈、海南自由贸易港等区域是首选投资区域，经济好的地区复苏得更快，资产价值提升得也更快。

第三，司法环境。司法程序的快慢直接影响投资不良资产后的退出进度。

第四，地缘因素。不良资产具有属地化特性，不良资产处置团队应以本地化团队为主，甚至应在本地成立项目公司，精耕细作；再以该地区为核心和根基，逐步向外辐射，而辐射的快慢则与处置团队能力培养及存量资产规模挂钩。

第五，信息来源。信息不对称是不良资产永恒的话题，无论是针对资产还是债务企业、当事人，其关键在于信息的挖掘、提炼和利用。项目不止、尽调不息。别人眼中的“垃圾”项目，可能通过“挖地三尺”、精雕细琢，仍有机会使项目有利可图。

第六，资源调取。原债权人商业银行、不良资产管理公司、处置服务商、兼具资源与能力优势的律师团队、兼具低成本与长周期特征的资金方等，一切都需要匹配需求和资源整合。

第七，媒介渠道。无论是对资产进行司法执行的拍卖阶段，还是债权转让阶段，营销媒介及助拍机构的作用都越发显现。因为不良资产行业的投资人群体相对有限，对不良资产进行充分、多渠道的招商推介非常重要，要尽可能通过所有能想到的渠道、途径进行有效的广而告之。

不良资产管理公司不仅要加大招商的力度，还要拓宽招商的广度，进行跨地域、跨行业推介，采取的方式一般是多渠道发布资产信息和刊登招商公告，包括在自家公司网站平台，在微信公众号、视频号、抖音平台、今日头条等新媒体平台，在资产交易所等交易平台，通过向中介机构营销和委托中介机构营销等渠道召开资产推介会，主动拜访主管部门、行业协会、各类潜在实业投资人，在行业刊物刊登广告，以向行业内特定用户发出招商邀请函等多种方式，对资产内在价值和亮点进行包装和营销推介。

第八，专业团队。对于一支合格的不良资产项目团队来说，其他一切相对来说都可以忽略，唯独要有一名熟悉不良资产全产业链运作流程和资源渠道的领头人，并且能够善于发现隐藏价值，善于解决特殊风险。

第九，模式创新。每一个不良资产项目都有其特性，没有一劳永逸的方案，针对每个特例采取恰到好处的处置方式是永恒的课题。比如，在意向投资人有真实购买需求、意向但缺少资金时，不良资产管理公司可根据对方资金实力和现金流状况匹配结构化分级处置方案，另行设立有限合伙项目公司对该不良资产进行收购，由意向投资人作为该项目公司的劣后投资人，不良资产管理公司作为优先级投资人，其他资金方作为中间级夹层投资人。

（二）判断和把握资产处置时机

不良资产管理公司在日常经营管理中，根据现场尽调情况、与意向投资人谈判结果、不良资产的法律状态、底层资产质量、底层资产的特点与瑕疵、资产可能出现的贬损或者升值预期、未来应用前景、招商推介反馈情况等因素，以及在尽职调查中所掌握的债务人、担保人等相关主体的还款意向、还款能力等因素，确定资产处置时机是否成熟、处置时间是否紧迫，合理把握资产处置时机，确定可选择的处置方式。

资产处置时机的把握主要考虑的因素有：

1. 对持续经营能力不看好、产品有缺陷、历史包袱沉重、处于衰退期、规模逐渐萎缩的企业，或者严重供大于求、价格走下行趋势的底层资产，或者债务人存在加快逃废债可能性的情况，参考“冰棍理论”，不良资产管理公司要从止损的角度考虑处置时机，越早处置损失越小。

2. 债权纠纷案件出现审理期限严重滞后于同类案件，执行期间被提起两次以上执行异议与执行异议之诉申请，导致执行回款遥遥无期时，不良资产管理公司可考虑尽可能通过债权转让、委托处置等方式处置债权。

3. 判断债务企业与相关主体的行业前景，某些行业受到国家政策鼓励和支持时，可参考“小鸡理论”。比如，新能源行业发展前景良好，则为该行业的不良资产项目处置带来良好的市场背景和处置良机。

4. 不良资产管理公司通过招商推介或者其他营销渠道，有多个意向投资人前来谈判项目，在获得不低于投资成本和预期收益的承诺收购低价后，可及时发起公开债权转让，由意向投资人竞价投标。尤其值得注意的是，不要让意向投资人之间互相认识，避免他们私下达成某种交易、给“劝退”费、结成利益联盟、对不良资产管理公司债权转让标的形成围标态势，进而导致无法实现处置收益最大化。

5. 根据项目当前实际状况，不良资产管理公司不必参考收购成本，可由第三方资产评估机构进行当前还款能力分析，由律师事务所进行法律尽职调查，再由内部独立估值推断资产的当前价值，确定资产处置的底价。

6. 当不良资产收购、管理或者处置的项目积累到一定阶段，不良资产管理公司可以将获取的经验数据录入系统，借助系统手段，为不良资产动态估值和定价提供技术支持，进而有利于实时判断处置时机。但是，这种方式对信息数据质量有较高的要求，需要大量准确、完整的资产数据信息作支持，并要求在尽职调查过程中获取的信息全面、数据可靠，从而形成一个持续积累、更新、修正、调整的估值数据库，避免出现“garbage in，garbage out”的情况。

（三）处置方案制作与实施要点

1. 不良资产处置方案一般包括处置项目名称、处置项目、方案要点，债权资产来源介绍，债务人情况，担保情况，抵（质）押物资产分布，诉讼状况，资产瑕疵披露，当前估值，项目成本分析即盈亏平衡点，估值定价情况，招商情况、谈判情况、方案设计思路、交易结构及交易条件，最终建议处置底价区间等部分。

2. 通常，处置方案审核人员会调查处置方案信息资料的真实性和完整性、处置程序和处置结果的合理性和合规性，并对关键的法律关系、债务人或者保证担保人还款能力、资产定价的依据、资产瑕疵披露及相关重大事项的真实性等内容进行调查、核实、取证、分析、判断。

3. 为追求市场化处置、发现和征询潜在投资人，不良资产管理公司会在公司网站或者交易平台发布处置公告。一是受理征询和异议，并进行调查和核实；二是发现潜在投资人，尽可能提升资产处置回收价值。

4. 方案实施过程中，如发生导致方案难以实现的重大事项，或者不符合公司原批复方案预定条件的，不良资产管理公司应采取必要的补救措施，根据实际情况及时调整处置方案。比如，以债务重组或者债权转让等方式处置的资产，债务人和保证人未完全履行协议规定的各项承诺和义务前，不良资产管理公司应保留追索权。如债务人、保证人发生违约的，已回收现金应视为正常回收本息，并恢复原有担保责任，继续追索和处置。

三、不良资产处置方式分析

本质上，债权是一种被动的权利。

不同的经营管理及处置手段将产生不同的价值，积极的投后管理工作对不良资产的保值增值极度重要。有价值、懂技巧的投后管理往往可以化腐朽为神奇，而极端的不作为则会丧失原本所拥有的基础法律权利。

无论是和解还是营销债权转让成功、实现回款，不良资产项目处置的核心都是在千丝万缕的关系或者错综复杂的信息中挖掘出各方利益主体的真实需求、抓住某个关键问题或者痛点、完成某个关键工作，成功“扼住命运的咽喉”，从而使债务人或者意向投资人回到谈判桌上。比如，有些不良资产管理公司会积极对债务人施以各种限制措施、要求利害关系人代偿或者收购、恢复或增加关键资产的查冻扣措施、按照小比例如1%的比例查封相关核心股权资产、申请破产并在施压谈妥后且破产受理前撤回申请等。

只有当关键节点完成后，不良资产项目的价值才得以凸显、确定并且可获得相对量化的预期，不良资产转化为“良性资产”，达到“盘活”后可处置回现、实现退出的目的。

不良资产处置方式包括非诉清收债务、诉讼追偿、单户债权转让、组包转让、债务重组（免息还本、免息并本金折让等）、债权转股权并对企业阶段性持股、委托第三方清收追偿、资产置换、以资抵债、租赁、追加投资、破产重整或者清算、资产证券化等多种方式及其组合。

（一）自主处置、非诉清收

自主清收处置方式是指不良资产管理公司通过合法的催收业务流程和技巧，采取向债务人催收、协商谈判、和解、督促其还款等非诉手段，对债务方施加各种现实的压力来实现债权回收的方式。

与诉讼清收相比，非诉清收不受诉讼时效限制，没有高额的诉讼费用，周期比诉讼周期短，花费成本小，但非诉清收只适用于有还款能力和还款意愿的债务人。很多不良资产管理公司的非诉讼清收工作效果不好，原因在于清收的方式和力度不够。

在债权清收处置中，不良资产管理公司首先会把所收购的债权资产进行梳理，并区分成不同类别，不同的分类决定了后续完全不同的处置思路。

假如债务企业为个人独资企业，不良资产管理公司通常可以设定清收目标找寻投资人个人承债财产。《个人独资企业法》第 31 条规定，个人独资企业财产不足以清偿债务的，投资人应当以其个人的其他财产予以清偿。若直接通过房产土地查询不到财产线索，不知道下一步该如何入手的时候，就去找相关的干系人、现场人员、关联人员等，总有一个人知道你不知道的新信息。找对人，说对话，就能获取真正有用的新信息，这是不良资产项目尽调和处置过程中的重要信息来源。

假如债务企业是一人有限责任公司，通常一人有限责任公司的股东不能证明公司财产独立于自己的财产，不良资产管理公司作为申请执行人可以追加其为被执行人。作为被执行人的一人有限责任公司，财产不足以清偿生效法律文书确定的债务，股东不能证明公司财产独立于自己的财产，申请执行人申请追加该股东为被执行人，对公司债务承担连带责任的，人民法院应予支持。

假如债务企业所在的行业是产能过剩行业，技术落后、污染环境，经营性现金流为负，产品没有销路，在市场的博弈中没有生存下去的能力，不良资产管理公司没有对其救助的必要，应该快进快出，通过加快推进司法进程处置抵（质）押物资产，或者以转让给意向投资人的方式进行清收处置，或者申请执行转破产，让市场“无形的手”自动发挥作用。

假如债务企业的经营性现金流为正，具有持续生存能力，只是因为短期资金链周转出现了问题的，属于被市场“错杀”的好企业，不良资产管理公司应本着长远发展、收益最大化的角度看问题，在每一次买入资产包、卖出资产包的过程中，并不是

“挥一挥衣袖”，什么好资产都不留下，而是应该去粗取精，区别对待，沉淀优质资产。比如，针对经营良好的优质企业，不良资产管理公司可对其采取罚息减让、时间展期、分期还款、停息挂账、债务重组、斩断担保链、利率置换等方式进行处置回款，甚至通过收购其他债权、债转股等方式形成利益捆绑，帮助企业走出困境，分享企业未来发展红利。

假如债务企业是当地大中型企业，甚至有些还是曾经风生水起的企业，特别是曾经在一个县、一个市做出过较大贡献的企业，不良资产管理公司通常需要重视考虑当地政府的合理关切和诉求，尽可能思考如何救助它，如果能收回全部贷款本金，罚息孳息可以让利给实体企业，尽可能通过债务重组、资产重组等方式避免其走向破产的深渊，为当地职工就业献其绵薄之力。当然，这也需要当地政府作出明确的承诺或者表态，给出相关优惠条件和政策支持，多方共同使力，毕竟不良资产管理公司单方面妥协让步的空间是有限的。

雪崩的时候，没有一片雪花是无辜的，也没有谁能置身事外。近年来，由于经济下行，被市场“错杀”的好企业比比皆是，他们的相关债权在机缘巧合下从银行转到不良资产管理公司名下。对于不同类型的债务人，不良资产管理公司要进行分类处理。

怎样确定债务企业是否应该被实施救助?

首先，项目经理要对企业进行一番深入的调研，与企业主沟通座谈，切实了解发生资金危机的原由。这类原由五花八门，包括厂房、生产设备等无法变现的固定资产，受经济环境、贸易摩擦影响，担保企业出险被牵连代偿，发生重大负面舆情，实控人突然死亡，把控家族企业的兄弟闹矛盾，重大投资失误，产品摊子铺得太大导致现金流跟不上等。

其次，分析企业的行业格局是否出现不可逆的重大不利变化，包括：主打产品被新技术替代，比如苹果智能手机的出现，导致诺基亚手机消失；出现了超级强大的竞争对手；这个行业本身不复存在了，比如 P2P 公司被监管部门清零；AI 大模型应用逐渐成为颠覆众多职业的“灰犀牛”等。

最后，了解债务企业实控人的能力、品格、意愿。债务企业终究是“人”在做，企业主发挥了举足轻重的作用，他的领导力、执行力、分配任务能力、营销能力、是否赌博、还款意愿、东山再起的韧性等，对企业至关重要。俗话说“否极泰来”，世上事物都是两面的，利空中酝酿利好，利好中存在利空，在好与坏的纠缠中波浪式前行。项目经理在与企业主交谈的时候，要留心观察他的主基调，是垂头丧气、郁郁寡欢，还是“泰山崩于前而不乱”，心态依然积极开朗，已经规划好如何走出困境。

不良资产管理公司怎样实施非诉清收？

1. 综合考虑不良债权的风险程度、非诉讼措施的有效性、债务人的还款意愿与还款能力、其他债权人的态度等情况，对于债务人尚在经营、有一定的经营收入或者其他收入来源，且有一定的还款意愿的，通过非诉手段能够逐步收回的不良债权，不良资产管理公司可开展非诉清收。

2. 项目团队可以做好充足准备，全面分析有关凭证资料，包括贷款合同、担保合同、放款凭证、法律文书等，全面了解贷款发放过程、是否存在争议、交易对手的态度、履约能力以及可能提出的理由，有针对性地核实、分析、判断债权清收的预期时间和金额。

3. 调查债务人的各种情况，包括债务人的主体资格、社会背景、生产经营情况、资产清单和现状、其他投资、其他负债及涉诉情况等状况，在此基础上制定清收方案。调查渠道包括税务、工商、不动产登记机构、国土规划机构、车辆管理机构、证券登记机构、海关等部门，以及企业内、外部知情人员，调查了解债务人的资产状况及财产线索。另外，可以通过查询征信信息、公开信用信息网站、涉诉信息查询网站、政府部门信息公开网站、资产处置信息公开网及上市公司信息披露网站等渠道，多方面了解债务人及担保人的情况。

4. 通过电话、邮寄催收通知、上门等多种方式进行催收，包括通知债务人履行债务、通知担保人履行担保责任，同时告知不履行可能产生的法律后果，留存书面催收证据。

5. 进行催收谈判。不良资产管理公司向相关债务人、保证人指出违规、违约行为及其后果，要求其清偿债务、追加抵（质）押物或增加保证人，降低债权资产风险。由律师发出律师函主张债权，促使债务人主动履行债务；与债务人加强沟通、协商谈判，把握对方心理预期，争取达成还款承诺或者还款协议，促使债务人诉前主动履行债务，减少甚至避免诉讼成本，最大限度地争取以和解的方式收回欠款。

6. 若某一非诉手段暂时不能见效，但诉讼条件尚不成熟，诉讼可能对问题资产处置化解带来不利影响的，继续通过其他手段开展非诉清收方式处置。

7. 如债务人出现情况明显恶化，或其他债权人采取了资产保全、诉讼、申请破产等措施影响不良资产管理公司实现债权的情形，可能导致非诉清收手段无法达到债权回收目的的，应及时采取资产保全和诉讼措施，争取尽快获得生效判决。

8. 当债务人故意逃债，直接催收方式不能顺利实施时，不良资产管理公司应及时选择其他可行的处置方式。针对具体案件，涉及相关人员非法吸收公众存款、集资诈骗、虚假诉讼等行为，有证据支持刑事举报的，则坚决举报；针对税收违法、抽逃出资等行为，能够运用行政责任的，坚决运用；运用民事手段主动出击、多管齐下，包括针对虚假、抽逃出资等行为，变更、追加股东、董事、高管等为被执行人，针对逃债行为适时考虑另案提起代位权、撤销权、揭开公司面纱的诉讼。

9. 当债务人并非“老赖”，而是因为生意失败、个人债务危机，迫不得已导致违约时，债权人要尽可能地宽容，尽可能采取债务重组、豁免债务、和解甚至追加投资等方式，帮助其东山再起，同时债权人也有可能获得收益最大化。

（二）诉讼追偿，以诉促谈，调查财产，执行回款

诉讼追偿是指不良资产管理公司作为原告、申请人或者第三人参与民事诉讼、行政诉讼、仲裁、执行、破产等司法程序，从而实现债权的追偿。

不良资产管理公司对具体不良债权标的提起诉讼时，应对成本效益进行分析，确保所花费的诉讼费、保全费、律师费等成本能够取得的收回效益应好于非诉手段的成本效益。若诉讼成本过高，后续预计收益不能覆盖的，不良资产管理公司不应起诉，而应采取其他非诉方式进行经营和处置。通常，不良资产管理公司为了维护部分案件的诉讼时效而不得不诉讼，但是某笔资产在起诉后可能并无直接回收成效，反而再次加大了成本，所以不应为维护时效一律起诉，而是应合理选择诉讼或者不诉讼。其实，诉讼是一条“昂贵的路”，尤其是对于批量个贷不良债权而言。

当然，在债权自行清收、和解未果的情况下，项目经理应毫不犹豫地采取各种方式提高司法处置效率，而且，诉讼追偿可以作为促成债务重组、资产重组等其他处置方式的重要手段。

1. 何种情况下，应对不良资产采取诉讼清收方式进行处置？

（1）债务人经营活动发生显著变化，处于停产、半停产或经营停止状态，严重影响其还款能力的；

（2）债务人实际控制人出现突然死亡、生病、辞职或下落不明、逃避债务的情形，对生产经营造成重大不利影响的；

（3）债务人出现重大违约、侵权情形，发生被他人诉讼、仲裁、申请财产保全、强制执行等情形的；

（4）债务人还款意愿较差，非诉手段无法取得成效，通过诉讼能够强制处置债务人财产用以偿还债务的，或者能够以诉促谈，迫使债务人主动偿还债务、配合处置工作的，开展诉讼处置；

（5）虽然诉讼处置预计短期不能取得实质效果，但是有必要通过诉讼确认债权、保留追偿权利的，应开展诉讼处置；

（6）即将超过法律规定的诉讼时效期间或者保证期间，且无其他措施可中断诉讼时效或避免保证人免除保证责任的；

（7）借款人故意低价变卖、无偿转让或者隐匿资产，或者隐瞒其被撤销、被解散、重大重组、清算等事项，恶意逃废债务的；

（8）债务人发生重组、改制、分立、合并等情况，未妥善落实债权确权的；

（9）债务人既无还款意愿，又无还款能力，需要通过查找财产线索等手段，必要时借助中介机构、其他社会资源进行诉讼追索；

（10）因监管不到位，抵（质）押人擅自转移抵（质）押物、企业客户擅自提货等，对抵（质）押物失去控制的；

（11）发现债务人有效财产，已申请诉前财产保全或者需要申请诉讼财产保全的；

（12）由于市场变动、物业波动等因素，抵（质）押物数量、价值低于债权人要求的最低数量、价值，且债务人未能在债权人要求的时间内补足保证金或者提供债权人可接受的其他担保方式的。

采用诉讼、仲裁方式进行清收的，应审视和论证诉讼、仲裁的可行性、有效性，合理确定诉讼时机、方式和标的，把握诉讼时机及制定诉讼策略。

2. 缩短诉讼执行周期。

（1）影响诉讼执行周期的因素：

①诉讼案件案情错综复杂，经历一审、二审，甚至再审程序，最终取得生效判决。

②在诉讼与执行程序中需要公告送达。由于债务人下落不明，法院需要通过公告形式送达司法文书。

③债务人故意拖延诉讼时间。如提起管辖权异议、提出延期审理请求、通过上诉和再审程序延缓诉讼的最终判决等。

④涉及刑事案件，法院需先审理刑事案件，中止民事案件，待刑事案件审结后再审理民事案件，耗时长。

⑤债务人或第三人通过各种方式拖延执行程序，如提起执行异议和执行异议之诉等。

⑥未掌握债务人可供执行的财产线索。

⑦可供执行的财产被其他法院查封，处置时间被拖延。

⑧个别执行法院存在地方保护干扰执行的非正常因素。

（2）缩短诉讼执行周期的有效方法：

制定明确的诉讼目标。在诉讼前，应考虑各种因素，针对不同的债务人和债权情况制定不同的诉讼目标，比如通过诉讼收回现金，通过诉讼迫使债务人接受债务重组条件，通过诉讼迫使债务人以物抵债等。

制定合理的诉讼策略，比如合理选择诉讼主体，尽量避免公告送达；谨慎选择管辖法院，尽快排除可能的管辖权异议；明确诉讼请求，避免请求失当或者败诉风险；强调必须采取诉前或者诉讼保全措施；主张和反驳理由的取舍；注重证据的收集和运用；提倡采用诉讼和解方式；诉讼策略要考虑为执行方案铺路。

缩短因公告送达占用的诉讼与执行时间。在投资合同或者债务重组合同中明确约定送达条款，排除公告程序占用诉讼时间。

采用实现担保物权的特别程序。依照《民法典》等法律规定，向担保财产所在地或者担保物权登记地人民法院提出实现担保物权的特别程序，可以不经诉讼程序直接进入执行程序，自法院受理之日起 30 日内以裁定结案，一审终审，大大提高诉讼效率。

采用执行公证债权文书程序。在授信出账前完成公证书的签订，充分发挥公证书的强制执行效力，通过公证执行程序快速实现债权。

采用仲裁手段。以仲裁方式代替诉讼方式解决案件纠纷，可在投后管理或者清收过程中要求债务人对投资合同争议解决条款约定选择仲裁方式，利用仲裁一裁终局、法定送达时间短等优势加速不良资产处置进程。

强化与法院的沟通工作，做到快速立案、快速判决、快速执行，提高诉讼与执行的效率。

积极向法院提供被执行人的财产线索。在被执行人未履行法律文书确定的义务时，要求法院责令被执行人报告其财产情况。

对于被执行人不履行还款义务的，可要求法院采取“五查”，发现财产线索的，及时向法院申请查封冻结和扣划。

向法院申请纳入失信被执行人名单，限制其出境、消费，并在媒体曝光失信被执行人。

在授信合同中明确约定送达条款，或者起诉时合理选择诉讼主体，可避免公告送达程序的发生。

对执行法院收到申请执行书超过六个月未执行的，可向上级法院申请执行，要求执行法院限期执行或者变更执行法院。通过变更执行法院，可破解个别地方保护主义阻挠执行的问题。

灵活运用执行和解手段。与被执行人协商处置抵押物或查封财产，充分发挥债权减免、债权转让、保证人脱保、以物抵债和债务重组等手段的作用，给债务人保留部分资产，争取债务人在司法程序上的配合，快速实现债权。

不良资产管理公司通过采取上述缩短诉讼与执行周期的方法，不同程度地加快不良资产案件的诉讼与执行进程。

3. 为加快司法进度而放弃部分权利可行吗？

在诉讼中，经常出现无法实现全部回收债权的客观情形，为防止司法进度拖延、防止损失扩大，不良资产管理公司不得不放弃部分权利或者承受损失。这类有可能减损不良资产管理公司利益的情形包括：

（1）诉讼或者执行程序中拟与债务人、保证人调解、和解，预计发生损失的项目；

（2）诉讼或者执行程序中，法院裁决未支持或者未全部支持诉讼请求，但为了加快司法进度和及早实现回款，不得已放弃部分或者全部诉讼请求或者执行请求的项目；

（3）拟申请债务人破产，但可能获得受偿时间较长，或者不得已接受债务企业破产财产分配方案的项目；

（4）部分担保人主体属于境外主体，涉及送达等事项的流程较长，严重拖延案件进度，可于主债权或者抵押担保债权获得确权后，另行起诉这部分担保人的项目；

（5）拟申请执行终结的项目；

（6）其他因法官自由裁量权分配等导致涉诉项目可能发生资产处置损失的情形。

由于这些行为关系到不良资产管理公司能否受偿、受偿金额及受偿时间，需要经过谨慎的审核审批流程。

当然，对显失公平的判决、裁决或裁定，不良资产管理公司应及时进行上诉，必要时提起申诉或抗诉，不得擅自放弃己方应有、应得的权益。

不良资产管理公司拿到生效法律文书后，首先可以选择债务和解或者债权转让，尽快回收现金或其他资产。若和解或者转让未果，需要加大执行力度，在规定时间内要求债务人、保证人履行或者申请强制执行，并应及时对执行异议、复议等可能阻扰执行的行为，排除回款障碍。

4. 执行程序中，抵（质）押物变现注意事项。

通常情况下，不良债权资产抵（质）押物包括土地、建筑物等不动产，机器设备、车辆、珠宝首饰、应收账款、上市公司股票、未上市公司股权等动产，专利权、著作权、商标权、合同权益、销售网络、客户关系、特许经营权、品牌、商誉等无形资产，森林资源、矿产资源、公路收费权、海岛使用权、海域使用权、碳排放权等其他资产。

不良资产处置变现时的很多有效信息往往来自道听途说，若不良资产管理公司只依靠处理抵押物获得回款实现债权回收，对于任何债权人来说其处置效果往往差异不大，最大的差异来自非抵押财产回款、担保人代偿、干系人还款、第三方投资等。

在处置变现时，不良资产管理公司要考虑的市场因素有：

处置抵（质）押资产的交易平台的成熟度，用户量小的平台可能面临流拍风险，流量大的平台则更有利于促进成交。若直接挂牌拍卖、强制变现，而没有提前营销预热、有序变现，则交易期限短，市场参与者有限，可能变现价值相对偏低或者面临流拍风险。

抵（质）押品受其产品属性的限制，价值受到市场行情、政策社会环境变化的影响。通用性强的资产流动大，变现的周期相对会短；抵质押物资产如可以分割转让，化整为零处理，则更灵活、更容易变现；动产较不动产更难控制监管，更为容易发生实体性损耗贬值和功能性损耗贬值。土地使用权和房地产抵押，需要核实抵押物的实体情况，属于房地一起抵押还是单独抵押，这会直接影响变现价值。

抵（质）押物的处置变现需要根据抵（质）押物的现状、位置、周边商业氛围、人流量、是否占有、是否有租赁、是否有长租约、是否有违建、是否沿街、所在楼层、新旧程度等因素进行综合判断。

5. 假如不良资产管理公司作为抵押权人未能首封，怎样提升处置效率、以诉促谈?

关于首封与抵押权执行的冲突，你一定会碰到的。

先看这一条执行规定，“对参与被执行人财产的具体分配，应当由首先查封、扣押或冻结的法院主持进行”，可见法律提倡“首封处置优先”。大部分首封权债权虽有申请执行处置的权利，实际却可能由于抵押物价值无法覆盖优先权债权，导致拥有首封处置权的债权无法获得清偿。这时候，项目经理可以去和首封债权人协商，先行收购拥有首封处置权的债权，以打促谈。

但还有一条例外规定：“已进入其他法院执行程序的债权对查封财产有顺位在先的担保物权、优先权，自首先查封之日起已超过60日，且首先查封法院就该查封财产尚未发布拍卖公告或者进入变卖程序的，优先债权执行法院可以要求将该查封财产移送执行。”因此，若满足移送条件，包括优先债权已确权、优先债权已进入了执行程序、首封法院自首封之日已超过60日、首封法院尚未就该查封财产发布拍卖公告或者进入变卖程序，则优先债权执行法院可以要求首封法院将该查封财产移送执行。

6. 申请律师调查令的价值与不足。

律师调查令是指民事诉讼当事人及其代理律师因客观原因不能自行收集涉诉案件相关证据时，经代理律师申请，人民法院审查批准，由代理律师向接受调查的单位或个人调查收集相关证据的法律文件。调查令效力等同法官。通常在起诉、审理、执行阶段均可提出律师调查令的申请。但是，再审审查阶段不适用律师调查令。

申请调查的证据限于与被执行人的财产状况和实际履行能力有关的证据。受委托的律师为办理诉讼、仲裁或非诉讼业务，可以向市场监管、公安、金融、税务、民政、人力社保、卫生计生和国土房管等有关单位，调查与所承办业务有关的情况，采取查阅、摘抄、复制等方式获取与所承办法律事务有关的信息。调查令的有效期限可以根据调查需要确定，但最长不得超过30日。代理律师持调查令调查取证后，应当将调查收集的证据于调查结束后5日内提交人民法院并提出相应的处理请求。

其中，对于被执行人的银行存款、理财、支付宝、微信、京东等账户情况，以及被执行人作为债权人的其他案件审理、执行情况，持调查令的律师不能调取的，可以申请人民法院执行人员调查收集。

在司法执行实务中，律师调查令不仅有利于充分发挥律师专业优势，调动当事人和律师的积极性，最大限度地发现被执行人的财产、身份等有关情况，提升执行效率，维护申请执行人的合法权益，还有利于缓解法院执行部门“案多人少”的压力，弥补司法资源的不足。

接受调查的单位或个人应当根据调查令指定的调查事项当场提供有关证据，不得以内部规定、领导批准等理由拒绝接受调查。

但是，目前律师调查令的权威可能仍然受到质疑，比如部分协助执行单位认为法律并未明文规定法院签发律师调查令的权限，同时其也未收到上级单位的有关文件，部分银行认为银行存款涉及个人隐私，以保护客户权益为由不予提供，或者以调查内容涉密为由不予配合。

当接受调查的单位或者个人无正当理由拖延、拒绝协助调查时，人民法院可根据情节轻重，依照《民事诉讼法》有关规定予以处罚。

律师认为有关单位违反相关规定，侵犯律师调查取证权利的，可以向司法行政机关和律师协会反映。司法行政机关和律师协会经调查属实的，可以向有关单位提出调查核实建议，有关单位应当及时作出书面回复。律师对阻碍其依法行使调查取证权利的有关单位及其工作人员，有权依法向有关单位提出申诉或通过其他合法途径维护自身合法权利。

7. 司法程序终止，项目可做结案、结项的情形：

（1）在案件审理或者执行程序中，当事人或者其他利益相关方之间达成庭外和解或者庭内调解，相关协议或者司法文书已经全部履行完毕；

（2）法院生效判决得到全面履行；

（3）法院已依法裁定终结执行，而非终结本次执行；

（4）法院裁定相关债务人和担保人破产终结，无其他承债主体可供追索；

（5）债权相关资产已处置完毕或者相关权利已消灭。

8. 不良资产管理公司成功全额清收某笔不良资产债权本金。

某债务企业是以经营制造、销售纺织品，出口自产的棉纱、面涤纶纱、棉坯布、棉涤纶坯布等系列纺织品及服装的企业。因为近年来生产原材料价格、用工成本涨幅较大，而成品价格基本维持以往水平变化不大，作为主营业务纺织盈利较低，仅靠牛仔布维持经营，加上受纺织行业出口退税政策的影响，公司利润空间被严重压缩。企业经营逐渐趋于困难，由于部分银行抽贷等原因，整个企业资金链濒于断裂，企业停产，出现欠息、进入不良，五级分类为次级类。贷款到期后，无法偿还本金，进入银行可疑类贷款。

银行在该企业融资总额为 5000 万元，其中 3000 万元为房地产和机器设备抵押，2000 万元为另一企业担保。

商业银行保全部门经过多番催收、发起诉讼并诉前财产保全了房产、土地、设备，在处置无果后将债权转让给不良资产管理公司。不良资产管理公司经过一审、二审等诉讼流程获得胜诉，并立即申请强制执行。通过多方努力，几经周折，法院公开拍卖涉案资产并以高于评估价 25% 的金额成交，最终已全部清收债权本息及诉讼费用。

案例分析：

①由于这笔债权为抵押担保类债权，考虑到债务企业职工安置等问题，起初拟采取“以物抵贷”的方式整体处置，协调政府及企业将债权抵押的全部资产进行评估，确定其价值，通过法律程序将该部分资产裁定给不良资产管理公司抵偿债务。当地政府承诺 2 年之内将该企业土地及设备以保底价收回用于开发，同时给该企业制订搬迁计划，提供配套政策。不良资产管理公司在以物抵债期间停止对剩余债权计息，给企业以休养生息的机会；企业在 2 年之内搬迁完毕，以新公司名义恢复正常生产，继续经营。通过以物抵债方式处置后，如不良资产管理公司债权有损失，则继续追究保证人担保责任，促使其在担保范围内履行责任。

②在诉讼过程中债务企业不予合作，私自转移抵押设备，原预案不能推进。强制执行中，法院委托对涉案资产评估确定价值只有 4000 多万元，按以往惯例，拍卖所得低于评估价值。因此，不良资产管理公司向法院提出评估价值过低的异议，但法院维持原评估价值，企业其他资产已被其他债权人超标的查封，保证人已停产，且无资产可供执行，急于推进拍卖将造成信贷资产大量损失。

③经过法律咨询、分析论证，不良资产管理公司灵活调整处置预案，确定符合实际情况的处置方式，即申请暂缓执行的方式，给推介涉案资产争取时间，为成功清收打下基础。

④不良资产管理公司领导“挂帅”，各岗位明确责任，在诉讼、执行各个环节上，与律师、法院密切联系，取得他们的支持，从而逐一化解被执行人设置障碍。

⑤赢得政府支持，大力推介涉案资产，不放弃与被执行人保持沟通，最终政府参与协调、开发商直接参与竞买、被执行人认可了职工安置方案，给公开拍卖提供了良好的环境。最后竞买人竞相举牌 12 次，成交价高出起拍价 1000 多万元，最终实现全额清收回款。

9. 其他加快不良资产处置的建议。

《民事诉讼法》第 255 条规定：“被执行人不履行法律文书确定的义务，并隐匿财产的，人民法院有权发出搜查令，对被执行人及其住所或者财产隐匿地进行搜查。采取前款措施，由院长签发搜查令。”根据上述规定，人民法院对被执行人及其住所或财产隐匿地进行搜查时，可由院长签发搜查令，采取搜查财产等强制手段，找出隐匿的拒不交出的会计账簿等资料或者财产。

另外，如发现债务人涉嫌拒不执行罪、诈骗罪、骗取贷款罪、贷款诈骗罪、虚假诉讼罪、伪造证据罪等，应积极与其协商，推动和解处置方案落地。比如，在抵押物处置过程中，抵押物被提起涉及长租约的第三方执行异议之诉，后来发现长租约属于故意伪造的证据。

打官司其实就是打证据，不论是什么类型的案件，都需要有足够的证据证明案件事实真相，人民法院需要根据现有的证据作出判决。伪造证据是需要负法律责任的。

对于法院来说，根据当事人提交的证据独立判案，程序正义优先于道德是非。不良资产管理公司应该尽量配合法院工作，及时递送资料、文书，若法院判决不当的，应穷尽各种法律救济措施，提出异议、上诉，维护自身合法权益和诉求。

（三）债务重组

债务重组是指不良资产管理公司收购不良资产并通过对金额、利率、期限、担保方式、回收内容、币种、权利、义务等债务要素进行调整、变更，债权人、债务人（包括借款人、保证人、抵押人、质押人）通过协商方式，不良资产管理公司作为债权人同意债务人按一定比例或者金额偿还债务后，减免全部或者部分剩余债权或者权利的处置方式。

债务重组主要适用于债务人出现短期流动性困难、有还款意愿而无法按时清偿债务所形成的不良资产，债务人的整体负债规模有限且较为清晰，具有相对较强的长期还款能力，能够提供足够的担保措施。

不良资产管理公司需要在综合分析的基础上，通过资产回收价值预测分析，以最大化回收债权为目标，确定拟重组的方式、债权回收价值、时间。

债务重组的方式主要包括债权重组、债权转股权、资产置换、资产整合、困境企业重组等。具体如下：

1. 债权重组是为解决企业过度负债的问题，针对那些经营状况尚可，只是出现短期流动性问题、无其他大规模或有负债风险的部分企业，对双方现有债权债务关系进行调整，修改债务条件，比如对债务金额、利率、期限、担保方式等要素进行调整、变更后，消除影响债权实现的不利因素，使债务人的还款能力与重组后的债权的各项要素相匹配，最终达到债权人、债务人双方满意的处置效果。债权重组使债务企业有机会对其生产经营作出调整，不至于因为短期流动性等问题而被迫清盘，进而提升债权价值。

2. 债权转股权是指债权人和债务人为了各自利益把债权债务关系转换为股权企业的投资关系，资产管理公司在实施债权转股权后，实际上成为企业阶段性持股股东，依法行使股东权利，参与重大事务决策，最终根据企业发展前景和升值空间对股权资产进行分类管理和择机处置。股权资产的处置方式主要包括上市公司股票二级市场售卖、股权回购、协议转让、公开转让、重组改制、股权置换、吸收合并等。

3. 资产置换是指为确保资产价值实现或者有利于对资产的处置，进行价值止损或者价值提升，债务人以自有资产或者第三方的上市公司股权、以物抵债等资产，对等置换不良资产管理公司对该债务人债权的处置方式。

4. 资产整合是指债务人持有的房地产、矿产等单体价值较大的核心资产由于被查封、缺少资金等无法正常建设、运营，不良资产管理公司通过协助债务人清理、整合债权债务关系，消除影响抵押资产及主要受偿来源价值实现的不利条件，促使债务人的核心资产能够重新开始建设、运营，提升资产价值，并从整合资产的增值中实现债权收益。

5. 困境企业重组是指债务人不能按约偿还外部债务而陷入财务危机，其正常经营所需的厂房、核心设备、重要存货等资产被债权人起诉查封，不良资产管理公司协助债务人清理、整合债权债务关系后，收购不良资产并进行债务重组，辅之以资产重组或股权重组，消除或者减轻债务危机对债务人生产经营的不利影响，促使债务人重新正常生产经营，提升债权价值，实现债权收益。

采用债务重组方式进行处置时，应分析债权形成过程、债务人及保证人的资产及负债、未来还款来源等情况，对交易结构、重组协议等进行可行性研究，综合评估重组可行性。

在债务重组中，不良资产管理公司可为债务企业提供增量盘活资金，或者协助劣后级投资人寻找夹层资金；在地产纾困类或者商业地产盘活类业务机会中，可为地产开发、商业运营等产业深度经营提供资金和产业协同资源。

不良资产管理公司通过债务重组回收的资产包括现金、实物、股权或者其他能够快速变现的资产等，需要在方案实施前进行评估以反映当前资产的真实价值以及债务重组的预期成效。

债务重组方案的实施能够盘活债务人及保证人资产，同时掌握主动权，防范法律风险和财务风险，防止因债务重组损害其他债权人合法权益而导致重组协议无效或者引发纠纷。

债务重组后，不良资产管理公司通常就新设立的债权重新办理抵（质）押登记；对于当地不予办理新设抵（质）押登记的，需要根据项目实际情况，采取收购债权并与债务人签订延期还款协议等交易结构的方式，承继原债权的抵（质）押权利，并采取有效保障措施减少风险敞口。

（四）委托处置

委托处置是指不良资产管理公司将其拥有处置权的资产委托给符合条件的第三方催收公司、律师事务所或者其他机构进行处置并支付相应服务费，从而实现债权追偿回收的处置方式。

在委托处置前，不良资产管理公司需要对拟委托债权价值作出独立判断和分析，遵循回收价值大于处置成本的原则，即回收的价值支付代理处置手续费、佣金以及代理处置过程中发生的诉讼费、公证费、资产保全费、评估费、过户费、保管费、以物抵债税费等后应有结余。结合拟委托资产的价值、追偿的难易程度和代理方既往业绩，合理确定委托费用，并对代理方的代理行为进行监督，要求受托人勤勉尽责并按照委托协议约定依法合规进行处置。

不良资产管理公司对债权案件采用风险代理方式的，需要根据案件推进所需资源或者专业要求择优选择代理方，明确对代理方的授权范围、代理期限，合理确定费用标准和支付方式等内容，要求受托方定期就不良资产清收情况进行汇报。对委托处置的管理，可以参考前文中的律师管理要点清单部分的内容。

当委托处置资产时，对于单项资产规模较大、自主清收困难重重、清收成本较大或者对债务人/担保人无法准确掌握其财产线索等情形，不良资产管理公司需要借助第三方机构的特殊能力，采取单项委托的方式；对于个贷不良资产等单户金额较小、地域分布相对集中的不良资产，采取批量打包委托的方式；采取反委托模式的，不良资产原出让机构须对不良资产真实卖断，尽可能避免涉及回购、嵌套资管计划等的虚假出表情形。

风险代理模式下，通常律师费用分为两个部分：一部分为完成一定诉讼节点的前期费用，另一部分为实现回收后的风险代理律师费用，以处置财产的回收净额作为计提标准，乘以相应费率作为律师付费金额。回收净额通常是指实际到达不良资产管理公司指定账户的回收现金金额扣除法院（含仲裁机构及强制执行公证机构）已经或者即将收取的诉讼费、保全费、执行费（包括鉴定费、公告费、勘验费、评估费、拍卖费、变卖费等费用、强制执行公证费）后的余额。

实现回收后的第二部分风险代理律师费用金额较高，推高了债权处置成本，因此，通常只有在依靠不良资产管理公司无力自行推动处置的情况下才会去选聘风险代理律师，具体情形如下：

1. 法律关系复杂、法律适用存疑等重大、复杂或疑难案件，需要借助外聘律师专业服务的；

2. 公司受让债权之时或之后以债权人身份（含前手债权人）起诉的案件一审败诉需进行上诉，或者二审败诉需申请再审或者申请检察院抗诉的案件；

3. 公司受让债权之时或之后以债权人身份（含前手债权人）申请仲裁的案件败诉，需要申请撤销仲裁裁决的案件；

4. 相关律师能够提供公司没有掌握的财产线索的；

5. 需要紧密协调相关司法资源，以达成既定案件处置目标的。

（五）资产证券化

资产证券化是指以特定资产组成的资产池或者以特定的未来现金流为标的，由特殊目的公司以此为基础发行可交易证券，将其出售给特定投资人进行融资的一种形式。

不良资产管理公司通过资产证券化处置方式获取交易性金融负债，有利于缓解有息负债压力，盘活存量资产、拓宽资金渠道、缓解资金压力、创新资产流转模式。其在本质上是把未来的现金流收入转化成有价证券并出售，然后以未来的现金流收入来对发行的证券进行偿付。

资产证券化交易的发起人根据自身的融资需求，将一定额度的资产组成资产池，这些资产的流动性较差但是能够产生稳定的现金流。资产种类包括不良债权资产、住房抵押贷款、应收账款、高速公路收费项目等。

不良资产管理公司采取资产证券化处置方式的主要流程如下：

1. 原始权益人从存量债权资产包中确定基础资产，组建资产池；

2. 原始权益人转移、卖断基础资产至计划管理人；

3. 计划管理人设计资产证券化相关交易结构，设立专项计划，对专项计划相关当事人进行必要的尽职调查并撰写相关报告，信用增级、信用评级，根据现金流情况，设计不同层级、期限、利率的证券化产品，如优先级、次级等；

4. 向合格投资人募集资金，并将所募集资金用于向原始权益人支付基础资产转让对价；

5. 计划管理人委托原始权益人作为资产服务机构，继续对基础资产进行运营管理，并由资产服务机构承担基础资产相关的回款归集与转付义务；

6. 当基础资产实际产生回款，资产服务机构按专项计划文件的约定定期归集与转付基础资产相关的回款；

7. 计划管理人收到基础资产相关的回款后，根据专项计划文件约定支付专项计划税费、留存资金、偿还差额支付承诺人上一兑付日之前已支付但未受偿的差额支付资金（如有），并向资产支持证券持有人分配收益；

8. 在任一兑付日，如专项计划托管账户余额不足以按照专项计划文件约定支付当期优先级资产支持证券的利息和/或本金，由差额支付承诺人向专项计划提供差额支付；

9. 清仓回购，处理拖尾资产。

（六）债权转让

债权转让是指不良资产管理公司以市场所认可的价格向第三方转让不良资产从而实现价值回收的方式。转让方式一般包括拍卖、招标、竞标等公开不定向转让和协议定向转让。

不良债权转让适用于债权项目存在加速贬值或者无法与债务人取得正面接触，以及其他处置方式不奏效的情况。主要情形如下：

1. 债务人发展前景不容乐观或者债权资产受到较大威胁，应尽快止损变现；

2. 债务人已经人去楼空，或者破产、注销，或者态度恶劣无法正面接触，以及重组无望，无法采取诉讼方式处置或者预计诉讼效果不理想，执行回款可能遥遥无期的项目，自行清收处置成本显著大于债权转让方式回收且最终处置效果难以预料；

3. 债权资产有意向投资人，预计可以提高项目回收率，符合成本效益最优原则；

4. 债权资产存在重大瑕疵，无法通过充分披露瑕疵信息控制风险，但第三方特定投资人有能力实现盘活的；

5. 债权转让与其他处置方式配合，能够有效回收资产的；

6. 不良资产管理公司掌握的债务人财产信息未设抵（质）押担保物权，且被其他债权人查封、冻结在先，或者因其他原因难以处置，通过债权转让能够加速实现回款的；

7. 不良资产管理公司未掌握债务人财产，或者掌握的债务人财产价值较小，通过债权转让能够提高回收比例的。

在债权转让的方式中，竞价转让和公开招标、邀请招标转让可由不良资产管理公司自行组织实施。公开拍卖方式使用最为普遍，市场透明度高，增加了市场开发的深度和广度。通过资产交易所或者产权交易所进行挂牌转让，不良资产管理公司可享受交易所提供的招商、撮合等便捷服务，整个过程分为公开招商、公开转让、成交三个阶段。协议转让通常只适用于国有控股企业之间或者民企之间，国企与民企之间的债权转让在参照公平、公开、公正原则的情况下通常较少采取定向协议转让方式。

债权转让的支付方式通常可分为一次性付款和分期付款。针对分期付款的项目，不良资产管理公司需要注意在受让方按约定分次支付完所有款项后，再行办理债权转让手续。若受让人违约，不良资产管理公司可以根据协议条款没收前期支付的保证金或者其他费用并要求赔偿责任，原债权可以由不良资产管理公司继续进行处置。

涉及国有企业债权转让的项目，为了防止国有资产流失，并体现公平、公开、公正的原则，不良资产管理公司需要通过公证送达的方式通知相关的优先购买权人。按照相关规定，在同等条件下，相关地方人民政府或者代表本级人民政府履行出资人职责的机构、部门或者持有国有企业债务人国有资本的集团公司可以对上述不良债权行使优先购买权。

在不良债权处置中，根据户数，其可分为单户债权处置和批量打包处置。批量打包处置是指按照行业、地域、集团、担保人、“肥瘦搭配”、统筹安排等分类方法，把3户或者3户以上的债权组合成一个资产包进行处置。

批量打包处置是一门技术活，不良资产管理公司不仅能最大化、最快速实现回款，还能通过组包批量消化亏损项目。

怎样做到合理地打包处置?

第一，摸清自身家底。不良资产管理公司需要在对所管理的资产取得全面认识的基础上，根据拟打包资产的性质、地区分布、诉讼状态、市场需求和潜在的购买对象，按照降低资产处置成本、加快资产处置进度、提高资产整体效益和有效防范各类风险的原则，依法、依规和合理地组成资产包。

第二，包装亮点并搭配出售。挑选资产包中具有较近属性的债务人，或者存在地域、行业、债权分类的一致性，或者由同一个债务人担保，或者拥有共同抵押物、担保人等，充分利用项目的共同点，使一些难以单独处置的“散、乱、差”债权得以集中、加快处置，以点带面、以小带大、以优带劣，达到缩小管理半径、提高回收率、降低管理和处置成本等目的。

第三，为受让人预留收益或者想象空间。在打包处置估值定价中，需要对重点单户进行估值分析，折现时预留给受让人年化8%～12%的预期收益，进而简单相加得出重点户债权的处置底价。但由于资产质量参差不齐，对回收价值基本为0元的部分搭配债权，无须强制给出估值定价。

第四，客户第一，把简单留给客户、把复杂留给自己。在转让后，不良资产管理公司应为投资人提供周到、及时的协助服务，树立市场口碑，避免留给客户“买前是大爷，买后是孙子”的印象。

通常，不良资产管理公司债权转让主要流程如下：

1. 不良资产投资人就意向不良债权资产与不良资产管理公司谈判，达成收购意向和承诺。

2. 不良资产管理公司项目经理撰写处置方案，发起尽职调查、处置评估及内部审批流程。对于打包处置项目可采用抽样方式的，通过对抽样项目的评估或内部估值，推断资产包的总体价值，确定打包转让的底价。

3. 不良资产管理公司内部完成处置批复后，确定采取包括拍卖、招投标、公开竞价、协议转让等在内的转让方式中的一种，选择交易平台，将不良债权挂网，发布公告。

4. 竞价环节。竞价时长一般是24小时，可以设置保留底价。竞价开始后，经过多轮加价，至最后一次延时结束，出价最高者且高于不良资产管理公司保留价的中标。

5. 中标后，双方签署转让协议、完成资金划付、刊登联合催收公告。如流拍或者受让人中标后不付尾款，则按照交易对手承诺或者公告内容没收对方保证金。

6. 双方移交债权原始档案，包括主体资料、债权主从权利凭证、权证资料、诉讼资料。

7. 受让人及时向法院申请法律主体变更，成为新的债权人。

不良资产管理公司需要注重营销体系与生态圈建设，定期举办资产推介会或者茶话会，对接各大不良资产网络平台、各专业不良资产投资机构，甚至维护好不良资产生态圈的微信群，链接不良债权关联人、资产关联人、资产周边人的关系网络。

针对已实现债权转让处置的债权，不良资产管理公司需要继续追踪竞买方的处置流程，获取可用的受让人所有的终端处置资源或者渠道，提升自身在下游客户、债务重组、商业运营、产业资源等方面的优势。

（七）以物抵债与实物资产处置

以物抵债与实物资产处置是指在司法处置财产流拍后，抵（质）押物被法院裁定抵债，或者债务人、担保人无法以现金偿还债务，经当事人协商一致，或者经法院依法裁决，债务人、担保人或第三人以实物资产或者财产权利作价抵偿债权，债权人取得实物资产所有权后进行处置。

裁定抵债是指通过诉讼或仲裁程序，由生效的裁决文书确定将债务人、担保人或第三人拥有所有权或处置权的资产抵偿债权。

协议抵债是指经债权人与债务人、担保人或第三人协商同意，债务人、担保人或第三人以其拥有所有权或处置权的资产（包括债权、物权、股权等权益）作价抵偿债权。在签订的抵债协议中须将抵债资产最终过户至不良资产管理公司名下约定为债权债务解除的条件，即附条件的以物抵债方案应先落实所附条件后再实施，避免陷入只签署合同却迟迟无法过户的困境。

在进行以物抵债处置方式的过程中，不良资产管理公司需要重点关注抵债资产的权属关系、诉讼状况、评估价值、维护费用、升（贬）值趋势、变现能力、抵债资产所欠税费和存在的瑕疵等因素，谨慎确定抵债资产抵偿的数额。不良资产管理公司应优先接受权属关系清晰的抵债资产。在考虑成本效益与抵债资产风险的前提下，不良资产管理公司应及时办理确权手续，并按收益最大化原则择机变现。

债务人、担保人出现以下情况之一的，不良资产管理公司为最大限度减少资产损失、最大化回收债权，可实施以物抵债：

1. 已被工商行政管理部门吊销营业执照的；

2. 虽未破产，也未被工商行政管理部门吊销营业执照，但已关停或名存实亡的；

3. 生产经营已中止或建设项目处于停缓建状态的；

4. 生产经营陷入困境，财务状况恶化，处于关、停、并、转状态，且短期内无法恢复的；

5. 严重资不抵债，且被其他债权人追偿其资产的；

6. 案件执行阶段，抵押物、质押物或其他查封、扣押、冻结财产按司法规定降价处置仍无法成交的；

7. 在债务人资产有限且债权人众多的情形下，如资产管理公司对法院查封的财产没有优先受偿权，可主动申请抵债；

8. 出现只有通过以物抵债才能最大限度保全不良资产管理公司债权的其他情况。

对商业银行或者不良资产管理公司来说，以物抵债通常属于过渡期处置方式，属于非主营业务，不宜长期持有，如无法快速处置变现抵债资产，则应在处置过程中通过协调各方资源，尽量避免抵债。如确无其他途径、线索追偿的，可考虑将其中尚有一定价值的资产用以抵债，包括所有权、使用权不明或者有争议的资产，通过法院裁定抵债，获得部分确定性受偿；还包括难以保管，或者保管成本较高但仍有较大价值的资产；已被人民法院等机构依法查封、扣押、监管或者依法被以其他形式限制转让且无优先受偿权的资产；耕地、宅基地、自留地、自留山等集体所有的土地使用权。

不良资产管理公司对抵债资产进行处置时，需要根据前期调查情况，充分利用现有档案资料和日常管理中获得的各种有效消息，特别是同类资产的市场处置信息，区别分析机器设备、车辆、不动产等不同实物资产的各自特点，区别确定实物资产的处置时机，为后续资产处置方式选择、定价和方案制定提供依据。主要抵债实物资产的特点如下：

1. 机器设备以及车辆类实物资产的共同点是自然损耗对价值影响较大，市场价格的下降趋势非常明显，宜尽快处置。

2. 房地产资产，包括在建工程、已完工建筑、土地等，受行业发展、所在地政策环境、消费水平、城市规划、房产用途、朝向楼层等的影响较大。若行情朝着有利方向发展，可以挑选一些好的房地产项目持有并等待有利时机，或者通过出租的形式进行保值。但对那些流动性较差，人流量和景气度差，甚至有不利政策预期的房地产资产，则宜尽快伺机处置。

3. 对在一定期限内无法处置的抵债资产，不良资产管理公司需要认真分析原因，提出备选处置方案，也可以借助第三方咨询顾问的力量提出创新型处置方案，逐步完善或者提升相关处置条件，广泛营销并精准推介，实施下一步管理措施和处置计划。

不良资产管理公司申请以物抵债后，如不能全部抵偿债权的，可对剩余债权保留追偿权，并通过其他途径继续追收，再次申请执行来主张权利，法院可裁定终结本次执行程序。

（八）破产清算或者破产重整

破产清算是指在宣告债务企业破产以后，由清算组接管公司，对破产财产进行清算、评估和处理、分配。

在破产清算程序中，债权人资产的清偿顺序是：

1. 债权人和债务人互负债务的，抵销债务人财产，《企业破产法》第40条规定的除外。

2. 担保债权。

3. 破产财产在优先清偿破产费用和共益债务后，依照下列顺序清偿：

（1）破产人所欠职工的工资和医疗、伤残补助、抚恤费用，所欠的应当划入职工个人账户的基本养老保险、基本医疗保险费用，以及法律、行政法规规定应当支付给职工的补偿金；

（2）破产人欠缴的除前项规定以外的社会保险费用和破产人所欠税款；

（3）普通破产债权。

破产财产不足以清偿同一顺序的清偿要求的，按照比例分配。

破产企业的董事、监事和高级管理人员的工资按照该企业职工的平均工资计算。

上述清偿顺序经债权人会议讨论通过，并报人民法院裁定批准后执行，而后再根据一定的比例，公平地分配给债权人。

破产重整是针对可能或者已经具备破产原因，但又有维持价值和再生希望的企业，经由各方利害关系人的申请，在法院的主持和利害关系人的参与下，制订重整计划，进行业务上的重组和债务调整，帮助债务人摆脱财务困境、恢复营业能力。

重整的目的是帮助企业暂时摆脱困境，恢复经营与盈利能力，从而达到债务企业股权价值的提升。这就要求重整方在某一行业领域中具备雄厚的产业积累和卓越的经营管理能力，能够为破产企业设计切实可行并可持续发展的生产经营方案，帮助其真正恢复“造血”能力。

重整计划获得通过的核心条件之一就是债权人的受偿率。重整方不仅要提出令多数债权人满意的清偿条件，还需要投入资金或者资本，更要在重组完成后继续投入资金或者注入优质资产以帮助债务人改善经营，真正摆脱困境。

重整计划是债权人、债务人、出资人和重整方的意愿共识，经法院裁定批准后对各方均具有约束力，效力稳定性较强，不能被轻易推翻。

破产重整计划通常要求债权人和债务企业出资人做出一定利益的牺牲和让步，这就需要重整方有出色的沟通和谈判能力。若各方能对重整达成共识，由重整方引进外部资金、资源，激活企业生产经营能力，债务企业股权价值回升，债权人的受偿率有望大幅提高，重整方获得债务人股份及其资源，实现各方的共赢。

破产重整能够高效、批量解决债务人对外负债，一次性解决债务人的债务困境，保障各方利益，达成多赢局面。若按破产清算程序进行，债权人的受偿率往往极低，必然造成债权人利益受损。

若不良资产管理公司掌握的债务人财产线索较少，通过常规诉讼、执行程序难以收回债权投资的，可通过申请债务人破产进行重整或清算获得受偿。

债务人进行破产清算的，债权人应及时申报债权，参加债权人会议，密切关注破产清算程序进程，防止债务人利用破产手段逃废债。

对破产过程中存在损害债权人利益的行为和显失公平的裁定，不良资产管理公司应及时提出异议，维护自身权利。

（九）小结

针对那些不同类型的成功退出路径，一言以蔽之——往往不是依托历史处置能力、自我对项目的固有认知，而是基于风险认知的估值模型，基于风险解决能力的处置模型，通过把价值发现与风险预判的所有工作全部标准化、数据化、客观化，并将决策过程、日常存续期管理动作、项目处置思路、招商谈判记录等留痕，用项目管理方式推进处置过程，尽量去除人为因素所导致的潜在风险，最大限度地考虑市场风险，最大限度地预估处置周期，最终依据项目所创造的价值空间来体现个人专业价值。

依托终极退出路径来进行不良资产投资的正确性已经被无数血淋淋的失败案例证明。

第八节　七大不良资产从业禁区

从业禁区也常用来指红线，就是行业里面绝对不能碰的规矩，碰了这些规矩，你要付出沉重的代价。有些代价不仅仅是当时的，还会跟随人的一生。

在判断一件事情有没有触碰禁区时，可参考两个衡量维度：对内，找 3 位或 3 位以上的同事聊聊，看看会不会有人喊停；对外，考虑你是否愿意把这个项目写进你的简历，就比如很少有人会把“黑产平台从业经历”写进自己的简历。在不良资产领域，最基础的职业道德就是转让合规、不欺骗、不坑人、不故意卖假债权、不触犯法律法规。

一本名为《有限与无限的游戏》的哲学书把游戏分为两种——有限游戏和无限游戏。有限游戏的目的是分出输赢、结束游戏，这是商业竞争中最常见的形式。而无限游戏的目的是通过沟通、合作赢得信任，不断扩展边界，让游戏继续，一直“活”下去。在无限游戏中，你的行动会变得更清晰果断；面对选择时，你能获得一个更清晰的判断标尺，选择“一锤子买卖”还是“薄利多销”；你会发现新的资源种类、资源边界，格局也得到进一步扩展。

一、不良资产处置中涉及个人意向受让人的风险

根据财政部《关于进一步规范金融资产管理公司不良债权转让有关问题的通知》(财金〔2005〕74号)等的规定，国家公务员、金融监管机构工作人员、政法干警、资产公司工作人员、原债务企业管理层以及参与资产处置工作的律师、会计师、评估师等中介机构人员、债务人、担保人及其关联人等不得购买或变相购买不良资产。

通常，不良资产意向受让人中也有部分属于自然人主体，但是若个人意向受让人不提供任何身份信息或者工作背景说明等资料，将导致无法对个别个人意向受让人的民事行为能力及不良资产购买资格进行审核。

为避免上述问题给不良资产管理公司的不良资产处置业务带来合规风险，导致项目经理被追责或处罚，通常需要对个人意向受让人进行相应要求和规范：

1. 当不良资产意向受让人为个人时，应详细了解核实个人受让人的身份信息，保留身份证复印件、工作背景及受让款项来源等信息，了解其意向收购的原因，并做好记录留存。

2. 在个人意向受让人对相关债权资产进行尽调了解前，理应要求个人意向受让人出具不存在有关监管部门所规定的不得购买不良债权的身份保证声明。模板如下：

保证声明

本人（身份证号码：××××）有意参与购买/受让贵方拟处置的（债务人或资产包名称）不良债权资产。本人就参与购买/受让贵方的前述不良债权资产事宜向贵方作出承诺及声明如下：

1. 贵方已向本人告知，国家公务员、金融监管机构工作人员、政法干警；资产公司工作人员以及参与资产处置工作的律师、会计师、评估师等中介机构人员；债务人、担保人、原债务企业管理层及其关联方；反恐、反洗钱黑名单人员等不得购买或变相购买不良资产。本人保证，本人不具有前述不得购买或变相购买不良资产身份的任一情形。

2. 本人用于购买/受让贵方不良债权资产的资金款项来源合法。

3. 若本人违反以上保证承诺，由此导致的一切责任及后果均由本人自行承担。

特此声明。

声明人：×××

二、帮助债务人及关联企业收购自身不良资产

关于债务人不能回购自身不良资产的问题，财政部此前有过多次涉及该内容的文

件，明确商业银行及不良资产管理公司不得将不良资产折价转让给原债务人。

财政部《关于进一步加强国有金融企业财务管理的通知》（财金〔2022〕87号）对金融机构不良资产处置方面作出了明确的禁止行为规定：

金融企业不良资产对外转让应当坚持“依法合规、公开透明、洁净转让、真实出售”原则，及时充分披露相关信息，严禁“暗箱操作”，防范道德风险，不得通过处置不良资产进行利益输送。严禁通过虚假转让不良资产，掩盖金融企业真实资产质量情况。所处置的不良资产（包括银行初次转让以及资产管理公司后续转让），除依照国家有关规定与原债务人及利益相关方债务重组、资产重整外，不得折价转让给该资产原债务人及关联企业等利益相关方。同时，金融企业应当对不良资产处置建立检查抽查制度，严厉打击利益输送等违法违规行为。

三、资产转让中协助相关人员利益输送

根据财政部《关于进一步规范金融资产管理公司不良债权转让有关问题的通知》（财金〔2005〕74号）第3条、《金融资产管理公司资产处置管理办法》（2008年修订）第26条、中国银保监会办公厅《关于开展不良贷款转让试点工作的通知》第5条、最高人民法院《关于审理涉及金融不良债权转让案件工作座谈会纪要的通知》第6条等的规定可知，不良债权公开或协议受让主体资格受到限制的主体可归集为四类：（1）国家公务员、金融监管机构工作人员、政法干警、资产公司工作人员以及参与资产处置工作的律师、会计师、评估师等中介机构人员等关联人及前述关联人参与的非金融机构法人；（2）债务人管理层、债务人管理层关联人及前述主体参与的非金融机构法人；（3）与参与不良债权转让的资产管理公司工作人员、国有企业债务人或者受托资产评估机构负责人员等有直系亲属关系的主体；（4）就资产管理公司受让的单户对公不良资产而言，还包括原债务人及相关利益主体。

值得注意的是，现行规定并未将担保人及其关联方列入不良债权受让主体的限制范围。“逃废债”目前无明确规则界定，且多涉及借款人而非保证人，且行为人存在蓄意损害债权人权益的故意。

假如不良资产管理公司明知受让人的受让主体资格受到限制，却装聋作哑、心存侥幸，可能真到了东窗事发的那一天面临秋后算账的风险。

不良资产行业是调查、经营、管控、转移、化解风险的行业，项目经理一定要坚持按照原则办事，在大是大非面前保持清醒的头脑。

四、收购和处置不良资产时未实现资产和风险真实、完全转移

不良资产管理公司收购和处置不良资产时，应当符合真实性、洁净性和整体性原则，通过评估或估值程序进行市场公允定价，实现资产和风险真实、完全转移，但不得从事下列行为：

1. 与出让方及其关联机构约定本金保障和固定收益承诺；

2. 与转让方在转让合同等正式法律文件之外，签订或达成影响资产和风险真实性完全转移的改变交易结构、风险承担主体及相关权益转移过程等的协议或约定；

3. 以任何方式要求金融不良资产出让方承担显性或隐性回购义务；

4. 以任何形式帮助金融企业虚假出表掩盖不良资产；

5. 以收购不良资产名义为企业或项目违规提供融资；

6. 收购无实际对应资产和无真实交易背景的债权资产；

7. 向债务人及其关系人违规输送利益；

8. 以任何形式帮助债务人逃废债务。

五、作为内幕信息知情人交易相关股票

在上市公司破产重整、上市公司纾困等资本市场业务中，项目可能涉及上市公司敏感信息及数据，凡能阅读或使用项目信息、数据的相关人员均有可能被认定为“内幕知情人”。

若“内幕知情人”在有关信息对外披露前对标的上市公司股票进行交易，则有可能被认定为“内幕交易”。这时候的“红线”就是：

1. 不向他人泄露、与他人讨论内幕信息；

2. 不利用已知晓的内幕信息直接或委托他人买卖证券，不以他人名义买卖证券；

3. 不利用已知晓的内幕信息为他人买卖或建议他人买卖证券，不以明示或暗示的方式向他人泄露内幕信息；

4. 不从事法律法规限制的其他活动。

六、合作协议约定责任不明、故意设置漏洞

不良资产管理公司通常会在债权转让时约定前手债权人的免责条款，在债权转让协议及通知中明确表述债权存在的瑕疵，揭示相关债权在诉讼、执行过程中可能存在的风险，以及存在无法全部或部分收回的风险，并约定受让人知悉并接受相关瑕疵、风险。

双方约定在债权转让后，受让人对前手权利人不能行使任何形式的追偿权，受让人确认债权转让协议生效后，前手权利人不承担权利瑕疵担保义务，受让人不得以债权转让相关事宜为由要求前手权利人承担赔偿责任。但是，也有个别无良资产管理公司在合作协议中故意设置漏洞，约定责任不明，故意陷害受让人。比如存在一包两卖行为，或者发现原贷款已结清，在收购后才发现是笔空债权，结果“惊吓”到整个不良资产生态圈。

他们可能自以为无人察觉，解释得通，但最后总是会被发现，引发维权风波，名声从此扫地，双方也没有再次合作的可能，其他合作方在与其合作前也要掂量掂量。

七、债权清收追偿中使用暴力催收

根据中国银保监会办公厅《关于开展不良贷款转让试点工作的通知》、《地方资产管理公司监督管理暂行办法（征求意见稿）》、中国银保监会办公厅《关于开展第二批不良贷款转让试点工作的通知》等的规定，地方资产管理公司应当制定债务追偿制度，尤其是应建立个人贷款的相应催收制度、投诉处理制度，配备相应机构和人才队伍，按照法律法规、国务院银行业监督管理机构和监督管理部门的要求，规范债务追偿的程序和方式。

持牌资产管理公司及其委托的第三方机构追偿债务时，不得有下列行为：

1. 使用或者威胁使用暴力，或者以其他方式损害他人身体、名誉、财产；

2. 侮辱、诽谤、恐吓、跟踪、骚扰，或者以其他方式干扰他人正常工作和生活；

3. 采取误导、欺骗等非法手段追偿债务；

4. 非法占有被追偿人的财产；

5. 违反有关规定公开被追偿人身份、住址、联系方式、联系人等相关信息；

6. 向依照法律规定或者合同约定负有履行债务义务的单位或者个人以外的其他人员追偿；

7. 其他以非法或者不正当手段追偿的行为。

对批量收购的个人贷款，只能采取自行清收、重组等手段自行处置，不得采取以下处置方式：

1. 再次对外转让；

2. 暴力催收不良贷款；

3. 委托有暴力催收、涉黑犯罪等违法行为记录的机构开展清收工作。

第三部分

进 阶 通 道

物理学家玻尔说："专家就是这样一个人，他在一个非常狭窄的领域内犯过所有可能犯的错误。"

不良资产行业是一个外行看来充满风险的"窄门"领域，同时，对入行新人来说，若在收购不良资产前不调查清楚或者在处置过程中踏入风险雷区，很可能造成二次不良，陷入无法处置流转的困境。

举个例子，经常出现的场景有不以资产本身的估值为参考，而是以前手权利人的"承诺"为依据；不以债务人的实际还款能力、意愿、安排为参考，而是以债务人的口头还款承诺或者书面还款意向为依据；不以资产本身是否值得投资来作为参考，而是以完成考核任务要求进行投资，美其名曰"逢包必抢"；不以收购后存续期精耕细作和规避在诉讼、执行、破产及抵质押物中存在的风险为目标，而是守株待兔、被动等待自然回款或者意向投资人找上门来谈。

第一节　专业主义至上

树木一年生当柴，三年至五年生当桌子，十年至百年的才有可能成为栋梁。世间所有成就，从来不靠取巧，靠的是脚踏实地，凭的是日积月累。

业余的人可能会投资成功几次，但是不能获得持续、系统、稳定的回报。

不良资产市场不相信眼泪，只相信专业。

一、从刻意练习到算法优化

想从新手到高手，你一定听说过"刻意练习"这几个字。其实，在很多的行业和领域，比如服务业、艺术界、体育界、制造业，只要是需要提高某项技能或者能力，最有效的方法，都是刻意地进行大量、重复的练习。用中国的老话来说，刻意练习就是从“熟练”到“生巧”的过程，熟能生巧。

很多人觉得，只要我愿意花一万个小时来刻意练习、勤操实干，就一定能成为某个领域的高手。

但是，我们常常发现，同样是练习，有的人不断精进、突飞猛进，有的人却原地踏步、越练越差。在五年后，前者有了五年工作经验，后者却是用一个月的经验工作了五年。因为若方向错了，练得越刻苦，离目标其实就越遥远。甚至，错误的练习方法一旦成为一个人的习惯，再要改过来，可就难了。

所以，刻意练习，不能一味地勤学苦练、重复搬砖，形似“流水线兵马俑”，我们还要掌握边界与方法、思考底层逻辑、理解风险本质，从而举一反三。重要的是解决问题的过程和方法，而不是结果。

爱因斯坦不是说，咱别像精神病那样，“翻来覆去做同一件事儿，却期待能有不同的结果”。做一点不同的事，老问题的新解法没准也就冒出来了。

怎样通过每个个体的日常工作记录和经验逐渐优化和提升团队整体的水平？

在拉马克学说中有一种蚂蚁算法，当某只蚂蚁偶然发现一条短路径，它通过信息素的气味间接地把这个信息传播给其他蚂蚁，即蚂蚁个体把它所知信息传播给了整个蚁群，最终找出一条最优路径。

整个算法优化的过程，其实也是围绕一个个行动者积累、优化知识资产的过程，就像戴明环（PDCA 循环）的要求，即 Plan（计划）、Do（执行）、Check（检查）和 Act（处理），各项工作按照作出计划、计划实施、检查实施效果的步骤去完成，然后将成功的纳入标准，不成功的留待下一循环去解决，逐渐优化算法并把研究出来的做法和路径作为当前最优解。

举例，在不良资产行业中，有些处置清收服务商专门做损失类、无抵押类不良资产包，数量多如牛毛，但是能长期坚持做下去，并且不断优化处置算法核心能力则如凤毛麟角。

在与圈内从业者交流时了解到，上海某不良资产管理公司的核心竞争力之一是对损失类、无抵押类债权的回收能力，这是多年来不断优化处置清收算法的结果。

具体有哪些先进做法？主要有五个方面。

第一方面，从投前尽调到最后处置结案均通过系统进行全流程管控，所有的节点都有相应的标准动作，信息化、系统化水平持续得到提高。比如，诉讼时效、保全时效、上诉时效、执行时效等事项，在什么时间应该做什么事情，若没有做，就会提示延迟或者出现异常预警情况，智能化水平持续得到提高。

第二方面，通过爬虫技术工具在公开信息渠道获取大量有价值的新信息，不断提升信息对称能力，持续获取债务人的状况、资产状况、诉讼状况、舆情新闻，比如在外省买的不动产、涉及哪些法院的诉讼与判决、参加过哪里的招投标项目等。通过把不断获取的所有新信息汇总起来，自动生成动态评估分析报告，再由人工复核后供决策参考，提高效率。整体数字化水平持续得到提高。

第三方面，耕耘行业多年，持续评估交易对手，建立相对竞争优势，在市场上差异化竞争。在持续耕耘中，评估交易对手强弱优劣，哪个交易对手强一点，哪个弱一点，哪个手头存量大一点，哪个有难啃的骨头，有哪些业务合作机会……

若交易对手的不良资产处置水平弱，自己就可以多买一些；若交易对手的不良资产处置水平强，即使自己收购了也不赚钱。

关于业务策略，这家公司主要提供清收处置服务及劣后及投资，表示不参与抵押物清晰、透明、足值的债权，而是重点看几户没有抵押物的损失类债权或者信用债券，或者债权债务关系特别复杂、查封特别多、权证不齐、有其他瑕疵的，因为这些全凭专业经验来分析判断。在处置中，不希望通过司法拍卖执行，而是希望以诉促谈、协商和解、债务重组、豁免让利，在帮助别人的同时成就自己。能够批量协商和解的本质原因是买得便宜，损失类基本上不能超过 10%，所以在具体做法上不会要求像狙击手一样，每一枪都要毙掉对手，而是抓大放小、关注重点。

第四方面，通过建设成熟的律师库，区分资源型、专业型、线索型律师，并不断筛选合适的律师代理相应案件，配合法院对债务人各个账户以及其他财产的执行查控工作，进一步提高信息对称能力。

第五方面，不希望成为债务催款公司、鱼死网破，而是以诉促谈、心怀善念、合作共赢、和气生财，大部分债权都通过与债务人、担保人、关联人进行谈判、协商、和解实现债权回收。和债务人讲清楚债务危机的本质和结局，一起正视困难和现状，才能改变现在，看到未来。让债务人认识到如果不做出改变、权衡与取舍，最后可能真的一无所有。

吴军在《格局》一书中倡导：明确了位置和方向后，格局的大小就要看采取行动的方式。在这一点上，格局大的人追求的是重复的成功和可叠加式的进步，格局小的人则仅满足于自己某件事做得快、做得漂亮。

若想获得可叠加的进步，要求我们从刻意练习到算法优化，专注成就专业，而不是总想试图凭运气博取几次过期不候的特殊机会投资。因为那些凭运气赚到的钱，一般都会凭本事亏掉。

二、整合资源：设计交易架构、挖掘盈利模式、募集便宜资金

一个农夫来到城市，不懂交通规则，他不是蠢，只是不太理解什么是交通规则；一个城里人到农村，分不清各类农作物，也不是蠢，只是没接触过。

每个人都有自己深耕和擅长的领域，应该本着一种求同存异、合作共赢、扬长避短、借力而行的心，充分借助交易对手的优势，弥补自身的短板，而非囿于自身既有经验的优越感和偏见，避免撞到南墙、抬望眼后才发现“乃不知有汉，无论魏晋”。

对于不良资产持有人而言，设计出一个权利平衡又激励相容的机制，让各方合作者均能找到积极参与的空间，即使与竞争对手也能够形成一个高效率的共益机制，是对自身能力进阶最大的挑战。

（一）为什么要整合资源？

不良资产行业除了有备而来的专业选手，还有许许多多闻讯而来的“淘金者”，他们盲目进入这个行业，在拉高资产包价格的同时，利润空间被进一步压缩，处置难度不断加大，主要表现在几个方面：（1）欠发达区域的资产流动性差；（2）价格炒作得比较贵，利润空间小；（3）因各地司法环境，以及谈判和解能力差，导致处置周期长；（4）投资评估团队和处置团队不专业，凭借所谓教科书般的科学评估，而非多年实践经验和专业能力；（5）创新处置模式欠缺，没有共赢意识。

随着终端投资人的不断涌现，不良资产市场也出现了专门从事商业、酒店、厂房、物流、林业、矿业、船舶、码头等细分领域的专业投资人。不良资产生态圈上中下游产业链开始细分，更专注更专业，特别是后端的市场细分，创新出更多的玩法。

不良资产的处置方式由原来的传统催收、诉讼、折价转让到逐渐出现结构化处置、债务重组、资产证券化、破产清算、破产重整、债转股等创新模式。

不良资产管理公司如依靠单一的资源或者资金优势、持牌机构批发转零售、委外清收等模式，都将因为底层资产市场价格持续下行，面临处置回款瓶颈。因此，只有通过整合资源、模式创新，结合专业化的团队，通过信息化手段，搭建合作共赢的平台，才能更好地发挥各自优势并创造价值。

不良资产实操高手一定要建立强大的“朋友圈”，认真经营资产方、资金方、产业方、清收服务方。拥有强大的朋友圈，才是一往无前的核心条件，包括但不限于搞定高手、搞定资金、搞定资产、搞定运营、搞定产业、搞定处置。

业内专家曾说：能力越强的不良资产管理公司可能越朝着投行化方向发展，能力较弱的就更倾向于做债权类交易，偏好固定收益。

不良资产管理公司怎样从债性向股性的能力方向提升？

这个问题的答案可能要先从债性业务开始，逐步进入夹层投资领域，将夹层投资确定为未来的一个主要方向，业务风险和收益特征也更像夹层投资。其中，有两个边界要坚持：

第一个边界是产业的边界。不良资产管理公司可以做产融协同，但绝对不能跨界做产业经营，比如不良资产管理公司就不能变成一家房地产公司或房地产运营公司。不要以为自己什么都能做，要始终认识到自己是一个类金融的资产管理公司，始终在最擅长的能力圈边界内活动。

第二个边界是明确自身定位。不良资产管理公司始终是做一个二老板，不要去做大老板，从风险偏好来讲，不良资产管理公司可能更多的是做到接近于次级的这么一种角色，即前端拿固定收益加上后端浮动收益。

你可能会问，民营不良资产管理公司也想整合资源，但恰恰自身缺少资源，怎么办？

请记住："上帝为你关上一扇门必定会为你打开一扇窗。"

当资本、资源不够，不良资产管理公司可以用专业能力、高配团队、战略合作伙伴、服务水平来弥补。

不良资产管理公司项目经理作为导演，在自身资源有限的情况下，可整合不良资产项目中债务人、债权人、资金方、产业基金、产业投资人等各方资源，设立不良资产特殊机会投资基金，协同产业基金、产业投资人，共同确定未来投资方向和资产准入标准。然后，带着收购目的去寻找特殊机会投资标的，以相对较低的价格获取债权资产或者底层资产，装入项目公司。最后，根据拍卖竞价情况获得债权转让溢价，或者通过以物抵债获得底层资产。

假如项目公司持有的是物权，以"现金＋股权"或者"股权"为对价注入实业公司，未来通过股权转让或者实业公司上市后减持退出。特殊机遇及不良资产投资为辅（获利倍数高），产业基金为主（资金基数大，对接资源高，收益率较低）。

假如项目公司持有的是上市公司股权资产，项目公司可长期持股，后续通过为上市公司业务匹配产业资源，赋能企业运营，获取长期超额收益。

不良资产管理公司通过整合资源、模式创新创造价值，实现资产增值，进而实现社会效益和经济效益的双丰收。

（二）深入本行业，细节是"魔鬼"

互联网让现在的信息变得透明，但是若只盯着自己的一亩三分地，而不是熟悉行业更大的结构和地图，也很难形成持久长期获利能力。

假如你是一个资金实力雄厚的外行人，你想投资不良资产，但是没有行内人提供的信息，我且问你几个问题：你知道不良资产的原始来源吗？你能联系到相关知情人吗？你怎样确定报价，既能在债权人的预期范围内，又有差价可以赚取？

若你直接跑到不良资产管理公司前台，说要买一笔债权，报了一个与债权人的预期范围相去甚远的价格，债权人很难相信你有诚意，八成觉得你逗他玩儿呢。因为你不是老客户，不是圈里人，不是熟人介绍的，也没有丰富经验，嘴上虽说愿意出价多少，但是无法保证这个项目交易能成，债权人大概率也不会特别上心。

若你是行内人，经常走动，具有丰富的经验，曾经有过诸多成功合作案例，不良资产管理公司项目经理就会重视你这单生意。

换个角度，即使你选择好了某个不良资产标的，不良资产管理公司也表示愿意按照你的要求推进转让，让你缴纳30%的定金，你心里面有谱吗？万一对方是骗子怎么办？你又不在行业内，懂得博弈论的话，你就会明白若只做一锤子买卖的生意，真话不会对你全说，给你的资产质量可能好点也可能差点，哪怕是有瑕疵也无所谓。

行内人对行内人通常来说，会相对更讲信誉，不轻易坑人，为什么？因为你作为行内人，若另一个行内人对你不讲信誉，你很快就会把这件事情传播出去，整个不良资产生态圈内的人就不敢和他做生意了，那么他的交易成本、违约成本、信任成本等都会大大提高。

所以，若你想在任何一个行业获利，真的要深入该行业，成为行内人，而且细节是魔鬼，每一个交易的细节过程都充满陷阱和雷区，细节信息的不对称就是你赔钱亏损或者赚钱获利的关键。

入行最快的路径是找到能带你入行的人，多与其沟通或者看他写的书，比其他方法都要强。

不良资产管理公司之所以经常跟人打价格战，是因为自身没有真正成为行内人而已。若成为行内人，就能比其他人更早获得第一手资料，获得更接近底价的真实报价，搜集到第一手财产线索信息，民间投资人也会经人介绍第一个找到你，你就能抢先成为第一个喝到汤、吃到肉的人。

不良资产从业人员要保持开放的心态，积极融入生态圈，让自己成长，熟悉一个行业是进阶成为高手的根本，同时，又要超越本行业的局限性，成为拥有多元思维模型和一专多能的人。

（三）怎样整合匹配资源、设计交易架构？

金融思维在本质上是完整的控制风险、借助信用杠杆、资源调配、利益最大化的策略思维。这东西不是能被教出来的，而是要靠实践出真知、靠犯错或看别人犯错而反思出来的，或者用更通俗的话说——靠行业环境毒打出来的。

要想脱颖而出，无非两种情况：一种是专长特别突出，在自己的专业领域有绝对领先优势；另一种就是综合实力突出，不仅专业方面不错，还要具备一定的组织协调能力，能整合内外部资源达成工作目标。

在这个时代，商业创新的可能性无穷无尽。再小的生意，再低的起点，若整合资源的方式对了，也有巨大的机会。一个人的价值提升终究是有限的，而资源整合却是无限的。

没有任何一种业务模式能够“一招鲜，吃遍天”，比设计交易结构更重要的是拥有灵活设计交易结构的能力。

在不良资产实操过程中，不仅需要有意识地去积累针对不同业务、不同诉求的项目研究方法，更需要熟悉不良资产生态圈中各个生态位选手的优劣势，设计交易结构、整合多方资源，达成自己设定的目标和成果。

对于合作伙伴来说，让他们扬长避短，在满足对方诉求的基础上，充分借助对方优势；对于自身来说，取长补短，整合合作伙伴的资源，匹配自身的能力，实现自己定义的目标。

注意，这里的取长补短并非让你去学习不擅长的知识领域，而是只让你学习、提高自身擅长的知识领域，持续加强长板，直到高出天际，补短方式是去寻找高手援助、整合合作伙伴。

作为一个资源整合者，你需要熟悉不良资产生态圈中各个生态位选手的诉求和条件，经常更新和盘点，随时调用匹配资源。比如，作为资金方的某资产公司在不良资产投资基金中的要求条件——优先、夹层、劣后或者平层出资的金额和收益分别要求多少？另一家资产公司在配资合作中的条件较为宽松，优先出资比例高，可达多少，资金成本要求多少？某资产公司可以通过自营、通道、配资、后端合作等多种模式联合组包合作，分别有哪些条件？某资产公司的配资模式可以通过收益权转让与委托清收模式合作，要求有哪些？某资产公司主要属于服务商模式，有哪些优势？某资产公司的当铺思维较深，要求项目安全垫较高，可提升收益但是降低流动性，该怎样与其开展合作？某资产公司主要是“劣后投资 + 清收处置”服务模式，该怎样与其开展合作？某资产公司的优势是有保险基金投资，该怎样与其开展合作？还有些资产公司是基金管理人模式，先到市场找到有限合伙人（Limited partner，LP），然后找到服务商进行撮合交易，该怎样与其开展合作？等等。

你也可以攒个局做导演，全程参与服务。比如，某主做轻资产运营的长租公寓品牌公司向港交所交了表之后有了充足资金，准备发一个 preREITs 的基金，买一些优质的长租公寓项目，等养好之后，有了稳定的现金流，再去发资产证券化产品。不良资产管理公司可以在前端提供服务，在不良资产海量市场里挑选适合的项目，通过设立不良资产特殊机会投资基金进行收购，由具有不良资产投资策略的中小型保险公司等金融机构作为不良资产投资基金的优先级投资人，调用匹配的不良资产投资机构出资夹层作为中间级投资人，由长租公寓和资产管理公司处置劣后级投资人。不良资产投资基金在长租公寓做运营的时候，可以提供不动产配资；在发行资产证券化标准产品时，可以投资 preREITs。

总之，不良资产管理公司要做的就是：缺少哪些资源，就引进哪些资源，找到并随时调用各个赛道中能力强大或者资源丰富的合作方，整合资源、共享盛宴。

实践是检验真理的唯一标准。不良资产管理公司想要充分整合资源、设计交易结构，前提是必须摸清交易对手、知己知彼，在这个过程中需要拿着各类具体项目在不断推敲、沟通、碰撞中试探对方的边界和底线，避免临时抱佛脚。

（四）以设立不良资产投资基金为例

不良资产管理公司普遍存在大额债权处置去化难题，怎样解决？其中一个途径是通过整合资源，设立不良资产投资基金，与意向投资人合作处置。

1. 背景与选择

不良资产管理公司普遍存在大额债权处置去化难题，比如某些债权的抵押物为大宗土地或者大型商业地产，如采取司法追偿、强制执行抵押物等常规做法通常行不通，因为这类抵押物不仅可能被数轮查封，拍卖完成前只有很小的回款可能性，而且面临可能流拍的风险，经常面临被法院终结本次执行程序的问题，回款时间无法确定。

若执行案件久拖无果，执行法院可能将根据部分申请执行人的申请实施执转破。一旦进入破产程序，该类抵押物作为破产财产，在处置拍卖时可能无人问津导致流拍，然后重新估算价格继续多次拍卖处置，且由于其债务人众多、意见不统一，预计难以在一年内推动拍卖成交，其处置回款周期将进一步大幅延长。

不良资产管理公司若与意向投资人设立不良资产投资基金，可加快实现处置变现，不良资产管理公司在转出标的资产至基金后，立刻实现转让价差收益增幅的同时，可提前实现部分现金流回款；由意向投资人在项目公司中出资劣后级份额资金，提供结构化增信措施，增加了项目安全垫；不良资产管理公司协同劣后级投资人推动项目处置，并争取获取超额收益，有利于提高处置效率；不良资产管理公司或者其关联子公司作为执行事务合伙人，由子公司作为私募基金管理人并收取管理费，也可自投优先级份额并按照约定的收益率获得优先级份额收益，该收益也被称为资金占用费，通常能够覆盖原自持情况下的资金成本，并有机会在后续实现优先级份额转让。

在极其难以处置的特殊情况下，不良资产管理公司通过提出高杠杆（优先出大头、劣后出小头）、低资金占用费等优惠条件，让利给意向投资人，吸引更多合作伙伴参与，实现危重项目处置。

2. 设立项目公司

不良资产管理公司与合作伙伴共同成立有限合伙企业作为项目公司，由执行事务合伙人按照项目实际进度，经过基金投决会后，要求优先 A、优先 B、次级等各有限合伙人按比例实缴出资。比如，出资比例可设置为 6∶2∶2 或者 7∶1∶2。

在有限合伙型基金中，执行事务合伙人又称“合伙负责人”，其一定是普通合伙人，但普通合伙人则未必是执行事务合伙人，普通合伙人经全体合伙人委托成为执行事务合伙人后，既可自任为有限合伙企业的基金管理人，亦有权委托第三方机构担任基金管理人。

项目公司的执行事务合伙人通常委托授权给不良资产管理公司或者其指定关联子公司担任，并按基金投决会决定，履行基金管理有关事宜。基金设立后，由执行事务合伙人负责日常管理运营，包括但不限于证照，印章，对外签订协议，财务管理，法律事务，档案管理等，底层资产的核算、管理、处置、清收，准备有关材料，定期接受检查并向投决会汇报。

合伙企业由执行事务合伙人负责日常管理运营，投资策略、处置策略、处置方案可由执行事务合伙人和有限合伙人提案，投决会通过后，执行事务合伙人按投决会决议实施。

其中，优先级有限合伙人由不良资产管理公司或者其他追求稳健收益的资金方出资，可继续分级为优先 A 级有限合伙人、优先 B 级有限合伙人，而次级有限合伙人由意向投资人出资。

3. 期限

存续期限为“2 + 1”年，基金正常预计投资期限为 2 年，退出期为 1 年，退出期间不再计收各有限合伙人的期间收益及基金管理费。存续期届满时，执行事务合伙人可以根据实际情况申请延期。

4. 交易结构

不良资产管理公司以有限合伙企业作为项目公司，采取基金化运作模式，引进合作方，不良资产管理公司或者其关联子公司作为项目公司的优先有限合伙人（如有）、执行事务合伙人或者基金管理人，由意向投资人作为劣后级有限合伙人，并为优先级有限合伙人提供安全垫并进行差额补足及回购义务。一个简单的交易结构图如图 2 所示：

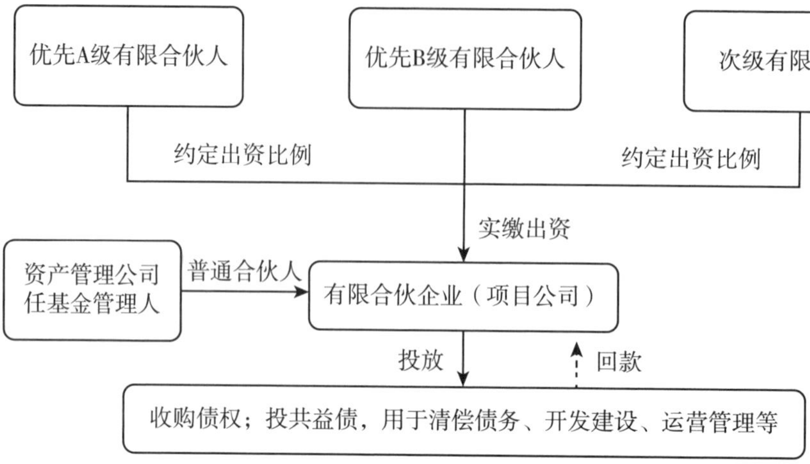

图 2　不良资产投资基金交易结构

5. 基金决策

项目公司设立后，由执行事务合伙人（普通合伙人）负责日常管理运营，投资决策委员会为项目公司唯一权力机构。项目公司的对外投资策略、处置处分基金财产、聘用中介、调整分配政策等方案，可由有限合伙人或普通合伙人提案，经投决会通过后，执行事务合伙人按投决会决议实施。

如有限合伙人为优先 A、优先 B、次级三方，则投决会设置 3 人参与表决，采取简单多数制表决。优先 A 级有限合伙人、优先 B 级有限合伙人各提名 1 人，投决会委员具有一票否决权，次级合伙人提名 1 人，提名后由执行事务合伙人委派。

每次投决会决议后 10 个工作日内，拥有一票否决权的委员可通过书面通知的形式行使否决权，否则视同放弃行使否决权，表决通过且相关投决会委员并未行使否决权的决议事项，视同通过。

投决会决策的事项包括但不限于：（1）每笔对外投资及其对价、出资划付。（2）每期投资标的整体处置计划及回款安排。（3）在符合整体计划的情况下，提交每个自然年度的处置计划及回款安排。（4）除司法清收处置外，有限合伙企业财产的变现安排，包括重整、和解、破产等。（5）中介选聘及债权维护。税费及合伙费用等必要费用，包括公证费、司法评估费、拍卖费、执行费等，以及交易平台使用费，由基金财产承担，发生时先由执行事务合伙人先行垫付。公告费、律师费及律师的选聘由投决会决议确定，费用由次级类有限合伙人承担。（6）分配顺序、分配方案的变更须经投决会全体委员同意，分配原则不得违反合伙协议约定。（7）投决会产生僵局时，管理人先执行处置收益更高的方案，在执行处置方案之日起 15 日内债权未能成交或未能完成抵押物处置的，再执行收益次高的方案。（8）其他重大事项及分配方案调整。

6. 交易各方收益安排（该收益率为模拟假设，仅供参考）

基金管理人/普通合伙人：管理费（按项目公司日均投资规模的2%/年计提）；优先A级有限合伙人：基准收益率不低于8%/年；优先B级有限合伙人：基准收益率不低于9%/年；次级有限合伙人：基准收益率不超过10%/年，需承担项目公司承担公告费、律师费等费用；超额收益：均分配给次级有限合伙人。

7. 项目公司财产分配顺序

项目公司财产分配顺序为：（1）税费及合伙费用（包括评估、审计、执行费等各项必要的费用，实报实销）；（2）管理费（按项目公司日均投资规模的2%/年计提）；（3）优先A级有限合伙人、优先B级有限合伙人的固定资金成本或者收益；（4）优先A级有限合伙人、优先B级有限合伙人的投资本金；（5）次级有限合伙人的固定资金成本或者收益；（6）次级有限合伙人的投资本金；（7）向次级有限合伙人分配超额收益。①

8. 分配日安排

完成标的资产投资后，每年6月、12月的10日为固定分配日（如遇节假日则顺延至下一工作日），分配项目公司的可分配现金资产。第一次固定分配日可自行约定。

若项目公司可分配现金资产不足以分配有限合伙人固定收益的，则进行记账处理，再在下一个固定或者临时开放日计算分配。

基金可分配现金资产超过一定门槛，比如达到100万元（含）的，普通合伙人作为基金管理人有权设立临时开放日进行分配。

9. 交易实施步骤

（1）不良资产管理公司或者其关联子公司与意向投资人达成合作意向，签订协议。优先级有限合伙人与次级有限合伙人合作方签订合伙企业协议及补充协议等，设置并约定投决会议事规则、差额补足、回购条款等。

（2）不良资产管理公司或者其关联子公司与意向投资人根据协议共同设立有限合伙企业（项目公司），不良资产管理公司或者其关联子公司作为项目公司的优先级有限合伙人（如需）、执行事务合伙人或者基金管理人，由意向投资人作为劣后级有限合伙人，并为不良资产管理公司提供安全垫并进行差额补足及回购义务。

（3）全体合伙人举行首次投决会，由项目公司投决会投票审议通过竞价收购标的

① 税费及合伙费用由基金财产承担，发生时先由执行事务合伙人先行垫付；律师费及公告费由次级类有限合伙人承担并支付。项目公司首次从不良资产管理公司购买标的资产的交易平台使用费由合伙企业优先级有限合伙人及劣后级有限合伙人按照份额比例分摊承担。

债权的计划并实施。

（4）不良资产管理公司将资产包打包评估后，公开挂牌转让。

（5）参与公开竞价，收购标的债权，由项目公司一次性支付收购价款。由执行事务合伙人通知各有限合伙人缴纳首期款后，项目公司向不良资产管理公司收购标的债权。如次级有限合伙人在收购前已经支付了意向金、保证金，则可计为其对有限合伙企业的缴款出资，并直接作为项目公司后续参拍的竞拍保证金进行抵扣。

（6）如项目公司未能竞得资产，返还各有限合伙人出资。若合伙企业未成功竞得不良资产管理公司转让的标的债权，合伙企业解散，各有限合伙人已实缴的出资资金无息退回。

（7）如项目公司成功竞得标的资产，即项目公司取得债权资产，则按照协议约定方式进行处置、分配回款。

10. 次级有限合伙人差额补足增信措施

次级有限合伙人及其关联方通常须对优先级有限合伙人承担差额补足义务，具体包括：（1）投资到期前，次级有限合伙人及其关联方需对基金管理人未能收到的2%/年基金管理费、优先级有限合伙人未能收到的10%/年收益率承担差额补足义务。（2）如次级有限合伙人未能在期间内履行差补义务或者项目公司投资到期后（基金存续期达到2年时），次级有限合伙人须按指定价格（覆盖基金管理费不低于2%/年、优先级剩余本金及不低于10%/年收益）收购优先级份额。（3）上述次级有限合伙人支付的差额补足款项均可作为项目公司可分配资产，但不确认为次级有限合伙人投资金额。

11. 违约惩罚

项目公司可约定次级有限合伙人应当在成功摘牌后的一定时间节点完成一定的里程碑事项，若次级有限合伙人未能按上述里程碑完成对应事项成果的，未能按时履行期间的基金管理费及优先A、优先B收益率上浮50%（因不可抗力因素或其他合伙人的原因导致推迟的除外），后续工作达到里程碑事项要求时则停止上浮。

未能按时完成时，次级有限合伙人须按指定价格（覆盖基金管理费不低于2%/年、优先级剩余本金及不低于10%/年收益以及上浮部分）收购优先级份额。

若次级有限合伙人未能在2个月内按照指定价格（覆盖基金管理费不低于2%/年、优先级剩余本金及不低于10%/年收益以及上浮部分）收购优先级份额的，视为发生退伙事由。

投资到期前，次级有限合伙人及其关联方需对基金管理人未能收到的2%/年基金管理费、优先级有限合伙人未能收到的10%/年收益率（包括上浮部分）承担差额补足义务。

若次级有限合伙人未能在期间内履行差额补足义务，则在未能按时履行期间基金管理费及优先 A、优先 B 收益率上浮 50%，后续正常履行后则停止上浮。

连续两期未履行差额补足义务的，视为发生退伙事由。

次级有限合伙人未能在期间内履行差额补足义务或项目公司投资到期后（基金存续期达到 2 年时），次级有限合伙人未能按照指定价格（覆盖基金管理费不低于 2%/年、优先级剩余本金及不低于 10%/年收益）收购优先级份额的，视为发生退伙事由。

12. 项目公司的退出安排

正常投资退出，优先级有限合伙人可通过司法执行拍卖或预重整、破产重整、破产清算等方式将对应债权、物权、股权等资产变现后分配回款，或者由次级有限合伙人或其关联方按照协议指定价格购买优先级份额的方式进行退出。

具体退伙规定包括：(1）次级有限合伙人可主动申请退伙，一定公示期内若无其他合伙人反对（书面/电子邮件通知），则次级有限合伙人退伙。(2）执行事务合伙人可选择通过投决会，除次级有限合伙人外其他合伙人一致同意，决议将次级有限合伙人除名，并书面通知次级有限合伙人；次级有限合伙人接到除名通知之日，除名生效，次级有限合伙人退伙。(3）次级有限合伙人退伙时，取消次级有限合伙人在投决会中的表决席位。(4）退伙时，执行事务合伙人有权按以下规则制定资产转让等相关变现处置方案并同时实施。设置不低于优先级有限合伙人剩余投资成本的处置保留价；每次挂牌公示期为 7 个工作日，若发生流拍，则可于流拍后次日即进行下一轮降价挂牌；流拍后，再次拍卖的起拍价降价幅度不超过前次起拍价的 20%。退伙时，执行事务合伙人有权设置不低于优先级有限合伙人剩余投资成本的保留价，制定资产转让等相关变现处置方案并同时实施。(5）退伙后，由执行事务合伙人根据处置情况进行清算。成功处置后，项目公司资产总价值为成功处置的价格；若退伙半年后仍未处置成功，则以上一次标的资产处置失败价格的 80% 作为项目公司的资产总价值。(6）清算后，项目公司以支付现金对价的方式退还次级有限合伙人相应财产份额。但因退伙事由的出现实质为次级有限合伙人违约，故退还前相应扣减违约金，违约金金额等同于次级有限合伙人实缴款的 30%。次级有限合伙人资产的计算方式为：次级有限合伙人剩余本金（按上述“项目公司财产分配顺序”计算）－次级有限合伙人违约金（等同于次级有限合伙人实缴款的 30%）= 次级有限合伙人最终可得清算分配金额（退伙款）。若次级有限合伙人剩余本金不足以覆盖其违约金，执行事务合伙人有权代表项目公司向次级有限合伙人另行追索。(7）项目公司资产在次级有限合伙人退伙款及违约金结算完毕后尚有剩余的，由优先 A 级有限合伙人、优先 B 级有限合伙人按实缴比例进行分配。

通过上述违约罚则及退伙条款设置，后续如劣后级有限合伙人未能按照里程碑推进事项进度，或者未按约定价格和时间受让优先级份额，执行事务合伙人可将其从项目公司除名，并取消其投决会席位，同时确保执行事务合伙人后续对标的资产的处置有主动权，达到“债权恢复原状”的效果。换言之，执行事务合伙人可立即对标的债权自主进行对外转让、流拍后降价等操作，避免僵局产生的可能性。

13. 条款解释

条款一：次级有限合伙人主动退伙的合法性。

《合伙企业法》第45条规定，“合伙协议约定合伙期限的，在合伙企业存续期间，有下列情形之一的，合伙人可以退伙：（一）合伙协议约定的退伙事由出现；（二）经全体合伙人一致同意；（三）发生合伙人难以继续参加合伙的事由；（四）其他合伙人严重违反合伙协议约定的义务”。

在成立项目公司时，若在合伙协定中将上述退伙事由明确写明，则次级有限合伙人在上述退伙事由出现时主动退出合法合理。

条款二：投决会决议除名的合法性。

《合伙企业法》第30条规定，“合伙人对合伙企业有关事项作出决议，按照合伙协议约定的表决办法办理”，在本项目公司中设立投决会为权力机关合法合理。

《合伙企业法》第49条第1、2款规定，“合伙人有下列情形之一的，经其他合伙人一致同意，可以决议将其除名：……（四）发生合伙协议约定的事由。对合伙人的除名决议应当书面通知被除名人。被除名人接到除名通知之日，除名生效，被除名人退伙”。

根据前述假设，投决会共3人参与表决，采取简单多数制表决。优先A级有限合伙人、优先B级有限合伙人各提名1人投决会成员并具有一票否决权，次级合伙人提名1人，提名后由执行事务合伙人委派。若上述退伙事由出现，可通过投决会，由执行事务合伙人、其他优先级合伙人一致同意后，可决议将次级有限合伙人除名。既符合《合伙企业法》第49条的规定，又遵循了项目公司投决会的投票规则。

条款三：退伙支付损失补偿款等同于次级有限合伙人实缴款30%的合法性。

退伙人给合伙企业造成损失，向优先A级有限合伙人、优先B级有限合伙人支付损失补偿款，金额等同于次级有限合伙人实缴款的30%的合法性与合理性。

《合伙企业法》第51条第1款规定，“合伙人退伙，其他合伙人应当与该退伙人按照退伙时的合伙企业财产状况进行结算，退还退伙人的财产份额。退伙人对给合伙企业造成的损失负有赔偿责任的，相应扣减其应当赔偿的数额”。

《民法典》第584条规定，“……损失赔偿额应当相当于因违约所造成的损失，包括合同履行后可以获得的利益；但是，不得超过违约一方订立合同时预见到或者应当预见到的因违约可能造成的损失”。

《全国法院贯彻实施民法典工作会议纪要》第11条规定，“……约定的违约金超过根据民法典第五百八十四条规定确定的损失的百分之三十的，一般可以认定为民法典第五百八十五条第二款规定的“过分高于造成的损失……”

《民法典》第6条规定，“民事主体从事民事活动，应当遵循公平原则，合理确定各方的权利和义务”。

因此，退还财产份额时扣减对其他合伙人造成的损失数额实质为违约补偿损失，而目前法院在各类约定违约金的裁判中，对超过30%的部分大多不予认可，部分案例中法院对违约金的调整会低于30%。

若因次级有限合伙人推动不力，而罚没其全部实缴出资额，有违背公平原则的风险，与合伙企业“共担风险、共享收益”的原则不符。

即便劣后投资人同意罚没全部出资额，日后若出现退伙事由，劣后投资人反悔概率极高。因此，在合伙协议签订时应该通过出资份额和比例设计，预见到或者应当预见到的因违约可能造成的损失不应超过劣后投资人出资额的30%。现已有法院要求不良资产管理公司退还客户90%购包保证金的案例，故法院支持劣后投资人通过诉讼要回70%出资额的概率极大。

14. 不良资产特殊机会投资基金怎样控制投资风险？

常规情况下，不良资产特殊机会投资基金应该依照监管机构要求，构建较为完备的业务流程管理系统及风险管理体系，通过细致扎实的尽职调查、灵活的交易结构设计以及严格的项目风险管控，有效控制风险。

特殊机会投资基金对不良债权的收购步骤如下：第一步，信息收集，建立信息渠道，获取优质资产，争取主动挑选资产进行组包；第二步，尽职调查、资产估值；第三步，收购报价，通过对现金以及投资回报的测算，配合处置周期以及市场竞争情况进行方案拟定与实施；第四步，收购后处置。

在业务开展过程中，不良资产特殊机会投资基金应借助多种渠道充分识别风险，通过制定细化的客户标准、产品标准等相关制度规范，全程跟踪业务风险变化，进行流程管控明确职责划分，在项目前、中、后期均能够对可能产生的风险进行识别、计量、监测和管控，及时沟通以达到信息对称、降低过程风险的目标。

针对信用类资产，关键在于全业务流程的信用风险控制，包括无死角的尽职调查体系、完善的业务审查流程、投前投后的全程管理以及随时启用资产保全手段等。

针对重组类项目，风险控制要点在于设计合理的交易结构、集中对资产的控制力、设置抵（质）押物担保等措施以对冲风险等措施。

第二节　债务企业失败原因研究：六大原因

任正非曾感叹："十年来我天天思考的都是失败，对成功视而不见，也没有什么荣誉感、自豪感，而是危机感。"

英国危机管理专家迈克尔·里杰斯特说："预防是解决危机的最好办法，减少亏损的机会就是增加利润。"

长期身处不良资产行业，你会发现债务企业爆发危机、形成不良资产的原因千奇百怪，不同资产包中的债务人情况纷繁复杂，债权清收处置难度也越来越大。

面对这些情况，不禁让人感叹和反思：做得好的公司都是因为做对一些事情，但是失败的公司却各有各的原因，他们失败的原因究竟有哪些？怎样避免常识性错误？搞清楚公司为什么失败，如何避坑和破解？当公司处于顺境时，如何警惕、居安思危？当公司陷入困境时，如何转亏为盈、起死回生？

不良资产从业人员想要获得能力进阶，不仅要深入一线学习业务技巧，更需要研究交易对手，搞清楚债务人是怎样一步步陷入困境并导致最终失败的。知其然、知其所以然，而不能想当然，"望闻问切"之后或许才能给出更好的企业纾困良方。

对于没有出现危机的企业，通过学习"前浪拍在沙滩上"的经验与教训，尽可能排雷、避坑，心态放平和，期待值放低，对商业世界的无限可能性放开怀抱，减少一些悲剧发生。根据物理学原理，接触面积越大，单点压强越低，因此压力也会越小。即使后人哀之而不鉴之，在被挨打的时候也不会特别痛。

一、财务风险，应收账款回收困难，被坏账拖垮

在与许多逾期债务人交流时，他们回首一路走来的首要教训是应收账款回收困难，被坏账拖死，导致爆发财务风险。

当市场需求旺盛时，债务企业通常都会扩大生产，加大采购规模，放大经营杠杆，这时候有可能出现拖欠上游供应商的货款，并被下游采购商拖欠货款的情况，债务链的规模随即扩大。

公司之间相互拖欠，形成"三角债"连环套，屡解屡结，难以厘清，甚至产生多米诺骨牌效应。哪怕公司的产品风行一时、员工业务营销能力很强、经营管理差强人

意，但是也有可能被应收账款拖死。

企业应收账款作为一种企业资产，不仅关系企业的效益，还对企业的生产经营产生深远影响。其形成与企业的赊销政策密切相关，应收账款的规模与销售收入呈正相关，销售收入增长引起应收账款规模的增长。当企业的信用政策过于宽松，应收账款规模就会迅速扩大，一旦货款不能及时回笼，企业就会陷入“账面利润多多，账户资金空空”的窘迫困境，各种成本快速增加，利润大打折扣。因此，由于回款不及时、应收账款规模过大，控制不力，企业大量的呆账和死账可能变成不良资产，把企业拖垮，现金流断裂，金融机构债权纷纷违约。

这在本质上是经营管理不善导致的财务恶化问题。绝大多数公司都有应收账款，但是要防止应收账款产生呆账、坏账，发生资金链断裂。若不进行回款管理，实现销售回款，则所有在生产经营上的努力都是徒劳无功的。

企业在把客户当成上帝的同时，一定要有防备心理，重视那些不讲信用客户的“赖账”行为，重拳出击那些不温不火的拖欠“钉子户”。

企业怎样减少不良应收账款，防止产生呆账、死账？

第一，企业理应从整体层面完善现金流管理。企业必须增强全员现金流管理意识，制定现金流入流出管理制度，建立专职组织机构对现金流进行监督与管理，并建设以现金流管理为核心的管理信息系统，实施监测现金流时点状态。现金流动性是企业的命脉，决定了一个企业是生存还是灭亡。

第二，完善新客户调查与准入制度。对新客户进行调查了解，分析判断、综合评估后再进行合作，优选有实力、有信誉、有口碑的客户作为合作伙伴。

有不少企业为了快速抢占市场，在未对客户资信做深入调查、正确评估的情况下，就草率地采取赊销的销售方式与客户合作，从而导致了一部分周转不良的应收账款。

第三，培养客户的回款优先意识。

有一个笑话说几位哲学家在马路上散步，看到远处有只母鸡，准备从马路的一侧跑到另一侧。于是，他们开始争论，鸡为什么要冒着被撞的风险过马路。一位哲学家说：“它肚子饿了，要冲到马路对面找吃的。”另一位哲学家说：“它的孩子在马路对面等它。”还有一位哲学家说：“它应该是瞎的，根本看不到路上的车。”言谈中，几人把苏格拉底、柏拉图、亚里士多德的哲学理论都搬了出来，但是谁也说服不了对方，争得面红耳赤。这时，旁边路过的一位老农嘟囔了一句：“鸡为什么过马路，你得问鸡啊！”

这虽然是个笑话，但是里面的道理不假，那就是，要想解决与客户相关的问题，不能光自己琢磨，你得真的去问客户，让客户成为企业的老师。

客户在向其供应商支付应收账款时，通常会根据以下原则选择支付的先后顺序：最优先的是看某个企业的产品整体销售金额是多少；产品对客户利润贡献了多少；客情关系的维护程度如何；企业对货款管理的松紧程度如何。

所以，为了培养客户的优先还款意识，企业负责人应和客户保持融洽的关系，建立融洽的私人关系，并在结账时间前后如约前往，给客户留下货款不可拖延的形象。

第四，形成有序的对账制度，养成及时对账的好习惯。

对账是企业核算的必经程序，通过账证核对、账账核对、账实核对，企业能够快速发现和纠正大部分错账，避免出现财务混乱，及时发现财务问题，做出相应调节，预防亏损。

二、疯狂投资、盲目扩张，被巨额负债压垮

许多逾期债务人回首过去，提到最多的教训是疯狂投资、盲目扩张，被巨额负债压死。

投资是一门艺术，也是一门科学，既有巨大利润的诱惑，也充满了可怕的变数和陷阱。

若投资失去了理性，就会变成赌博，盲目迷信“跨越式发展”“多元化”“加速扩张”“爆发式增长”“规模效应”，其危险无异于“盲人骑瞎马、夜半临深池”。

盲目扩张，一味追求贪多做大，只会让一切失去控制。很多企业内部管理混乱，自知效益低下却不注重修炼内功，没找到盈利项目却仍借巨额高息负债，妄图出现奇迹、扳回一局，结果被压得喘不过来气，直到崩溃的那一刻，真可谓“不见棺材不落泪”。

投资时，若没有严密计划、精心调查、回款预测，仅仅以扩大规模为主要目的，看似是“不把鸡蛋放在一个篮子里”，实则就像一个人在自己胳膊的动脉上划了一道，也许开始只感觉到一阵清凉，但是实际上企业在不断失血，现金流越来越少，直到企业轰然倒下。

那些“疯狂投资”的企业会暂时获得令人赞叹的市场占有率和令人瞠目的迅猛扩张，但是这种试图一步到位、按下加速键的胡乱投资，非但短期内无法贡献现金流和利润，还有诸多未经验证的失控风险，甚至可能出现亏本以及“吃钱”的无底洞，最终进退维谷。

有一位企业家说，领导一个处于夕阳行业的公司是困难的，但是精明地管理一个处于高速增长阶段行业的公司更加困难，不知道什么时候就突然接下最后一棒，高位站岗。你总是被引诱去建立过剩的生产力，增加基础设施、人手及许多固定的费用。

当增长之势消退之后，你的大量资源被套在无利润区，留给自己的只是一片亏损。

还有一位企业家说，很多企业家自己不自律地作为，乱投资乱买东西，把负债率提高到了百分之七八十，还怎么去管理企业？若没有那个能力就少做一点。现在实际上很多企业存在的普遍情况就是报表上的存货大，应收账款大，其他应收款大，还有固定资产投资，一大笔钱沉淀在那里。若贷款到期没钱还，就只能去变现。这时候，流动资产不能动，应收账款收不动，其他应收款也收不动，存货也动不了，被动陷入困境。当初若按照银行规定，坚持短贷不能长用这个底线，就不会有那么多连锁反应。

借钱难，用钱更难，公司要用好钱就要“把钱花到点子上”，因为资金运用是事关公司存亡的重要问题。

第一，企业负责人不仅要熟悉金融业务，获取广泛的资金融通渠道，还得小心地投入资金，事先要有充分而详细的计划，对投资的区域宏观环境、上游货源情况、下游营销渠道、市场需求状况、竞争对手情况、未来销路等都有全面的了解，避免产生过剩的生产力，浪费资源，增加沉没成本。

企业融资大多采用短贷长用、借新还旧的模式，在金融市场收紧时，无法获取新债务，从而导致原有债务违约，深陷债务泥潭。即便是大公司甚至上市公司在发行新股或者发行新债券融资时，出现流动性储备不足的情形，仍然会导致旧债务违约。中小企业缺乏资本市场融资通道，融资方式少、风险高，在信贷市场收缩或趋紧时，一旦出现银行抽贷、断贷，更容易陷入流动性困境，形成不良资产。

第二，在追求成长过程中，企业应采取“积木式”的自然成长路径，搭建每一块积木都是扎扎实实的，而不是通过资本运作快速做大，超出现有体系，“打肿脸撑胖子”，否则，等待企业的只能是死亡。

第三，企业应注意在固定资产与流动资金之间有一个恰当比例的投资额，控制固定资产与长期债务的比率、流动资产与流动负债的比率，控制财务杠杆风险，不应单方面扩大企业规模，承担巨大资金风险。

第四，投资后，对新扩张项目的经营状况作出正确的判断和调整，促进供、产、销计划和财力收支的综合平衡，随时注意调节资金营运行为，防止亏损或者被负债压死。

三、企业负责人一个人拍脑袋决策，内控机制不健全

很多逾期债务人回首过去，说刚创业的时候当然是老板一个人拍板、自己说了算，因为创业的首要目的是先活着，怎么省事怎么来，不会考虑其他门门道道、规矩制度等，把“真理永远是站在少数人这边”挂在嘴边。开会的时候，但凡有的企业负责人

先表态，底下就没有不同意的声音。

由于未建立内部运营和授权系统，企业内部无论大事小事都只向老板一个人汇报，老板就会疲于奔命，时刻扮演“救火队长”的角色，无法抽身思考战略方向、市场策略等重要且不紧急的事情。

但是，当企业慢慢长大，内部管理漏洞就会逐渐增多。比如，在财务管理方面，有的企业负责人缺乏必要的财务及管理知识，内部制度缺失，财务控制薄弱，决策和经营管理的主观随意性产生了潜在风险。他们没有摆脱传统观念的束缚，认为财务只是记账的，没有发挥开源节流、量化绩效等作用，而是越权行事造成财务管理混乱，财务监控不严，会计信息失真等问题。

还有的企业内部会计基础薄弱，财务素质偏低。会计机构设置不健全，会计人员配备不合理，甚至干脆不设会计机构，全部会计工作委托会计师事务所代理，或者任用自己的亲属当出纳，外聘兼职会计定期来做账，忽视了会计工作在企业财务管理中的作用。

无论多大的企业，财务都是一家公司的重要命脉，若财务出现漏洞，所牵扯的问题是非常大的。

内控机制不健全还会对债务企业造成更严重的后果：第一，企业机制老化，丧失活力，小公司犯了“大公司”病，比如论资排辈、荣辱难共、按闹分配、机构臃肿、多重领导、层层审批、流程烦琐、管理过头、岗位冗余、人才流失、多元化的诱惑重重等。这样的公司会失去生命力，小主管在自己最小职权范围内，最大限度地为难别人；缚手缚脚的条条框框也在惩罚那些拼命努力认真工作的员工。第二，假如公司治理不规范，缺少权力机构股东大会、决策机构董事会、监督机构和经营管理者之间的制衡机制，大股东通过资金占用、非公允的关联交易、虚假信息披露及操纵盈余等对企业进行侵占，将导致营运资金周转困难。第三，当过于强势的经理层形成内部人控制等情形时，就更容易发生财务欺诈、财务舞弊、腐败及虚假财务信息等事件，出现业务流程混乱，经营管理动作变形，成本上升、客户流失、产品竞争力和营业收入下降，从而导致公司股权价值下跌，企业外部融资条件恶化，影响债务的按期偿还，对外债务形成不良资产。

四、企业负责人经验和认知不足、思考不慎、决策失误

曾有个调查说，世界上每100家破产倒闭的公司中，85%是因为企业管理者的决策不慎造成的。对企业来说，企业负责人决策失误是最大的损失。

许多逾期债务人讲完自己的故事，在外人看来，他们暂时失败的原因还可以用这

几个词概括：抱残守缺、故步自封、墨守成规、安于现状、不求进步。

商业活动是一种实践，管理企业离不开掌舵人日积月累的体悟和与时俱进的学习。那些赔钱的公司，往往因为经验不足、决策失误而陷入困境，很难获取利润，等账上的钱花光了，就关门了。

万事开头难，决策就是开头，开头错了，一错皆错。“不谋全局者不足以谋一域，不谋万世者不足以谋一时”。

无数商业世界的真实案例说明，公司经营管理运作的最终成功，离不开企业负责人保持清醒的头脑，避免犯低级错误，尤其是在竞争激烈的今天，很可能稍有差池就会引发蝴蝶效应，招致灭顶之灾。

有的企业负责人对所要经营的项目、产品质量和市场运作等缺乏足够的专业知识，既属于外行管内行且没有仔细调查研究，也不虚心去学习请教、躬身入局。他们可能只是在迫切想转行的时候，突然道听途说有这个商业机会，多重因素作用下让他迫不及待冲入一个自己不熟悉的领域进行搏杀，结果只能交学费。

有的企业负责人对生产运行流程管控没有经验，无法把控公司的生产效率和进度。隔行如隔山，哪怕是同一个行业内，也有不同的细分领域。只有足够熟悉某个领域的生产运行、流程以及匹配的管理方式，才能以最高效的方式配置资源，否则将落后于竞争对手，失掉先机。

有的企业负责人缺乏做生意必需的处理人际关系的经验、公关和人际交往能力。比如，哪怕开一个小小的加盟奶茶店，都需要和品牌授权方、食品材料供应商、包装材料供应商、门店物业管理方、设备生产维护方、外卖平台方、意见领袖类客户、合伙人等多方面打好交道。一旦发生危机，还要有危机处理的经验，避免惊慌失措，毫无头绪，以致雪上加霜。

企业有哪些决策失误导致的非正常死亡？

第一种，病死：未能早发现早治疗。公司从诞生那天起就开始成长，但是各种疾病也随之而来，企业负责人若讳疾忌医、装聋作哑，各种问题就会逐渐积累，直至积重难返；若果断决策、防微杜渐，企业就能够逐渐自我修复、自我调整、自我医治、自我救助。

第二种，被问题拖死：甘当鸵鸟，视而不见，未能及早解决。企业在发展过程中可能发现各种问题，比如管理不善、分配不公、产品积压、创新不足、职业经理人能力不足、部分不赚钱业务拖后腿等。若不下定决心，壮士断腕、果断处置，企业必定会被慢慢被蚕食、拖垮，陷入万劫不复的境地。

属于拖后腿的业务包括：没有利润空间且前景不确定的业务；技术落后于市场，

产品已经出现滞销的业务；不符合企业发展方向的业务；非主营且企业无意向扩张的业务；受资源和能力约束无法长期经营的业务；企业出于上市、重组等特定目的需要割舍剥离的业务。

第三种，猝死：仓促决策，判断偏差，奔向死亡。

一旦个人的判断力出现偏差，不经客观分析与论证，仓促决策，必然使企业遭受重创，结果导致企业加速死亡。

企业负责人身负发展重任，要时刻保持清醒，保持舒畅的情绪，做决策前充分论证，而在头脑发热、情绪不好、愤怒、担忧、感性、情势危急、被逼迫的时候，都不要轻易下决策。

五、合伙人冲突、退出，核心成员被扫地出门

徐小平说，不要用兄弟情意追求共同利益，要用共同利益追求兄弟情意。当双方差异无法调和，最终只能分道扬镳。

合伙关系建立的目的是平衡合伙人在时间和金钱方面对公司的投入，而不是为了增加个人的风险。

企业合伙关系就如同婚姻关系，有些人在一起能很好地相处共事，有些人则因为执着于三观、性格、工作方式等方面的差异不能共事。没关系，重要的是求同存异，认真确定每一位合伙人的作用与责任，而且每年都要对此作出更新和修改。

有的企业负责人，被合伙人的虚假承诺蒙蔽，合伙人在表面上吹得天花乱坠，说他自己手眼通天、资源深厚、人脉庞大、储备业务多少量级等，结果可能一年过去后仍然不打粮食、颗粒无收。这样的合作，不仅浪费时间、精力和金钱，更可惜的是浪费了你原本能够追赶的有望实现从 0 到 1 的商业机会。

有的企业负责人，在合伙之初由于晕轮效应，“情人眼里出西施”，认为合伙人之间在价值观、生活方式以及公司计划上的矛盾都不重要，不影响共事，反而互相之间的差异能让双方更好地互补。就像两个一见钟情的情侣一样，认为彼此之间的差异是那么迷人，那么离奇，可万万没想到，这些差异却成为了合伙人之间矛盾的根源。

有的企业，合伙人之间出现高层分裂，内讧严重。那些创业元老内讧不断，甚至里应外合，被竞争对手轻易地各个击破。

以上种种企业家们的经历并不是告诉你合伙关系有害，不要与人合伙做生意，而是告诉你“害人之心不可有，防人之心不可无”，好的合伙制度能让坏人不做坏事而做好事，而不好的合伙制度让好人忍不住蠢蠢欲动。

企业怎样处理好企业合伙关系？

第一，要深入地了解和审查你的合伙人。不要因为你很想和别人合伙，就急于与人建立合伙关系。在建立合伙关系之前，谨慎为要，你要对他进行全面的了解，考察对方的业务能力、为人、背景、技能才干、三观、性格等。

第二，成功的合伙关系还在于你预测问题的能力，要求你签订完善的法律协议，从而保护每一位合伙人及公司的利益。对于一些可能发生的问题，要做相应的思考和约定，比如业绩不达标怎么办？若要关闭公司，公司资产如何分割？管理风格以及解决问题的方式有差异导致关系恶化，如何协调？合伙人是否和你有相同的目标？是否认同你的价值观？是否能和谐共事？合伙人意外生病或者死亡怎么办？合伙人退伙怎么办？退货后的过渡期如何运作？当合伙关系解除时如何处理资产？

这些都需要在合伙前充分地了解，验证合伙人是否为你的期许之人，并且在合伙之初就需要熟悉合伙关系相关法律规定，约定相关权利与义务，制定相应的退出机制，“先小人，后君子”。

第三，要长期维持良好的合伙关系，不仅仅是合伙人资金的聚合，还需要各方做出努力，还取决于公开的较量与互相的分享、必要的妥协，注重定期对财务状况、战略计划、日常事务的检查，相互关系的维护甚至修补。在合伙人会议上，要对合伙关系的状况和公司的状况进行回顾与思考。

六、受市场等外部环境因素冲击

一些企业的危机往往来自外部，比如曾经发展状况良好的公司，在我们的印象里本是与破产无关的，却仍旧摆脱不了破产的命运。像诺基亚、美国的西尔斯，这些曾在各自领域比苹果、亚马逊更具统治力的企业，因为智能手机时代的来临，又或者受到互联网购物对零售行业的冲击，逐步无法跟上时代变化，待觉醒时已经回天乏术。

花无百日红，人无千日好，大小企业皆是同理。外部因素更迭导致很多企业未能及时跟上时代变化而破产。如作为“胶片之王”的柯达，一度无视电子市场、数字技术的发展，始终将企业重心放在传统胶片上，它虽战胜了包括富士等在内的所有强大的竞争对手，最终却输给了自己。

随着外部市场因素的变化，常常导致企业内部流动资金匮乏，进而不能正常运转。

有的企业因行业整体用人成本提高，不断增加的薪酬、保险、职工福利等方面的用人成本不断加重企业的债务危机。日益高涨的薪酬水平是所有企业都要面临的共性问题。

有的企业融资渠道单一、来源方向不广、忽视极端情况下的偿债风险，导致抗风险能力薄弱，再加上其所经营的产品或提供的服务较为单一，企业经营受市场影响较大，在经营能力和盈利能力上抵抗风险的能力较差，其经营更多依赖的是自有资金、社会资金或者银行短期借款。在负债规模与融资渠道受限的情况下，当企业出现经营困难与财务危机时，容易出现挤兑风险，甚至导致企业破产倒闭。其实，有很多企业为了更好地进行融资，还专门设立了负责“跑贷款”和“搞公关”的融资部门。

当企业受到外部不利事件冲击，如市场需求受政策影响发生变化、信贷市场收紧、被债权人诉讼、涉及对外担保被强势追偿、涉及安全生产被要求索赔等事件发生时，企业就可能产生短期流动性问题，甚至陷入财务困境，进而陷入整体性经营困境、矛盾爆发、生产停滞，甚至被迫进入破产。

第三节　不良资产投资失败研究：五类风险52个雷区

不良资产管理公司作为以防范化解金融风险为主业的机构，从不良资产收购入手，采取自行清收、债务重组、诉讼清收、债权转让等各种手段进行处置，最终获取利润。

按理说，不良资产管理公司本身就是防范、控制、转移风险的专业选手，但是它们有时候也会因为各种原因犯错，导致投资失败，并亲手制造新的不良资产，甚至输出金融风险。比如，他们在投前尽调与估值、存续期管理、诉讼、执行、破产程序中，由于操作不当或者未能勤勉尽职，出现投资后回款困难、产生亏损，甚至由于突发事件，导致底层资产大幅贬值、灭失，回款时间遥遥无期。

正如股民在股票市场上更多的是重复着赚钱、赔钱；赚钱、赔钱这个周而复始的故事，能够在股市中长期稳定盈利的股民寥寥无几。他们投资不赚钱是因为没有资讯吗？是因为没有好股票推荐吗？不是！恰恰相反，我们身处的互联网时代，其实是一个信息泛滥的时代。不良资产项目经理缺的不是资讯信息，而是识别资讯和项目的眼光。

本节内容主要是通过研究不良资产管理公司投资失败的部分原因，剖析典型的投资亏损案例，排查风险雷区，让行业新手透过现象看到本质，快速练就火眼金睛，获得认知升级。

很多不良资产投资获得成功的典型案例，往往因为我们已经看到了结果，感觉顺理成章，但如果你穿越回到那个时刻，回到历史的情境里，可能就能真切地感受到那时有多么艰难，感受到那时他们做的决定。

研究不良资产投资失败原因，能够帮你还原到事故现场、窥探内部决策视角、走到项目经理的内心，通过不同形式、种类的错误来告诉你，在不良资产实操过程中不要粗心任性，而要小心翼翼、临深履薄，在尽可能少犯错的情况下，抓住自身核心利益，做出有利于自身的决策。你所做的每件事情总有外在的风险需要防范，而且可能需要付出你没想过或者暂时不知道的代价，但是只要你能保证自己不犯错、不踩坑，到最后就能赢过大部分的人。

任何大白话道理，其本身只是道理的一半，还有一半是它当时解决的那个具体问题。我们平时被告诫的往往只是那些留下来的解决方案，但是它当时解决的那个具体问题，却常常被遗忘了。就像人类在知识资产的问题上，常常会留下用过的创可贴，却忘了那个留血的创口。

凡是有价值的思想，都是从解决具体的问题下手的，再高级的道理，也是依存于具体问题的。

有一句话很有道理：若我知道我会死在哪里，我将永远不会去那个地方！多看看别人是怎样犯错的，至少可以通过别人所犯下的错误来警惕自己、教育自己不要犯同样的错误，摆脱踩坑“轮回”，小心驶得万年船。

接下来，让我们直面伤口、正视问题、开启排雷之旅，进而改进、提高，刻不容缓。

一、涉及尽调与估值相关的投资失败原因：15 个雷区

（一）交易对手选择风险（2 个）

1. 与交易对手初次合作时，重点关注债权的合法性、真实性、完整性和有效性，避免买到一包两卖、已结清、已履约、已和解的债权资产风险

在不良资产收购尽调中，从业人员理应首先确认主债权、从债权是否获得生效判决，关注底层债权的合法性、真实性、完整性和有效性，当质押物为应收账款时应重点核实真实性、有效性和可追偿性。

有的项目经理在收购不良资产包项目后，突然有一天才发现其中某户或者某几户债权除了转让给自家，同时还出让给了其他资产管理公司，换言之，这就是一债两卖。

还有的项目经理收购一个不良资产包项目后，在去清收的时候才发现其中某户或者某几户债权已经结清，或者早已履行完毕民事调解书中要求的义务，已经按约定偿还债务，这时候己方不能再继续追偿，导致债权投资出现亏损。

上述债权无法实现回款，根源在于前手债权人在当初转让处置的时候，或许是有意为之，又或许是组包时疏漏，但这些都不重要，重要的是不良资产管理公司经过法律尽调和资产评估，花出真金白银，却遭遇投资失败，哑巴吃黄连，成了冤大头。

“吃一堑，长一智”，不良资产管理公司在投资收购的过程中，除了尽调不良资产本身，同时还需要增加尽调交易对手本身，即调查交易对手是否有前科、流程瑕疵，是否有负面舆情，在市场上的口碑风评如何，在受让人收购后进行存续期管理时的配合度如何，等等。

归根结底，不良资产管理公司项目经理在投资不良资产的过程中，应苦练内功、练就火眼金睛，除了常规尽调，还需要重点关注包括但不限于对债权的底层资料按照清单要求详细尽调，核实金融机构放款时的相关借据、账户流水等，确认银行的放款金额；同时，也要对债务人还款情况进行核实，对债务人在该金融机构的流水进行查阅，防止借款本金实际已减少，造成债权投资损失；关注是否存在底层债权已灭失、部分债权已转让等可能影响债权追偿的情形，同时审查借款合同及相关合同是否有限制债权转让的条款。

2. 针对有历史负面舆情的交易对手，应谨慎开展合作，避免明知山有虎、偏向虎山行，导致出现债权价值重大贬损风险

有一笔债权的前手权利人被曝出前高管涉嫌严重违纪违法，发生人事地震，不断出现各种负面舆情。不良资产管理公司在收购其不良资产时，由于未考虑其负面舆情信息，在收购后才发现当初放贷流程和贷款材料不规范，不良资产诉讼案件难以获得法院裁判支持，导致债权投资资金无法回收，不得不承担巨额损失。

魔鬼可能不在细节之中，但是任何细节都可以表明魔鬼曾经来过。虽然这之间没有必然的联系，但也足以证明交易对手存在某种风险隐患。

假如原始债权人或者前手债权人存在大量负面舆情，包括但不限于董事长、行长、高管、经办人员等涉嫌重大问题被移交司法检察机关，不断出现重大舆情，单位内部管理混乱，资产整体质量差，“雷区”多等情况，或者原始债权人或者前手债权人曾经被曝出有转让空债权给投资人，导致投资资金无法回收，承担巨额损失等情况，或者拟收购的不良资产包项目曾涉及经办人员涉案或者被辞退等情况，债权资产多次易手，均无处置回款等情况，不良资产管理公司应谨慎选择交易对手并更加深入、翔实地尽调债权资产，或者干脆放弃收购该类不良资产包项目，“君子不立危墙之下”。

针对有这些特殊情况的交易对手，具体应该怎样应对？

在收购前，项目经理应首要分析债权资产是否存在确权障碍或者其他瑕疵，确认是否属于违法发放贷款，积极查找财产线索，调查债权转让瑕疵；访谈原经办项目经理，详细了解贷款发放过程以及贷后管理情况，接洽债务人、与担保人访谈，验证访谈内容的真实性。

在收购中，项目经理应针对具体债权瑕疵对《债权转让协议》进行完善，要求前

手债权人针对重点债权进行详细介绍、披露风险，避免收购后突然出现重大差异、货不对板，方便维权。

在收包后，项目经理应及时进行资料交割，尽可能了解一手信息，重视二次深入尽调。同时，及时送达催收通知书、变更诉讼主体等，使债权后续获取司法等信息的渠道更加通畅。

隐含瑕疵、风险是不良债权的天然特点。按照行业惯例，《债权转让协议》的内涵一致为：转让人对债权可能存在的瑕疵没有担保义务，不良债权自转让之日起，受让人需接受债权所有瑕疵、风险，并独立承担该等瑕疵、风险导致的一切后果及损失，卖方不承担与此相关的任何责任。换言之，“买定离手”，当债权资产出现瑕疵时，理应反思自身是否技不如人、看走眼了，就当花钱买教训。

但是，当前手债权人故意掩盖瑕疵或者虚假披露信息，误导资产管理公司估值报价时，也应积极采取向前手权利人追责、向监管机构或政府主管部门投诉举报、向行业协会或者民间社会组织申诉、登报揭发交易对手劣迹等方式积极维护权益。

在对外转让债权时，不良资产管理公司应对重点债权进行翔实的信息披露，设置免责条款，避免后续产生声誉风险。

曾经因为一笔债权转让而闻名整个不良资产行业的“3000 万元的合同诈骗案”就是活生生的案例，那是一起时间跨度长达 18 年的案子，涉案债权历经 6 家法院的司法程序：一审、省检抗诉、再审、重审、终审、最高检抗诉、再审、执行和解、终结执行、中止执行、恢复执行、执行异议、执行复议、执行监督、除斥期间、债务加入、以物抵债、追偿权等，直至合同诈骗案的刑事程序。

（二）尽职调查中形式主义风险（4 个）

1. 尽职调查时依赖于原债权人提供的档案资料或者口头介绍进行估值报价，导致出现收购成本高于资产实际价值的风险

有的项目经理在尽调不良资产包项目时，由于信息不对称，又缺少债权档案原始资料，可能会像抓住救命稻草一样倾向于相信原债权人对资产信息的介绍，比如抵押物的取得成本、历史沿革、租赁价格、预计税费金额、债务人或者抵押人的心理预期价格、意向投资人的承诺收购报价等。

假如项目经理对其告知的信息不假反思、全盘接受，结果就是你了解到的所谓事实，正是原债权人想让你接触到的事实。甚至，有的项目经理直接把债务人的心理期望价格，或者意向投资人的承诺收购报价作为拟收购债权的预计可回收金额进行估值。

我们暂且不说这个所谓的报价只是对方的意向性口头表述，就算债务企业实控人

用白纸黑字出具了个人和解意愿，或者意向投资人出具了承诺收购的书面证明文件，在你未收到真金白银保证金的情况下，你对他们有什么实质约束力？你又有什么抓手能推动债务人加快和解，或者推动意向投资人加快实施收购程序？

巴尔扎克说：“自满、自大和轻信是人生的三大暗礁。”而轻信的结果是在你被误导的情况下盲目收购资产包，然后无法推动处置、被迫封存，若一直找不到新的财产线索可供执行，处置回款进度就会长期被拖延。

前手债权人设定的转让底价与受让人的处置回款金额并没有对应关系。或许从一开始，对于某一个资产包或者某一笔债权，无论受让人如何努力处置都注定出现投资亏损。所以不能轻信债务人及担保人的任何还款承诺、不能轻信任何查封财产的可受偿概率、不能轻信前手权利人捕风捉影的吹嘘。

除了现金，所有的查封、抵押资产都面临着一个共同的归宿：变现。除了主动精挑细淘的好东西能提前锁定买家，剩下的项目在大势不好时，仿佛都在等待上帝的裁决，除了降价、降价、再降价，还能做什么？无数教训告诉我们：不要高估押品的流动性和变现能力，不能寄希望于任何一个口头承诺，却迟迟不交保证金的意向合作方。

有的项目经理道听途说了解到抵押人对抵押物的历史购置成本大约是市场价的8折，考虑到抵押人曾经在很多年前真金白银拿到的抵押物，以及不动产的价格走势长期来看总体呈现只涨不跌的情形，就盲目乐观地认为哪怕当前的价格再往下跌，也不会下跌多少。因此，有些从业人员就索性一厢情愿地直接按照抵押物司法拍卖的二拍起拍价，通常是抵押物价值的五六折，作为抵押物的快速变现可回收金额的估值。

他们可能没有意识到这要一码归一码地看待，即当初对不动产的原始购买价和当前的司法拍卖预计成交价是两个完全独立的不相关事件。

请你想象这样一个场景，不良资产意向投资人在参与竞价拍卖时，有可能会考虑曾经的原始购置成本吗？可能并不会，因为他只会考虑现在去买划不划算，未来有没有收益，好不好脱手。所以，你不能仅凭原债权人口头提供的租赁租金情况进行估值，而应该对原债权人提供的材料和信息进行核实论证、多方校验，更要对抵押物的占用、租约情况进行实地调查。

当你缺少债权档案原始资料，面临信息不对称困局时，该怎么办？

其实，哪怕你无法取得抵押物相关的租赁合同，也能对抵押物周边物业的租约情况进行尽调论证，获得周边物业的租金、空置率、报酬率等的大致情况信息，再对尽调对象的个性化影响因素进行估值修正。

还有的项目经理可能长期面临无米下炊、度日如年的业绩压力，心中隐隐存在小赌一把的想法，故而选择性地轻信已查封的财产可能没有其他抵押权人，或者抵押人自身没有其他债权人，未考虑抵押物可能承担的其他或者有债务负担。在明知债务人和保证人涉及执行标的巨大，且有被列入失信被执行人名单的情况，却并未关注其实际还款能力。即使第三方外聘律师已经在法律意见书中提示，建议进一步明确查封财产情况，继续跟进诉讼情况，但项目经理仍然偏听偏信、装聋作哑、掩耳盗铃，在未获取财产保全的资产的详细资料时，却对其进行没有依据的盲目估值。

最后的结果可能恰好符合墨菲定律，凡是可能出错的事，无论发生的可能性有多小，事故总会在某一时刻发生。

在实操中，项目经理有可能发现那些念念不忘、原本预计能产生受偿的财产保全的资产实际上已被抵押给其他债权人，然后被司法拍卖，由优先权债权人获得受偿后再无余值，最终导致自身所持有的债权面临损失，曾经对财产保全的资产的估值报价成本无法获得全额受偿。

2. 现场尽调走马观花，未能尽职获取债权估值所需详细信息，只套用理论公式模型，导致出现收购成本高于资产价值的风险

有的项目经理在现场尽调走访时，可能由于尽调时间紧迫，所以对现场尽调、抵押物查勘过程比较粗糙、走马观花，未深入获取债权抵、质押物估值所需详细信息，只套用理论公式模型进行估值。

举例，当他们了解到某 1 万平方米的商业地产资产租金价格为 30 元/（平方米·月），就像在茫茫大海中抓住了一根救命稻草，喜不胜收。租金单价这个数据很关键，因为有了租金单价和其他可假设的变量，就能代入估值公式从而计算出初始估值结果，完成任务、交差了事是没有问题的。

有了初步模糊估值结论后，项目经理可能既没有多方走访、交叉验证并确认公允租金范围，又没有考虑租约期限长短、租客的稳定性，更没有了解有效出租面积等情况，直接套用以下这个收益乘数法估值公式：物业价值 = 年收益 × 收益乘数。其中，参考具体房地产类型将收益乘数设定为 20，根据上述租金单价计算出该商业地产物业的市场单价为 $30 \times 12 \times 20 = 7200$ 元/平方米，再考虑到上述该商业地产资产的面积规模较大，且处于三四线城市，参考周边类似物业的实际成交价将快速变现率设定为 70%，最终得出商业地产资产的快速变现可回收金额估值为 $10000 \times 30 \times 12 \times 20 \times 70\%$。

在该抵押物估值公式中，若直接用年租金收益数据乘以收益乘数作为估值单价，实际上并未充分、细致考虑到商业地产资产的出租率、有效出租面积率、折现率、抵押物破墙开店、难以分割瑕疵等因素影响；直接将上述抵押物总估值金额乘以 70% 的快速变现系数，从而得出快速变现可回收金额的估值结果，存在对抵押物尽调不充分、未考虑不同物业的个性化因素、交易市场环境变化等情况。

针对已出租的抵押物，项目经理不能仅仅获取单个或者少量样本租金参考数据，而是应该对租金金额、租金变化区间范围、租约期限、周边物业状况、空置率等因素进行详实尽调，获取周边租户、物业管理处等多方面的租金数据来源、交叉验证，以防止租金参数因偏差影响估值结果。

有的项目经理在尽调工业园不动产抵押物资产时，常常由于轻信历史规划图纸展现的宏大蓝图、债务人或者原债权人天马行空地描述，因此就受到误导，对未来旧改预期持乐观态度。比如，将有旧改预期的工业园的货值全部按住宅类型来估值，同时对容积率也按照 5 ~6 的参数来进行估值计算，导致估值结果过于乐观，整体货值达到了一个超乎想象的天文数字。

这种理想化的估值模式很容易出现价值高估，进而导致在处置时出现抵押物有价无市的局面，最终债权投资出现亏损。

总之，在收购资产包项目时，若抵押物较多、价值较高，项目经理应通过开源网络情报充分尽职调查债权的核心抵押物信息，深入挖掘其他财产线索，不能只套用理论公式模型得出估值结果。若只需要用估值参数信息就能得出可靠估值结果，若坐在办公室里就能在互联网上搜索到想要的数字，那么项目经理为了现场查勘抵押物现状而风餐露宿、东奔西跑，岂不是毫无价值？

项目经理通常会怎样尽职调查和分析判断债权抵押物的核心信息？除了尽职调查要点清单部分的内容和要求，有一位行业资深人员是这样做的，他至少要去抵押物现场查勘 3 趟，时间可分为白天、晚上、工作日或者周末，并详细记录尽调要点清单，反映其真实情况；联系债务人见面，了解还款意愿和还款能力；通过多渠道招商推介，寻求债权或者债权抵押物的意向投资人，储备意向投资人名单；对存续期间的内外部估值进行多方、多次复核确认、交叉验证，价格只是表象，资产价值才是内核，价格在价值锚上下进行波动；尤其对大宗不动产资产要有底线思维，假如没有意向投资人，不良资产管理公司是否愿意以当前价格持有、是否能够产生未来现金流收入、是否能够控制现金流。

3. 只通过现场尽调估值，未通过公开成交数据有效校验，导致收购后在处置不良资产时有价无市、无法回款的风险

有一笔债权的抵押物同类物业在房产销售网站或者中介公司的挂牌价格居高不下，但是司法拍卖成交价格却呈现较大折扣，项目经理应该参考哪个价格？

通常，项目经理在尽调不良资产包中商业物业抵押物时，通过房产交易网站上查询到物业市场价格单价，用收益法测算物业市场估值，然后考虑到该物业地处的区域环境、区位因素、交通状况、面积、布局、商业氛围、商铺具体场内位置、人流量、

招商情况等，确定快速变现系数，得出该商业物业的快速变现可回收价值，再推导出债权估值报价金额。

但实际上，项目经理在收购时，根据市场挂牌价推算出的快速变现可回收价值往往高于周边类似物业的实际法拍成交价格，若未通过网搜等非现场尽调方式获取有效成交信息并进行佐证和核实，而只通过物业卖家单方面的挂牌报价金额或者按照公式模型计算的理想估值金额，很容易出现盲目高估情况，进而会导致在最终处置时出现抵押物有价无市、无法回款的局面，出现债权投资亏损。

4. 原始债权人将已出售房屋作为抵押物，导致出现抵押权灭失的风险

有一笔债权的抵押物存在出租情形，但是前手债权人在贷后回访的整个过程中，一直没有见到过承租人且不知道租赁期限。

直到有一天，前手债权人将不良债权转让给了不良资产管理公司。不良资产管理公司在摸底排查的过程中偶然遇到了承租人，经过攀谈了解，才发现承租人与抵押人早在抵押前就签订了房屋买卖合同，只是未办理过户登记。

虽然抵押人和承租人未办理过户登记，但承租人在抵押前已经支付价款并实际占有房屋。

当不良资产管理公司作为债权人，向法院申请撤销房屋买卖合同时，法院认为在房屋被他人占有使用的情形下，前手债权人商业银行作为专业金融机构，应当对房屋的出租情况进行充分的现场调查，以查明出租人是不是抵押物的所有权人，抵押物是否存在其他真实的权利人，从而避免错误地接受已出售房屋作为抵押物。

换言之，法院认为前手债权人商业银行作为抵押权人应当对设押房屋的出租、出售情况进行充分的现场调查，否则可能影响抵押效力。

由于前手债权人未能提交证据，证明其对案涉房屋进行了审慎调查，故其未尽到专业金融机构审慎、合理的注意义务，最终法院判决前手债权人商业银行对案涉房屋不享有抵押权，影响债权受偿，导致债权价值受损。

从另一个角度看，假如该房屋买卖合同是抵押人为逃避法院强制执行而倒签的协议，是否具有法律效力?

为阻却法院强制执行而倒签虚假房地产转让协议属于“行为人与相对人恶意串通，损害他人合法权益的民事法律行为”，依据《民法典》第 154 条的规定应属无效。

债务人不要贪图便宜或者因其他因素，通过倒签时间的方式或者其他任何方式，为阻却法院另案执行而签署虚假转让协议、购置资产。这种协议一旦查出来，很可能判决合同无效。为阻却法院另案执行而签署虚假土地转让协议是无效的，签署其他协议也是无效的，比如虚假的房屋买卖协议、虚假的知识产权转让协议等，均是无效的。

在这种情况下，购买资产的人可能因为合同无效而不能最终取得相关资产，假借“转让”来躲避执行的当事人则可能被财产受让人“暗算”，假戏真做，“赔了夫人又折兵”。

在进行重大财产转让交易时，不良资产管理公司要注意收集并保存交易过程中的各项证据，包括但不限于银行付款回单、收据、发票、双方往来函件，以防发生纠纷时证据不充分而败诉，导致债权投资出现亏损。

（三）尽调时未发现债权抵押物存在其他优先受偿权负担，导致在债权处置时出现影响受偿的风险（4点）

1. 尽调时未发现债权抵押物存在其他优先受偿权负担，导致在债权处置时出现抵押物变现后债权人获得司法分配金额减少的风险

有一笔债权在处置抵押物时，发现在抵押物之上有一笔享有优先受偿权的其他债权。这笔债权并不是常见的在不动产登记中心能查询到抵押信息的抵押担保债权，其相关确权材料在债权底层档案资料里面查询不到，在裁判文书网通过相关案号、主体关键词等信息也查询不到，而是根据2015年前的一纸法院生效裁判确认的，具体内容是法院确认了抵押物的施工建设单位享有建设工程价款债权优先受偿权。

通常，在建设工程价款优先权纠纷案件中，建筑物、构筑物财产上往往存在多个权利主体，除了有抵押权人，还有承包人。不良资产管理公司作为抵押权人，若未在尽调过程中发现其他权利主体，在处置完抵押物并即将实现回款时，可能突然“半路杀出个程咬金”，跳出来一个享有优先受偿权的其他权利主体，分走原本只属于你的抵押物处置回款。在“僧多粥少”情况下，原债权人获得司法分配金额不得不被迫减少。

2013年7月1日，按照最高人民法院的工作部署，全国法院统一、权威的裁判文书公开平台——中国裁判文书网正式开通，2015年12月15日全新改版上线。所以，在2015年以前，有部分法院的裁判文书在裁判文书网可能是搜不到的，就比如上述债权抵押物之上存在其他权利主体通过法院裁判确认的享受优先受偿的债权判决文书。这份债权判决文书只有到具体判决法院里进行查询才能获知。

若原债权人疏忽遗漏，或者刻意隐瞒而不告诉资产管理公司，项目经理仅靠自身能力又没有对不良资产包涉及的诉讼风险情况进行深入、全面摸底，就会出现上述信息不对称导致债权投资出现亏损。

抵（质）押物的处置回款是不良资产的主要受偿来源。不良资产管理公司在收购尽调时通常把抵（质）押物的预计司法执行拍卖回款金额作为重要估值依据。而在抵押物拍卖成交价款确定的情况下，若出现在收购尽调时未发现的建设工程款、税款、

职工债权、消费者购房债权等其他享有优先受偿的债权，可能因执行法官自由裁量因素，把抵（质）押物的司法执行拍卖成交价款分配给其他优先权人。在零和博弈之下，上述分配结果将可能导致有财产担保的债权人所获得的实际受偿金额减少。

需要注意的是，自 2006 年 8 月 27 日《企业破产法》公布前的职工债权可以优先于有担保的债权人受偿。在该法公布之日后，抵押担保债权是优先于职工债权的，用于抵押担保的资产并不纳入破产清偿顺位当中，而是独立于破产财产之外的资产。但是若担保债权不能依法实现受偿的话，对金融机构等债权人将是一个巨大的打击。

总之，在不良资产收购尽调时，项目经理应高度重视抵押物的状态，及时对权属状况、管理现状、变现情况，抵押物闲置或者在用状态、有无长租约等信息进行跟踪了解，应尽可能通过多渠道调查抵（质）押物可能出现的其他优先权，包括但不限于税款、建筑工程款、待付工资、消费者住房请求权及返还购房款、存在先登记的应收账款质押权等，将其纳入估值考虑因素范畴，避免处置回款受损。

在不良资产投资后的日常管理中若发生此类情况的，应及时论证债权人的优先受偿权是否受到影响，预估实际可能获得的抵押物回收金额，及时在维权有效期限内采取必要的救济措施。

2. 在尽调时未发现抵押物上存在先登记的应收账款质押权，导致债权人处置不良资产时获得分配金额减少的风险

有一笔债权的抵押物是商铺抵押物资产，商铺地段绝佳、客流如云，不良资产管理公司在收购时预测不仅能够获得抵押物司法执行拍卖回款，而且能够获取不菲的抵押物租金分配金额，但是结果却事与愿违。

不良资产管理公司在收购资产包时，通过债权资料获取了抵押物不动产登记信息，了解了抵押登记时间和顺位，假设上述商铺抵押物资产的抵押登记时间为 2022 年。而后，不良资产管理公司通过对抵押物进行现场走访，确认了抵押物的出租状态，但是未获悉除了资产管理公司作为债权人并享有抵押权优先受偿权之外，还有一个案外债权人对商铺抵押物资产的应收账款享有质押权，且质押权登记时间为 2021 年，早于 2022 年。

由于案外债权人对抵押物的应收账款质押权设立登记时间在不动产抵押登记时间之前，因此不良资产管理公司对抵押物产生的租金未能享有获得分配的权利，原本预计在执行阶段可能获得的租金收入落空，导致债权预计可回收金额减少。

在处置过程中，不良资产管理公司除了通过推进抵押物司法执行、拍卖回款外，同时还可以收取抵押物的租金，因为抵押权的效力及于抵押物的法定孳息，即由原物所产生的包含租金在内的额外收益。

总之，对于抵押物，尤其为商业性质、有现金流入的抵押物，除了关注抵押物上的租赁及租金情况外，还应核实抵押物上的租金是否存在已设立的应收账款质押权及质押权设立登记的时间节点，避免采坑。

3. 在尽调时未发现抵押物存在消费者住房请求权问题，导致债权人在处置时获得分配金额减少的风险

有一笔债权的抵押物是一个二类住宅兼居住小区服务设施地块，在收购前未发现抵押物之上的在建商品房已被私下出售，导致债权价值受损。

在收购不良资产时，项目经理参考当地商住用地平均楼面价，评估出债权土地抵押物的市场价值，然后参考综合因素设定快速变现率，得出土地抵押物的快速变现价值，最后估算出拟收购债权的快速变现可回收金额估值。

不幸的是，项目经理在准备处置债权抵押物时才发现涉及的抵押物“地块”之上在建商品房中，已有400套房产对外向小业主出售，债务人累计已收取小业主认购房款合计约1亿元。

债务人地产公司与小业主纠纷案件的判决书显示，债务人与小业主通过签订《商品房认购协议书》出售相关商品房，判决对于《商品房认购协议书》的法律性质认定为预约合同，并判令债务人向小业主返还购房款及相应利息。显然，此时债务人没有资金返还。

不良资产管理公司作为抵押权人对目标地块享有抵押权，对于拍卖和变卖该抵押物的所得价款依法享有优先受偿权。但是，在拍卖处置目标地块的过程中，小业主可能在执行程序中提出执行异议并诉请消费者购房价款优先受偿，导致债权人在短期内无法实质推进抵押物执行，债权处置清收回款期限遥遥无期。

总之，项目经理在尽调中应关注债权底层资产中商品房是否存在足以排除抵押权执行的购房消费者债权，高度重视消费者住房请求权等特别优先权问题。

4. 在建工程抵押未变更为房地产抵押，可能存在抵押权落空风险

根据《城市房地产抵押管理办法》第3条规定，在建工程抵押是指抵押人为取得在建工程继续建造资金的贷款，以其合法方式取得的土地使用权连同在建工程的投入资产，以不转移占有的方式抵押给贷款银行作为偿还贷款履行担保的行为。

换言之，以在建工程抵押取得的贷款只能用于该在建工程的继续建造，或者为取得在建工程的继续建造资金的贷款担保，而不能以在建工程为他人债务作担保，也不能为自己其他性质的债务进行担保。

另外，根据《城市房地产抵押管理办法》有关规定，在建工程在竣工验收办理产权证后，应及时将在建工程抵押变更为房地产抵押，防止银行抵押权落空。

由于法律和司法解释并未规定建筑工程优先权公示制度，导致该建设工程的抵押权人在接受抵押时无从了解该建设工程上是否存在承包人的优先权。

假如商业银行或者不良资产管理公司在为房地产开发提供融资时接受了在建工程抵押，但开发商并未如约支付承包人建筑工程款时，债权人的抵押权很可能落空，导致债权投资出现亏损。这种情况下，债权人应怎样应对？

第一，不良资产管理公司应注意审查了解《建设工程合同》约定的工程总价款、支付条件、支付方式以及是否存在承包商垫资建设的情况，当建设工程价款超过合同约定或者超过预算数额时，可要求开发商行使拒绝权；当行使优先权的期限超期时，可要求开发商及时提出抗辩。

第二，由于开发商支付承包人的价款后，承包人的优先权自然释放，资产管理公司对在建工程和竣工未超过6个月的房地产办理抵押登记时，理应对抵押的房地产作全部、第一顺序抵押权的登记，以便在优先权终止后获得优先于开发商的其他抵押权人、无担保债权人优先受偿的效力。

第三，为了对抗承包人的优先受偿权，不良资产管理公司可与承包人协商，要求承包人提供连带责任保证，双方还应在合同中约定，承包人应在银行开立监管账户，对于其行使“建设工程优先受偿权”获得的资金应存入该监管账户。

（四）不良资产合作收购处置业务风险

在不良资产合作收购处置业务中，不良资产管理公司通常对意向收购不良资产的合作方进行筛选，并借助合作方的分析判断能力与资产处置能力。一旦合作收购处置出现过程风险，就可能造成债权投资亏损。

假如意向收购不良资产的合作方曾经有过帮助债务人逃废债的劣迹，有可能从银行薅羊毛之后，再从不良资产管理公司进行第二次、第三次薅羊毛。在这种情况下，一旦双方进行合作，不仅对方在后续合作中产生违约的风险比较大，而且有可能干扰视听，误导不良资产管理公司的收购估值报价金额。所以，不良资产管理公司应尽量规避与有相关疑似风险的机构进行合作。

无论是与第三方合作收购处置不良资产，还是自营收购处置，不良资产管理公司应依靠自身的尽职调查结果进行独立估值分析和价值判断，而不能依赖合作方的报价或者分析判断。因为在业务合作中难以预测合作方的真实目的或者未来风险状况，万一合作方出现了违约事实，最后承担兜底责任或者实际实施处置的还是不良资产管理公司自身。所以，不良资产管理公司的投资风险敞口一定要在自身的真实估值金额范围内，在极端情况下做好亲自上场处置的准备。

假如合作方没有帮助债务人逃废债的风险倾向，双方估值定价也没有较大的差池，这时候要重点考察其是否有强大的资产处置能力，或者在该笔资产上是否有独特的资源或者渠道，能够明确处置里程碑、预估处置障碍及其解决方案，最终排除万难并顺利实现处置。

若合作方并没有独特的资源、能力，双方在合作处置不良资产的过程中可能犹如“温水煮青蛙”。长此以往，合作处置的不良资产可能从原本能够产生利润变成了大概率亏损的项目。

（五）在收购尽调时对已申请财产保全的资产进行估值并计入收购成本，但在处置中均未能获得受偿的风险

不良资产管理公司在收购资产包时，假如债权资产无抵押物，则对已申请财产保全的非抵押资产的估值就显得非常关键。

若对财产保全的资产估值激进、报价高，就更容易竞价中标拿到不良资产包，但在处置时也相应增加了处置难度；若对非抵押资产的估值保守、报价低，甚至不估值，虽然没有后顾之忧，但也不利于在竞价时中标。

一般而言，在诉讼保全或者执行程序中，债权人为保证其合法债权得到有效实现，或者向债务人施压，往往会向人民法院申请对债务人的财产采取查封、扣押、冻结等财产保全措施。

若同一个债务人同时存在多个债权人，而多个债权人分别向各个人民法院申请财产保全或者申请强制执行，则首先采取查封措施的法院将首先进入执行程序，该法院被称为“首封法院”，首封法院的查封行为被称为“首先查封”；相对应地，采取查封措施在后的法院被称为“轮候查封法院”，其查封行为被称为“轮候查封”。轮候查封虽不直接发生查封效力，但是有助于实现债权。

在实操中，首封法院在处置查封财产时，无须通过轮候查封的法院即可以直接处置。若被执行财产足以清偿，多个债权人之中对被执行财产又不存在担保物权优先受偿的，则按照执行法院采取执行措施的先后顺序清偿；若被执行财产不足以清偿，被执行人为企业法人时，则按照执行费用、优先受偿权、普通债权的顺序进行清偿，对于普通债权，未进入破产程序时将按照谁先查封谁优先分配，而不是依据债权比例来进行分配；若被执行财产不足以清偿，被执行人为公民或者其他组织时，对于普通债权原则上按照其占全部申请参与分配债权数额的相应比例受偿，而非按照保全申请人因保全查封在前就优先受偿的顺序分配。

关于首封债权是否可以比普通债权多分配清偿金额，有些地方认为首封债权可以多分，考虑到所涉债权及分配财产数额大小等因素，原则上不超过其按债权比例分配

时应分得款项的20%，比如重庆、江苏等地有过相应案例；有些地方认为首封债权不可多分，比如广东、福建等地有过相应案例。

当首封债权为普通债权，轮候查封为优先债权时，通常由首先查封、扣押、冻结法院负责处分查封财产。但已进入其他法院执行程序的债权对查封财产有顺位在先的担保物权、优先权，自首先查封之日起已超过60日，且首封法院就该查封财产尚未发布拍卖公告或者进入变卖程序的，优先债权执行法院可以要求首封法院将该查封财产移送执行。比如，首封法院超过一年并未对被保全财产进行处分的，即应当认定为首封法院怠于执行或者尚未取得执行依据。在这种情况下，优先债权执行法院可向首封法院商请移送执行权力，并就财产进行拍卖、变卖。只有这样，才能保证尽量减少因为在先查封法院长期怠于处分财产而导致在后查封的债权人进入“执行僵局”、长期无法实现债权的情况。

但是，一旦首封法院移送执行，申请首封的债权可能竹篮打水一场空，白忙活一场，结果无法获得受偿。考虑到这种情况，首封债权人可能对法院的商请移送执行决定不服，继续通过执行异议或者申请复议等方式进行权利救济，而这种操作又难免增加了诉累，延长了各方债权人实现债权获得受偿的时间，显然大大降低了执行措施的经济价值，“鹬蚌相争，渔翁得利”。

针对那些仅仅采取保全措施的非抵押物资产，比如查封了一套房产，让被查封后的房产不能进行过户、抵押的手续，你就权当无法从首封财产中获得债权受偿，在估值时先不要抱太大希望。因为查封财产可能存在你不知道的其他权利负担，或者存在其他大额债权同样在等待由该查封财产变现所得进行分配受偿的情形，结果你自身原有债权可能无法获得受偿或者仅能获得极少份额受偿。未虑胜，先虑败，你要从“疑罪从有”的角度，反思投资债权资产可能造成的最大损失是否在可承受范围之内，而这就是底线。

比如，有的项目经理通过不良资产包档案资料了解到，原债权人已对债权保证人名下的一辆汽车申请了财产保全措施，并且原债权人表示该小汽车能够找到，债权保证人表示自己并没有其他债务，故而在收购不良资产包时对该汽车查封财产的预计可回收金额估值为30万元。在处置的时候，经执行法院查控，无法追踪并执行该汽车查封财产，结果原债权无法就该查封财产实现清收回款，该部分债权收购成本被全额减值。

有的项目经理通过不良资产包档案资料了解到，以债权保证人名下的一宗商业用地申请了财产保全措施，并且原债权人告知该商业用地未抵押给任何人，项目经理窃以为可以通过申请强制执行该查封财产获得回款，所以就在收购时将800万元的预计可回收金额计入估值成本。结果在处置时，项目经理通过不动产查档资料才发现该土地已经抵押给其他银行，而且抵押金额只够归还抵押权人，已无残值能够让普通债权人获得债权受偿，债权原收购成本不得不减值 800 万元。以上真实案例就是因为尽调不周，对查封财产未审慎估值导致债权投资出现亏损。

对于没有抵押物的首封债权人来说，有哪些启发？

第一，债权人在与债务人协商还款、谈判未果后，应当尽早起诉并推进诉讼保全，尽可能争取对己方有利的财产保全顺位条件，争取成为首封债权，取得申请执行优势。

第二，在不确定首封债权是否可以多分的情况下，可以通过多渠道检索或者咨询不良资产资深律师等方式，找寻和引用司法实践中的成功先例，提供给债权案件执行法官作为裁判参考。

第三，在不良资产管理公司作为首封债权人尚未取得生效法律文书的情况下，可能发生商请移送执行的情况时，应当积极与优先债权执行法院沟通，明确自己的首封地位，包括首次查封的时间、标的物名称、查封的范围、保全金额等，并附上首次查封的相关财产保全文书，争取优先债权执行法院在分配时为自己预留相应的份额。当然，若对商请移送执行的决定不服的，也可以依据《民事诉讼法》提起执行异议或者提起复议进行权利救济。

换位思考，对于轮候查封债权人，有哪些启发？

第一，不良资产管理公司在投资不良资产时，应谨慎估值没有明显财产线索的保证债权或者普通债权。若有必要将原债权人作为轮候查封债权人，且涉及金额较大的非抵押查封财产进行估值时，不能在未充分尽调的情况下，就直接假定其未被抵押或者没有其他债务负担进行预计可回收金额估值，而应提供查册信息资料，获取最新抵押信息及轮候查封情况，并充分考虑到估值结论中。

第二，若不良资产管理公司在财产保全时未能争取到首先查封地位，且面对“怠于”执行的首封债权人，可以通过多渠道检索或者咨询不良资产资深律师等方式，找寻当地是否有在先轮候查封法院先行处置被执行财产的先例，积极向轮候查封法院主张要求向首封法院商请移送。

第三，作为轮候查封的债权人，已获执行依据，可以直接向首封法院申请参与分配，参加法院主持召开的债权人会议，要求对查封财产的变现所得获得分配受偿。

第四，作为轮候查封顺位的债权人，应避免消极等待，及时关注首封法院的财产处置进展和情况，密切追踪被执行财产的动态，保持与首封法院沟通，声明自身的查封顺序。同时，防止首封法院执行错误，比如“明知”拍卖标的物有轮候查封，却将查封财产剩余变价款退还被执行人。

第五，若所投资债权没有可供执行财产，查封财产也无法获得受偿，司法案件已被法院终本，不良资产管理公司也可以主动申请执行转破产，通过破产程序或者许有新发现的偿债来源。

（六）银团贷款不良债权无法单独处置的风险

不良资产项目的抵押物为大宗土地及厂房，为整个银团贷款提供抵押担保，看似抵押担保措施非常足值，但是想要处置这个庞然大物般的抵押物却需要协调各家银行并征得多数贷款人的同意。

在协调处置过程中，不仅整体审批流程烦琐，而且可能存在银团贷款牵头行对债务人、担保人的特殊安排，无法统一处置意见，导致债权处置久拖不决、清收回款遥遥无期，怎么办？

银团贷款也称为“辛迪加贷款”，通常是由某一家或者数家银行牵头，由多家银行与非银行金融机构参加而组成的银行集团采用同一贷款协议，按约定的期限和条件向同一借款人提供融资的贷款方式。

当借款者寻求的资金数额太大，以至于任何一个单一的银行都无法承受该借款者的信用风险时就产生对银行团体的需求。

但是银团贷款在具体执行过程中也可能存在诸多风险，比如在银团内部关系中，若是由牵头行作为代理行并代表全体贷款人签署并履行担保文件，存在牵头行是否诚实信用的风险，以及各参加行的担保权益是否能够得到充分保障的风险；若存在参加行单独与借款人作出担保安排的情况，存在其他参加行的权益是否能够得到保障的风险；若是以多数贷款人代表银团进行决策安排，存在参贷份额较少的银行的权益是否能够得到充分保障以及参加行维权困难的风险，等等。

当银团贷款进入不良后，参贷份额较少的参与行将其所持有的银团贷款份额转让给不良资产管理公司后，不良资产管理公司将面临与参加行同样的难题，可能难以推动债权清收进度。

为了减少债权管理成本，并尽快实现回款，此时可能难以寻找合适的债权转让机会，甚至会以比收购债权成本更低的价格转让处置，导致债权投资出现亏损。

在不良资产收购时，资产管理公司应客观认识银团贷款不良债权处置风险，为了谨慎起见，可将预计处置回款期限充分延长。

总之，参加行或者受让参加行债权的不良资产管理公司在银团贷款存续期内要加强与代理行的信息沟通，及时掌握借款人的状况，重视与银团间其他参加行的联系，定期召开并参加银团会议，实现对债务人日常信息的共享，争取多数份额参加行同意推动债权处置进度。

（七）大宗商业地产资产在处置中产生有价无市的贬值风险

商业地产（Commercial real estate）一般指的是专门用于商业活动或者以创收为目的的不动产，商业地产资产有时也称收益性物业或者投资性物业。广义的商业地产包括零售批发、商务办公、酒店、餐饮、仓储、休闲娱乐等房地产。狭义的商业地产多指用于零售业、批发业的地产形式，如商场、购物中心、商业店铺、批发市场、百货店、便利店等。

回溯历史来看，国内商业地产具备很强的时代属性，大致经历了从步行街、百货商场向购物中心的迭代。随着商业建筑的大规模建设导致了商业地产供应过度、同质化严重等问题，再加上互联网经济和电子商务的迅猛发展，以及人们消费观念的变迁，曾经风光无限的百货商场失去了对消费者的吸引力，出现大面积的空置，盈利能力下降，资产出现大幅贬损，亟待改造再利用。

这期间，购物中心快速完成对百货商场的颠覆，仅有少部分百货商场转型成功，尤其是 5 万平方米以上的大型商业购物中心，通过二次开业、变更商号，实现升级改造、脱胎换骨成功的案例极少。

资产管理公司在收购不良资产包时，经常面临着被动收购部分由商业地产构成底层资产的债权或者抵债资产，尽职调查、资产评估、处置变现时也会经常采坑。

在收购时最常见的风险是估值风险。相比成本法和市场法，收益法是资本市场普遍认可的商业地产估值方法。在买方眼里，只会关注买这个资产在未来能赚多少钱，而其他人曾经花了多少钱、隔壁资产卖了多少钱，和当前这笔交易并没有关系。收益法中常见的有直接资本化法，租期及回收金额折现法（Term & Reversion，T&R），折现现金流法（Discounted Cash Flow，DCF），不同的商业地产资产类型适用于不同的收益法计算方法。

在直接资本化法中，估值营业净收入/资本化率，资本化率可以理解成你能接受的投资收益率是多少。资本化率取值是估值的关键参数，资本化率越低，商业地产估值越高。直接资本化法是一种静态估值方法，适用于租金收益稳定的情况，不适合培育期简单套用。若在起租低、周期长的商业地产培育期内简单套用直接资本化法，很容易出现估值金额甚至低于土地建安成本的状况。

在租期及回收金额折现法中，实际上考虑到了物业的剩余使用年限，通过直接资本化法、年期调整系数计算出租期内价值，通过直接资本化法、年期调整系数、折现调整系数计算出租期外价值，二者加总形成物业的整体价值。这种方法适用于当前有稳定租约和相应剩余租期、租约外剩余使用期限的成熟商业地产。

在折现现金流法中，通过预测商业地产资产的现金流并按照一定的贴现率计算物业的现值。折现现金流法的难点是参数多，需要对长达N年的剩余使用年限进行现金流预测。实践中更具可操作性的方法是“持有+转售”模型，即假设一个持有期，在期末按市场价值转售。

有些不良资产管理公司在收购处置商业地产时，项目经理通常对商业地产的估值方法按照教科书讲的来操作，现场拍完照片、输入几个参数、打个模糊折扣就得出结果，但是很少有人真正思考参数背后的意义，遑论困境地产项目投资、盘活、管理运营的复杂性。

在商业地产项目的实际操盘和现场尽调中，有很多门道需要考虑，比如公摊面积问题，实际可得房率只有不动产证面积的50%～60%；比如商业地产所处商圈对附近消费群体的吸引力；比如商业地产或者商铺的面积和布局，特别是其所包含的广场面积，建造结构能否在规定的年限内满足各种预期功能的要求；比如交通状况、停车便捷性、出行半径等对消费者的消费倾向越来越重要；比如商铺位置，即等同于消费者通过一定外部交通环境达到商业中心时，还需要通过一定的内部交通环境达到投资人所投资的商铺内；比如依附于商业地产或者商铺自身吸引力的消费人流量，直接影响到商业地产价值的高低；比如商业地产区域内所辐射的商圈范围消费水平，与商业地产价值成正比；比如租户留存，租赁并不是一次性销售，而是一个长期持有、专业经营、细水长流的精细化运营过程，稳健的租户可以在很大程度上提高物业的价值，尤其是零售店和商店。

商业地产项目的稳定性带来盈利确定性，从而影响项目估值，而可展望年限取决于商业管理公司持续运营管理能力。从折现现金流法模型考虑，商业地产项目的价值是未来营业净收入减去资本支出的折现。我们假设一个商业地产项目经过三年至五年养商期后客流、现金流、利润趋于稳定，可以发现其价值主要来自进入稳定期后现金流折现，而可持续经营期的长短及业绩的稳定性很大程度上影响着商业地产的估值。若在商业地产估值时，项目经理仅考虑用当期营业净收入/资本化率，在一定程度上低估了未来商业地产稳定性的风险，可能在后续处置过程中与意向受让人的心理价位相差甚远，导致长期不能处置。

不良资产管理公司应对商业地产资产及其项目运营管理保持敬畏心，若已经被动持有商业地产资产，在盘活、去化、运营、价值提升的过程中一定基于自身核心能力与竞争优势寻找合作伙伴，采取合作经营模式。

合作经营的好处是不良资产管理公司利用当地的品牌运营商、品牌供应商或者商号，让商业地产项目继续获取原来的会员流量。因为会员的消费在整个商场运营里面、购物中心里是连带消费的，可以集中当地的品牌供应商资源和会员资源。只有获得持续的现金流，商业地产才具有估值溢价。若现金流为负，商业地产基本上都处于贬值状态。

不良资产管理公司在尚未沉淀商业地产运营管理人才团队和专业能力并能够向外输出经验和管理之前，应当首先立足于化解自身手中的商业地产资产风险，找到专业的开发团队、销售团队、运营团队进行合作，在化解的过程中积累经验，防止在后续投资业务中去踩类似的坑。

在具有选择主动性的商业地产项目上，与其迷恋大客户担保退出，不如相信通过项目市场销售、现金流、流转等方式退出，前提是选好项目、选好合作机构、安全垫充足、测算合理、全流程全方位管控到位。

（八）商业地产资产支持证券产品投资退出路径及合同条款存在的风险

商业地产资产支持证券产品属于“类 REITs”。房地产信托投资基金（Real Estate Investment Trusts，REITs），是一种以发行收益凭证的方式汇集特定多数投资人的资金，由专门投资机构进行房地产投资经营管理，并将投资综合收益按比例分配给投资人的一种信托基金。

与我国信托纯粹属于私募性质所不同的是，国际意义上的 REITs 在性质上等同于基金，少数属于私募，但绝大多数属于公募。REITs 既可以封闭运行，也可以上市交易流通，类似于我国的开放式基金与封闭式基金。

有一个大型商业地产资产支持专项计划产品，项目底层为估值 30 亿元的在运营商业地产资产，专项计划总规模 26 亿元，期限内标的商业地产资产的经营性现金流对优先级利息的保证倍数远低于 1，无法覆盖优先级利息，主要依靠担保人集团公司通过集团内部资金调配以保障支付优先级期间收益。换言之，这个类 REITs 产品发行时就存在的两个问题是项目抵押率过高、期间现金流无法全额覆盖项目募集资金的期间收益。

在不良资产管理公司投资该产品后，由于受到经济环境影响，房地产交易量、交易额双双下降，同时市场上投资人的风险偏好更为保守，市场上的商业地产交易项目向头部明星项目集中，导致该大型商业地产资产估值在三年后发生严重贬损，价值从最初的 30 亿元变成了 23 亿元。

相应地，投资专项计划的投资人面临无法通过处置资产获得全部清偿的问题。同时，若考虑该大型商业地产周边向外环延展区域新增的多家新开业商业地产资产，更加影响该物业的后续现金流状况，部分投资人对于该商业地产资产的估值报价会更低。

你可能会问，若底层抵押物资产贬值，不是还有其他增信措施吗?

这个产品的主要增信措施为原始权益人/差额支付承诺人/优先收购权人/流动性支持机构/评级下调承诺人为标的物业运营收入净额与业绩指标之间的差额承担补足义务；履行回购义务，在专项计划存续期间的任一收购决定期内，对全部优先级资产支持证券或者全部基金份额或者标的股权及标的债权享有优先收购权；支付权利维持费，为确保优先级期间收益，其有义务向专项计划账户支付权利维持费，补足顺位在先的优先级投资人各支付日的预期收益；在专项计划的优先级开放退出期间，承诺提供流动性支持；对优先级资产支持证券的各期预期收益和到期本金的差额部分承担补足支付义务；为标的物业价值提供储备金，即在标的物业价值下降时，承诺以货币资金形式补足物业估值差额；其所属集团公司提供担保，同意为上述义务提供不可撤销的连带责任保证。

这个产品的主要交易条款有：

1. 提前终止安排。(1) 评级下调至 AA + 以下；(2) 原始权益人所属集团公司发生违约事件；(3) 抵押人在专项计划 120 日内未办妥抵押手续。

2. 资产处置安排。在专项计划发生违约或者评级下调情况下，需要对底层资产处置时，资产处置方案及收益分配应获得优先级证券人一致同意。若专项计划处置期满 1 年时，资产支持证券持有人大会仍未通过有效的处置方案或者计划管理人仍未按照经资产支持证券持有人大会批准的处置方案与相关收购方签署标的资产的处置协议（标的资产的处置协议所约定的标的资产处置价款的支付时间不应晚于专项计划处置期满 2 年之日），计划管理人有权按照中国法律规定以公开拍卖等方式直接处置标的资产。

在项目投资尽调期间，不良资产管理公司应重点分析项目预测现金流的逻辑合理性、物业的处置价值估测、项目所属集团公司的履约担保能力和潜在风险，以及关于资产处置的主要交易条款约定情况。若对于市场风险预判不够深入和严谨，对于项目出现极端风险的情况分析不足，就可能存在盲目跟风投资的风险，导致投钱容易回款难。比如，若不懂行，就很容易盲目认为核心区域且价值巨大的商业地产资产应该很容易处置，在一年时间内足够形成满足各方的处置方案。殊不知貌似人畜无害的合同条款背后，其实潜藏着巨大陷阱与风险隐患。

其主要风险如下：

1. 面对物业现金流无法覆盖期间收益的问题，你可能盲目认为这是产品的共性问题，未认真研判和推敲，其实这是一个很大的风险隐患。当一个项目长期不能自给自足、依靠其他主体提供现金流支持的时候，万一其他主体断绝补给，就会饿死。而且，随着时间的推移，项目所承担的负债规模会越来越大，顺位在后的投资人所能获得的可分配资金将会逐渐减少。

2. 由于房地产市场景气度易受政策影响，存在波动风险。在市场上行阶段时，通常都会对商业地产资产的估值做乐观预测，但是在市场下行时，单一大宗商业地产资产的价值虽然很高，但是投资人的风险偏好会变得更加保守，市场受众可能缩小，甚至在极端情况下，可能出现物业价值大幅下跌、项目公司股权估值大幅下降。在投资前，投资人理应对资产的估值进行合理的压力测试和极端情况下的处置分析。

3. 在尽调期间应关注租金占比较高的关联方租户或者大型租户的风险隐患。若这类租户撤租、拒绝履行租约或者拖欠租金、租金市场价格产生波动、标的物业出现空置，或者其他因素导致标的物业无法于最佳状态运营时，可能会对物业估值产生影响。

4. 在尽调期间不能盲目自信地根据历史交易数据进行分析，而应充分考虑市场因素的影响，深入研究、测算其现金流预测的合理性，从严谨、审慎角度出发聘请第三方专业机构对物业价值进行合理的评估。即使商场保持持续经营，但是假如出现商场管理方法与管理水平发生重大变化，商场在预测期间出现大型经营事故等情况，也会对未来现金流产生一定程度的偏差。

5. 资产支持专项计划的基础资产为契约型私募基金的全部基金份额，私募基金通过持有商业地产项目公司股权和债权实现对资产的控制。在商业地产资产抵押登记过程中，可能存在由于不动产登记部门政策，导致相关登记机关拒绝办理相关登记手续，进而导致商业地产资产无法抵押登记给私募基金。一旦出现风险，计划管理人将对商业地产资产进行处分，但是相对于项目公司的其他债务，私募基金的借款无法就处置资产得到优先受偿。这种失控局面下将使得专项计划、私募基金对商业地产资产不动产登记的控制产生一定弱化，从而对专项计划产生不利影响。

怎样应对这种情况？

缓释方案是由基金管理人（代表私募基金）持有项目公司100%的股权，最终可实现对商业地产资产的控制。同时基金管理人将对项目公司章程进行修改，当项目公司作出任何对外担保等重大事项时，需经基金管理人作为项目公司股东，形成相应股东决定批准后方可进行。另外，在项目公司未经股东批准即实施重大事项或者其他导致介入证照及印鉴使用共管触发事件发生后，项目公司的全部印鉴、各项证照原件、重要资料等将存放于项目公司和基金管理人委派的监管方共同购置的保险箱中，保险箱的密码由监管方保管，保险箱主钥匙由项目公司保管，保险箱备用钥匙由基金管理人保管，钥匙与密码的保管方互换。未经基金管理人委派的监管方和项目公司一致同意，任何一方不得使用该等印鉴、证照和资料。同时，商业地产资产的房产证及土地证均交由基金管理人保管，未经基金管理人同意，任何一方不得动用，以有效控制商业地产资产脱离专项计划的风险。

6. 标的商业地产物业可能因部分运营资质不完全规范导致存在被处罚风险。

标的物业可能由于部分增建及改造建筑物尚未取得《建设工程规划许可证》或者经主管部门批准，项目公司存在不能合法取得其所有权、被责令限期拆除或者没收增建及改造建筑物或者违法收入、处以罚款的风险（最高处建设工程造价 10% 以下的罚款）；由于租赁合同未统一办理租赁备案手续存在被责令限期补办登记备案手续，以及逾期不改正被处以罚款的风险（对非住宅出租人处以 5000 元以上 3 万元以下的罚款）；由于露天停车场收费核准证明遗失导致相应收费标准的合规性存在不确定性（没收违法所得，可以并处违法所得 5 倍以下的罚款；没有违法所得的，可以处 2 万元以上 20 万元以下的罚款）；由于外立面设置广告未依据当地法律规范提出相应申请存在被相关执法部门依法查处的风险（处以 3 万元以上 5 万元以下罚款）。

怎样应对这种情况？缓释措施是签署免责条款，若项目公司最终因上述事项或者其他事项遭受处罚或者损失，相关后果由原始权益人所属集团公司或者约定第三方承担。另外，标的物业涉及的租赁合同未办理租赁备案手续的，不影响租赁合同的效力。

7. 应对原始权益人所属集团的进行严谨、细致的整体分析，尤其是从风险角度考虑企业是否大举进行外部融资、多元化扩张产业链及其带来的风险隐患，不能盲目迷信所谓大型企业就能基业长青、大而不倒。

8. 假如对资产支持专项计划产品的交易条款研究不够深入，未认真分析同类产品的共性问题，可能在出现极端风险后，投资人维权无门、陷入被动。常见现象有：

（1）对于处置一致决的一年期限。由于产品涉及投资人较多，在出现极端风险的情况下，特别是在整体市场发生变化的情况下，其处置一致决的一年期限完全无法满足资产的合理价值处置，否则将以公开拍卖等方式直接处置标的资产。处置一致决是指每一类别的资产支持证券持有人组成的资产支持证券持有人大会就部分标准条款所形成的决议，必须经出席的本类别资产支持证券持有人表决权总数的 100% 同意。

（2）该类产品的管理人为第三方机构，在项目存续期间是否可以做到勤勉尽职并不够透明，投资人对于底层物业的经营情况不能及时掌握全面的信息。

（3）该类产品出现风险隐患甚至违约后，作为投资人较为被动，比如追加增信措施、启动诉讼等均需要持有人大会表决通过后，通过管理人启动相关措施，难以保障决策判断的执行效率。

9. 在后续处置中，若对于有关公开拍卖的内容约定不明确、具体，缺乏操作性，可能迟迟无法推进标的资产处置进度。

通常资产支持专项计划的约定为：若专项计划处置期满1年时，资产支持证券持有人大会仍未通过有效的处置方案或者计划管理人仍未按照经资产支持证券持有人大会批准的处置方案与相关收购方签署标的资产的处置协议（标的资产的处置协议所约定的标的资产处置价款的支付时间不应晚于专项计划处置期满2年之日），计划管理人有权按照中国法律规定以公开拍卖等方式直接处置标的资产。

该条款虽然约定了公开拍卖的大致处置路径和方向，但有关公开拍卖涉及的底价、支付期限等重要事项并未约定如何决策，相关约定不明确、具体，且缺乏操作性。若没能引起你的关注，可能是潜意识里缺乏底线思维、极限思维的表现。

10. 当计划管理人存在失职的情况时，不良资产管理公司可以通过联合其他投资人要求管理人在资产后续分配上作出一定的让利。

二、涉及诉讼程序相关的投资失败原因：7个雷区

（一）未及时履行债权转让通知义务，诉讼时效过期，导致出现败诉风险

在不良资产实务中，通常所遇见的诉讼时效风险，不是犯了忘记催收、忘记起诉等这类低级错误，而是针对一些长账龄的老债权，债权人所做的中断诉讼时效的催收动作不完善、不被认可，或者也由于个别地方的区域环境因素导致败诉。

你可能觉得在报纸上发布《债权转让暨催收公告》就一定能实现时效中断效果，但是若转让暨催收公告里面的债权信息不完善，被认定为公告没有具体催收内容，不产生诉讼时效中断的效力，就会被认定为起诉时间已经超过诉讼时效，影响债权受偿。

你可能觉得让债务人签收《催收通知书》就一定能实现时效中断效果，但是若被告抗辩说签章行为不视为对债务的重新确认，仅视作收到催收文件，也可能导致你采取的中断诉讼时效的动作不被支持，进而被认定为已经超过诉讼时效，影响债权受偿。

诉讼时效，又称消灭时效，是指能够引起民事法律关系发生变化的法律事实，当权利人在一定期间内不行使权利，即在某种程度上丧失请求利益的时效制度。设立诉讼时效制度的主要目的是，促进法律关系安定，及时结束权利义务关系的不确定状态，稳定法律秩序，降低交易成本。

通常，向人民法院请求保护民事权利的诉讼时效期间为3年。当超过这个时效，而债务人以此为由提出时效抗辩，法院将对申请人的诉讼请求不予支持，可能导致债权得不到裁判支持，后续无法申请强制执行，处置回收将难上加难。

根据最高人民法院《关于超过诉讼时效期间借款人在催款通知单上签字或者盖章的法律效力问题的批复》中的明确规定，债务人在催收通知单上签字或者盖章的，应

当视为对原债务的重新确认，该债权债务关系应受法律保护。

假如相关案件判决严重与事实不符，违反了最高人民法院同案同判的规定，债权人可以提起上诉。

关于债权转让，《民法典》第 696 条规定，债权人转让全部或者部分债权，未通知保证人的，该转让对保证人不发生效力。保证人与债权人约定禁止债权转让，债权人未经保证人书面同意转让债权的，保证人对受让人不再承担保证责任。

《民法典》第 697 条规定，债权人未经保证人书面同意，允许债务人转移全部或者部分债务，保证人对未经其同意转移的债务不再承担保证责任，但是债权人和保证人另有约定的除外。第三人加入债务的，保证人的保证责任不受影响。

项目经理应格外注意：第一，债权人在转让债权时，及时履行通知义务并要求债务人写上“同意”“签收即表示同意还款”的语句，以减少纷争和败诉风险。第二，受让人在受让债权后，积极督促债权出让方协助及时全面履行通知义务，在不采用其他通知方式的情况下，径直采用公告方式通知值得进一步商榷。第三，《民法典》第 696 条的变化对保证人是一大利好，“通知”可以有效避免保证人错误清偿、双重清偿，保证人因其“债务人”属性，权利得到了进一步保障。在债务转移时，若债权人私自同意债务人转移全部或者部分债务，未先征得保证人的同意或未书面征得保证人的同意，则保证人可依法拒绝对已转移部分承担保证责任。

（二）委外律师代理纠纷风险（4 点）

1. 后院起火，由于代理律师不尽职，导致出现债权人与代理律师发生纠纷的风险

在债权清收案件诉讼执行过程中，若发现代理律师在工作过程中存在拖沓、起草的法律文书存在错误，要求其更正后仍有错误，怎么办？

有些人可能会在律师代理期间，不和律师充分沟通，而是采取直接变更受托人的方式，授权本公司的法务人员直接开展案件诉讼执行工作。

这会造成哪些风险？

有可能被原相关代理律师以委托人阻碍其履行代理合同致使遭受律师费损失为由起诉至法院，双方因此发生纠纷。

外聘律师与不良资产管理公司双方签订《委托代理合同》后，各方均应按照合同约定履行义务。

作为委托方，不良资产管理公司应向律师提供必要的代理条件，加强与代理律师的管理与沟通，要求代理律师及时按照指示开展工作并汇报工作进展情况；而作为受托方，律师理应按照代理合同约定履行代理义务并获取报酬。

若律师对待案件代理工作拖沓、起草的法律文书存在错误且更正后仍不准确，发生不尽责、违约行为以及违反律师执业纪律与职业道德甚至损害委托人合法权益的行为时，不良资产管理公司完全可以按照合同约定对律师提出管理要求并采取相应措施甚至解除合同。

通常，银行在发放贷款时，不仅会与债务人（同时亦是抵押人）签订《最高额抵押担保合同》，对不动产抵押物享有优先受偿权；同时银行还会与担保人签订《最高额保证担保合同》，要求担保人对借款债务承担连带清偿责任。

当债权转让后，假如前手债权人银行聘请的律师在提起诉讼时，在起诉状中要求最高额保证人在抵押人所提供的抵押财产不足以清偿债务的情况下，再对剩余债务承担连带赔偿责任，这个诉讼请求就明显侵害了债权人的合法权益。

因为这等于只寄希望于通过不动产抵押权进行受偿，同时减轻了保证人的连带清偿责任，损害了债权人的合法权益。

但是，若在未终止原律师授权的情况下，采取了私自直接变更受托人的方式，实质上阻碍了律师继续履行代理合同，因此被律师以公司阻碍其代理工作并造成律师费损失为由诉至法院。

无论诉讼结果如何，不良资产管理公司与代理律师发生诉讼纠纷，将带来负面舆情与不良影响，不利于建设不良资产行业生态圈。

2. 外部律师受债务人委托，妄图恶意损害债权人合法权益的风险

有的律师在私下接受债务人的委托，以与不良资产管理公司意向合作为由，套取相关债权档案及案件信息，唆使债权人起诉，通过为债务人提起反诉、放大债权瑕疵，以此帮助债务人逃废债。

这一小部分律师可谓熟读《孙子兵法》，“知己知彼，百战百胜”，但是作为第三方服务机构，假如性质恶劣、没有职业操守，与其合作的后续风险较大。

由此可见，不良资产江湖波诡云谲，项目经理与狼共舞，在整个处置过程中都需要防范债务人通过各种方式逃废债的可能。

3. 不良资产风险代理合同条款约定不明，导致出现债权人与代理律师发生纠纷的风险

律师风险代理不同于一般代理，主要表现在合同双方诉讼风险的承担和代理费的收取方式。委托代理合同约定的律师费的计费方式与普通律师按件计费、按时计费等方式不同，而是按照诉讼结果或者回款金额来决定代理费支付这一本质特征。

第一，债权人和外聘律师对于双方签订的委托代理合同期限要给予充分重视，及时续签，除非合同明确约定可以自动续签，直到委托代理事项完成。否则，假如出现

代理合同到期后，发生执行拍卖、和解或债权转让等产生回款的情况，能否直接续签合同、是否应该及如何支付律师费用等都可能牵涉经济纠纷问题，不利于保护自身和律师的合法权益。律师代理合同期满需续聘的，理应及时开展续聘工作或者另行启动律师选聘，避免律师代理活动丧失合同基础。

第二，风险代理条款通常约定诉讼代理人根据最终诉讼胜败结果或者净收回现金，按照一定比例计取费用，但当事人一旦与对方达成调解、和解、谈判，则诉讼代理人失去了按风险代理条款计费的前提。接受调解、和解是当事人在诉讼中享有的权利，理应将调解、和解、谈判等争议解决方式和情形也作为计取费用的标准之一，以预防纠纷。

第三，有的风险代理条款中用“胜诉”等指向不明的表述，双方亦应协商后作出明确界定。“胜诉”的反面是“败诉”，败诉的范围很大，比如你申请案件受理费由对方承担，而法院判决双方共同承担，这个大致也能归为“败诉”。

第四，若代理费用计提方式无法定性，不如用定量方式，以免未能穷尽可能出现的情况导致纠纷。

比如，代理费用的计提基数可设定为回收的货币资金减去甲方已支付的诉讼费用，包括债权人垫付的诉讼费、鉴定费、保全费以及评估费等费用后所得的净回收额。

如回收非货币资金资产，即以物抵债的物权资产或者股权资产，代理费用的计提基数为该实物资产价值的一定比例减去债权人已支付的诉讼费用后的净回收额，实物资产价值以法院裁定的抵债价值为准。

若债权人将律师所代理的债权转让予第三方受让人的，若受让人为律师推荐且律师参与了债权转让，则代理费用计提基数按照债权人通过转让而回收的货币资金减去债权人已支付的诉讼费用及相关税费的净额计算。若受让人并非律师推荐，则不计提代理费用。

4. 不良债权转让后，未能妥善处理律师代理合同，在债权交割后疏于办理案件主体变更，导致出现代理律师管理的风险

不良资产管理公司将不良债权对外转让后，经常沉浸在债权已完成处置的喜悦之中，在可申请变更的情况下却疏于及时变更诉讼主体或执行主体，以及未能及时处理好相关律师代理合同，以至于出现受让人另行委托律师并以前手债权人名义代理案件并与法院进行沟通的情况。

在这种名实不符的代理过程中，一旦出现代理风险，极有可能产生纠纷，进而损害不良资产管理公司利益。

如不良债权转让存在分期付款情形的，属于过渡期内的案件管理，通常根据合同

约定应以不良资产管理公司委托的外聘律师为主，此时并不存在变更诉讼主体及代理律师的问题。

如不良债权转让属于卖断、完成一次性付款情形的，在资产交割时，案件处于诉讼状态，则根据目前法律规定，受让人不一定可以变更为案件的当事人，案件可以原商业银行、不良资产管理公司等前手债权人的名义继续进行。此时，受让人可根据债权转让合同的约定委托原代理律师以前手债权人原银行、不良资产管理公司的名义继续代理案件，及时签订承继合同；也可重新外聘律师以前手债权人名义代理案件，避免仍然在前手债权人名义下的案件出现代理真空期。

不良资产管理公司应及时妥善处理相关律师代理合同。在受让人未重新对不良资产案件委托新律师前，为避免维权管理真空，不得解除原律师的代理合同，受让人在案件管理中如需要前手债权人协助找更前手的银行、不良资产管理公司盖章的，应按照惯例提供函件并在函件中明确相关风险及责任均由受让人承担。

如资产交割时案件处于执行状态，前手债权人理应要求受让人在资产交割后及时变更执行主体，主体变更后受让人可根据资产转让合同约定由原代理律师代理案件或者重新外聘律师代理案件。

（三）债务人拖延诉讼与执行程序导致债权投资出现亏损

一笔看起来常规的房抵贷不良资产，因债务人、抵押人的疑似阻挠行为和层层障碍，可以被拖延多久？

在下面这个不良资产处置案例中，司法流程长达6年都未实现回款，带来了许多警醒和教训。

2016年12月，商业银行在债务人贷款逾期后进行起诉并完成立案。债务人的抵押担保人以其夫妻双方名下共同房产为金融借款提供抵押担保。

2017年2月，债务人提出管辖权异议。

2017年3月，法院经过审理，裁定驳回债务人的管辖权异议申请。

2017年4月，债务人就管辖权异议事由申请上诉，即管辖权异议二审。

2017年10月，法院驳回管辖权异议上诉，维持原裁定。至此，金融借款纠纷案件正式进入一审程序。

2017年12月，原债权人银行考虑到债务人长期以来的不主动、不拒绝、不负责、不配合情况，将债权通过公开程序转让给了资产管理公司。

2018年1月，资产管理公司收购完成后，继续推进诉讼一审程序。

2018年8月，法院作出一审判决，支持了原告全部诉讼请求。

2018 年 9 月，债务人不服一审判决，以借款未到期和利息计算方式有误等事由提起上诉，由此进入诉讼二审程序。

2018 年 12 月，法院作出二审判决，驳回上诉，维持原判。

2019 年 1 月，判决生效后，债务人未履行还款义务，资产管理公司立刻申请强制执行。

在执行阶段，债务人或者第三人可能以多个事由而多次提出执行异议、执行异议之诉，客观上拖延了执行进程。

2019 年 3 月，抵押人配偶申请执行异议，请求裁定中止拍卖涉案房产，若要继续拍卖，应当将房屋拍卖款的 50% 预留并支付给抵押人配偶。事实与理由：涉案房产为夫妻共同财产；对外抵押担保之债不属于夫妻共同债务；执行抵押房产严重侵害了异议人，即抵押人配偶的合法权益。

2019 年 5 月，法院驳回了抵押人配偶的执行异议申请。法院认为判决书已认定申请执行人对抵押房产享有优先受偿权，涉案抵押房产属于抵押人应当履行义务部分的财产。

2019 年 3 月至 2020 年 6 月，抵押人配偶申请抵押权纠纷诉讼，请求：抵押登记无效；原债权银行注销抵押登记。事实与理由：涉案房产为夫妻共同财产：抵押人未就抵押担保事项告知抵押人配偶（共有人），根据相关法律规定抵押行为无效，签订的相关抵押条款也无效。法院于 2019 年 7 月驳回起诉。抵押人配偶于 2019 年 8 月申请上诉，法院于 2019 年 10 月作出二审判决，认定一审法院认定事实清楚，适用法律正确，应予维持，驳回上诉。抵押人配偶于 2019 年 11 月申请再审，并申请检察院对深圳中院作出的二审裁定进行监督，依法提出再审检察建议或者抗诉。最后，市检察院认定法院认定正确，不支持抵押人配偶的监督申请。

2019 年 10 月，抵押人夫妻双方申请撤销抵押登记，事实与理由：涉案抵押房产属于夫妻共同财产；抵押人的签字及手印属于伪造；不动产登记中心在抵押人夫妻双方未现场申请登记、未核实申请人身份及房产权属信息的前提下办理抵押登记，违反法定程序。一审法院驳回起诉，二审法院认为本案审理的是抵押登记行为（行政行为）而非民事法律关系，抵押登记行为不受前期裁判文书羁束，因此撤销一审裁定，发回重审。

2019 年 10 月，针对其他抵押人的部分抵押物，在法院陆续收到拍卖资产的评估报告后，准备挂网拍卖。

2019 年 11 月，抵押人配偶申请执行异议，请求：撤回拍卖；确认抵押人配偶对涉案房产享有优先购买权。事实与理由：抵押人配偶是涉案房产共有人；涉案房产涉及抵押人配偶的生存利益；法院如撤回对抵押人配偶优先购买权的认定，则损害了其知情权及信赖利益。实际上，依据我国原《物权法》的规定，若房屋是夫妻共同的财产，人民法院拍卖房屋清偿一方个人债务的，在同等条件下另一方是具有优先购买权的。

2020 年 1 月，法院在淘宝网络司法拍卖平台上发布竞买公告，将于 2020 年 3 月对拍卖资产按照评估价进行第一次公开拍卖。但由于被提起执行异议，导致拍卖资产被中止拍卖，执行法院需待执行异议全部审结后方可再次启动拍卖流程。

2020 年 2 月，被执行人针对拍卖资产评估价格提出执行异议申请，称法院在组织司法评估时未将不动产赠送面积及装修部分投入计入评估值。

2020 年 5 月，法院裁定驳回被执行人提出的执行异议申请。被执行人申请复议。

2020 年 8 月，法院裁定驳回被执行人针对评估价格提出的执行异议复议申请。

2020 年 9 月，案外人提出关于物权权属纠纷的执行异议申请，法院予以驳回。

2020 年 10 月，案外人不服驳回裁定，提起执行异议之诉。

2021 年 4 月，法院一审裁定，驳回案外人的诉讼请求。

2021 年 5 月，案外人针对物权权属纠纷，不服执行异议之诉一审判决，向中院提起上诉。

2021 年 11 月，法院二审裁定，驳回案外人的诉讼请求。

2021 年 12 月，案外人提出关于租赁合同的执行异议申请，要求法院带租拍卖。

2022 年 2 月，法院裁定驳回案外人提出的关于租赁合同的执行异议申请，决定对相关资产不带租拍卖。

2022 年 3 月，案外人不服上述裁定，提起执行异议之诉。

2022 年 11 月，法院一审裁定，驳回案外人的诉讼请求。

截至 2023 年第一季度，抵押资产仍未挂牌处置。其间，可向法院申请截留出租物业的租金获得部分分配回款。

上述案例告诉我们，在不良资产收购过程中，若债权抵押物房产中出现一些关联交易，特别是近亲属之间的交易，理应注意调查交易的真实性，比如是否真实支付了对价、其赠与行为是否为真实意思表示、房产交易双方当事人身份的真实性，以及房屋买卖合同是否合法有效等，因为这类情况可能就抵押物出现纠纷。

上述案例也告诉债权人不要觉得“欠债还钱，天经地义”，不要以为获得确权判决、申请执行就能掌握主动权，不要以傲慢的态度压迫债务人，有时候把债务人逼到墙脚的结果反而是“鱼死网破”，有时候协商和解、债务豁免才是双方利益最大化的选择。

在债权债务关系中，看似债权人处于主动和强势一方，债务人处于被动和劣势一方，实则并非绝对如此，看似处于劣势的一方也能让强势一方像“老虎咬刺猬无从下口”。任何时候，藐视就意味着自己的不自知，而最终这种不自知就有可能带来无法预知的灾难事件。

面对以上可能存在故意拖延的情况，不良资产管理公司应一方面积极应诉，通过外聘律师与执行法院沟通，尽快解除相关处置障碍；另一方面积极调整不良资产处置思路，广泛营销推介，采取债转方式或者尝试和债务人协商和解等处理路径。

（四）虚假诉讼行为损害债权价值的风险

近年来，虚假诉讼现象越来越多，民间借贷纠纷、分家析产、离婚析产等领域成为虚假诉讼的高发区，究其原因无非出于一方或者双方当事人为了逃避债务或者获取其他不正当利益而为之。

虚假诉讼犯罪是指行为人单独或者与他人恶意串通，采取伪造证据、虚假陈述等手段，捏造民事案件基本事实，虚构民事纠纷，向人民法院提起民事诉讼，妨害司法秩序或者严重侵害他人合法权益，依照法律应当受刑罚处罚的行为。

在不良资产收购处置领域中，涉嫌虚假诉讼的现象也越来越多，屡屡出现恶人先告状型虚假诉讼，为取不义之财，打场“假官司”。

有一笔涉及大金额的不良债权，从一审立案至二审生效判决作出总共时长仅用了3个月，依据原告与被告曾作出的解除买卖合同《会议纪要》证据进行审查和认定，驳回了债务人作为原告对自身债权的诉讼请求，审理周期畸短，裁判速度明显不符合常理，而且双方当事人在诉讼过程中没有任何实质性对抗。此时，债务人身陷沉重债务负担，却放弃高额财产权利，明显不符合常理。借助上述判决结果，债务人高达数十亿元的债务得以免除，导致不良资产管理公司作为债权人所持有的数以亿元计的应收账款质权无法实现，进而导致债权投资出现亏损。

有的被执行人为逃避执行，捏造事实、伪造证据、虚假陈述，甚至借用他人名义提起执行异议、执行异议之诉而引发一系列虚假诉讼，妨害了正常民事诉讼秩序，应予处罚。

有的职业放贷人隐瞒民间借贷债务已经全部清偿的事实提起民事诉讼，要求他人履行已经消灭的债务，对其虚假诉讼行为应以“以捏造的事实提起民事诉讼”论处。

有的被执行人的原配偶依据虚假离婚协议向人民法院提出执行异议，意图转移财产逃避执行。

还有的属于恶意串通型虚假诉讼，虚假诉讼行为人被追究刑事责任后，又因其虚假诉讼行为侵害他人合法权益而被判令承担相应民事侵权责任。根据《民法典》第187条规定，行为人因虚假诉讼行为承担刑事责任，不影响其承担侵权责任。

自2015年11月《刑法修正案（九）》在刑法中增设虚假诉讼罪以来，人民法院每年审结的虚假诉讼罪案件数量、定罪人数以及判处有期徒刑5年以上重刑人数逐年递增，取得了良好效果。与此同时，最高人民法院先后研究出台多个司法解释和规范性文件，统一虚假诉讼犯罪案件裁判标准。

2018年9月与最高人民检察院联合公布《关于办理虚假诉讼刑事案件适用法律若干问题的解释》，明确了虚假诉讼罪的具体法律适用标准。

2021年3月与最高人民检察院、公安部、司法部联合公布《关于进一步加强虚假诉讼犯罪惩治工作的意见》，对虚假诉讼犯罪的甄别和发现、线索移送和案件查处、程序衔接、责任追究和协作机制等方面问题作出了规定。

面对虚假诉讼，第三人一开始往往不知道诉讼的存在，只有等到案件判决生效后，侵害了第三人的合法权益时，第三人才知道诉讼的存在。因此，面对虚假诉讼，第三人维权的核心是依据《民事诉讼法》第59条第3款的规定，在法定期间内依法向作出生效民事判决、裁定、调解书的人民法院提起撤销之诉。

不良资产管理公司在存续期管理中，如发现债权案件涉及虚假诉讼类的，应向法院申请将虚假诉讼案件移交公安机关，或者向公安机关直接报案，由公安机关立案侦查并启动刑事诉讼程序，或者可以向人民检察院提出法律监督，提出再审检察建议或者抗诉。

检察机关在办理虚假裁判结果监督案件时，应一并依职权审查有无审判人员违法行为，裁判结果有监督事由且有监督必要，审查发现还存在审判人员违法行为的，应在提出再审检察建议或者抗诉的同时对审判人员违法行为提出检察建议。

三、涉及执行程序相关的投资失败原因：11个雷区

（一）“赋强公证”执行程序中的风险

赋予强制执行效力的债权文书公证，简称“赋强公证”，是指公证机构根据当事人的申请，依据法律规定对以给付为内容的债权文书进行公证并赋予强制执行效力，当债务人、担保人不履行债权文书约定的法律义务时，债权人无须经债务人、担保人同意，即可依法凭执行证书直接向有管辖权的人民法院申请强制执行的公证活动（见图3）。

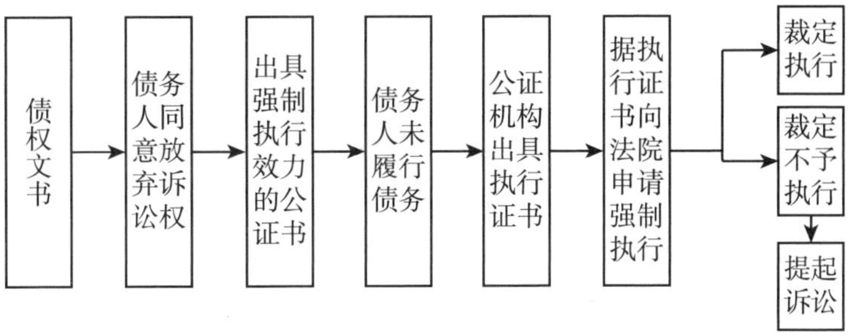

图 3 “赋强公证”执行程序流程

不良资产债权案件的司法流程是申请起诉或者仲裁，获得生效裁判文书后向法院申请执行并获得法院受理，法院登记立案并排查财产线索，选评估公司进行评估、挂牌拍卖。若贷款合同已做过强制执行公证，则债权人可以直接向公证机关申请执行证书，周期较短。换言之，“赋强公证”在债权债务关系发生纠纷时，可以省略审判程序直接进入执行程序，节约诉讼成本，缩短维权时间。“赋强公证”无疑是解决债权债务纠纷理想的非诉方式。

但是，这看上去便利而快捷的法律工具，在发生极端风险时，也可能会成为实现债权的绊脚石。

第一，出具执行证书的前置审查程序耗时，影响财产保全的效率。

根据最高人民法院、司法部《关于公证机关赋予强制执行效力的债权文书执行有关问题的联合通知》的规定，在签发执行证书之前，公证机关应当有效地履行审查职责。一般而言，整个审查过程在 15 ~ 30 天。如涉及债权关系复杂或债务人难以取得联系的，该等过程将会耗费更长的时间。在取得执行证书之后，债权人方可向法院申请执行程序，对债务人的财产进行保全。

因此，若融资项目发生极端风险，以公证债权文书申请强制执行的前置审查程序会极大地影响财产保全的效率，金融机构将无法在违约风险发生后的第一时间内实现财产保全的效果，债务人可能利用这一阶段转移资产，从而给后续的执行制造障碍。

第二，各地法院对于“债权关系明确”认定标准不一，利率计算方式业务导致被裁定不予执行。

法院认可公证债权文书予以执行，其中一个前提条件为“债权债务关系明确，债权人和债务人对债权文书有关给付内容无疑义”。然而，可能在资管融资不良资产业务中，涉及股权或者收益权的回购利率计算方式不一致，导致债权债务的标的、数额不明确，从而被裁定不予执行。

不良资产管理公司通过公证债权文书申请执行时应特别注意，以防止被法院裁定不予执行而浪费不必要的时间。看似便利的快速通道有时候也会发生堵车甚至封闭，因此在决定采用这些便利程序时，应结合项目自身情况综合进行评估，选择最适合自身的维权方案，实现利益的最大化。

在一笔不良债权项目中，在该笔融资发放之前，债权人和债务人已就《股票收益权转让与回购合同》与《股票质押合同》进行强制执行公证。当融资人出现违约后，债权人根据强制执行公证，向法院申请强制执行，法院执行局已受理。

执行立案后，债权人向法院申请股票强制执行。根据《民事诉讼法》的规定，法院执行立案之后应当向被执行人发出执行通知，并可以立即采取强制执行措施。按照正常情况来预计，若在无债务人及案外人干扰情况下，这个项目可以在 3 个月内将股票资产上拍，执行终结，收回债权本金、利息以及罚息。

法院执行拍卖前，债务人可以向执行法院提出异议，申请不予执行，则双方需经仲裁委员会进行裁定。通常，从组织仲裁庭到作出裁决预计时间不超过半年，加上执行时间预计不超过 1 年。

在这个过程中，债务人最有可能就公证执行文书中利息及罚息的计算方式提出异议。

若债务人就该异议向仲裁委员会提出仲裁申请，鉴于该项目约定的利息与逾期罚息之和超过年利率 24%，在参照适用关于民间借贷法律关系的执行规则情况下，在执行过程中存在被仲裁委员会裁定不予执行年利率超过 24% 的利息部分的可能性。虽然核减利率，有利于衡平各方当事人利益，有利于法院的方便执行，促进纠纷的彻底解决，但实际上降低了债权人的预计收益。

一旦公证债权文书被裁定不予执行，债权人将不得不重新起诉，接下来面临起诉立案，债务人提出管辖权异议，就管辖权异议事由申请上诉、一审、二审、执行、执行异议、执行异议之诉等一系列司法程序，极大地延迟了债权回款进度，导致债权价值贬损的风险。

最后需要注意的是，在申请实现担保物权的特别程序之前应与债务人、担保人进行沟通，以确保能送达，因为如无法实现送达，则仍需要申请担保债权之诉。

（二）已轮候查封债务人名下的不动产被其他首封债权人申请以物抵债的风险

有一笔债权的债务人名下有唯一的大宗土地不动产，未办理抵押，有一个第三方民间债权人是该不动产资产的首先查封人，不良资产管理公司为轮候查封人。

首封债权人在获得胜诉判决后，申请强制执行该不动产，并在执行中达成和解，约定由该不动产抵偿债务，剩余不足清偿部分予以豁免。而债务人名下财产只有土地不动产，一旦法院将该不动产资产抵债给首先查封债权人，则不良资产管理公司作为轮候查封人将面临无执行回款的窘境，债权资产可能受损。

于是，不良资产管理公司作为利害关系人提出执行异议，请求撤销原以物抵债执行裁定书，获得了法院裁判支持。因债务人存在选择性抵债的情形，并损害了轮候查封债权人的利益。

在执行程序中，以物抵债程序可分为经过第一次拍卖、第二次拍卖、变卖流拍后的以物抵债和没有经过拍卖、通过协商和解方式的以物抵债。只有经过法定拍卖程序流拍后的以物抵债才是符合法律和相关债权人利益的，而未经拍卖程序的、以双方抵债协议裁定的以物抵债，因为损害了其他债权人的合法权益，存在选择性偿债的情形，应不予认可。

虽然首封法院对查封财产具有优先处分权，但是并不等于说首封法院的申请执行人可以优先于其他债权人获得处置财产所得，因为都属于普通债权人。

假如轮候查封债权人申请债务人破产清算，则所有普通债权人将按照统一比例获得清偿。

假如申请执行人和债务人同意以物抵债方式化解债务，而且不损害其他债权人的合法权益和社会公众利益，法院可以不经过第一次拍卖、第二次拍卖、变卖流程，直接将被执行人的财产作价抵偿债务。对于剩余债务，被执行人应当继续清偿，或者双方签订债务重组协议，或者由债权人予以豁免。

在以物抵债达成合意并获得生效裁判文书确认后，申请执行人应及时履行物权转移登记手续。只有物权转移给申请执行人，债务方可消灭。

(三) 已申请对债务人账户的现金进行财产保全，却被另案查封，无法实现回款的风险

在不良资产处置过程中，完成财产保全意味着案件成功前进了关键一步，而能否执行到款项、实现回款则是债权能否实现的根本标准。

假如项目经理查询到了债务人账户上有现金 1000 万元，申请查封时发现该款项被其他债权人另案首封，且该款项不足以覆盖首封人的所有债权，目前该款项尚无其他优先权人。该如何选择处置路径?

第一种思路：你可以找到首封债权人以及知晓查封款的其他轮候查封债权人，就该笔查封款达成清偿协议。

这种思路的优点在于节约时间成本，各家债权人之间按比例受偿。

该思路的缺点是可能各家债权人各有诉求，各方要求的清偿金额加起来超过了查封款总额，达成清偿协议难度较高；假如被执行人已经明显资不抵债，存在破产倾向，

承办执行法官可能出于风险考虑，通常难以同意上述清偿协议。

第二种思路：你可以向执行法院申请执转破。

当被执行人为企业法人，查封财产不足以覆盖首封人的债权数额，非首封人无权申请参与分配。若你不申请被执行人破产，且无他人申请破产的情况下，该查封现金财产将被首封人尽数收入囊中，没其他人的份。

该思路的缺点是一旦进入破产程序，会引入更多的债权人，包括职工债权人和税收债权人等优先权人，而且还需要优先支付破产费用、共益债务等，清偿比例大大地被稀释，甚至可能为他人做嫁衣，分到自己手中只剩下很少一部分。

该思路的优点在于既然无法在债权人之间按比例受偿，有聊胜于无，多多少少还能获得分配一点。

站在债权人的角度，执转破的优势有：可以打破执行程序的查封顺序，非首封人也可以获得债权受偿机会；全面清理债务人资产，有可能扩大受偿比例；对于执行障碍极其严重的抵押债权，利用破产规则涤除执行障碍。

因此，不必谈“破”而色变，作为债权人如何顺应“执转破”之大势，尽快实现债权处置回款才是最需要考虑的问题。

当然，对于抵押担保债权人来说，一般不寻求债务人破产，因为执转破不仅需要付出时间成本，还需另行按抵押受偿之净值向管理人支付管理人报酬，受偿金额可能大大地降低，大多数情况下不符合抵押权人的利益。

（四）执行阶段中司法拍卖上市公司股票质押物，竞买人中标后违约，因上市公司可能退市导致无法获得债权受偿回款的风险

有一笔债权的质押物为上市公司股票，在司法执行阶段拍卖成交，但是竞买人违约，迟迟不支付竞价尾款，而上市公司可能处于保壳时间窗口，面临退市风险。

假如申请执行人最终收不到执行款项，而上市公司又发生退市，可能鸡飞蛋打，债权资产受损。

为什么会出现这种博弈关系或者乌龙闹剧？

一方面是不良资产管理公司担心上市公司退市，债权质押物大幅贬值；另一方面是标的股票所有人或者相关人不想降低自己持股比例，通过搅黄股票拍卖过程，则能够让上市公司股票在名义上一直属于自身所有，因此他们有动力用较少的保证金成本达到股票所有权不易手的效果，避免股票被其他第三方竞得。

通常，法院在司法处置上市公司股票资产时的常见方式包括二级市场变卖、司法拍卖、非抵债过户（司法划转）。其中，二级市场减持处置，即法院要求证券公司协助在一定期限内将股票在二级市场通过集中竞价或者大宗交易系统抛售股票，适用于

处置数量较少的流通股，同时受减持规则限制，若是场内股质项目，与证券公司按照股质协议自行平仓处置基本一致；司法拍卖属于场外交易，可以处置限售股，而且不受减持规则的限制，适合处置数量较大的流通股以及限售股；以股抵债，在拍卖时无人竞买或者竞买人的最高应价低于保留价，到场的申请执行人或者其他执行债权人申请或者同意以该次拍卖所定的保留价接受拍卖财产的，应当将该财产交其抵债，即司法拍卖的股票流拍后，申请执行人或其他执行债权人可向人民法院申请以股抵债；司法划转也即非抵债过户，即将被执行人名下股票先过户至申请执行人名下，待限售条件解除后，由申请执行人自行处置变价，适用于无法在二级市场处置的限售股。

在拍卖过程中，经过一拍、二拍、变卖，打折幅度最多可能达到56%。报名的竞标者需要交纳5%～10%的竞价保证金，待中标后，再将拍卖余款通过银行转账在拍卖成交后10日内缴入法院指定账户。

当拍卖成交中标人付清全部拍卖价款后，凭法院出具的民事裁定书、协助执行通知书及拍卖成交确认书自行至相关管理部门办理标的物权属变更手续。

假如竞买人在拍卖成交后，并未在《拍卖公告》规定的时间内缴纳拍卖尾款，其行为已经构成悔拍，法院应依法没收其保证金、禁止其参与后续拍卖，并要求其承担因悔拍造成重新拍卖价款低于原拍卖价款的差价、费用损失及原拍卖中的佣金等。

不良资产管理公司可向法院发函要求依法没收竞买人所缴纳保证金并重新挂网推拍，在拍卖时可采取司法拍卖、二级市场集合竞价和大宗交易等多种方式相结合分批处置上市公司股票。

假如在股票拍卖处置过程中一直存在阻挠，总是有意向方跳出来参与竞价，而且总是在举高报价并中标后再恶意违约，将长期造成股票处置难以实现回款的障碍，怎么办？

在这种情况下，不良资产管理公司可通过向法院申请以股抵债的方式获得上市公司股票，后续自行通过二级市场减持退出。同时，需要注意规避《上市公司股东、董监高减持股份的若干规定》，通过以股票抵债的上市公司股票合计不应超过上市公司总股本的5%。

若债权上市公司股票质押物占总股本的比例超过了5%，不良资产管理公司可以申请分批次挂拍，每次挂拍持股比例为4%左右。换言之，不良资产管理公司先通过以股票抵债获得首批4%的上市公司股票，经过陆续自行减持直至所持有的剩余股票占比不超过上市公司总股本的1%时，再参与下一批股票的以股抵债操作。

在上市公司股票挂牌拍卖环节，若挂牌拍卖的股票出现无人参与报名，导致流拍，即可由不良资产管理公司在股票流拍后申请以股票抵债并办理过户等手续，后续择机减持。

假如有人参与报名，但是不出价，也将导致股票流拍，即可由资产管理公司在股票流拍后申请以股票抵债并办理过户等手续，后续择机减持。

假如有人参与报名出价并竞得股票，若受让人10日内缴纳尾款，则预计申请执行人能够在15日内收到法院拍卖价款，若受让人未缴纳竞价尾款，则由法院罚没其竞价保证金并重新挂牌拍卖。

申请以物抵债后，如何变更过户？

申请以物抵债后，资产管理公司可根据法院出具的裁定书至相关管理部门办理标的物权属变更手续，预计一周左右的时间即可获得股票。具体流程是：法院出具执行裁定书、协助执行通知书；法院工作人员携带工作证件、执行裁定书、协助执行通知书前往中国证券登记结算有限责任公司深圳分公司办理证券非交易过户；申请执行人派员一同前往现场办理缴税，缴完税后股票可过户，如现场能缴完税，则下一个交易日股票过户生效；过户费用共包括非交易过户手续费及非交易转让印花税以及执行费。其中，过户费等于股数×面值（1元）×0.001，上限10万元，一般为双向收取，有法院会要求申请执行人自行缴纳过户时的所有税费，也有法院会在拍卖公告中明确过户时的税费由出让方与受让方各自承担法律所要求的部分，并由受让方在办理过户时先行垫付出让方应承担的部分；印花税等于股数×上一日收盘价×0.001。

（五）税务部门核定抵押物交易税费错误的风险，导致出现执行回转情形的风险

有一笔不良债权的抵押物实现了司法拍卖成交，成交价1000万元，但是这个成交价金额无法覆盖所有债权额，而且还需要另行缴纳所需交易税费。

受让人缴纳拍卖尾款后，暂未办理过户手续。

不良资产管理公司向执行法院申请先行分配执行回款，通常执行法院会请税务部分协助核定税费，然后在扣除税务部门初步核定的税费及相应的执行费用后，再将剩余案款转入申请执行人的账户。

在这笔交易中，税务部门初步核定的税费大约有200万元，不良资产管理公司也顺利收到了剩余执行回款。

但是，5个月后，执行法院突然告知此前税务部门初步核定的税款有误，实际最终核定税款大约有400万元，要求申请执行人返还约200万元税款至法院账户，这就是执行回转的情形。

执行回转又称再执行，是指在案件执行中或者执行完毕后，据以执行的法律文书被法院或其他有关机关撤销或者变更的，执行机关对已被执行的财产重新采取执行措

施，恢复到执行程序开始时的状况的一种救济制度。执行回转制度是针对执行发生的错误而采取的一种补救措施。

根据法律规定，司法拍卖中的税费由买卖双方各自承担，实务中法院会在拍卖成交款中扣除卖方应承担的税费，若出现税费计算错误，可能会出现退回执行款的情形，即出现执行回转情形。

为避免此类情况，不良资产管理公司应与法院、税务部门核实税款计算，避免出现差错，影响债权处置收入核算。

税收优先是国家征税的权利与其他债权同时存在时，税款的征收原则上应优先于其他债权。根据《税收征收管理法》的规定，一般情形下，税收仅优先于无担保债权，但欠缴税款发生在设定担保之前的，税收优先于担保物权受偿。不动产抵押在抵押登记时设立，动产抵押在抵押合同生效时设立。

（六）被执行人名下学校教育用地和教育设施难以执行的风险

有一个债权案件的被执行人主体是一所职业学校，它在借款担保合同纠纷中逾期未偿付债务，被申请强制执行。

这家学校主体提出异议，表示其为从事教育行业的社会公益事业组织，名下房屋及土地所有权为正在使用中的教育用房和教育用地，若被查封并进一步执行，必将严重影响学校的正常教育工作，影响学校学生的学习。

申请执行人该怎么办？

首先，法律明确禁止学校以教育设施设定抵押，但是目前法律、行政法规中对于强制执行教育用地或者教育设施却并无限制性或者禁止性规定。

根据法律规定，学校、幼儿园、医院等以公益为目的的事业单位、社会团体的教育设施、医疗卫生设施和其他社会公益设施不得设定抵押。但公益单位以公益设施以外的财产（如店面）为自身债务设定抵押的，原则上应当可以接受。

社会公益性事业单位通常包括学校、幼儿园、医院、卫生防疫站、体育馆等。社会公益性团体，包括红十字会、残疾人联合会、环境保护协会、宗教协会等。

强制执行程序的根本目的是实现生效法律文书确定的债权，申请执行人可以调查该学校是否具备办学资质，是否继续招生。

若学校已经不具备办学资质，被吊销办学许可证，不再招生，就可以不再顾虑被执行人教育行业公益事业的限定条件。

若被执行人继续具备办学资质，办学许可证未被吊销，申请执行人可以寻找从事教育行业的不良资产意向投资人，只要不影响教育用地与教育设施的正常使用，不改变其原有公益性用途，不影响其教育功能发挥，那就可以申请由法院继续实施强制执行，以便保护申请执行人的合法权益。

但是，即使能够顺利执行成交，考虑到投资人受众有限，成交价格可能将大打折扣。因此，在不良债权投资过程中，需要认清自己的能力圈，尽可能避免去触碰难以驾驭的投资项目。

（七）特殊性质的银行存款资金无法被强制执行，导致出现无法回款的风险

有一笔债权的债务人账户资金 1 亿元被己方申请冻结，这家企业是房地产公司，这个资金账户是监管账户，用于收存商品房预售资金并向建设工程施工企业支付建设工程进度款。

债权人获得生效判决后，立即申请执行那笔已经冻结的 1 亿元。结果房地产公司提出异议，表示这个账户的资金是用于支付工程款的，不能从商品房预售资金监管账户中执行。

法院支持了房地产公司的异议请求，解除了对债务人账户的冻结。因为若不及时支付工程款，将造成工程建设无法按时完成，可能损害购房者的利益。

除了用于支付工程款的商品房预售资金不能强制执行外，以下银行存款类型也不能被强制执行。

1. 银行承兑汇票保证金

银行承兑汇票保证金是指企业向开户银行申请办理银行承兑汇票业务时，作为银行承兑汇票出票人按照自己在开户行（承兑行）信用等级的不同，缴纳一定数额的保证金，保证银行承兑汇票到期承付。资金起点额度通常在 1000 万元以上。

银行承兑汇票出票人在开具银行承兑汇票前存于承兑银行的保证金在本质上是属于动产质押的范畴，承兑银行享有优先受偿权。

根据相关法律规定，法院可以对银行承兑汇票采取冻结措施，但是不能扣划。

当金融机构未对汇票承兑或者未对外付款，承兑汇票保证金具备保证金功能时，法院就可以依法采取扣划措施，债权人才能实现执行回款。

2. 信用证开证保证金

信用证保证金又称信用证保证金存款，是指采用信用证结算方式的企业为取得信用证而按规定存入银行信用证保证金专户的款项。

信用证开证保证金是属于有进出口经营权的企业向银行申请对国外（境外）方开立信用证而备付的具有担保支付性质的资金。

当银行接到开证申请人完整的指示后，按该指示开立信用证。

请求开证申请人对开证银行应承担的主要义务：申请人必须偿付开证行为取得单据代表代向受益人支付的贷款；在付款前，作为物权凭证的单据仍属于银行。所以，信用证开证保证金通常讲应属于商业银行的“信用保证金”性质。

信用证开证保证金能否强制执行?

根据相关法律规定，法院在审理或执行案件时，可以对信用证开证保证金采取冻结措施，但是不得扣划。

若当事人提供有关证据，证明资金账户确系信用证开证保证金的，不得采取扣划措施；若开证银行履行了对外支付义务，法院应当根据申请解除对信用证开证保证金相应部分的冻结措施；若申请开证人提供的开证保证金是外汇，当事人又举证证明信用证的受益人提供的单据与信用证条款相符时，人民法院应当立即解除冻结措施。

若银行因信用证无效、过期，或者因单证不符而拒付信用证款项并且免除了对外支付义务，以及在正常付出了信用证款项并从信用证开证保证金中扣除相应款额后尚有剩余，即在信用证开证保证金账户存款已丧失保证金功能的情况下，人民法院可以依法采取扣划措施。

（八）债务企业实控人将房产抵押物建筑实体拆除，导致出现抵押物灭失的风险

有一笔债权的债务人有一栋别墅，抵押给了债权人。

当债务违约后，债务人为了避免别墅被强制执行时落入他人之手，干脆一不做、二不休，把别墅夷为平地。这直接导致执行标的灭失，生效判决无法执行。原因是债务人妄想在别墅土地被司法拍卖无人成交、变卖流拍时，再找人买回来。

别墅的房产相对于土地来说，往往土地更值钱，但是单纯只有土地、没有房产时，拍卖处置价格将大大降低，进而导致不良资产管理公司债权投资出现亏损。因为别墅重建需要获得规划部门审批、征得邻居的同意，提供别墅现状图、布置图、施工图纸、立面效果图等各种资料，审批手续流程繁杂，增加额外复原施工成本。

债务人做完这一切后，得意扬扬地躲回老家休养，还把老家的房产以虚假诉讼、签订调解协议获得《民事调解书》的形式进行过户变现，有钱潇洒、拒绝还债，简直不把债权人放在眼里。

债务人的作为明显表明了他抗拒执行的主观故意，情节严重，性质极其恶劣，社会危害性也极大，符合拒不执行判决、裁定罪的特征。

通常，我们从两个角度判断债务人是否涉嫌构成拒执罪：第一，他是否有能力履行却拒不履行；第二，他的拒执行为是否直接导致法院无可供执行的财产。

最后，法院将债务人规避执行、涉嫌犯罪的线索移交公安机关立案侦查后，债务

人主动到公安机关投案自首，并作了如实供述，法院以拒不执行判决、裁定罪判处被告人有期徒刑一年，真是“赔了夫人又折兵”。

（九）债务企业股东或者其关联人通过对外采购材料设备从而实现抽逃出资，导致债权投资出现亏损的风险

有一笔债权的债务人在拿到银行借款后，很快就向其亲戚名下一家新注册的公司采购大量原材料和设备。结果在债务违约后，债务人实缴资金几乎没有余额，债务人名下无其他财产可供执行。

债务人实际控制人对《采购合同》和支付5000万元的转账记录无法做出合理解释，表示原材料用完了，机器设备使用报废了，票据和转账记录都在。

项目经理怀疑债务人实际控制人涉嫌抽逃出资行为，但是苦于抽逃出资行为具有隐蔽性、复杂性的特点，外部人很难了解情况。

其他抽逃出资行为包括股东向公司借款、对外长期投资。股东向债务企业借款在账面上体现为应收账款，表面上是合法借贷，但是金额动辄成百上千万元，还款期限动辄约定几十年，还没有担保，严重损害了债务人公司的利益；在对外长期投资行为中，债务企业在投资出去后却通过间接方式而非直接方式持有目标公司股权或者不享有任何投资收益，投资期限动辄十几年，违反了市场主体追求利润的基本规律。

债权人怎样调查抽逃出资行为？

1. 可通过多种渠道了解《采购合同》的真实贸易背景信息，包括合同的具体标的、单价、支付方式、运输方式、交货地点、上游供应商交付记录、接收人的证人证言等，若属于造假，一定会发现线索。

2. 债权人也可以以是否纳税作为突破口，进行举报。债权人可以到上游供应商所在地的税务机关进行核实是否开具发票。若未开具，则可能没有真实的贸易关系。当然，这有可能“误伤”上游供应商，发现其涉嫌逃税行为，需要其补缴税款，并由税务机关进行行政处罚。

通常，若涉嫌关联交易下抽逃出资的行为，开具发票的可能性不大，因为增加了成本，需要缴纳大额税款。若被发现没有真实的交易关系，却开具发票，则有可能构成虚开发票方面刑事犯罪。

假如没有抽逃出资行为，债权人按照债务人的普通清偿能力，或许能够通过和解、强制执行、破产清算等方式获得部分清偿。但抽逃出资行为让一切回款可能接近于0，进而导致不良资产管理公司债权投资出现亏损。

（十）债务人怠于清收其自身已到期的债权，导致出现债权无法实现清收的风险

有一笔债权的债务人有应收账款债权，却不愿意去清收，怠于收回其自身的债权，

导致债权无法实现清收回款。

当债务人逃债或者无力偿还债务时，债务人往往也有其自身的债权得不到清偿，陷入三角债迷局。

假如债务人不去清收他自身的债权，无人关心、无人管理到期债权清收与否，则作为债权人的不良资产管理公司就无法从债务人处获得更多的清偿，债权回收久拖不决。

债务人不去清收他自身债权的原因可能是他们之间恶意串通，或者担心即使去清收他自身的债权，也可能直接被债权人申请财产保全或者申请执行，竹篮打水一场空，白忙活一场。

这时候，债权人可以直取债务人的债务人，即次债务人，申请对此债务人的财产进行财产保全，发起代位权诉讼，正如象棋中的“炮打隔山子”，兵贵神速。

代位权亦称代位求偿权，是指债权人代替债务人向债务人的债务人，即次债务人，主张权利，体现了债的对外效力，但不能就次债务人的财产优先受偿。

当债务人怠于行使其到期债权，且怠于行使权利的行为已经对债权人造成损害，且债务人的债权不是专属于债务人自身的债权，比如扶养关系、抚养关系、赡养关系、继承关系产生的给付请求权和劳动报酬、退休金、养老金、抚恤金、安置金、人寿保险、人身伤害赔偿请求权等权利，此时，债权人就可以向次债务人主张代位求偿权。

在哪里查找这种债务人与次债务人之间的债权债务关系？

第一，通常可以通过爬虫软件获取裁判文书网和各个法院的司法文书，检索出债务人作为原告并且胜诉的裁判文书，尤其是处于执行恢复程序的案件，“守株待兔”，寻到行使代位权的机会。

第二，通过挖掘债务人作为抵押权人的土地抵押信息、债务人作为质押权人的股权质押以及债务人作为抵押权人的动产抵押信息，通过该信息可以掌握债务人的对外债权情况，寻到行使代位权的机会。

第三，通过监控债务人的投标/中标信息，若发现债务人有缴纳投标保证金，可申请保全保证金账户。若所中标项目已完工，可以协调将其应收账款作为代位权的目标回款标的。

（十一）债务人恶意转移财产，导致法院无法强制执行的风险

有一笔债权的债务人恶意无偿转让财产，以明显不合理的低价转让财产，甚至放弃其到期债权，导致出现法院无法强制执行的风险。

对于这种逃废债的“老赖”，无论法院的执行手段如何先进，执行措施如何完善，

但是债务人一旦已经将财产转移给亲戚公司或者关联公司，法院也很难执行到位。这时候，债务人将在事实上无力偿还或者只能部分偿还债务，债权人的受偿因此受损。

被执行人无偿或者低价转移财产以规避执行的，应通过债权人撤销权之诉解决，而非通过执行异议之诉解决。无论是申请执行人执行异议之诉还是案外人执行异议之诉，其核心都在于解决案外人对执行标的是否享有足以排除强制执行的权利。

撤销权，又称废罢诉权，是指当债务人放弃对第三人的债权、实施无偿或低价处分财产的行为而损害了债权人的债权时，债权人可以依法请求法院撤销债务人实施的行为。行使撤销权后，申请执行人可继续申请执行无偿转让的财产。

在这类案件中，债权人可以起诉债务人，请求确认债务人与第三人之间行为无效，第三人将款物或财产返还债权人。

从另一个角度来看，当案外人明知债务人存在败诉风险，仍在诉讼进行期间无偿从债务人处取得财产，协助债务人规避执行，属于恶意串通损害第三人利益的行为。债权人在进入执行程序后，可直接申请执行已无偿转移至第三人名下的财产。

假如债务企业的股东无偿接受债务企业财产，导致债务企业在被注销或出现被吊销营业执照、被撤销、被责令关闭、歇业等解散事由后不能清偿债务的，该股东应在其接受的财产范围内承担清偿责任，申请执行人在执行程序中可申请追加该股东为被执行人，由申请执行的债权人承担举证责任。

目前债务人逃债的手法花样翻新，令人眼花缭乱，主要包括恶意无偿转让财产，以明显不合理的低价转让财产，放弃其到期债权，放弃未到期的债权，或者放弃债权担保等，总之都是损害债务人清偿能力，进而影响债权人受偿利益的行为。

人民法院依法查封的财产被转卖的，对受让人原则上不适用善意取得制度。特殊情况下，由于有关法院在执行相关案例时，查封手续不够完备，因此在处理时对申请执行人和受让人的利益均应给予照顾。曾经有一个被查封的罐车被转卖的案例，最后的分配方案对罐车或者其变价款在申请执行人和受让人之间进行公平合理分配。

四、涉及破产程序相关的投资失败原因：3 个雷区

（一）破产管理人预留让渡部分由担保财产变现的优先受偿款用于清偿职工债权或其他普通债权，影响有财产担保的债权人受偿的风险

有一笔不良债权的债务人进入了破产程序，破产管理人向有财产担保的债权人送达《关于有财产担保的债权同比例让渡部分款项以清偿职工债权的函》，要求将债权的部分抵押物处置回款用于清偿职工债权、支付破产费用和共益债务，如有剩余的将继续清偿相应的有担保债权人。

这个要求合理吗？我认为不合理，原因如下：

第一，为解决职工债权受偿问题，破产管理人向有财产担保的债权人发函告知将按同一比例预留让渡部分优先受偿款用于清偿职工债权，但在该函里暂时未明确具体让渡的款项数额及比例。一旦不良资产管理公司回复表示同意，则有可能被调减大额优先受偿款，导致债权投资出现亏损。

第二，破产管理人将预留担保物处置款用于清偿职工债权无法律依据。

《企业破产法》第 109 条规定，“对破产人的特定财产享有担保权的权利人，对该特定财产享有优先受偿的权利”，该条明确规定有担保的债权人就该特定财产优先受偿的权利。

《企业破产法》第 132 条明确规定，仅在《企业破产法》公布前，即 2006 年 8 月 27 日前形成的职工债权可以优先于有担保的债权人获得受偿。这个规定属于从解决历史遗留问题、做好职工安置工作、维护社会稳定的角度出发，对职工权益在按照正常破产清偿顺序无法得到实现时做出的特殊制度设置。

最高人民法院《关于执行〈最高人民法院关于《中华人民共和国企业破产法》施行时尚未审结的企业破产案件适用法律若干问题的规定〉的通知》（法〔2007〕81 号）第 6 条规定，“（一）企业破产法第一百三十二条仅适用于企业破产法公布之日前所欠的职工权益，形成于企业破产法公布之日后所欠的职工权益不属本条适用的范畴，该部分职工权益只能从破产企业已经设定担保物权之外的其他财产，或者担保物权人明确放弃行使优先受偿权后的已设定担保物权的财产中受偿”。

根据上述法律规定，自 2007 年 6 月 1 日《企业破产法》施行开始，债务人于《企业破产法》公布日 2006 年 8 月 27 日前所欠的职工债权优先于担保债权，债务人于 2006 年 8 月 27 日后所欠的职工债权应劣后于担保债权。

假如没有证据足以证明涉及的职工债权全部形成于《企业破产法》公布之前，破产管理人强行预留让渡部分本属于优先受偿债权人的抵押物处置所得款用于清偿职工债权已违反《企业破产法》的规定。

第三，破产费用和共益债务不应由担保财产所得回款进行清偿。

根据《企业破产法》第 109 条规定“对破产人的特定财产享有担保权的权利人，对该特定财产享有优先受偿的权利”和最高人民法院《关于适用〈中华人民共和国企业破产法〉若干问题的规定（二）》第 3 条第 2 款规定“对债务人的特定财产在担保物权消灭或者实现担保物权后的剩余部分，在破产程序中可用以清偿破产费用、共益债务和其他破产债权”的规定，担保权人的优先受偿权不仅优先于普通债权，也优先于破产费用和共益债务。

换言之，有财产担保的债权在未实现或者在消灭之前，不得将担保财产所得回款用于清偿破产费用、共益债务。

第四，有担保的财产不属于《财产分配方案》的分配范畴，不应列入分配方案。

最高人民法院《关于适用〈中华人民共和国企业破产法〉若干问题的规定（二）》第3条规定，“债务人已依法设定担保物权的特定财产，人民法院应当认定为债务人财产”，但“债务人财产”不必然等同于“破产财产”。

《企业破产法》规定，“债务人被宣告破产后，债务人称为破产人，债务人财产称为破产财产”，“对破产人的特定财产享有担保权的权利人，对该特定财产享有优先受偿的权利”。《企业破产法》在第59条、第82条关于有担保的债权人的表决规定，均排除了有财产担保的债权人对分配方案事项的表决，即针对有担保的财产应由管理人单独进行处理，不应列入可供分配的财产范畴。

最高人民法院《关于审理企业破产案件若干问题的规定》（法释〔2002〕23号）第71条规定，“下列财产不属于破产财产：……（二）抵押物、留置物、出质物，但权利人放弃优先受偿权的或者优先偿付被担保债权剩余的部分除外”。

最高人民法院《关于印发〈管理人破产程序工作文书样式（试行）〉的通知》在破产财产分配方案文书的说明中明确规定“依照《中华人民共和国企业破产法》第十章之规定，设定担保权的破产人特定财产不纳入破产财产范围，但为全面反映破产人财产的分配情况，可以在《破产财产分配方案》中附带列明特定财产的清偿处置情况”。

《中华全国律师协会律师担任破产管理人业务操作指引》第54.2条和《广东省管理人业务操作指引（试行）》第117条均规定，对债务人的特定财产享有担保权的债权清偿不列入破产财产分配方案。设定担保的财产的变价所得优先用于对该财产享有担保权的债权的清偿。

根据上述规定和指引，有担保的财产不属于破产财产，不是破产分配方案的分配对象，更不属于人民法院可以直接裁定分配的财产范畴。

破产管理人将有担保的财产直接列入《财产分配方案》进行分配的行为，等于既直接剥夺了有担保的债权人的表决权，又剥夺了对该部分财产的优先受偿权，有财产担保的债权人权益受到影响。

这时候，有财产担保的债权人可采取包括向人民法院申请撤销分配方案、向人民法院提起管理人损害赔偿诉讼、向上级法院申请司法监督等手段维护合法权益。

破产管理人以保护各方利益、实现破产程序的公正和效率为目的，是破产程序能否高效推进、公正运行的关键因素之一。破产程序虽以债权人意思自治为基础、以管理人工作为中心，为维护程序公平和效率，法院仍然需要进行必要的监督，要求管理人向法院报告工作并获得法院对管理人所做决定的认可。

《企业破产法》为保证管理人能有效履行职责而赋予其诸多权力，但权力易滋生腐败，“破产管理人被诉第一案——违法合并重整”“管理人未提存分配额案”都是警示。因此，对管理人在重整计划中法律程序存在重大瑕疵、偏袒一方利益、不当处置债权人权益的行为，债权人有权要求管理人承担相应的法律责任。

请记住这句话：“无救济则无权利。”

（二）债务人进入破产程序，导致待执行抵押物处置回款时间延长，回款金额不确定因素增加，影响债权受偿的风险

有一笔债权的判决生效，进入了执行程序。

若债权抵押物能够拍卖或者变卖成功，不仅抵押物的受让人获得了意向标的资产，而且申请执行人或者抵押权人能够获得相应债权受偿。

若抵押权人优先受偿完毕后，回款金额仍有剩余，其他债权人均可通过由法院统一制定分配方案并参与分配，债权人的本息将计算至拍卖成交之日，实现公平清偿的目的，快速化解社会矛盾。

但是，一旦债务人或者抵押人被申请破产，进入破产程序，则不良债权的处置回收过程将变得复杂，回款时间延长，回款金额不确定因素增加，影响债权受偿。

第一方面，由于债务人或者抵押人被裁定破产，这笔不良债权的意向投资人可能对债权价值的预期降低，甚至抵押物的意向投资人可能对抵押物的竞买价位预期降低，从而导致该笔债权的预期回收额降低。

《企业破产法》第 19 条规定：人民法院受理破产申请后，有关债务人财产的保全措施应当解除，执行程序应当中止。换言之，当企业进入破产程序之后，最大限度地保全了维持业务所需的现有优质资产，一切处置清偿进度由管理人说了算。《企业破产法》第 46 条规定：附利息的债权自破产申请受理时起停止计息。一旦停止计算利息，利息金额这一部分的债权就被确定下来、不能增加了。

债权人可积极联系破产管理人推进抵押物处置程序，积极营销物业买家，推动抵押物成交。

第二方面，破产程序的核心价值在于公平清偿，但该程序的弊端在于周期过程。

根据通常情况下破产案件的周期及法律规定，破产清算程序一般情况下需要 3 ~ 6 个月，可延期 3 个月，即破产清算程序至少需要 6 ~ 9 个月。

若破产案件在后期通过破产清算程序转为破产重整程序，则至少需要延期 3 个月，即破产重整程序至少需要 9 ~ 12 个月。

假如债务人没有核心资产或者重整价值，则基本上不会有战略投资人愿意进行投资。

第三方面，通过破产程序将产生高额的破产费用、共益债务、管理人费用，在一定程度上降低了债权人的受偿金额，影响了债权价值最大化。

第四方面，存在可能导致有财产担保债权人权益受损的强裁风险。

在破产程序分组表决中，同一表决组通过重整计划草案的条件是人数过半同时债权金额占比 2/3 以上。

曾经有过一个破产案件，在分组表决中，职工、税款、出资人表决组都通过了。但是，在有担保权的债权组和普通债权组中，虽然该两组债权人同意票人数分别超过 80%，超过了法定通过的债权人数要求，但债权金额占比未达法定标准，这个重整计划草案实际上没有通过。

法院可能以表决组中同意票人数远超法定人数为理由，认为重整计划草案在该两组债权人中存在较大的认可度，经营方案具有可行性，最终裁定通过重整计划。这就是通常说的强裁。

社会公共利益与重整的效率价值为强制批准提供了立法论上的正当性基础，但并非裁判具体案件的理论依据。重整案件的利益调整主要体现在普通债权的清偿率上。只有当重整收益大于重整成本产生了重整剩余，并且债权人能够公平分配到重整剩余，债权人的利益才能得到有效保护。

重整计划应以私法自治和利益平衡为基础，法官不比当事人更了解企业信息、持续经营价值或者资产价值，司法不应当强行介入，处置债权人的权利。

目前，司法强制力干预过多、私法自治未能得到有效保障、债权人救济不足仍是现实存在的问题。

按照重整计划的相关安排，抵押物整体价值拍卖价格较低，可能不符合有财产担保的债权人的预期，实际上可能损害了债权人的利益。

第五方面，执转破程序转换过程中存在程序滥用问题。

有的债务人在执转破程序中，通过隐匿财产、承担虚构债务、增加财产负担或者以其他方法转移、处分资产等方式减少破产财产，增加破产财产的负担或者使破产财产处于不明状态，使债权人的合法利益受损。

有的债务人滥用破产程序中债权清偿顺序以及职工涉众性特点，恶意转让资产。破产财产在优先清偿破产费用和共益债务后，清偿顺序依次是：破产企业职工工资和相关保险费用，破产企业所欠税费，破产债权。由于法律没有对职工工资和劳动保险费用的发放标准作出规定，导致实践中，破产企业多提破产费用，多发职工工资，有的企业往往以安排职工重新就业培训等形式，将企业资产转移，将企业的已抵押房产分配出售或者抵债给企业员工，供企业员工居住。如此一来，员工有涉众优势，且涉及职工居住权等基本生存权，即使侵犯了债权人——即便是享有优先受偿权的债权人的利益，债务企业仍然可以以保障职工居住权、安抚职工等理由来对抗。这涉及居民基本生活的保障问题，且涉及人员众多，容易引发群体纠纷。财产处置中对于清空、交付的要求与企业职工占据房产而难以清空、交付的现实之间的矛盾也会使该类财产的变现成为司法实践中的空中楼阁。

有的债务人滥用人格独立、概括清偿的特点，以转投资名义出资新设公司或者向关联公司出资，将债务留在“空巢”原企业，将其主要资产对外转移，或利用关联关系，将其资产转移到与其有关联的企业或新设企业，尤其是将商标等无形资产高值低评后转移，金蝉脱壳，最终使债权人的债权无法获得清偿。

有的债务人利用破产申请到破产管理人确定期间其掌控破产企业财产的便利条件，虚构债务、优惠清偿、增强物上负担等损害其他债权人利益，甚至恶意增加在前的破产费用以及优先受偿权的费用数额，侵害在后的债权等。

在破产程序中，债权人若认为管理人损害了债权人利益，应在法院作出通过重整计划草案裁定之前，通过向上级法院破产庭或当地政法委申诉等方式维护自身权益。

对于进入破产重整或者清算程序的相关主体，债权人首先应按时申报债权，参加债权人会议，行使表决权，联系相关债权人采取一致行动，共同维护自身权益。同时，与法院和破产管理人保持密切联系，积极接洽，深入了解优先债权、普通债权、有无其他优先受偿权等情况，并持续跟进后续的清算或者重整方案情况。

若对管理人认定的债权金额、优先受偿权顺位等债权认定结果有异议，应及时向管理人提出异议；若异议未得到管理人回应的，需在法律规定时限内及时提出异议或提起诉讼，维护债权人自身利益。

若认为债权人会议的决议违反法律规定，损害债权人利益的，可以自债权人会议作出决议之日起 15 日内，请求人民法院裁定撤销该决议，并责令债权人会议依法重新作出决议。

当不良资产管理公司作为有财产担保的债权人，其债务人跟其他主体存在人格混同情况时，可能将出现合并破产情形，这时候需要关注是否存在顺位在抵押担保优先权之前的其他优先债权的特殊情况。

反过来讲，当不良资产管理公司作为债权人，而债务人自身没有执行财产，这时候债权人可以通过主动申请执行转破产，获得可能有的清偿。

（三）债权人会议通过或者不通过的破产重整方案，可能被法院裁定不予通过或者予以批准的风险

有一笔债权的抵押人进入了破产清算程序，破产管理人发布了重整招募公告，制定了重整计划草案，债权人最终投票表决通过了破产重整方案。破产重整的目的是盘活企业的经营能力，债务人重整必须具有可行性和企业存在挽救的可能性。

《企业破产法》第61条规定了债权人会议的职权，以保证债权人能够有效地参与案件、行使权利，债权人会议的决议对全体债权人产生约束力。重整计划作为债权人会议的职权之一，在债权人表决通过并经人民法院审查批准后对债务人和全体债权人发生效力。

但是，该破产重整方案虽然经表决通过，符合多数债权人的利益，但是法院认为重整方案可能有损部分普通债权人的利益，且企业未来发展前景存在不确定性，故未同意就破产清算程序转破产重整程序。

重整案件的利益调整主要体现在普通债权的清偿率上。相较破产清算，债权人虽然有可能获得较高的清偿率，但是也面临了更多的时间成本、破产财产的消耗成本以及重整完成后未知的经营状况等不确定因素，最终结果可能反而有损普通债权人的受偿利益。

另外，有一笔债权的债务人进入破产重整后，在债权人会议中重整计划部分表决组不通过，但经法院审查认为，重整计划草案符合法律规定，虽然表决同意的债权金额占比低于50%，但是债权人数量占比高于70%，因此对重整计划裁定予以批准。

《企业破产法》第87条规定，部分表决组未通过重整计划草案的，债务人或者管理人可以同未通过重整计划草案的表决组协商。该表决组可以在协商后再表决一次，未通过重整计划草案的表决组拒绝再次表决或者再次表决仍未通过重整计划草案的，债务人或管理人可以申请人民法院批准重整计划草案。

法院审查重整计划草案主要是从有财产担保债权人权益保护、职工税款债权保护、普通债权人权益保护、出资人权益保护、清偿顺序是否合规、经营计划是否可行等方面，注重保障上述权利人较之于清算得到公平、最大限度的保障。因此，在重整计划能够最大限度保障全体利益相关方权益的前提下，不应当因个别债权人诉求而动摇重整计划的效力。

《爱丽丝梦游仙境》故事中的角色“红皇后”说，“你只有不停地奔跑，才能留在原地”。在红皇后效应的永恒驱动下，你或许对“唯一不变的是变化本身”这句话有更深切的感受，任何看似确定性的过程都伴随着不确定性，阻止脚步的因素会不停地从内外产生。不良资产收购处置过程如此，破产程序亦是如此。

五、涉及抵（质）押物相关的投资失败原因：16 个雷区

（一）抵（质）押物出现收购尽调时未发现的长租约，导致处置周期延长、处置金额减少，进而导致债权投资出现亏损

有一笔债权的抵押物出现重大瑕疵，不良资产管理公司在收购前未发现抵押物有 20 年的租赁权，在收购后才被告知长租约事宜。抵押物由抵押人的关联方在使用，属于一次性支付租金的情形，做了几次转租并配合天衣无缝的交易流水，而且做了租赁备案。

在先租后抵情形下，已移转占有的，抵押不破租赁；在先抵后租情形下，不动产抵押权和经登记的动产抵押权均优先于租赁权；动产抵押权虽未经登记，但抵押合同自成立时生效，承租人非善意的，亦可对抗租赁权；未经登记，不得对抗善意第三人，即只有在动产抵押权未经登记，且承租人善意并移转占有的情况下，适用“抵押不破租赁”。当债务人到期不能履行清偿义务的时候，抵押的财产可以依据法律条款拍卖、变卖或者协议报价以物抵债。当抵押权实现后，租赁合同未到期，租赁合同在有效期内对抵押物的受让人继续有效。

通常在执行拍卖过程中，如何认定租约？

租约认定是需要在强制执行案件中，承租人向法院提交租赁合同并经过法院当面真实性、合法性审查及笔录才会认可的，否则一律按无租约情况下不带租拍卖，而且事后主张存在租约情况通常也不会被法院认可。

通常，虚假租赁行为应当具备以下要件：一是主观上的故意，即双方虚构租赁协议具有对抗申请人的故意或者抗拒执行的恶意。二是有虚构租赁协议的行为，包括伪造租赁协议、恶意倒签协议签订时间、延长租赁期限等情形。三是造成严重妨害执行的后果，包括执行严重迟延、执行司法成本显著上升、严重损害申请执行人利益等。四是虚构租赁行为与严重后果之间存在因果关系，但若有多个行为产生妨害执行的后果，法院应审查各行为对后果的影响力。

法院针对虚构租赁行为是如何进行审查的？

第一，租赁协议签订的时间。法院主要审查协议签订时间与抵押权等优先受偿权的设定时间、法院查封时间等关键时间点的先后顺序。按照《查封规定》，法院查封涉案房产后被执行人在其上设置权利负担的不能对抗申请执行人。因此，法院应重点审查在法院查封以及抵押权等优先受偿权设立之前签订的租赁协议，结合其他证据审查其是否有“倒签”等虚构事实行为。

第二，涉案房产的占有情况。占有是租赁权公示的一般表现形态，因此是否占有

涉案房产是认定虚假租赁的重要依据。若案外人能够提供其缴纳物业、水电煤等费用，以及装修协议等证据证明其实际占有涉案房产，则租赁协议的真实性较高。案外人实际占有应在抵押权等优先受偿权设立或者法院查封之前，防止其在抵押或查封后占有涉案房产再“倒签”租赁协议。

第三，租金支付情况。实际支付租金是租赁关系真实存在的重要判断依据。一是案外人主张租金已经一次性支付的应当提供支付证明；支付金额超过 5 万元的应当提供银行转账等第三方凭证。二是案外人主张租金抵债的，不仅需证明基础债务关系真实存在，尚需证明该基础债务关系发生在法院向其送达冻结租金裁定和协助执行通知书之前。抵销金额超过 5 万元的应当提供银行转账等第三方凭证。

第四，其他相关情况。法院需审查的其他相关情况主要包括：租赁期限与租金金额。虚假租赁一般租赁期限较长，多为《民法典》规定的最长期限 20 年或者接近 20 年；虚假租赁的租金金额大多长期固定不变或者显著过低。

不良资产管理公司收购这笔债权后，再向法院递交债权转让的材料，申请执行主体变更的时候，被书面告知债权抵押人涉及一桩由《民事调解书》确定的租赁权，调解书确定了租赁费支付内容和 20 年租赁期限，导致抵押权人的抵押权实际上被抵押人及案外人以《民事调解书》的形式架空。换言之，如按现状拍卖，买卖不破租赁，原租赁合同对抵押房地产新的受让人依然是有约束力，在租赁合同期满前，受让人不得随意解除租赁合同，也不能单方变更租金和租期，无法实际使用抵押物并无法收到租金。

经过调查发现，该抵押物在租赁合同签订之前就已抵押给原债权人银行，在先抵后租情形下，该租赁权是有可能涤除的。若不撤销该租赁权，后续在债权处置过程中不管是通过债权转让，还是申请司法拍卖抵押物的方式，抵押物的变现价值可能都将出现贬损，处置周期也将延长，影响债权的处置回收进度，进而导致债权投资出现亏损。

因此，不良资产管理公司立刻向法院就《民事调解书》提起了第三人撤销之诉，因第三人撤销之诉存在 6 个月的除斥期间，该期间自债权人知道或者应当知道《民事调解书》之日起计算。

除斥期间，也称不变期间，是指法律对某种权利规定的存续期间。其法律意义在于，督促权利人尽快行使权利，超过除斥期间怠于行使该权利的，则该权利消灭。

不良资产管理公司通过向原债权人询问是否知晓民事调解书的存在，债权转让过程中是否存在隐瞒，均收到回复表示没有隐瞒，确实不知该民事调解书的存在，确定了仍在除斥期间内，进而又提起第三人撤销之诉并获得胜诉，排除了抵押物长租约。

法院多次向该抵押物的租客释明相关法律规定及拒执法律后果，在责令其搬出后，将抵押物成功拍卖，顺利实现债权处置。

总之，当债权的抵押资产上存在难以涤除的长租约，可以穷尽各种手段，通过执行异议、执行异议之诉、第三人撤销之诉等一切手段实现涤除。

若仍然难以涤除，不妨考虑尝试通过执转破路径排除抵押物长租约瑕疵之可能性。

对于恶意串通、虚构租赁协议的行为，法院可对相关责任人采取罚款、拘留以及移送追究刑事责任等处罚方式。

（二）土地抵押物被征收，担保债权优先受偿权不被法院支持，导致债权投资出现亏损

有一笔债权的土地抵押物被认定为闲置土地由政府无偿收回。当地自然资源局作出了《收回国有建设用地使用权决定书》，决定无偿回收土地使用权。

由于出现土地被征收事宜，一审法院虽然支持了债权人的主债权，但以抵押土地被政府征收为由未支持债权人对抵押物享有的优先受偿权。后来，债务人被申请破产，若抵押物被认定为闲置土地由政府无偿收回，将影响债权人对抵押物优先受偿权的实现，可能导致债权投资出现亏损。

为了更好地处置和有效利用闲置土地，我国法律赋予国土资源主管部门处置闲置土地的权力。根据《闲置土地处置办法》（国土资源部令第 53 号）第 14 条第 2 项规定，对于未动工开发满两年的，市、县国土资源主管部门可以依法报经有批准权的人民政府批准后，向国有建设用地使用权人下达《收回国有建设用地使用权决定书》，无偿收回国有建设用地使用权；闲置土地设有抵押权的，同时抄送相关土地抵押权人。

从上述规定来看，对于设抵押权的闲置土地，国土资源管理部门可以按照规定予以收回。同时，《闲置土地处置办法》第 13 条规定，在拟定设有抵押权的闲置土地处置方案时，市、县国土资源主管部门应当书面通知抵押权人。

但是，闲置土地处置方案是否应当征得抵押权人的同意、抵押权人的利益如何保护等，法律没有相应的规定。制定上述《闲置土地处置办法》的目的在于促进闲置土地的盘活利用，收回土地并不是立法的目的。

根据 × 地区的相关规定，市、县、自治区人民政府只有先办理报批手续后，向土地权益人签发换地权益书，才能收回土地使用权。换地权益书持有者可以该凭证从政府换回与换地权益书面值等价的土地权益。若未核发换地权益书，不能视为已经完成土地回收。况且，当土地上已经建设有房产，并且有产权证书，认定该土地闲置并无事实依据。

根据法律规定，即使抵押物被征用，抵押人得到的补偿费应当作为债权的担保，

抵押权仍然存在于抵押物的补偿费上。抵押权人可以就该抵押物的保险金、赔偿金或者补偿金申请获得优先受偿权利。

若当地政府作出对已设置抵押担保权利的土地抵押物征收决定时，未尽到通知债权人的义务，且未向土地权益人核发换地权益书，属于未完成土地征收程序或者程序不合规定。

因此，不良资产管理公司在收购时无法预计该土地会被认定为闲置土地，怎么办?第一，可向法院提起上诉；第二，提起行政诉讼，同时考虑与当地政府沟通补偿事宜；第三，对债权进行积极营销推介，寻找意向投资人。

（三）抵（质）押物在财产保全期限到期后未申请续封，因操作风险导致保全时效过期，进而导致债权投资出现亏损

有一笔债权的住宅抵押物财产保全期限到期，申请人未申请续封，会发生怎样的后果?

通常情况下，不动产保全具体期限为冻结银行存款的期限不得超过 1 年，查封、扣押动产的期限不得超过 2 年，查封不动产、冻结其他财产的期限不得超过 3 年。申请执行人申请延长期限的，人民法院应当在查封、扣押、冻结期限届满前办理续行查封、扣押、冻结手续，续行期限不得超过前款规定的期限。

若上述住宅类不动产抵押物的首封人在查封到期后未续封，其后的登记在先的轮候查封即自动生效，原来的第一位轮候查封就变为首封。若债权案件已经进入执行程序，不良资产管理公司就可以立即申请恢复执行，大大提高了处置回款效率，而对于首封人来说就丧失了处置主动权。

与财产保全时效同样重要的有诉讼时效、担保时效、上诉时效、执行时效等，在不良资产存续期管理过程中，一旦出现债权管理失当或者时效记录偏差，或者出现应续封未续封、未在举证期举证等情况，都有可能影响债权实现，导致债权投资出现亏损。

《孙子兵法》里说：昔之善战者，先为不可胜，以待敌之可胜。不可胜在己，可胜在敌。换言之，首先我们不能犯错误，等待别人先犯错误就可以战胜敌人。当自己不犯错时，主动权掌握在自己手中，对方能否被战胜，在于对方是否给我们以可乘之机，因此在债权管理过程中不能犯无能之错。

（四）抵（质）押物出现收购尽调时未发现的灭失或者毁损情形，比如坍塌、失火、水淹、被撞毁等情形，导致债权投资出现亏损

一笔债权的抵押物在收购后发生火灾等情形，导致无法正常使用，且被禁止租赁后长期处于完全空置状态，抵押物市场价值出现较大贬损，导致债权投资出现亏损。

原来这个抵押物属于一个小商品专业批发中心的地下室，该地下室的面积有 3 万多平方米，变现难度较大，且具有无法分宗等不利因素。

随着近年来该债权抵押物所在小商品专业批发中心的经营环境变差，空置场地越来越多。由于消防安全一直未通过当地验收，又无故发生了火灾，出现更加无人租赁使用的局面，至今仍处于空置状态，也就没有了收益变现的价值。即使通过司法拍卖方式进行抵押物处置，大概率也会因无投资人报价而流拍。

另外一笔债权的商业地产抵押物属于建筑结构方面的瑕疵，该建筑物为预制板结构，成本低、质量差，该结构主要用于农村自建房，曾在汶川地震中导致了惨重的人员伤亡。

如今，预制板结构已被钢混、框剪等结构所淘汰，其正常的使用年限通常在 30 ~ 40 年。若不对该商业地产抵押物进行整体结构的调整和改造，将面临无法重新开业，甚至只能全部拆除并重建的结果。

无数意向投资人因为试图捡漏，望风而来，结果因为预制板结构的改造方案中的改造成本大幅上升，败兴而归。

抵（质）押物的处置回款是不良资产的主要受偿来源。在完成不良资产收购后，应做好不良资产抵（质）押物的投后回访、二次尽调工作，原则上每年不少于一次现场核查，及时发现抵（质）押物异常情况。

若发现抵押物存在灭失或者毁损情形，比如坍塌、失火、水淹、被撞毁等，都将会影响债权回收，导致债权投资出现亏损。

（五）商业不动产抵押物主要租户发生不再续租、未能按期缴纳租金等重大变化，抵押物价值降低，导致债权投资出现亏损

有一笔债权的抵押物是一个接近 5 万平方米的大型商场，开业已余十多年，在开业时按照某大型连锁商业超市的统一设计标准定制开发建设的区域地标性建筑。该商业超市的面积占该商场总建筑面积的 1/3 左右，商场内部结构和动线主要围绕商业超市展开，大型扶手电梯位于商场中心。

后来，这家连锁商业超市因调整经营策略撤出，导致大型商场“一荣俱荣、一损俱损”，一下子大面积空置，人流量骤降。

经过十几年的时间，当前物业外观现状从远处看尚可，从近处看则建筑面积外立面较为老旧且存在破损。由于惨淡经营，原业主也未对物业新增投入进行装修改造。同时，商场设施缺乏维护和管理，保洁和保安人手不足，再后来商场空调未开、扶手电梯停止运行、灯光等设施陈旧，受疫情、地产形势等因素影响，商业环境差，商城租户大量流失，运管团队及租户经营日益困难，年租金也由 3 年前的 3000 多万元骤降

到目前几百万元，该商业不动产抵押物整体价值呈贬损趋势。

不良资产管理公司在收购以该抵押物为底层资产的债权后，持续推动司法流程、获得生效判决并申请强制执行，但在抵押物处置时，该商业不动产抵押物不断流拍，直到即将以物抵债的地步。

抵（质）押物的处置回款是债权受偿的主要来源，尤其对于商业、物流园区、厂房附带租约的物业。

在不良资产收购时，商业地产的估值主要是参考其未来租金的现金流。一旦收购后出现主要租户流失的，包括不再续租、未能按期缴纳租金等，说明抵押物业态、状况发生了不利变化，会对债权未来回收产生影响，甚至导致债权投资出现亏损。

所以，债权人应在对债权的日常管理中关注抵押物的风险状况，及时调整处置策略、积极营销，通过阿里资产等多渠道加强招商推介、适时进行处置。

（六）抵押物涉及当地环保政策等因素限制无法开发，导致抵押物价值大幅减低，导致债权投资出现亏损

有一笔债权的土地与建筑物抵押物位于景区河道边，若抵押物净地按照当地河道退让政策严格执行，将导致位于退让政策区域范围内的土地和抵押物价值大幅贬值，进而导致债权投资出现亏损。

抵（质）押物的处置回款是债权回收的主要来源，而意向投资人可能因为环保政策原因，导致对项目的预期成本与预计收益无法实现匹配，因而收购进度陷入停滞，甚至败兴而去。

某地区自然资源和规划管理部门曾出过相关规定，要求某景区主要出入湖河道及其支流两侧新建、扩建建筑物，其退让同侧蓝线的距离不少于 50 米。

如政策严格执行，所有河道附近的施工建设将不得不退让 50 米，则河道周边抵押净地的大部分都不能开发，抵押物价值将存在大幅贬损的风险。

秦岭违建别墅问题是近年来严重破坏生态环境的典型。西安市为保护秦岭生态环境，将占地 263 亩的违建别墅“群贤别业”拆除整治，建设成为秦岭和谐森林公园。

昆明市政府注重生态环境建设，曾集体拆除滇池南岸“长腰山”地区一千多套别墅。

不良资产管理公司在投资过程中应特别关注位于景区或者生态保护区的抵押物，摸清当地政策，“多问路才不会迷路”，避免介入涉及环保政策限制风险的项目。

若不良资产管理公司已经收购了涉及当地环保政策等因素限制无法开发的抵押物，考虑到债权抵押物涉及问题复杂、流通性较差、未来处置路径不确定、存在因政策原因价值贬损的风险，且长期持有也会增加资金压力等因素，为缩短处置周期、加快处

置进程，应力求寻找新的处置渠道，比如拜访当地资产管理公司、律师事务所、资产交易所等机构进行推介，并对债权与抵押物目前面临的问题和市场定价有一个更加全面的认识。

（七）抵押物在司法拍卖时评估价格过高，可能出现流拍及被动抵债情形，导致债权投资出现亏损

抵（质）押物的处置回款是不良资产的主要受偿来源。

抵押物在司法拍卖时，你可能认为司法评估价格越高，则司法拍卖成交价格就越高，债权人就能获得更高的执行回款。

其实，不是这样的。

现在的司法拍卖程序大多数由人民法院自主在互联网上开展，确保了司法拍卖的公开、公平、公正。换言之，所有对拍卖标的感兴趣的意向投资人或者围观群众都能看到，当看到挂牌标的起拍价格高企，预计没有捡漏机会，可能连报名都不想参与了。

在涉及巨大利益的案件中，评估拍卖环节曾经一度是重灾区。债务人往往希望评估公司能够往高价评估，因为若拍卖会的起步价很高的话，那就没有人去拍了。

《道德经》里说：少则得，多则惑。意思是想求取什么，少量能得到，贪多就不能得到。

根据市场交易情况，法院有权调低或者调高起拍价、保留价。

假如起拍价很低，参与围观的意向投资人在信息不对称情况下可能暗暗窃喜要低价捡到宝贝了，可能蜂拥报名参与。

报名之后，他们会认真尽职调查，付出大量的时间和精力，甚至发现了连债权人都没能发现的宝贵财产线索，从而提高了报价上限。在竞拍的过程中，从起拍价开始慢慢往上涨、往上飙。

到了最后，哪怕可能已经超过他们的报价上限了，但气氛已经烘托到这个价位了，他们考虑到自己已经付出的沉没成本，而且心存侥幸地考虑到这个资产的实际价值可能超出自己的想象，不然为什么别人也报价如此起劲儿？可能会坚持继续向上报价。

当法院委托评估公司对抵押物出具的评估价格高于附近抵押物成交价格时，若起拍价定得较高，很容易导致流拍。

若法院就评估报告初稿征集相关当事人意见或者将评估报告直接送达申请执行人时，建议申请执行人对该抵押物评估价提出异议，列举抵押物所在区域的已挂牌抵押物成交情况以及流拍情况。

若周边抵押物以评估价格的五六折起拍时，仍旧变卖流拍，不良资产管理公司就可能面临被动以物抵债的困境。

因此，不良资产管理公司作为申请执行人应认真调查分析周边物业流拍的真实原因，考虑到交易税费因素、区位因素、交通因素、配套因素等综合原因，建议法院综合考虑以上情况，调整评估价格或者起拍价格。

（八）大宗土地抵押物可能存在的三大处置风险

在不良资产收购处置过程中，大宗土地抵押物非常多见，同时也存在诸多处置风险。

土地使用权的抵押是一种不动产权利的抵押，它有以下特点：（1）用于抵押的土地使用权必须是通过有偿出让或转让方式取得的合法土地使用权，并且是已办理土地登记手续的土地使用权。（2）土地使用权抵押权设定本身并不发生土地使用权转移，即土地使用权抵押后，土地使用者可继续对土地进行占有、收益，只有在债务不能履行时，抵押权人才能依照法定程序处分土地使用权，此时土地使用权才发生转移。（3）土地使用权抵押时，其地上建筑物及其他附着物随之抵押。地上建筑物及其他附着物抵押时，其使用范围内的土地使用权也随之抵押，也就是说，土地使用权与地上建筑物及其他附着物必须同时抵押。（4）土地使用权抵押不得违背土地使用权出让合同的规定。（5）土地使用权人将土地抵押后，并不丧失转让权，但在转让土地使用权时，应告知抵押权人。

不良资产管理公司在处置大宗土地抵押物时应注意这三种主要风险：土地取得合规风险、两年未开发土地被无偿收回风险、集体土地使用权流转受限风险。

第一，权属证明的真实性及来源的合法性。

不良资产管理公司在拿到债权档案剥离卷后，不仅要在形式上调查，还应实质审查抵押人取得权属证明是否经过了法定程序。

实践中，通常要特别关注以下情况：（1）注意审查土地出让合同的出让主体是否合法。在我国只有县级以上人民政府或土地管理部门才有权出让土地使用权，而像开发区管委会等单位是无权出让土地的，更无权颁发土地证的。（2）注意审查土地出让金是否已经交清，核对与合同价款相符的发票；对于以协议方式出让的土地使用权，注意其土地使用权出让金不能低于订立合同时当地政府确定的最低价，否则无效。（3）对于在二级市场受让的用于房屋建设工程的土地使用权，注意审查该土地在转让时是否已经完成了原土地出让合同规定的开发计划等。

第二，当抵押物为光地时，要注意超过土地使用权出让合同约定的动工开发日期满两年未开发，可能被土地主管部门无偿收回。

《城市房地产管理法》第26条规定："以出让方式取得土地使用权进行房地产开

发的，必须按照土地使用权出让合同约定的土地用途、动工开发期限开发土地。超过出让合同约定的动工开发日期满一年未动工开发的，可以征收相当于土地使用权出让金百分之二十以下的土地闲置费；满二年未动工开发的，可以无偿收回土地使用权；但是，因不可抗力或者政府、政府有关部门的行为或者动工开发必需的前期工作造成动工开发迟延的除外。”

假如抵押的土地使用权，由于该土地超过土地使用权出让合同约定的动工开发日期满两年未开发，被上地主管部门依照该规定无偿收回，被抵押的土地使用权会随之依法转移归国家所有，致使抵押权落空，不良资产管理公司所持债权价值贬损。

在完成不良资产收购后，不良资产管理公司应及时关注土地开发进展情况，对于未能在规定期限内进行开发的，应当积极敦促抵押人及时到土地主管部门办理延期开发手续，或者及时采取合同中约定的违约救济措施，避免土地使用权被国家无偿收回，导致债权价值贬损。

第三，抵押物为集体土地使用权时可能面临限制流转。

在集体土地使用权中，只有抵押人依法承包并经发包方同意抵押的荒山、荒沟、荒丘、荒地等“四荒”土地使用权和乡（镇）、村企业的厂房及其占用范围内的土地使用权可以设定抵押。

在不良资产处置过程中，债权抵押为集体土地使用权时，在流转方面限制比较多，且实际市场变现价值难以判断，应当谨慎估值。笔者曾经尽调过一笔债权的抵押物就有林地使用权，位于云南省西双版纳勐海县，面积达1300亩的普洱茶林。当初抵押贷款时的评估价为1.3亿元，处置林权的市场价其实也就三五百万元，细思极恐。

因此，当债权抵押物为集体土地使用权时，不良资产管理公司应对其审慎估值，充分考虑其限制流转的瑕疵情况。

（九）船舶等动产抵押标的资产无法控制、未知具体位置，存在失控、灭失风险

有一笔债权的抵押物为10条船舶，均已查封，无法确定具体位置，存在失控、灭失风险。

在不良资产收购尽调中，项目经理由于时间限制和熟悉程度原因，在信息不对称的情况下，只能更多地依据原债权人提供的档案资料开展尽调。

在这笔债权中，项目经理通过船讯网的船只雷达进行定位更新及轨迹查询，只能查询到5艘船的更新信息，但是其中有两只船舶无法获取最新定位信息。因此，项目经理只对其中3艘轮船进行估值报价，这3只船舶可在船讯网上及时更新最新定位，或许能够实现司法拍卖处置回款。结果，不良资产管理公司在完成不良资产项目收购

后，执行法院多方查找也没能搜寻并扣押抵押船舶，难以开展执行程序。

此时，项目经理在船讯网上也只能查询发现2艘船的轨迹和最新定位信息，剩余船舶未有雷达更新定位时间信息及其他线索，搜索难度较大。

若需要外聘专业的搜索查询机构，或许有较大概率能够查询到下落，但是这类专业机构要求的前期费用较高，而且哪怕搜索到了船舶，也存在灭失风险，最终实现回收的不确定较大。

因此，项目经理对于查封、扣押动产的，尤其是涉及汽车、机器设备、船舶、医疗设备、红木等特殊标的，需要关注这些物品的具体保管情况和位置，如出现无法控制，未知具体位置，被转移、损坏、灭失等情形的，将导致无法执行回款，债权收购成本出现亏损。

在不良资产收购尽调时，对于抵押物为机器设备、航空器等动产的，不良资产管理公司除了重点关注抵押权依法设立以外，还应关注该抵押标的资产是否灭失、是否可控。抵押物为机器设备、航空器、存货等动产的，应重点关注该动产存放位置、规格、用途、使用状态、新旧程度、设备的专用性等方面，并确认自抵押权设立以来是否对该动产抵押实施有效的管理措施。

同时，不良资产管理公司应将动产可能出现无法控制、未知具体位置的变动情形、船舶优先权等不利因素纳入估值考虑范畴，并在存续期管理中定期监测或者委派专人看管，避免最终无法执行回款，债权价值贬损。

船舶优先权是指海事请求人依照《海商法》第22条的规定，向船舶所有人、光船承租人、船舶经营人提出海事请求，对产生该海事请求的船舶具有优先受偿的权利，其内容包括船长、船员和船上工作人员的工资、劳动报酬、人身伤害赔偿，以及船舶吨位、引航费、港务费和其他港口规费的缴付请求、海南救助费的给付请求等。

不良资产管理公司遇到船舶不良资产时，应注意其清偿顺序为船舶优先权、船舶留置权、船舶抵押权。船舶转让时，船舶优先权人应自法院予以公告之日起满60日内行使，否则不再享有优先权。

（十）债权抵押物因债务人及抵押人涉嫌非法吸收公众存款罪，处置时间难以确定的风险

有一笔债权的抵押人因为涉嫌非法集资，抵押物被公安查封，导致处置时间难以预期。

债务人从诉讼阶段到执行阶段，几乎不放过任何一个可以申请上诉、提出异议的机会，与债权人的对抗情绪较为激烈，寻求各种方式拖延抵押物的拍卖，包括但不限于对评估报告提出异议、撤销之诉等。

在撤销之诉案件诉讼过程中，债务人因涉刑被批捕。法院向不良资产管理公司发函告知，被告人因犯非法吸收公众存款罪，法院刑事判决书已经发生法律效力，判决书确定：追缴违法所得并按比例发还各尚未退赔的集资参与人。刑事案件被移送强制执行后，被执行人自称投资人的部分投资款项用于购置不动产商铺、办公楼物业。

法院向不良资产管理公司致函询问，债权中房产的抵押权是否已实现处置？如尚未实现，抵押债权是否进入诉讼、执行程序？如进入诉讼、执行程序，进展如何？

这个案件的关键节点是有无证据证明债务人将非法吸收公众存款的投资款用于投资购买本案抵押物，若没有证据，就不能追索债权抵押物的拍卖所得款。

什么是涉刑资产？涉刑财产为发生法律效力的刑事裁判主文确定的罚金、没收的财产；责令退赔部分；随案移送的赃款赃物；没收的随案移送的供犯罪所用本人财物。涉刑资产通常以刑事裁判文书作为判定标准，具有滞后性、隐秘性、随机性的特点，这就需要不良资产收购尽调要未雨绸缪。

在公安机关侦查过程中，往往会对犯罪嫌疑人的财产应查尽查，应扣尽扣，所以公安进行保全的财产范围大于严格意义上的“涉刑资产”。所以，在不良资产收购尽调时，理应对相关沾边资产都尽可能保持谨慎态度，审慎估值。

不良资产处置是以投资回报率为最终导向的投资活动。由于涉刑资产的特殊性，对不良资产处置的收购成本、处置周期、投资回收期限、实际收益等均有重大影响，进而最终影响其投资回报率。

因此，不良资产管理公司在收购尽调中，应注意对底层资产是否属于涉刑资产进行评估、识别，并在资产处置阶段合理应对，提前设立有效的退出机制。

资产涉刑的高发领域主要分为自然人和企业。债务人为自然人可能涉及的高频刑事犯罪有：诈骗罪骗取贷款、票据承兑、金融票证罪、非法吸收公众存款罪、高利转贷罪、非法集资罪、金融诈骗罪。债务人为民企可能涉及的高频刑事犯罪有：非法经营罪、非法吸收公众存款罪、诈骗罪、集资诈骗罪、虚开增值税专用发票罪、逃税罪。

不良资产管理公司怎样调查债务人是否有涉刑风险？

初步检索方法就是检索债务人实控企业、关联企业的经营范围和经营情况以及公开的裁判文书，关注相关舆情、新闻和报道。

在阅档时，理应尽可能使用最新的资料，一旦看到有“公（经）封通”等公安机关查封文号的字样，就可以认定资产已被公安查封。相较于刑事裁判文书确定的涉刑财产范围，公安查封、冻结财产范围更大，为了不留遗漏。

在执行阶段，人民法院将依法执行生效刑事裁判确定的罪犯财产性判项部分，并将承受公安已作出的查封、冻结，并更换为人民法院执行查封文号，与一般民事查封文号无区别。

除查阅产调外，不良资产管理公司还可考虑与产权人取得联系，若还能够联系的，说明他人暂时没事，其底层资产涉刑风险较低；若已经无法取得联系了，只能通过网络查询执行信息公开网等开源平台或者前往登记机关询问是否存在刑事查封，再或者向法院申请调查令，以核实抵押物是否已由公安机关查封、解封。

若没有详细尽调就盲目投资，不良资产管理公司可能面临丧失抵押物优先受偿权，甚至被监管机构怀疑有协助债务人逃废债行为。

即使你自认为是善意取得的抵押权，但刑事罪名涉及多数被害人，如非法吸收公众存款等罪名。通常在实务中抵押权人也会被要求就优先受偿份额让渡给被害老百姓，变通处理，以平衡被害人和抵押权人的利益。

在保证合同的效力已被生效法律文书确认的情况下，不应仅因主债务人涉嫌非法吸收公众存款罪，中止对承担连带保证责任保证人的执行。当事人在申请执行连带责任保证人的保证财产时不应受最高人民法院、最高人民检察院、公安部《关于办理非法集资刑事案件适用法律若干问题的意见》第 7 条“人民法院在审理民事案件或者执行过程中，发现有非法集资犯罪嫌疑的，应当裁定驳回起诉或者中止执行，并及时将有关材料移送公安机关或者检察机关”的规定限制而中止执行。

执行法院若依据案件涉及刑事犯罪裁定中止执行的，应当就案件是否涉嫌犯罪及执行财物是否属于涉案财物进行审查，否则不应裁定中止执行。假如在执行过程中涉及刑事案件时，法院一般会裁定中止执行。

（十一）债权抵押物在抵押状态下被当地政府批准用于居委会安置用地，导致债权投资出现亏损

有一笔债权的土地抵押物被改变土地性质和用途，抵押权人的优先受偿权不被法院支持，导致债权回收时间、回收金额均存在较大不确定性，可能引发债权损失。

法院一审认为，案涉土地虽然已经办理抵押登记，但是由于案涉土地已经被批准用于居委会安置用地，土地性质与用途已经发生了重大改变，对案涉土地行使优先权存在客观阻却事由，故不支持抵押权人的优先受偿权。

该抵押土地地理位置较好，原来的用途是厂房，但是目前已经基本全部建起自住用房，没有剩余空地可供建设。

不良资产管理公司在收购时，因为当地无同类型土地招拍挂情况及司法成交案例，所以采取基准地价法对抵押土地进行了估值。根据自然资源和规划厅发布的基准地价文件，获取了抵押土地所在区域基准地价，然后根据评估时点土地剩余使用年限设定年限修正系数；同时根据地价文件时间与评估时点对比，设定地价指数；因此，得出

抵押土地评估单价与评估总值。在考虑到增值税、土增税、城市维护建设税等税费部分，得出抵押土地评估净值。考虑到土地现状、区位、买家心理等因素，设定快速变现折扣率，最后得出抵押土地快速变现价值。同时，结合主债务人、担保人在营情况等情形，按照综合因素分析法进行打分，对补充还款能力估值，加总即得到债权估值报价金额。

在已有抵押登记的情况下，被批准用于居委会的安置用地，不良资产管理公司对该案涉土地抵押物变现所得享受优先受偿权被支持的概率可能较小，按照上述债权收购时的估值，很有可能导致债权投资出现损失。

（十二）大宗不动产抵押物变卖流拍后，出现被动以物抵债的相关风险

以物抵债是指债权人在无法以货币资金收回债权时，为降低风险，以债务人相应的实物资产来抵偿债务的行为。

法院拍卖房产价格的确定主要有四种方式，分别是议价、向房管局定向询价、在司法网络询价平台进行网络询价、委托评估公司估价。

当法院发来《议价通知书》，让双方当事人书面提交双方协商一致的议价结果。若双方当事人在制定期限内议价成功，法院将以双方议价的结果作为司法网络拍卖的起拍价。若双方无法采取议价方式确定处置参考价，法院将以鹰眼执行综合应用平台定向询价的评估价作为起拍价，依此类推。

法院在司法拍卖债权抵押物的过程中，通常以评估价格为基准，第一拍的起拍价为评估价格打七折，二拍起拍价在一拍流拍价的基础上打八折，变卖阶段则不再打折，按照二拍起拍价挂拍，即评估价的五六折。

若变卖阶段抵押物仍然流拍，法院通常会要求申请执行的债权人对抵押物进行抵债，甚至有的法院在变卖阶段上拍抵押物之前要求申请执行的债权人出具接受抵债的承诺函。

若法院采用的抵押物评估结果远高于市场价，或者抵押物无人问津，可能会出现多次流拍，甚至被动以物抵债，而以物抵债权属变更涉及高额税费和繁琐的手续，可能影响债权处置受偿时间和金额，造成损失。当抵押物财产可分割的，则宜通过重新评估等方式确定财产处置参考价并重新拍卖，不宜在拍卖流拍后以物抵债。

不良资产管理公司在不良资产处置过程中，办理不动产资产以物抵债过户实操时，大宗不动产资产交易税费动辄成百上千万元，往往交易税费这个细节决定着不良资产投资与处置的成败。因此，有的不良资产管理公司尝试在拿到不动产以物抵债裁定前先找到资产意向受让人，协调法院直接将不动产资产抵押物裁定抵债给上述受让人。

在操作上，不通过将不动产资产所有权人变更至不良资产管理公司，再变更至最终受让人，而是将不动产资产所有权人直接变更至最终受让人，相关买家税费也可以由最终受让人承担，不需要资产管理公司另外再掏钱出来支付。这其中，抵押人通常不会配合申请执行人的抵债过程，比如不配合提供相关原始资料以便进行税务筹划、节税过户路径。

有的不良资产管理公司作为申请执行人，在法院强制执行程序中接受以物抵债并取得以物抵债裁定后，若不在短期内前往相关权利登记部门对物权资产办理权属变更登记过户，则存在一定时间内不能产生对外公示效力的风险。因为在对外公示上的产权人还是原抵押人，一方面，不良资产管理公司在日常消防、物权维护上可能存在不被认可；另一方面，原抵押人可能会以产权人的幌子对善意第三人招摇撞骗、产生纠纷。若法院将相关裁定书及协助执行通知书送达登记部门，办理解除抵债物查封手续，可能会出现抵债物被再次查封，进而导致后续无法办理权属变更登记的风险。

总之，除非对上市公司股票、有增值潜力的大宗不动产资产等特定标的主动愿意选择以物抵债处置，否则，项目经理应在执行拍卖阶段尽可能通过协商和解、沟通谈判等多种方式，尽可能避免出现以物抵债的情形，或者降低抵（质）押物出现以物抵债的概率。如出现这种情况的应加大营销力度，不良资产管理公司应积极通过阿里资产等多渠道加强招商推介、及早处置。

（十三）夫妻共同财产之住宅抵押存在瑕疵，在处置中出现价值贬损风险

有一笔债权的抵押物为住宅不动产，属于债务人结婚后购买的夫妻共同财产，在法院司法执行时只能拍卖处置被执行人房屋 50% 的份额，出现无竞买人出价情形，导致不良资产管理公司对该笔债权投资出现亏损。

在特殊情况下，当房产证上标注的份额不是一个权利人占有 100%，你就要尤其注意风险了。法院执行夫妻共有房屋应限于被执行人所有的财产份额，而不得执行其配偶应得的财产份额。若只拍卖其中一方份额不足 100% 的房产，可能面临无人敢于竞买的尴尬局面。

假如夫妻并未约定共有房屋份额，亦未能提供确定购买该房屋出资额的相关证据，应视为等额享有，法院可以处置被执行人房屋 50% 的份额并应保障配偶的优先购买权。该配偶可在法院指定的期限内协议分割财产或者提出析产诉讼。其中，该配偶提出析产诉讼的，法院应中止执行。该配偶协议分割财产的，不得对抗法院对被执行人在夫妻共有财产中应享有部分的执行。

假如男方是房产 100% 的权利人，则涉案房产抵押担保有效，不良资产管理公司

作为债权人依旧对涉案房产抵押物折价、拍卖或者变卖所得价款享有优先受偿权。

即使债务人配偶女方一方抗辩表示涉及抵押房产的抵押合同和抵押登记应该由作为财产共有人的夫妻二人共同同意和签署才有效，若只有债务人男方一方参与签署和办理了涉案房产抵押合同和抵押登记手续，没有证据证明其配偶女方一方同意抵押事宜，因此主张涉案房产抵押担保无效，也将不被支持。

你可能觉得，在其配偶女方一方不知情的情况下，属于双方共同财产的房产却被卖掉了，确实不合情理。

其实，不是这样的。

《民法典》第217条规定："不动产权属证书是权利人享有该不动产物权的证明。"因此，根据《民法典》特权编及相关规定，不动产所有权证书或房屋权属证书是权利人享有房产物权（包括共有权）且具有公示效力的唯一证明。

若单从《房地产证》记载，抵押人即债务人男方是房产100%的权利人，虽然抵押人属于已婚人士，依据《民法典》婚姻编在配偶之间内部夫妻财产关系中，抵押房产可能属于夫妻共同财产，但抵押房产具有对外和公示法律效力的产权证明只能是《房地产证》所记载的100%权利人，即债务人/抵押人男方。

对于任何第三人来讲，抵押房产只属于抵押人自己完全所有，是唯一的产权人，这也不影响抵押人夫妻内部对该抵押房产的财产关系彼此的权益。房产也并非当然或者绝对属于夫妻共同财产，而是要取决于夫妻内部之间有无另行约定或变更约定。

外部第三人除了根据具有公示效力的房产登记证外，无法去判断和查证交易对方的内部婚姻家庭状况，也无法判断和查证交易对方夫妻之间关于财产关系的内部约定以及此类约定可能发生的变更。

因此，法院认定抵押合同的签署方是债务人男方本人，作为签约主体适格，没有其配偶的签字不影响合同法律效力。

抵押登记的义务人明确记载为债务人本人，房产在对外抵押交易中不存在产权登记上的夫妻共有人概念，也没有关于贷款人配偶其人必须作为抵押共同义务人的记载，所以抵押登记不因未经贷款人配偶其人签字而无效。

另外，通常在《最高额抵押合同》中有约定，债务人本人陈述和保证抵押物不属于共有财产，或虽属于共有财产但已就抵押事项征得共有人书面同意。

因此，即便涉案抵押房产在夫妻内部财产关系中属于或者可能属于共有财产时，取得其他共有人配偶其人的同意，也是债务人本人的义务及保证，而不属于债权人的责任。

（十四）房产抵押物涉及违建、化整为零分拆抵押，在处置中出现价值贬损风险

有一笔债权的抵押物为一大宗土地和地上一部分建筑物，包括合法报建、有产权证明的建筑物，以及违建部分建筑物。

在申请司法执行、拍卖抵押物时，拍卖款的价格里实际包含了违建部分建筑物估值。在法院分配拍卖回款时，不良资产管理公司通常只能就抵押物的执行回款金额获得优先受偿，而无法就违建部分建筑物的执行回款金额获得优先受偿，最终实际回款金额有可能低于债权收购成本，导致债权投资出现亏损。

若通过债权转让方式处置，不良资产管理公司也将面临如何处置违建部分建筑物的障碍。曾经就有债权意向投资人在尽调过程中受到了债务人的威胁和无理要求，表示若想要债务人协助配合处置违建部分建筑物，必须先要给付一定费用，不然此路不通。债务人的“狮子大开口”也导致债权意向投资人迟迟无法下定决心收购上述债权，导致债权处置久拖不决，债权投资出现亏损。

不良资产管理公司在收购时怎样防范上述风险？

或许，我们可以从商业银行如何对这类抵押物办理抵押登记的操作手法中获得启发。

商业银行在面对一栋楼房仅以部分楼层抵押，或者一间房屋抵押，但其占地面积远小于其土地证面积时，可以从以下几个方面办理土地抵押登记：（1）对于能够办理土地分割的，应要求抵押人先行办理土地证分割，化整为零，再办理房屋、土地的抵押登记。（2）对于不能办理土地分割的，若抵押人同意，应要求其将整栋楼的所占土地一并抵押。（3）对于不能办理土地分割的，若抵押人不同意，则应要求其到土地管理部门出具同意该栋楼房部分抵押的“抵押联系通知单”，并注明土地证号、抵押权人及抵押金额。

这样一来，抵押物的边界就清晰明了，在极端情况下就更容易实现处置变现。

站在恶意债务人的角度来看，曾经就有债务人在办理一栋楼房抵押时，故意将第一层、第四层、第七层抵押给A银行，将第二层、第五层、第八层抵押给B银行，将第三层、第六层抵押给C银行，或者将一块土地分割成小块，将互相不连接的土地打包抵押给单个银行，或者因为历史政策遗留问题，房产、土地登记在不同主体名下，房产证、土地证分别在房管局、国土局抵押给不同债权人，造成处置障碍。

这种“间隔式”“插花式”的抵押方式将导致在极端情况下，各家银行处置资产的成交价格极低，甚至无人竞买，最终由债务人或者其关联人再化零为整拿回来，逃废债的手段让人“叹为观止”。有的债务人还将大宗商业地产抵押物拆分成众多投资“门槛不高”的小单元，与周围商铺一并打通、装修、出租给他人经营，并将项目进

行包装、炒作成“收益高”的商业模型，然后将20年租赁权一次性卖给“众多”小业主，设置处置障碍。

地上物抵押但土地使用权未抵押，或者土地使用权抵押但地上物未抵押，抵押权如何实现?

根据物的不可分原则，主物用于抵押时，主物抵押的效力及于主物的从物。土地使用权用于抵押，它是主物，其地上建筑物为从物。土地使用权抵押的范围及于从物，即土地上的建筑物。土地上的建筑物用于抵押，它是主物，其所占用的土地为从物，土地上建筑物抵押的范围及于从物，即该建筑物所占用的土地使用权。抵押物中的主物与从物不可分原则是被立法所肯定的。

不良资产管理公司收购尽调及处置中应防范以上不动产抵押物涉及违建、化整为零分拆抵押，在处置中出现价值贬损风险。

（十五）质押物之应收账款收购处置风险

有一笔以应收账款质押的债权已获得法院一审判决，法院认为质权人、债务人依法办理了应收账款的质押登记，对于已登记的《质押合同》中，能够提供基础合同佐证的，明确应收账款的质权设立，并对此应收账款享有优先受偿权；但是，对于未能提供基础合同的应收账款，法院认为因未明确应收账款债务人、期限、数额等要素，属于约定不明，不具备实质上的质权成立条件，故认为质押未设立。

应收账款是经济生活中大量存在的一种债权，尤其在中小企业的企业资产中占据较大比重，应收账款质押是一种权利质押。

当质押物为应收账款时，不良资产管理公司应重点核实真实性、有效性和可追偿性，用于质押的应收账款必须具备可转让性、特定性、时效性。

可转让性，即用于设立质押的应收账款必须是依照法律和当事人约定允许转让的，而不是只及于合同双方。

特定性，亦即用于设立质押的应收账款的有关要素，包括金额、期限、支付方式、债务人的名称和地址、产生应收账款的基础合同、基础合同的履行程度等必须明确、具体和固定化。对质押合同关于用于质押的应收账款的描述，作出尽可能详尽的要求，否则在面临诉讼时，就可能得不到法院的支持。

时效性，即用于设定质押的应收账款债权必须尚未超过诉讼时效，并及时关注、及时督促出质人中断诉讼时效。

对于质押物为应收账款、应收票据等权利的，项目经理应重点分析并说明该质押标的真实性、质押权是否依法设立、质押标的是否存在重复质押、质押登记范围与质押合同是否一致、质押权是否已过行使时效等，并确保质押权的有效性和可追偿性。在此基础上，不良资产管理公司结合对实际兑付人的还款能力进行估值，若未能对上述信息进行核实的，建议不对该类应收账款估值。

特殊情况下，若质押的部分应收账款付款方为政府机关、事业单位、央企国企等，具有较大的还款可能性，不良资产管理公司应及时对这类应收账款进行财产保全，并调查应收账款是否真实、目前是否灭失、回款能否分辨等情况，及时推动处置。

（十六）破产程序中债权人解除抵押后丧失优先受偿权的风险

有一笔债权的债务人被裁定进入重整程序，重整方案能否顺利执行主要依赖对抵押土地进行政府收储。

根据法院裁定通过的重整计划，债务人偿债资出资人要为当地政府对债务人自有土地及厂房收储所得资金。

当时法院发函要求各家抵押权人解除抵押，结果除了其中一家不良资产管理公司照做之外，其他抵押权人均拒绝按法院通知解除抵押，导致无法按计划收储，重整计划实施受阻，进而导致债权人原定的处置进度被无限期搁置。

这家不良资产管理公司的抵押物在解除抵押后，存在被再次抵押的潜在风险，可能导致原本作为优先债权人的可受偿金额减损。

企业破产后，对债务人采取的保全措施要全部解除，但设定了担保的抵押物并非破产财产，是不能轻易解除抵押的。

《企业破产法》第37条规定："人民法院受理破产申请后，管理人可以通过清偿债务或者提供为债权人接受的担保，取回质物、留置物。前款规定的债务清偿或者替代担保，在质物或者留置物的价值低于被担保的债权额时，以该质物或者留置物当时的市场价值为限。"

因此，不良资产管理公司遇到这种情况，除了由管理人清偿债务之外，也可以由管理人提供可接受的担保条件，取回质物、留置物，还可以由政府出面协调各家抵押权人签订协议、共同行动，而非不明智地单独放弃抵押担保，失去抓手。

第四节　开源网络情报分析技术

对于不良资产行业来说，一个人的力量有时候是有限的，特殊机会常常稍纵即逝，只有在海量资讯、真假难辨的信息洪流中比别人先行一步，快速抓取重要信息，才能抢占先机。

一、怎样通过合法公开渠道快速获取情报信息？

开源网络情报（Internet Open Source Intelligence，INOSINT）是指在开源的互联网中从各种公开的信息资源中寻找和获取的有价值的情报，是当今情报工作的重要组成部分。

开源网络情报均通过合法公开渠道获取，通过财务报告、市场调查、剪报、贸易展示等公开来源获得有价值的信息，不采用入侵、拦截、破解、使用木马等非法手段。

开源网络情报属于公开源情报，即从公开媒体（报刊、电视、互联网等）收集和挖掘的情报。

美国“情报分析之父”谢尔曼·肯特曾说，情报界每天所使用的情报中，大约有80%来自公开来源，美国中央情报局（Central Intelligence Agency，CIA）就有专门设立网络情报相关部门（Center For Cyber Intelligence，CCI），也有专门的网络情报研究中心。在国内，有学者提出开源情报的占比甚至可以达到95%~98%。

除了在国防、安全方面广泛取得成效外，开源网络情报在商业方面也有极其广泛的应用，从贸易机构到金融机构，甚至是律师事务所均可利用开源网络情报产品来满足客户的需求。公司治理如同国家治理，需知己知彼、防控风险，特别是大公司，部门多、分支机构多、层次多、事务多，公司决策层无疑需要更广泛、更深入、更详细的信息。对重大客户、重大项目、主要竞争对手，公司更需高度关注，知其真相、明其隐情、观其态势、测其动向。因此，开源网络情报在商业决策和公司治理中发挥着重大作用。

在互联网时代，一方面是信息量大幅增加，另一方面是企业决策者仍饱受信息不对称的困扰。不良资产管理公司通过应用开源网络情报这种全新而有效的工作方法，能够在互联网的数据海洋中全面、深入、快速掌握各类相关信息，为调查者、决策者提供更多、更详实的相关信息，先人一步获取信息优势，减少决策障碍，降低投资、经营风险。

作为不良资产实操高手，应熟练掌握情报分析师的搜索技能，先人一步获取信息优势。

用大数据、大算力、强算法“喂养”出来的AI大模型工具，将成为不良资产从业人员更加友好的开源网络情报分析数据来源、辅助工具。

二、开源网络情报分析的应用场景

开源网络情报主要应用于公司背景的调查、投资项目的调查、竞争对手的调查、不良资产的调查、市场调查及公司舆情及传言调查等方面。对于不良资产从业人员来说，开源网络情报分析适合用于公司背景调查、投资项目调查、不良资产调查。

（一）公司主体调查

所谓公司调查，主要分为两个方面：一方面是对公司的基础信息展开调查，主要包括公司的基本数据，公司董事、监事和高级管理人员的基本信息和状况公司的相关联公司情况，法庭判决文书、开庭公告、行政处罚记录，企业社交媒体，企业生产经营状况、企业产品及服务的社会反响等几个方面。另一方面是对公司的深度调查。一般来说，公司深度调查是基于已掌握了目标公司的基础信息之后展开的调查，主要包括公司重大事件的调查，公司投资、收购、项目的调查等。

随着每年大批公司的成立，以及企业生产经营所处法律环境的不断完善，产生了诸如关联交易、产权变更、资产重组、债务重组等公司经营变化，大大催生了如监管部门、公司合作伙伴、公司客户、公司竞争对手等不同群体对公司的真实情况、真实背景调查需求。此外，基于各种不同的背景下一些公司，尤其是一些上市公司所处资本市场的特殊性、专业性和复杂性，他们在信息披露方面，往往采取“报喜不报忧”的态度。

非上市公司由于没有规定必须披露一定的公司相关数据，所以往往导致公司相关利益者对公司的真实情况知之甚少，从而造成不必要的损失。而对于上市公司，虽然受监管机构的监管，必须以定期报告和临时报告的形式，把公司及与公司相关的信息向投资人和社会公众公开披露，但很多上市公司往往踩着“擦边球”的界限，对影响公司的重大事项采取不公开或公开但不透露实情的态度，从而影响了投资人的利益。在这种情况下，对公司信息的真实度展开调查已变得越来越重要。

传统的公司调查信息获取渠道主要源于专有的线索渠道，如公司内部人员的泄露、专业人员的实地外访等。随着大数据的兴起，网络已逐渐让信息公开化、透明化，无论是公司的基础信息调查，还是公司某一事件的深度调查，我们都可以足不出户，利用开源网络上的信息和情报，就可以对公司主体展开调查。

（二）投资项目调查和分析

所谓投资项目调查和分析，是指以公司主体调查为基础，从第三方的角度，对项目的真实情况、投资风险、投资策略、投资前景和项目的投资价值、投资可行性进行客观、科学、公证的分析和论证。企业或者机构投资人在进行项目投资时，往往会经历项目挖掘、尽职调查、投资组合、价值创造以及投资的退出策略选择等流程。

对于企业来说，投资那些优质的项目才是推动企业发展的有利因素。

长久以来，分析师们如同情报界的侦探一般，经过大量缜密的调查和分析，发现公司的真实价值所在。在大量的工作和数据中，如何快速地搜集数据并作出决策是至关重要的。在大数据技术兴起之前，分析师们是用着传统的办法进行数据的收集，为自己的投资理念做支持：比如机械式地统计产品数量，一次又一次地与消费者和商家访谈，或者实地走访看剧院的上座率等，再结合各种新闻媒体的公开信息，用 Excel 计算和设计关键的计量指标来衡量项目资产价值、业务流程等。

近年来，关于投资项目的调查工作已经进入了大数据领域。《福布斯》杂志上曾经刊登过一句话：为了成功，CEO 们需要拥抱数据，并把它们作为一种资产，就像其他新产品、新服务一样有价值的资产。开源网络情报作为一种关键的资产，能够有效地帮助公司制定战略方针并付诸实践。

通过开源网络情报进行投资调查和分析主要有以下几步：项目初筛。投资人在投资初期，通过调查行业中类似企业的情况并总结合理的投资理论和投资体系，通过大量市场数据了解行业、筛选目标并设计出接近目标的方案。尽职调查。需要根据前期的调查结果，评估利润增长与成本削弱的可行性，挖掘运营数据与财务数据，描绘出目标企业的全系图景，确定出它的最大开发潜力，得出初步定价范围。在立项、尽职调查等工作之后，投融资双方便可根据谈好的条件拟定合同签约，完成投资的关键环节。之后，便是“投后”双方资源互动，直至退出。

利用开源网络情报对投资项目进行调查与分析，重点是对企业和个人已经投资项目的真实情况进行相关调查，从而发现已投项目目前存在的问题，以便做出相应的调整。其过程主要包括以下几点。

1. 对投资的项目进行总体分析

从项目的原始需求出发，对项目的财务、业务数据、市场情况等数据进行总量分析，对被分析的项目财务、业务状况有一个总体掌握。

2. 确定项目重点，调整资源分配

在了解项目总体情况的基础上，根据被分析项目的特点，通过开源网络情报的分析方法和技术，包括投资成本、市场价格趋势分析、对比分析等手段，合理地确定分析的重点，以便情报分析师做出正确的项目分析决策，调整人力、物力等资源以达到最佳状态。

3. 总结经验，建立模型

通过选取相关指标，针对不同的分析事项建立具体的分析模型，将主观的经验固化为客观的分析模型，从而逐渐完善未来类似项目实践中的数据分析，形成特定的经验模型。

以调查目标人物在中国投资经营的房地产项目及其项目实际情况为例。在开源网络上，从项目的原始需求出发，掌握目标人关联的公司及公司发展情况、股权情况、项目的一些财务及业务数据，企业及项目经营状况的调查、项目进展调查、民众态度调查等明确项目的总体情况。在此基础上，我们通过开源网络情报的分析方法和技术，调查分析得出结论：目标人一共在中国投资并经营了 N 个房地产项目，其中已建成的有某某购物中心、数码商场等，分别存在直接关系、间接关系。经过对投资项目的经营状况等相关的调查发现，某某房地产项目存在烂尾情况。这些通过开源获取的信息和分析结果为下一步的房地产投资决策提供了真实可靠的参考。

当然，开源网络情报技术也有局限性，比如有些投资项目需要 5 ~ 8 年才能变现，对这样的投资分别进行乐观、中性和悲观情景下的预测往往是不现实的。虽然来自社交媒体或者新闻的分析能为投资决策提供一定的帮助，但是这无法识别内部交易与重大货币政策的变化。大量非结构化的数据与来自不同渠道的“噪声”也会对开源情报的应用造成影响。因此，针对具体问题要具体分析，采用合适的分析方法。

（三）不良资产项目调查

不良资产的尽职调查是指通过各种手段和方法，判断主从债权的合法性、有效性及法律瑕疵，查明债权的诉讼或者执行状况，查询债权的背景，核实债务人的资产状况，罗列并剖析实现债权的障碍，判断债务人的还款能力、债权实现的可能性及可实现程度，从而为不良资产投资人合理判定债权资产价值、日后采取相应措施解决风险提供参考依据。其内容包括对债权情况的调查、对债务人的调查、对保证人的调查及对抵押物的调查。

收购不良资产的收益主要产生于收购时的价格折扣，不像股权投资、房地产投资等投资类别主要依靠后期增值，因此通过收购尽调确定不良资产的收购定价就必然成为决定投资不良资产成败的关键环节。

由于不良资产价值实现存在诸多的不确定性，对其尽职调查具有显著特点：一是信息不完整。由于不良资产形成过程时间长，出让前已经经过原商业银行等金融机构的多轮催收，管理人员多次交接，普遍存在与债务人联系不畅通、资料不全、相关人员表述差异大、诉讼或者执行状态不确定等问题。调查人员很难取得完整信息，只能在信息不对称的条件下做出判断。二是信息不对称。由于交易双方背景及资源不同、各自利益不同，往往各自得到的资产信息和对信息的理解也不同。这种信息不对称必然会导致交易双方地位不对等。收购方要尽可能避免被错误信息所误导，尽可能利用有利信息，以便使交易更加有利于自己。三是主观性较强。不良资产尽职调查的结论很大程度上取决于调查人员所采用的方法、经验以及专员判断能力，具有很强的主观性。在实操过程中，主要调查人员的专业能力起着很重要的作用，对调查结果及最后估值定价有很强的影响力。比如，在尽调一笔债权时，可以说意向买家很有诚意，也可以说意向买家随便问问；可以说抵押物的瑕疵非常大，以至于让人望而却步，也可以说抵押物的某个瑕疵较大但有解决办法，不影响处置变现；可以说债务人或者保证人的还款意愿良好、还款能力充足，也可以说债务人、保证人的还款意愿、还款能力不确定，只能依靠司法流程和强制执行现有抵押物实现回款。

基于以上几点，开源网络情报就主要解决了不良资产调查的信息不完整和信息不对称问题，根据现有信息开展深度调查工作，深度挖掘不良资产内部的真实情况，为收购不良资产提供更加妥善、完整的线索信息。

对不良资产调查项目，开源网络情报主要从以下几个方面展开调查。

1. 对债权资料的调查

根据债权人提供的贷款合同类及催收类资料，审阅借款、保证、抵质押合同、借款凭证、还款协议、承债协议、催收通知等，通过审查明确借款期限、诉讼时效期限、利息计算标准、借款用途、保证期间、保证责任方式、保证担保范围、抵押担保范围、抵押物是否登记等信息。

2. 对债务人、保证人的资产情况调查

对于债务人，需要调查的方面主要有债务人营业执照、成立文件及工商年检情况，债务企业性质、历史沿革；债务人治理架构、隶属关系和出资情况；债务人管理层和员工构成情况；债务人所在行业情况、自身技术装备水平、经营现状和发展前景；债务人近期经营成果、盈利情况及损益原因；债务人资产负债情况、资产实际使用情况和市场价值；债务人现金流情况、还款能力和还款意愿等。

对于这些信息，我们从开源的网络上就可以获取。我们从公司工商注册信息的网站、相关法律诉讼的网站、资产拍卖的网站、相关社交媒体网站等各类网站上就可以找到债务人、保证人的资产情况。

3. 对抵押及抵押物状况进行调查、分析

在开源网络上有很多相关的网站会及时对已经抵押的或者处于诉讼中的车辆、房产、土地等资产进行曝光，所以我们对财产线索包括抵押物状况展开调查在开源网络上就可以完成。

一般情况下，在这些相关网站，我们可以调查到抵押权属状况、抵押物有无查封情况、查封次序、查封期限等。我们在相关网站上通过对比其他同类资产的当前价值，就可以对抵押物所在地市场行情、现状及价值、司法拍卖可行性等进行分析并出具意见，从而为客户提供准确判断抵押物资产价值的依据。

三、开源网络情报分析常见数据源

对于开源网络情报来说，互联网信息所占比例已越来越大，但是网络提供大量廉价信息的同时，信息存在真真假假的问题。针对复杂多样的不良资产及交易对手，想要从海量信息中快速发现真实的、有价值的信息，并应用在工作中，需要对各种类型的数据源了如指掌。

（一）信息按照数据源的官方性质划分

可以分为三类：一是诸如各政府部门网站等官方数据源；二是企业或者其他组织官方网站等半官方数据源；三是包括社交媒体平台等非官方数据源。

（1）官方数据源。这类信息主要来自政府部门或者上市公司管理平台，比如自然资源部门户网站、银保监会官网（现为国家金融监督管理总局官网）、证券交易所官网等。官方数据源为了树立权威性地位，所公布的资料都会经过多方证实。官方数据源是情报分析师首要思考收集的一个源。

（2）半官方数据源。半官方数据源主要由目标自身、第三方平台等发布，主要分为三个方面：一是目标的官方网站，通常企业会发布对自身有利的信息；二是百度百科等第三方平台，多人编写、多人审核，随时更新；三是知名的新闻媒体，比如人民网、搜狐、腾讯等。

（3）非官方的数据源。这类信息主要来自于社交媒体平台，比如微博、微信、QQ、知乎、抖音、论坛等。

（二）信息按照资源类型划分

可以分为网站（公司官网、网上商业平台、员工评论网站等）、论坛和博客（商业论坛）、社交网络（领英等）、公众记录和政府统计数据、网上数据库、网络工具（地图平台）等。

（1）网站、论坛和博客。这类信息里面的评价和介绍能让情报分析师很好地了解调查人物背景和规划任务的思路，同时，网站、论坛和博客会提到其他相关的数据源、其他网站、论坛和相关人物，有助于扩展调查思路。为了确认所引用数据的有效性，可以从这几方面来考虑：谁在运作这些网站？这些网站有哪些任务？这些内容是否太过于理想？是否真实？这上面的信息是什么时候发布的？

（2）社交媒体信息。情报分析师可以追踪媒体信息中人们都说了些什么内容，去除那些带有私人情绪的信息；辨识和监控社交媒体时间的相关关键人物，从而了解其行为背后的目的；弄清楚目标人物与企业是否存在关联关系，分析相关人物的行为目的；发现调查对象的日常自拍照片、视频，了解其地理位置及动向。

（3）公众记录。使用公众记录信息有利于调查、收集权威信息，背景调查，比如从裁判文书网可以查询到目标任务的涉诉信息，从工商信息、招投标信息、知识产权信息可以了解其经营信息，还可以了解其个人记录、个人地址、联系信息、生日记录、婚配、文凭、商业记录、房地产信息、专业证书信息、破产信息、犯罪记录、财产交易记录等。

（4）网上数据库。这类数据包括学术数据库、航班信息、航运信息、网购信息、打卡轨迹等，这些网上数据库让数据唾手可得。

（5）网络工具。网络工具包括搜索引擎、新闻网站、资料搜索工具、爬虫工具、搜索定位工具等，情报分析师通过熟练掌握这些针对性的不同用途的工具可以起到事半功倍的效果。

（三）信息按照调查的项目类别划分

针对人物调查、公司调查、舆情调查、市场调查、群体事件等调查，需要用到不同的数据源。以不良资产行业常用到的任务调查和公司调查为例。

1. 人物调查的数据源

通常在做人物调查项目时，需要对目标人物进行自画像，需要对其住址、身份证、手机号、家属、社交圈、人物肖像、专业背景、文字记录等人物要素进行调查。

很多人喜欢把自己的真实照片作为社交媒体的头像；发布动态时也会打上定位，展现出最近的状态和活动轨迹；通过好友对他的留言和评论，可以获知他的生日、家人甚至更多的信息；通过领英等职场社交软件，可以获知其工作单位；通过发布的日常照片、短视频，可以知道其工作、生活环境，所在地址甚至楼层等信息。若目标人物小有名气，也可以通过搜索引擎、百科、财经资讯网站等获取相关信息。比如，通过裁判文书网可以了解目标人物名下资产信息、诉讼信息等。

2. 公司调查数据源

在公司调查中，通常需要对公司的基本情况、历史沿革、股权结构、对外投资、高管信息、变更记录、主要业务、客户与供应商、财务信息、重要合同和协议、重大资产、项目信息、诉讼和行政处罚、关联关系甚至是竞争对手等进行调查。

若是目标对象是上市公司，可以通过季报、半年报、年报查询到经营信息、财务信息、项目信息、客户信息等。

在搜索中，对关键词的选取一定要精准才能搜索到有用的信息。

四、常用搜索方法与路径

（一）重新认识搜商

深处万物互联时代，不怕你找不到，就怕你想不到，搜商非常重要，好的搜索能力可以帮你省时间。

搜商也叫搜索智力，是指通过某种手段获取有用信息的能力，与智商、情商并称人类三种智力因素。

搜索技能每天都要用，但是大部分人水平一般，还有很大的提升空间，这属于“互联网时代必备技能”。

你可能会说，搜索还需要什么技术吗？不就是百度一下吗？有什么难的？

其实，真没这么简单。比如说，若你想要找“不良资产行业年度分析”，你会怎么找、去哪里找？怎么确定自己找到的东西是正确的？也许你要去百度一条条点开，用 1 个小时搜索到一堆网页，随便在一个网页点开仔细浏览一遍，至少又 1 小时；但是擅长搜索的人可能 3 分钟就能找到来自官方、权威的、排好版的漂亮的 PDF 文件或者精准信息。

职场上最忌讳的一件事就是做伸手党，遇到问题不思考就去找别人，这不是求助而是甩锅。所以，发起求助的基本前提，就是把自己能做的基础功课做在前面，详细搜索并了解所要解决的问题，针对真正需要解决的关键问题给出备选的答案，让对方觉得帮你只是举手之劳。

现在，我们每个人每天至少要搜索 10 次，这里面暗藏的时间差、效率差和信息差，日积月累下来会对时间造成一种可怕的浪费。

搜商有三个核心：搜索意识、搜索渠道和搜索技术。

（1）搜索意识，是指在现实看上去无望的情况下，坚信有一个万物皆有路径且可达到的信念，然后分析到底需要什么及其获得路径，越具体、越清晰越好，按照概率高低程度逐个验证。“大胆假设、小心求证”。

（2）搜索渠道不是在全网大海捞针一样找资料，而是利用一些专业平台和渠道实现快速、高效、优质查询。一般专业信息会集中在专业搜索引擎、商业数据库、学术数据库、共享文库四种地方。

不同搜索引擎会有不同的特色。比如，搜狗搜索可以查询到知乎、微信内容；必应支持多种语言搜索，具有科技信息领域的高质量内容。每个领域、每个行业都有自己的数据库，比如国内的商业数据可以找到的锐思、万德，国外的商业数据可以找彭博、路透社等；学术数据库有知网、万方、国图、维普；国外的 EBSCO 等；共享文库有百度文库、豆丁文库、爱问文库等。

（3）搜技术可以慢慢提升，渠道可以慢慢找，但是关键还要有一种在没有看到答案之前，精确地知道自己想要什么的能力和思维。

（二）搜索技术

古语云“有的放矢”，有了搜索目标，需要根据待解决问题创建一个明确且可操作的搜索计划，再利用高级搜索技巧，走上捷径，快速抵达。

1. 词组使用“”

在搜索的时候，若希望搜索结果中包含两个以上连续出现的单词，即词组，那就用双引号将这几个单词引起来后再在搜索引擎上搜索，比如“不良资产”。

值得注意的是，加不加双引号差别是巨大的，若不加的话会自动把不良、资产拆开来，找到的内容很散，只有包含“不良资产”连在一起完整的几个字的内容才能显现。

2. 同时包含用“ + ”

若在搜索一个关键词或者词组的同时，希望网页返回的结果里面同时包含了其他单词，即同时包含，在搜索引擎上搜索的语法是“ + ”关键词。比如，想搜索广东省的银行不良资产信息，则写法就是“广东” + “银行” + “不良资产”。

若想要更加精准搜索到相关信息，可以对关键词进行排列组合，并对搜索到相关信息加以引用，继续搜索来矫正关键词。

3. 同时不包含用“ – ”

若在搜索的结果中出现了一些杂乱的、干扰的、不想要的信息，如何令搜索引擎排除掉？需要用到同时不包含的语法“ – ”。比如，在搜索不良资产的同时，不希望出现某个银行的字眼，则写法就是“不良资产” – “某某银行”，找出来的内容就自动跳过了所有需要排除的内容。

4. 指定 filetype，搜索指定文件类型 ppt、doc、xls、pdf

直接搜索“不良资产年度报告 filetype：pdf”，搜出来的结果就是 PDF 文件类型的文档。

5. 用 site 语法在指定网站搜索

在搜索引擎中，可限定搜索范围限制在网页标题中，定位搜索源。比如，键入“不良资产 空格 site：sina. com”，则在 sina. com 搜索有关不良资产的一些资料信息。其他的网址诸如原银保监会官网 cbirc. gov. cn 操作方法一样，注意网站名称也不用加 www。

6. 用 intitle 语法在标题中筛选

在搜索引擎中键入“不良资产”有成百上千万的搜索量，但若输入“intitle：不良资产”，则只有标题中含有“不良资产”网页才会出现，只有几千个，一下少了近一万倍。

7. 使用网页快照、缓存查找被删除、转移的网页

搜索引擎在收录网页时，对网页会进行备份，存在自己的服务器缓存里，被称为网页快照。

当搜索到的网页被删除、被转移或者为死链接时，若直接点击链接是无法查看网页内容的，但是通过网页快照直接从搜索引擎数据库的存储中调出网页的存档文件，并不实际连接到网页所在的网站。而且这种直接访问搜索引擎数据库的方式，比直接访问所在站点更加安全，可以避免网页内嵌的木马、病毒的威胁，甚至有些情况下读取网页的速度通常也更快。

8. 多个数据源同时使用，兼听则明

不同搜索引擎的排序规则不同，收录网站的方法也不同，没有一个搜索引擎能够搜索互联网上的全部信息，因此同时使用多个搜索引擎能够弥补单个搜索引擎信息不足的缺陷，最大限度保证查全率，避免遗漏某些重要信息。有些小工具能够实现同个关键词在多个搜索引擎上同时进行搜索。

每个网民都有多个社交媒体账号，因此在社交媒体上搜索信息时，尽量选择多个数据源，多在不同的社交媒体平台上搜索信息，避免信息收集不完善或者信息收集偏离真实性。

9. 使用爬虫软件

爬虫技术是一种能够帮助我们在互联网上从无数网页包含的海量信息中提取投资者感兴趣、有价值的内容的高效率技术手段，可以自动获取网页信息并按照指定规则提取相应内容。

互联网数据形式日益丰富、网络技术不断发展，图片、数据库、音频、视频等不同数据大量出现，搜索引擎往往对这类信息含量密集且具有一定结构的数据无能为力，

利用有限的搜索引擎服务器资源不能很好地发现和获取这些数据，而且难以支撑根据语义信息提出的查询。

为了更高效、便捷地搜索目标数据，推荐使用定向抓取相关网页资源的爬虫软件。比如，能够准确抓取、处理、分析、挖掘数据的火车头采集器，可视化免编程的八爪鱼采集器，等等。

第四部分

高 手 素 养

大前研一在《专业主义》一书中认为，专业技能和职业素质是竞争获胜的根本。

第一节　高手定位——U 盘化生存，做自己的 CEO

一位人力资源专家说："人到了 35 岁，就不应该再找工作了。"

这话也太残酷了！脑科学说，人脑的很多功能在 40 岁时才达到巅峰状态。40 岁的大脑青春正好，怎么就说 35 岁的肉身宝刀已老？

这位人力资源专家解释说，那些写在招聘启事上的条件，都是最基本的入门门槛。哪怕你是名校毕业，英语六级甚至有专业八级，拿到各种所需要的职业证书，该会的软件也都非常熟练，看上去每一条都符合招聘条件，但是现在竞争这么激烈，能达到这个门槛的候选人越来越年轻。若对着招聘启事选人，选人时肯定是越年轻越好，因为可塑性强；而对于 35 岁以上的人来说，公司想要的那些东西，可能就不会写在招聘启事上。所以，这位专家所谓的"35 岁不该来找工作"，更准确的表达是："人到了 35 岁，就不该再用标准化、同质化的硬技能当成自己的竞争优势和核心能力去找工作了。"

在日本动漫《赌博启示录》里有一句话："在人生的岔路上，总是将判断交给他人，随波逐流地活着，这样的傻瓜无可救药。"

那些能从 35 岁困境里走出来的人，可能是因为人格魅力，能团结号召很多跟随者；可能是因为勤于输出知识或者经验，在同行或者粉丝群体中颇有声望；可能是个人视野超出行业本身，足以在某个细分赛道里独当一面、应对更多新挑战。总之，这样的人即使要找工作，要么有猎头来挖，要么有圈内朋友介绍，而确实不需要大海捞针四处投简历了。

只对工作负责的“铁饭碗”时代变了，对自己负全责的“终身学习”时代方兴未艾。不管你是否愿意，你都被卷进了“无限责任时代”。每个人都是自己这家“个人独资企业”的 CEO，承担你自己这家独立公司全部的风险和收益。

前一秒，你还守着一份人人羡慕的工作，由老板安排目标，由主管分解和分派任务，然后下属负责执行，享受着事少、钱多、离家近的状态；后一秒就可能因为工作失误、业务下滑或者公司降本增效等被迫“毕业”。谁敢说自己能稳稳当当地一直捧着“铁饭碗”，组织就一定可靠稳妥？甚至连公司、平台下一刻能不能活下去都不确定。

假如你单纯在一个组织里面，衡量你个人价值的唯一尺度可能是某位领导的评价，而破解困境局面的路径是提升专业技能、职业素质，借助互联网环境下无数节点自由链接的市场定价机制，塑造个人品牌。

你必须能够尽可能全面、理性、深度地去看待世界，发现问题、定义问题、分析问题，提升认知思维与能力；你要快速成长，能够以足够专业的行业专家身份，为客户提供服务，协调沟通，争取客户满意；你要一个人主动管理整个项目，从立项、规划到执行收尾，收集资源、整合资源、运用资源；你要持续、稳定地创造作品或者成果，多参加行业活动和圈子沙龙，多发表自己的反思与见解；你要不断去放大你的 IP，让有需求的人知道你、联系你、找你合作，完成链接并交付成果。

总之，你必须像经营公司一样经营自己：扬长避短，持续加强长板，提升自己的专业能力，塑造自己的产品和品牌，呵护自己的名声，构建自己的合作方式和社会关系优势，获得客户长期信任，聚焦于投入产出更高的市场。

然后，通过输出专业知识、积累自身信用，逐渐和客户结成更稳固的信任关系，成为他未来精神世界的“可信知识供应商”或者“幕僚”。当他在将来遇到某个领域的问题时，会再次上门找到你，读你的书，上你的课，看你的视频，向你请教，有好项目时抢着找你合作，或者向别人推荐你。

这是一种 U 盘化生存方式，总结起来就 16 个字：“自带信息，不装系统，随时插拔，自由协作。”简单地说，一个人的知识技能就有点像 U 盘，没有广泛的用处，但它有一个独特的社会节点的价值，随时随地插拔到各种系统上，插到哪儿它都可以运作。

U 盘化生存方式，让你作为一个有一技之长的手艺人与这个社会进行自由协作，而市场会给你一个公道的价格。

若你感觉到自己已经技能固化，跨行改行有难度怎么办？

硅谷顶级投资人纳瓦尔说：高手有魄力把一切推倒重来，带着初学者的心态回到起点，重新开始。想象一下，当你找到一座山并且开始攀登，历经一路挫折和汗水，好不容易爬过了三分之二的路程时，却看到山顶还在另一个方向遥远的地方。处在高处却再也不能继续剩下的攀登之路了，怎么办？你必须要回到山脚，重新寻找另一条路。其实，没有人想重头来过，重新开始寻找新的道路是非常痛苦的，但这可能是最好的办法。

用华杉老师的话说，所有的事都是一件事。专注做好一个领域的事情，打磨一门手艺，把同一件事做好，坚持长期主义，意味着我们要基于长期作决策，持续地、不断叠加地提升个人能力，我们的进步也就比别人快，进而构成自己的增强回路。

如果你考虑今后一年干什么，你马上就会想到有很多的竞争对手。但是，如果你考虑三年以后干什么，你会发现你的对手就少多了。如果你思考的是五年、七年，甚至十年以后，你该做什么，你就想不起来谁是你的对手。你要甘愿在很长一段时间被别人误解，因为如果你做的事情所有人都能理解，那么你肯定没有在创新。

第二节　实操高手的“十大心法”

一、知识迁移与躬身入局

一个人知识技能迁移能力的不同，决定了他们不同的发展轨迹。

现代社会变化越快，知识迁移能力的决定作用就越大。比如，十多年前，一名会计若能够娴熟地出具财务报表，而且具有识别假发票的火眼金睛，那他对公司的价值很高。但十多年后，财务软件可以越来越智能地出具财务报表，电子发票也不再需要辨别真伪，这名会计是否还能持续为公司创造价值，就取决于他知识技能的迁移能力如何。

以修车为例，在过去你去修燃油车，可以随便找个路边的修理厂维修，通常做的是机油、三滤、皮带、发动机等常规保养项目，维修师傅是拿着扳手修车；而现在，由于新能源车的很多功能由软件控制，你只能去厂商授权的修车店而不能随便到路边的修理厂，维修师傅不仅要精通电路，而且要熟练用软件对传感器和摄像头进行校准，甚至还得拿着平板电脑靠编程修车。一方面，只懂得燃油车维修的师傅收入在减少，下班之后还得去接代驾、跑腿的活儿来补贴家用；另一方面，掌握新能源车维修技术的师傅越来越紧缺。对于燃油车维修师傅来说，要么主动跟上，把修车知识技能迁移到新能源车维修中，要么等着被淘汰、改行。

一样都是修车师傅，为什么后来的发展路径迥异？

抛开运气因素不谈，那些能够顺势而上的人会持续拓展思维能力、提高业务水平，能够躬身入局、适应环境，把修车这门手艺中的知识和技能、思维能力完全迁移到其他场景。而那些跌落凡尘的人，只会按部就班学会单一技能，这也是他们技能的全部，离开具体应用场景就如英雄无用武之地了。

我们在某个特定岗位上积累的知识技能该怎样迁移？以银行贷款客户经理为例：

第一，对自己“已知”的东西进行梳理，“温故而知新”。

举个例子，一个银行贷款客户经理想入行不良资产行业，不是一头扎进去研究不良资产怎样募投管退，而是先梳理自己“已知”的部分：关于贷前调查、贷后管理，我知道什么？比如，企业的经营现金流是生命线，第一还款来源要可实现可操作，第二还款来源要可控制可推动，债务逾期后有哪些抓手，等等。再去学习不良资产的募投管退，就会更加清楚资产与资金的转换关系，债务人的前世今生、历史沿革。换一种视角让项目经理看得更加通透、全面。

把“已知”的部分梳理得越清楚，学习新知识时花的时间就越少、理解就深刻，知识技能的迁移就越容易发生。

第二，把从一个情景中学到的知识，应用到尽可能多的情景中去。

比如，从银行贷款客户经理到不良资产从业人员的迁移属于“近迁移”，都是类似债权债务关系的处理。

接下来，我们要把这个知识迁移到尽可能多的情景中：对不良资产实施法律清收能不能用？设计债务重组方案时能不能用？从事企业债权债务咨询时能不能用？从事财务融资顾问能不能用？

一个知识用于越多的情景，你就越能体会在不同条件下运用这个知识的差异，你对这个知识的迁移能力也就越强。

第三，对知识做更高层次的抽象。

如何做“远迁移”？比如，银行贷款客户经理能不能做企业管理类讲师、管理咨询顾问。

企业管理类讲师跟银行贷款客户经理的工作内容、能力、经验完全不同，不可能直接拿过来用。但是，你可以对银行贷款客户经理的知识做抽象，比如，怎样尽职调查企业的财务、法律、业务？怎样处理客户投诉？怎样让客户导向行动？怎样识别企业的潜在风险和问题？怎样给客户解决方案建议？你看，一旦把银行贷款客户经理工作中学到的知识抽象到这个程度，它们就完全可以用到企业管理类讲师工作中。

若你能在这个基础上进一步抽象：怎样识别一个人的基本性格特征？人性的根本

弱点有哪些？说服他人的认知心理学是什么？这些是一个企业管理者需要具备的知识。也就是说，你抽象出来的规律越接近本质，越符合“第一性原理”，你能跨越的岗位和行业的幅度就越大，上升空间也就越大。

躬身入局者，他们总是先以自己为道路，再为后来者开路；用亲身经历当养分，用敬业态度对待每一个项目。他们不满足于自身现状，对工作精益求精，追求标准更高、效率更快、能力更强。

稻盛和夫在《干法》中提出了这样一个观点：我们必须真正理解工作的意义，树立正确的工作观，才能够获得事业的成功和人生的幸福。他的工作观是：第一，工作的根本意义在于，磨炼灵魂，提升心志，掌握人生的主导权；第二，在精神上，要爱上你的工作，对成功有强烈的渴望；第三，在行动上，要付出不亚于任何人的努力，力求做到完美。

《曾文正公嘉言钞》里录了曾国藩金句：敬字、恒字二端，是彻始彻终工夫。鄙人生平欠此二字，至今老而无成，深自悔憾。说的是“敬”和“恒”是两个最重要的修炼方法，但曾国藩评价自己，说今生欠这两个字，所以老而无成，自己非常后悔。

“敬”是敬天悯人，尊重常识和积累，尊重事实，不走捷径。“临事静对猛虎，事了闲看落花”，就是说，你遇上事应沉着冷静，如临深渊，如履薄冰，事完了就该看看花，“事了拂衣去，深藏功与名”。

“恒”是在对事上，坚持投入时间和精力，几年甚至几十年如一日，不求速效，不着急。若立志不朽，就要拿出一辈子的时间。

二、主动作为，培养微习惯，自我定义目标，不被困难定义

犹太法学博士埃利泽曾说，真理就像散落在地上的石子，到处都是，人们想捡起这些石子，只需弯下腰去。可问题是很多人连腰都不想弯。

我们现在所处的时代，比历史上任何时代都更需要主动性，因为变化太快，只有主动适应环境，才能生存和发展。

没有主动性的企业，很快就会被淘汰；同样，没有主动性的个人，处境会越来越艰难，因为我们从事的行业消失的速度远比我们想象得快。

很多时候，事情能不能做成，问题能不能解决，取决于做事情的人是否有主动性。主动创造环境，不能等分配工作，自动自发反而最节省时间和精力，然后可以去做自己喜欢研究的方向。

在这种情况下，主动性是第一位的，个人的本事反倒是第二位的。主动做事的收益或许不会在一两天内显现出来，但是长期坚持下来，主动做事的人就能和其他人拉

开距离。

主动作为，自我定义目标，辨别工作的优先级。假如每天所面对的工作场景、工作任务以天为单位在不断变化，没有主线和主见，很容易疲于奔命，丢掉那些不紧急但真正重要的任务。所有的适应性学习，都是短视的，都只能给你局部的和当下的反馈，你根据这个做出来的调整，当然也就是局部的和短暂的。最典型的例子就是某个别上市公司的管理者，为了股价好看，逼自己每一年，甚至是每个季度都要保持利润增长，结果反而没有长期增长的新引擎，每一步都很满足，最后却落得没有未来。

怎样主动作为，实现事半功倍？自我驱动、自动自发，而非等待指令、被动反应。

（1）凡做事，必有方法。做一件不应该按部就班，依赖拍脑袋灵感式的应激打法，而应该让自己思考和提炼出科学的方法、基本流程、通用原则等知识资产，追求可复制、可叠加的科学式打法。比如，遇到某一种特殊类型的不良资产评估任务，不熟悉如何评估，是选择钻研透彻、掌握方法甚至能够举一反三，还是仅仅做好这次报告，草草了事？

（2）凡方法，必找原理。类似的报审项目，别的通过，这笔却被否。当收到反馈时，做这样的一系列思考：为什么这个方案有效或无效？其他人或者我做对了什么？构成这个结果的因素有哪些？哪个是最核心的？通过反复追问，把本质问题提炼出来，让打法可复制。

（3）凡事项，必拉清单。使用清单，目的是避免那些明明可以规避的无能之错。通过执行清单，核查清单以及沟通清单，来应对简单的问题、复杂的问题以及那些不确定性的极端复杂问题。节约有限的脑力，不让大脑被繁杂的检查项目所占据，而是释放出来处理更加重要的问题。比如，法律尽职调查清单、估值定价清单、收购方案统筹实施清单、投后经营管理与法律维权清单等。

（4）凡事后，必做复盘。没有复盘的做事，是无法产生积累效应的，经验无法沉淀下来，永远都是低水平的重复。不仅对已经做过的行动复盘，对未做过的可能风险行为也要复盘，有则改之无则加勉。

（5）凡复盘，必有迭代。不追求一步登天，但今天要比昨天好，明天要比今天好，这次要比上次好，刻意地去拔高，每天进步一点点，精益求精，锲而不舍，金石可镂。

怎样克服懒惰本能，培养主动作为、定义目标的习惯？

有这么一个比方，一个顶级的民间高手碰到最差的职业选手，也会被打得落花流水。

为什么？因为顶级的民间高手所谓的玩法都是下意识反应，而真正的职业运动员会拿出他们明确指令后的反下意识动作进行对抗。

斯蒂芬·盖斯创作的号称“最简洁的自我管理法则”《微习惯》这本书里说，通常培养习惯有两个策略：给自己打鸡血的动力策略和咬牙坚持的意志力策略，但可惜的是长期看来都不靠谱、不奏效。习惯阻力依然存在，行动启动前没勇气行动，行动开始之后坚持不下去。

这个问题的解决方案就是培养微习惯。所谓微习惯，就是若你想培养一个新习惯，那么微习惯就是把你这个习惯大幅缩减的版本，也就是说要把习惯缩小，而且要小到不可思议为止，会让大脑认为它真的毫无威胁，也让自身的精力水平和动力完全碾压、忽略不计，利用大脑的规律去启动身体采取行动的步骤，阻力就在这个过程中不知不觉地被克服。

笔者亲测有效的一个微习惯是在开始任何工作之前，先问自己三个问题：做这件事的目标是什么？这件事的“客户”是谁？遇到问题，可以向谁求助？

第一个问题：做这件事的目标是什么？也就是这件事是为了解决什么问题？做“成”这件事的标准是什么？从此时此刻的起点开始，我要到达哪个终点？怎么达到才是最优路线？自发和主动地思考这个问题，是为了演绎出究竟有多少种方法可以实现目标，比如债权价值实现的路径有和解、代偿、代位、执行抵押物回款、抵押物抵债等。在做事时，若一条路走不通，也不至于原地打转，而是立即可以试试新路径。

第二个问题：这件事的“客户”是谁？也就是自己做这件事的时候，要服务的对象是谁？

有明确的“对象感”，可以让我们去跟“验收人”、客户、服务对象不断对标、调整、迭代，做事的尺度和方式方法要以服务对象的问题被彻底解决且服务对象的感受良好为标准。比如，为了排除重整障碍，如何在破产重整中平衡和匹配破产管理人、债权人、债务企业、重整投资人等各方的利益诉求？

第三个问题：若我遇到问题，可以向谁求助，寻求建议？

先自助，后求助，要求凡事不做伸手党，向别人求助时不要空手求教，而是要带着自己的初步想法，通过公开搜索初步了解前因后果，提出正确的问题，等于解决了一大半的问题。只有你先有了自己的想法，别人才能有针对性地在关键点上提供帮助。同时，你也才能对比自己的方案和专家的方案，从中找到自己的不足和值得学习改进之处。

在大多数情况下给他人做反馈都不应该是简单粗暴的“不行”，而是从正向、积极、促成的立场思考问题，立足于“怎么能行”。

不要问“这件事怎么办”，而要问“这件事的背景是怎样，我已经做了什么，有一个具体的问题需要帮助”。

不要问“你能帮我解决吗”，而要问“你有解决类似问题的经验吗？我请教学习一下”。

不要说“那算了我再想想办法”，而要问“你还能想起来谁有可能知道怎么办吗？随时想起来请随时告诉我，我去请教”。最后，请你感受一下在请教问题时，说“还有吗？”与“还有呢？”的区别。

三、越满足越要三省吾身——对思之再思

《论语·学而》中论道：“吾日三省吾身：为人谋而不忠乎？与朋友交而不信乎？传不习乎？”

你平时反思吗？你是怎么反思的？

你可能会说，在一天或者一周结束，或者，你做完了一个项目，你会进行反思。这也是大多数人对反思的理解，就是回头看。

心理学家指出，我们进行思考的时候，跟进行体力劳动一样，应用的是“最省力法则”或者叫“认知吝啬鬼”，就是怎么省事怎么来。一个人不能靠人生第一份功劳吃一辈子，也不能用一年的工作经验混很多年。哪怕你已经完全能够理解各种处置方法、走通处置流程，但是仍然可以不断思考新方法、想象新路径，精益求精、不断优化，哪怕暂时用不上。比如，怎样才能推进抵押物实现“多快好省”地成交？经过观察，你会发现挂牌价不是越高越好，透明的资产低的起拍价往往带来市场参与热度，不透明的资产反而可以精准定价一步到位。

在反思这件事情上，那些不良资产实操高手跟多数人做的不一样。

第一，高手们不仅是通过在事后、在行动之后回头看来反思，而是在行动之前或者在行动的同时就进行反思。

曾经问一个高手，你平时是怎么反思的？我在想，他会不会说每天结束、反思一下当天的工作？结果出人意料，他说，“我时时刻刻都在反思。比如我刚才就在反思，我对这个问题还有没有更好的解决方案”。他既在行动，也在反思，在行动的同时反思。

海菲兹对在行动中反思，专门有个术语叫作“走上看台”，这是个比喻，也可以理解为放下情感、抽身而出、换位思考。我们行动的时候，就好像运动员在球场上打球一样，往往是看不清比赛的整体情况的。若你在看台上，你会比在球场上对比赛看得其实更清楚。因此，你在球场上打球的同时，还能够同时走上看台；你在不良资产业务实操过程中，还能够从风险管理审查角度反思项目风险，从合作伙伴角度反思投资回报。这种能力，就是在行动中反思。

第二，即使回头看，高手们也跟一般人不一样。

反思的本质是五个字，对思之再思。再思就是：这种思考方式正确吗？完整吗？还有没有另一种思考方式？还有没有更好的方法？

看公式：思 + 再思 = 反思。

怎样做到对思之再思？

有个方法叫作预演失败，也叫作“事前尸检”。

假如马上要开始一个大项目，已经定好投资行动方案了。现在开个会，给每个人发一些白纸。假如项目到期已经完全失败了，不知道具体原因。现在你认为这个项目最终失败的原因是什么，然后把所有原因集中一下，讨论出相应的解决方案。不良资产业务实操中，如何设计与优化交易结构是一种思考，从风险管理审查角度观察交易结构是否合理并及时调整是进行再思，对思之再思。

四、聪明地工作——项目复盘、及时止损

古希腊德尔斐的阿波罗神庙上刻着一句话：“认识你自己。”

复盘会是一个非常重要的知识资产沉淀形式。很多人一直到付出了惨痛的代价、教训，心痛甚至绝望时，才开始去领悟、去改变，可惜的是大部分项目经理没有去沉淀这种真金白银打水漂、血泪教训换来的知识资产。曾经有一家不良资产管理公司每收购一个资产包就会开一次复盘会，分析报价依据明细，分析中标的原因，分析未中标的差距点，本来是一件好事。结果，在突然买了一个报价金额极高的大资产包之后，再也没有复盘会了，也许是担心把复盘会开成对主要决策者的“批斗会”。《张一鸣管理日志》中写道，张一鸣一开始也没有重视“做决定”这件事，以致于很多时候，他们被问到当时为什么这么选的时候，经常听到：当时也没怎么想；忘记是怎么想的；开始这么想的，后来却那样办了；来不及想。当张一鸣听到 Formalize decision - making process 的说法，即让决策过程形式化，于是开始尝试将决策作为一个明确的过程认真对待，并对重要决策记录以复盘，以认识自己。

复盘的目的是成为改进者。当你在工作中做重复的事情时，试着用不同的办法去做，找到更好的办法。比如，每一次在客户拜访结束之后，或者是项目研讨会议结束之后，在与团队一起复盘时，可以反问：我们这一次做得好的地方有哪些？请举出三个我们的“长处”。我们这一次还可以改进的地方有哪些？请举出两个“短处”。这种复盘法称为“三长两短法”，之所以长处要多于短处，是要让项目经理在潜意识里不被一时的困难所吓倒，而不是过多地被自己的短板牵扯精力、打击士气。

若把不良资产收购处置工作想象成一款动作类游戏，你遇到障碍物的时候，那就

该跳，遇到敌人，就该射击。障碍物和敌人的特征和类别，其实是有规律性的。若你经常性地去总结，你就能拨云见雾、胸有成竹，找到应对纷繁复杂场景的有效套路。

不总结不复盘的人，就容易“同一个坑摔两次”，而你就相当于多了很多次存档、读档、再来的机会，“记吃不记打”。

任何行业，要想提升工作业绩，其实无外乎四种思路：选择比以前多一些、速度上快一些、质量上好一些，或者成本上省一些。也就是俗话说的多、快、好、省。

怎么去找到能够提升的点？以不良资产行业为例，和你分享一个“why－why 分析法”。也就是对一个问题，连续进行追问“why——为什么”，直到找到真正的原因为止，进而通过改进、优化、提高，得到不同的结果。

不良资产管理公司普遍面临资产去化难题，很多人认为既然是批发模式，那就肯定有积压的存货，这听起来也是理所当然的。

为什么我们的不良资产难以处置去化？

那因为找不到人买，受众少。

为什么找不到人买？

因为资产成本高、价格贵，不良资产意向投资人买不起或者观望看跌。

为什么我们的资产成本高、价格贵？

因为收购时的市场热度高，非理性竞价追涨导致报价高，资产管理公司高位接盘。由于经济下滑，不良资产意向投资人的报价逐渐回归理性，纷纷表示买不起或者观望看跌。

为什么不良资产意向投资人买不起或者观望看跌？

因为不良资产管理公司不愿亏损转让，没有给不良资产意向投资人让利，他们考虑到未来市场预期不确定性，虽然有“一技傍身”但仍然不敢出手，只能暂且观望。若不良资产意向投资人允许分期付款支付债权，或者提供融资支持，他们就能买得起，增加出手的可能性。

为什么不良资产管理公司曾经很长一段时间内未普及由意向投资人分期付款支付债权或者提供融资支持？

因为不良资产管理公司没有推广、宣传这种业务模式，内部员工和外部客户不了解还能这么玩。个别项目经理由于重点户处置压力极大，机缘巧合之下，才想到通过设立不良资产投资基金的模式为不良资产意向投资人提供融资支持。

为什么不良资产管理公司不在内外部推广、宣传分期付款支付债权或者为意向投资人提供融资支持？

因为这种模式只能实现部分回款，无法一次性实现全部回款。而不良资产管理公司存量资产中，有相当一部分债权资产能够实现一次性回款。若大力推广分期付款或者融资支持模式，可能造成原本能够一次性全额回款的债权，在内部政策口子放宽的情况下变成只能回款20%～30%，进而影响公司整体现金流回收。

这种模式只是压缩了投资风险敞口，也没有从根本上解决不良资产难以处置去化的问题。

允许不良资产意向投资人分期付款支付债权，或者为其提供融资支持这种模式的优点和缺点分别是什么？

优点：第一，实现转让价差收益增幅。第二，提前实现部分现金流；意向投资人作为劣后级提供结构化增信或者缴纳了保证金，增加了项目安全垫，直接降低后续处置风险。第三，可协同劣后级投资人推动项目处置并获取超额收益，有效提高处置效率和成功率。第四，不良资产管理公司可作为基金管理人收取管理费，可投资优先级份额或者提供配资融资支持收取资金占用费。

缺点：第一，只能实现部分现金回收，影响不良资产管理公司现金流稳定性。第二，后续意向投资人仍然有违约风险，容易引发纠纷。

你看，真的是不良资产价格高、受众少、没人买吗？

若不良资产管理公司自身商业模式与定位问题不解决，再厉害的不良资产实操高手也不可能搞定资产处置去化难题。

经过了"现场"这一系列的"why－why 分析"，我们把接近本质的原因揪了出来。所有管理问题的答案，其实都是在现场，"现场有神明"。不在现场，你就不知道原因；不在现场，你就不知道商机；不在现场，你就不懂得识人；不在现场，你就不知道客户到底想要什么。

在《塔木德》一书中，犹太人认为"失败是有限的，而未做是无限的"，失败将成为人生宝贵的经验，失败也可能变成成功的肥料。他们不畏惧失败。实际上，他们重新定义失败，把它看作一种宝贵的教育形式，也就是把失败重新定义为学习的机会。其实，这是一种"能力萃取"，把这些优秀个体的行为经验或者失败教训萃取出来，复制到团队的其他成员身上，批量培养组织内部的高手，进而有效提高团队整体成绩。

五、快速学习、终身学习——提升学习力

庄子当年不就说："吾生也有涯，而知也无涯。以有涯随无涯，殆已！"

过去的学习是在指定考点范围内按照各类知识分门别类地学习，在细分专业领域深入、系统地学习，把学到的知识当作立身之本，维持一个饭碗。而现在的学习，是

面对未知的学习，知识孤立地、碎片化地呈现。当面对新领域，不可能让你有足够的脱产时间来系统学习，也没有包教包会的一揽子解决方案和万能钥匙，而是只能快速地边学边做边理解，迅速去尝试，去行动，在行动中试错，在反馈中迭代。

在信息爆炸的时代，要学的内容太多。学习能力是快速成长的关键，也是一个人的社会信用。

项目经理要持续学习案例、参加研讨与培训。因为每个公司、每个团队、每个人的处置经验参差不齐，成长、进步最快的途径是通过案例形式加强业务培训。虽然案例教学最大的局限性在于它的“可复制性”，就像无法制造一个和当时情况发生时完全一样的环境和初始条件，很多时候类似案例很难复制，很难重现。不良资产商业世界更像是个综合的大杂烩，包含了经济、政治、金融、投资、管理、产品、市场、销售、人性等方面的知识，所以很难用某一种单一的理论和方法片面概括，当然这也是它最有魅力的地方。

项目经理研究不良资产处置案例，是一种“明知不可为而为之”的努力。虽然案例有局限性，但学习的乐趣是无限的，只有见多识广，才能练就火眼金睛。怕什么真理无穷，进一寸有一寸的欢喜。

《超级学习者》的作者斯科特提倡使用功利学习方法，最高效地学习自己需要用到的知识。我根据自身的经验和理解，认为快速学习的主要原则如下：

（1）第一个原则叫元学习，学习方法、请教内行。

什么是元学习？它说的是学习关于如何学习的知识。说白了，就是了解学习方法、做好学前的准备工作。

学习方法有很多，比如“康奈尔笔记法”用在学习过程中可以高效记笔记；“费曼学习法”可以有效提高学习效率。

除了上述学习方法之外，还有一件事就是要请教内行。

假如你作为外行，现在面前有三个人。第一个是同辈师兄，他比你懂点但是懂得有限，他是内行，但是是内行里的初学者；第二个是老师，在行业里干了有一定年头，也有一些经验积累，但还在不断地摸索中；第三个是祖师爷，就是你能找到的这个行业里干得最好的，你认识的最厉害的人就是他。请问这三个人里你会请教谁？估计很多人都会选择那个离自己最近的人，毕竟自己是个初学者，祖师爷的那些东西咱们可能也够不着，所以就请教师兄吧，请教那个初级的小内行就够了。但《超级学习者》这本书里说一上来应该瞄准祖师爷，找到你能找到的内行里最牛的人。

为什么要这样？因为祖师爷是走完整张行业地图的人，他们往往能高屋建瓴地绘制出事物的全貌，所以更清楚你在什么位置，该往哪儿走以及会遇到哪些坑。

（2）第二个原则是专注最重要的事。

专注力是指能否排除情绪等因素的干扰，保持注意力集中。专注力是一种有限资源，要把它用在最重要的事情上，因为专注力是去甲肾上腺素、多巴胺和血清素共同作用的结果，是由物质激素支撑的。

怎么做？除了休息的时候要彻底放松，要尽量缩小目标，不要多任务地处理事情，尽量做完一件事再做下一件，专注于当下这一件最重要的事。最重要的事，只有一件，今日事，今日毕。

（3）第三个原则是直接冲到第一现场，躬身入局。

有时候单纯地寄希望于通过书本、讲座或网课就学会某种技能是不太现实的。那怎么快速地学会某种新知识、新技能？最有效的方法就是直接冲到第一现场，在实践中学习。

很多知识其实都是默会知识也称隐性知识，而非书本上的显性知识，它掌握在业务第一线的人手里，只有你冲到第一线才能掌握。比如游泳，只有亲自下到水里才能学会，而不是光听别人怎么讲；再如，那些经常跟人打交道的工作，比如作为债权人怎样和债务人谈判，作为客户经理怎样和客户沟通，作为咨询师怎样和来访者沟通等，都需要亲身实践。

“纸上得来终觉浅，绝知此事要躬行”，因为很多知识都是默会知识，想要快速掌握技能，首先需要大量的实践。

（4）第四个原则是训练短板。

你的整体水平是由短板决定的，这个短板决定了你熟练掌握一项技能的速度。对短板有个很形象的比喻，叫“限速步骤”，而训练针对的就是这个短板。

关键是怎么战胜它？其实很简单，就是针对短板，专门地训练，反复地练习，直到可以熟练掌握。比如，不良资产实操高手擅长埋头苦干，不擅长经验分享，说话紧张，该怎么办？

你可以把说话紧张这个“限速步骤”单独拿出来，不停地演讲、不停地练习，直到把自己准备好的内容说出来时已经不用过脑子，张口就能说。当这个限速步骤消失了，你就有更多的时间去观察听众的反应和诉求，专注于后续有效沟通和解决疑问，培训效果自然就上去了。

（5）第五个原则是检索知识系统，调动解决问题的路径。

什么是检索？是指从特定的信息需求出发，采用一定的方法、技术手段，根据一定的线索与规则从中找出相关信息。

通过检索和调动知识存量、已有的经验体系、自己记忆的能力、解决方案路径的能力，它决定了一个人的学习水平，就像心理学家威廉·詹姆斯说的“从心出发慢慢回忆，比再看一遍书更有用”。当然，不需要去调动、检索所有的知识，而是去检索那些经常会使用到的必须掌握的知识，其他知识在需要的时候能够马上查询到即可。

怎样增强自己调动知识的能力，进行检索？在大脑里建立一个好用的检索系统。

好用的检索系统一定不能是概念式的词条罗列系统，而得是问题式的词条系统。比如，在记笔记的时候不要把重要的知识点原封不动地记录下来，而是把记下的内容重新表述成问题，做更深入的思考，然后通过反馈和总结把知识经验沉淀下来，迭代个人知识体系。

（6）第六个原则是纠正性反馈。

遗忘是人的天性，反馈的重要性不用多说，但是反馈并非越多越好，我们需要哪种反馈类型？

有一种是结果反馈，告诉你做得怎么样，但不会告诉你哪些方面做得好，哪些方面做得差。虽然容易获得，但是它提供的信息有限，没有明确指出你需要改进的地方。

另一种是信息反馈，告诉你做错了什么，但它不一定会告诉你如何改正。比如，你在培训演讲的时候，你说错了知识内容，看到听众疑惑地看着你皱眉头，但是不会告诉你错在哪里，怎样纠正。

而最好的反馈是纠正性反馈，不仅能告诉你做错了什么，还能告诉你如何改正。关键是需要找到一位愿意帮助你成长的老师、专家、师傅或指导者，他们才会善意指出你的错误并帮你改正。你不仅得到信息反馈，还可以获得额外的纠正机会。

不管什么类型的反馈，只有当你记住它给你的教训时，反馈信息才是有用的，因为这些信息能被你牢牢记住。

（7）第七个原则是提高记忆，分散学习、精益求精、形成直觉。

增强记忆力的方法有很多，有一种方法是，有间隔地重复记忆，即“分散学习”的模式，在两次学习之间有一定间隔时，要想学习新的知识就需要去回忆之前学过的知识，而这个回忆的过程就是对记忆巩固的过程。虽然学得慢，但是学得更扎实。

第二种方法是精益求精，形成直觉。

“只要学不死，就往死里学”。当你觉得已经学习研究得差不多的时候，先别停下来，再学习一会儿，直到形成直觉。

其实，没有什么学习方法是完美的，没有关系，先行动起来。学习的本质就是不停地和未知发生碰撞，是用来和未知打交道的，而正是因为未知，没有完美的方法，学习才变得更有意思、更有价值。

六、有闭环意识，能交付结果

闭环思维是处理事情或者解决问题的一种思维方式和方法，源于管理学的 PDCA 循环理论。

PDCA 循环是美国质量管理专家沃特·阿曼德·休哈特首先提出的，由戴明采纳、宣传，获得普及，所以又称“戴明环”。管理学上的闭环 PDCA 是英语单词 Plan（计划）、Do（执行）、Check（检查）和 Act（处理）的第一个字母。PDCA 循环将质量管理分为四个阶段，即事前计划 plan，落地实施 do，检查复盘 check，优化行动 action，按照这样的顺序进行质量管理，并且循环不止形成闭环。

形成闭环，对于企业家而言，就是要敢于决策，敢于拍板。对于个人而言，就是敢于行动，勇于试错。

关于行动做事，在合格层面上是把事做完，交付结果，结果能和之前设定的目标无限接近，这是执行力的闭环。在优秀层面上是把事做完，交付结果，从过程中能总结出经验教训、形成今后可复用的方法论，下次做同类的事情能比这次做得更靠谱，从而形成能力进阶的闭环。闭环意识，交付结果，本质上就是责任心。

为什么领导们都喜欢“事事有回应、件件有着落、凡事有交代”？为什么要经常给别人点个赞？事毕不回复，就像任务完成了 99%，只有这 1% 没落实。事毕回复、对别人的行动给个回应、兑现为结果、形成反馈闭环，其实也是一种很大的善意，尊重自己、尊重别人。

没有一条道路可以通往靠谱，因为靠谱本身就是一条道路。

我发现，职场里的领导怎么判断下属是不是靠谱？很简单，就是让他去干一件在时间上敞口的小事。

小事，往往不太难，人人都会做到；时间上敞口，就是没有硬性的时间要求。比如让项目经理去研究一个债务企业重组案例，或一个创新型项目类型。然后，绝不主动去问他这件事的进度，而是看他的反应。若他能在你预料的时间内，给出结果，而且结果还不错、结论有启发，这个人大体上就是靠谱的。因为结果不错，证明他有基本能力，但是更重要的是他能在预期的时间内给反馈，就证明他在任务和结果之间能完成闭环。若他在反馈结果的时候，还能呈现出系统的方法、下一步的计划、风险提示、注意事项、需要领导协助的关键环节等，这就是加分项。这是一个老领导发言时分享的在职场里面判断一个人的大秘密，获得机会，全看小事、精益求精，而不是大事，“只有偏执狂才能生存”。

闭环是为了形成一个反馈系统，不仅为了给自己或者他人一个交代，更是给自己可预期的未来按下启动按钮，只有迈出行为的第一步，你才能和未来有所链接。

七、画布策略：做好学徒，用礼敬换取师傅的真知灼见

所谓“画布策略”，就是你发现高手要画油画，你给他找个画布让他画，甚至用自己后背T恤当成画布板。

画里也许有你的功劳，但作为学徒，你的位置，是给人提供画布的。

甘当学徒的逻辑是：第一，你根本没有你想象地那么厉害，也没有那么重要；第二，不谦虚的态度是不对的，你的性格需要磨炼；第三，你需要体悟第一线高手的真知灼见，才能快速进步。

给高手当学徒，相当于让自己和高手形成链接从内部了解第一手的经验。这就是学徒工作的协议：用礼敬和服务，换取机会——而这个机会还不是立功露脸的机会，而是学习实践的机会。

假设一个场景，不良资产管理公司要探索一个新业务方向，你的团队负责人毛遂自荐，主动揽下项目，然后回头给你安排了非常繁重的任务，让你做了很多调研、访谈，整理了数据、画成图表、做出报告和PPT交给领导。

在成果汇报会议上，全部材料都是你整理、创作的，可是自始至终，团队负责人根本就没提你的名字。请问你会做何感想、如何应对？

你可能感觉领导揽功委过很不公平。其实，《自负是你的敌人》这本书的作者霍利得给出的策略是，你不妨把所有功劳都给导师，甚至“不妨”这个词可能还不准确，因为你应该高高兴兴地把功劳让给他。从功利角度讲，你可以把这件事当成一个投资，与其你欠“大人物”一个人情，不如让他欠你一个人情。

“画布策略”的关键是在工作上给人一个帮助，给人铺路，像高级秘书一样做好准备工作，给高手创造条件，让高手能把事做得更加漂亮。只有这样，高手才愿意带你玩。因为人非圣贤，高手难免会有傲慢的缺点，即使你想跟他平等共事，但他根本就没必要跟你平等。

当这个学徒什么时候才能当到头？其实，“画布策略”没有过期时间。

哪怕你自己已经独立做事了，哪怕别人都开始对你使用画布策略了，你还应该继续给人当清道夫。当你给人铺路的时候，你实际上也在影响他的前进方向，就比如你负责设计交易方案，领导负责审批，实际上你把握了方案的方向和内容，而领导只有同意与否的审批权利。

别人都不愿意做的事，你去做。发现团队有什么缺点和漏洞，你去补救。更进一步，不但对前辈要这样，最好对所有人都应该这样。想想有什么好想法能帮助别人，

免费把想法给他。多跟不同圈子的人认识，并介绍不同领域的人之间互相认识，帮助别人就是影响别人，若你能帮很多人，你本身就是高手，你的影响力就很大，你就能做更大的事。

最后，用一句话总结画布策略的心法，就是“be lesser，do more”——把自己放在更次要的位置，给别人做更多的事，有什么好想法，赶紧告诉领导，功成不必在我，建功必须有我。

八、请教高手，挖掘萃取，构筑专业核心能力圈

专业构筑力是一种有计划地构建自身强项的能力。

首先，你需要确定适合自身的专业领域，怎样选择有三个标准可供参考：第一，要尽量选择你自身已经积累大量经验的领域；第二，要确定这项专业在未来商业环境是否有用武之地；第三，要选择你能在短时间内快速成长的领域。

当你确定好自己的专业之后，如何构建自己的专业性？有三种方式：

第一，要兼顾理论和实践两个方面。只有做到既能将理论运用到实际，又能从实践经验验证和迭代理论，才称得上专业。理论可以通过阅读专业书籍等形式自学，“前人的智慧就是我们的阶梯”，站在巨人的肩膀上，然后通过在一线实操业务积累经验。

第二，除了学习和实践之外，我们还要养成每天查阅专业领域内相关新闻和事件的习惯，随时掌握该领域的一切重大动态。比如，关注不良资产行业的日更公众号，观看不良资产行业的大V直播或最新视频。

第三，与其他高手、专家建立人际关系网，因为信息除了公开流传，还会通过人际关系网进行私密传递。近朱者赤，近墨者黑，只要能够长时间、多频次地接近行业高手，你自然会受到高手在分析项目时逻辑上的影响，耳濡目染。

在遇到难题或者能力上的瓶颈时，我们总希望向高手请教，希望他们传授给自己一些做事的经验和心法，让自己能摸到一些窍门或思路。这样做，往往比我们自己“摸着石头过河”要高效得多。本杰明·富兰克林讲过一句非常精辟而富有哲理的话：“一个帮助过你的人，比一个你帮助过的人，更愿意帮助你。”所以，请珍惜那些传授自己谋生技能的人，教自己对理论活学活用的人，教自己做报告的人，教自己处理复杂问题的人，让自己开阔眼界的人。

这里就遇到一个问题：领域专家们自己拥有知识和把知识传授给别人是两码事。优秀的研究者，未必是优秀的教育者。有些人自身具备优秀的专业能力和技术，却不能教授别人？

原因很简单，高手们很容易陷入“知识诅咒”中，即越是了解某种知识，就越难

站在没掌握这个知识的角度去思考和理解他人，所以缺乏传授力，即把自己掌握的知识或技术教给别人的能力。

首先，高手们在某方面业务能力特别强，但可能并不知道自己为什么强，可能因为见多识广而自然成事，事后觉得平平无奇。

其次，即便高手给出了项目成功的答案和经验，新手们也未必知道该怎么应用。因为新手要学的不是理论知识、名词概念，而是实操、风控、业务能力。理论知识可以传授，勤奋、责任心、沟通能力、实操能力却难以推广复制到其他项目经理的身上。

俗话说读万卷书，行万里路。不良资产项目经理行路相对容易，但若只是机场、酒店、景点、项目公司办公地这样的万里路没用，而是需要项目经理深入项目一线，对项目的历史沿革、前世今生如数家珍，对潜在种种风险疑点抽丝剥茧、多方验证与核实，对核心资产价值反复推演、精准预判。

稻盛和夫说：答案在现场，现场有神灵。纸上得来终觉浅，绝知此事要躬行。有些事不做，有些苦难或者欢喜不经历，你永远就像隔靴搔痒一样，达不到开悟、得不得提升。

既然学习高手不容易，到底应该怎么请教高手，才能有效地挖掘出他们的经验？

有三个方法可供参考：

第一个方法是先定义目标和问题，把目标拆细，去寻找每个细分问题的解决高手，“切忌大而全，务求窄而深”。

不良资产行业在业务类型上大致有对公企业类不良资产收购处置类业务、个人贷款类不良资产收购处置类业务、上市公司重组类业务、非上市公司重组类业务、低效资产收购处置类业务，等等，详看 18 种特殊机会投资之术。

不良资产行业虽然号称 10 万亿级的市场规模，然而因该行业的专业性、封闭性和复杂性，能真正了解和掌握不良资产业务“全套功夫”的从业人员应该说寥寥无几，庞大的资产规模与专业从业人员的匮乏形成了鲜明对比。

不良资产行业更令人头疼的是每个项目情况都不一样，每次处置的方式也都不一样，你永远不可能指望上次的失败成就这次的成功。

所幸的是，在每个领域都有深耕多年的行家里手，有丰富的体系化知识和实操经验，依靠强大的人脉关系，在某个细分领域耐得住寂寞，“活成一束光”。

第二个方法是全面还原高手工作细节，具体方式包括查阅高手实操案例，访谈高手的周边人士和访谈高手本人。

注意细节：

（1）在查阅高手实操案例时，尽量“全链条复盘”，即在复盘案例的过程中，保证从头到尾，不遗漏任何环节和细节地挖掘和梳理高手的实操过程。

（2）访谈高手的周边人士时，除了问他的领导，还可以问他的下属，比如你觉得他哪里最厉害？比如让他的下属说说这个过程中你遇到了哪些搞不定的问题，最后被他顺利地解决了？

为什么要耗时耗力地去搜集这么多信息，直接去问高手本人是如何做的不就行了？其实，很多高手虽然做出的动作是正确的，但他对自己的能力不一定有一个理性客观的认识，也就是说其实他未必知道自己到底“高”在哪儿。假如你直接去找这样的高手聊方法论，可能聊了半天都没有说到具体关键点上。而你去全方位地收集关于他所操盘的项目信息，其实是确保能在请教交流时，创建一个又一个他熟悉的情境帮助他来回忆自己在实操过程中的动作。

访谈高手本人时，要让对方讲故事、给过程，不要直接问高手招式和心法，因为他可能根本不知道自己成事的决定性动作是什么，要让他回忆和讲述在某个具体的经典案例中，自己是如何做的。举例两个开场时的问题：

问题一，从头到尾给我讲一下这个项目的来龙去脉，怎么营销来的？怎么谈判的？怎样搞定关键决策人的？过程有哪些惊心动魄的关键时刻？

问题二，能不能从早上起床，到晚上睡觉，向我介绍一下平时一整天工作是如何安排的？

第三个方法是推进更细颗粒度的追问，把能力分解成动作清单。在某个时间点发生了什么？为什么发生？当时怎么想的？某个关键交易细节为什么考虑这样设计？结果如何？怎样做会更好？

萃取高手的知识资产就是通过不断地追问细节，挖掘到高手解决障碍的一系列突破行为动作，从而让他人可以直接进行复制。最后从高手那里提炼出来的东西，应当是简单和有步骤的具体行为动作。不仅能给高手本人带来信心，更让他人感到豁然开朗，觉得原来做成这个事也不难，层层递进、见招拆招。

最后，这里有一份请教高手的基础问题清单，供参考：

（1）请问在您心目中，这个领域公认的高手是谁？为什么？

（2）新手想从现在开始入行，在入门阶段，您推荐我读哪几本书？

（3）您觉得从事这一行业基本能力的要求是什么？我应该从哪开始作准备？

（4）从事这个行业，您觉得最关键的环节有哪些？您都遇到过哪几个重要挑战？您是怎么过来的？

（5）在这个领域，您觉得新手和高手之间最大的区别是什么？

（6）若您要带一个徒弟，您会重点教他关注哪几个可能会出错“魔鬼”细节？为什么这几个细节特别重要？

（7）最近半年您觉得有什么问题、什么新闻或者哪本书，是对您触动特别大的吗？

（8）最近行业发生了的某某几件大事，您能帮我分析分析，这背后到底是怎么回事吗？

（9）我此时此刻已经在做的一个具体项目，我有个难点一直没想明白，能不能请您给我指点一下？

（10）若你们关系很熟悉了，你可以问：假如此刻是你生命的最后十分钟，你有个机会，可以给这个世界留下一段话，说说你自己这个专业。请问你会说什么？

九、整合思考、整合资源、借助外力

整合思考，就是“鱼和熊掌我要兼得”，是一种成熟的心智模式。

我既要削减成本，又要大力创新，还要长期可持续。这个“既这样，又那样”，就是整合思考的高手惯于使用的表达方式。他们不是说，我们“要么这样，要么那样”，他们说，我们“既这样，又那样”。

怎么才能从二元对立思维变成整合思考？需要转变两个观念：

第一点，要转变对冲突的观念，冲突并非零和博弈、鱼死网破，也可以带来建设性和新事物。

人的本能是避免冲突、害怕矛盾，妨碍了整合思考。但若把冲突理解为建设性的冲突，像是物理学上的摩擦，有了摩擦才有火花，有了摩擦小提琴才发出了音乐，摩擦带来了新的事物，则所谓的冲突就是可以建设性的，能够产生新的事物。

不良资产实操高手通常可以在无数“烂”项目中，精挑细淘出来价格折扣好、预计收益高、安全垫充足的好项目，抛弃“不可能三角”思维，直到项目落地后还自谦说“是运气”。

第二点，转变对资源的观念，虽然资源是稀缺的，但是可以向内外部找到充足的新资源。

那些认为鱼和熊掌不可兼得的人可能是因为自身资金实力不够。但是，整合思考的高手会想，我的资金实力现在不够，但是我可以用现在的钱生出更多的钱，这是内部找资源；我又可以找其他有闲置资金的投资人合作，到外部找资源。资源从来不是限制性因素，而是思维活动。

有一句名言，据说是雕塑家罗丹说的：“生活中不是缺少美，只是缺少发现美的眼睛。”同样，我们的资源总和是充足的，不缺资源，只是需要把它找出来。

“为什么不？”——这句咒语不仅可以用来找问题原因，还可以帮助整合思考、整合资源、借助外力。别人说，鱼和熊掌不可兼得。你可以问，为什么不，为什么不能二者得兼？

听到这样一个故事，一位干部问董事长：请问我们是要利润，还是要规模？董事长回答：若我只要一个，那还需要你做什么？

小孩子才做选择，成年人全部都要，因为二选一谁都会。要想通吃，就得好好筹划一番，办法永远比困难多。

在不良资产实操过程中，大多数情况下都要涉及跟进法院案件的诉讼、执行，涉及债务催讨，其中有很多“急难险重”的关卡要去通过，以及困境要去破局。

不良资产管理公司既要符合合规管理，又要做好法院衔接和案件推进工作，还想快速拿到清收结果，怎么办？

设立服务商库，构建行为生态圈。不良资产管理公司项目经理在统筹全局、运筹帷幄的前提下，让有专业能力和独特资源的律师去“逢山开路、遇水搭桥”，解决各种“疑难杂症”：有的律师帮着打官司，有的律师帮着做执行，有的律师帮着做破产重整，有的律师帮去沟通协调，推动将各种“急难险重”的“脏活累活”全部都通过相匹配的专业律师去操作落地。

十、向计算机学习算法思维

过去，是人类来创造计算机算法，但是觉得计算机很笨，它只会坚守原则，机械地执行指令，而人要灵活得多，这是人的巨大优势。

在未来，人类要反过来向计算机学习算法思维，制定原则、坚持原则。因为现在情况变了，人要处理的情况越来越复杂，灵活性带来的优势越来越小，相反，没有原则带来的劣势越来越大。

《战争论》的作者克劳塞维茨讲过一句话：“制定原则并不难，难的是始终坚持原则。”日常生活中经常听到“这件事原则上不可以”，实际意思就是特殊情况下也行。在潜意识中，我们就是认为原则是可以用来打破的。但是之所以要有原则，就是因为不能有例外。

在计算机的算法思维里，所有的原则都必须排序、编码、有高阶低阶的次序并能处理实际出现的所有情况。不仅有原则，同时还能够兼顾更多的原则，这才是真正结合了原则性和灵活性。人的思维方式很难做到这一点，我们人类的思维能力和计算机相比，差的不仅是运算速度，更是思维结构，所以在这个超级复杂的时代必须向算法学习。

不良资产管理公司每年投入巨额经费在科技创新和数字化治理领域，建设资产监控、财产线索及债权查询工具、债务人和服务商画像等数据应用，其实，这正是为了解决在业务信息链日趋复杂的新形势下，由于信息不对称导致关键决策判断可能存在漏洞，以及不良资产清收处置过程中存在的尽调难、估值难、生态经营协同难等的问题，实现内部流程、数据的标准化，以进一步提高效率。

不良资产管理公司通过业务估值系统来确定待收购资产的参考价格，不仅是为了让投标报价更加精准，更是为了把非理性冲动报价控制在一定的理性范围内。因为想报高价，可以有无数种理由，比如说资产的未来“市梦率”高、资产安全垫厚，甚至为了业绩考核需要，或者为了不浪费过去几个月的辛劳或者为了响应风险化解号召等。同时，通过持续对估值系统数据进行追踪回溯，还可以进一步优化系统估值参数。

在收购后，不良资产管理公司通过资产管理系统进行预警监测，能够让任何一笔不良资产收购处置工作始终处于精细化监测和管理之中，避免陷入局部视线盲区，从而能够让决策层掌控资产盘面、统筹全局，保证整体资产良性周转。

第三节 清收和解与谈判策略武器库

谈判能力，其实是一种综合能力。

谈判的目的是解决“我要”的问题。凡是“我要”，但对方可能不会轻易同意的难题，都属于谈判可以起作用的。

谈判是就共同关心的问题互相磋商，交换意见，利用人决策过程中的理性和非理性因素，以自己的目的为先，和对方联手找到解决方案或者达成协议的沟通过程。

开始时，在你没学谈判技能之前，你的谈判策略兵器库空空如也，到后来面对满屋子的兵器你可能又变得拿得起放不下。用哪个，弃哪个，真的有点儿乱花渐欲迷人眼，可谓幸福的烦恼。

当然，谈判技术不是越多越好，而是越合理越好。各种谈判理念、技术经过排列组合可能形成无数个系统，但能解出难题的答案并不多，关键在于实事求是具体问题具体分析，真正达到“从心所欲不逾矩”。

在任何的谈判中，都要成为在机会来临之前做好充足准备的人，成为尽可能掌握最多最全新信息的人，否则，就可能变成输家。引用巴菲特一封致股东信中的一句话——“实际上，若你不能确定你对业务的了解和估值远胜于市场先生的话，你就不是属于这个游戏的人”。“在牌局中，若你打了 30 分钟都还不知道谁的牌最差，那就是你的牌最差了。”

一、重新正确认识谈判，寻找解决方案

有一个经典故事，说的是一个人把一个橙子分给两个孩子，于是这两个孩子便为了如何分橙子而争执。此时那人提议：由一个孩子负责切橙子，而另一个孩子先选橙子，两个孩子各取了一半橙子高高兴兴地回家了。结果第一个孩子把皮剥掉扔进垃圾桶里，把果肉放到榨汁机里打出果汁喝；另一个孩子把果肉挖出扔掉，橙子皮留下磨碎，混在面粉里烤蛋糕吃。

看似两个孩子各自拿到了公平的结果，却没有物尽其用，并没有实现利益最大化。因为他们没有正确认识谈判，也没有事先确定谈判的目标、收集确认对方真实需求并声明各自利益诉求，结果双方的利益并未在谈判中达到最大化。

从上面的故事中，我们知道谈判与战争的不同之点在于：在战争中只有赢家或者输家；但在成功的谈判里，双方都是赢家。所以，学习谈判技巧，既不是教人尔虞我诈的阴阳谋略，也不是教人唇枪舌剑、咄咄逼人、伶牙俐齿的辩论技巧，而是“求同存异”，双方或者多方联手找到解决方案的沟通过程。换言之，谈判是谈出来的，需要信息交换、信息加工、换位思考、将心比心，找到对方心底的潜台词。

在谈判中，各方的利益诉求是有多样性的，可以拿条件换条件、拿条件换价格、拿价格换条件。比如，当你发现对方宁可不合作，也不再愿意降价的时候，你就可以试探一下有什么其他的条款是可以更改或者交换的；也有可能你们找到了通过长期合作把饼做大的方法，但就算做大了，还是要分配，又会回到价格谈判中去。

谈判专家，和很多人想的不一样，他们不会让你感到有敌意，而是让人真切地感到靠谱。他们原则性强，做事认真，信守诺言；遇到困难的时候，总是想着找解决方案，而不是抱怨；习惯于换位思考，将心比心，善于沟通。甚至，有时候还会产生自以为遇到的是知音的错觉，这时候其实是对方在跟我们降维沟通。

实践出真知，谈判高手的功力是我们短时间内无法复制的。在此，我们主要以不良资产清收谈判与协调和解为场景交流和重新认识谈判。

在谈判前，首先要做的就是确定这场谈判的目标。通常清收谈判的目标有以下几种：(1) 立刻收到回款，尽可能实现全部回款。(2) 达成偿还贷款本息协议。(3) 要使对方按规定准时与准确地执行协议。(4) 在执行协议的方式上取得某种程度的控制权。(5) 与表现好的借款人取得互利与持续的良好关系。

当确定了目标之后，要确保谈判中不能轻易地动摇目标。因为害怕冲突是人的普遍心理，特别是由于传统文化崇尚温良恭俭让，谈判其实有点反其道而行之。谈判不是通过往后让步去解决冲突，而是通过向前争取，甚至理直气壮地提出自己的要求，

来实现自己的利益。

怎样实现谈判目标？我认为最有效的是要充分利用人决策过程中的理性和非理性因素。

曾经看过一份谈判工作清单，里面既包括了谈判双方的需求挖掘、信息收集、双方优势、各自弱点、利益分析、成本计算；也包括了解对方的个人喜好、性格特点、社会关系，以及合理的议程安排、会场布置、座位安排。因为谈判双方的关键话题、情绪、关系、气场都会影响谈判结果，比如一个靠墙而不是靠门的座位也可以传递压迫感。

谈判策略也是多样的，比如有时候需要摆事实、讲道理，坦诚披露；有时候需要用利益去打动对方，切中痒点；有时候示弱哭穷、让对方感觉占到便宜也可能达到目的。

总之，用谈判解决问题的思路：它不是靠命令、靠祈求，也不是靠“我这么做是为你好”的情感绑架，而是从具体诉求出发，知己知彼去寻找解决方案。

在不良资产风险化解过程中，各方利益并不相同，甚至可能南辕北辙、水火不容。如何协调大家的立场，在最大限度上呼应所有人的诉求，实现双赢或者多赢，这需要谈判博弈中的智慧。

二、资产价格类谈判，真正懂行才能胸有成竹

价格谈判的特点是零和博弈，因为你的收益就是对方的成本。你能够从谈判中获得的每一点收益都是净收入，让出去的每一点下幅都是净损失。饼就这么大，你多咬一口，我就少一块。

任何价格谈判大致都有准备、报价、还价三个阶段。

1. 准备阶段，充分把握行情，明确自己的底线和目标

知己知彼，百战百胜，成功的谈判最重要的步骤就是要先有充分的准备。

在准备阶段，不良资产管理公司需要根据债务人经营状况、还款能力、还款意愿、司法流程等大致判断内部预计处置底价或者项目团队预期底价，确定谈判底限和目标。其中，目标是指跳一跳能够得到的价格。当然，这个目标价格要通过参考市场价来设定，也要客观、合理，要有支持你这个高价的理由。这个理由是否充分就是谈判的重点。

在《麦肯锡精英的谈判策略》一书中，建议把你的谈判目标分为三个等级：首先是最高等级目标，若达到这一级，整个谈判可以说就是圆满成功；第二级是基本接受的目标，达到这一级，谈判就算基本成功；第三级是底线目标，在这个底线之上，谈

判依然能够进行。只有突破了这个底线，才是真正的谈判失败。在谈判前，你要把所能接受的底线、目标，以及其他谈判的目标都必须先有所准备并列出优先顺序，将重点简短列在纸上，在谈判时随时参考，以提醒自己。当你确定了底线价和目标价这个区间，就可以做到心里有数，在情绪上不容易被对方带着走。

没经验的谈判者，面对对方报出高价后会不知所措，无法条理分明、纲举目张来分析报价的合理性，或者还价特别“狠”，枉顾不良资产市场基础价值的事实。如果不做事前调查、不知道市场价，你就会很容易成为对方眼里“不懂行”的人，显得很不专业。

若你想要表现得懂行，最好的办法就是真正懂行。

不良资产实操高手在收购资产包的时候，先拆解底层资产的市场价值，判断快速变现价值，参考前手债权人对受让人的折扣让利大概多少，再加上多渠道打听了解，反推出资产包的报价底线，去谈判的时候就心里有数。

调研越充分、越细致，当然越好，而细致到什么程度则取决于这一场谈判的结果有多重要。若是几十上百万的中介服务，市场透明度和价格范围大致清楚，只需要正常投入即可；但若是涉及几个亿甚至十几个亿的投资收购，需要摸清所有相关人、关联公司、关联项目的底细，摸透交易对手以及投标竞争方的意向情况，甚至到现场长时间蹲守尽调，怎么细致都不为过。

《孙子兵法》有句很有名的话：“善战者，立于不败之地。”会打仗的人，不给别人打败自己的机会。

在谈判中，真正地占大便宜是很难的，但一时冲动吃大亏却很容易。而充分的调研，就能避免吃大亏。曾经就有不良资产管理公司没有充分尽调抵押物实际受偿可能性、债务人与担保人的实际还款能力，也不去了解交易对手以及投标竞争方的意向情况，而为了完成收购任务，妄图毕其功于一役，结果投标报价高出别人个把亿，只能哑巴吃黄连，权当交学费。

所以，在重要的谈判前，请你务必做好市场调研，对行情有充分的把握，它能帮助你更理性地决策和思考。

2. 报价环节，报价前尽量列举理由，报完价闭嘴

关于报价谁先报，要具体情况具体分析。

第一，当你没有获得授权报价或者不知道怎么报价的时候，等对方先报价。

尤其在谈判标的是不良资产包的时候，这是一个信息严重不对称，市场参考比较少的东西。若不知道怎么报价的时候，不良资产管理公司项目经理最好的做法是后出价，因为这个时候表现的被动反而是主动，对方的报价就是你需要的信息。

第二，若你熟悉标的的市场行情，可以先出价，树立标的锚定价格，掌握谈判主动权，降低或者提高对方的期望值。

在谈判里有一个关键时刻，是双方开始报价的时候，买卖双方经常都不愿先开价，总说“你说多少钱?”“哎呀，你说多少吧?”这样的太极拳能打半天。从直觉来说好像也对，若我先开价的话，不就被对手看到底牌了吗？其实，这是不对的，在谈判中先出价的人反而更有利。

在罗伯特·西奥迪尼、史蒂夫·马丁和诺瓦·戈尔茨坦创作的《细节》这本书中，作者给出了52个微小却有效的影响力提升技巧，教你如何成功地影响别人，其中一个技巧叫先下手为强。

举个例子，假如你看上一个原始本金金额2个亿的二手不良资产包，想出价3000万元，但若这时候对方抢先报价说“这个资产包我卖6000万元啊”，你会怎么想？多数人这个时候都会心里犯嘀咕：“啊，他为啥开这个价?”然后，你就会自动开始琢磨原因：是因为某几户债务人主动还款？还是因为担保人愿意代偿？还是因为有新的有效财产线索？在后面的谈判中，你就很容易被“锚定”在6000万元的开价是不是合理的问题上。

锚定，锚是船锚的锚，定是固定的定，这是个心理学词汇，意思是你被别人定了个参照点，后面即使有变化，也是在这个参照点上调整了。

某个不良资产包项目，他报价6000万元，虽然你心底的报价上限是4000万元，但是你很可能基于“锚点”，受到影响，最后出价4500万元买了。所以，在你熟悉标的的市场行情前提下，谈判的套路是一定要在合理的范围内，抢先开价，把对方锚定在你的参照点上。

你可能会问，我不可能每次都先发制人，万一对方抢先开价了，我怎么办?“反擒拿”手段是：参加重要谈判之前，你要把你的价格，还有它的合理性，一条条写下来。万一对方抢先开价，这份清单会帮你对抗自我怀疑的声音，你就能绕开对方“价格锚定”的心理陷阱，坚持自己的价格了。

具体报多少？以不良资产管理公司作为买方为例，有高报价和合理报价两种策略。

（1）高报价策略

大多数情况下，先出价时选择高报价有两个好处，既有了锚定效应，还留出了还价的空间。比如，你报出了高价，结果对方领导亲自给你来了个电话，希望你给个面子，再降一降，就马上就签合同，以后还能长期合作等。总不能说对方领导亲自出马了，一分钱都谈不下来，你就非常被动了。

高报价通常是既高于市场价，也高于目标价，高价要有高的依据，重点是不要高到让对方以为你没有诚意。通常，一个“狮子大开口”的报价，就很容易自讨没趣。

当然，有特殊情况时要具体问题具体分析。特朗普在自传《交易的艺术》一书中，就曾谈到做生意的四个阶段：一是提出惊人的目标；二是大肆宣传；三是决策反复摇摆；四是获得直观的结果。

一个远高于预期的条件让对手无从下手，反复无常的变化给对手施加压力，给出次优条件让对手急于接受了事，最后就能轻易达到最初想要的结果。

当不良资产管理公司判断未来资产价格市场行情是往下走的，或者由于存量资产太多，可能难以去化，希望快速走量处置等情形，就不适合高于市场报价的策略了。

（2）合理报价策略

合理报价，即不高于市场价格报价。

合理报价策略要求卖方对自己的主张有足够的自信，对报价金额有充分的理由。因为这种报价的方式，背后的潜台词往往是：我拒绝讨价还价，已经给你一个透明价了，大家爽快点，别浪费时间。

若对方不懂事，仍然讨价还价，你甚至可以主动找理由结束谈判，维护自己“从不讨价还价”的品牌形象。

另外，还有三个通用技巧是：

第一，报价之前，说出支撑自己报价的理由。理由最好不止一条，包括一二三四。比如，资产包的抵押物有哪些？从大到小讲。债务人和保证人的财产线索有哪些？查封财产有哪些？跟市场价格比安全垫怎样？分期付款优势是什么？这需要你根据具体情况去收集并整理信息，并且有理有据地呈现出来。

第二，报价越精确越好。一般人怎么报价？很简单，四舍五入凑个整呗，比如“这个资产包 9000 万元”“那笔债权资产要 3000 万元”，自以为整数报价会让客户更容易接受，但其实恰恰相反，若你把报价定成一个非常精确的数字，比如“这个资产包卖你 9160 万元”“那个资产包最低不能低于 3150 万元”，那客户还价的幅度就会小很多，这是什么道理？

行为学家发现，若你报价非常精确，那对方容易认为你花了心思准备过，是经过周密计算才开出的价码，他觉得你比他专业，那就不太敢乱杀你的价。这个道理还能举一反三。比如，在项目管理的时候，你别说大家两周内完成工作，而是说 13 日内完成，也别说下班前交给我，而是说 17 时 30 分前交给我，这些小小的细节会让你的工作事半功倍。因为时间、金额越精确，越能显示重要性。

第三，解释理由、报完价后，马上沉默闭嘴，同时观察对方的表情。察言观色，看他是满意，还是明显差距太大。等他提出还价的主张了，你再见招拆招。若你报完价以后再解释一大通，无论你说什么，对方总是会觉得你是心虚。

3. 讨价还价，做不情愿的让步者

到了讨价还价环节，也要摆好理由，事先做足功课。在对方讨价还价时，通常会步步为营，一点一点地提要求、争取到让步，再继续进攻，提出更多的要求，积少成多，以达到己方利益。

针对对方的还价，你可以“让子弹再飞一会儿”，不主动出击，急着抛出自己的观点，而是要求对方仔细解释他的报价是怎么来的，以不变应万变。

但是，“离桌威胁”这种手段不要轻易用，不能一言不合就翻脸。假如对方“离桌威胁”，要看是不是真的要离桌，还是只是一种谈判手段。

若对方还价的时候，挑毛病的重点是某个具体交易细节，而不是已披露出来、广而告之的硬伤，这说明对方的成交意愿是大的。比如，对方提出保证金首付金额能否降低，资金占用费能否不按月而是按季度或者按半年度支付，资金占用费能否期间支付 7 成而期末再支付剩下 3 成，等等。

当价格快谈到你准备接受的那个价位附近时，若你希望促成协议，可以进行适当让步。当然，让步也不要一步到位，要做一个不情愿的让步者，可以说“我要打个电话和领导商量一下”，或者说“我做不了主，等公司决定了明天告诉你”，而且让步幅度要逐渐缩小。比如，第一次从 1 亿元让步到 9500 万元，第二次最多让到 9200 万元，并且表示“交个朋友”，基本不赚钱，否则很容易让对方得寸进尺。

三、交易条件类谈判：以条件换条件，各取所需

双方合作的条款比较复杂，不是只有价格，还有付款方式、资产占用费、资产状况、增信条件、特殊约定、违约条款、债务重组要素、债务豁免比例与金额、破产重整财务投资份额及其配套融资额度与增信方式等，都可以作为谈判的砝码。

有些条款是你在乎但对方不在乎的，有些正好相反，于是你们通过谈判“亮剑”、各取所需。

（1）准备阶段，盘点谈判条件，作为谈判武器。

首先，用“金字塔原则”写出所有可以谈判的条件，来增强谈判逻辑。所谓“金字塔原则”就是把最想说的话，放在金字塔顶端，然后支撑的事例逐级往下，形成“观点—论据”层层堆叠的信息群，最终构建成逻辑网。具体运用当中还要结合场景，你可以采用“自上而下”的表达，先说观点，再摆论据。也可以采用“自下而上”的顺序，先提出论据，再一步步循序渐进地提出观点。

以不良资产包转让为例，除资产包挂牌基准价格之外，转让基准日选择哪一天？

转让方式是单户还是组包？转让平台选择哪一个？分期付款债权转让还是一次性付款债权转让？平台服务费多少，由谁来出？法院已执行抵押物但尚未回款部分的金额是否纳入转让？万一出现执行回转如何处理？资产占用费怎样约定支付周期？资产占用费是否按年递增？等等。因为工作的缘故，我曾经在做债权转让时把所有需要谈判的条款，列了一个 20 项的清单。

若是债务重组或投融资谈判，双方要来回谈判的条款，甚至可以多到成百上千条。条款列得多，并且给每个条款赋予一定的权重，就好比价格谈判中，你的开价精准、报得高。有了这些可以谈判的条件，从中分类和确认主要目标、次要目标和底线条件，争取更多的谈判空间，万一后面要让步，你也会有更多的回旋余地。

只要你真正希望达成的主要目标和条件达到了，其他的只要在底线以上，都可以答应的。若在次要目标上让步，可以换来主要目标达成，也可以接受。你完全无法接受的某个条件，比如不良资产包转让底价、保留价不能亏损，这就是底线条件。

（2）不断收集确认对方真实需求。

你的谈判对手和你一样，也会有他的主要目标、次要目标和底线条件，而且有的条件藏着掖着比较隐蔽，不容易摸透，对方也不会言明，这就需要你进一步通过多种方式搜集、了解和发现谈判对手的信息。

怎么样才能发现对方的真实需求，挖掘更多的谈判条件？

有个小技巧，往往在“非正式会议”或者私下接触闲聊的时候，恰恰是一个让双方充分了解彼此需求的时机。

若谈判人员能充分重视这些“业余休闲时间”，有意识、有目的地与好说话的谈判对手私下接触，不仅可以增加双方友谊，融洽双方关系，而且还会得到谈判桌上难以得到的东西。你可以把自己的部分主要条件，放出一些风声，刺探一下对方的反应，在姿态上表现出“勿谓言之不预”。

等到了正式的高层谈判会议上，谈判效率会高得多，谈判空间和回旋余地也大得多，谈判更容易出成果。

还有一个方法技巧是学会提问，比如在债权转让交易中提出需求确认类问题，摸清交易对手更看重哪些要素，对价格、转让平台、转让方式、分期付款、资金占用费等要素进行排序；再比如提出假设性问题，给出具体的条件，让对方进行选择，在风险覆盖收益的前提下，问对方更愿意选择哪一个：保证金高、资金占用费低，还是保证金低、资金占用费高。对方的选择偏好，基本上能够真实透露他的价值偏好。

记住：攻击是最佳的防御。项目经理尽量将自己预先准备的问题，以开放式的问话方式，让对方尽量暴露出自身的立场，然后再采取主动，乘胜追击，给对方足够的压力，自然会作出让步。

在条件谈判中，你一定要注意气氛和情绪，“贵人语迟”。你一定不要急着评论，而是鼓励他多说一些，透露出更多想法。这不但可以帮助你们缓和紧张的谈判气氛，而且能够让你掌握更多的信息。

（3）找到可替代方案，在次要目标上让步，而且得双方同时让步。

当你向对方提出你的条件和诉求时，也需要给出充分的理由，有理有据、不卑不亢，才能让对方严肃考虑你的诉求，即使不能直接答应也会努力想办法来满足。当对方提出你不愿接受的条件时，你完全可以找到一个新的方案去替换掉对方的条件，即寻找“可替代方案”。

你在谈判让步的时候，为了保护主要目标的达成，可以牺牲一些次要目标。所以，这就回到了尽量去搜集主要目标以外的目标——谈判的武器上来。一些谈判高手常使用“以退为进”策略，故意在一些对自己低成本的小事上主动让步，显示出高姿态，让谈判对手觉得自己诚意满满，然后在对于自己高收益的条件上，要求对方让步，保证自己的核心利益不丢。比如，在抖音头部网红的直播带货中，往往用几元钱、几十元钱的便宜货送福利、赔钱拉流量，目的是在几百块、几千元的大件货物上赚钱，甚至最终目的是在供应链渠道、资本市场上赚钱。

放长线钓大鱼。有经验的项目经理知道对手的需要，所以尽量在小处着手满足对方，比如送个伴手礼、热情招待宴请，然后渐渐引导对方满足自己的需要。这里有个前提，那就是尽量避免先让对手知道自己的真实需要，否则对手会利用这一弱点要求己方先作出让步。

若实在要退让，也要尽量让双方一起让退，双方各让一步，用“条件换条件”。不然的话，对方就可能得寸进尺、继续加码，或者对方感觉胜利果实来得太容易，反而更容易在签协议之前变卦。比如，不良资产管理公司在开展个贷不良资产债务重组时，当债务人提出诉求希望降低首期还款金额时，你可以要求对方缩短还款期限。这个可替代方案可能不是双方最满意的方案，但恰好对谈判双方来说，是成本最低，收益最大的，或者说用你成本最低，收益最高的 A 条件，去换对于对方来说，成本最低，收益最高的 B 条件。

当然以上说的是最理想的情况。即便找到了双方都能接受的方案，你依然可以争取比目前的方案更好的方案，比如在破产重整投资里面，财务投资人通常希望尽可能避免或者减少提供不动产抵押、上市公司股票质押等债类融资，而是希望获取更多通过资本公积金转增股本的股票投资份额，整个过程需要动态平衡产业投资人、债务企业原股东、管理人、当地政府、各方债权人、其他财务投资人等多方的诉求，最终方案可能低于自身预期，但属于各方都能接受并能成事的条件。

同理在即兴喜剧里有一个核心的原则，叫作“Yes，and”，直译过来就是“是的，而且”，说的是我们在跟任何人沟通的时候，都一定要先认可对方，再给出建设性的信息。放弃旧有思路，不断地认同别人的观点，并且给出自己的信息增量。比如，多用“若……就”的沟通方式，“若你们能……我们就……”你可以用“若你们在什么什么方面做让步，我们也可以在哪些方面让步”这种方式，来打破僵局。

四、共创价值类谈判：引入第三方，创造新价值

价值谈判，顾名思义，在谈判中创造出新的价值。

当对方开出的价码实在无法接受，或者你坚持的条件对方实在无法接受，面临谈崩边缘时，价值谈判的机会有可能就会出现。比如，某个资产包项目的核心资产是一个大型商业物业综合体，由不良资产管理公司竞价收购成本，债权案件司法流程已进入执行阶段，但是因为单体价格较高，无法实现拍卖成交，只能执行终本或者以物抵债。即使以物抵债，若不良资产管理公司无实际运营能力，也不愿意长期持有这类不动产重资产。

此时某个不良资产意向投资人擅长采取轻资产运作模式对商业物业盘活和运营。该意向投资人认可底层资产价值并看好运营提升后的前景，但是没有充足的资金实体整体收购，最多只能出资大约占市场价值两成的价格。

因此，不良资产管理公司和意向投资人双方就新增投资、升级改造、运营管理等合作展开多轮洽谈，但谈判价格和条件相差甚远，毫无谈成希望可言。一个想卖，卖不出去；一个想买或者想用，买不起也用不起。

这种情况下，怎么办？

正如投资家苏世民所说的那样，“处于困境中的人往往只关注自己的问题，而解决问题的途径通常在于你如何解决别人的问题”。

不良资产管理公司的核心诉求是完成处置并且不亏损，回收现金，尽可能获得收益而投资人的核心诉求是掌控运营并获取增值收益，愿意承担运营责任。这中间缺的是符合商业地产运营需要的资金方。

这个想法一抛出来，双方的思路都被打开：双方可以通过组建不良资产投资基金，由不良资产管理公司做优先级有限合伙人出资三成，由投资人做劣后级有限合伙人出资两成，另外找一个愿意投资商业地产且资金成本较低的夹层投资人做中间级有限合伙人，进行结构化分层投资。

通过上述交易方案，不良资产管理公司实现了七成的现金回收，劣后级投资人作

为运营方，负责商业物业运营提升，夹层投资人实现固定收益和超额收益。合作三方都得到了超出期望的回报。

价值谈判思路能够让陷入困境的各方从现有的谈判格局中跳出来，从更大的格局来看，整合资源，找出对各自有利的利益点。通过思考具体项目所在价值链上还有哪些第三方，把这些第三方考虑进来，作为价值链的一环以及新的价值创造点，形成价值创造的方案。

在商业地产不良资产收购处置业务中，不良资产管理公司可以与商业管理公司建立战略合作，按照商业管理公司的资产运营标准、准入标准去大浪淘沙、精挑细选资产，然后交由商业管理公司运营管理和价值提升。同时，不良资产管理公司将收购策略设置为“以处定收”，即以处置端的需求出发，改变收购需求端的资产准入。这时候，你们谈出来的，就既不单单是收购方案，也不单单是个投资方案，而是一个全新的且需要双方从头到尾参与共赢的解决方案。

价值谈判有一个特点，那就是利益不是眼前马上能拿到的，而是需要各参与方共同投入、躬身入局去实现的。在谈判中，你需要控制谈判各方的关注点，把对方拉到你的项目轨道和思路中，然后把你的方案变成共同的方案。在沟通中，你要多问问题，“关于项目的未来，你是怎么规划的?”“若我们要一起干好这件事情，你打算怎么做?”一旦对方提出了他的主张，你就可以把自己的方案，塞进他的主张里，让对方深入你的项目推进轨道，开始考虑你的方案，你也就进一步说服了他。

在价值谈判过程中，有以下三个重点需要尤其注意：

第一，用数字说话。所有推理和假设，背后都需要数字的支持。你只有通过严谨计算出分别在乐观、中性、悲观等不同情景下的收益预期和压力测试，才能够让对方相信——和你合作时，饼是可以被做大的，大家是能够实现共赢的。

第二，给出选择题。有经验的谈判者，会根据双方的投入度、效果的产出度等，把一个方案变成方案 A、方案 B、方案 C，剖析利弊，让对方来选。比如，上策方案 A，投入大，风险大，但是见效快；下策方案 C，投入小，见效慢，但是风险低，船小好掉头，等等。

第三，只与有权决定的人谈判。价值谈判往往涉及复杂的合作，要有的放矢找对人，搞清楚不同类型决策人的利益诉求和决策链条，找到关键话事人拍板人。

决策拍板人往往是企业的负责人、总经理、项目团队负责人，他们关心不良资产管理公司的长期方向、品牌形象、社会影响力、创新度，通常重视创造宏观的、长期的、综合性的价值，而不需要过多强调细节。

方案评估人往往是部门负责人或者是业务骨干，他们关心你的数据、思路、逻辑、风险、收益，交易结构可行性、风险应对措施等。

项目执行人一般是具体和业务对接的经办人员，他们关心方案涉及的合同，交易结构是否简单易行，怎样避免纰漏和差错等。

当你格局大了，问题就变小了。价值谈判的内容往往已经超出现有的条件之间的交换，而是通过创造新的价值去解决问题。价值类谈判的核心就是跳出僵持，用更大的格局，找到新的合作方案，缓和双方的矛盾、挽回即将谈崩的局面，创造新的盈利点，带来超出预期的收益。

五、谈判中的心态和心理战

记住：没有非成交不可的谈判。若一场谈判你觉得必须出结果，比如这笔不良资产必须买到手里，“过了这个村，没有这家店”，那从一开始你就输了。

在谈判的时候，一定要有离开桌子的充足底气和准备。很多谈判高手，他们在谈判前就会评估，谈判对象离开谈判桌的事由及可能性。若对方的替代方案越少，时不我待、非买不可、别无选择，则己方给出的报价就会越苛刻。

怎样更像一个好的谈判者？态度要诚恳，立场要坚定，身段要柔软。无论是卖方、买方、强势、弱势，还是有求于人或别人求你，你始终可以保持这个中立的姿态。

你要给对方传递正能量的信息，表现出自己是真心实意来谈的，来寻求合作机会的，你有什么需求，尽管告诉我。抱朴守拙的好处是消除对方的竞争与防备心理，尽量以肯定的语气与对方谈话，称赞对方，给对方面子，从而对方也会愿意给面子，而否定、不屑、挖苦的语气容易激怒对方，让对方没有面子，往往难以进行下去。

谈判中最傻的做法是在谈判中无法控制自我，总是装出一副老谋深算、高高在上、故作深沉的样子，结果露出“狐狸尾巴”，处于不利位置。比如，总是喜欢迅速作出决定、现场拍板，根本不给自己时间把问题想清楚；总是喜欢独断专行，在作出决定之前不征求他人意见和建议；不喜欢咨询专家意见，总是自以为是；不愿意屈尊降份请对方让步，说话太满等。

优秀的谈判者，往往也是一个好的倾听者，往往总是在倾听或者询问对方的看法：“我想听听您的意见。”“对于这件事您怎么看？”“您期待有什么结果？”“你为什么会这样想？”“还有什么意见？”不要一上来就问对方的底线，因为问底线意味着你没有打算帮助对方实现他的目标，没有站在对方的角度思考问题。

沟通的本质是认真倾听、换位思考，更迅速地解决问题。无论通过口头还是书面方式，要想让对方理解我们表达的内容，就应该站在对方的角度去思考，根据对方的偏好、知识面和利益点去组织信息，从而尽可能降低理解成本。

双赢是结果，不是目的。永远不要觉得只要在谈判过程中很愉快、一团和气、相谈甚欢，就是双赢，或者自我安慰说，为了建立长期合作关系，这次我让一点步，下次我再赚钱，长远来看我们是双赢的。

谈判中的同理心确实很重要，它能帮你换位思考，理解对方的诉求，但是过于融洽的谈判，往往会失去价值创造的机会。若你想用短期的利益来换取长期的关系，往往换来的不是好关系，而是不平等的关系，而且很容易被对方“带节奏”。解决方案是严格遵守“对事不对人”原则。比如，你可以利用这个“拒绝公式”：前半句，把立场告诉他，后半句，用替代方案给出解决方案。你可说：“关于转让价格，真的没有再降低的可能了。与其继续讨论这个问题，不如我们讨论一下，在具体转让操作时，怎么配合你。”

这就像是你把门关上，然后指了另一条路，既表明了立场，也不至于谈话陷入僵局。

当双方对某一细节争论不休，无法谈拢时，有经验的项目经理会转移话题或暂停谈判，以缓和气氛。若你自己感觉有点情绪激动、氛围上头，可以马上喊停，没有任何人规定谈判期间不许休息。若你观察到对方情绪失控，你也可以主动喊停，先帮他整理下情绪，否则继续下去对双方都是不利的，必要时甚至可以转移话题。

临时休会也是谈判人员比较熟悉并经常使用的基本策略，在谈判进行到某一阶段或遇到某种障碍时，谈判双方或一方提出中断会议，休息一会儿使谈判双方人员有机会恢复体力、精力和调整对策，推动谈判的顺利进行。

最后，请记住：万事留有余地，在谈判时要避免谈判破裂。在双方谈判过程中，若对方提出某项要求，我方是否需要马上答复？通常答案是否定的。即使是一方能够满足另一方的要求，最好不要马上就答应下来，必要时，答复其主要内容，留有余地，以备讨价还价之用。有经验的项目经理，不会让谈判完全破裂，否则根本不必谈判，他总会让对方留一点退路，以待下次谈判达成协议。

总之，你要保持开放姿态，打开“沟通之门”。具体的沟通事项可能会结束，但是沟通高手能够让双方的关系持续发展下去，在沟通这场“无限游戏”中变被动为主动。比如，在谈判中多使用“模糊语言”，尽量不用彻底否定句，就算你心里明白某个具体条件不行，也不要马上把话说死或者说得太难听，要保留继续谈下去的余地。

以上心态和心理战技巧，只列举了部分场景的情形，针对具体场景要学会随机灵活应变。我们可以不去用它们，但是不能不学习，不学习就无法有效识破和应对。

六、谈判场景中的九大“积极防御”战术

所有谈判战术，比如转移焦点、施加压力等，都是在扰乱心理、打乱阵脚。对一方来说是战术，对另一方而言就是陷阱。

怎样应对这些陷阱？最根本的一条就是保持镇定，避免在心理上被扰乱。同时，尽可能多地提前了解和分析这些陷阱和它们的变化形式，只有这样，才能做到知己知彼、百战不殆。

1. “主场优势”

尽量在本公司的办公室内谈判，占据主场优势。

在自己主场内谈判除了有心理上的优势外，还可以随时得到其他同事、领导们的必要支援，同时还可节省自身时间成本。从另一个角度来看，交易对手能抽空来己方主场，也代表有一定诚意，不是漫无目的来的。

2. “忍者无敌”

西方就有句谚语说：“外交的车轮滚滚，全靠模糊的语言润滑。”

忍耐力是最终极的谈判能力。因为谈判不是一个“点”动作，而是一个完整的过程。若能够在谈判中，表现出更大的耐心，就有可能获得更多有利于谈判的条件。

俗话说：谁笑到最后，谁就笑得最好。换句话说：若没有忍耐力，良好的口才、敏锐的观察能力、周密的信息收集能力，都没法落到实处。

对个人来说，忍耐力是一种修养，要多思考、多倾听、多斟酌，尽量避免立即决策。比如，在对方电话突袭时，不要贸然答应什么。因为这只对打电话的一方有利，不是对等的“有效协商”。要仔细倾听并做好记录，表明现在不方便交谈。在挂掉电话之后，弄清条理，在确定自己准备充分之后，再回拨过去。

3. “声东击西”

在军事战术中声东击西是指当敌我双方对阵时，己方为更有效地打击敌人，造成一种从某一面进攻的假象，借以迷惑对方，然后攻击其另一面。这种战术策略同样适用于谈判。

正如传统的马匹交易，马贩子从来不让卖马的人知道他真正喜欢哪匹马，否则价格就会飞涨。

4. “虚张声势”

比如，某些知名的会计师事务所、咨询公司，在拜访客户谈判的时候，通常都会一字排开、西装革履、锃光瓦亮、大箱小包、一摞摞文件资料、个个名片不是副总裁就是总监，气势十足。

当然，你也可以通过更严谨的装束，增强自己的信心。

有一句关于谈判的话说：在一个伟大的商标或者名片背后，你总可以发现一个没啥能力的销售人员。说的就是谈判永远不要被对方名头吓到，你要把注意力放在谈判本身中去。

5. “制造负罪感”

制造负罪感可使谈判另一方产生赎罪心理。比如，前一笔交易，给你的让利要在这一笔生意中找回来，或者采取蔑视或暗示等形式，设置心理障碍，制造自卑感或形成低人一等的感觉，使对方主动让步。再如故意找出招商推介材料或者聊天内容上的一个小缺点或者资产介绍不严谨的地方，让你觉得内疚、理亏。

面对真问题，你需要正视问题，积极解决，同时把谈判重点引导回真正要讨论的议题上。至于伪问题，可一带就过，不要过多纠缠。

6. “底线时间”

大多数的不良资产清收谈判，特别是那种双方争执不下的谈判，基本上都是到了谈判的最后期限或是临近这个期限才达成协议的，因为在期限到来时，债务人迫于这种期限的压力，会迫不得已地改变自己原先的主张，以尽快求得问题的解决。

不良资产管理公司在处置不良资产时，经常遇到意向投资人说给你一个最后期限，比如三天，说已准备收购的资金现在还在账上，然后不断威胁你，时间越来越紧了，再不答应就晚了，资金就挪作他用。过了这个村，就没有这个店了。

解决方案就是反问对方：“为什么是三天？”“时间这么紧对你有好处吗？”“你这么着急做决定吗？”“是谁给你时间压力的？”“挪作他用是去干啥？”本质上，还是要让对方意识到着急是没用的，要坐下来一起想办法，尽量往双方都能接受的范围内靠，或者投入时间和资源，去寻找创造价值的新方案。

7. “一个唱红脸，一个唱白脸”

一个唱红脸，一个唱白脸，通常指的是在解决矛盾冲突的过程中，一个充当严厉或令人讨厌的角色，另一个充当友善或令人喜爱的角色。

红脸：外表和语气上看起来比较严厉不好说话，咄咄逼人，但是内心正直细腻。

白脸：表面上看起来慈眉善目温柔和气，内心奸诈。

在谈判对手同一团队当中，经常出现有人扮演“恶人”，采取强硬态度；有人扮演“好人”，采取温和态度。一般情况下“恶人”首先出场，抛出刁钻的要求，施加压力，一段时间后“好人”出场，提出妥协方案。

比如，在不良资产收购处置谈判中，经常出现对方一个人给你施加压力，扮演“白脸”，“你再不同意就算啦！”“我跟你说，你这样子是没法谈的”；另一个人，扮演

“红脸”，不断地打圆场，“哎呀，都已经谈到这个份上了，你就让一步好了”“你看我们也是很有诚意的，你有什么想法和我说。”一个打，一个拉。“白脸”负责降低你的心理预期，拿离开谈判桌作为要挟，“红脸”负责打圆场，让谈判不至于绷断。

首先你自己要非常清楚，对方就是戴着面具在演戏。凶的那个，并不是真正不想谈了，或者生气了；和蔼的那个，也不是好说话、对你好。你可以让对方指定一个全权代表出来，不要让自己一对二。谈判中双方的人数最好是对等的。人多，气势上也不容易输。

面对“红脸/白脸”谈判陷阱，应对的办法就是要认识到：好人和恶人都是对手，是对方团队里的演员。要保持冷静，适当妥协可以，但不能屈服于“白脸”压力，骤然做出大幅度让步。

8. 尽量由己方起草合同

无论双方沟通得多么详细，总会遗漏一些细节性问题，需要在起草合同的过程中详细阐明。

若让对方起草合同，有可能会让你陷入非常不利的境地。无论是一份数百页的协议还是一份只有几段话的报价单都是如此。因为在很多情况下，谈判一方在起草合同时会发现几条双方在口头谈判过程中并没有涉及的条款。这时起草合同的一方就有了“解释权”，可以按照对自己有利的方式，阐述这些条款，而另一方只需要在签字前仓促作出决定。

若你争取到起草协议的权利的话，不妨在谈判过程中注意做好记录并在关键的地方做好标记，这样一方面可以提醒你在起草协议时包括对方答应你的所有要求。同时，提醒你一定要把那些你并不喜欢，但是你的确已经在谈判过程中答应了对方的条款写进协议里。

9. 要认真审读协议

经过谈判，你可能并不同意协议中的某个条款，而对方同意修改并表示他们会把修改后的协议寄给你签字。但是当修改后的协议被送到你的办公室时，你可能正忙着做其他事情，所以你只是粗略地浏览一下你曾经修改的地方，然后就直接翻到最后一页，在上面签章用印。

可能不幸的是，由于你并没有花时间重新读完整份协议，所以你并没有意识到对方同时已经在其他地方进行了一些修改，他们修改的可能是一些非常重要而你并不会留意的地方这些修改内容甚至和其他地方存在冲突却被你选择性忽略。

若干年以后，当双方之间的合作出了问题，你需要向律师出示协议时，这些问题才浮出水面，但到了那个时候，你可能根本不记得自己当初同意了什么，所以你只能假设自己当初的确同意了对方的修改。

七、利益和尊重可以兼得

双方谈判结束之后，你一定要记得祝贺对方。无论你觉得对方的谈话技巧有多么差劲，都要向对方表示祝贺，让对手感觉自己赢得了这场谈判、取得了胜利。胜负只是一种自我感受，通过适当的自我调整，你可以让对方感觉是自己赢得了谈判，但同时又不需要牺牲你自己的利益。

谈判的目的并不是控制对方，而是要和对方一起协作找出问题所在，并寻求适当的解决方案来解决双方所共同面临的问题。双赢是最佳的结果，关键是要发现谈判中的各方更看重哪些方面的意义或者价值，满足各方的具体需求点，求同存异。

在《哈佛商学院谈判课》一书中，深度分析了历史上 19 个看似不可能完成的真实谈判案例，提出了一个化解所有矛盾冲突的底层逻辑：无论面对怎样的争议，各方都有宣布自己这方胜利的需要。你可以不用在价格或者条件等方面作出实质性让步，而是仅通过改变谈判内容要素架构策略、设计并聚焦谈判流程策略以及同理心共情策略，整合利用资源优势，就可以为那些看上去不可能完成的谈判任务找到破局之道。

想要化解冲突，最根本的问题在于要承认我们与对方的出发点其实在本质上并没有什么不同，本质上都是为了价值交换。当试着理解对方的立场和行为背后的深层原因，把重点放在创造价值上，我们或许就能够化解冲突，达成共识。

成功的谈判是双赢的，好的谈判应该得到这样的结果：（1）我方得到对自身有利的谈判结果，挣得了“里子”。（2）让对手特别开心，对方挣得了“面子”或者“好的心理感觉”。（3）我方也开心、放心，也得到了“面子”。（4）对手也赚钱了，得到了“里子”，为未来长期合作埋下伏笔。

谈判更高深的境界，在于了解各方真实需求、创造价值，把资源总量做大。因此，要更关注双方一致的地方，建立信任，展开整合性谈判，获得双赢。

第四节　看透不良资产商业世界底层逻辑

老话讲，“世事洞明皆学问，人情练达即文章”，但是我们在学校接受的教育以知识输入为主，鲜少涉及对人性和商业社会的理解。

乔治·索罗斯有一句名言：“世界经济史是一部基于假象和谎言的连续剧。要获得财富，做法就是认清其假象，投入其中，然后在假象被公众认识之前退出游戏。”通俗地说就是识别泡沫、参与泡沫，然后在泡沫破裂之前离开泡沫。

每一件事情背后，都有其商业逻辑，亘古不变。回顾商业历史，常常会有一种感觉，就是最重要的道理，往往听起来也是最简单的。商业的有趣之处在于，人性是不变的，商业最本质的道理也经常是不变的。

具体在不良资产行业，债务违约、多方博弈、生死存亡、图穷匕见，若没有磨炼出基本功、没有广泛的社交接触面和对人性的洞察，很难在多方博弈中胜出。尽管光怪陆离，但是当我们穿透商业本质、揭开历史遮羞布，往往能看到它最底层的人性和哲学。

本节从心理学和行为经济学的角度管窥不良资产商业世界的某个片段，从表层走向底层，穿透商业本质，希望读者在遇到相关问题时获得相关解决方案的启发，在淡定从容中收获一种洞察本质的喜悦。

一、债权管理心理学——明晰债务人的心理

一切商业的问题，最终都是人的问题。

弗洛伊德说："任何五官健全的人必定知道他不能保存秘密，若他的嘴唇紧闭，他的指尖会说话，甚至他身上每个毛孔都会背叛他。"

对外来说，没有搞不定的债务人，只有不用心的债权人。趋利避害是人的本性，人类的心理活动都是在下决心去求取欢乐，避免痛苦。债权人掌握了这条规律，就掌握了债务人的心理本质，就有机会顺势而为，破解债权清收困境。

不良资产从业人员通过研究人的心理，一方面理解客户在交易过程中的各种言行；另一方面预测客户的各类要求，在面对问题或者挑战时以便对症下药，"四两拨千斤"，找到一些既符合人性又事半功倍的解决方案。

对内来说，每一位专业经验丰富、训练有素的项目经理都积累、沉淀、萃取了宝贵的经验和教训，是公司宝贵的财富。

人力资源是第一资源。不良资产管理公司只有通过关心、尊重员工，才能稳住后院，而不是仅仅把基层员工当成"工具人""干电池"。干电池有什么特点？当电用完了，取出来扔掉，不用培养。

不良资产管理公司通过凝聚一批既熟悉不良资产业务、投资银行业务，又精通财会、法律、评估等业务的专业人才，综合运用债务追偿、债务重组、债转股、诉讼执行、并购重组、破产清算、破产重整等多种手段，纾解企业困境盘活不良资产，提高了处置效益。

（一）破窗效应——亡羊补牢，犹未为晚

破窗效应认为环境中的不良现象若被放任存在，会诱使人们仿效，甚至变本加厉。

以一幢有少许破窗的建筑为例，若那些破窗不修理好，任何路过的人都可能受到某些示范性的纵容，从而去打烂更多的窗户。久而久之，这些破窗户就给人造成一种无序的感觉，人们甚至会闯入建筑内，若发现无人居住，也许就在那里定居或者纵火，结果在这种公众麻木不仁的氛围中，犯罪就会滋生、猖獗。

任何坏事，若在开始时未加阻拦、形成风气，将再也无法改正，就好像河堤，一个小缺口没有及时修补，可能崩坝造成千倍万倍的损失，正所谓“千里之堤毁于蚁穴”。

破窗效应中的“第一扇破窗”常常是事情恶化的起点，接着就会出现后面那一双双推波助澜的手，不知不觉，我们也会成了第二双手、第三双手。

在债权管理中，破窗效应的主要启示如下：

第一，当可联系的债务人出现逾期，若不良资产管理公司不立即采取以诉促谈、委托清收等催收手段，则债务人将一直拖延、无动于衷，直到诉讼时效超期，进而默认和鼓励更多的逾期债务人拖延清偿。

第二，在非金融企业应收账款管理中，若某个单一逾期客户逾期后，债权人不加以立刻催收，而是采取放任、纵容的态度对待客户，则该客户就摸清了你的态度和边界，即使这一次归还欠款，但是再次出现逾期的可能性会非常大，逾期期数会越来越多，逾期金额会越来越大。

第三，在非金融企业应收账款管理中，针对某一商圈或者某一行业内的客户，若任由其中的某一个客户逾期而不及时清收，则该片区内或者该行业内互相联系的客户就会结成“联盟”，产生逾期的客户数量肯定会越来越多，逾期金额也会越来越大，直到把债权人拖垮而妄图不用归还。

第四，在个人贷款不良资产债务重组分期付款和非金不良资产管理过程中，要从严管控客户逾期行为，要求客户严格按合同约定按时、足额还款，培养客户良好的还款意识和还款习惯，尤其是前三期，绝不允许出现任何逾期，哪怕该客户搬出听上去有多么合理的逾期理由。对于首次欠款的客户，要采取一切手段及时追回，甚至在合同中设置较高的违约责任，防止客户出现“破罐子破摔”的心态和行为。同时，即使因特殊情况某一客户产生逾期，要尽可能减少让其他客户得知有个别客户逾期的信息，减少从众效应。

只有这样，债权管理才能站得住脚，守得住底线，稳固逾期防线。

在某个不良资产管理公司在一笔房地产融资业务中，当交易对手触发违约条款被处罚、违约事项发生时，因为考虑到债务人属于在资产规模方面全国排名靠前的大客户，资产规模庞大，就认为他们腾挪空间大、融资渠道畅通，短期内出现风险的概率较小，迷信客户大而不能倒，也因此没有对债务人信用风险有足够的警觉。

甚至，该不良资产管理公司还盲目自信地认为债务人还没有出现重大负面舆论，在其他金融机构也未发现逾期，态度积极、表示同意还款并约定了三个月后还款的具体还款时间。同时，不良资产管理公司所应收的资金占用费由原来的12%提高到违约后的18%，并对客户需要花时间去东拼西凑数亿的还款金额来变现表示理解。总之，不良资产管理公司在当时不相信或者说不愿意相信资产规模如此之大的客户会实质违约，所以没有在第一时间采取强有力的反制措施和高压态势，没有采取公布违约信息、发起诉讼保全和相关资产查封等措施。

结果，时间来到了约定的还款日期，债务人将一封延期申请书发给不良资产管理公司，申请第二次延期，这次需要再延期两个月。这时候虽然该债务人未正式暴雷，但是其融资渠道已趋紧，多个项目风险明显增加。如果信息渠道比较广阔，你就能发现债务人已经紧锣密鼓地剥离资产、转让股权，出现预警信号。

若不良资产管理公司在此时态度坚决、不同意延期，并立即采取强有力的措施，债务人反而会考虑到将会打乱其在所集团整体统筹安排、资产隔离等系列动作，有可能主动提出解决方案。不良资产管理公司或许也能以此为筹码提前获得部分清偿或者资产置换。

但是当时，不良资产管理公司依然不相信甚至不愿意相信这么大的客户会实质违约，对其所在行业发生的变化不敏感，依然用传统地产融资思路看待项目和客户主体。在要求客户补充部分抵押物后，不良资产管理公司仍然同意延期。

其实在当时的市场情况下，房地产市场已出现明显风险信号，房地产企业融资环境趋紧，陆续出台的相关政策都对房企融资渠道产生重要影响。最后，债务人及其相关方还款能力恶化，资产被多方保全、全面。

前事不忘，后事之师。你看中的是高收益，而对方看中的是你的本金；不断申请延期的原因，除确实无法完全筹集资金外，其他原因可能是正在暗地里进行债务筹划、资产隔离及整体统筹安排等。

破窗效应告诉我们，亡羊补牢、犹未为晚，当断不断，必受其乱。

（二）增减效应——先严后松，激励诚信

人们往往喜欢那些对自己的喜欢不断增加的人，而不喜欢那些对自己的喜欢不断减少的人，心理学家们将人际交往中的这种现象称为增减效应。

在个人不良贷款债务重组后的分期付款过程中，项目经理若能够熟练掌握“增减效应”，就能有效调动客户在整个还款周期的心理活动，使客户的还款行为朝着你期望的方向发展。比如，在客户前三期回款时，采取严格的管控方案。在合同约定的到期

日前一周，发短信提醒告知一周后还款事宜；在还款日前一天，通过邮件、短信、微信等方式发送还款通知；假如第一个还款日未收到回款，则由债权管理人员打电话询问情况，并立刻上门催收，递交还款通知时，载明若何时不还款将采取何种措施等内容；假如客户逾期至第二期，告知客户将采取法律措施并开始准备诉讼或者仲裁材料；假如客户逾期至第三期，提交诉讼或者仲裁材料。总之，前三期不能有任何逾期行为，一旦逾期，采取反制措施和高压态势，帮助客户养成良好的还款习惯。

当客户回款第四期至第六期，到了这个阶段也基本过了风险期，债权催收方案可以发生调整与改变，让灵活性与原则性并存，只需要在还款日前一天，通过邮件、短信、微信等方式发送还款通知即可。还款超过半年后，客户风险基本降低，债权管理方案开始更加人性化，开始注重维护客情关系，保持良好沟通态势。

总之，不良资产管理公司通过顺应客户的“增减效应”心理，先严后松，激励客户保持走向正常还款的道路。

（三）晕轮效应——切勿先入为主、以偏概全

晕轮效应又称成见效应、光圈效应、日晕效应，是指在人际交往中所形成的以点概面或以偏概全的主观印象。

晕轮效应的特征具体表现在以下三个方面。

1. 遮掩性

有时我们抓住的事物的个别特征并不反映事物的本质，可我们却仍习惯于以个别推及一般、由部分推及整体，势必牵强附会地误推出其他特征。随意抓住某个或好或坏的特征就断言这个人或是完美无缺，或是一无是处，都犯了片面性的错误。

在不良资产行业，很多债务企业实控人曾经都是天之骄子，是周围人羡慕、仰望、跟随、巴结的对象。在企业债务危机爆发后被迫面临追债、起诉、列为失信被执行人等一系列措施，让他们风光扫地，甚至被认为是“罪大恶极”。

很多人因为他生意上暂时陷入困境就轻视、傲慢、得理不饶人般地看待他，他的能力可能比普通人强得太多，他是经历大起大落的企业家，而不良资产管理公司的项目经理也只是一个“打工人”。

把自己的某些心理偏见或主观印象附加给对方的现象，即“投射倾向”。若你对自己的“投射倾向”不加注意，没有清醒地、理智地经常进行自我反思和定位，就很可能制造出晕轮效应，以偏概全、判断失误。

2. 表面性

晕轮效应往往产生于自己对某个人的了解还不深入，也就是还处于感、知觉的阶

段，因而容易受感、知觉的表面性、局部性和知觉所带来的选择性影响，从而对于某人的认识仅仅专注于一些外在特征上。

第一印象一旦形成，先入为主以后的信息常常只扮演补充和解释的角色，这就是产生晕轮效应的“温床”了。因此，项目经理应冷静、客观地对待第一印象，避免“以貌取人”；此外，项目经理应在服装穿着、不同专业背景的团队成员配置上体现出专业性、高级感，避免被别人“以貌取人”。因为对个人来说，视觉效应是个能能力的数倍；对公司来说，职业形象代表着公司形象。

3. 弥散性

对一个人的整体态度，还会连带影响到跟这个人的具体特征有关的事物上。成语中的“爱屋及乌”“厌恶和尚，恨及袈裟”“邻人偷斧”就是晕轮效应弥散的体现。

心理学研究证明，一个人对他人的偏见，常常会得到自动的“证实”。比如，你对某人存有怀疑之心，时间一长，自然会为人所察觉，对方必然会产生离心和戒心。而对方这种情绪的流露，反过来又会使你深信自己当初对他的看法是正确的。这就是心理学中的角色互动和双向反馈，这也要求我们切勿先入为主。

（四）标签效应——师出有名，自我暗示

当一个人被某种词语名称贴上标签时，他就会做出自我印象管理，使自己的行为与所贴的标签内容相一致，无论是“好”是“坏”，它对一个人的“个性意识的自我认同”都有强烈的影响作用。换言之，给一个人“贴标签”的结果，往往是使其向“标签”所喻示的方向发展。这种现象是由于贴上标签后面引起的，故称为标签效应。

古代打仗讲究“师出有名”，出兵必有正当的理由，即使造反也得说是奉旨讨贼或者清君侧，若用“标签效应”来解释，这其实是一个给一个团队进行心理建设的过程。

标签效应在债权管理过程中非常重要，不仅适用于债务人谈判，也适用于债权管理团队建设。

在与债务人谈判的时候，若你看债务人是一种看“老赖”的态度，是一种“黄世仁”找“杨白劳”催债的姿态，就相当于给债务人贴上了赖账的标签，债务人也能感受到你并非友善的气场，可能干脆就破罐子破摔并和你搞起对抗，双方大概率没有谈下去的可能。

若你把债务人当成座上宾客户，秉承着“客户就是上帝”的理念，你想通过帮助客户解决他的难题，从中再赚到自己该赚的钱。这时，债务人也能感觉到你的诚意和友善，哪怕债务人多么不情愿、不耐烦，但“伸手不打笑脸人”，他出于对你友好态度的回馈和尊重，也会一五一十地讲出他的困难和想法，双方也就进入了共同解决问题的氛围中。

不良资产管理公司在进行团队建设的时候，“标签效应”的本质内涵是给予员工正能量的鼓励，将其塑造成一名“风险化解英雄”，而员工反过来也会给你英雄般的工作表现或者业绩反馈。“标签效应”是调动员工积极性、提升债权处理业绩的不二法宝。

在实际工作过程中，项目经理承受着巨大的外部压力，经常会遇到案件受阻以及个别刻意刁难、恶语相对、胡搅蛮缠的债务人。同时，还可能面临来自公司内部的绩效考核、处置压力、其他阻力或者掣肘。

因此，不良资产管理公司需要及时发现员工心态变化，给予心理引导、鼓励、打气，贴上正能量的“标签”，否则其在遇到困难时工作积极性往往会在低谷持续盘旋一段时间。

（五）超限效应——直接切入，少说废话

超限效应，是指刺激过多、过强和作用时间过久而引起心理极不耐烦或反抗的心理现象，这往往会引起对方心理极不耐烦或者逆反，导致事与愿违。

在个人不良贷款债务重组后的分期付款过程中，每当客户还款日临近时，债权管理人员一般都会提前几天持续电话、短信提醒。然而作为债务人本身并不希望债权人每天一而再，再而三地催收影响到他的工作、生活、心情，密集的债权催收，反而引起客户的反感，让他误以为自己的信用等级被下调，产生像是“老赖”一样、被丧失信任的感觉。

在非金融企业应收账款债权的催收过程中，有的项目经理会在还款日前几天，带上定制的小礼品给客户，比如水杯、茶具、雨伞、茶叶等，绝口不提催促还款的事。但是，债务人看到债权人登门拜访，心里很清楚来因，一般通情达理的客户，会主动说“已准备好钱了，放心吧”，然后到时会自动还款。

当我们明白了超限效应，再次需要对违约客户进行债权催收时，就没必要拐弯抹角，说几句开场白之后就直接切入来意和主题，会谈时间半小时为佳，不宜过长。在谈判过程中，债权人也不能一味地以“再逾期，公司就起诉你”“申请法院拍卖资产”“查封你公司银行账户、股权”等言辞反复施压债务人，因为一味地压迫式打法反而使客户产生逆反心理。

谈判越简短，债务人越体会到留给他主动还款的时间越少了，干净利落、公事公办。首先要动之以情、晓之以理、点到为止，若债务人不接受谈判内容，继续拖延，则直接下律师函，然后看其反应，再一步步升级清收措施。

在不良资产管理公司内部团队管理中也是一样的，有格局的领导不会追着一件陈年旧账，隔三岔五就批评一顿，让项目经理感觉在外有债务人不配合、在内有重重压迫，简直处于内外交困、水深火热之中。

不良资产管理公司正确的做法是通过表扬其努力勤奋程度、对细节的研究、短期的进步，关注心理变化、激发员工斗志，如此才能有发自内心的进取心、凝聚力。

（六）霍桑效应——耐心倾听，调查研究，实事求是

霍桑效应是指在行为现场实验（Field Experiment）中，由于研究对象意识到自己正在被研究、被关注、被观察，从而带来行为、言语、表达的某种改变。

20 世纪二三十年代，美国研究人员在芝加哥西方电力公司霍桑工厂进行的工作条件、社会因素和生产效益关系实验中发现了实验者效应，又称为霍桑效应。比如，让员工将自己心中的不满发泄出来；由于受到额外的关注而引起绩效或努力上升。心理学专家专门对其进行了一项试验，即用两年时间，专家找工人个别谈话两万余人次，规定在谈话过程中，要耐心地倾听工人对厂方的各种意见和不满。这一谈话试验收到了意想不到的结果：霍桑工厂的产值大幅提高。

霍桑效应给我们的启示是，人在一生中会产生数不清的意愿和情绪，但最终能实现或满足的却为数不多，对那些未能实现的意愿和未能满足的情绪，切莫压抑克制，而应适当地让它宣泄出来，这对人的身心和工作都有利。

在不良资产处置过程中，不良资产管理公司面对困境企业，首先要与债务人建立联系和信任，让债务人振作起来，深入了解债务企业失败的原因，以及不还款的具体原因，是其经营不善、资金周转困难、合伙人散伙、政策性影响等，还是企业大股东占用、财产转移、有逃废债情形等原因，然后尝试提供多种解决方案，争取实现企业纾困、资产盘活。

“见面三分情”。项目经理要频繁地与债务人、担保人、银行客户经理、前手债权人的管户经理等进行电话或者上门沟通。这样做的好处非常多：第一，动态了解债务人的经营质量、还款意愿、还款能力、债务风险；第二，倾听债务人、担保人的诉求，发现债务重组、资产重组等重生机会，尽早解决问题，防止风险蔓延；第三，与银行管户经理沟通存量债权的处置进度和思路，集思广益，启发处置灵感；第四，帮助银行解决不良资产难题，从银行获取新的业务机会，比如破产重整投资等。

（七）南风效应——减少内耗、树立口碑

南风效应，也叫作南风法则或者温暖法则，它源于法国作家拉·封丹写的一则寓

言，它告诉我们：温暖胜于严寒。

对内来说，运用南风法则就要求不良资产管理公司要尊重和关心项目经理，时刻以人为本，多点“人情味”，深入基层，注重了解和解决“一线”人员的日常生活或者工作中的实际困难、具体问题并讲究方式方法，使“一线”人员真正感受到平台给予的温暖。果真如此，则“一线”人员出于感激就会更加努力积极地为平台工作，维护平台利益，创造更大价值。

俗话说，“良言一句三冬暖，恶语伤人六月寒”。“南风效应”的实质是为营造一种让员工“舒心”的工作氛围，降低内耗，减少内部猜疑，使人的积极性和创造性得到充分的发挥。

对外来说，运用南风法则就要求区别对待债务全体，尤其对于弱势群体应尽可能通过债务重组、和解、减免、豁免的手段处置债权。比如，个人贷款不良资产投资业务发展如火如荼，浙江省某不良资产管理公司在同业里面的个贷不良业务规模较大，并成立了一个个贷智能化服务平台。该服务平台在设立初期主要做大数据的失联修复和债务人画像，制定清收策略、分层分类处置。这家公司将个贷债务人大致分为几个群体，第一类是弱势群体，调查核实情况后，可直接豁免债务；第二类是逃废债群体，将采取法律等手段进行清收，坚决进行追偿；第三类是最主流的人群，以 20 世纪八九十年代出生的人为主，线下调解为主，其理念是让这类人群回归正常的生活和工作，以解决问题、拯救年轻一代为使命的角度出发。

有了好口碑，就等于自带流量，不良资产管理公司的品牌传播成本可能被极大降低，除了提升品牌形象，或许会有更多意想不到的潜在收益。

（八）沉锚效应——设定参考，权衡对比

沉锚效应是指人们在对某人某事做出判断时，易受第一印象或第一信息支配，先入为主，就像沉入海底的锚一样把人们的思想固定在某处。

价格沉锚效应中，若你在生活中遇到某个商品，第一眼留下印象的特定价格，将对此后购买这一产品的出价意愿产生长期影响。这个在我们深入考虑后，想用某一特定价格购买某一产品或服务时的价格就是“锚”，而非价格标签本身。

锚会影响各种购买行为。第一个锚不仅影响我们当时的购买决定，而且影响后来的许多决定，甚至让人似乎习惯于某一特定的价格水平而不愿改变。换言之，我们对价格变化的敏感度，事实上依赖于我们对过去价格的记忆，和我们想与过去决定保持一致的欲望，而并非我们真正偏好或者需求大小的反映。

苏格拉底说，不经审视的生活不值得过。

即使这个价格沉锚在过去某一个时间是合理的，现在或者以后仍然合理吗？不一定。

在个贷不良资产试点初期，各家不良资产管理公司对个贷不良资产包的竞价金额均在3~5折。业内普遍认为，试点初期的个贷不良资产包成交价偏高，但自有其合理性，或许是为了抢“广告”效应，也或者是商业银行推出的资产质量相对较好。但是，我们也不能把试点初期的市场普遍报价作为未来参与个贷不良资产市场的“锚”。

另外，运用价格锚点可以实现引导购买、避免极端的作用，即用其中一个参考价位作为诱饵，故意来吸引人们选择特定的价位。比如，在有三个或者多个选择的时候，很多人不会选择最低和最高的，而是倾向于选择中间的那个价格；当无从判断价值高低的时候，你可选择用同类商品做权衡对比，让自己有一个可衡量的标准。这就是相对论带来的问题——用相对的方法看待我们的决定。

在前文中我们说过在不良资产包处置报价的时候，若不良资产管理公司报出一个相对高价但有零有整的金额，新入行的不良资产意向投资人可能就会在这个锚定价格附近下功夫和准备报价。

但对于专业懂行的高手来说，能够保持客观独立，在一定程度上减少诱饵效应的影响，因为高手们普遍见多识广、视野开阔、火眼金睛，常常能够打破相对论的怪圈。

（九）心理账户——让客户选择有利于你的心理账户

每个人都有一个心理账户，你卖东西给对方，其实就是要给对方一个购买的理由来满足这个账户。每个人都有各种分门别类的心理账户，比如救自己命的金钱账户、犒劳自己的金钱账户、亲友情感维系的金钱账户、为事业长期发展的金钱账户、“先手棋”账户、“闲棋”账户等。

营销高手通常会先分析了解目标用户主要存在哪些心理账户，然后运用情感化设计来突出强调那个心理账户的需求，即为用户找一个冠冕堂皇的花钱理由，从而减少花钱的心理障碍或者愧疚，促成成交。

有的时候，客户觉得东西贵，是因为你把东西放错了他的心理账户。这个世界上，没有绝对的大方和小气，也没有绝对的价贵和便宜，只有关键决策人对商品价值的主观判断，即他认为东西值不值这个价。

不良资产投资人可能会在你给的其他类型资产上非常小气，但是在这笔不良资产上却非常大方。为什么会这样？

假如这笔不良资产决定了投资人在债权人会议上的《重整计划草案》通过率，相当于这笔资产就被他放到了决定整个重整程序生死攸关的账户，哪怕多花点钱，甚至这笔投资可能亏钱，他也会把这笔不良资产收购下来。

假如投资人对某笔不良资产的风险状况、未来价值判断尚未调查清楚，还没决定投不投，相当于这笔不良资产就被他放到了“闲棋”账户，是否收购变得无关紧要，先慢慢看看，保持一种“随缘”心态。假如在外人看来价值空间不大的商业、公寓、酒店、工业、物流等资产，能够通过投资人的运营提升或改扩建从而获得稳定现金流甚至提高收益倍数，这笔投资则大概率会被放到“先手棋”账户。

针对资产网络拍卖平台推出的针对法拍、实物资产的精准获客服务和针对债权项目全委托撮合服务，虽然需要支付一定服务费用，增加了不良资产处置成本，但是能够有效获取客户流量，有效促进成交和处置回款，尽可能避免流拍和以物抵债风险。若你把这笔成本放到“小投资大回报”的增值服务投资账户，而不是费用账户，就会更愿意接受通过付费获取价值实现的逻辑。

每个人都把等价值的钱分门别类地存在了心里不同的账户中。要让客户把钱从不愿意花钱的心理账户转移到愿意消费的心理账户，就要引导改变他的认知。

（十）沉没成本——不要为打翻的牛奶哭泣

沉没成本即已经产生的花费，也叫作既定成本。

人们在决定是否做一件事情的时候，不仅看这件事情未来对自己有没有好处，同时会看过去已经在这件事情上投入了多少。因此，往往会陷入这样的误区：前期投入越大，后期就会忍不住投入更多。

有些不良资产意向投资人找到不良资产管理公司谈判某笔债权时，不断分批次地找项目经办、代理律师、项目团队负责人、公司领导、前手权利人了解项目，花费了项目团队大量的时间和精力，反复沟通、久拖不决，比如带着去看抵押物，带着去看债务人、担保人等，结果可能一两年仍然没缴纳保证金。

随着资产持有时间拉长，资金成本也不断累高，不良资产管理公司项目团队为了不让这时间、精力、资产成本等这部分沉没成本损失掉，会尽最大的努力甚至做出极大的让步来促成这笔交易。其实，可能是投资人无差别地给卖方制造了一部分沉没成本，然后利用人们普遍对沉没成本的损失厌恶，在谈判中获得优势和主动权。

曾经某不良资产管理公司投资了一个房地产项目，在债务危机爆发、项目烂尾后，就是否追加投资展开了激烈碰撞：追加投资，有可能因为地理位置较为偏僻，仍然难以去化，无法回款；不追加投资，前期投入血本无归。后来，公司决策层力排众议继续追加投资，但是由于新的投资计划做得不甚精细，运营管理粗放，缺乏内部控制，追加投资的钱再次花完，工程也再次停工，烂尾至今。

由于沉没成本心态的顽固性，曾经发现有些不良资产投资人为了收购某个不良资产包项目付出了极大的沉没成本，包括人情、资源费用和时间，最后可能尽管收购心态有变，但是考虑到沉没成本和新项目的不确定性也不得不进行收购，再去尽调别的不良资产包反而不划算。反过来，若能够克服这种心理偏见，不被这种沉没成本及其影响的情绪所左右，就能更加理性地进行商业判断。

二、债权管理行为经济学——洞察参与方行为

行为经济学是心理学与经济分析相结合的产物。

（一）旁观者效应——第一责任人承担责任

旁观者效应也称为责任分散效应，是指对某一件事来说，若是单个个体被要求单独完成任务，责任感就会很强，会作出积极的反应。若是要求一个群体共同完成任务，群体中的每个个体的责任感就会很弱，面对困难或遇到责任往往会退缩。因为前者独立承担责任，后者期望别人多承担点儿责任。“责任分散”的实质就是人多不负责，责任不落实，进而导致“三个和尚没水喝”的博弈困境。

若一个不良资产包或者债务重组项目由多人负责，而且分工不明确，就会导致这碗大锅饭烤糊，因为人人负责就是没人负责。结果可能导致项目档案一地鸡毛，存续期进度记录七零八落。试想，如无关键决策人勇挑大梁、不彻底刨根问底、摸透项目，怎么能有创新型的处置思路和解决方案？

因此，不良资产管理公司必须明确项目“募、投、管、退”全流程各类事项的责任人，尤其是明确第一责任人，避免发生旁观者效应。

（二）鸟笼逻辑——超脱惯性，发散思维

鸟笼逻辑被认为是人类无法抗拒的心理之一，是由一个心理学故事引出的效应。想象在房间里最显眼的地方挂一个美丽的鸟笼，房间主人每天看到鸟笼的时候都会忍不住琢磨和解释为什么要这个鸟笼，过不了几天，他必定会做出下面两个选择之一：把鸟笼扔掉，或者买一只鸟回来放在鸟笼里，原因是这比无休无止的解释和说明要轻易得多，这就是鸟笼逻辑。

鸟笼逻辑很简单，说的是人们总是采取惯性思维，认为鸟笼必定用于养鸟，其实不一定每一个漂亮的鸟笼里都应该放入一只鸟，美丽的鸟笼若设计精巧也可以仅仅作为装饰品来观赏，但可惜的是人们总是逃不出这个逻辑的局限。若把惯性思维扩展到生活的每一个角落，就会成为一种刻板思维。

同理，不良资产管理公司收购不良资产后不一定和债务人对立冲突，双方也可以

债务重组、和解或者合作共赢；有抵（质）押物的不良资产不一定比空债权好，有抵押物的不良资产可能价格高估、出现瑕疵，反而不赚钱，收购空债权后可能因为发现新的财产线索、出现意外惊喜，反而赚大钱。更进一步，在损失类不良资产包项目的清收过程中，面对“真没钱”的债务主体，你可能会无功而返，而面对“假没钱”的债务主体，你可能会收获意外之喜，赚得盆满钵满。

海阔凭鱼跃，天高任鸟飞。在遇到困难和挑战的时候，请不要限制自己的思维，不要使自己陷于“鸟笼逻辑”中，更不要用“鸟笼逻辑”去推断别人，成为一个墨守成规、顽固不化的人，而是不妨偶尔尝试突破创新和发散思维，也许鸟笼之外还有另外一片新天地。虽然挂出一只空鸟笼，但是能够排除干扰、保持独立思考的人，就是有创见、有魄力、有主张的人。

在不良资产领域，从业者们虽然受限于资源稀缺性、资产复杂性、交易局限性等重重困难，但是为了适应新形势变化，逐渐将传统的“三打”处置模式升级为“三重”模式，并逐渐摸索出各类创新业务模式和交易结构，比如保底清收超额累进激励、结构化合作处置、资产证券化、债务重组等。

（三）捆绑损失原则——分散好处，让客户感觉获得优惠

泰勒在《营销科学》杂志中发文说：“别把圣诞礼物放在一个盒子里。”

为什么经常有商家在销售产品时送赠品、送服务，说成是免费的，而不是把赠品或者服务的价格都写在原价里面？这是因为人们对损失和收益的感知并不是线性的。相比让用户多次掏钱，若把所有的成本折到一起，让用户掏一次钱会感觉没有那么痛苦，这就是捆绑损失原则，虽然事实没变化，但用户感觉良好。

当把“好处分散”，用户感知到的“好处”也会增加，比如包邮服务、月套餐服务、年费会员服务，用户感觉一次性支出一大笔钱比单次花钱更加优惠，但是实际上高估了自使用频次。

赌场为什么一定要换筹码？因为要让你觉得那不是钱，这符合捆绑损失原则。因为绝大多数货币单张面额都有上限，10 元和 100 元，一沓 1 万元和 10 万元的钞票在厚度、体积、重量上都会有很大的区别，进而造成在心理感受上的巨大区别。而不同面值的筹码除了在颜色上有点区别外基本都一样，当赌徒丢出一个 1 万元或者 10 万元的筹码时，心理压力并不会有太大差异。

不良资产管理公司在债权转让时提供高效率的一条龙标准化服务，包括承担挂牌成交平台服务费、承诺高效协助回款过手与材料用印、提供相对较低成本的分期付款资金支持，甚至配合意向投资人收购其他金融债权。通过站在投资人的角度开展合作，

把复杂留给自己，把简单留给客户，这时候投资人感知到周到的服务和确定性的“好处”，也许就不会在资产包价格上锱铢必较。有个别不良资产管理公司在债权转让时配套服务跟不上，不提供分期付款支持，并且在过渡期及之后的清收回款迟迟不过手转付给不良资产受让人，可能对受让人造成的影响和损失较大，还不如找流程规范性高但资产包价格微高的不良资产管理公司合作。

总之，请记住一个原则：捆绑损失，分散好处，会让客户感觉获得优惠。

（四）稀缺原则——创造稀缺性，刺激购买欲

西奥迪尼提出的稀缺原则概念：机会、内容或者产品越少，其价值就越大。

当人们感觉要失去一些东西的时候，会对他的决策产生非常大的影响，甚至害怕失去比渴望得到的念头对人们的激励作用更大。比如，告诉客户某种产品数量有限，不能保证一直有货，有很多人来问过，可能短期内就卖出去了。另外，“时间”也是一种资源，所以“截止日期”“抢购”“秒杀”等销售手段，同样能刺激客户的购买欲望。“Deadline 是第一生产力”，说得是越接近截止时间就越能最大限度地激发主观能动性，尽快完成任务。

为什么稀缺性会产生这样的效果？

第一，物以稀为贵。一件东西越难获得，它的价值往往也就可能越高，因为稀缺性会刺激人们丧失理性、奋力争取。第二，原本轻易得到的东西变得高攀不起，人们出于一种维护既得利益的心理，会对稀缺产生强烈的抗拒心理，从而主动做出某些行动，以避免失去这件东西。

不良资产管理公司在债权转让挂牌拍卖时，将债权资产挂牌起拍价降低，甚至低于实际价值，故意在对外宣传上设置利润空间及套利机会，并找到多家意向投资人参与竞价，实际上就是在人为创造一种稀缺性的“捡漏”机会。

站在投资人的角度来看，这笔债权资产有巨大利润空间，万一别人没发现、没参与，自己就能轻松“捡漏”，然后投入时间、精力和费用进行详细尽调；或者怀疑这笔债权资产是否存在巨大瑕疵，所以才以较低价格挂牌，为了验证自己能否解决瑕疵问题，也会投入时间、精力和费用进行详细尽调。当众多投资人都参与尽调和竞拍的时候，这笔债权资产大概率将出现高价成交情形。

反过来，若债权转让时挂牌价高企，高于债权资产的实际价格，投资人们看到没有套利机会，即没有稀缺性，则可能以流拍收场。

（五）互惠原则——祭品效应，善用免费

在《影响力》一书中，罗伯特博士对“互惠”概念的解释是，对他人的某种行

为，我们要以一种类似的行为去加以回报。举了这样一个例子，当服务员递给客户账单时不给薄荷糖，客户将主观地依据服务水平给小费。若服务员给了一颗薄荷糖，小费则增加3%；若给了两颗薄荷糖，小费则破天荒地增加约20%。

《道德经》第36章写，欲先取之，必先予之。有人改写成：先予之，若取之，大悦。这是一个极为高明的互惠策略。

免费是手中的一张王牌。在商业营销活动中，商家通常都会先给客户赠送一个小礼品，“不花钱买东西”，用免费的东西吸引人，试图长久地建立互惠关系。切记还没赠予他人免费品，就考虑相应的回报，送赠品反而让客户花费更多。由于人本能地惧怕损失，免费的真正诱惑力是与这种惧怕心理联系在一起的。

在祭品效应中，所谓“祭品”就是你为了用户，牺牲自己当下的利益，吃了一个明显的亏。吃的这个亏，就是你摆出来的“祭品”。接着，在用户当中，有人发现你吃了亏，并且因此对你产生了强烈认同，甚至是产生了鄙视链，他认为自己比别的用户更懂你，这就在用户中产生了“巫师—麻瓜结构”。“巫师”围着“祭品”跳舞，吸引着更多“麻瓜”用户过来围观，一个吸引力系统就搭建完成了，并像旋涡一样，把外部的人自外向内地吸引进来。

不良资产管理公司用优质的标准化的周到服务，树立良好口碑。在不良资产收购处置业务过程中，除了资产价格和资金成本外的所有东西都可以做成几乎免费的，比如在招商推介时提供更加生动、翔实、全面的讲解，分期付款首付资金比例和资金占用费方面更加灵活，在档案交接、收付款管理、过渡期协助用印服务中更加快捷及时，在现场尽调时提供更周到细致的配套服务等。

（六）结果偏见——抓住老鼠的就是好猫吗?

结果偏见是指我们看到一个人获得了成功，就立刻认为他的所有行为都是正确的、有道理的。

那些所谓的成功者真的有“普世经验”吗？可能他自认为的成功经验，恰恰是导致他后续进一步取得重大成果的绊脚石。

曾经某个不良资产管理公司的项目经理，在资产包报价的时候为了一定能拿到资产包，就想方设法地在各个维度进行乐观估值，美其名曰积累存量、有事可干、现有规模再有效益。

毫无疑问，这个不良资产包项目实现中标，而且比其他几家不良资产管理公司的报价低了一大截。这让整个公司的参与人员包括中后台风险审查人员、公司领导等都唏嘘不已、担惊受怕、夜夜失眠，都以为踩到了大坑。

反转来了，项目经理刚刚签署完成债权转让合同，就有不良资产意向投资人来咨询这个资产包的转让价格，有意向收购。原来这个意向投资人本来在竞价前已经找了其他不良资产管理公司进行合作收购，结果半路杀出个程咬金，被这个资产管理公司高价截胡了。

由于这个意向投资人与该资产包中重点户的债务人有其他合作安排，所以势在必得铁定了心要收购，结果就把这个不良资产管理公司高价中标的资产包又以更高价买了过去。

经办项目经理逢人就说，别看我报高价买了资产包，但是很快就上浮 15% 卖掉了；若当初收购报价少了，现在不就少赚了吗？

其实，单纯追求用高价买、用更高价卖的这种“批发转零售的贸易模式”打法非常危险。万一自己报了高价，高位站岗没人接盘，市场不认可，你该怎么办？并非每次都有好运相伴，重要的不是规模，而是利润。

有一个比喻说，当你在一个飞速上升的电梯里，有人静静地站着、有人在倒立、有人在不停地跑圈，最后等电梯上到最高层的时候，每个人都认为自己做的事，才是让这个电梯上来的最重要的原因。但实际上这和事实不符。

我们要防止简单地错误归因、因果倒置，这种结果偏见会让我们从结果出发倒推出错误的原因，又因为坚信并且执行这个错误的原因，从而犯下更大的错误，最终滑向失败的深渊。所以，不能有“不管黑猫白猫，抓住老鼠就是好猫”的心理，因为有时候“瞎猫也会碰到死耗子”。

（七）适应性偏见——制造变化、调节适应

适应性偏见，是行为经济学的概念，是指人们常常低估自身或者别人对周边环境和事物（无论是好的，还是坏的）的适应力和适应性。

“入兰芷之室，久而不闻其香；入鲍鱼之肆，久而不闻其臭”。客观上，虽然兰芷之香，还是那么香；鲍鱼之臭，仍然那么臭，但对于久居室肆的人来说，就不觉得那么香，或是那么臭。

我们的大脑对于变化的信息、陌生的事物，会本能给予更高的权重，而静止的信息、熟悉的事物，本能地就容易忽略。比如，曾经强烈的愿望在如愿以偿后，确实会快乐一阵子，但由于边际效用递减，短则几天，多则几年，就会习以为常。

不良资产管理公司在维护客户关系时，想要避免合作关系产生适应性，至少可以采取以下两种方法：

第一，定期制造仪式感，延长幸福感。比如，每个重要的节日或者假期给客户赠送符合公司费用标准的创意型礼物，而非只在年底赠送一次。哪怕是成本很低的小物品，只要有新意和纪念意义也会给客户带来一种长期、固定的仪式感和幸福感。

第二，不定期分享成长和收获，不断提供变化的刺激。因为精神性的事物较物质性的事物，更容易产生变化。比如，你读到一本好书、看到一个小故事，有了启发和收获，就可以把感情、心得和体会分享给客户，并附赠这本好书，这绝对是世界上独一无二的有意义的礼物。

诸如此类，制造变化是上述适应性调节方法的指导原则。喜新厌旧，关注变化，这种人性在短期内是难以改变的。若要去调节适应性，就要围绕目标，去制造大大小小的变化。

若手中资源有限，没有经费或者激励额度，就不能制造出变化了吗？

其实，不是这样的。诚然，更大更显著的变化，往往需要资源支撑。但即便资源总量不变，只要愿意花心思，通过不同内容的排列、组合，包括数量上的、结构上的、形式上的、流程上的变化，同样可以制造出相当多的变化，去调节适应性。

（八）鸡蛋理论——让客户有参与感，付出时间、精力、劳动

鸡蛋理论是指我们对于一个物品付出的劳动或者情感越多，就越容易高估该物品的价值，即付出劳动越多，产生的依恋就越深。

就像宜家的半成品家具，人们热衷于购买回家自己组装，并乐在其中，这种现象也被人称为“宜家效应”。想要提升一件物品的价值，就要让用户有参与感，留有30%的工作让用户自己做，这件物品在用户心中就会产生光芒，拥有价值。

相比之下，沉没成本是指之前已经投入了很多，若轻易放弃，会舍不得，而鸡蛋理论是指由于之前已经有了投入，当价值暴涨时会更加喜欢。比如，在蛋糕店里，比门店卖成品蛋糕毛利更高的业务是DIY（自己动手制作）业务。

有经验的项目经理在沟通谈判过程中，通常会先让客户提出诉求，然后尽量考虑和照顾到客户方方面面的条件，这个过程中也让其付出时间、精力和智力劳动，参与交易结构设计过程，让客户感觉到这个交易方案是自己参与设计的，增强认同感和配合度。换言之，把客户的需求、我的方案和产品，变成大家“共创”的。

己方可在不违反核心利益诉求的情况下尽可能满足客户要求，若实在无法满足，则真诚地对客户的疑虑或者异议进行分析、解答并说明原因，争取理解和信任。

根据鸡蛋理论，可以推理出以下不同应用场景：

每个人对帮助过的人会更喜欢，所以若想让对方喜欢你，想尽方法让他多帮你，甚至付出一些劳动。

在向上管理与领导沟通时，通过抛出问题让领导参与讨论，让领导先提出自己的想法和理念，让他觉得方案是他出的，更能获得支持。

在培训时，让被培训对象参与互动、提出问题并及时解答，他学得更多，且对培训师的评价更高。

（九）心理概率——验证客观概率，避免认知偏差

行为经济学家把这种人类自以为是的概率，叫作心理概率。心理概率和客观概率的不吻合，叫作概率偏差。事实上，人们的直觉和客观概率常常是不相符的，不要太依靠主观判断，否则很容易陷入以偏概全、先入为主的偏见中。

比如，不良资产管理公司在2021年收购个贷类不良资产包项目，本来就是在试点初期的抢“广告”效应，或许买包买贵了，在后续几年时间内处置回收金额少，就认为个贷不良资产包业务不能干，颇有“一朝被蛇咬，十年怕井绳”的意味。其实，放在更远的时间维度上，这类业务仍处于摸索初期，方兴未艾。

怎样绕过以偏概全等认知偏差?

第一，学好数学，尤其是概率与统计，用数字和图表说话，而不要依靠主观判断。

第二，兼听则明偏信则暗。对于没办法量化验证客观概率的，咨询专业顾问，或者多倾听身边更多同行的建议，用他们的宝贵经验对冲你的先入为主的不成熟认知。

（十）激励相容——让私利与公利保持一致

激励相容，是指让私利与公利保持一致。每个人都有自私的一面，但激励相容制度能够让员工越自私，则公司就越挣钱。

不良资产管理公司将不良资产处置清收任务以风险代理、保底清收超额累进等方式委托给第三方催收服务机构，前期不给任何费用，后期费用结算方式与清收回款净额挂钩，清收回来越多，超额部分激励越高，这就把清收机构的利益与不良资产管理公司的利益牢牢绑定在一起，对于清收机构来说“马不扬鞭自奋蹄”。用风险和收益激励人，而不是项目经理的苦口婆心或者颐指气使。

不良资产管理公司在市场化投融资业务中采用强激励、高考核的方式，给项目团队戴上“金手铐”。比如，按照市场化方式募集合格投资者的资金，精挑细选特定区域内的商业地产、港口等物业，采用开发策略，通过设立长周期的专项基金的方式去做地产纾困项目，二年至三年基金运作时间，共同决策，构建新的管理体系，突破固有机制，最终让投资人受益。待项目完成退出后，如约给予项目团队高额激励。

与激励相容相匹配的管理方式叫目标与关键成果管理即OKR管理（Objectives and Key Results，OKR)，它最大的特点是简单，以事情为中心，以目标的推进为中心，并

且由员工自己制定目标，更能调动起员工的积极性和自主性。简单地说，它的理念是不追求一次精细化制定几十个、上百个目标和指标，而是就拿出一张纸，写三件事，然后踏踏实实把这三件事给干了，干到自己想要的成果，然后匹配相应的激励。

OKR 的作用是不仅要说干什么，还要说清为什么；不仅要说为什么，还要说清怎么办；不仅要说怎么办，还得结果可衡量；不仅结果可衡量，还得表达没歧义。有句话说得好，“知道为什么而战的士兵是不可战胜的”。用 OKR 来做目标管理，就是让好想法能真实落地，团队干活有动力，最后获得高额激励。

激励相容原则告诉我们，要承认人性的自私，让项目团队和平台共担风险，用收益和风险共同激励他们，让“自私”，而不是单纯的“集体主义精神”，成为大家共同获益的原动力。

第五部分

行业老把式

“上帝视角”，也叫作第三人称视角，通常是指对某个领域有一个无所不知的、不受限制的视角。不良资产行业老把式面对任何企业的债务危机问题，都能够从上帝视角看到各行业、地域、资产类型的变化趋势，看清所面临的具体挑战和风险，统筹设计最大限度地满足各方利益诉求的交易结构，实质性重组、价值性修复、股加债组合、投行化运作、产业化联动、资源大整合，在运筹帷幄之中通盘解决客户的问题。

只有在不良资产行业里经历无数次枪林弹雨的洗礼和考验，从海量的真实数据里快速获取有价值信息，才能窥到所谓的上帝视角。

第一节　重新正确认识债务与债务重组

在市场经济环境下，为了实现资源的优化配置，必然会出现企业的生老病死、优胜劣汰、推陈出新的现象。

在处理债务危机时，不良资产管理公司不仅要保护债权人利益，还要合理照顾债务人利益，那些把债务人逼到墙脚、鱼死网破、让债务人“一破了之”的局面越来越成为不得已而为之的最后选择，很容易暴发矛盾、增加社会戾气，而减免债务、豁免债务、债务重组、企业纾困、资产盘活是综合社会成本更低的策略，既避免了上下游企业债务链条多米诺骨牌坍塌，从而引发大面积债务危机，又避免了债权人在清算情形下产生最大限度的损失，两害相较取其轻。

一、定义与模式

（一）重新认识债务

摩西·芬利曾说，古代所有的革命运动都有一个同样的步骤：取消债务并重新分配土地。

债务杠杆作为一种生产要素，既对企业经营扩张有着帮衬与促进作用，也会产生一定负面影响与消极作用，与债务共舞是企业发展中的常态。

陷入困境的企业各有缘由，有的是因为市场行情发生变化，企业没有及时改弦更张，未能灵活调整经营策略，利润持续下滑，“温水煮青蛙、老牛拉破车”；有的是因为企业经营决策失误，重大投资打水漂，一失足成千古恨；有的是因为企业应收账款坏账长期累积、无法回收，导致经营现金流枯竭、资金链断裂。但是，一旦企业自身利润无法覆盖成本、现金流周转无法覆盖债务本息，债权偿付出现困难，就会产生债务危机，在法律层面构成违约。

这时候，债权人为了及时且足额获得偿付，通常会采取一系列应激反应和应对措施，诸如谈判协商、上门催收、财产保全、诉讼追偿等。当数个乃至几十上百个债权人纷纷起诉债务企业，要求其立刻偿还债务时，原本就处于资金紧张困境的企业会加速债务危机爆发，形成踩踏事件。

“在雪崩时，没有一片雪花是无辜的”。

关于债权债务的关系，用放大镜来看是债权人和债务人双方当事人之间的关系；而用望远镜来看，债务人的背后是企业家、担保人以及成千上万的员工，其上下游也牵连了无数的供应商和客户群体，甚至间接影响了供应商的供应商；债权人的背后是成千上万的储蓄账户、个人投资人、机构投资人等。

债务企业背上压着千斤担，即使是小的财务困难，若处理不当，也会暴发债务危机，甚至导致启动正式的破产程序。骆驼往往是被最后一根稻草压垮的。但同时，企业也不应当视债务杠杆为洪水猛兽，它是危险，亦是机会，危中有机。

若将困境企业比作一个病人，如何化解债务危机这种疾病？答案是根据病情轻重缓急而采取不同的债务重组手段，最基础的债务重组手段是对原有的债权债务要素与条款予以变更，通过改变利率、还款方式等原有的偿债条件，使企业日常现金流与债务成本相匹配，解开阻碍企业正常生产经营的实扣以缓解企业所面临的偿债资金压力。

若将债务重组简单理解成对负债的谈判和减免，显然低估了债务重组本身具有的“止血、输血、造血”等特性和作用。债务重组逐渐变为一项专门的生意，通过债务重组，困境企业可能实现整体脱胎换骨，进行自我进化与更新，优化负债结构，盘活低效资产，提升治理水平，恢复经营能力，实现价值再造；通过债务重组，个人原本因为债务负担过重，无法新增融资或者授信，实现了债务授信额度和利率的优化，获得了重新开始、东山再起的机会。

与此同时，债务重组市场与制度建设还在加速发展之中，日日新，月月新。

作为不良资产行业从业者应从我做起，打破对债务危机以及破产程序的污名化，让企业家群体在面临债务危机时理解债务重组的危机应对工具价值，也要从道德观念上认可这个新陈代谢的退出机制，放下思想包袱。因为债务无关乎道德，主动协议、谈判偿付债务，或者采取破产等债务重组程序自救，都是正常的商业策略和行为，无可指责。

根据金融“风险—收益均衡”理论，不存在绝对意义上的欠债还钱，因为债务的利息包括了资金的时间价值以及债权人因债务人可能存在违约风险而要求的风险补偿。若完全没有违约风险，即刚性兑付，在现实世界是不存在的，没有违约的市场就像没有生老病死的自然界一样。

奥地利经济学家约瑟夫·熊彼特曾说，经济增长的源泉是企业家精神，是企业家的创新。企业家精神的特质就是勇于承担不确定性的风险。企业家们需要直面债务，回归初心，重拾尊严，人生总有大起大落，但只要信心依旧、希望不灭，依然有可能绝地反击、东山再起、卷土重来。

正如苏轼在《定风波》写道：“莫听穿林打叶声，何妨吟啸且徐行。竹杖芒鞋轻胜马，谁怕？一蓑烟雨任平生。”

（二）债务重组与企业重生

债务重组，在本质上是一场围绕债权人、债务人、出资人、投资人、职工、政府乃至其他的各种主体之间“斗而不破”的博弈与平衡，不仅适用于拯救发生债务危机的困境企业，通过调整、削减、豁免企业存量债务让其暂时摆脱危机，也是一种获得稳定现金流的常见融资手段和债务置换工具，更可用于正常生产经营企业单纯改善企业的长短期负债结构、调整企业现金流、切实降低企业负担，平滑了偿债曲线。

债务重组的核心是快速恢复困境企业的现金流动性。

一般而言，企业债务重组的法律策略主要有庭内重组和庭外重组、预重整及其他混合模式。根据债务企业的行业特征、资产负债规模、现金流状况、商业模式、未来发展前景、有无投资人及投资人类型、投资人背景等情况，我们可以通过灵活运用某类债务重组工具及其组合设计交易结构、实现特定商业目的，而各个模式以及各个工具之间可以交叉援引和变型。

1. 庭内重组

庭内重组，是指在《企业破产法》的保护下，在法院的监督和指导下，通过破产重整、破产和解、破产清算等司法程序，对债务人的资产、负债和经营等进行有序整理，通过资产出售变价、债转股、引入战略投资人、争取原股东支持等方式筹措资金、消除部分债务，最终形成债务重组方案，解除债务危机，辅以经营性的转型或升级，恢复企业的持续运营能力和盈利能力。

破产重整，又名“司法康复”，或者“重生”，是指针对有价值或者有再生希望的债务企业，经由各方利害关系人的申请，在法院的主持和利害关系人的参与下，进行业务上的重组和债务调整，以帮助债务人摆脱财务困境、恢复营业能力，起死回生。

破产重整程序中通常需要有重整投资人对债务企业的资产进行调整、盘活、处置、置换或者注入资产，从而让企业恢复造血能力，持续给股东和债权人创造利润，提升企业整体价值。

通常，中小企业的破产重整通常是由债务人主动申请的，大型企业的破产重整则常常是由债权人提起的。一旦启动破产重整程序，则走上了“不成功便成仁”的不可逆之路，“开弓没有回头箭”。若在重整过程中因为申请过晚、延误了最佳挽救时间、各方无法达成共识等各种原因造成失败的话，法院将裁定企业宣告破产，转入破产清算程序。

破产和解是指债务企业在破产程序中，与债权人会议就债务偿还问题达成谅解协议，避免“一刀切”地对陷入债务危机的企业进行倒闭清理，给债务人以重新启动生产经营的机会。

破产和解适用于经营规模较小或者债权人人数较少，有挽救可能，但适用重整程序又成本过高的债务人。

破产清算是指宣告企业破产以后，由清算组接管破产企业，对破产财产进行清算、评估和处理、分配。清算组由人民法院依据有关法律的规定，组织股东、有关机关及有关专业人士组成。若一家企业已丧失挽救价值，选择破产清算，让它尽快地注销掉而不要再投入时间和精力等沉没成本是最为简洁、效率更高的处理办法。

在破产清算程序中，破产财产变现后的分配顺序分别是破产费用、共益债务、职工工资、社保、拖欠国家的税费、优先债权以及按比例分配的普通债权。当企业资不抵债时，职工工资优先于普通债权获得清偿，即使是代欠债企业垫付的工资款也应获得优先受偿。根据过往经验，债务企业破产财产经过破产清算分配后的结果中，普通债权的受偿率通常在 10% 以下，股东以其认缴的出资额为限承受全部损失。

考虑到破产清算程序未能实现困境企业的债务危机化解及企业重生，所以在本书中不详细介绍。

2. 庭外重组

庭外重组，也称为法庭外重组，主要是依靠困境企业自身与债权人进行协商、谈判，达成债务展期清偿、减免、削债、豁免、折价交易、债务置换、债转股等共识，与战略投资人就资产出售、购债转股、资本公积转增股份、股东借款等条件进行资金筹措谈判，解除债务危机并进行业务的重组、置换和变更，进而实现产业转型升级、企业重生。

企业管理层可以继续掌握控制权，保持经营的连续性、稳定性，不必向破产管理人等支付破产费用，降低重组成本和负面影响，提升重组自主性、效率、速度和灵活性。

对于大多数困境企业来说，庭外重组是解决危机最常用的方法。由于庭外重组不进入司法程序，极大地提高了重组效率，有利于困境企业快速恢复正常的生产经营。

3. 预重整

预重整，是指在进入破产程序之前，主要或者全部当事人之间已经就债权分类、债权清偿、出资人权益调整、债务人公司治理和经营等重整事项进行协商谈判并达成预重整协议；然后各方在已经达成共识的情况下向法院正式申请重整，同时提交预重整计划；法院受理重整申请后，在重整申请前所做工作与司法程序相衔接，获得多数债权人同意的重整计划得到法院裁定批准后，产生约束所有债权人的效力。

预重整的性质仍然是司法程序的，它衔接了庭外重组和庭内重组，结合了二者的优势，通过庭外重组以及相关诉讼、仲裁、执行、破产程序的结合，既能避免单纯庭外重组方式谈判成本、债权人钳制成本过高的问题，又在破产程序时间要求方面兼具灵活性，直接、快速而高效地行动，毕竟困境企业的每一天都可能决定生死。

预重整最大的好处是降低重整的司法和时间成本，提前准备，提高重整成功率，同时具有可逆性或者可复原性，即使不成功，债务人可以退回原状，不会被强制破产清算。

总之，债务重组属于复合型的一揽子安排，并非一定需要通过司法程序进行。但是在债务重组实践中，为了排除障碍、提高效率，部分债务重组模式也需要司法程序的配合，以提升债务重组的成功率。这种多类债务重组工具的综合操作模式，有利于提升多数债权人的满意度，排除重组方案落地的障碍，加强了重组交易的安全性。

4. 投行化债务重组手段

谈到投行化债务重组，可能一千个人能讲出一千个投行化运作的模样。其实，投行，不是单纯做投资人，也不是做资金方，而是做资源的整合者和配置者，做问题的解决者和价值的创造者，主动管理、模式创新、发现价值、创造价值。

投行化债务重组方式，包括了专业、资本、资源、资产产业等各种要素的运作，它不是靠打包、打折或者打官司等方式推进处置，而是站在处置渠道、终端买家的角度分析投资风险与收益，再决定不良资产投资与合作方式；不是依靠真刀真枪、“肉搏战”的个人主义英雄思维，而是树立渠道思维，依靠法律、税务、融资、产业等整个生态圈优势资源的整合与协作，形成资源优化配置；不是兵来将挡水来土掩、头痛医头脚痛医脚、按部就班地进行处置，而是以结果为导向，充分发挥各方在法律与税务等专业领域的引领能力、产业和金融结合能力、资金资本的组织能力、社会资源的配置能力，系统性地进行投行化运作。

不良资产管理公司采取债务重组方式解决困境企业债务危机时，不仅要调整企业的债务结构，缓解企业的资金压力，而且应该同时重构业务方向、重塑发展格局，促进企业的转型升级，提高创新能力和治理能力，调整企业的业务结构和经营管理模式，为企业注入新的发展动能，不断强化企业的自力更生能力和“造血”功能，使企业真正摆脱困境。

若被救助的企业除了解决债务问题之外，并没有改变业务结构和经营管理模式，仍缺少持续经营能力，则可能面临再次陷入困境的风险，没有真正摆脱困境。比如，曾经若干个知名的上市公司在破产重整后，仍然像无头苍蝇一样没有方向、到处乱撞，未能构建新的发展格局，结果面临二次崩盘，实施救助的不良资产管理公司也被拖下水去。

大型企业在陷入债务危机后，仍然具有优质资产和优势资源，为了继续保持存续并维系和拓展其品牌价值，常常采取破产重整这一庭内重组模式，或是采取预重整模式，即庭内重组与庭外重组程序相衔接，事先与债权人沟通、协商、谈判，达成共识，来提高企业破产重整的成功率。

中小企业往往在规模、业务、资金上存在先天不足的劣势，这决定了中小企业的重组模式主要以破产清算和破产和解居多，简单易行、方便快捷。中小企业首先要积极发挥双方当事人意思自治、“船小好调头”的优势，在有限的资源内争取实现相关当事人更多的价值，尽可能通过沟通、谈判方式实现降低损失、延长期限、合作共赢的目标，建议优先采取庭外重组模式。若实在无法达成一致的意愿，再利用司法程序的强制性来解决债务问题，只是这种方式的受偿率可能往往不尽如人意。

总之，困境企业爆发债务危机，是生存，还是毁灭，这是一个值得考虑的问题。他们或是通过清算程序出售企业资产，处置变现后偿还各类债务，经营主体归于尘埃；或是与债权人开展谈判，减少或延期债务，吸收新的融资，确保企业的运营价值。

二、利益博弈及控制权争夺

任何多方参与博弈的场景中都会出现囚徒困境现象，“囚徒困境博弈模型”假定每个参与者都是利己的，即都寻求最大自身利益，而不关心另一参与者的利益，这也就是经典经济学中的“理性人假设”。比如，在价格博弈中，若把对手当作假想敌，不管对方怎样决策，自己总以为采取低价策略就会占便宜，而你的行为也影响了对手行为，结果促使双方都采取低价策略，两败俱伤。

在困境企业债务重组的过程中，由于信息披露机制不完善，信息并不对称，经常使得债权人、债务人、投资人等之间形成类似“囚徒困境”般的博弈关系。每个参与者都害怕自己的利益受到影响，互相猜忌、惊慌失措如惊弓之鸟，从而可能导致个别参与者不顾整体重组效果而仅考虑如何实现个体利益的最大化。

在博弈过程中总会有出人意料和利益损耗的地方，导致无法达到整个债权人与债务人博弈的“纳什均衡”，即非合作博弈均衡，所以债务重组的最终成果未必能达到各自预期的理想状态。

在这场“围城战役”中，债权人与债务人一步步兵临城下，“上兵伐谋，其次伐交，其次伐兵，其下攻城”“不战而屈人之兵，善之善者也”。若双方能够通过商业谈判、协商重组解决问题，避免妄动刀兵，是最好的局面。若各参与者们采取不竞争或者合作方式，均制定相对合理的较高价格，则互相都可以因为避免价格大战而获得较高的利润，达到共赢。

无论是在债务重组、预重整还是进入破产程序中，利益的沙盘上从来都不是一家通吃，也不是零和游戏，而是运用中庸智慧与共情能力，让债权人、债务人、出资人与投资人的利益得以相对平衡与共赢。

（一）债权人与债务人的利益博弈

债权人与债务人的利益博弈充斥于从债的发生至消灭的整个过程。

一方面，困境企业面对众多债权人催债的压力，通常为了改善资产负债状况、保留必要运营资金，在协商、谈判中会想尽一切办法尝试压低偿债条件。比如，经常所说的“请给我们一些时间”，这不完全是一句搪塞，对于拥有重资产的部分企业，并非绝对丧失终极清偿能力，而是存量资产无法在短时间内创造现金流，用以填补债务“窟窿”，伴随着商业银行抽贷、断贷导致资金链断裂，无力经营周转，亟须“以时间换空间”。

另一方面，债权人通常直接采取与困境企业协商、谈判、诉讼执行或者向担保人追偿等方式主张债权。债权人在一次次的催债过程中，由于“百战百败”，其回款预期也在逐步下调，从刚开始的时候要求债务人“即刻偿还全部本金并支付利息”到要求“可以延期但是必须足额偿付”，再转为向债务人要求尽快清偿但是可予以折扣，甚至到最后仅需其提供“偿付承诺”。

对于债务人来说，发生债务违约之后，可能既要面对偿还债务的压力，又要面临债务利息、逾期利息、违约金等的持续计算，在债务清偿完毕之前，债务规模会与日俱增，导致企业债务状况持续恶化；对于债权人来说，尽管债务拖欠时间越长，可获得高额的违约金以及逾期利息，但这也意味着债权人无法获得清偿的风险日益提高，甚至到后来不得不主动在偿债金额、方式等方面做出让步与妥协。

债权人倾向于选择以现金资产方式一次性了结债务、获得清偿，这个诉求通常在企业正常运营时可以实现，由债务人按照约定以现金清偿债务。但是，当企业陷入财务困境后，债务企业的现金资产根本不足以全额偿付所有债权人，此时可能只够清偿部分比例的债务，或者需要以其他方式偿还债务，比如存货、应收账款、机器设备、固定资产、生产原材料、无形资产等其他类型的资产，甚至以股权作为对价偿还债务。

当企业陷入困境时，债务人并非坐以待毙，而是基于求生本能主动作为、寻求自救，他们或者是通过自救的方式，包括出售资产、提前收回应收账款，盘活存量资产，尽快清偿债务；或者是通过与债权人协商、谈判，采取债务重组、资产重组等策略，以留债、部分现金清偿、减免债务、豁免债务、债转股等方式，化解流动性危机；或者是通过引入战略投资人注入流动性或者优质资金，化解债务危机，实现双方共赢。债务人不希望自己被纳入“失信被执行人”名单，更不想被债权人向法院申请查封自己的重要资产，这样不仅会影响企业的正常经营运转以及口碑、品牌，还可能对债务企业后续引入外部投资形成阻碍。

债权人也需要尝试不良资产创新处置策略，若仅以传统的财产保全和诉讼策略实施追偿，的确可以增加谈判筹码，但是后果将导致企业生产运营出现停滞，同时难以迫使“弹尽粮绝”的债务人及时偿债。其他债权人由于担心债务企业最终无力偿债，可能会效仿那些首先采取财产保全措施的个别债权人，并根据合作协议中提前约定的“交叉违约”“加速到期”等条款，提前要求债务人清偿债务，从而让债务人尚未到期的债权发生雪崩式违约、债务决堤的情形，形成踩踏事件，加剧债务企业偿付困难，进而加重债务重组与资产重组的困难及复杂程度。

在传统的司法诉讼、执行策略中，债权人会通过委托法律清收服务机构对债务人的资产状况、债务状况、股权结构、关联关系等情况进行调查，通过申请财产保全，或者以代位权、撤销权提起诉讼，简称“保、代、撤”；或者以股东出资加速到期、出资瑕疵等为由，向法院申请由股东承担连带责任，提前锁定其财产利益，以便债权人在缺乏抵（质）押物抓手的情形下仍然能向债务人施压。

其中，财产保全是杀手锏。若债权人抢先一步成为首先查封人，“先下手为强”，就能在执行程序中占据优势地位。经法院财产保全后，债务人银行账户的运营资金将被冻结，相关实物资产也无法再设置担保并不得不面对后续融资压力，债权人能够在下一轮的商业谈判中掌握一定的主动权。

虽然话说“欠债还钱，天经地义”，但是以诉讼方式追偿债务也并非万能神药。债权人通过诉讼方式清收债权往往需要付出大量时间成本，即便终审判决债务人还本付息，债务人不积极履行法院判决的情况也屡见不鲜，经常出现“赢了官司输了钱”的情形；即便进入司法执行阶段，债务人也可以因物业评估价格、长租约、居住权等提出执行异议和执行异议之诉，导致处置周期旷日持久，回款遥遥无期。这主要是因为企业没有流动资金偿债，“仓廪实而知礼节，衣食足而知荣辱”，若债务人有足够的资金、市场信心、造血能力以及对未来的希望，谁又愿意背负骂名、无故欠债?

当债务企业进入破产程序后，由于主债务人可能通过庭内重组程序而停止计息，但是保证人的利息按照现有司法裁判与学术观点，仍需继续支付违约利息，这对保证人并不公平。除了小额债权人、工程款债权人等有可能及时全额受偿外，无担保的普通债权人若想保障资金安全与及时受偿，通常都需要在受偿时间、金额及受偿方式上做出相应较大让步，实际上将形成一定亏损。

债权人在债务重组中为了保障重组方案能够顺利执行，降低再次出现风险事件的可能性，通常都会要求债务人或者其股东提供增信措施。比如，由后者提供比较优质的土地使用权、房屋所有权及持有的上市公司股票等，或者非上市公司股权或者各类因市场准入限制而形成的行政资源，如金融特许的营业执照、特殊的经营许可、排污许可等进行抵（质）押担保。当债务人在未来再次违约时，债权人根据增信条件能够将担保资产通过交易市场快速变现、实现退出，以保全自身利益，或者至少可以在下一次的重组谈判过程中掌握一定的抓手和筹码。

当债务人在债务重组之前，其核心财产被其他债权人向法院申请强制执行，怎么办?

债务人在应对债务偿付危机时，由于经常处于内外交困的不利地位，可能会在部分债权人的高压催收下做出妥协与让步，又由于筹划不周、仓促行动，不得已快速转让部分优质资产，或者导致优质资产被提前处置或者强制执行，使后续重组空间变小，既可能损害其他债权人公平获得清偿的权利，又可能导致企业因生产经营所必需的优质资产发生转让而无法继续正常经营。

这时候，债务人或者其他债权人可能主动申请困境企业进入破产程序，由管理人取回已经被处置的财产，通过破产重整等程序力挽狂澜、殊死一搏。债务人进入破产程序后，其经营所需或者债务重组所需的核心资产，就不会因法院强制执行等原因被快速处置变现，为谈判重组创造了空间，有助于盘活企业资产、引进新的投资人，进而保障债权人利益最大化。即使申请破产重整失败，困境企业最终还是走向了破产清算程序，但是因为在清算程序中对资产变价方案和时间有了充分准备，所有的资产处置流程和方式也会更为合理和顺畅。若整体资产进行处置的变现价格更高，管理人可将土地、房产、机器、设备等固定资产打包拍卖，规避了在诉讼、执行程序中可能发生的各项资产单独拍卖导致价格低廉的情形，也规避了各项资产在司法执行拍卖流拍后被迫以物抵债的风险，因为在破产程序中对破产财产拍卖的次数、降价幅度没有限制，从而有利于加快实现资产变现。

若该债务人的相关资产已经全部或者部分属于担保财产，或者无法覆盖保全第一顺位的债权人的债权清偿金额，则其他债权人也会申请该企业进入破产程序，令先行起诉的企业无法获得优先清偿顺位，实现平均分配“吃大锅饭”的目的。

《企业破产法》第 16 条规定，人民法院受理破产申请后，债务人对个别债权人的债务清偿无效。

第 31 条规定，人民法院受理破产申请前一年内，涉及债务人财产的下列行为，管理人有权请求人民法院予以撤销：（1）无偿转让财产的；（2）以明显不合理的价格进行交易的；（3）对没有财产担保的债务提供财产担保的；（4）对未到期的债务提前清偿的；（5）放弃债权的。

第 32 条规定，人民法院受理破产申请前 6 个月内，债务人有本法第 2 条第 1 款规定的情形，仍对个别债权人进行清偿的，管理人有权请求人民法院予以撤销。但是，个别清偿使债务人财产受益的除外。

第 33 条规定，涉及债务人财产的下列行为无效：（1）为逃避债务而隐匿、转移财产的；（2）虚构债务或者承认不真实的债务的。

第 34 条规定，因本法第 31 条、第 32 条或者第 33 条规定的行为而取得的债务人的财产，管理人有权追回。

《企业破产法》中的上述几项规定是为了保证对全体债权人的公平清偿，有效防止债务人及其股东假借债务重组之名，私自向个别关联企业进行个别清偿，导致企业资产流失，损害债权人利益，避免因信息不对称而导致债权利益受损，以集体清偿代替个别清偿，有助于债权人的利益保护。当然，债务人以其自有财产向债权人提供担保的，在担保价值内向债权人进行的个别清偿不受上述规定限制。

《企业破产法》第19条规定，人民法院受理破产申请后，有关债务人财产的保全措施应当解除，执行程序应当中止。

第20条规定，人民法院受理破产申请后，已经开始而尚未终结的有关债务人的民事诉讼或者仲裁应当中止；在管理人接管债务人的财产后，该诉讼或者仲裁继续进行。

第46条规定，人民法院受理破产后，附利息的债权停止计息。

对于债务人来说，在进入破产程序后，附利息的债权停止计息，固化了债务总额，一定程度上保护了债务人的利益，促使股东、债务人方面更有动力地推动企业进入破产程序；对于债权人来说，虽然在进入破产程序后被限制了催收处置措施，减少了利息罚息部分的债权，利益受到一定程度上的折损，但是也为最终获得更高受偿比例提供了可能。

为了能使债权人得以更大规模、更加顺畅地实施债务重组手段，一个可行路径是通过建立债权人委员会制度，打破债权人之间信息不对称的鸿沟，从而有利于团结金融机构债权人，并有助于其参与债务企业的重组过程，推动达成公平合理、相对多数人满意的债务重组方案，最终更好地保证债权人利益的实现。

（二）出资人与债权人的利益博弈

企业出资人通常是指企业的股东或者合伙人，包括显名股东或者隐名股东，股东以其认缴的出资额为限承担企业经营投资风险。

在出资人与债权人的利益博弈中，出资人相对于债权人对困境企业享有表决权和知情权，在熟悉程度上相对略显“优势”，但是在清偿顺位上，出资人比债权人承担更多的风险，对企业主张利润收益是存在不确定性的，尤其在企业步入破产清算时，出资人劣后于债权人参与破产财产分配。

此外，债权人对企业主张的收益多为固定收益，风险是事先通过主体识别、增信措施以及存续期过程管控确定好的。由于困境企业缺乏足够的流动资金，甚至已经出现资不抵债的情形，债权人希望尽可能快速地保全财产并最大限度地处置资产，降低投资风险与损失。债权人推动债务重组的理由和目的也主要是提升债权人清偿率，保证职工就业及企业存续经营，并非挽救出资人的投资价值。

出资人与债权人为了争夺困境企业的优质资产利益，展开了一系列博弈：

出资人基于股东地位以及维持出资价值和份额比例的初衷，一方面主动协商偿付方案，另一方面通过长期以来的实际控制力，间接影响困境企业管理层的各项决策以及债务重组过程配合程度，甚至通过由所控制困境企业否定全部或者部分债务，选择管辖权异议、上诉、执行异议、执行异议之诉等司法救济程序，对个别债权人偏袒清偿，以及与第三方不合理交易等手段，尽可能拖延或者避免企业资产被保全或者被拍卖处置，最终达到与债权人争夺有限的财产利益或者转移资产的目的。

债权人往往通过申请财产保全，推进司法流程，维护自身利益。通过庭外重组债转股方式，或者通过破产重整程序以资本公积转增股份、以股抵债，债权人可能摇身一变，转换为公司的股东，甚至成为董事并拥有一定的话语权，以确保未来能够更加顺畅收回投资及收益。原出资人可能希望压缩债权人的转股比例，以保持自身对公司的控制权，却可能因股份调减、债转股稀释等情形而失去公司控制权。债权人与原出资人在公司股份持有上一增一减，这就导致双方在“债转股”比例上存在利益冲突。

1. 债务重组中，为什么要调整原出资人利益？

当困境企业出现偿付危机，出资人是要承担主要责任的，至少作为股东对董事会及管理层在投资回报、业绩达成、投资风险以及重大事项情况的监督上未尽责。理论上，已经资不抵债的企业，净资产价值为负值，所有者权益实际上已经为零，即使要求现有股东全部净身出户也是理所应当的。

在债务重组实践中，让出资人直接净身出户是基本不可能的，尤其是在企业资质优良、具有核心竞争力的情况下，出资人更有可能处于强势地位，而且推动债务重组的过程仍需要原出资人的支持。同时，债权人并不看重引进战略投资人与否以及最终谁来做大股东，看重的是满足债务清偿的心理预期。所以，债权人在与出资人谈判并要求其让渡部分自身权益时应根据实际情况协商确定，通常应当要给原出资人“留一口吃的”，平衡利益安排，不能试图“赶尽杀绝”。即使有些出资人被剥夺了控制权，但留有剩余的一部分股份在企业正常运转后仍具有一定的股权价值和升值可能，避免在清算后“净身出户”。

2. 在债务重组中，为什么要调整债权人利益？

“问渠那得清如许？为有源头活水来”。

债务企业通常需要引入新的战略投资人或者财务投资人解围纾困，恢复流动性，化解债务危机。新的投资资金毕竟有限，原有负债规模庞大，故需要通过对债权调减、置换、豁免、债转股等方式消除部分到期债务。

债权人得到了部分或者全部清偿，虽然本质上是通过豁免、借新还旧或者非现金资产完成的，但对比破产清算情况下的最高损失，这一结果亦可接受。

同时，困境企业的战略投资人通过债务重组获得了优质资产，实现了自身经营转型和以弱补强。

3. 假如庭外重组最终谈不拢，债务企业出资人怎么办？

根据《企业破产法》的规定，债务人的出资人依法享有重整申请权，可以通过行使该项权利实现商业目的。但是，股东行使重整申请权存在一定的限制条件：其一，提出申请的时间应当在人民法院受理破产申请后、宣告债务人破产前；其二，出资额须占债务人注册资本的1/10以上。

破产申请虽然可以由出资人提出，也可由债务人提出，但是庭内重组等程序对出资人存在诸多风险。

债权人可以在破产程序中要求出资期限未届满的股东缴纳出资。根据《企业破产法》第35条的规定，人民法院受理破产申请后，债务人的出资人尚未完全履行出资义务的，管理人应当要求该出资人缴纳所认缴的出资，而不受出资期限的限制。

一旦危困公司进入破产程序，股东的出资义务就会加速到期，破产管理人应当要求股东缴纳出资，用于清偿公司债务，而不受出资期限的限制。假如出现欠缴出资及抽逃出资等情形，出资人应当承担责任。

对于困境企业的债权人而言，在债务重组相关投资中约定困境企业或者其股东对其所持股权资产进行远期回购，并要求企业或其股东提供其他的担保措施，可以最大限度地保护债权人的财产利益，避免股权投资的终极风险。

总之，无论是庭外重组，还是庭内重组，出资人与债权人都存在巨大的利益博弈动机，但是双方仍然有着共同目标，那就是帮助困境企业化解债务危机，避免破产清算，最终鱼死网破。因此，若双方能够最终达成以各方“利益重新调整分配”为主要内容的债务重组方案，则皆大欢喜。

困境企业最终达成的债务重组方案，基本涉及两个方面，包括对于原出资人利益的调整，以及对于债权人利益的调整。

（三）债务重组中各方对公司控制权的争夺

何为“公司控制权”？在控制权争夺的战场上，交易的标的不再是产品和服务、机器设备、工业厂房，而是变成了企业本身。

公司控制权的争夺属于公司治理问题，尤其在困境企业融资过程中不可避免地要“先小人、后君子”，各方当事人须提前约定清楚权、责、利与对赌条款，甚至有可能充斥着“阴谋”与“阳谋”，显得既惊心动魄，又波谲云诡。

若谁掌握了一家公司的控制权，就可以占据诸多优势，包括但不限于撬动整个公司资源、控制了公司核心业务板块、打通上下游产业链、获得便利的融资、增强市场占有份额、形成对竞争对手的碾压优势，等等。

在债务重组中，对于企业股东而言，急需在市场上找到成本价格能够接受的资金，以相对较低成本的资金尽快偿债，恢复企业的正常生产经营活动，保留企业股权价值。大大小小的股东都有权说“我应该得到一些东西”，同时并存着“大股东维稳”“小股东起义”两个方面的暗流。

对于战略投资人而言，市面上可供选择的标的众多，困境企业的潜在风险具有不确定性。若贸然介入，则必然要考虑在大体上控制投资风险，限定极端情况下的风险敞口，而若能在一段时间内取得公司未来的控制权则能最大限度地保障资金安全和后续投资安全。

因此，投资人与出资人必然会在困境企业控制权上形成拉锯战，他们争夺公司控制权的重要手段之一就是股权结构。

1. 重要的股权结构比例

股份的财产性权利包括财产收益，股息、清算后剩余财产，还包括新股发行优先购买权、股份转让优先购买权等。

股份的管理性权利主要表现为表决权，实践中比较重要的股权比例包括以下几项：（1）66.66%——股东持股比例高于66.66%（2/3），对公司则拥有绝对控制权，依照法律规定可以自行决定修改公司章程、增加或减少注册资本，以及决定公司合并、分立、解散或者变更公司形式等重大事项。（2）50%——股东持股比例高于50%（1/2），则对公司拥有相对控制权，可以对其他普通的事项作出决策，包括利润分配、选举董事长等，并且能够对其他股东对外转让股权形成限制。（3）33.33%——股东持股比例高于33.33%（1/3），对公司拥有一般控制权，可以否决修改公司章程、增加或减少注册资本，以及决定公司合并、分立、解散或者变更公司形式等重大事项的决议。（4）30%——在公司收购过程中还涉及收购上市公司股份已达发行股份的30%时，需要向全体股东发出要约收购或向证监会申请豁免要约义务。换言之，公司实际控制人持股比例超过30%，就不会成为恶意并购的标的。（5）10%——要求召开临时股东（大）会、要求解散公司。若股东认为公司遇特殊情况需要决定，可以要求召开临时股东（大）会进行表决。同时，若公司经营管理发生严重困难，继续存续会使股东利益受到重大损失，通过其他途径不能解决的，持股10%以上的股东可以请求法院解散公司。（6）5%——持有上市公司5%以上（含5%）股份的股东若减持股份应当按照相关规定和要求进行信息披露。

2. 行使表决权、管控章证照

若投资人在股权结构比例上无法实现控制公司的效果，也可以考虑从表决权的行使方面着手。

股东以表决权参与公司治理，投票表决公司决议，其中的关键在于公司人事权的争夺，包括公司法定代理人、董事长、董事、监事及总经理等。行使表决权可以通过代理、信托和代表的方式，与其他股东结成“一致行动人”。

与人事权争夺相关联的是公司印章、营业执照的管理问题。古语有云，“官凭文书私凭印”，公司印章的争夺或丢失，很有可能会贻误公司的商业机会，并且影响外部人员对于公司内部控制的评价。

曾经有一家困境企业的公司董事不服被罢免的决议，他一开始通过司法流程维权，但是考虑到诉讼过程旷日持久，诉讼成本高昂，诉讼结果也存在不确定性，故而选择直接拿走公司公章、营业执照、合同专用章、财务专用章、收发章及 U 盾等重要物件，然后等待公司起诉，试图以此改变被动局面。

举例，不良资产管理公司对困境企业债务重组后，通常会统筹设计对困境企业资料监管、资金监管、再融资限制、应收账款质押等方面的监管方案，对可能出现违约的情况进行沙盘推演。主要内容如下：

（1）资料监管：包含公章、法人章、财务专用章、发票专用章、合同章、销售专用章、工程项目章等企业全套印章及在使用的企业法定代表人私章、营业执照等相关证照交由双方进行共管；将双方共管的章、证、照统一放置在双方共同选购的保险柜内，一方持有保险柜密码、另一方持有保险柜钥匙，保险柜存放于不良资产管理公司所在地。

章、证、照使用流程为：困境企业即将使用章、证、照时，应当向不良资产管理公司提出书面申请，并将相关材料递交给后者核实并作出审批。困境企业使用章、证、照的事由应属于日常经营需要或者不存在可能增加自身债务或者增加义务的情形。

但是，即使日防夜防，仍然可能出现百密一疏，终有一漏。有个别困境企业有可能通过私刻全套印章，或者私自挂失和补办营业执照及相关证、照，或者其法定代表人私自对外签订合同，逃避上述监管措施，为所欲为。

（2）资金监管：包括要求困境企业将其所有收入支出情况及财务报表及时汇报；提供困境企业全部银行账户资料、销售回款账户资料、租金收款账户资料及其对应的关系资料，确保收款账户为双方共同监管的银行账户，并不得另行开设银行账户进行收款；不良资产管理公司对困境企业的所有开户银行添加网银支付的相关设备与印鉴，保管上述设备与印鉴，以实现双方共同操作才能够进行资金划转的目的；双方于每月末共同进行对账，核实收付资金是否符合预算金额；如困境企业开展新业务或者在其方名下抵押物的租赁合同重新签署时，不良资产管理公司有权指定以困境企业名义开设的租金收取账户；若困境企业收款账户被冻结或者企业被起诉/仲裁/强制执行，应协调通过发书面通知或者公告的方式将全部客户的回款支付至不良资产管理公司指定的其他以困境企业名义开设的账户。

（3）再融资限制：困境企业及其法定代表人承诺在债务重组期间，除非用以正常生产经营活动、通过对外融资归还债务以及获得书面同意之外，不得作出可能增加债务的行为，包括借款、抵押、质押、保证、债务加入、留置等；若需要进行再融资的，应当将融资申请提交给不良资产管理公司进行审批，获得同意后，不良资产管理公司有权指定以困境企业名义开设的专门资金监管账户对融资资金进行监管。

（4）应收账款质押：困境企业应同意在债务重组期间，以未来各项收入项为标的债权提供质押担保，并配合办理应收账款质押登记手续。

3. 困境企业在破产程序中，原大股东的出资人权益如何行使表决?

困境企业在引入战略投资人后，原大股东或者其他新的投资人有可能变成为中小股东。

在破产清算程序中，由管理人起草财产变价方案与分配方案，由债权人会议表决，但未规定出资人有权表决，原股东的出资权益受到限制。因为此时清算企业是属于资不抵债的公司，所有权者权益为零，原大股东或者抱着“哀莫大于心死”的消极放任态度，或是抱着激烈的态度不配合，表决权利的意义不大。

在破产重整程序中，各方均以企业得以存活为己任，求同存异。若重整计划涉及出资人权益调整的方案内容，会影响出资人的合法权益，需要由出资人表决。

困境企业在债务重组及再融资的过程中，通过引入战略投资人注入流动资金或者优质资产，恢复企业正常经营活动，但同时也需要防范“病急乱投医”从而“引狼入室”的风险，充分认清战略投资人的投资意图，维护原有股东的利益。因为在有的投资人以权益形式进场后，可能会与原股东争夺控制权，出现“请神容易送神难”的局面，尤其是在“野蛮人”依靠着高杠杆的金融手段进场之后，与原股东在公司治理结构上的展开各项角力，“八仙过海各显神通”，可能使公司整体陷入困境，无心组织日常经营活动。

三、拍卖资产处置变现

无论是庭内重组，还是庭外重组，在债务重组中都会涉及拍卖企业资产，将资产变成现金回收，及时处置低效亏损资产，夯实企业资产质量，最大限度地维护债权人合法权益和增强企业持续发展能力。

破产拍卖是由破产企业清算组或者破产管理人负责委托拍卖公司进行拍卖，不属于司法强制拍卖中的法院委托拍卖情形，因法院在审理破产案件时对拍卖程序的监督行为，使破产拍卖程序又区别于普通的商业拍卖。

破产管理人开展破产财产拍卖，通过竞卖方式将资产公开出售，由市场中的竞买人来决定企业资产的市场价值，避免了暗箱操作，提高存量资产的透明度、利用率，不仅兼顾了债权人与债务人的利益，对于企业的优质资产来说，还能获得更高的对价。

单项资产破产拍卖是指企业将其整体资产中的土地、厂房、生产设备等资产，通过线上或线下等方式用以公开拍卖。目的是将企业的优质资产与不良资产进行剥离，避免出现因不良资产导致整体资产迟迟无法顺利变现的问题。

整体资产破产拍卖是指企业将其价值有限的全部资产一次性地予以全部拍卖，其主要适用于那些连年亏损、资产结构落后的中小企业。如整体拍卖的起拍价过高，则不良资产管理公司可申请在流拍后继续降价拍卖。

2020 年诺贝尔经济学奖被授予保罗·米尔格罗姆（Paul R. Milgrom）和罗伯特·威尔逊（Robert B. Wilson），以表彰他们“对拍卖理论的改进和新型拍卖形式的发明”。在运作良好的资本市场中，拍卖往往会促进企业资源的有效再分配。

最常见的拍卖形式主要有四种，分别包括价格不断升高，价高者得的英式拍卖；价格不断降低，最先出价者得的荷式拍卖；竞标人分别在信封中写下自己的报价，价高者得的密封价格拍卖，在国内叫“招投标”；还有竞标人分别在信封中写下自己的报价，报价最高者得，但只支付报价第二高者所报的价格，这叫第二价格密封拍卖。

拍卖结果取决以下几个因素：第一，拍卖方式。是公开还是密封？是多次报价还是一次报价？胜者支付最高价还是第二高价？是否设置保留价？拍卖延时机制如何设定？保证金该设置多少更合适？第二，拍卖物品。是单一物品还是多种物品？其价值对所有竞拍者相同还是不同？价值是独立的还是相互关联的？是否存在最优策略？第三，不确定性。竞拍者对拍品了解多少？对其他竞拍者了解多少？要制定哪些规则来防止竞拍者合谋欺诈？

在债务重组中，采用市场机制的破产拍卖制度，依据“价高者得”原则，按照竞拍者的价格高低来决定中标者，虽然有利于实现各方利益的最大化，但也存在拍卖失败的风险。

企业资产是保证企业偿还债务、获得流动性的重要物质来源之一，但若在拍卖的过程中反复遭遇流拍，会导致企业资产价值大幅缩水，进而危及债权人、企业及其股东的自身利益。

不良资产管理公司在推动资产拍卖过程中应当充分考虑拍卖风险，公正地对企业的资产价值予以评估，在售让与拍卖之间做充分的衡量，做好替代性方案。比如，在推动股票质押资产拍卖时，若股票流拍，遭遇了大幅度的缩水，应在关键时期果断接盘或以股抵债，避免股票资产遭遇进一步被贱卖的风险。不良资产管理公司在投资法拍股票、以股抵债后，可以在二级市场逐步减持退出。

在拍卖程序中，不良资产管理公司应通过多种渠道了解竞买人之间是否存在恶意串通，应结合拍卖过程等因素综合考虑，若拍卖时仅有事前串通的竞买人参与竞拍，导致拍卖不能公平竞价，损害当事人或者相关利益方合法权益的，应主张拍卖程序无效。竞买人之间的恶意串通行为主要有：竞买人之间相互约定一致压低拍卖价格；竞买人之间相互约定拍卖价格；竞买人之间相互约定受让人或者相互约定排挤其他竞买人。

拍卖程序中竞买人之间、竞买人与拍卖人之间恶意串通，给当事人或者相关利益方造成损害的，应主张拍卖无效，恶意串通的竞买人应当依法承担赔偿责任。同时，由工商行政管理部门对参与恶意串通的竞买人处最高应价 10% 以上 30% 以下的罚款。

不良资产管理公司中也有专注运营物权资产的细分选手，他们从收购精挑细淘的债权资产切入，不仅赚取不良资产通过处置物权变现回收的差价，而且通过物权抵押获得低成本融资，还能够赚取物业价值提升收益和经营收益。其中，他们把物权经营收益看作是额外的收获，比如只要求有 2% ~8% 的收益率。举例，小生意人经营小型街边商铺物权的逻辑就是每个人总要吃早餐，那么就有人开包子铺，开包子铺的人就可以租赁不良资产管理公司持有的商铺物业，多多少少总是可以有钱赚的。因此退一万步来说，不良资产管理公司即使把物权资产出租出去，也总可以实现一定收益的。

任何资产其实都有符合其特点的处置路径。世界上从来没有不良的资产，只有错配的资源和缺少发现资源价值的眼睛。同一个物权资产，通过低价收债、拍卖处置方式清偿获利，还是通过运营提升赚取经营收益与价值修复差价，抑或是通过改、扩、建方式激发资产活力提升溢价空间，是不同的资产处置路径。

所以，拍卖资产处置变现的能力提升也符合佛家禅宗提出的人生三重境界：看山是山，看水是水；看山不是山，看水不是水；看山还是山，看水还是水。

四、债务重组作用与效果

“成也萧何，败也萧何”，流动性是企业的命脉，决定了一个企业是生存还是灭亡。

狭义的债务重组是指当企业因债务问题陷入困境时，使用庭内重组和庭外重组各种多元化、复合型工具对其进行救助，化解债务危机，使其得以继续生存、发展。

广义的债务重组还包括在企业正常经营时作为一种常见的融资手段，企业通过债务置换、赎回、优化、留债、商业性债转股诉讼和解、执行和解债务减免、债务豁免以及拍卖、出售资产的工具，优化负债、扩充资金、滚动融资、降低利率、用过剩现金流降低负债总额等方式，解决企业债务负担，调整企业现金流规模，获得更加稳定的现金流，实现自身的经营计划。

若困境企业债务危机发生后，债权人仅采取诉讼清收手段处置，通过对不良资产实施切割、查封、变卖来达到清收变现的目的，这将是对原有经营主体毁灭性的处置，原有长期积累起的人力资源、生产设备、产业能力、市场品牌、营销渠道等都将受到重大不利影响甚至不复存在，是商业体的彻底消亡。

而通过采取债务重组、盘活的模式，并非债权人往死里逼迫债务人或者是债务人一味地让步，而是通过市场化手段进行利益的平衡与再安排。无论是原股东股权的让渡，还是债权人豁免一定的本息，都属于利益博弈后的重新组合。

好的债务重组、盘活重整能够有效保留实体经营，避免有价值的资产变为沉没成本，做到“标本兼治”。

说到底，债务重组具体有哪些作用与效果？

相比庭内重组方式，庭外重组方式更加灵活、手段更加多样，不需要拘泥于法律规定，同时因为其进行过程的私密性，也不会对公司的商誉造成较大的减损。但是，谈判过程可能较为漫长，债权人之间难以达成一致意见，债务问题久拖不决，利息像滚雪球一般越滚越多而且整个重组方案的执行过程也无法保证。

相比庭外重组方式，庭内重组方式则是在法定程序下进行，当债权人按照一定比例要求表决通过后即可通过重组方案，而且在表决过程中的债务停止计息，可以做到及时止损，防止久拖不决。企业可能选择先进行庭外重组，一旦谈判破裂再转入庭内程序，选择破产重整或破产清算。

不良资产管理公司通过资产处置、债转股、引进战略投资人等方式对困境企业进行债务重组，不应仅仅立足于降低企业的杠杆率、增加企业的现金流以清偿企业债务，更重要的是在尽可能短的时间内从根本上化解企业的顽疾，促使企业走出当前的财务困境，对企业的资产及业务进行有效的调整，极速恢复企业生产经营的正常秩序，赋能企业恢复“造血”能力。

有的不良资产管理公司在对陷入债务危机的企业进行重组，引进投资人，为企业带来资金活力的同时，还为其注入了先进的管理经验，极速地提升了企业的经营管理能力，既治标也治本。困境企业引进投资人时的决定因素并非出资多少，而是投资人未来能否为困境企业带来天翻地覆的变化为其嫁接产业资源，大幅提升企业的产业价值，促进经营好转。即使在权利再分配的过程中，原股东会出局，但债务人“破产不破业”，继续经营存续，精简成本、提升效益、优化运营、走向新生。

通过债务重组，有的困境企业在极短的时间内提高了公司治理水平，经营管理决策更趋向规范化、科学化，通过制订职工持股计划和现金激励等机制激发广大职工生产、创造的积极性，产生了“鲶鱼效应”，解决了企业职工的消极怠工、管理层的“一言堂”等问题，以此来避免企业再次陷入债务危机。

有的困境企业在短期内恢复了盈利能力，引入活水来刺激现有团队改弦更张，激发人员活力，提升内部经营管理水平，甚至因为利好消息获得了大量的销售订单，逐渐让企业成为真正的“不死之身”，在激烈的市场竞争中立于不败之地。在债务重组过程中，其核心是发挥人的聪明才智，调动不同的参与主体各自的专业能力、智慧和资源，使不良资产重新焕发生机。

有的困境企业通过业务及资产重组，提高企业的生产技术水平，转变企业的生产经营理念，产业结构实现了转型升级，从根本上扭转企业陷入困境的局面，为日后一日千里打下基础。

第二节　庭外重组

一、庭外重组模式

庭外重组，也称为法庭外重组，主要是依靠困境企业自身与债权人、投资人进行协商、谈判来完成，司法干预色彩较低，在合同法、公司法、证券法等法律的框架下，对企业进行债务调整、业务重构、资产盘活、价值提升，以达到清偿债务和拯救企业的目的。

债权人与债务人之间就债务清偿问题达成庭外重组协议是各方谈判的最终成果。庭外重组相较庭内重组，其信息不对称风险更大，其工作难点主要在于沟通、谈判、协调并高效地达成一致，在稳定企业正常运营并不至于生产停摆的前提下，维护企业的挽救价值。

假如困境企业的负债结构单一，债务压力主要来源于某个或者某几个少数主要单一债权人，则庭外重组工作简单很多，便于协调，即只需要和主要债权人协商、谈判即可，用和解协议调整债务要素、延期清偿或者打折清偿，债务企业即可获得喘息。

假如困境企业存在财务困难，不能清偿其欠多个债权人的债务，则需要灵活应对不同债权人的压力和诉求。通常情况下，抵押担保债权人稳如泰山，普通债权人如坐针毡，首封债权人悲喜交加、百感交集却百般无奈。比如，担保债权人完全可以通过强制处置抵押物的方式受偿，两利相权从其重，两害相权从其轻，在有回款抓手的情况下恐怕难以与债务人达成豁免或延迟支付的债务重组新协议。反过来看，多个债权人既要针对其共同的债务人，他们相互之间又会形成制衡。因此，通过协商、谈判解决债务人的财务困境，不仅发生在债务人和债权人之间，也存在于债权人之间。

在债务重组过程中，有的债权人“心怀鬼胎”，妄想单独获得全额清偿；有的债权人“自扫门前雪”，把债权低价转让了事；有的债权人秉持“给别人分多少，就给我分多少”的“佛系”心态；还有的债权人陷入太深，常规清偿无法自拔，反过来希望牵头当“白衣骑士”，继续投入“面多加水”，寄希望于延迟暴雷或者出现奇迹。

怎样解决多个债权人试图“九龙治水、各管一段”的难题？

一个好的做法是通过组建债权人委员会，建立合理的债权人内部争议解决机制，并确保一致意见的有效性和稳定性。换言之，债权人之间约定统一行动，签署暂停协议，承诺在庭外重组期间中止任何司法执行程序，不通过强制手段催收债权，避免债权人个别追索导致困境企业流动性枯竭，以便保持其正常经营，给予喘息时间和重组机会。

在庭外重组中，各方须基于诚实诚信的原则，对债权债务、现实困境、预期后果有着合理的认定和共识。债权人与债务人双方达成和解主要依靠自由意志、自主决定，对清偿主体、金额、期限及相关事项进行重新约定，司法程序并不主动参与或者仅依托于特定程序作为增信措施，巩固和解效果，避免司法全方位介入干预和法律硬性规定的僵化，有利于快速达成一致，提升谈判效率。

但是，庭外重组并非完全不涉及法律程序，在个别场景下可以通过法律规范或者法院的部分程序将协商、谈判的成果固化下来。比如，双方达成延期清偿协议时，可以约定债权加速到期条款并做债权强制公证，作为债务和解协议的增信措施；双方通过诉讼程序实现和解，由法院出具民事调解书并赋予其强制执行的效力，等等。

债权人委员会通过审查债务人的财产以及债务人提交的资产负债表、利润表、亏损说明，聘请专业机构入场调查债务人不能清偿的原因。调查成果对债权人公开，但对外保密。若债务人存在偏颇性清偿或者欺诈性转移财产等行为，则改用破产程序受偿；若没有，则进行谅解谈判，达成和解协议。

另外，债权人通常在庭外重组中拥有较大影响和控制力，债务企业无法享有部分在破产重整程序中的法定权利，如拒绝履行不利的待履行合同等。和解协议通常要求债权人做出让步，要求债务人提供第三人或者由其股东提供增信措施，作为和解协议履行能力的保证人。但是，债权人与债务人之间达成的和解协议不具备强制效力，对异议债权人不发生效力，这是庭外重组程序的最大缺点。

异议债权人可能会成为庭外重组谈判中的重大不确定因素，使庭外和解协议的达成功亏一篑。因为庭外重组协议要求全体债权人一致同意才能通过。即使该协议能够满足最大多数债权人的利益，但是如有少数个别债权人提出异议，就会导致整个协议不能通过，从而形成谈判钳制。假如最终的破产清算程序可能使债权清偿数额大幅缩水，则债权人需要重新评估庭外重组与破产清算程序之间的成本、收益与风险，最终再作出选择。

举例，在面对困境房地产企业的债务重组问题时，常常遇到数百亿元的债务规模和成百上千的债权人，债权背景包括金融机构债权人、债券持有人、供货商债权、施工单位、农民工、小业主等，债权性质包括担保债权、普通债权等，债权金额有几十亿的金融机构债权以及数万元的小额债权人，而每一类债权人的实质利益与经济诉求差异过大。不同人会有不同诉求，对同一件事也会有不同看法。一个能落地的可行的债务重组机制和方案，往往无法面面俱到涵盖全部债权人，而是要通过沟通协商凝聚共识。将主要债权人的参与者限定在大型金融机构或许是庭外重组模式的可行策略。

债务人进行庭外重组的前提是，一方面，债务人通常需要有一定产业基础或者有价值的资产，资产负债结构需要有较大的腾挪余地，即权属负担较轻，主要价值资产不存在过重的担保等情况，才能吸引投资人愿意拿资源来参与救济。另一方面，债务人业务具备存续能力非常关键，需要分析债务人财务和经营计划及其可行性。假如困境企业没有核心资产或者良好前景与生命力，破产清算、一破了之也无可厚非。

发达国家的市场主体尤为尊重市场的自由意志，为便于在重组中掌握命运主动权，更加偏好庭外重组模式，而非单纯依靠破产等庭内程序。

境外企业陷入困境后的常用处理方式有：通过资产重组、剥离来减少负债、改善财务状况，集中资源并提高效率；通过裁员、优化供应链、改进生产流程等方式削减成本、提高财务效率；通过与各债权人协商、谈判等方式，延长偿债期限、降低利率等方式债务重组；通过转型和创新来应对困境。

国内大多数庭外重组的案例均以协议的方式，或通过出售资产、或通过豁免债务、或通过扩大融资渠道等方式进行。在企业陷入流动性危机的情况下，为其注入最低限度的运营资金是续命灵药，但怎样能够像共益债一样赋予新注入融资的超级优先权低位，需要通过债权人内部协议提供增信保护，且该等保护和承诺不因破产程序撤销。

在我国第一例市场化庭外重组案例郑百文上市公司重组中，通过出售上市壳资源，重组方获得了干净的壳资源，实现了“借壳上市”，打通了公司通过证券市场进行直接融资的渠道；通过企业资产剥离与人员妥善安排，上市公司实现轻装上阵；通过削债、资产置换等方式，降低了企业负债总额，改善了财务状况和经营状况，解决了企业的债务危机；债权人削减、豁免了部分债务，看似损失较大，实则收获不小，避免破产清算并退市后的巨大损失；大股东虽然无偿让渡部分股份，但鉴于公司已严重资不抵债，得以起死回生已是万幸，况且仍然持有部分股份，未来可期；中小股民也避免了上市公司破产清算、出资人权益为零、股票投资全部损失的极端风险。

对不同的企业进行债务重组就像“摸着石头过河”一样，没有一模一样可供生搬硬套的标准模式，有时也会因债务企业的暗箱操作损害债权人利益，有时也会因债权人的漫天要价而导致各方损失进一步加大，鱼死网破。

二、困境房地产企业债务重组

房地产企业不像一般工商企业一样价值较难估量，而是拥有看得见、摸得着、算得清的不动产资产，不良资产管理公司通过新增资金投入、实现价值提升、未来有序退出，整个过程基本能够风险可控，同时为了保证项目重组效率、减少成本支出，通常困境房地产企业债务重组采用庭外重组模式，而非庭内重组。

通过采取债务重组方式，找到债务人、债权人、投资人利益的博弈平衡点，减少各方面的亏损，困境企业就可以利用相应的机会起死回生、扭亏为盈。因此，困境房地产企业与出资人更倾向通过谈判等方式修改偿付条件，延长付款期限或者减免债务规模，并希望通过自身资产盘活，获得未来经营收益来偿付剩余债务。

（一）换种视角洞察困境地产项目

从困境房地产企业的视角来看，造成陷入困境的原因包括银行和其他金融机构方面的政策变化、个人房贷政策缩紧、多套房的限购政策和物业税的征收，使个人购房者持币观望，投资投机性购房也大幅减少，市场交易活跃度下降，等等。

从投资人的视角来看，在一二十年代，投资人在做融资类地产项目时普遍面临一个问题：是找好项目，还是找好开发商合作？换言之，这个选择的本质是优质项目更重要，还是客户实力资质更重要？很多不良资产投资人包括个人合格投资人在过去十几年里都认为大客户能大而不倒，毫不怀疑、坚定不移地奉行大客户战略。

大客户战略有哪些好处？大客户、强主体的腾挪空间大。当一个项目出现问题时，而市场又处于向上发展态势，总会有腾挪的空间，基本上不可能让整个盘子进入不良。

正所谓“十个锅三个盖”，加满杠杆的大客户、强主体可以在项目之间相互拆借、腾挪，而小开发商只有“两个锅一个盖子”，任何风吹草动都可能倒下、跑路。同时，大客户项目的问题主要是监管措施通常很难将管控措施真正落实到位，项目销售回款有很多渠道和方式被拿走。

大而不倒说的是企业规模大，不容易说倒就倒下，哪怕是考虑到倒下后的连锁反应也不能让其倒下。但是一旦真的倒下，就会有铺天盖地的负面消息，暴雷新闻上热搜，项目逾期进入不良，接着产生一系列影响：职工就业的钱袋子、购房者的血汗钱、农民工的工资、地方财政收入的基本盘以及社会的稳定，债权人内部对投资团队的问责也接踵而来。

实际上，若选择有优质地产资产做抵押担保的项目，其实是没有终极风险的。

嗅觉灵敏的不良资产管理公司已经不再去铺天盖地、到处撒网做大客户的差项目了，而是去选择那些权属清晰、位置处于核心区域，只是因为短期流动性问题导致陷入困境的项目。通过困境地产项目债务重组、共益债投资，让处于胶着状态的烂尾项目完工、销售，获得正向现金流，实现优先退出。

从不良资产管理公司的角度来看，假设属于大客户、强主体的项目和属于小客户但有真正好的底层资产的项目都进入了不良，则那些属于小客户但是有真正好资产的项目更容易退出。

当困境地产项目的资金链断裂时，看似大客户可以由其所属集团提供履约担保能力，但实际上大客户可能已经在短期内丧失了履约担保能力，因为大客户往往需要整体一起考量、统筹全局，甚至由当地政府牵头进行企业债务重组，更甚至被集中管辖。

对于不良资产管理公司而言，想要在大客户债务危机发生后进行主动作为的空间极其有限，比起小客户来说想要全身而退更加困难。不良资产管理公司仅依靠自身资金和资源去做地产纾困、盘活类项目时，如果没有强主体房地产商兜底和加持的情况下，通常难以管控到地产项目从出现烂尾或者困境，到恢复开发建设、后续销售等整个系统工程。

当然，房地产公司接连暴雷以来，已经不存在实际意义上的大客户了，所谓的有民企房地产公司进行兜底，可能只是利益绑定。真正的大客户比如央企背景、国企背景的开发商，本身所享有的融资条件极其优惠，通常不会兜底。

困境房地产企业可以选择将公司股权或资产以协议的方式出售给不良资产管理公司、白衣骑士等第三方企业，而债权人的债权通过转让款获得清偿或者由新的投资人负责偿付；有的也可以由不良资产管理公司收购标的所涉债权，向法院申请和解，接触财产保全措施，引入大型开发商进行操盘，盘活项目、多方共赢，其中可能涉及土地规划调整、交易方案等综合解决方案；也有的采取预重整方式获得多数债权人表决同意的预期，然后通过共益债务投资和代建代销模式实现重整盘活，这解决了项目续建完工所需要的钱和人的问题，避免了全盘解决所需资金量太大、风险敞口太高而可能找不到重整投资人的弊端，达到了“四两拨千斤”的效果。

也有的采取资产管理公司纾困 + 代建开发的模式，在本书第二部分新手上路中业务矩阵：18 种特殊机会投资之术之困境地产项目纾困与盘活部分有相关介绍。

（二）困境地产项目不良债权收购与重组方案

该困境地产项目债务重组案例主要是通过不良资产管理公司承接困境地产项目公司前期债务并新增借款的形式，找来某 TOP20 品牌大型房地产公司作为合作方，盘活项目，完成项目开发，以项目公司的销售回款偿还债务。

提醒你的是，在房地产市场发生巨大变化的今天，下面这种为地产项目其他债权人接盘的模式已然越来越行不通，不再是主流模式。而更常见的模式是，不良资产管理公司、龙头房企或央国企背景的房企出马，引入可优先受偿的专项贷款模式，即类似共益债模式，代建解决烂尾楼，以项目公司的销售回款偿还债务。

按照“先进后出、后进先出”的原则，优先级资金退出后，原债权人按照约定分配比例获得受偿，如有剩余利润再由项目公司原股东方受偿。

1. 项目背景

某房地产项目公司 A 通过招拍挂方式取得一宗商业地块，并向商业银行申请开发贷款并对项目进行开发。后来，因项目公司原股东 B 现金流断裂，项目公司 A 的多笔债务及对外担保违约并涉诉，致使该商业地块被多家法院查封，项目公司股权被司法冻结，各方债权到期后未能获得清偿，均形成了不良。

紧接着，项目烂尾，无法正常开发。

为解决自身债务问题，项目公司原股东 B 拟通过出让项目公司股权，引入某 TOP20 品牌大型房地产公司合作方 C，由项目公司完成增加住宅配比，提高开发利润等土地性质调整的前期工作，由合作方 C 实际操盘并完成本项目开发，待完成项目开发后，项目公司 A 以项目销售回款偿还存量债务。

各方的主要诉求如下：

债务人的诉求是出让项目公司股权，与合作方共同完成项目开发，偿还存量债务。债务人积极维护商业地块抵押物的良好状态，并推进与地方国土等部门协调土地性质变更等相关事宜。

债权人商业银行的诉求是由于地产项目涉及的诉讼程序复杂，债权存续时间较长，一直未能解决，债权人希望尽快收回本金退出。

某 TOP20 品牌大型房地产公司作为合作方 C 的诉求是通过收购该地产项目，输出品牌和管理，加大在当地的布局，扩大在当地的影响力，同时获取地产项目开发利润。

因此，考虑到项目公司 A 现已涉及多笔不良债务，该大型房地产公司合作方 C 希望由不良资产管理公司对上述债务进行收购、重组，并提供部分增量资金完成项目后续开发。同时，由合作方 C 为项目公司 A 偿还重组债务提供流动性支持。

不良资产管理公司收购、重组的出资条件是需要取得项目公司 A 的股权质押及土地抵押，并且保证项目公司无其他负债，因此首先需解决涉诉债务。

考虑到项目公司 A 及其原股东 B 债权债务关系较为复杂，债权收购重组涉及的操作环节多、链条长，为降低项目操作难度，由该大型房地产公司合作方 C 先行收购项目公司 A 的 100% 股权，确认并认可项目公司 A 的现有债务，原股东退出项目公司。同时，合作方 C 对不良资产管理公司在该项目中的出资本金和预期收益提供保证担保，由不良资产管理公司出资收购、重组项目公司 A 的不良资权，并为标的商业地块后续开发提供资金。

在项目公司完成增加住宅配比，提高开发利润等土地性质调整的前期工作后，由于土地成本低、项目利润较高，并且核心资产价值大幅提升，为项目债务重组提供了价值增长空间，利用房地产销售获得退出具有了较强可实现性。

2. 重组方案交易结构概要

（1）不良债权收购与重组

不良资产管理公司向项目公司 A 的各个原债权人达成和解条件，清理项目公司 A 现有诉讼及债务，收购或者偿还项目公司 A 的全部存量不良债务，并向项目公司 A 新增借款，用于偿还项目公司的其他尚未涉诉的对外负债或者担保以及用于后续项目开发建设，为后续开发建设提供资金。

不良资产管理公司成为项目公司 A 的新债权人，解决了项目公司 A 股权及土地的查封状态，把标的公司由涉诉、资产受限企业转为正常经营企业。

（2）引入投资人，全权操盘项目，盘活资产

不良资产管理公司考虑到项目公司 A 目前实际经营情况，难以一次性偿还全部债务，为更好地控制风险、增加处置不良债权退出路径，帮助项目公司 A 引入某 TOP20 品牌大型房地产公司 C 作为合作方，由合作方 C 对该房地产项目进行操盘管理。

合作方 C 或者其指定主体收购项目公司 A 的 100% 股权，办理完毕工商变更登记手续后，并为项目公司 A 偿还债务本息提供不可撤销的连带责任保证担保。其中，目

标商业地块由合作方 C 操盘并与项目公司原股东方 B 自行约定按照一定比例切分收益。

如按照上述不良债权进行债务重组，经协商一致，达成债务重组方案具体如下：

①重组还款宽限期调整。不良资产管理公司考虑到债务人目前实际经营情况，同意给予债务人 24 + 12 个月的还款宽限期，起始日为不良资产管理公司完成出资受让债权之日。

②重组债务的偿还期限。债务人应在还款宽限期到期之日一次性偿还重组债务。自还款宽限期起始日起满 6 个月后，若债务人经营情况进一步改善，债务人可提出书面申请提前偿还，即“最低消费时长 6 个月”。

③重组债务宽限期补偿金和支付频率。不良资产管理公司允许债务人延期偿还债务，占用了其资金，影响了其资金的利用。因此，债务人通常须按约定支付重组宽限期补偿金比率为年化 10% ~15% 。重组宽限期补偿金按日计算，按季或者半年的频率支付。如债务人未按约定偿还重组债务的，则自逾期之日次日起至债务人清偿完毕重组债务之日期间，债务人还应按重组债务余额每日万分之五的标准，向不良资产管理公司支付违约金。

（3）增信措施

①标的商业土地为重组债权提供抵押担保。待项目在建工程达到可抵押状态时，应及时追加抵押至不良资产管理公司名下，在建工程抵押应定期在当地不动产登记中心更新一次。

②项目公司原股东 B 将其持有的项目公司 A 的 100% 股权转让至合作方 C 后，以该股权为不良资产管理公司重组债权提供质押担保。合作方 C 承诺：在投资期限内，未经不良资产管理公司同意，不变更项目公司 A 的股东及其实际控制人。

③项目公司原股东个人为项目公司偿还债务提供不可撤销的连带责任保证担保。

④该 TOP20 品牌大型房地产公司合作方 C 对项目公司 A 偿还不良资产管理公司全部债权本息提供不可撤销的连带责任保证担保。同时，合作方 C 承诺若项目后续开发仍有资金缺口时，为项目公司 A 提供必要的流动性支持。

（4）监管措施

①项目公司 A 定期向不良资产管理公司提供目标地块的开发进展、销售情况等，项目公司经营数据（包括但不限于销售、投资、工程进度数据）、监理报告、监管账户银行流水、财务报表以及下一季度资金预算。定期查询网上销售合同签约情况及政府部门所披露的项目销售进度状况。

②不良资产管理公司向项目公司 A 委派董事一人，所委派董事在项目公司重大事

项上具有一票否决权，对《开发经营计划书》、年度财务预算方案、决算方案等重大事项由全体董事一致通过方为有效。

③目标商业地块开发建设的项目拟领取预售（销售）许可证的，项目公司 A 须提前向不良资产管理公司提出书面申请，征得书面同意配合解除土地抵押，并根据项目销售计划按套或按栋解除相应在建工程抵押。

④除非经不良资产管理公司书面同意，否则标的土地开发建设新增的建筑物、构筑物等不得抵押给任意第三方。

⑤项目公司 A 及其原股东 B 承诺：已真实、全面、完整地披露其负债情况和标的地块情况。若存在隐瞒、造假等情况，不良资产管理公司有权追究其责任。

⑥项目公司 A 承诺：标的商业地块开发销售回款须统一归集至监管账户，所有款项支出须经同意方可支付；所有的销售回款资金仅限用于本项目的开发建设、归还不良资产管理公司的债权，不得用于其他用途；未经同意，不得私自开设收款账户规避对标的地块开发销售回款的监管。

（5）不良资产管理公司退出可行性分析。通过对项目本身区位条件、拿地成本、房地产销售偿债压力测试分析，项目风控与增信措施、相关方担保能力论证，以及各方利益诉求的平衡和满足，判断项目顺利退出的可行性。

在不良资产管理公司投资期限届满或者目标地块销售达 80% 时，项目公司 A 以销售回款偿还不良资产管理公司债权本息退出，不良资产管理公司配合解除项目公司 A 的股权质押。

3. 尽职调查要点

（1）调查项目公司基本情况

项目公司主体概况、主体资质、工商信息和历史沿革情况、股权结构、经营情况、财务情况、资信情况、对外负债情况、清偿情况、涉诉及被执行情况。

其中，除了关注股权被质押查封、标的地块被抵押查封的债务外，仍需要关注项目公司 A 的以下负债：对外经营负债、对外担保负债、税金及滞纳金、关联方往来及职工负债等。

（2）调查担保主体基本情况

担保主体概况、主体资质、工商信息和历史沿革情况、股权结构、经营情况、财务情况、资信情况、对外负债情况、清偿情况、涉诉及被执行情况、可比公司在财务数据和财务指标和经营数据上的比较情况。

（3）调查项目所在地的经济发展整体情况

房地产发展现状及趋势分析，房地产行业价格走势、土地市场成交情况、住宅市场情况、房地产相关政策，包括限购、限价政策，预售资金监管政策、抵押政策等。

（4）标的土地情况分析

主要调查内容要点包括区域位置及相关配套，项目现状、规划指标、价值分析，土地证、规划许可证获取，施工许可证获取，开工、预售许可证获取等时间节点、踩盘周边竞品情况。

（5）还款来源分析

第一还款来源：标的地块开发销售回款。对标的地块开发方案、总投资、预计货值、销售进度、静态收益、还款现金流、售价及去化速度的敏感性、项目静态本息保障倍数等方面进行分析。

第二还款来源：某TOP20品牌大型房地产公司合作方C的担保增信能力。对其主营业务构成和比例、财务报表数据、土地储备、融资渠道、资信情况、诉讼及被执行情况等方面进行分析。

4. 交易步骤

（1）不良资产管理公司出资的前提条件有完成《合作框架协议》《债务重组协议》《抵押合同》《保证合同》等项目协议文本签署，确认重组交易流程、落实交易方案中的担保措施及对项目后续监管措施；由该TOP20品牌大型房地产公司合作方C受让项目公司A的100%股权，完成工商变更登记手续，并出具相关担保函件或签署相关协议，对重组出资提供不可撤销的连带责任保证担保。

（2）取得项目土地抵押权，出资收购债权。

原债权人解除对项目土地查封及公司账户冻结手续后，注销原债权项下土地抵押登记，不良资产管理公司与项目公司A对项目土地重新抵押登记，变更土地抵押权人。经确认后，从不良资产管理公司与合作方C共管账户内向原债权人支付债务重组款项。

针对已诉债权，向法院提交《债权转让协议》及《变更执行主体申请书》，法院出具关于变更执行主体的《民事裁定书》，然后向法院提交《和解协议》，并取得法院作出的《民事调解书》。针对已进入执行程序的债权，协调由法院出具《结案通知书》。

（3）办理土地用途性质变更换证手续，解押、换证并重新抵押。

（4）不良资产管理公司为项目提供后续开发建设资金，办理完毕标的地块的第二顺位抵押，由合作方C完成项目后续开发并将项目在建工程抵押至不良资产管理公司。

若项目后续仍有资金缺口，不足部分由合作方C为项目公司A提供必要的流动性支持。

（5）在办理预售时，不良资产管理公司配合项目公司A，并按照合作方C销售计划按套或按栋解除相应的在建工程抵押。项目公司A销售回款偿还不良资产管理公司债权，由合作方C为项目公司A还款提供不可撤销的连带责任保证担保。

（三）困境房地产企业债务重组中的风险问题

第一，有的债务人可能会利用庭外债务重组掩盖其他商业目的。正常情况下，债务重组的目的是解决债务人的财务困境，优化资源配置，改善其经营状况，尽可能实现对债权人的偿付。但是在实际操作中，也有部分企业将债务重组作为增加企业利润、躲避风险的手段，进行虚假重组、欺诈重组。比如，由债务人的关联公司或者容易控制的企业作为债权人，通过协议安排隐蔽地釜底抽薪、金蝉脱壳。

第二，债务重组仅作为一种处理危机的暂时手段，不能从根本上解决导致企业陷入债务危机的根源与问题。一旦巨大的债务数额解决不善，比如方案未体现利益均衡或者方案久拖不决，容易引起了大小债权人的恐慌，从而造成“挤兑潮”出现。

第三，债务重组方案设计中融资渠道较为单一，严重依赖相关房地产行业政策。所以，要进行债务重组，首先应该做好政策研究和预判，由房地产企业与银行进行协商，而后进行债务重组交易结构的相关设计。

第四，部分困境企业因为股权分散，导致各个大股东之间斤斤计较，致使决策效率低下，甚至出现无法达成一致意见的情形。而公司在出现了债务危机后，生死时速，需要在短期内尽快解决问题、摆脱困境。庭外重组要求决策时间尽可能短，决策效率尽可能高，企业纾困参与各方希望抓住市场瞬息万变的行情机会。通常，企业纾困所需付出的成本与陷入财务困境的时间呈正相关，因此只要企业的决策层能够迅速提出相应的方案，就可以提高房地产公司在债务重组过程中的成功率。

第五，在债务重组过程中，深圳等地区的住宅项目在办理了预售证时，抵押担保措施存在悬空风险。市场普遍的解决方式有：①再找其他资产做抵押；②关注市场主体，找强主体做担保；③靠现金流管控，有些城市可以控制预售节奏，每次只预售一点，逐栋楼解押，或者交保证金，交一部分，就相应解押释放一部分，让其他大部分资产仍在不良资产管理公司的控制之下，并且把预售的资金完全管控住。

第六，房地产公司的债权人组成复杂，对境外债权人的约束力较差。公司不仅在境内有负债，在国际市场上也有较高的负债，导致在境外债务重组的过程中市场化的特点更为明显，债权人话语权很重，这让债务重组难上加难。在困境企业债务重组过程中，股东、企业与投资人的利益并不一致，而是充满了博弈。

三、困境房地产项目财产权信托隔离与重组方案

不良资产管理公司利用财产权信托模式，可由信托计划按现状承接项目公司的债权债务及资产，项目公司原债权人继续留存，通过新引入优先受偿的专项纾困资金和代建方，即类似共益债模式，按照“先进后出、后进先出”的原则，以项目公司的销售回款偿还债务。

（一）为什么采取财产权信托隔离重组方案

当前房地产企业偿债压力普遍较大，仍有可能发生债务违约风险，在房地产销售没有明显企稳回升的情况下，部分房企受到融资支持有限，个别房企仍有可能发生债务违约。因为需求端修复、拉动销售回款才是根本之道。

如房地产企业债务规模过于庞大，则未来解决债务问题的方向可能是在完成保交楼任务后通过破产重整方式，而不良资产管理公司所投资的房地产项目将按照破产管理人的要求进行统一处置和分配。

通过财产权信托的合作模式对单个房地产项目进行风险隔离，则能有效借助于信托的财产独立性，将股权及债权所指向的底层资产装入信托计划，进而避免出现债务人的其他债权人追索或因者债务人进入破产程序而丧失对资产的绝对控制地位或优先清偿顺序等情形。

所谓信托财产独立性，是指信托一旦有效设立，信托财产即从委托人、受托人以及受益人的自有财产中分离出来成为一种独立存在的财产，而唯一地服从于信托目的。《信托法》第 15 条、第 16 条、第 17 条对于信托财产的独立性有专门规定，此外《全国法院民商事审判工作会议纪要》第 95 条亦特别指出：“当事人因其与委托人、受托人或者受益人之间的纠纷申请对存管银行或者信托公司专门账户中的信托资金采取保全措施的，除符合《信托法》第 17 条规定的情形外，人民法院不应当准许。”

当困境地产项目本身按照快速变现价值预计实际上接近资不抵债、权益为负时，借助财产权信托隔离重组方案既能实现风险隔离效果，解决项目后续开发资金问题，又有利于实现重组、复工复产、开发建设、价值提升、办证销售，维护购房者的合法权益，还能在销售回款支付不良资产管理公司的所有资金成本后，将剩余回款分配给房地产公司。

（二）项目财产权信托隔离重组方案交易结构及操作步骤

1. 交易结构图

（1）优先级委托人/优先级受益人/原始权益人：不良资产管理公司，通常为下设

的项目公司。

（2）劣后级委托人/劣后级受益人：房地产公司。

（3）受托人：信托机构。

（4）资产服务机构：通常为不良资产管理公司或者其指定第三方。

（5）信托指令方：资产服务机构对信托财产的管理、运用和信托利益分配等事项发送指令。信托终止时受托人无需指令可以自行决定进行现状分配。

（6）委托财产：相关主体对项目公司的全部股权和全部债权。（见图 4）

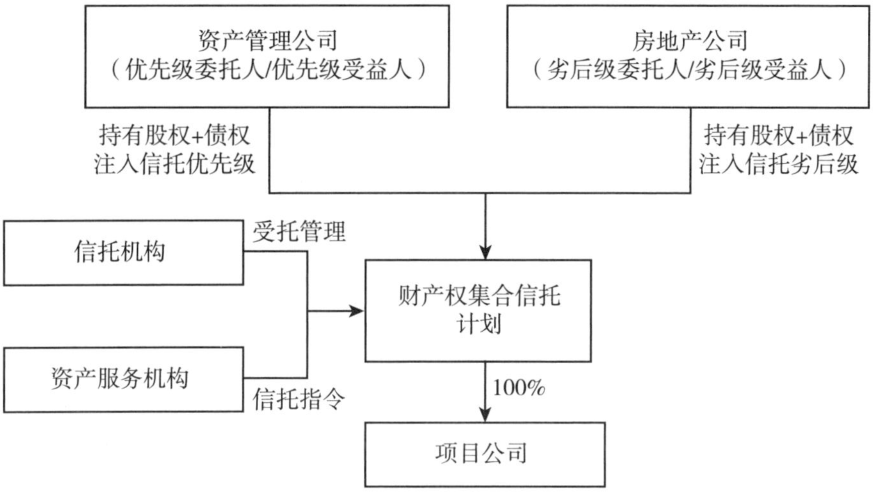

图 4 房地产项目财产权信托隔离重组方案交易结构

2. 操作步骤

（1）不良资产管理公司与房地产公司签署《合作协议》，协议约定各方将持有之股权及债权作为信托财产委托于信托公司设立信托计划，并出具相关决议，使各方委托人拟交付的信托财产为其合法持有的财产。

（2）由不良资产管理公司及房地产公司与信托机构签署《信托合同》，委托人将上述委托财产交付至财产权信托。

（3）信托计划开立保管户。保管户为信托计划支付信托费用、分配信托收益、债务人还款和资金账户的归集账户。

（4）不良资产管理公司作为转让方，将所持有的项目公司股权以及对项目公司和房地产公司的全部债权，转让给受让方信托机构；房地产公司作为转让方，将所持有的项目公司股权以及全部债权，转让给受让方信托机构；考虑到税务的问题，受让方应向转让方进行股权转让价款为人民币 1 元，该为受让方获得全部转让股权以及相应之所有权利和利益的全部对价。

上述各方签署债权转让协议、股权转让协议、债权债务确认协议等设立信托所需交易文件，并办理相应的股权的解除质押、变更登记等过户手续。

（5）信托机构与资产服务机构签署《资产服务协议》，约定对信托提供资产管理服务、下达指令方指令等事项。

（6）过户手续完成后，房地产公司将项目公司证章照和印鉴、银行账户、密钥以及项目公司及项目所有文件、合同等资料进行移交，由资产服务机构主导项目公司运营管理。房地产公司对项目公司运营享有知情权及监督权，参与项目公司的财务管理。

（三）核心条款

1. 困境地产项目公司债权债务及资产由信托公司按现状承接

交割日后，信托计划存续期间，房地产公司不得向项目公司及不良资产管理公司主张交割日前房地产公司对项目公司的前期投入。

与此同时，在信托计划存续期间，如房地产公司及项目公司未违反合作协议约定之义务，则不良资产管理公司不得向房地产公司主张交割日前不良资产管理公司对项目公司的前期投入。不良资产管理公司及项目公司也不得向房地产公司主张交割日前项目公司对房地产公司的债权，如需主张则需另行商定。

房地产公司应确保真实、准确、完整地披露项目公司的资产负债情况。不良资产管理公司有权对项目公司的债务情况进行调查核实，房地产公司应当予以积极配合，以最终确定项目公司于交割日的实际负债及房地产公司对项目公司的负债。

在此基础之上，如不良资产管理公司引入第三方对项目公司后续的开发建设进行投入，则需要重新对评估基准日之前双方对项目公司的股权、债权及负债进行核实确认，以此确定第三方投入之股权份额。

若项目公司存在房地产公司或者项目公司未披露的债务及或有负债的，且因此造成不良资产管理公司损失的，不良资产管理公司可直接向房地产公司追偿，或者在项目公司应向房地产公司支付的前期投入款中进行等额扣减。

交割日后，不良资产管理公司应以项目公司利益最大化为原则行使权利或履行职责，不得违反本协议相关约定侵害项目公司、房地产公司及项目公司交割日前债权人、购房者的权益。

同时，不良资产管理公司应注意加入信托撤销条件，一旦出现极端情况，如项目的商业收益大幅偏离预期，或出现不能承受之亏损，允许撤销信托委托，股权和债权权属回归原状。

2. 解除查封、暂缓执行

不良资产管理公司在交割日后，应在约定时间内撤销对房地产公司或者项目公司所提起的诉讼，解除对项目公司的股权冻结措施，针对获得相关诉讼之胜诉判决则暂缓向法院申请强制执行的司法程序。若股权存在其他主体轮候查封的，则不良资产管理公司可仅解除未被轮候查封的股权并保留被其他主体轮候查封股权的首封权。

3. 对房地产公司除项目公司外的其他项目公司的股权冻结解除条件

若不良资产管理公司查封了房地产公司其他项目股权，可与每个具体项目股东、意向投资人、建设方协商，要求以解除查封作为条件置换财产权信托的部分受益权份额。

为尽量避免房地产公司破产清算的可能，应抓紧时机，快速达成谈判成果，再行办理股权交割及新增投入，“兵贵神速”。

4. 新增投入与盈余资金分配

交割日后，由不良资产管理公司提供项目公司运营所需全部资金，房地产公司无须再向项目公司进行任何资金投入。

无论不良资产管理公司前期投入是否能够全部归还，不良资产管理公司均须保障本项目全部开发完成并完成交楼。因不良资产管理公司原因导致项目公司标的股权及项目公司名下的子公司股权、项目所对应地块、项目公司资产等被第三方或政府没收、提起诉讼、仲裁及查封、强制执行等情形，不良资产管理公司应承担由此给房地产公司和项目公司造成的损失。

项目公司在信托公司持股期间向不良资产管理公司进行资金分配，视为甲方收回等额的投入资金及其资金成本。除此之外，为保障项目公司的正常运营及项目的开发建设、确保项目如期交楼办证、维护购房者的合法权益，项目公司不进行利润分配。

财产权信托存续期间，项目公司账上资金在预留了三个月内应支付的项目公司运营所需的各种开发建设款项及施工款项、税费、三个月内应付的交割日前已经过各方确认的负债后，余额部分为盈余资金。盈余资金按如下顺序和方式使用：

（1）用于偿还/提前偿还不良资产管理公司对存续项目的追加投入以及不良资产管理公司为追加投入资金所付出的相应资金成本。

（2）用于偿还/提前偿还不良资产管理公司的前期投入，直至不良资产管理公司足额获得对存续项目所实际投入的所有资金本金（包括但不限于借款、股权投资款等）以及相应资金成本。

（3）如不良资产管理公司获得足额分配后，项目公司层面仍有盈余的，则按房地产公司或者其指定的第三方的要求进行分配。

当且仅当前一顺位资金获得足额偿还或分配后，方可进行下一顺位资金分配；如不良资产管理公司不能按照上述条款第（1）、第（2）项获得足额分配的，不良资产管理公司剩余应收未收款项由不良资产管理公司和/或信托公司依据原合同项下不良资产管理公司对房地产公司、项目公司所享有的追索权益及担保权益予以追索。

除前述方式外，各方确认亦可以通过包括但不限于由信托公司转让项目公司股权、以项目公司股权设立合伙企业并转让合伙企业财产份额/获得合伙企业收益分配等方式实现各方前期投入的归还。

（四）财产权信托隔离重组方案风险点及缓释措施

1. 信托行为被撤销的风险

在困境地产项目中，通常债务人项目公司以及担保方房地产公司已经发生严重债务危机，不排除在短期内进入破产程序的可能性。如进入破产程序，破产管理人可依据《企业破产法》第31条对于人民法院受理破产申请前一年内债务人“以明显不合理价格进行交易的”行为请求法院予以撤销。

因此，该财产权信托行为有被撤销的可能性，相关风险为无法避免的或有风险。如财产权信托行为被撤销或者信托协议失效，不良资产管理公司可立即向房地产公司主张债权，债权并不因财产权信托计划成立而灭失。

2. 股权转让过渡期操作风险

相关股权转让于信托计划前需解除查封及解除质押，过户期间仍存在被房地产公司其他债权人查封的风险。

可向政府主管部门汇报，申请协助转股过程中项目股权不被其他法院查封，或者将解除查封质押以及过户相关资料一并提交至工商管理部门，并在临近下班时间操作，加班处理，缩小悬空期，确保项目隔离重组方案能完成。

3. 税务风险

相关股权转让于信托计划未涉及对价，可能引起税务部门关注。因此，就该等股权转让安排还需提前与税务部门进行沟通，充分解释相关背景。

4. 再投入及诉讼风险

通常，合作协议核心条款中明确不良资产管理公司：保障项目公司资金流动性，若项目公司出现资金缺口，由不良资产管理公司根据项目实际需要融入资金解决。因此，当不良资产管理公司后续无法为项目提供流动性支持时，不排除相关方因该条款向不良资产管理公司主张权益，面临诉讼风险。

注意，隔离是第一步，为了最大限度地缩小操作风险，可先签署隔离相关合同，不完成相关资产的过户手续。由于相关条款没有约定明确的违约责任，按照合同约定无法履约的损失也难以衡量。

第三节 庭内重组

对于困境企业而言，庭外重组往往由于彼时危机尚不严重而被忽略，缺乏危机意识和积极应对的动力，从而丧失进行债务重组的最佳时机，只剩下司法债务重组一条路可走。在庭内重组阶段，企业诉讼、执行纷至沓来，企业家常常疲于应付债务危机而无心经营企业，企业陷入危机，需要借助外力来重新恢复生机。

一、庭内重组模式

（一）基础常识

庭内重组，是指债权人、债务人、投资人、原股东等各方博弈与交易均在法院的监督和指导下进行，通过法律赋予重组机制、模式、工具与结果的法律强制力，依靠司法强制力赋予了债务人暂时摆脱债务缠身困苦的“偿债暂停期”。

庭内重组的主导方式主要有破产管理人主导、原实控人主导、战略投资人主导、政府主导等。

庭内重组制度主要包括破产清算、破产重整和破产和解“三驾马车”。

破产程序的调整方式主要包括调整股权、调整负债、调整资产、调整营业等。

破产清算主要针对缺乏挽救价值，因市场竞争力低、负债率过高且丧失继续经营能力与盈利能力的企业。目的是对资不抵债的企业清产核资，将全部资产处置所得价款直接用于支付破产费用、清偿企业债务，最终宣告企业破产，注销企业主体资格。

破产重整与破产和解主要针对暂时陷于困境但是仍有挽救价值，本身仍有良好的营业价值和投资价值的企业。人民法院受理破产申请后，有关债务人财产的保全措施应当解除，执行程序应当中止，最大限度地保全了维持业务所需的现有优质资产。

其中，破产和解更多关注企业债务偿付问题，通过债权人让步的方式，债权人与债务人之间达成具有司法效力的和解协议，以化解企业的债务纠纷，避免“一刀切”地对陷入债务危机的企业进行破产清算。

破产重整则是基于困境企业继续运营的存续价值，债务人、债权人以及相关利益主体通过债务重组，使企业恢复造血功能，保留主体资格，然后通过重塑业务、人员、资产与负债结构，盘活企业资产，降低债务负担，开拓新的融资渠道，调整经营方向，实现企业重生，债权人利益也得以最大限度地实现。

法院在执行过程中发现企业没有可供执行的财产时，可通过“执行转破产”程序，将债务企业推向破产程序。法院究竟是启动破产清算程序，还是破产重整程序，主要取决于债务企业资产的状况，市场对企业持续运营给出的市场价值估值与企业各项资产整体或单独直接出售所产生的快速变现价值之间的对比，以及债务人、债权人的价值判断。

若困境企业能够通过经营存续、提升市场吸引力所取得的价值大于企业资产单独出售所获得的快速变现价值，则建议启动破产重整程序；反之，企业丧失存续价值、恢复无望、彻底摆烂，则进行破产清算。

不良资产管理公司在破产程序中的投资机会主要有收购不良债权、收购低效资产、购买股权、向重整程序中的债务人发放借款、为投资人提供融资支持及多种投资工具相组合。

不良资产管理公司从破产中获取收益的途径主要有以下两点：

第一，“折价”买入收益。长期陷入困境、进入破产程序的上市公司资产价值和企业价值往往已经充分体现风险定价，困境投资者在破产程序中介入可获得一定的“折价”：在不良债权收购过程中，重整上市公司清算情形下普通债权模拟清偿率通常在10%以下。在重整财务投资过程中，重整上市公司资本公积转增股票较市价普遍有20%以上的折价空间。[①]

第二，困境反转增值收益。上市公司在重整程序中清理历史包袱，通过削债等方式化解了债务危机，提升了偿债能力，调整了业务结构，引入了有实力的重整投资方，重整完成后商业信用逐步修复，业务恢复正常，企业价值提升。

（二）破产重整

破产重整的申请主体包括债务人、债权人、债务人持股10%以上的出资人（含合计持有）。

困境企业最大的问题是无法足额偿付债务。当债务人不能清偿到期债务且资不抵债，或者不能清偿到期债务且明显缺乏清偿能力，即使未达到资不抵债时，也可以向法院申请破产重整。

① 沪深交易所自律监管第十三号——破产重整等事项“（重整投资人）受让股份价格低于上市公司股票在投资协议签署当日（遇到非交易日的，则以签署日前一个交易日为基准日）收盘价80%的，上市公司或者管理人应当聘请财务顾问出具专项意见并予以披露。实务中，困境投资机构投资重整资本公积转增股票普遍有20%及以上的折价空间。

《企业破产法》规定，法院受理破产申请的同时应指定管理人，由管理人负责管理债务人的财产和营业事务。在重整过程中，为了保证重整程序中企业经营的连续性和稳定性，也可以由债务人在管理人的监督下自行管理财产和营业事务，负责企业的重整事务，节省了管理人与债务人的沟通成本，提高了重整成功的概率，保障企业利益的最大化。

管理人或者债务人自法院裁定债务人重整之日起，最长 9 个月内必须向法院提交重整计划草案。若未能按时提交，即视为债务人已失去重整成功的希望，由法院裁定终止重整程序，并宣告债务人破产。因为重整计划的内容主要涉及债权人的偿付安排，管理人需要花费相当多的时间去说服债权人让步，使债权人信任重整计划，而且重整所涉及的企业资产价值、债权人组成、投资方案、出资人权益调整、债权偿付分配安排等每一个环节，都可能出现导致重整计划流产的不确定性因素。一旦某个环节出现“失误”，就可能出现在规定的期限内无法提交重整计划草案，导致重整转破产清算，企业被宣告破产。

“兵贵神速”，只要企业申请了破产重整，就应该尽可能快地启动司法程序，缩短企业救助时间，这样能有效降低重整的成本，提高重整的成功率，避免来不及、谈不拢导致进入清算程序。

举例，不良资产管理公司通过投行化的安排，以实质性重组为核心，收购困境企业的核心资产股权，然后将买来的股权作为投资款，作为财务投资人并联合相关产业投资人去重整关联企业，在破产重整中实现对债权人的一个妥善安排与分配，从而实现各方诉求和利益平衡，最终资产管理公司股权转让退出，实现高额收益。

破产重整的最大价值，在于最大限度地发挥困境企业的存量资产价值，避免清算给各方带来的受偿较低的损失，并在清偿顺序、时间效率、偿付比例、交易结构、投资模式等方面提供有利的制度支持，帮助企业实现涅槃重生，最终不但对债权人有利，更有利于整个社会运营经济资产的效率提升。

共益债投资是困境企业破产重整程序中引入资金的重要手段之一。

不良资产管理公司通过共益债投资，给破产企业注入流动资金，完成在建项目的建设，使企业恢复正常运营或者使核心资产价值得到质变提升，能够最大限度地保障债权人和企业的权益。

举例，当烂尾房地产在建工程项目的当前资产价值不能覆盖负债，但是在少量资金续投、代建后，可以形成终极、可售资产，未来的资产整体价值比当前有明显提升，预计销售收入能够覆盖债权及部分收益，这一部分“四两拨千斤”的资金续投就是共益债务投资，“后进先出”的优先受偿性有法院支持，受法律保护可发挥以小博大、盘活全局的作用。

根据《企业破产法》规定，共益债务包括：（1）因管理人或者债务人请求对方当事人履行双方均未履行完毕的合同所产生的债务；（2）债务人财产受无因管理所产生的债务；（3）因债务人不当得利所产生的债务；（4）为债务人继续营业而应支付的劳动报酬和社会保险费用以及由此产生的其他债务；（5）管理人或者相关人员执行职务致人损害所产生的债务；（6）债务人财产致人损害所产生的债务。

《企业破产法》第43条规定，在破产程序中，破产费用和共益债务由债务人财产随时清偿。

《企业破产法》第113条规定，破产财产在优先清偿破产费用和共益债务后，依照下列顺序清偿：（1）破产人所欠职工的工资和医疗、伤残补助、抚恤费用，所欠的应当划入职工个人账户的基本养老保险、基本医疗保险费用，以及法律、行政法规规定应当支付给职工的补偿金；（2）破产人欠缴的除前项规定以外的社会保险费用和破产人所欠税款；（3）普通破产债权。

在破产程序中，破产费用、共益债务和破产债权，都是以债务人财产作为共同的责任财产，都要从债务人财产中受清偿。破产费用和共益债务是在破产程序中，为全体债权人的共同利益而发生的费用和负担的债务，应当由债务人财产先予支付和偿还，剩余的财产，用于清偿各项破产债权，即破产费用和共益债务优先于普通债权受清偿。

当然，共益债权在破产重整的优先性并非绝对。一方面，共益债权优先于普通债权但劣后于有财产担保的债权。另一方面，建设工程款债权、商品房消费者权、土地出让金等权利也有优先性。

（三）破产和解

破产和解制度主要由债务人提出和解方案，取得债权人的让步，包括削债、延长还债期限、修改还债方式等，通过修改偿债协议来达成和解，减少了企业的财务费用，降低了企业的拯救成本。

在破产和解程序中，有且只有债务人享有申请权。债务人既可以向法院直接申请破产和解，提交和解协议草案，也可以在企业进入破产清算程序后、宣告破产前向法院提出破产和解申请，即清算转和解程序。

相较于私人和解协议，破产和解具有法律上的强制力，大大降低了企业重组失败的风险。而私人和解协议的弊端在于异议债权人可通过民事诉讼或者启动其他破产程序，使之前达成的和解协议“付之一炬”。

破产和解程序中，无须全体债权人同意，和解协议仅须达到人数过半、债权金额超2/3的法定比例，即可对全体债权人发生拘束力。通过抓大放小，不仅大大节省了债务人与债权人协商、谈判的时间，还保全了企业的资产，避免债权人的个别追偿行为损害到全体债权人的利益。比如，困境企业无论提出何种庭外重组方案，都无法得到全体债权人一致同意，庭外重组谈判陷入僵局，且可能发生金融机构抽贷、断贷，发生挤兑风险时，可以进行破产和解，只要多数债权人同意即可“硬性”豁免债务，按照《和解方案》偿债。同时，债务人可提供土地、房屋、股权等作为和解方案的配套增信措施，以此来保证方案后续具有可执行性，提升债权人的认同度。

破产和解的方案内容主要包括债务人资产状况说明、债务情况、债务清偿方式和期限以及确保执行和解协议的措施，通过债务人与债权人之间就减免债务、债务的迟延履行等方面达成和解协议。破产和解在保全企业的主体资格的同时，也最大限度地提高了债权人债权的回收率。

在“破产和解程序为明线，庭外重组为暗线”的整体纾困方案创新模式下，通常在表决和解方案前债务人已经与大多数债权人达成默契。因为债务偿付方式为延期全额清偿，故不涉及资产处置变现、让渡股权、引进战略投资人等事项。按照破产和解程序的法定表决程序，只要取得出席会议债权人一半以上，债权金额占全部债权2/3的债权人同意，和解方案即可表决通过，经法院裁定批准后即对全体债权人具有强制执行效力，规避了破产和解失败的风险。若未达到表决通过条件，则破产和解转为清算程序。

通常在实际破产和解过程中，由于债权人的诉求不一致，对和解方案需要修改数稿甚至数十稿才能达成合意、提交表决，和解谈判之路也充满了艰难。基于困境企业或者其股东与大债权人的友好关系和信任程度，天时、地利、人和兼备，才会较为迅速达成默契并通过和解方案。

（四）破产清算

破产清算，就是将企业的所有财产变现后拿去还债，是解决企业债务危机的最后手段。

当破产和解与破产重整程序均以失败告终时，法院就会裁定终止破产和解、破产重整程序并宣告破产，即破产重整、破产和解转清算程序，在清算企业资产、偿还债务后，最终对企业予以注销，企业主体资格归于消灭。

破产清算制度的核心在于，“简单粗暴”地尽快处置资产并按照法律规定，依序公平清偿企业债务，“一劳永逸”，彻底解决“一揽子”债务问题。

对于那些丧失自我发展能力、信用评价较差、产能过剩、无拯救希望的企业，与其做无谓挣扎而浪费债权人更多的成本，不如根据管理人制定的破产财产变价方案和破产财产分配方案，处置资产、快速变现、清偿债权。

对广大债权人来讲，当明知企业重组成功机会不高时，也建议不要再投入人力、时间与财务成本，寄希望于提升清偿的低概率事件上去。而且，企业重组仍是“危机四伏”的，一旦重组失败，错过了最佳处置资产时机，债权清偿比例将会进一步大幅缩水，不如直接申请破产清算，即使该种清偿比例在一定意义上可能较低。

在法院裁定受理破产清算后，破产企业仍可以采取措施以积极争取债权人、潜在投资人的支持，从而推动企业转入重整或和解程序。破产清算程序的存在，就为那些还未做好准备的企业提供了一个相对宽松的“缓冲期”，为企业重组争取时间。

一般破产清算的时间都会非常长，几年是常事，公司开始清算后直到清算完成就可以宣布破产。因为破产法中只是明确了法院受理破产申请的时间，没有规定清算总时长。

（五）小结

总之，破产重整既是企业重生的良方，也可能成为企业逃避债务的工具，让债务人错失破产清算的“良机”，导致企业资产在反复的破产程序中进一步贬值。

破产和解体现出更多当事人的意思自治，有利于解决企业债务问题，但是忽视了企业陷入债务危机的实质问题——未来成长性，不仅无法维护债权人利益，也不利于从根本上拯救困境企业。

破产清算将变卖资产所获对价分配给债权人后豁免剩余债务，让企业主体资格归于消灭，债务人失去了继续从事经营活动的机会和资格。

三者之间的转换关系是：三者都可以作为破产程序的起点，破产清算可以转换为和解程序，也可以转换为重整程序；和解程序和重整程序可以转化为破产清算程序；和解与重整程序之间不能转化。

无论是困境企业还是相关利益主体，在解决企业债务危机的过程中，应以企业面临的具体挑战和解决方案为导向，而不能僵化区分庭内重组的各个模式，不能孤立地看待各项债务重组工具的选择与运用。

一个平稳的破产过程就像是轮回，虽濒临死亡却可以通过重组程序摆脱旧债的束缚，获得新的生命。

二、上市公司破产重整

对于中国资本市场中困境企业的定义，主要根据《证券交易所股票上市规则》进行定义，以诸如风险警示、退市风险警示等措施，对于出现经营困难，财务恶化，内控不合规等问题企业进行特别标识，进而警示投资者做好风险识别。

为摆脱困境、实现重生，上市公司通常采用“两步走”的模式，即债务重组和资产重组分开进行，破产重整减负，资产重组重生。上市公司先在重整程序中通过资本公积转增的方式筹措偿债资源，以股抵债，实现负债的集中清理并引入产业投资人、财务投资人，全面优化公司的资产、负债和经营结构；在重整完成后，上市公司的基本面将发生根本性改善，产业投资人或者相关股东可将旗下优质资产注入上市公司，实施资产重组，以恢复并提高上市公司的持续经营能力，走向新生。

现实情况中，大多数上市公司只走了债务重组第一步，只实现了降负债的成效，较少或者较晚才会踏上第二步，造成公平和效率的缺失，甚至导致上市公司在不久后再次陷入困境，被中小投资者“用脚投票”。

投资人在选择投资标的的时候，在考虑风险之前，首先考虑的是确定性。假如没有确定性，再大的收益都是空中楼阁。在困境上市公司投资中尤其如此。

（一）困境上市公司“向死而生”

近年来，每年都会新增一定数量的上市公司破产重整案件：一方面，破产重整法律工具的早期介入是减少退市的一个良方，退市加快背景下，未来仍将持续有上市公司需要通过破产重整手段摆脱经营困境，避免退市风险。另一方面，随着上市公司重整案件大量增加且成功案例较多，资本市场对于上市公司破产重整的理解和认同在不断提高，上市公司重整投资的热度也在迅速上升，引入重整投资人难度下降，上市公司主动进入重整的意愿有所增强。

上市公司与一般企业的最大区别在于其股票可以通过公开的证券交易场所进行交易，最大的价值就是它的上市地位，上市公司可以增发股份，股份在大多数情况下可以自由流动并产生流动性溢价，公司信息相对公开透明，公司运营相对规范，等等。而没有上市的公司股权，随时都有可能被限制流通或者一文不值。

上市公司地位本身就是无形的价值，以未来的收益预期化解债务危机，这在破产的过程中给了各方更大的操作空间。“壳资源”，不仅使其拓展了融资渠道，还为其加快“圈钱”的速度。

当困境上市公司面临退市风险，连续三年净资产为负数（亏损），或连续三年营业收入低于1000万元，或连续20个交易日收盘价格低于股票面值，其第一目标就是保壳，此时充分利用壳价值进行资源置换利用，是市场化的资源重组。（见图5）

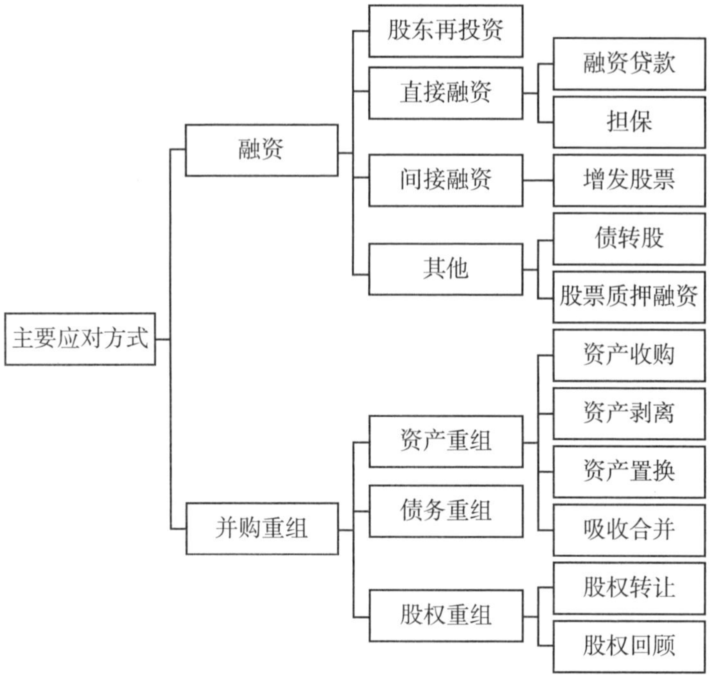

图 5　A 股困境上市公司应对困境的主要方式

过往，A 股上市公司在应对困境时常常希望采取债务重组，通过出售房屋、土地、股权等资产或者豁免、削减、置换债务等常规套路，取得债务重组收益，解决净利润为负的问题，或者基于重整制度或者和解制度拯救企业，在化解企业债务的同时，保住上市公司主体地位，避免被迫退市。

A 股困境上市公司近年来多采用破产重整方式应对困境，通过破产重整程序，由债权人或其他利益相关人向法院申请宣告上市公司破产，同时申请破产重整并指定重整管理人，与各方关系人协调制定重整方案，包括债务偿还、股权股份划分、员工安置等方面，来帮助上市公司走出困境，不仅对债务及资产进行重组，化解了企业的债务危机、盘活企业优质资产，还能够恢复企业经营管理及盈利能力，提升企业经营管理、技术水平，优化产业结构，使许多被进行退市风险警示、冠以 ST 即 special treatment 的上市公司“脱星摘帽”，避免退市，从而保护了中小投资人。

若通过破产清算程序，普通债权的清偿率基本上在 10% 以下，大部分债权人的债权注定无法偿还，更不要说是中小投资人的股利及分红了。

一旦上市公司破产重整保壳成功、产业投资人优质资产注入等利好消息不断发布，市场所做出的直观反应就是股价上涨。不断呈波段上涨的股价，不仅能为企业带来充足的资金流动性，也使股东利益得到了最大化的实现。

对当地政府来说，保住上市公司这块巨大的广告招牌，不仅能保证当地的税收，还能通过招商引资来吸引外地投资人入驻当地，在扩大当地税源的同时又促进了当地配套产业设施的完善以及整体经济水平的提高。因此，当上市公司陷入债务危机时，在申请重整、制定重整方案、招募战略投资人以及执行重整计划时，往往都能看到地方政府的身影。当地政府也可以在破产重整过程中为上市公司重整提供资金支持、资源协调以及其他优惠，增加了上市公司重整成功的概率。

（二）上市公司破产重整流程

上市公司破产重整是一个系统化的工程，是人民法院以公权力来推动解决债务危机解决和保障各方权益的过程，不仅仅是上市公司本身的事情，还涉及公司股东、公司员工、公司债权人、地方政府、地方法院（中级法院或者金融法院）、证券监管部门、产业投资人、财务投资人、其他相关方。若有一方提出异议，都有可能产生阻碍，甚至会导致破产重整夭折，因此提前摸清各方利益诉求和底线至关重要。（见图 6）

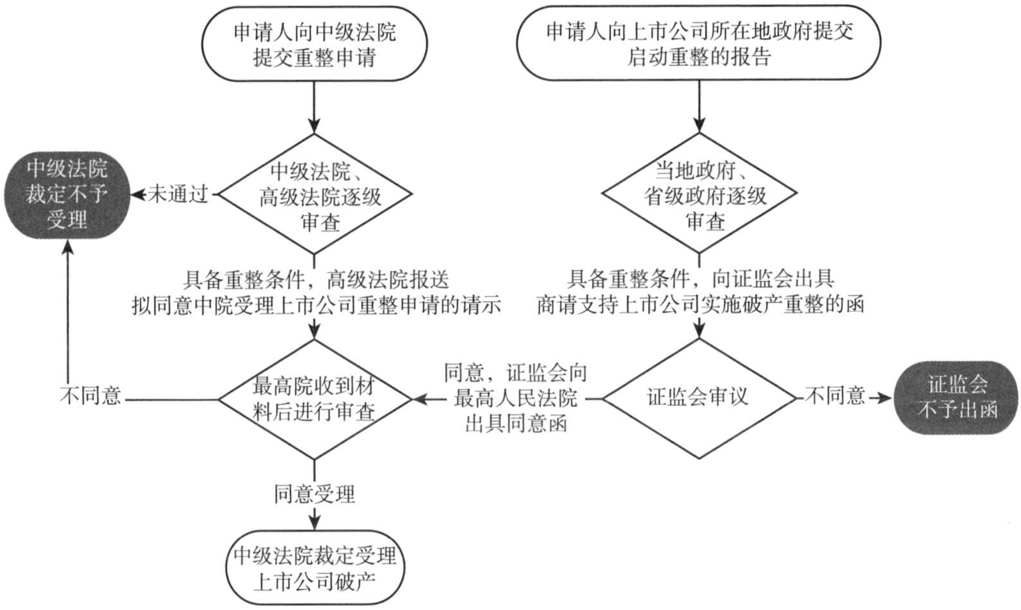

图 6　上市公司破产重整流程

上市公司破产重整的主要操作流程如下：

第一步，申请重整，并申请启动预重整程序。

通常，由债权人或持股 10% 以上的股东向有管辖权的中级人民法院提出上市公司重整申请及相关证据材料，法院经审查后同意受理的，裁定公司进入预重整程序。

预重整期间不仅要以书面登记的方式确定债权规模和类型，还要由债务企业、投资方或者重整方磋商，针对当前的债权结构和股权结构，规划债权偿付方案，并初步形成重整计划草案。其中，在草案中需要摸清公司整体的基本情况、股权情况、资产负债情况，对债务人进行还款能力分析，并出具《还款能力评估报告》，得出破产清算情形下的普通债权清偿比例。在此基础上，重整计划将提高普通债权的清偿比例，安排将重整投资人提供的部分现金用于向普通债权人追加清偿。通常是资本公积转增股份来吸引新的重整投资人进来，用股份或者重整投资人支付的资金来支付破产费用、清偿部分债务、补充公司流动资金等。

管理人或者债务企业需要在一般的规定期限 6 个月内制订重整计划草案并提交债权人会议审议表决有正当理由的，可以延长 3 个月。若公司或管理人未按期提出重整计划草案，或者重整计划草案不能获得法院裁定批准，或者债务人不能执行或者不执行重整计划的，法院将裁定终止公司的重整程序，并宣告公司破产。

管理人在此期间内将协调债权人、债务人、投资人，推动公司积极进行内部决议，推动重整草案的形成。由于上市公司破产事关重大，因此需要省级政府与证监会沟通，并涉及中级人民法院和最高人民法院等司法部门。

第二步，省级人民政府向中国证监会出具支持上市公司进行重整的函，中国证监会作出无异议复函并抄送最高人民法院，即拿到“路条”。

上市公司在正式启动破产重整之前，需要取得省级政府、证监会和最高人民法院的批准。

第三步，逐级报请省高级人民法院和最高人民法院予以批准。

最高人民法院收到中国证监会的无异议复函及省高级人民法院的请示报告后，认为重整申请符合相关法律规定的，批准中级人民法院受理。

第四步，中级人民法院裁定受理上市公司破产重整，进入重整程序。

上市公司重整计划草案的内容通常包括常规内容与特殊要求。

常规内容包括债务人的经营方案、债权分类方案、债权调整方案、债权清偿方案、出资人权益调整方案、重整计划的执行期限、重整计划执行的监督期限以及有利于债务人重整的其他方案。

特殊要求包括前期存在资金占用、违规担保的，要提出相应的解决方案；经营方案涉及并购重组等行政许可审批事项的，需委托中介机构按照证券监管机构的有关要求及格式编制相关材料，并作为重整计划草案及其经营方案的必备文件。

正式的重整计划内容通常包括以下几点：

（1）债务人的经营方案。重整计划如能获得法院裁定批准，债务人的债务负担及财务压力将得到缓解，但仍需继续提高持续经营能力及盈利能力，以切实保证债权人能够按照该重整计划的规定获得清偿，使得债务人重获新生。常见的经营方案内容如下：加强内部控制，提高管理水平；合理配置资源，增强盈利能力；增加生产资金的投入，提高经营能力；确定重组方；由重组方受让相应部分让渡股票；解决原大股东涉及的历史遗留问题。

（2）债权分类方案。通常分为优先债权组、职工债权组、税款债权组、出资人组、普通债权组，普通债权中又可细分出小额债权。其中，小额债权通常按经确认的该类债权数额全额清偿，即清偿率为100%。

（3）债权调整方案。优先债权组，优先债权在担保财产评估价值范围内优先受偿，其余无法就担保财产优先受偿的部分按照普通债权组的调整及受偿方案获得清偿。职工债权组，职工债权通常不作调整，按100%的比例以现金方式清偿。税款债权组，税款债权通常不作调整，按100%的比例以现金方式清偿。普通债权组，通常根据《还款能力评估报告》规定，债务人如实施破产清算，普通债权的清偿比例为一定较小比例。综合考虑各项因素，为切实维护债权人的利益，提高普通债权的清偿比例，重整计划可对普通债权组债权作如下调整：对本组每家债权人一定规模以下（如50万元）的债权部分按照100%的比例清偿；对本组每家债权人超过一定规模的债权部分按照一定比例清偿，该比例高于破产清算状态下的普通债权清偿比例。通过上述方案，使上市公司各类债权全部得到妥善安排，尽可能利用各种资源做到债务清偿全覆盖，最大限度保障债权人权益，使债权人会议可顺利表决通过重整计划。

（4）债权清偿方案。①偿债资产来源：债权受偿资产源于重组方无偿提供的相应资金和出资人让渡的部分股票。②确定之债受偿方案：优先债权组债权可留债并分期付款清偿，并同时向债权人支付当期清偿资金自法院裁定批准重整计划之日至实际支付之日期间的利息或按照所担保财产的评估值进行现金清偿，或通过拍卖抵质押物并就所得优先受偿。职工债权组债权由债务人在重整计划获得法院裁定批准后按照国家有关规定清偿，其中，经济补偿金等在债务人与相应职工解除劳动合同时支付。税款债权组债权由债务人在重整计划获得法院裁定批准后按照国家有关规定清偿。普通债权组中每家债权人在一定规模以下（如50万元）的债权部分按照100%的比例清偿，超过一定规模的债权部分按照一定比例清偿，该比例高于破产清算状态下的普通债权清偿比例。③预计债权的受偿方案：已申报但未最终确认的预计债权，在获得法院最终确认后，按照重整计划规定的同类债权的清偿比例以现金方式清偿。在预计债权获得最终确认后，将预留的现金支付给相应债权人。未在债权申报期限内申报，但受法律保护的债权，按照《企业破产法》的规定参照已申报但未最终确认的预计债权的受偿方案予以清偿，如此类债权为税款债权或职工债权则依《企业破产法》规定予以全额清偿。④预留和提存现金/股票的处置方案：第一，现金的预留方式。按照预计债权受偿方案，将为预计债权按比例预留相应的现金。在相应预计债权获得最终确认后，将相应的预留现金支付给债权人。第二，提存现金/股票的处置。债权人未能按照要求提供银行账户或未能按要求提供深圳证券账户信息的，管理人将依法提存应当支付给该债权人的现金或股票。相应的股票在符合二级市场交易的条件后30个交易日内处置变现，并将股票的处置款予以提存。⑤补充清偿方案：预计债权如最终未获确认的，为其预留的现金，在按照《企业破产法》的规定支付重整费用和共益债务后，仍有剩余的，剩余部分向普通债权人按债权比例补充清偿。债权人不受领现金/股票的提存期间为自重整计划执行完毕之日起2年。提存期满仍不受领的，视为被提存人放弃权利，在按照《企业破产法》的规定支付重整费用和共益债务后，仍有剩余的，剩余部分向普通债权人按债权比例补充清偿。

（5）出资人权益调整方案。以债务人现有总股本为基数，以资本公积金按一定比例转增股份，总股份增加。债务人全体股东让渡其股份，部分由重整方受让，部分由管理人根据执行重整计划的需要处置变现，变现所得优先用于支付破产费用和清偿债权，如有剩余则用于提高债务人的经营能力。

各上市公司根据债务规模、资本公积等实际情况确定出资人权益调整方案，总体而言有以下共性的要求：

①重整投资人受让股份价格的限制：重整投资人受让上市公司资本公积转增股份的价格定价应当合理、公允，不得损害中小投资者利益。相关受让股份价格低于上市公司股票在投资协议签署当日（遇到非交易日的，则以签署日前一个交易日为基准日）收盘价80%的，上市公司或者管理人应当聘请财务顾问出具专项意见并予以披露。

②除权的要求：上市公司重整涉及权益调整的，应当对其股票价格作除权（息）处理，需要调整除权（息）参考价格计算公式的，应当结合重整投资人支付对价、转增股份、债务清偿等情况，明确说明调整理由和规则依据，并聘请财务顾问就调整的合规性、合理性及除权（息）参考价格计算结果的适当性发表明确意见。如权益调整方案约定的转增股份价格高于上市公司股票价格的，可以不对上市公司股票作除权（息）处理。

（6）重整计划的执行期限。通常重整计划的执行期限为6个月~2年，自重整计划获得法院裁定批准之日起计算。

（7）重整计划执行的监督期限。通常重整计划执行的监督期限为6个月~2年，自重整计划获得法院裁定批准之日起计算。

（8）资金占用的常见解决方案。现金清偿是监管层通常更为支持的办法，也有部分案件通过以物抵债（通常要求与上市公司主营相关）、债权债务抵销、债务转移等方式解决资金占用问题。

(9) 违规担保的常见解决方案。管理人需审查上市公司是否需要承担相应的担保责任/赔偿责任，确需承担，相关偿债资源通常由实控人、重整投资人另行提供，不占用上市公司偿债资源。

通常，整个重整过程的主要流程如下：

(1) 由法院对《重整申请》进行审查。

(2) 裁定驳回破产申请，或者裁定受理，指定管理人。

(3) 法院通知已知的债权人并公告通知未知的债权人。

(4) 债权人向管理人申报债权。

(5) 债权申报期满之日起 15 日内召开第一次债权人会议。

(6) 进入重整期间后，经法院批准，债务人可以在管理人的监督下自行管理财产和经营事物，管理人应当向债务人移交财产和经营事物。

(7) 债务人或者管理人应当自法院裁定之日起 6 个月内，同时向法院和债权人会议提交《重整计划草案》。

(8) 法院收到《重整计划草案》之日起 30 日内召开债权人会议对重整计划草案进行表决。

(9)《重整计划草案》获批准后，进入《重整计划》的执行程序，由债务人负责执行。

(10)《重整计划》执行期限届满，债务人执行完毕公司恢复良好状态、公司恢复正常运行的，由管理人向市中级人民法院提交《重整计划执行情况的监督报告》，并申请法院裁定确认债务人重整计划执行完毕，重整程序结束。

(11) 若重整计划草案未获通过且法院不同意强裁，或已通过的重整计划未获得法院批准的，法院应当裁定终止重整程序，并宣告债务人破产。

(12) 假如债务人不能执行或者不执行《重整计划》的，法院经管理人或者利害关系人的请求，应当裁定终止《重整计划》的执行，并宣告债务人破产。

第五步，重整计划的执行阶段。

通常在此期间，债权人大会和法院指定的管理人是企业的主要决策机构，而公司股东在更多方面做的是配合工作。重整计划执行完毕，则终结重整程序。

最后，上市公司重整后的经营规划，通常由“存量业务的调整与优化”和“增量业务的引进与发展”两部分构成，主要内容要点如下：

存量业务的调整与优化，包括剥离低效资产，恢复主营业务盈利能力，在重整中通过债权人会议或者人民法院认可的包括但不限于拍卖、变卖或者协议转让等方式剥离低效资产，从而实现资产减负，回笼流动资金。

增量业务的引进与发展，投资人可提供资金支持、业务赋能、管理团队引入、业务结构优化，并择机通过实施重大资产重组，将旗下优质资产注入上市公司，引入增量业务，帮助上市公司提升持续盈利能力，保障投资人利益。

（三）困境上市公司破产重整业务要点

近年来，越来越多的不良资产管理公司逐渐转向资本市场困境企业破产重整业务领域，致力于成为不良资产的精品投行，类似不良资产领域的黑石、高瓴。市场上也一定会诞生这样的机构，持续、专注深耕这个领域。

关于业务机会，商业银行是上市公司债务中占较大比例份额的债权人。不良资产管理公司通过主动业务拓展，积极营销并发现上市公司可能进行破产重整，同时对接多家银行，向其收购债权，从而获得参与破产重整投资的业务机会。

不良资产管理公司可以通过走访管理人了解到上市公司重整是否获得证监会的审批，并综合考虑上市公司层面及其大股东层面的利益博弈关系，既要维持实控人的稳定，稳定员工就业，也要保护中小股东利益，还要保护债权人的利益。

破产管理人与商业银行等大债权人的矛盾点在于，管理人需要商业银行等大债权人的投票表决支持，以维持上市公司大股东或者实控人的稳定性，继而推动上市公司进入重整程序，而破产管理人能够合理释放勇于补偿目的的财务投资份额，但商业银行一般不会参与后续投资。

而不良资产管理公司可以通过设计交易方案解决上述矛盾，通过债权收购，帮助商业银行完成出表，化解银行风险；通过收债锁定债权人身份，获得介入上市公司重整机会；重整完成后，可以配合破产管理人在三年内维持集团公司股权稳定，牵头向证监会申请上市公司重整获得无异议函；参与破产重整财务投资，待重整完成恢复正常经营后，享受为上市公司或其相关方提供股票质押融资等配套服务的固定收益，以及股票溢价收益。

在破产重整程序中，重整投资人的引进方式主要有两种——公开招募与自行寻找。

公开招募指的是上市公司或者管理人在重整计划制定过程中通过公开征集方式招募重整投资人。有多家符合条件的意向投资人报名的，将根据公告的遴选规则由债权人会议/债权人委员会/评审小组确定重整投资人并签署《重整投资协议》。通常，监管要求征集（招募）通知应当通过上市公司公告披露；上市公司应当遵循分阶段信息披露原则披露公开征集重整投资人的重大进展事项。

自行寻找指的是上市公司通过管理人寻找和洽谈及其他方式引进重整投资人或者

由上市公司的股东、债权人向管理人推荐。通常，监管要求上市公司、管理人和重整投资人签订投资协议的，应当及时披露；需说明未通过公开征集方式招募重整投资人的原因、合理性。

重整投资人在上市公司重整中的主要作用有三方面——作为投资者提供资金支持、提供重整脱困方案并参与重整计划制订、参与公司治理。具体如下：

作为投资者提供直接或间接资金支持的主要方式包括：收购上市公司债权，推动上市公司重整后现金清偿或债转股退出；直接作为投资人认购上市公司出资人权益调整（资本公积转增股本等）出让的股票；为重整上市公司提供共益债等债务融资；为产业投资人等投资机构提供资金支持；收购处置上市公司重整中剥离的低效资产。

重整投资人结合自身专业能力优势，为上市公司重整提供集经营、金融、财务、法律等全方位、一体化、综合性的“脱困”方案：复杂债权债务关系梳理及解决方案；现有股东和意向投资人之间衔接和利益协调方案；经营困境诊断，提供业务和资产优化、重组、剥离等方案。

重整投资人在成为困境上市公司股东后，通过股东会、董事会等途径积极行使股东权利，促进上市公司治理改善。

不良资产管理公司作为财务投资人，通常在投资后有一年至两年的锁定期，可能在投了之后一年内股价大幅上涨，业绩良好，但是过了锁定期，在获利退出进行减持时，可能出现大幅下跌或者剧烈波动。从实操层面看，只能顺应市场，被动地跟随市场去减持。

不良资产管理公司怎样才能更加合理地减持退出？

第一，可与上市公司提前沟通分步骤减持的计划，与一起进去的财务投资人同步沟通好减持安排，避免发生同时减持的踩踏事件。

第二，在为上市公司或其相关方提供股票质押融资等配套服务的同时，留意引进证券公司、产业投资人等机构投资人成为做市商，当不良资产管理公司择机减持退出的时候，能够有新的投资人接力进去，稳住基本盘。

第三，不良资产管理公司利用自身或者关联公司渠道和资源，为上市公司引进上下游的产业资源和业务资源，进行资本市场运作，提振股价，同时减持退出。

（四）上市公司破产重整中可能存在的潜在风险

困境上市公司往往可能已经或者即将被实施退市风险警示，若没有深入研究、清晰判断就盲目投资，往往属于火中取栗、刀头舔血。这类公司的债务重组进度、市场预期都具有不确定性，随时都有可能吹灯拔蜡。股价波动很大，投资时要小心驶得万年船。

困境上市公司希望通过破产重整这一挽救机制从根本上解决企业所面临的经营以及债务压力等各种障碍，保住上市公司地位，将上市公司品牌效应的独特优势扩大化，在政府的帮助下同潜在投资人开展战略谈判、扩大融资渠道，并利用战略投资人在管理经验、经营技术、优质资产上的优势，化解企业资产负债结构不合理、产业结构过剩以及经营管理模式僵化等难题，以真正实现上市公司凤凰涅槃、起死回生、满血复活。

但是，若困境上市公司破产重整的目的仅局限于“保壳”；只解决债务问题，不解决产业重生的问题，新瓶装老酒、换汤不换药、治标不治本，还是老东家和老团队在玩旧东西，往往未来发展预期可能事与愿违，长期来看基本上都没有好的结果，并不能彻底解决公司危困的顽疾。只有解决了产业重生问题，公司价值、股价和市值才大概率有质变的表现。

不良资产管理公司在破产重整中，若只作为财务投资人，不一定能解决企业的核心问题，只是类似于一个配资的角色。因为企业的公司治理结构和产业结构都未得到优化，重整效果没有达到市场预期，可能导致资本市场不买账，后期的股票价格不涨反跌，使中小股民利益受损。

往大了讲，不良资产管理公司救助这类“不性感”的上市公司，在一定程度上也阻碍了资本市场正常的新陈代谢，形成上市公司只进不出的堰塞湖。即使上市公司完成重整，执行完毕重整计划，也并不意味着公司真正取得了成功，能够扭亏为盈。“群众的眼睛也是雪亮的”，重整终结后股价的走势能反映出市场投资人对其重整成功性的判断以及未来企业发展预期的态度。若其重整方案或者产业转型达不到市场预期，也会遭到资本市场中“用脚投票”的股民们的反对。那些将上市公司大部分资产予以拍卖处置，而仅保留了壳资源的上市公司，企业未来的发展方向以及是否能盈利也仍然是未知数，尽管已经执行完毕重整计划，但债权人含泪用高价以股抵债拿回的股票，能否按照当初抵债价格得到受偿依然是未可知的。

上市公司重整本身难以规避重整程序的固有缺陷，即方案是由多数表决通过，可能会损害中小股东以及小额债权人的利益，少数债权人和股东别无选择，在重整过程中的利益取舍难免不尽如人意。上市公司资产负债结构较为复杂，即使是上市公司股东之间、债权人之间也往往存在矛盾和诉求难以满足。

上市公司重整通常选择资本公积金转增股本的方式来进行资产重组，新增的股票由重整投资人以相对市价的较大折扣价格（多为四至六折）受让，而不向股东分配，这意味着企业所有股东的股权都会遭遇大幅度的稀释。对小额债权人来说，在话语权、信息获得上处于劣势，对重整方案的制定、表决、实施很难发表自己的意见，尤其是在以金融机构作为主要债权人的上市公司重整中。

在重整中，处处充满着风险与挑战，任何一个环节出现偏差，都可能导致整个重整过程的满盘皆输，继而转为破产清算，不但使重整的前期投入资金打了水漂，还要被法院宣告破产，股票也将面临被终止上市的风险。

因此，在了解债务重组的方方面面之后，才能更加游刃有余地对其进行运用，因为知己知彼，才能百战不殆。

不良资产管理公司在困境上市公司破产重整业务中需要关注哪些风险点？

（1）对债务人及实控人详尽的法律尽职调查，包括公司控股股东情况、财产状况、债权债务情况、担保情况、财务会计报告、破产重整成因、已清偿债务、出资人情况、重大法律纠纷和行政处罚、职工状况、其他重大情况等。

（2）不良资产管理公司要摸清导致债务人进入破产重整的原因，及其债务重组意愿和态度，并结合重整计划综合评估重整是否能够解决其困境，是否有终极风险。

（3）明确上市公司的整体债务情况和重整进度安排，结合其重整进展考虑收购债权与重整投资相结合，压低获股成本。

（4）尽职调查产业投资人、财务投资人等合作方的征信、履约出资能力等方面，必要时可要求提供相应证明，防范洗钱合规风险。

（5）对破产重整过程中的相关交易方案、交易路径、交易步骤及安排、商务要点进行明确，并充分论证重整方案的合理性及可行性，避免出现存在权利落空等问题。

（6）如需要为上市公司或其相关方提供股票质押融资等配套服务，建议先股质后放款，除非有足额增信。

（7）在由实控人主导的上市公司破产重整项目中，不良资产管理公司需要深入调研其业务模式、出现债务问题的原因，分析在没有新资产注入的情况下，上市公司能否通过重整改善经营情况，转股后的市值是否有基本面作为支撑。

（8）根据重整方案的安排及股票交易的相关规定，明确不良资产管理公司所取得股票是否要求存在限售期，限售期期限具体多久。

（9）明确不良资产管理公司与产业投资人或其他投资主体是否需要达成一致行动人等情形。若没有必要，则理应明确资产管理公司与上市公司及其董监高人员、控股股东、实际控制人均不存在关联关系或一致行动关系，与投资联合体其他成员之间也不存在关联关系或一致行动关系，亦不存在对其他成员的出资安排。同时，为避免监管部门将联合体认定为一致行动人进而拉长股票锁定期的风险，资产管理公司应在重整投资协议补充协议中明确：各方对股权的行使各自独立，不相互影响。

（10）结合重整后上市公司的经营安排，所处行业以及同行业公司情况，进行业绩盈利预测和分析股价走势。

（11）未进入重整或重整失败风险，退市风险等。假如出现上市公司重整计划最终未能或者未在某个约定时点获得中院裁定批准，或者申请人撤回重整申请获得中院批准，或者虽重整计划被裁定通过但并未完成资本公积转增，或者法院通过的重整计划与资产管理公司已决策通过的股票价格或数量等相关内容有差异，或者中院裁定批准重整计划后出现重整计划执行不能，导致中院裁定终止重整计划的执行并宣告破产，或者上市公司因被中院宣告破产或者因为年度合并报表口径下净资产不能转正等原因导致其退市，或者因为其他原因终止上市，资产管理公司应保留可单方解除重整投资协议而不视为违约的权利，同时全额退还资产管理公司已支付的投资保证金以及已支付的重整投资款。

（12）当上市公司重整计划被法院裁定批准通过后，不良资产管理公司作为财务投资人，理应与产业投资人一道关注上市公司的经营管理团队变动情况，避免原股东因其自身债务问题给上市公司经营管理带来干扰，导致负面消息不断、股价不断下跌。

（13）假如不良资产管理公司需要先行支付股票对价款，再由破产管理人提起股份变更登记申请，在款项支付与股份变更登记之间存在时间差。资产管理公司应统筹协调破产管理人缩短股份变更登记的时间差，或者采取其他保证资金安全的措施。

（14）假如在破产重整投资中，在相应付款节点前，投资联合体的其他成员有余款尚未支付的，资产管理公司应不承诺予以补足，不承担补足义务及由此产生的任何违约责任。

（15）在破产重整后，上市公司可能仍存在一定退市风险，理应分析投资退出路径及其可行性。锁定期满后，假如不良资产管理公司的持股比例低于5%，则减持股票不受《上市公司股东、董监高减持股份的若干规定》（中国证券监督管理委员会公告〔2017〕9号）的约束。股票锁定期满后，可通过竞价交易、大宗交易或者直接转让资产管理公司控制的持股项目公司份额的方式减持股票退出。

（16）在破产重整中，资产管理公司认购上市公司股票的价格通常低于转增后最新时点每股对应的净资产以及低于最新时点的收盘价。该认购价格可能会引起债权人、法院及交易所的关注，理应督促破产管理人履行聘请财务顾问及披露的义务。根据《上海证券交易所上市公司自律监管指引第13号——破产重整等事项》第26条和第28条的规定，提醒业务部商联合体和上市公司披露说明定价依据及定价合理、公允性。

《上海证券交易所上市公司自律监管指引第13号——破产重整等事项》第26条规定："上市公司、管理人与重整投资人签订投资协议的，应当及时公告并披露以下内容：……（三）重整投资人取得相关股份所需支付的对价、定价依据及公允性、资金来源、支付方式，引入重整投资人过程中是否存在损害上市公司及中小投资者利益情形……”

第28条规定：“重整投资协议涉及重整投资人受让上市公司资本公积转增股份的，相关受让股份价格定价应当合理、公允，不得损害中小投资者利益。相关受让股份价格低于上市公司股票在投资协议签署当日（遇到非交易日的，则以签署日前一个交易日为基准日）收盘价80%的，上市公司或者管理人应当聘请财务顾问出具专项意见并予以披露。”

（17）重整完成后，上市公司仍面临着在本次重整程序中未申报的债权人主张债权的风险。不良资产管理公司应在预重整方案及后续债权申报清单中时刻关注管理人已确认的债权、暂缓确认的债权、重整正式受理前新产生的利息罚息、未申报的债权等的变动情况。同时，理应预留充足股份用于其他或有债务的清偿。

（18）重整完成后，上市公司仍面临着二级市场价格波动风险。不良资产管理公司应与相关方推动上市公司恢复正常生产经营，提升公司的市场份额和盈利能力，让其股价有基本面支撑；同时，在资产负债率大幅下降以后，上市公司的融资能力将逐渐恢复，有能力通过回购股份等方式减少市场的流动性，维持公司股票价格的稳定；与其他债权人协商一致，避免出现大股东股票大规模被拍卖导致股价大幅波动。

（19）不良资产管理公司在投后管理过程中，可能存在其他未能及时识别企业困境反转不及预期的风险。

（五）上市公司破产重整投资的机遇与挑战

随着监管对上市公司破产重整审核更加严格，“保壳式”重整难度加大。同时，全面注册制推行下，也将使借壳上市需求大幅降低。预计未来多数上市公司重整将立足于上市公司原有核心主营业务，通过重整整合资源，实现主营业务的协同发展和持续经营能力提升。

如果上市公司重整后不能实现经营好转，在市场上仍然难以立足，那些重整后经营仍不能实现实质好转的公司股价将面临下行压力。

因此，未来上市公司重整除了发挥解决债务问题和避免退市的功能外，更需要真正发挥其综合救治的本质功能，全面解决企业存在的问题，提出切实可行的经营转变计划，吸引优质互补、产业协同的战略投资人，致力于提升企业质效和核心竞争力，促进企业长期可持续发展，而市场估值定价将根据企业的内核价值而呈现优质优价趋势。

从监管层面来看，上市公司破产重整呈现以下几个特点：一是坚决打击上市公司违法违规行为，有财务造假等“劣迹”的上市公司破产重整难以获得监管支持；二是监管审核重整经营方案时，对上市公司重整价值要求更高，“保壳式”重整获批难度加大；三是上市公司破产重整信披明显规范化，透明度提升，对中小股东利益的保护更加重视。

总之，上市公司破产重整投资面临的机遇有：需求持续高涨，潜在市场机会较多；监管越来越完善，上市公司重整市场更加规范发展；目前重整投资人获股成本仍较市价有较高折扣，套利机会仍然存在。

面临的挑战有：各方对于投资人的产业背景、产业资源和审批资源的要求越来越高；退市的加快及监管审批趋严，可能使有效市场缩小；上市公司重整投资参与方越来越多，财务投资人竞争越发激烈，同时重整投资风险加大，收益率总体将有所下降。

资产管理公司如何在上市公司破产重整投资中打造核心竞争力？

第一，认清破产本质，熟悉游戏规则。破产规则是给债权人、债务人的一次和解机会，是基于破产清算会有更大损失的前提下，在两害相权取其轻的博弈环境下，所做出的本轮最大的妥协。破产管理人作为和事佬，帮助债权人、债务人先放下争执，不争论对错，只考虑博弈关系，共同整合资源解决问题。

第二，重视上市公司破产重整过程中的价值发现及估值研究，不断对重整标的经营方案和预期业绩的评价、重整企业估值、重整投资方案设计以及投资全流程过程中的主动管理等进行系统的梳理、总结、提升。

第三，开拓、调整投资思路，尝试将重点放在收购上市公司不良债权或者违约债券上，以不良资产收购方式介入破产重整。同时，将介入时间适当提前，甚至在企业未实施风险警示之前就为目标企业提供债务重组筹划服务。

第四，加强重整过程的主导地位，不仅作为“资金方”，更应成为“导演”，精耕细作，在业务经营、企业管理、公司治理、资本运作、产业资源等方面提供支持，提供破产重整全套服务。一头抓上市公司需求，另一头建设并利用生态圈资源匹配其需求，协调相关产业方为企业提供重组方案、资金、资源和管理，打造“投资＋品牌”的业务特色。比如，生态圈中包罗万象，有的是给产业投资，有的是给资本，有的是给方案，有的是导入政府资源。同时，与各大券商的投行并购部门、研究部门建立深度合作，借助其并购标的资源，并充分发挥不良资产管理公司自身错位竞争的优势和重整专业能力，逐渐形成核心竞争力。

三、高收益违约债券

美国前商务部长、“破产重组之王”威尔伯·罗斯推荐的《公司财务危困与不良债权投资》一书中，讲述了美国企业独特生死之道、机构投资者掘金财困企业之术，介绍了危困债券投资策略主要包括已违约公募债券、私募债券、高收益债券以及处于危困中的杠杆贷款，还有剩余的现金及类现金资产。

在不良资产行业中，海外违约债券投资是一个业务方向，因为规模体量比较大，没有抵（质）押物，同时没有成熟的投资机构和救济模式，对专业能力的要求较高，目前竞争较小。

境外债，尤其是负债率过高的地产公司的境外债，即使有集团的担保，但是在重整过程中的收益率不会很高，除非有特殊的资源。工商企业类境外债可能会像美国垃圾债或者违约债市场，未来将是一个投资方向。

投资无抵押的高收益违约债券，其实像不良资产管理公司在做企业重整过程中，对债务清偿排位最后的普通债权的估值能力考验。若需要介入到困境企业整个重整过程中，就会对境外债进行估值并对比，若有机会就买，没机会就放弃。

当不良资产管理公司对房地产的债务重组和上市公司的破产重整项目介入越来越多，技术和经验越来越丰富，高收益违约债券投资手段和时机也将逐渐成熟，通过对企业进行深入的价值分析，通过各种债务重组工具，实现资金注入、产业引入、资源导入，获得企业重生。

不良资产管理公司开展高收益违约债券投资业务的优势有：

（1）本身就擅长不良资产收购处置业务，在传统司法处置方面具备多年的处置经验优势。

（2）资产管理公司熟悉并长期维护整个不良资产生态圈，包括破产管理人、律师事务所等，善于调动匹配资源进行投入。

（3）具备后端通过债权、股权以及地产纾困，主动进行价值提升的能力。

（4）资产管理公司具备众多类似债务重组项目的案例，积累了丰富的重组技术和经验。

（5）违约债券的发行人都是大公司，需要在企业重组中深度理解大公司的债务困境，认知危机应对的逻辑和方法，能够全面把握债务重组通盘节奏。

（6）长期与金融机构等债券持有人的处置部门保持传统的良好关系。有利于在困境企业出现风险后，第一时间摸底沟通不良项目出险情况。

（7）融资能力强，有能力参与所需资金体量较大的违约二级债券市场投资。

从另一个角度来看，劣势主要有：①行业研究方面有短板，毕竟不良资产管理公司属于业务单元，而非专业研究机构。但是，若通过与证券公司、基金公司等所属研究机构进行深入合作，获得特定领域和方向的研究成果，则能够弥补行业研究的短板。②人才队伍缺乏。若不具备破产重整技术等债务重组技术和经验，或者不能进行主动性管理，或者无法匹配产业资源，将会很被动。只有不良资产实操高手越来越多，才能逐渐从被动性变成主动性管理，对债券的估价也会更加贴切、合理。

高收益违约债券投资的业务模式通常是：①针对营销拓展获得的业务机会进行主动介入，合理判断困境企业出资人、债权人、地方政府的预期，通过收购债券，增益参与重整投资的业务机会。②通过介入收购非标准化债权资产，提升标的公司资产价值。非标准化债权资产，是指未在银行间市场及证券交易所市场交易的债权性资产，包括但不限于信贷资产、信托贷款、委托债权、承兑汇票、信用证、应收账款、各类受（收）益权、带回购条款的股权性融资等。③针对境外违约债券、境内危困项目盘活进行跨境挂钩联动。境内境外团队双平衡策略，实现风险和关联关系隔离，一旦发现境外债的投资机会，马上实施投资；待境内纾困政策出来，马上就能涨起来，实现短期流动性溢价收益；后续通过解决困境企业内外部问题，统筹完成项目纾困，提升困境企业内生价值，同时，前期收购的二级市场违约债券自然获得长期收益。

通常不良资产管理公司应把高收益违约债券作为在债务重组过程中的特殊交易性机会，而不是要主动去收购。实际上，债务重组业务也常常是从资产包里跳出来。换言之，不是因为专门要买债再去做它的重整，而是本来就要做它的重整，顺带着主动去看有没有交易，同时把握困境企业在境内的核心资产，不做没有把握的高风险豪赌。

第四节　预　重　整

预重整逐渐成为上市公司启动重整的惯常前置程序，上市公司在预重整阶段提前启动债务申报及审核，招募重整投资人，制定重整方案等，提高重整的确定性和成功率。这也将导致重整工作主要集中在重整申请后、受理前阶段，重整申请至被受理阶段耗时较长，重整受理至执行完毕时间较短。

预重整，相较于债务庭外重组与庭内重整，衔接了庭外重组与庭内破产重整模式，吸收了两者的优点，能够为陷入债务危机的企业开辟出一条新的“求生”道路，给予债务人更多的时间为企业重整做好准备。

之所以称为“预”重整，是因为其实施时间前置于正式的重整程序，而实施内容则是为重整程序的顺利完成预先做相应准备工作。最高人民法院以及浙江、深圳等地方法院发布的司法文件，已对这一制度进行了规定。

预重整的本质，在于其“重整”二字，要进入预重整程序首先必须具备《企业破产法》第2条规定的重整原因，即“企业法人不能清偿到期债务，并且资产不足以清偿全部债务或者明显缺乏清偿能力的，依照本法规定清理债务。企业法人有前款规定情形，或者有明显丧失清偿能力可能的，可以依照本法规定进行重整”。

目前实践中，人民法院是预重整的启动主体，经过法院审查同意、由合议庭决定适用预重整程序。当债权人、债务人或其他利害关系人向法院提出预重整申请时，应当一并提交企业审计报告、预重整可行性分析报告、预重整方案等材料。

法院审查预重整程序时，主要关注企业是否具备重整原因、是否具备重整价值、是否具备预重整可行性、是否具备预重整方案可行性等内部因素，以及对申请主体、企业的规模、企业的经营方向、债权人的人数、涉及的信访隐患、是否需要召开听证会等外部因素，进行充分考量后作出裁决。通过债务人与满足一定比例要求的债权人自愿协商、谈判，拟订一个初步的重组计划，达成庭外重组和解协议，取得大部分债权人的同意，并以此基础作为债务人正式进入破产重整程序的前提条件。

在正式启动重整程序后，法院仍然承认在申请重整前企业所做出的各个方面的努力，前期达成的一致方案，对所有债权人具有约束力。这极大地节省了庭内重整债务人与债权人因利益纷争而推诿争议的时间损耗，提升了重整成功率，有效预防企业被宣告破产，帮助企业顺利渡过危机。

虽然法院认可预重整阶段所达成的预重整方案，但是在预重整阶段缺少法律的监管及相关的监督机制，可能引发侵害部分债权人利益的情形。怎样解决这个问题？一方面要通过充分的信息披露制度，有效减少信息的不对称性，以保证债权人在掌握相关信息的基础上做出正确、理性的判断；另一方面需要在预重整阶段引进具有专业能力的独立第三方破产专业机构，使专业人士能提前介入，对企业预重整方案、资产处置、债权分配方案等提供专业指导。债务重组参与者的专业程度是提升重组效率、节约重组时间的关键。

根据重整申请提出时机的不同，预重整模式有三类。

1. 法庭外预重整

法庭外预重整模式是指在申请破产、启动庭内重整程序之前，债务人就开始与债权人进行接触、协商、沟通，建立主要债权人委员会，在征得多数债权人同意后，再启动庭内重整制度，法院对上述框架性重组方案予以审查、认可。

2. 预立案阶段的预重整

预立案阶段的预重整模式是为了尽可能避免破产重整时间长、重整期限压力大、重整成本高等弊端，由法院对重整条件不成熟的企业先进行“预登记”，给予企业充分的准备时间，待条件成熟后再予以受理，启动破产重整程序。在启动破产程序之前，法院可指定管理人开展预重整阶段的工作，一方面，摸清公司的资产负债情况，并与债权人积极沟通，取得了债权人意见的初步统一；另一方面，管理人积极与“白衣骑士”资金方进行洽谈，为尽快恢复施工建设提供“共益债”等资金条件。

3. 受理清算宣告破产前的预重整

受理清算宣告破产前的预重整是在企业进入破产清算阶段后，经过管理人对企业资产、负债的摸排，以及债权人与债务人之间充分的协商，寻找有意向注资的投资人，在初步通过重整方案后，再申请清算转重整程序。

浙江省高院《关于企业破产案件简易审若干问题的纪要》的规定：“债权人在预登记期间对债务清偿方案所做的不可翻悔的承诺，在债务人进入企业破产和解或重整程序后，相关承诺对承诺方仍然具有拘束力。法院受理企业和解或重整申请后，可以以预登记期间（含集中管辖期间）形成的债务清偿方案或资产重组方案为基础，由债务人或管理人制订和解协议草案或重整计划草案，通过债权人会议予以确认。”

第五节　困境商业地产盘活

通过造成购物中心困境的原因主要有选址与建造错误，运营能力低下，以及资金错配问题导致现金流断裂。

即使被盘活，商业地产仍然可能因为流量不足、竞争激烈、交通、停车、层高等项目本身选错，过于追求高大上等导致改造成本失控，物管权、停车场、外部交通、展示面、小业主、定价权等问题导致运营权不完善，运营期间财务成本高，接受管理人或者债权人委托的运营管理方等操盘主体不专业导致出租率稳步下降，面临“二次”破产。

一、困境商业地产资产管理

商业地产资产目前处于供给过剩的“存量时代”，但有效供给依然不足，即区域型购物中心的和社区商业的比例失衡。投资机会在于局部地区不足，以及存量的优化，同时对增量需要慎重对待或者回避。

从宏观上看，商场的优胜劣汰和零售的更新迭代就是一个永恒的主题。宏观是我们不得不接受的，但微观才是我们能够有所作为的，擅长干什么，还得接着干什么，关键是需要更加专业地去做，关注与市场发展匹配的适当规模和相关组合，通过有效供给所产生的可持续稳定收益不断创造价值。

关于商业地产资产管理，有一个误解：大多数人以为商业地产建好后开始进入资产管理，把开发作为增量，管理作为存量，甚至美其名曰“商业地产从增量来到存量进入了资管时代”。其实，这是不完全正确的。

这个将开发和管理分离的误解类似一则外科医生的寓言故事，说的是针对被乱箭射中的副将，一位号称擅长外科的医生用手术刀切去了暴露在外面的箭杆部分，而对于依然留在肌肉内的箭头部分要求转为找内科医生处理。

或许，正确的认知理应是把开发阶段和营运阶段、改造阶段都作为资产进行管理，并注重资产的生命周期分析，包括改造、扩建和出售，通过估值和净营运收入的驱动不断提升资产在生命周期内的价值。

近年来，越来越多不良资产管理公司将关注点从处置不良债权转向化解困境企业、困境项目的风险，从“价差获取”到“价值修复”。比如，接手债权底层的大宗商业物业资产，逐步进行改造、价值提升、实现流转。地产商业管理公司与不良资产管理公司的区别主要是，前者有地产基因，擅长优良资产，招商运营能力强，但缺乏灵活性，大多不愿意兜底；后者有不良资产基因，希望获取保底租金或者固定租金，但招商运营能力弱，同时在借助合作方招商运营能力的基础上提升项目识别、利益识别及方案构建能力。

不良资产管理公司在困境地产重组中，其实并不开发哪怕一平方米的物业，而是通过提前埋伏、买到特别便宜的债权，再围绕着标的收购各家金融机构的债权，通过债务重组把关系复杂的债权债务关系变成没有查封、诉讼状况的干净的物权或者股权资产，然后通过找到不同的人合作，比如实施代建的房地产开发公司、成本较低的资金合作方、实施改造升级的商业运营管理公司，让项目价值最大化，实现多方共赢，甚至原大股东退出大部分股份后，仍然能保留一些小股份，享受未来资产价值的提升。

也有更简单的操作，不良资产管理公司通过破产重整程序，把所持有的债务清理干净，变成一个完整的标的，即一个没有任何诉讼、没有任何财产保全负担、也没有任何负债的标的，再把股权转让掉。比如，一个项目的本息为 20 亿元，用相对低价买下债权，再去做债务重组就相对风险可控，主动性管理手段比较强，其他想要独立参与的投资人也要掂量一下其自身的投资成本。

商业地产盘活类项目中的一个关键竞争因素就在于资金的成本，实操高手们在大部分项目中，不仅要具备产业的综合优势，还要拥有商业改造和运营管理团队，更需要资金成本优势，所以要么找央企、国企合作，要么找外资合作。通常先要把后端找好，再去配前端，因为再便宜也需要有人来经营。

商业地产盘活的难点在于不同的主体对其有不同的价值判断，从而导致价值分歧，这是最大的拦路虎；小业主盘活购物中心难度大、时间长，改造成本大，影响盘活购物中心的决心。

不良资产管理公司从事商业地产盘活业务需要在项目识别、利益识别、方案设计、招商运营方面进行能力提升建设。商业地产本质是流量。其中关于项目识别能力，即大致估算出整个蛋糕大小及其成本多少有这三个公式。

公式一：城市社零÷城市 GDP×属地 GDP×购物中心占比（10～13）%＝属地购物中心销售预计总额

公式二：属地购物中心销售预计总额÷属地购物中心总面积×项目面积＝项目销售理论总额（KPI）

公式三：项目销售理论总额×租售比（10～13）%＝项目年度营收

举例，假如有一个 10 万平方米购物中心，其运营成本可以大致估算为培育期的成本再加上 500 万元，大约在一线城市为 2500 万～3500 万元，二线城市为 2000 万～3000 万元，三四线城市为 1500 万～2000 万元。

关于利益识别能力，即大致估算出蛋糕应分几块。不良资产管理公司需要识别业主方性质，区分国有、村镇集团、民企；正常阶段业主诉求，包括获得稳定现金流、资产升值、整个片区土地升值；区分不良阶段业主诉求，包括运营方、物管方、破产管理人、优先受偿债权人、普通债权人、小业主等相关方，与钉子户协商、谈判，助其价值实现。

关于方案构建能力，即大致推演和模拟蛋糕怎么分，包括谈判的先后顺序，优先整合障碍小的相关方，确定价格锚点，降低后来者漫天要价的概率；合作方式、收益分配方式以及租赁、买卖、代理、合作等实现方式；过渡机制如何找到合适的中间人。

关于招商运营能力，即制作蛋糕，这是一项专业化系统化工程，依赖于服务商团队，而非不良资产管理公司自身，专业的工作内容一定要找最专业的合作方搞定，他们能更加深刻理解商业地产的客户是商家、用户是顾客，而商场只是平台。不良资产管理公司逐渐学习、提升并构建自身优势，让运营能力逐渐成为自身破解项目、团队不匹配的困境局面的出路之一。未来随着商业物业价值重估，盘活低效资产需求巨大，轻资产运营模式的空间巨大。

针对商业地产盘活类项目，通常不涉及开发阶段，接下来主要介绍以某资产管理公司在商业运营、物业管理、改造优化等为主要内容的商业类项目资产管理。

二、困境商业地产管理、接管与改造优化

（一）运营管理

商业地产运营管理是收益实现的保障，包括招商落位、运营提升、营销推广等内容，其主要目的是实现既定的定位与规划；达成制定的经营目标；提升项目资产价值和持续经营能力。

商业运营管理重点关注内容有：（1）甄选商业运营管理机构，导入优质的品牌资源、加速招商落位，通过有效营销推广营造商业氛围，提升资产声誉，具体包括整体项目形象设计、商家形象管理、舆情监测、异业资源整合、招商推广、促销、会员、稳场旺场等工作内容。（2）制定合理的租赁决策标准，精细化招商组织实施和全程管理，具体包括租赁政策制定、业态规划、品牌落位、招商/汰换方案，工程技术条件对接，租户关系管理等工作内容。（3）制定有效的考核和激励机制，进行经营分析及预警、经营辅导与提升，具体包括租金收缴，经营状况监控预警，租户提升帮扶，租户违约处理，诉讼纠纷处理等工作内容。（4）制订、审批年度经营计划、年度调改计划等并跟踪确认经营目标实现。

（二）物业管理

物业管理的核心分为安全管理和资产维护两个部分。

安全管理主要是指保障人员、设施、物品安全，包括商场运营秩序管理、设备运行保障、消防安全管理、重大活动管理、突发紧急事件管理。

资产维护是指提供舒适的环境和稳定周到的服务，包括维护保养建筑物、维护保养各种设施与设备、环境清洁卫生管理、能源管理、车辆与交通管理。

物业管理重点关注内容有：（1）甄选物业管理机构，引进物业管理系统，节能提效管理。（2）制定合理的考核和激励机制，合理成本控制。（3）制订、审批年度大修计划等并跟踪确认经营目标实现。（4）定期和不定期查勘资产，及时发现安全隐患并解决。

其中，租金收益是影响商业地产价值的核心因素，而影响租金收益的有交通便利程度、周边商业物业竞品、商业定位、目标客群、销售坪效、租售比、签约模式、合同期限、停车位数量、品牌数量、停留时间、客单价、空置率、客流量、销售额、主力店数量、业态配比、提袋率（进入卖场的总人数和实际购买人数的比例）、项目动线设计简单明了友好程度等。

（三）接管与改造优化

商业地产改造优化的本质是想尽一切办法以商业定位吸引客流、以生态落位留住客流、以优化调整引导客流。改造升级是购物中心的持续需求，尤其对于当地政府和产权房来说，盘活购物中心能够有效提升整个片区的土地价值。

商业地产改造优化主要分两种改造方式，第一种是闭店调整即大改，包括建筑立面、动线设计、水电气等方面的改造；第二种是在运营中调整即小改，通过调整铺位、设计包装、场景打造等方面的改造提升商业氛围。

第一种大改的优点是改造力度大、根本性改善动线和空间格局、最大化考虑商业功能使用和品牌导入，但缺点是投入费用大、时间周期长、沉没成本高、现有基础客群可能出现流失风险。

第二种小改的优点是投入成本小、风险较低、可及时调整策略、保证现有的现金流，但缺点是调整难度较大、目标实现率低、品牌引入难度大、消费者反应周期较长。

通常，采用第二种小改方式的基本原则包括先填空铺，再调已有店铺，即先提高出租率水平；先换经营不善店铺，再调定位不符店铺，因为经营不善店铺可能更容易亏损、倒闭；先聚人气，再要坪效，流量为王；先引入服务型业态，再调整零售及餐饮，因为服务型业态容易聚集人气，人气聚集起来后自然能带动零售、餐饮等业态发展兴旺。

三、类 REITs 等不动产出表融资方案

不良资产管理公司或者基金公司通过开发或者投资获得持有型物业后，可发起设立 Pre REITs 出表并购基金，装入物业资产。

在物业资产后续经过改造和运营提升成为成熟物业后，从项目管理转变为兼顾项目管理和基金管理，主要有两种出表方案：

第一种是将成熟物业装入公募房地产信托投资基金平台，可保持资产控制权，获得物业增值收入和权益级派系。

第二种是发行交易所类房地产信托投资基金产品，扩大债权融资空间，实现部分资金回笼，将部分变为证券份额持有。

不良资产管理公司在基金管理中，应履行基金管理人职责，负责基金设立、基金运行、信息披露、定期分配、清算退出等全过程。

REITs 中的“资产管理”，不仅要满足监管机构以及投资人对于产品的风控要求，从法务、财务、税务等角度对项目公司实施全方位管理，也要保障资产平稳、高效地

运营，实现资产与项目的平稳运行与价值提升。

四、结语

由于项目体量较大，而且非标准化程度较高，因此想做成规模化的困境地产纾困业务模式是几乎不可能的。

《易经》告诉我们要多看、少动，一击命中是最好的策略。因此，投资要少决策，决策越多，未知的领域越多，风险源越多。

巴菲特：一年只求一个好主意。

段永平：平均两年投资一家公司；看懂一家公司不比读一本科容易。

芒格：一生只重仓3笔投资（伯克希尔、好市多和李录基金）。

伯克希尔去掉最成功的十笔投资就是一笑话。

泰德·威廉姆斯是过去70年来唯一一个单个赛季打出400次安打的棒球运动员。在《击球的科学》中，他阐述了他的技巧。他把击打区划分为77个棒球大小的格子。只有当球落在他的“最佳”格子时，他才会挥棒，即使他有可能因此而三振出局，因为挥棒去打那些“最差”格子会大大降低他的成功率。

第六节 债 转 股

在大规模不良资产处置中，债转股在当前历史阶段仅充当辅助角色，其规模占比相对较小。

债转股实施效果难以量化。在已有信息条件下，很难量化股权以什么水平的转让价位退出，资本回收率有多少，对不良资产问题得以缓解的影响程度。

一方面我们在理论上认为市场化债转股是解决债务危机问题的灵丹妙药；另一方面我们应该以更加审慎的态度来看待市场化债转股，客观冷静地进行分析和判断，将债转股视为降杠杆的有效手段之一，同时在其具体实施过程中要更加注意和管控风险。

一、债转股的本质与作用

债权转为股权，其实质是将债务融资转变为股权融资，将刚性的债务本金和利息支出转化为非刚性的股利支出，降低了债务人的财务杠杆。

广义的债转股是指企业债务人与银行、资产管理公司、投资人、职工、其他企业等债权人之间将债权转为股权，它可以发生于任何主体之间，适用范围较为宽泛。债权人和股权人之间既可以毫无关联关系，也可以具有资产关联、股权管理、人际关联等紧密的关联关系。

狭义的债转股仅是指银行、资管公司等金融机构与企业之间的债转股，偏向于不良资产的消化处置、债务水平的降低控制。

在债转股的框架设计中，市场化定价的核心要素是银行、实施机构、企业自主协商确定债权转让、转股价格和条件。

债转股的核心是转股以后的治理机制、产业机制、产品的升级换代，要求不良资产实操高手既要有专业化的技能，也要有全方位的综合素质；既要精通债权，也要熟悉股权；既要了解收购估值，也要懂得股权管理等。这些正是不良资产行业普遍缺失的。

根据债转股实施主体可分为三种方式，分别是直接债转股、间接债转股、委托债转股。

（1）直接债转股，是指银行等债权人直接将其对对象企业的债权转化为债权人对对象企业的股权。

（2）间接债转股，是指银行等债权人将其对对象企业的债权出售给实施机构，再由实施机构将这笔债权转化为其对对象企业的股权。间接债转股是当前市场化债转股的主要模式。

（3）委托债转股，是指银行等债权人以其对对象企业的债权出资认购有限合伙企业份额，成为该有限合伙企业的有限合伙人，再由该有限合伙企业将债权转为对对象企业的股权。

根据注册资本变化情况分类，可分为股本未变化的以股抵债型债转股和股本发生变化的增资扩股型债转股。

（1）以股抵债型债转股，是指对象企业原股东不能清偿债务时，将其持有的对象企业股权转让给债权人，达到以股抵债的目的。

（2）增资扩股型债转股，是指对象企业的债权人将其持有的对对象企业的债权以增资的方式转化成对象企业的股权。

债转股是企业债务重组的方式之一，而债务重组则是解决企业困境的方式之一。债转股通过对偿债方式的变通，兼顾并调整了债权人与债务人之间的利益。

对企业债务人而言，减少了企业资金的财务成本，推迟了企业现金流出的时间，增强了企业现金流的充裕度，而且改善了企业的资产和负债结构，有效缓解了企业的偿债压力，甚至因引进了强有力的新股东并注入优质资产，创造出新的市场机会。

对于债权人来说，将债权转为股权，不是简单地将债务一笔勾销，而是充分考虑转股时机、转股价格、转股评估、转股成本与标的公司前景，将借贷关系转变为不需偿付本金和利息的投资合作，有效地提升了债权清偿率，确保了债权人利益的最大化。

二、债转股实施模式

怎样分析判断对象企业杠杆率的高低?

我们可以分别从债务高低的基本诉求、债务类别的基本划分、债务水平的基本判断三个方面来分析。

第一，从债务类别入手，对债务展开分析：是金融负债还是经营性负债，是有息负债还是无息负债，是中长期负债还是短期负债，是正常负债还是不良负债，是担保负债还是信用负债，进行结构和总量上的分析，界定杠杆率的高低程度。

第二，从债务水平来判断，在数量上、成本上、期限上、条件上、质量上特别是结构上是怎样的。杠杆不可怕，企业本身就是要负债经营、放大杠杆，但是关键是有没有资产支撑、经营保障、现金流量、未来发展。

第三，综合对象企业所属行业、发展阶段、所在系统、所在地区、考核指标来分析杠杆率的高低。

债权和股权都是企业主要的融资方式，若从债权转为股权，就需要熟悉他们各自的特点。债权与股权有哪些差别?

债权对应的是资金，股权对应的是资本。债权资金表达的是杠杆率，股权资本表达的是控制权。

债权是固定收益、风险低、回报低；股权是浮动收益、风险高、回报高。

债权期限短，流动性强；股权期限长，流动性弱。债权刚性弱，股权刚性强；债权责任轻，股权责任重。

债权追求连带担保，股权追求管理决策参与；债权强调安全退出，股权强调溢价退出。股权要以先于债权吸收损失原则来承担必要的降杠杆成本，企业清算时首先保债权。

市场化债转股也需要专业化的手段，不良资产管理公司可通过批量收购、协议转让收购、竞价转让收购等多种方式收购债权并实施市场化债转股，将债务转为新增股本、化解企业债务危机。

债转股业务主要实施模式有四种：

1. 购债转股

购债转股是指实施机构通过自有资金、发行金融债券或引入战略投资人成立私募股权基金等方式，募集转股所需资金，经过协商、谈判来确定转股比例或价格，并拟订债转股方案，最后收购债权人的债权并作为对目标企业的出资。

2. 售股还债

售股还债是指实施机构通过股权投资的方式向陷入财务困境的企业进行增资扩股，目标企业通过发行股份的方式筹集资金向债权人偿还债务。通常做法是由银行债权人、实施机构、目标企业等组建有限合伙基金，吸引银行理财产品资金、社会资金、目标企业下属实体等作为有限合伙人，共同设立债转股专项基金，将募得的资金注入目标企业用于偿债。

这种方式扩大了融资渠道，但是存在的漏洞在于募集来的资金该如何使用，尤其是在债务人缺少监管、制约的情况下极易诱发挪用资金、转移公司财产的违法行为，需要制定一系列投后监管措施，以防债务人滥用职权侵吞资产情况的发生。

3. 以债转股

以债转股是指直接将债权人的债权转换为股权的模式。企业债务人以资本公积金转增股本或发行新股的方式，将股票定向发行给企业债权人，用以清偿债务。

该模式有效调整了企业的负债结构，减少了财务成本，操作简便。但是对于债权人来说，债权的偿还被无限期延长，加之企业未来经营的不确定性，更增加了本金收回的风险。若企业未能重组成功，按照“先债后股”的顺序，原债权人可能“血本无归”，竹篮打水一场空。

4. 债转优先股

债转优先股是指实施机构将债权转换为目标企业的优先股，为了在锁定风险的同时获取投资收益。

在该模式下，原债权人获得了相较于普通股股东的优势地位，不仅事先确定了优先股股息率，而且即使企业最终经营失败，也可以在企业清算阶段优先于普通股股东获得财产分配，避免陷入被动地位。

在市场化的债转股的发展中，只要是发展前景良好但遇到暂时困难，符合国家产业发展方向，信用状况良好的企业，都可以成为转股对象。具体包括因行业周期性波动导致困难但仍有望逆转的企业；因高负债而财务负担过重的成长型企业，特别是战略性新兴产业领域的成长型企业；产能过剩行业中的优质企业；处于产业成熟期而有升级要求的企业；未来有上市计划或者集团有下属上市公司平台，且通过资本市场退出具备较强的操作性，或者具备资产证券化途径退出的能力；高负债居于产能过剩行业前列的关键性企业，以及关系国家安全的战略性企业。

一言以蔽之，这类企业虽有困难，但是可逆转；负担重，但是能成长；有潜力，并且很关键。

针对民营企业所遭遇的困境，可以从债转股方案入手，设计出一套能降低债转股风险，增强自身盈利能力的债转股方案，同时完善企业的信息披露制度和企业信用记录管理，以提高投资人的心理预期。

三、多种市场化债转股退出方式

债转股能否成功退出，是检验债转股成效的一张“成绩单”。股权退出周期较长，股权价值、退出方式和投资回报具有较大的不确定性。

债转股有以下几种退出方式：目标企业上市后，通过二级市场转让实现退出；以对象企业债权参与上市企业的定向增发，通过二级市场转让实现退出；企业实现兼并重组后，通过第三方转让来实现退出；约定股息分红率，通过分红实现逐步退出；与原股东约定一个触发机制，通过回购的方式实现退出；设立一个债转股的转让平台，通过该平台转让实现退出。

对于有约定的预期退出方式，实施机构可与债转股企业协商约定所持股权的退出方式，比如通过回购或基金份额转让等方式退出，也可以连续持有。

若银行转债退出后不能正常提供融资支持，则将使债转股企业的后续发展依然陷入融资困难的境地，自身无法获得恢复发展，实施机构也无法安全退出。银行等金融机构不能在后期一退了之，应当将提供低成本、长周期的后续资金支持作为债转股实施约束条件之一，支持债转股企业在债转股过程中和未来发展的合理融资需求。

对于上市公司，股权可以通过在二级市场上转让得以退出，转让时应遵守限售期等证券监管规定。但通过二级市场退出受到证监会《上市公司股东、董监高减持股份的若干规定》的约束，造成实施机构通过减持方式退出困难。

对于非上市公司，可通过公司 IPO 上市或参与并购重组成为上市公司的一部分由二级市场上退出，也可以利用并购、中小企业股份转让系统挂牌、区域性股权市场交易、证券交易所上市等方式转让退出。但是实际上，债转股退出路径不顺畅，以 2023 年初的北交所为例，有部分个股一天成交额不足 1 万元，市场信心欠佳。

债权转为股权后的退出机制应方便灵活，给予投资人充分的时间与自由度。目前以从二级市场退出为主，若未建立较为顺畅的退出机制，会极大地影响债转股有关各方参与的积极性，从而增加长期资金占用的压力。

第六部分

行 业 清 单

第一节　圈内隐语与行话

圈内行话和隐语通常是行业内部的默会知识，也是对知识服务心法的高度凝练式表达。当你能深刻理解并自如使用以下这些内容交流时，你肯定已经入行了。

道行有多深，默契有多足，一开口就清楚。别的不说，至少气势上，绝对不能输。

一、圈内隐语

美国高校采用量最大的商业入门教科书《认识商业》里讲，“任何冒险活动的成功都源于理解基本原则并知道如何有效地运用它们”。

不同行业中，那些资深的从业者传授成功经验时，都会提到同一样东西：初学者心态。给后辈提建议时，他们也总说，要像初学者那样渴求常识，尊重常识。这是因为，常识可以让我们知道，什么事可以干，什么事不可以干。

我们常常听到，真理掌握在少数人手里，其实大多数人的手里也掌握着真理，而且数量还不少，那就是常识。怎么坚持重视常识，不被常识限制，把常识坚持到自己的行动中，从常识中找到新知，可能是一条漫长的道路。

关于不良资产行业，笔者认为以下认知是非常重要的常识清单。

1. 正如“若第一粒扣子扣错了，剩余的扣子都会扣错”，买包时买贵了是亏损的首要元凶。

在那些“炒包”盛行、猛争第一的非理性年代，买包是一些不良资产管理公司的主要考核指标，而能不能回收，回收多少则位居次要去考虑。这种做法不仅坑害了一大批民间投资人，也坑害了资产管理公司本身，高价包压在手里难以处置，不仅要占用资金和利息，而且导致资产质量劣变，到最后甚至处置一笔就亏损一笔。

2. 只有买错，没有卖错。

在信息不对称环境中，没做好投资尽调工作而导致投资失败的案例比比皆是，决不能单纯依赖于卖方的信息介绍来判断资产包的质量。信息论的发明人香农指出：要想消除一个系统的不确定性，就必须不断寻找新的信息。

3. “可疑发财，损失暴富”。

关注类、次级类、可疑类的资产打折幅度有限，因为里面有较多的亮点资产；损失类的资产打折幅度较大，大多数为没有价值的非亮点资产。

通常是由亮点资产提供保本收入，深挖非亮点可能发现意外惊喜，飞来横财，创造盈利。

4. 从来没有不良的资产，只有错配的资源，好资产也常常遇不到识货买家。不良资产行业是一个缺什么补什么的行业，发现和发掘其是否具备重组和价值提升的潜力，不仅需要慧眼来设计交易方案，还需要自身能力、思维、眼光的提升，跳出圈子、发现价值。

5. 所有的估值模型都企图无限接近价值的真谛，却永无可能实现真正的一致。

确保常量的准确，尽可能了解变量，并试图让变量的风险处于可控范围之内——这可能是揭示不良资产估值最简单也最极致的表述。

6. 身处逆周期行业更得“识时务”，一直将面临的困扰有大宗物业的去化，司法进程的迟缓，资产价格走向的低迷（成交率走低、溢价少）。因此，投资行为必须要建立能力圈、护城河、防火墙，规避风险永远是获利的前提。

7. 未虑胜，先虑败，法律是一场你死我活的战争，不是含情脉脉的往来。不断反思最大可能的损失是否在承受范围之内，而这就是底线。在底线之上，尽可能寻求合作化解，不能立足于对抗，否则很可能杀敌一千自损八百、鹬蚌相争渔翁得利，最终鱼死网破。

8. 尽职调查是核心竞争力，没有之一。

所有因素都应作为变量来看待，要找寻的就是那个牵一发而动全身的一：尽职调查结果，或者更简单地定义为新信息。

项目不止、尽调不息。

9. 规模不重要，重要的是业绩，更重要的是核心技术的打造，而核心技术的打造需要长时间的积累和磨炼。

不要从 0 开始就妄想先做大规模，抢占市场、盯着不必要的市场占有率数字，而应练就投资技术与能力，形成适合自身的投资理论与技能框架，能够在收购的环节理性判断市场形势、充分尽职调查、科学估值并采用合理的竞价策略，构建以自身为核心的行业生态圈，形成处置退出模式的核心竞争力。

10. 永远不能忘记：不良资产的盈利之道是低价原则，绝不追高，拒绝赌徒思维。

超低的低价才能带来安全边际，才能应对不确定性。

现实场景是银行的底价从根源上决定了每一笔债权的初始成本，而不良资产管理公司的最终成交价又进一步拉升了成本。

若没有胜出竞争、独辟蹊径的清醒定位，接下来的每一次债权转让都像极了接鼓传花的游戏，最后一位接盘者的成败在某一次传接中早已注定，自己却未可知，直到最终结局摆在面前才会恍然。

11. 投资人在市场中寻找最高的卖价和最低的买价这个行为既困难又很低效。独立思考要讲究逻辑，一定要超越自我模式和心理障碍。

12. 投资行为不能过分依赖滞后和已经碎片化的数据。因为这些数据能给投资决策者带来的信号，就如同盲人摸象一般片面。它展示的只是市场的一角或者整个真实资讯当中的一些碎片而已。

13. 获利的时候很保守，但是面临亏损的时候却去选择冒险，这恰恰正是市场中多数人的思想。

14. 资产市场是由人构成的，并不是由价值和资产构成的，价格的变化是由人的心理驱动所导致的。

15. 市场是不确定的。投资者想在市场当中获利，应当建立自已独特的分析模型，并在实践中不停检验。投资者分析研究市场资讯能让投资组合的获利概率更大，但足够的研究并不代表一定会赢利，因为市场永远是变化的、独特的。

16. 投资者没有自用的投资管理规则是最糟糕的。若投资者能建立起一套自我的管理规则，将有极大可能在投资过程中战胜市场中的多数跟随者，完成从被动跟随者到主动管理者的转化。

17. 霍华德有一句名言："我们打算以 50% 的价格进行收购，你要想买到便宜的，就得到废物堆里去寻找。"这句话，道出了不良资产投资的秘诀：变废为宝，化腐朽为神奇。当资产被冠以"不良"的前缀，价格一定会有极大的折扣。

二、行话

1. 空债权：不是指类似空白支票的无效债权，而是指没有抵押物、质押物等资产供债权人优先受偿的债权。

几毛几分：不是指金额绝对值，而是指资产估值的折扣率。比如，一个资产包值三毛三分，意思是这个资产包的估值大致是债权总额的 33% 。

2. 剥离卷：这是银行资产保全人员常用的概念，是指银行转让债权时提供的涉及项目的所有档案材料，包括借款合同、担保抵押合同、借条借据、贷前调查、催收材料、法律文书、贷后调查、剥离报告等。

3. 阅卷：指对剥离卷的阅读、分析，尽调项目的基本情况。

4. 网搜：顾名思义就是针对项目所进行的一系列的网络搜索，以获取有价值的信息，也约等于本书中的开源网络情报分析。

5. 现场：泛指债务人的经营场所以及涉及的房产、土地、设备等资产的所在地。

6. 本案诉：指针对项目前手债权人已经进行的诉讼和执行情况展开尽调。

7. 涉诉：即除了本案诉以外，项目中所涉及的所有债务人以及关联企业的其他诉讼和执行情况。

8. 干系人：在项目管理中指积极参与项目实施或完成的其利益可能受积极或消极影响的个人或组织。干系人可分内外部干系人，就不良资产的业务而言，干系人可能涉及银行信贷员、律师、法院，以及债务人的高管、债务人的法人、律师等知情人员。

9. 土地分类：按照土地的性质分为出让地、划拨地和集体土地。按照使用性质即用途可分为商业用地、综合用地、住宅用地、工业用地、农业用地和其他用地等。

10. 出让地：出让土地使用权是指国家将国有土地使用权在一定年限内出让给土地使用者，由土地使用者向国家支付土地使用权出让金的行为。

11. 划拨地：指国家对某些主要涉及国防、公益等用地单位给予土地的一种方式，它与出让地主要区别在于是否需要交纳土地出让金。划拨地转为出让地，必须经有审批权的机关批准。

12. 集体土地：指农民集体所有的土地，也称作是劳动群众集体所有的土地。集体土地是中国土地所有制的一种形式。中国实行土地的社会主义公有制，土地的所有制形式包括国家所有（全民所有）和劳动群众集体所有两种形式。

13. 商业用地：指用于开展商业、旅游、娱乐活动所占用的场所，如用于建造商店、粮店、饮食店、公园、游乐场、影剧院和俱乐部等用地。规划部门根据城市规划所规定该宗地块的用地性质是用于建设商业用房屋，出让后用地的使用年限为40年。

14. 工业用地：指独立设置的工厂、车间、手工业作坊、建筑安装的生产场地、排渣（灰）场地等用地。

15. 农业用地：又称农用地，指直接或间接为农业生产所利用的土地。包括耕地、园地、林地、牧草地、养捕水面、农田水利设施用地，如水库、闸坝、堤埝、排灌沟渠等，以及田间道路和其他一切农业生产性建筑物占用的土地等。

16. 土地收储：指国家土地储备机构动用国家优先购买权力，对流入土地市场的土地使用权进行购买，通过土地整理后作为储备用地的过程。值得注意的是只有干净的净地才可收储，进入国家土地储备中心。

17. 净地：指完成了基础设施配套及场地内部拆迁平整的土地；从目前招挂拍出让实践的角度看，红线内场地平整，红线外现状基础设施的宗地是净地；从物质的角度来讲，净地是指完成基础设施配套，场地内达到开工条件的土地；从权属的角度看，净地是指没有设定他项权利，土地占有、使用、收益、处分等权利不受限制的土地。

18. 工商：即工商登记，是指从企业成立至今、在管辖地工商局进行登记备案的材料。

19. 股东：是股份制公司的出资人或叫投资人。股东是股份公司或有限责任公司中持有股份的人，有权出席股东大会并有表决权，也指其他合资经营的工商企业的投资人。

20. 法定代表人：指依法代表法人行使民事权利，履行民事义务的主要负责人（如工厂的厂长、公司的董事长等）。

21. 法人：在法律上人格化了的、依法具有民事权利能力和民事行为能力并独立享有民事权利、承担民事义务的社会组织。

22. 法人分支机构：以法人财产设立的相对独立活动的法人组成部分。在某些情况下，为了便于拓展业务，法人可以设立分支机构，独立活动的法人分支机构也需要进行登记，如企业法人分支机构要进行营业登记。但法人分支机构，仍属于法人的组成部分，主要表现在其目的事业须在法人范围之内，其行为的效果仍由法人承担，不具有独立责任能力。

23. 分公司：指在业务、资金、人事等方面受本公司管辖而不具有法人资格的分支机构。分公司属于分支机构，在法律上、经济上没有独立性，仅仅是总公司的附属机构。分公司没有自己的名称、章程，没有自己的财产，并以总公司的资产对分公司的债务承担法律责任。

24. 子公司：指一定数额的股份被另一公司控制或依照协议被另一公司实际控制、支配的公司。子公司具有独立法人资格，拥有自己所有的财产，自己的公司名称、章程和董事会，以自己的名义开展经营活动、从事各类民事活动，独立承担公司行为所带来的一切后果和责任，但涉及公司利益的重大决策或重大人事安排，仍要由母公司决定。

25. 注册资本：也叫法定资本，是公司制企业章程规定的全体股东或发起人认缴的出资额或认购的股本总额，并在公司登记机关依法登记。

26. 验资：是指注册会计师依法接受委托，对被审验单位注册资本的实收情况或注册资本及实收资本的变更情况进行审验，并出具验资报告。验资分为设立验资和变更验资。验资是注册会计师的法定业务。《注册会计师法》明确将验资业务列为注册会计师的法定业务之一。因此，企业（个人独资企业、合伙企业等工商登记机关不要求提交验资报告）在申请开业或变更注册资本前，必须委托注册会计师对其注册资本的实收或变更情况进行审验。

27. 企业年度检验：指工商行政管理机关依法按年度对企业进行检查。国家工商总局发出通知，自 2014 年 3 月 1 日起正式停止企业年度检验工作，年检改为年度报告公示制度。

28. 吊销：指由有管辖权力的部门停止原来准许进行某项活动的对象停止该项活动并收回准许文本的执行过程，一般带有强制性。起因基本是由于该对象违背了发放文本时的约定所致。

29. 吊销营业执照：当该企业或者商铺不符合营业条件时，比如卫生条件不达标，不按时交纳税收等，工商部门有权利取消该商铺的营业执照，即吊销营业执照。吊销营业执照属于工商执法中的一项惩罚条款，只有企业或商铺触及某些不合工商规定时，工商部才会执行吊销营业执照的。

30. 注销：即公司的终止。公司符合以下条件之一可申请注销。公司被依法宣告破产；公司章程规定营业期限届满或者其他解散事由出现；公司因合并、分立解散；公司被依法责令关闭，可申请注销。

31. 出资到位：指公司股东在公司设立或增加注册资本时，遵守公司章程规定进行出资，并且出资行为符合要求。

32. 出资不到位：指公司股东在公司设立或增加注册资本时，违反公司章程规定，未出资或出资不足，以及在出资后抽逃出资等行为。

33. 应收账款：指企业因销售商品、提供劳务等经营活动，应向购货单位或接受劳务单位收取的款项，主要包括企业销售商品或提供劳务等应向有关债务人收取的价款及代购货单位垫付的包装费、运杂费等。

34. 企业对外投资：指企业在其本身经营的主要业务以外，以现金、实物、无形资产方式，或者以购买股票、债券等有价证券方式向境内外的其他单位进行投资，以期在未来获得投资收益的经济行为。

35. 固定资产：指企业为生产产品、提供劳务、出租或者经营管理而持有的、使用时间超过 12 个月的，价值达到一定标准的非货币性资产，包括房屋、建筑物、机器、机械、运输工具以及其他与生产经营活动有关的设备、器具、工具等。固定资产是企业的劳动手段，也是企业赖以生产经营的主要资产。

36. 在建工程：指企业固定资产的新建、改建、扩建，或技术改造、设备更新和大修理工程等尚未完工的工程支出。在建工程通常有“自营”和“出包”两种方式。自营在建工程指企业自行购买工程用料、自行施工并进行管理的工程；出包在建工程是指企业通过签订合同，由其他工程队或单位承包建造的工程。

37. 无形资产：指企业拥有或者控制的没有实物形态的可辨认非货币性资产。无形资产具有广义和狭义之分，广义的无形资产包括货币资金、应收账款、金融资产、长期股权投资、专利权、商标权等，因为它们没有物质实体，而是表现为某种法定权利或技术。

38. 实物资产：指经济生活中所创造的用于生产物品和提供服务的资产。是创造财富和收入的资产，为经济创造净利润。它包括土地、建筑物、知识、用于生产产品的机械设备，实物资产包括存货和固定资产等，存货包括库存材料、成品以及生产中的半成品。固定资产是指使用期限超过一年的建筑物、机械、土地等。

39. 破产：指根据《企业破产法》规定，债务人因不能偿债或者资不抵债时，由债权人或债务人诉请法院宣告破产并依破产程序偿还债务的一种法律制度。狭义的破产制度仅指破产清算制度，广义的破产制度还包括重整与和解制度。破产多数情况下都指一种公司行为和经济行为。但人们有时也习惯把个人或者公司停止继续经营叫作破产。

40. 逃废债：指一种民事违约行为，不是所有的欠债都是逃废债，它强调债务人的主观故意。确切地说，有履行能力而不尽力履行债务的行为就是逃废债。所谓“有履行能力”是指有收入来源，或者虽无收入来源，但有可供履行债务的资产，能够部分或全部履行债务。从债务人主观上来看，逃废债有两种表现形式：一种是积极地逃避履行债务，另一种是消极的不作为。我们通常把前一种称为“恶意逃废债”。

41. 清算组：由人民法院依据有关法律的规定，组织股东、有关机关及有关专业人士组成。所谓有关机关一般包括国有资产管理部门、政府主管部门、证券管理部门等，专业人员一般包括会计师、律师、评估师等。

42. 拍卖：以公开竞价的方式，将特定的物品或财产权利转让给最高应价者的买卖方式。

43. 变卖：所谓变卖，一般是指出卖财物、换取现款，法院通常在第二次拍卖失败才会变卖。

44. 首封：即首轮查封，是指财产被查封的第一法院。

45. 轮候查封：指对其他人民法院已经查封的财产，执行法院依次按时间先后在登记机关进行登记，或者在其他人民法院进行记载，排队等候，查封依法解除后，在先的轮候查封自动转化为正式查封的制度。

46. 限高令：最高人民法院出台的一项司法解释，对拒不执行法院生效法律文书的“老赖”，将采取“限制高消费”的严厉措施。

47. 房产他项权证：指在他项权利登记后，由房管部门核发、由抵押权人持有的权利证书。房产的他项权是指除产权人及共有权人以外的其他团体或者个人对该房产涉及的权利，通常是指抵押权利，他项权证由他项权人持有。

48. 潜在债务人：指根据尽调发现的可能存在的除了现在已经经过确认的债务人之外的潜在的对于项目债务承担一定责任的单位或者个人。

49. 隐形债务或称潜在债务：一般指在改制的当时没有在改制企业财务资料中体现出来，或者说当时尚未预见到的随着后续事项的逐步明朗化而出现的或有债务，如担保债务、违约债务、产品缺陷债务、解决改制企业历史遗留问题而发生的债务（职工的经济补偿金等）、因各种原因未记入被改制企业财务资料的应付款或遗漏的其他债务。有时候也包括企业隐瞒的民间债务。

50. 不良资产收购业务：指公司根据市场原则收购出让方的不良资产，通过管理、经营和处置等手段回收现金或沉淀资产的业务。包括收购处置业务和收购重组业务。

51. 收购处置业务：指公司根据市场原则收购出让方的不良资产，对其进行管理、经营和处置进而回收现金或沉淀资产，实现资产保值、增值的业务。

52. 收购重组业务：指公司在收购环节即根据不良资产的风险程度，确定了帮助实现或提升债务人还款能力或资产价值的技术手段，以及收益实现方式的业务。包括债务重组业务、资产整合业务、困境企业重组业务。

53. 尽职调查：指公司作为不良资产的意向购买人，在项目立项后，根据资产出让方提供的资料和条件，对拟收购资产状况和权属关系、债务主体的还款能力、收购的可行性等方面进行调查并做相关分析的工作过程。

54. 资产定价：指在尽职调查工作的基础上，对收购资产的经营价值或市场转让价格进行估算，并测算资产管理、经营和处置的相关成本、费用及支出，进而确定资产价值的工作过程。

55. 资产证券化：指公司将拥有的可预测未来稳定现金流的资产通过结构性重组将其转变为可以在金融市场上出售和流通的证券，出售给市场的投资人以达到出售资产目的的处置方式。

56. 可疑类贷款：指借款人无法足额偿还贷款本息，即使执行抵押或担保，也肯定要造成较大损失的贷款。

57. 损失类贷款：指在采取所有可能的措施或一切必要的法律程序后，本息仍然无法收回，或只能收回极少部分的贷款。

58. 不良资产剥离：指20世纪80年代以来我国几大商业银行所遗留下来的巨额不良资产（数以万亿计的难收回的贷款等），拨给专门为此成立的四家资产管理公司（华融、信达、东方、长城），由后者追收、拍卖，以尽可能地为国家挽回损失。

59. 贷款核销：指银行内部账务处理过程，即用贷款损失准备金冲销不良贷款。贷款核销后将不再在资产负债表上计量，即“出表”。贷款核销只是银行内部账面上的处理，核销后并未免除贷款人的还款义务，并不意味着一核销银行就放弃了债权，而是继续保留追索权，也就是“账销案存”。但是在实际工作中，往往存在认为不良资产核销后就不需要再进一步追索的误区。

第二节　开源网络情报工具箱

工具箱即各种分门别类的调查网址，可扫描二维码下载获取。